第13届中琉历史关系国际学术会议代表合影 2011.11.26

教育部人文社会科学重点研究基地
福建师范大学闽台区域研究中心

顺风相送：中琉历史与文化

——第十三届中琉历史关系国际学术会议论文集

陈硕炫　徐　斌　谢必震　主编

海洋出版社

2013 年 · 北京

图书在版编目（CIP）数据

顺风相送：中琉历史与文化：第十三届中琉历史关系国际学术会议论文集 / 陈硕炫，徐斌，谢必震主编. —北京：海洋出版社，2013. 11

ISBN 978-7-5027-8577-2

Ⅰ. ①顺… Ⅱ. ①陈… ②徐… ③谢… Ⅲ. ①中外关系-国际关系史-琉球-国际学术会议-文集 Ⅳ. ①D829. 313-53

中国版本图书馆 CIP 数据核字（2013）第 265255 号

责任编辑：张　荣
责任印制：赵麟苏

海洋出版社 出版发行

http://www. oceanpress. com. cn

北京市海淀区大慧寺路 8 号　邮编：100081

北京旺都印务有限公司印刷　新华书店北京发行所经销

2013 年 11 月第 1 版　2013 年 11 月第 1 次印刷

开本：787 mm×1092 mm　1/16　印张：28

字数：700 千字　定价：148. 00 元

发行部：62132549　邮购部：68038093　总编室：62114335

目　录

日治时期台湾与冲绳的贸易品
——以稻米、生猪为例

日本植民地期台湾と沖縄の貿易品
——米、生豚を例として

辛德蘭(朱德蘭)*

摘　要

台湾与冲绳地理位置很近，日治时期两地人员往来频繁，交流活跃，以往学者针对：战前台湾与冲绳人口移动、台湾稻米与养猪业发展、中国生猪运销台湾、冲绳畜产发展史等问题，做过若干深入的讨论，但以商品交换为焦点的研究，似乎较少受到关注。

本文为填补此一研究领域空白，拟以台湾稻米与冲绳生猪交易为例，试就：(一)台湾稻米贸易量之变化；(二)日本政府介入米粮交易活动；(三)台湾稻米交易途径；(四)米粮贸易商；(五)台湾输入生猪量之变化；(六)冲绳养猪业；(七)台湾养猪业；(八)生猪贸易商，做一实证性之分析。

要　旨

日本植民地期の台湾と沖縄の間では頻繁な人の移動、及び資金、商品の流通が行われてきた。当時、台湾から沖縄へ輸出されていた品目としては、米、包種茶、麻織物、竹材、大豆などがあり、その中でも米の輸出は非常に盛んであった。また、沖縄から台湾へ輸出された商品としては、砂糖、鰹節、石炭、松材、生豚等であった。その中でも豚肉は中国大陸、台湾、沖縄の食文化中なくてはならないものであり、生豚の貿易はとりわけ重要なものであった。植民地時期の人の移動、台湾における稲作改良、沖縄畜産発展研究については、すでに各専門家による詳しい検討がなされている。しかし現状においては、商品交流を扱った研究成果は比較的少ない。

したがって、本稿では台湾米と沖縄の生豚を例に取り、商品流通の視座

* 辛德蘭(朱德蘭)："中央研究院"人文社会科学研究中心研究员。

から：一、台湾米生産量と貿易量、二、日本政府による米交易への介入、三、台湾米の交易経路、四、米の貿易商、五、沖縄生豚の生産量と台湾の生豚輸入量、六、沖縄の養豚業、七、台湾養豚業、八、生豚貿易商などの分析を試みることとする。

前　言

历来有关中国与琉球贸易史的研究，学者多以琉球朝贡贸易作为研究对象，相形之下，日据时代台湾与琉球(冲绳)之间的商品贸易颇为活跃，但却极少受到学者的关注。台湾与冲绳商业活动正式推展，始于1896年大阪商船株式会社开设大阪→神户→鹿儿岛→大岛→冲绳→八重山→基隆定期航路，由于海上交通运输便捷，促使人、财、物流通频繁，故岛屿与岛屿相互形成了一个流通圈。[1]

有关人的移動，又吉盛清、水田憲志、松田良孝、松田ヒロ子与笔者，曾经作过一些討论。[2] 台湾与冲绳商品交换方面，研究成果较少。本文有鉴于此，拟以台湾米与冲绳生猪为例，试从商品流通之视角，针对：(一)台湾米产量与贸易量；(二)日本政府介入米交易活动；(三)台湾米交易途径；(四)米粮贸易商；(五)冲绳生猪产量与台湾输入生猪量；(六)冲绳养猪业；(七)台湾养猪业；(八)生猪贸易商等，作一分析。

一、台湾米产量与贸易量

日据时期从台湾出口冲绳的商品有稻米、茶叶、麻织品、竹材、黄豆等等，其中，台湾米输出活动最为突出。有关台湾米生产技术、水利设施、农具改良、农会功能等问题，江夏英藏、川野重任、高桥亀吉、涂照彦、柯志明、李力庸、蔡承豪等，已有诸多

1　真栄平房昭：《近代の台湾航路と沖縄－外来・在來をめぐる東アジア海運史の一視点》，《史学研究》(東京)第268号，2010年6月，第19－22页。

2　又吉盛清：《日本植民地下の台湾と沖縄》，あき書房，1990年，第51－93页；水田憲志：《沖縄県から台湾への移住－第二次世界大戦前における八重山郡出身者を中心として》；关西大学文学部地理学教室编：《地理学の諸相－実証の地平》，1998年，第380－397页；水田憲志：《日本植民地下の台北における沖縄出身"女中"》，《史泉》(大阪)第98号，2003年，第36－55页；松田良孝：《八重山の台湾人》，南山舎，2004年，第26－85页；松田ヒロ子：《沖縄県八重山地方から植民地下台湾への人的移動》；蘭信三编著：《日本帝国をめぐる人口移動の国際社会学》，不二出版，2008年，第513－528页；卞凤奎：《日本台湾統治時代における台湾人の八重山諸島への移民活動》，《南島史学》(東京)第74号，2009年，第15－31页；朱德蘭：《基隆社寮島の沖縄人集落(1895—1945)》；上里贤一、高良倉吉、平良妙子共编：《東アジアの文化と琉球・沖縄－琉球/沖縄・日本・中国・越南》，彩流社，2010年，第49－77页；真栄平房昭：《近代の台湾航路と沖縄－外来・在來をめぐる東アジア海運史の一視点》，第14－31页。

探讨。[3] 根据研究可知，台湾米产量之变化，1900 年收获 2 150 千石，1911 年 4 491 千石，1921 年 4 976 千石，1931 年 7 480 千石，1941 年 8 393 千石，呈现年年增产之趋势。在贸易量方面，1905 年出口 714 千石，其中销售日本 630 千石。1911 年出口 655 千石，其中卖到日本 650 千石。1921 年出口 1 027 千石，其中运销日本 1 024 千石。1931 年出口 2 656 千石，全数销往日本。1941 年出口 1 994 千石，其中对日销售 1 958 千石。反映台湾米产量及出口量不断地增加，其外销几乎是以日本为唯一市场。[4]（参见表 1）

表 1　台湾米谷产量及贸易量

年度	米谷数量(1 000 石)				比率(%)	
	收获 A	输移出 B	输出	移出 C	B/A	C/B
1896			166			
1900	2 150	333	323	10	15.5	3.0
1905	4 354	714	84	630	16.4	88.2
1911	4 491	655	4	650	14.6	99.2
1921	4 976	1 027	3	1 024	20.6	99.7
1931	7 480	2 656	0	2 656	35.5	100.0
1941	8 393	1 994	36	1 958	23.8	98.2

备注：米以糙米换算。米谷收获年始于前年 11 月至该年 10 月。米谷贸易量采用西历年。

资料来源：据堀内義隆《日本植民地期台湾の米穀産業と工業化－籾摺・精米業の發展を中心に》，第 37 页制作。

表 2 所示，1907 年台湾米外销冲绳 43 万余斤，1908 年增加一倍，1909 年销售 178 万余斤。1910 年 1 月至 10 月运销 1 千 237 万余斤，较 1907 一整年增加 30 余倍。1920 年代后统计资料不全，如，1923 年那霸购入日本米 17 033 石、外国米 130 260 石、中国米 10 569 石、台湾米 13 095 石、碎米 12 380 石，台湾米位居那霸进口米 7.14%。1931 年那霸购进日本米 18 588 石、台湾米 195 672 石、碎米 27 444 石、朝鲜米 6 032 石、外国米 16 073 石，台湾米占其购入米 74.2%。1940 年那霸采购日本米 10 441 石、台湾米 161 593 石、朝鲜米 4 000 石、外国米 32 279 石，台湾米占其进口米 77.6%，显现台湾米在冲绳市场中拥有很高的占有率。[5]

3　又吉盛清：《日本植民地下の台湾と冲縄》，第 53 页。台湾米相关研究回顾，见李力庸：《米谷流通与台湾社会(1895—1945)》，稻乡出版社，2009 年，第 5－12 页；蔡承豪：《天工开物——台湾稻作技术变迁之研究》，台湾师范大学历史研究所博士论文，2009 年，第 2－8 页。

4　大豆生田稔：《お米と食の近代史》，ミネルヴァ書房，1993 年，第 153、194 页；高橋龜吉：《現代台湾経済論》，千倉書房，1937 年，第 186、315 页；堀内義隆：《日本植民地期台湾の米穀産業と工業化一籾摺・精米業の發展を中心に一》，《社会経済史学》(東京)第 67 卷第 1 号，2001 年 5 月，第 37 页。

5　琉球政府编：《那覇港県外輸移入ノ部》，《沖縄県史》第 20 卷资料编 10，琉球政府，1967 年，第 363、367 页。

表 2　台湾白米移出冲绳各岛数量

年／数量 地区	1907 年／斤	1908 年／斤	1909 年／斤	1910 年 1 月至 10 月／斤	小计／斤
那霸	3 750	3 000	1 410 680	10 330 080	11 747 510
八重山	166 475	16 950	73 380	179 710	436 515
宫古	8 850	10 630	22 950	1 388 849	1 431 279
名濑	255 265	803 010	274 290	476 900	1 809 465
共计	434 340	833 590	1 781 300	12 375 539	15 424 769

资料来源：据《琉球と台湾白米》，《台湾日日新报》1910 年 11 月 27 日，第 5 版制作。

二、日本政府介入米交易活动

明治维新前期(1868—1890 年)日本米除了可以自给自足以外，剩余米还可输出欧洲赚取外汇；明治后期(1891—1910 年)由于人口增加、养蚕业与军需产业兴起、都市化与工业化发展、资本主义经济扩张、农村青年出外就业、天灾频仍等因素影响，致使米供给量不足，食粮问题越来越严重。日本政府为了调节米价、平衡国际贸易收支，便于 1912 年 5 月公布输入外国、朝鲜、台湾产地米，7 月进一步规定全国交易所须将朝鲜米、台湾米作为定期代用米，台湾米消费市场的扩大，无疑的，刺激了台湾生产本身需要量以上的稻米。[6]

1914 年日本稻作丰收，米价跌落，日本政府为救济农民，废除代用台湾米。1914 至 1918 第一次世界大战期间，南洋航往欧洲船只不足，许多产地米运销日本。不过，战争末期南洋米歉收，因限制、禁止输出产地米，日本面临缺粮困境，米价暴涨，市场交易混乱，故爆发全国性的“米骚动”事件。[7] 日本政府为抑制米商投机，以补贴汇率的方式，指定三井、汤浅、岩井等大商社承购外国米。然而，汇率补贴带来巨大的财政负担，为此，1920 年就以日本国内、殖民地食粮自给自足为目标，积极地推行米增产与米价调节政策。[8]

1929 年美国股市暴跌波及日本，1930 年日本进入金融恐慌期，慢性经济萧条造成农村疲弊，为振兴农业，便自 1933 年起实施“米谷统制法”，以公定米价措施，调整殖民地稻作。[9]

台湾是稻米的著名产地，1895 年沦为日本殖民地后不久，米商就将米运销日本。

6　大豆生田稔：《お米と食の近代史》，第 152 页，大豆生田稔：《近代日本食糧政策——對外依存米穀供給構造の變容 -》，ミネルヴァ書房，1993 年，第 18 - 25、42 - 49、127 - 131 页。

7　大豆生田稔：《お米と食の近代史》，第 18 - 25、42 - 49、139、154、157 - 164 页。

8　大豆生田稔：《お米と食の近代史》，第 181 页。

9　大豆生田稔：《お米と食の近代史》，第 286 - 290 页。

1904年台湾总督府欲使米商交易方便，制定了“本岛米运出内地检查章程”，其要点如下：台湾米由基隆运往日本内地都应接受检查；检查是在有设置检查所之处由检查员执行，但也依地制宜，于米谷所在地检查；米谷等级由台湾总督府制订标准，依照质量的优劣、粒形的完整、混合物多寡，分成一等、二等、三等及等级外，共四等；米内如混入碎米、粟、糠、秕、土砂、尘芥等，检查员得令其重新调制；违背检查章程或拒绝临时检查，以及行使诈伪手段逃避检查，与已经检查之袋米，使用不正行为者，均处二百圆以内之罚金。[10] 即将品种繁多、质地不齐的在来米输出规格统一、标准化。

台湾在来米属于早熟稻、二期作，其种植面积1935年以前大于新品种蓬莱米(日本种)。唯，日本市场对缺乏黏性、口感差的在来米评价不高。尽管如此，日本米、朝鲜米都是一期作，四月至八月在来米收获期因可补充日本米的青黄不接，故输出量很大，台湾本地米不足，则输入便宜的南洋米或食甘薯充饥。[11]

另，台湾总督府为配合日本消费者需要，早自1902年起调查岛内重要农作物，1910年开始补助农会，展开米种改良计划。台湾总督府约经30年研究，终于在1922年育成类似日本米质的蓬莱米。蓬莱米上市，广受日本消费者欢迎，因可大量供给，商品价值很高，是以1929年蓬莱米台中65号已经普遍地栽培于全台湾各地。[12]

三、台湾米交易途径

水稻生长是否顺利，颇受土壤特性、肥沃度、雨量、气温、日照、风力等自然条件及耕作、管理技术左右。有关栽植过程，以台中水稻为例，一月至二月间播种，二月至三月间插秧，其后定时施肥，让秧苗生长茁壮。秧苗发芽到幼穗分化约30天，幼穗分化到开花约40天，开花以后到谷粒成熟约30天，六月下旬至七月上旬间进入收获期。农民收割稻谷后，须经日光、风力曝晒，等待晒干，用杵臼捣去稻壳，或送到碾米厂(俗称土垄间)碾壳，用竹筛过滤米与壳，成为糙米。糙米经过二三次调制、精选后，才成为精米(白米)。[13]

农家完成这些劳务，将收获量的一部分留做自用，一部分缴纳佃租，剩余米流入市场出售。大体而言，米交易途径如下：①农家或地主卖给中介商、碾米业者；②中介商、碾米业者卖给米店、批发商、大型中介商、精米业者；③批发商、大型中介商、精米业者卖给出口商、零售商。米商鉴于水稻生产程序繁复，丰歉如何难以掌握，为有利的购集稻米，多以下列方式交易米粮。

---

10 《本岛米运出内地检查章程》，《台湾日日新报》1904年8月10日，第3版。

11 李力庸：《米谷流通与台湾社会(1895—1945)》，第42页，蔡承豪：《天工开物——台湾稻作技术变迁之研究》，第225页。

12 川野重任著、林英彦(译)：《日据时代台湾米谷经济论》台湾研究丛刊第102种，台湾银行经济研究室，1969年，第6-9、31-36页，蔡承豪：《天工开物——台湾稻作技术变迁之研究》，第185、189页。

13 蔡承豪：《天工开物——台湾稻作技术变迁之研究》，第18、155-161、225页。

(1)现货买卖。此指讲定数量、价格，在互相成立买卖约定的同时，支付货款并授受现货。

(2)预约购货(先物买卖)。此指讲定数量、价格及交货期限，买方先付卖方货款六成，等待期限一到，于授受现货的同时结付余款。

(3)委托贩卖。指普通委托贩卖期为两个月，较长的有三个月。出口商委托受货主卖米，有讲定买卖价格和依照市价出售两种，并不订定收取货款期限。

(4)与日本内地直接买卖。指双方讲定米谷买卖数量、价格及发货期限，直接运交日本本土贩卖。[14]

上述四种方式，以第二种预约买卖比较普遍。有关稻米交易契约，其内容包括：依照官方规定包装、检附合格米证明、价格、交货期限、交货地点、付款方式等等。[15]

值得一提的是，台湾农家多缺乏耕种资金，无法以当期收获支持到下一期收获，为纳税或充当家庭费用需要，通常在收获前两个月，就和碾米业者或中介商签订买卖契约，承诺卖米并接受预付款。由于预付款不收利息的米，价格很低，买主也无农家不交米的顾虑，所以碾米业者、中介商多在收获前争相预购稻谷，将购集的稻谷或糙米搬入自己的营业所调制、精选，再连同麻袋以一袋五十公斤的重量装袋，通过检查所员或米商组合检验合格后运到日本出售。[16]

不过，碾米业者、中介商预购米谷，也有超过约定交货期限的情形。如超过期限，米价引起变动，较当初约定价格昂贵，买主(出口商)可以获得意外的利益。降价的话，买主对于拖延期限的制裁，是将约定价格和交货当时价格进行比较，让卖主承担差额(俗称退价金)。1911 年台中买主对违约者有严格的制裁。具体地说，买主对延误交货期限的违约金，改成每天每袋征收十钱，依此，订约一千袋米的卖方，如果拖欠一个月交货期限，每袋按三元计算，一千袋米就要受罚三千元违约金。[17]

尽管如此，仍有奸商作买空卖空的交易。如，1926 年中坜经营碾米业的翁瑞礼，伪造金安运送店的送货证，侵吞三井物产会社、瑞泰号、高调和、和丰号、方协丰号、泉和组等贸易商预购米五六万圆之现金，结果引起一场诉讼。似此诈欺买卖，或买主拿契约当挡箭牌，对卖主做逼迫支付违约款，卖主不应其求的案件很多。[18]

四、米粮贸易商

台湾米的交易中心地，中北部在台北大稻埕，南部在台南。1896 年军政时期，日

---

14 《中部米取引状态(一)》，《台湾日日新报》1911 年 9 月 28 日，第 5 版。

15 《中部米取引状态(一)》，同上注，《土垄间与移出米商》1927 年 7 月 27 日，第 4 版。

16 《中部米取引状态(四)》，《台湾日日新报》1911 年 10 月 4 日，第 5 版。

17 《中部米取引状态(四)》，同上注。

18 《中部米取引状态(四)》，同上注，《大稻埕诸移出米商受吞去三十台糯米金》1926 年 3 月 29 日，第 4 版，《嘉义空盘米商中止买卖及解约》1927 年 11 月 28 日，第 4 版。

本煤炭商石田庄七、天野光五郎、东京富商广濑镇之等，获得台湾总督府认可，首创株式会社台北米谷市场，展开台湾米买卖事业。1897 年，商机敏锐的山田保太郎、东乡七之助、西来路茂十、桑田与一、桑田支店等，也得到总督府认可，经营台北米谷市场中介业，开启日本米和台湾米的现货及期货交易。[19]

1909 年左右，新式制糖公司兴起，无法维持营运的糖商改做台湾米贸易业者增多，迎来日、台米商竞争交易米的全盛时代。当时著名米商如下：台北三井物产株式会社支店、大仓组、宫副商店、津阪商店、儿岛商店、大冢商店、源顺号、胜记号、建祥号、大和行等。基隆瑞泰号、金德发号、万和号、日发号等。台湾南部三井物产株式会社支店、大阪糖业株式会社、阿部商店、香野支店、德昌号、海兴号、捷兴号等。1910 年代米商为掌握商机，在日本或台湾设立本店、支店，直接从事米贸易的越来越多。[20]

图 1 所示，台湾米销路遍及全日本各地，销售量最大的是东京、横滨、大阪、神户等大都市，其次为下关、门司、名古屋、四日市、三池、长崎、冲绳等地。1924 年台湾米的最大市场在神户，其集散量高占日本总移入量的三分之一，其流通范围包括：名古屋、大和、伊势、高知、今治、宇品、高滨、鹿儿岛、尾之道、小樽、青森等地的低收入户。[21] 在日经营台湾米的日商有：三井物产、大仓组、增田屋、汤浅商店、岩崎商店、津阪商店、睦商会、米谷公司，这些商社在神户、横滨、东京以及其他重要市场都设有店铺，年年以预约、现货交易二种方式买卖台湾米。台湾米运到日本，先在东京和各大市场精制成白米，再与日本米混合，以铁路运输内陆，以轮船运销冲绳。[22]

言及冲绳，在地商业、金融业、海运业自明治 20 年(1887)起几乎被来自鹿儿岛、大阪的寄留商人垄断。冲绳重要物品米谷、砂糖、泡盛、布料等商权多为其掌握。[23] 如鹿儿岛系的米商有：矢野雄藏、中马辰次郎、大坪岩次郎、海江田丑之助、若松太平等。其中，矢野雄藏出生于 1881 年，1899 年跟随叔父治右卫门寄留那霸，于叔父经营的商店学习米谷买卖。1907 年矢野雄藏之兄彦兵卫为商店负责人，其后由雄藏担任店主，累积巨大的财富，1918 年纳税额高占冲绳县第五位。[24]

值得留意的是，1909 年台湾米运到横滨、神户、东京等地，适逢日本内地米丰收，米价低落，交易不振，在台经营米谷贸易业的津阪商店(店主津阪鹿次郎，名古屋出身)就转销冲绳，结果成绩良好，由此开始，津阪商店派员到那霸，一面推销食用米，

---

19 《广告》,《台湾日日新报》1896 年 12 月 26 日，第 4 版，《开店广告》1897 年 8 月 6 日，第 4 版，《台湾兴业会社支店》1897 年 10 月 19 日，第 2 版。

20 江夏英藏:《台湾米研究》，台湾米研究会，1930 年，第 79－80 页。

21 《内地市場と台湾米(二)》,《台湾日日新报》1924 年 8 月 1 日，第 3 版;《本島米の内地需要益益昂進》1925 年 7 月 17 日，第 2 版。

22 《内地に於ける本島米取引》、《本島米の用途と需要者》,《台湾日日新报》1912 年 5 月 14 日，第 1 版，《内地市場と台湾米(二)》《台湾日日新报》1924 年 8 月 1 日，第 3 版。

23 琉球政府编:《沖縄県史》第 3 卷，琉球政府，1972 年，第 247、258－272 页；西里喜行,《近代沖縄の寄留商人》，ひるぎ社，1993 年，第 47 页。

24 西里喜行:《近代沖縄の寄留商人》，第 97、206 页。

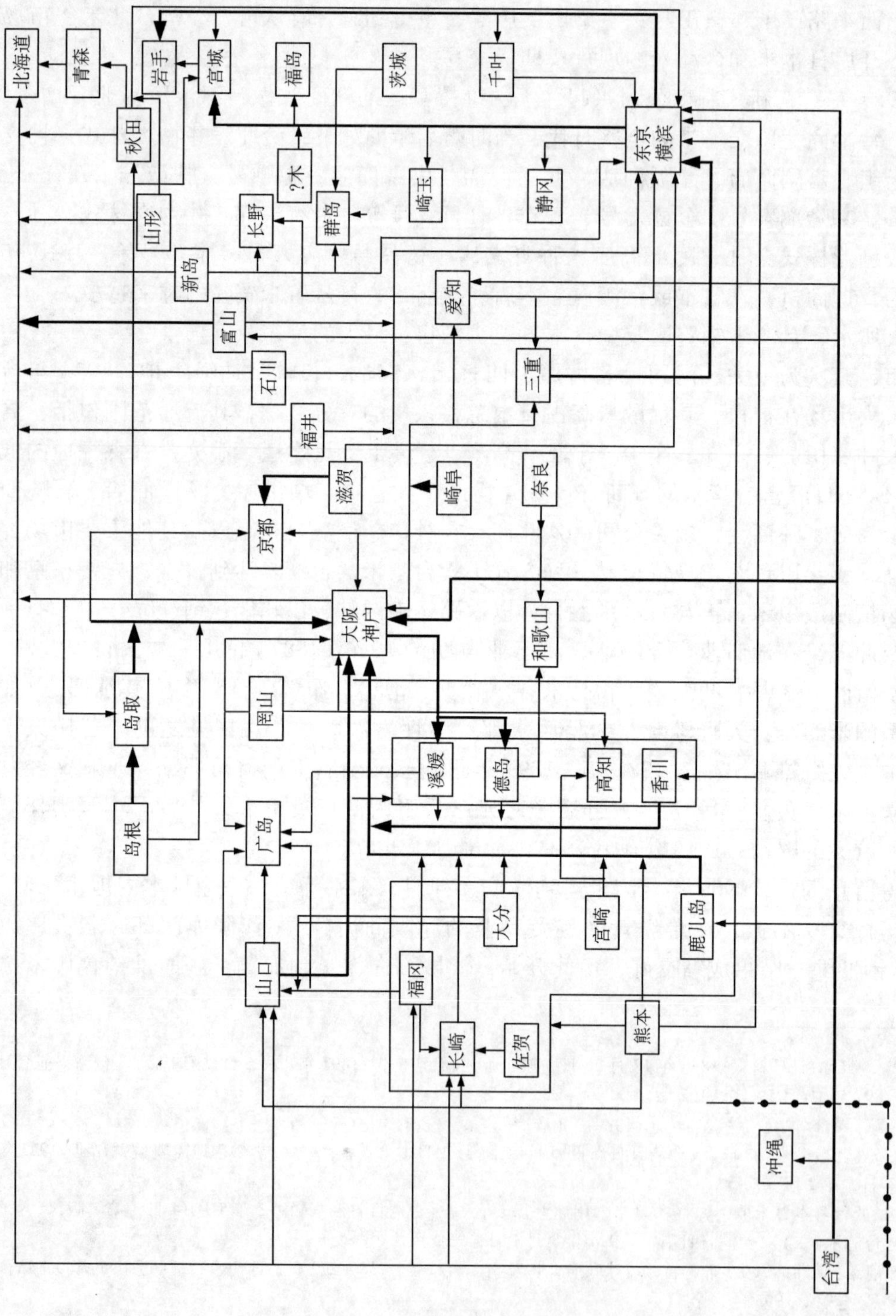

图1：台湾米与冲绳生猪流通网

备注：粗线表示台湾米交易数量较大，细线表示台湾米交易数量较少。符号—●— 表示冲绳生猪交易范围。

资料来源：参考松本贵典：《生産と流通の近代像 100年前の日本》，日本评论社，2004年，第124–125页重制。

一面贩卖可充当泡盛原料用的碎米，渐渐地提高了台湾米的销售量。[25] 1915 年贩卖台湾米到冲绳的主要是和丰、森隆、金德发等台籍米商，其次为津阪、三井等日本会社。[26]

与此对照，也有自冲绳直接进口台湾米的商人。如，小松琢次郎 1873 年出生于福冈，1910 年到那霸创设南洋商会，向台北三井物产支店购买台湾米。1915 年兼做满洲豆粕输入业，翌年与三井物产合作买卖台湾米和外国米，并将冲绳黑糖卖到名古屋。[27]

1920 年代日、台两地都有坚固地盘，资金丰富的米粮贸易商，有三井、瑞泰、岩崎商会、安部商店、和豊、方协豊、吴荣丰等商社。其中，瑞泰在台籍米商中独占鳌头，可以和三井会社抗衡。[28] 1930 年代日本政府介入米市，实施“米谷统制法”，使投机性强、实力弱的台商退出市场，台湾米贸易都归三井、三菱、杉原、加藤等，与日本政界、金融界、航运界关系密切的大会社掌握。[29] 1937 年三菱商事台北支店长代理谷口清调查冲绳消费台湾米情形，叙述：

> 冲绳米生产额十三万石，第一期、第二期各占一半比率，米的品种是以改良之台中六十五号最普遍，味道和蓬莱米差不多。冲绳消费米为该地出产米，以及购买台湾、日本内地米二十万石，共需三十三万石。冲绳人口以六十万计算，每人消费量约五斗五升，比较日本内地平均消费一石余低，此因很多冲绳人食用甘薯。甘薯产额约一亿五千万贯(1 贯 =3.75 千克)，其中二十万贯充当蔬菜运销日本内地，甘薯如果歉收，便由鹿儿岛购入补充。冲绳购买外地米之中，台湾米(主要是蓬莱米)最多，高占九成，泡盛原料用的泰国碎米一年进口五万石，酿造量达二万石，制成的酒有三分之二卖到日本本土。泡盛原价一百斤八元，一石约廿元，另加税金、杂费等，一石售价约百元。泡盛有其特殊的味道，如果不用泰国米酿造，就会失去其独特的风味……三年前(1934)三菱商事在那霸开设办事处，渐渐改变以往通过那霸经纪人采购台湾米到冲绳的交易方式，今年(1937)起台北三菱和那霸办事处直接展开台湾米的交易活动。[30]（作者中译，以下同）

清楚地指出：①冲绳产地米几乎都是改良台中六十五号品种米；②冲绳消费米以台湾蓬莱米为主；③冲绳人消费米低于大和人，一般多吃甘薯，出售泡盛、黑糖(大宗商品)购买台湾米、泰国米；④三菱台北支店一向委托那霸经纪人出售台湾米，1937 年起

---

25 《台湾米与泡盛》，《台湾日日新报》1910 年 1 月 30 日，第 3 版；《台湾米の沖縄移出》1910 年 4 月 9 日，第 3 版。

26 《岛米移出好调》，《台湾日日新报》1915 年 11 月 5 日，第 2 版。在台经营米粮贸易者，多从事杂货、砂糖、烟酒、茶叶等行业，参见李力庸：《米谷流通与台湾社会(1895—1945)》，第 164 – 176 页。

27 西里喜行：《近代沖縄の寄留商人》，第 132 页。

28 江夏英藏：《台湾米研究》，第 118 页，《三社之移出米》，《台湾日日新报》1919 年 9 月 19 日，第 5 版。

29 《京滨冲绳需要增加 台湾米移出激增 岛人移出商次第凋落》，《台湾日日新报》1932 年 4 月 12 日，第 8 版，涂照彦着、李明峻(译)：《日本帝国主义下的台湾》，人间出版社，1991 年，第 202 页。

30 《沖縄の產米は台中六十五號種　移入米の9 割迄は台湾米　一人当り消費率五斗五升》，《台湾日日新报》1937 年 2 月 25 日，第 3 版。

改和那霸办事处直接交易台湾米。

1939 年第二次世界大战爆发，东京成立日本米谷株式会社，由农林省监督及独占米谷买卖事业。台湾总督府则为增产战时军需作物，和抑制地价与工资，而颁布“台湾米谷移出管理令”，开始全面性的管制米出口贸易。[31]

五、冲绳生猪产量与台湾输入生猪量

日据时期从冲绳出口台湾的商品有黑糖、鲣节(柴鱼)、煤炭、松树、生猪等等，[32]其中，猪肉是中国大陆、台湾、冲绳食文化中不可缺少的食品，生猪贸易格外醒目。关于冲绳生猪，前花哲雄、当山真秀、吉田茂等针对：畜种改良、瘟疫预防、产量变化、境内流通等问题，作过详尽的探讨。台湾生猪方面，则有戈福江对养猪业、饲养猪数量、猪种改良、猪肉供需等，做过概要的论述。[33]

表 3 为历年冲绳养猪数量变化，年平均约 10 余万头。表 4 为台湾生猪生产、消费、屠宰量的变化，若不论 1940 年战争对产业发展之影响，可知 1910 年饲养 1 308 256 头，生产 609 255 头，屠宰 675 602 头。1920 年饲养 1 303 027 头，生产 750 544 头，屠宰 803 683 头。1930 年饲养 1 750 399 头，生产 1 428 676 头，屠宰 1 007 791 头。反映台湾养猪数与屠宰数增加迅速，然而每人每年消费量也与时俱增，产地猪不足，必须仰赖进口。

表 3　冲绳饲养生猪数量

地区	1899 年 / 头数	1906 年 / 头数	1916 年 / 头数	1930 年 / 头数	1940 年 / 头数
那霸	2 902	7 288	1 657		875
首里	10 672	13 011	7 284		2 718
岛尻	21 072	23 041	30 871		37 666
中头	23 698	31 401	30 446		37 981
国头	19 678	23 064	21 100		29 186
宫古	6 523	9 695	2 010		13 248
八重山	4 156	3 829	3 590		7 119

31　川野重任著、林英彦(译)：《日据时代台湾米谷经济论》，第 169 页；外务省编：《外地法制誌》第 4 卷，文生书院，1990 年，第 413 – 414 页，大豆生田稔：《近代日本の食糧政策》，第 322 – 323 页。

32　又吉盛清：《日本植民地下の台湾と冲绳》，第 53 页。

33　前花哲雄：《八重山の畜產風土記》，冲縄コロニー，1976 年，第 304 – 305 页；当山真秀：《冲绳县畜产史》，那霸出版社，1979 年，第 67 – 68、92 – 93、100 – 105、244 – 295 页；吉田茂：《広域流通環境下における豚の地域内自給流通構造に関する経済的研究》，《琉球大学农学部学术报告》(冲绳)第 30 号，1983 年，第 5 – 42 页；当山真秀：《第 5 部 豚》，冲绳县农林水产行政史编集委员会编：《冲绳县农林水产行政史 第 5 卷畜产篇 · 蚕业篇》，农林统计协会，1986 年，第 235 – 262 页；戈福江：《台湾之猪》，台湾银行经济研究室编，《台湾之畜产资源》，台湾研究丛刊第 17 种，台湾银行经济研究室，1952 年，第 50 – 66 页。

续表

地区	1899 年 / 头数	1906 年 / 头数	1916 年 / 头数	1930 年 / 头数	1940 年 / 头数
久米	1 723				
各离岛	3 088				
共计	93 512	111 329	96 958	121 154	128 793

备注：空白栏为资料缺载。

资料来源：据琉球政府编：《冲绳县史》第 16 卷，琉球政府，1968 年，第 155、909 页，第 17 卷，第 829 - 830 页，第 20 卷，第 584 - 585 页；当山真秀：《冲绳县畜产史》，第 245 - 246、253 - 255 页制作。

表 4　台湾生猪生产、消费、屠宰数量

年	每年每人平均猪肉消费量 / 公斤	生产头数	现有头数	屠宰头数	屠宰头数所占现有头数%
1910	9. 861	609 255	1 308 256	675 602	51. 64
1915	11. 837	675 674	1 318 903	704 361	53. 40
1920	12. 943	750 544	1 303 027	803 683	61. 68
1925	14. 614	1 039 341	1 435 752	898 665	62. 59
1930	15. 060	1 428 676	1 750 399	1 007 791	57. 57
1935	16. 866	1 505 669	1 873 188	1 158 247	61. 83
1940	11. 690	1 061 752	1 205 030	958 658	79. 56

备注：1910 年以前统计资料从缺。

资料来源：据戈福江：《台湾之猪》，第 65 页制作。

言及生猪贸易，松浦章氏对清代中国生猪运销台湾的情形，作过量化分析。[34] 表 5 显示，日据时代台湾购自对岸大陆生猪数量如下：1896 年 42 090 头，1900 年 37 477 头，1905 年 11 208 头，1910 年 529 头，呈现大幅度减少的现象。1920 年台湾猪供不应求，虽由中国补充 23 406 头生猪，但 1925 年台湾自产量提高，大陆生猪进口量即减至 281 头。另，台湾购入日本生猪方面，1905 年以前资料乏载，该年交易 678 头，1910 年 4 113 头，1915 年 17 779 头，1925 年 15 047 头，1935 年 3 661 头。反映日本生猪取代大陆生猪，在台湾的生猪市占率越来越高。当然，台湾产地猪的增加也是减少依赖进口的一个要素。

34　松浦章：《清国產豚の日本統治台湾への搬出》，收入松浦章：《近世東アジア海域の文化交涉》，思文閣，2010 年，第 373 - 393 页。

表5　台湾输入大陆、日本生猪数量

年	总计		自大陆		自日本	
	头数(头)	价值(元)	头数(头)	价值(元)	头数(头)	价格(元)
1896	42 090	179 009	42 090	179 009	–	–
1900	37 477	585 034	37 477	562 126	–	2 908
1905	11 886	239 979	11 208	231 460	678	8 519
1910	4 642	113 736	529	9 436	4 113	104 300
1915	17 820	519 484	41	410	17 779	519 074
1920	23 659	597 099	23 406	576 925	253	20 174
1925	15 328	506 749	281	7 838	15 047	498 910
1930	4 615	156 060	–	–	4 615	156 060
1935	3 661	100 027	–	–	3 661	100 027
1940	2 122	108 222	–	–	2 122	108 222

备注：大陆、日本生猪价格不同，与其每头重量、产地品种、市场需求量变化有关。
资料来源：据戈福江：《台湾之猪》，第64页制作。

日据初期中国猪船贸易颇受台湾媒体关注。如，1897年9月26日《台湾日日新报》报导：

向来，从对岸厦门、福州、温州等地输入台湾的猪，有传染病的非常多，最近像彰化地方正流行猪瘟。尽管当局也讲究种种预防法加以治疗，但仍有从本岛附近港口进口猪的倾向。似此，无论怎么做都白费力气。如前本报登载，当局只限定基隆、淡水两港可以进口生猪，禁止由其他港口输入，可是新竹地区的旧港、中港、后垄港之中，有一个也可考虑开放进口，目前高桥农商课长正在调查。以后基隆、淡水之外再加上新竹，共有三个允许猪只进口的港。[35]

又，同年9月30日报导：

自本年三月十六日起到九月二十四日止，有中国生猪船192艘搭载5 445头猪（大猪5 203头、小猪242头）运到新竹旧港。三月到八月有1 418头运到后垄港。另，运到淡水的生猪数量更多，一头生猪以市价十五圆计算，生猪贸易额相当可观，奖励繁殖生猪应为当务之急。[36]

反映中国生猪大量输入台湾，台湾总督府警戒猪瘟传入岛内，将基隆、淡水、旧港、后垄、涂葛堀、打狗等输入港，缩减为基隆、淡水、旧港三处，1909年再限定淡水为唯一的输入港。[37] 港口管理如此严密，两岸生猪贸易却持续不断。为此，总督府只

35 《豚の輸入禁止に就て》，《台湾日日新报》1897年9月26日，第2版。
36 《舊港後壠の豚輸入統計》，《台湾日日新报》1897年9月30日，第2版。
37 《输豚顿减》，《台湾日日新报》1909年2月21日，第3版。

得采取关税壁垒措施，即由1895年的无税时代，改为1905年依商品从价税征收5%税金，同年调高至15%，1906年再增为25%。[38] 提高税率阻碍两岸贸易的绩效如何，《台湾日日新报》记载：

> 从对岸进口的生猪年年减少数量，如本年(1908)一月到今天，仅仅四百头而已。此肇因于关税，当初免税时代，生猪占进口重要品中第二名，其输入价格甚巨，之后征五分关税，接下来加税一成，等提高到二成五分后进口几乎杜绝，只有为祭祀用特别需要的时候，才看见少量的生猪进口。尽管这样，岛内需要因有渐渐增加的趋势，杜绝进口反倒促进岛内养猪数的增加。又，为满足市场需要，也自鹿儿岛及冲绳两县输入，因此，实施关税的结果，一方面刺激了岛内增加生产，另一方面以日本国内的生猪产量来填补台湾生猪之不足。[39]

指出台湾总督府以增加关税税率发展台湾养猪业，压抑中国猪船贸易之策略相当成功。此外，还将鹿儿岛、冲绳产猪划入台湾市场流通圈。[40]

六、冲绳养猪业

冲绳为日本生猪之著名生产地与消费地。冲绳生猪分为在来种与外国种，在来种俗称“唐豚”，是六七百年前自福建引进，与琉球种交配繁殖，下腹着地、白色，面长耳大的黑色毛猪。外国种是指英国盘克夏(Berkshire)原产，与中国广东猪杂交培育而成的种猪。盘克夏种猪的鼻头、四只脚蹄、尾巴末梢均呈白色，耳大前垂、多产、早肥早熟，于明治初期输入日本，1905年导入冲绳。又，英国约克夏(Yorkshire)原产的白毛种猪，也于明治初期输入日本，1905年引进冲绳。1907年冲绳在来种猪之饲养数很高，约占89.3%，但1916年降至52.5%，在来种猪减少的原因，与盘克夏种、在来种与外国种交配的杂种猪，四肢强健，有不易罹病、肉味佳等优点，渐渐被县民接受有关。[41]

冲绳饲养猪的地区很多，中头、岛尻、国头等地尤多。(参见表3)农民鉴于猪肉是冲绳乡土料理中的重要食材，故多以养猪业作为农家副业。冲绳饲养猪的特征如下：①猪舍用粗石块建造，一间猪舍长约四尺、宽三尺，屋顶后方有高墙，前、左、右三面矮墙离地面二尺，阳光直射，不挡风雨，空间狭隘，缺乏运动设备，猪舍入口处设有一个污物沟。②饲主为逃避课税，多以自家名义消费私宰。③屠宰场缺乏检验疫病器具及

---

38 《移入豚近况》，《台湾日日新报》1914年2月20日，第2版。

39 《関税と輸入豚》，《台湾日日新报》1908年7月22日，第3版。

40 1901年毛猪一头屠宰税40钱，1910年毛猪屠宰税占地方税收五分之一。见《豚の屠殺税》，《台湾日日新报》1900年3月31日，第2版；《輸入豚近況》1907年5月12日，第4版；《豚と地方財政との関係》1910年12月28日，第5版。

41 当山真秀：《第5部 豚》，第238－239页。

设备。④猪饲料包括：甘薯、甘薯藤蔓、甘薯叶、豆腐渣、豆腐汁、泡盛酒酿造渣、米汁、海产品制造残渣、厨余、人粪等。一般农家喂食甘薯皮、甘薯茎、甘薯叶。造酒业发达的地区，喂食泡盛酿造渣者较多。⑤生猪买卖商称为“ウ・ーサー”（Wuwasa），兼营屠宰业，Wuwasa带一根像鞭子似的细长棒子，每日挨家挨户查访养猪户，一走进猪舍，就用长棒挥动一下猪，以肉眼概算斤重，与饲主义价完成交易后，便将生猪运到屠宰场动手屠杀，再把猪肉运到市场贩卖。根据统计，1924、1925年公私设屠宰场共有17个。[42]

1908年东京、神奈川、兵库等地猪瘟蔓延，冲绳购自东京的种猪，罹患猪瘟的有18 249头，其中，病死14 167头，被捕杀的病猪2 913头，治愈好的仅仅1 169头。1909年冲绳本地爆发猪瘟。农商务省鉴于瘟疫严重打击畜产业，故自1910年开始在日本本土试用免疫血清，并提供血清给冲绳。唯，自东京兽疫调查所配给血清，在运送过程上不免错失注射之良机，为能自制自给预防液，冲绳当局于1922年设立县营兽疫血清制造所。[43]

言及畜类疫病控制，那霸、首里有志者曾在1907年创立“养豚奖励会”，会员每月举行会议，除了审查各会员猪舍的饲养头数、品种、饲育状态等项外，还倡导猪舍卫生。[44] 与此同期，冲绳县政府为改良猪种，每年移入50余头千叶县种猪，不过，县外种猪不适应冲绳的风土气候，均发育不良。1916年县立糖业试验场名护支场开启种畜之繁殖、育成、配给事业。1921年名护支场所属畜产业独立出来，首创“县立种畜场”。1924年种畜场迁移到宜野湾村字普天间，1936年再迁到真和志村字古波藏（今县立家畜卫生试验场）。又为改进养猪业，冲绳县府尚实施：精选种猪、贷借优良种猪、开设品评会、每年施行雄猪检查；优良种猪优先配给成绩好的饲养区、设立“町村养猪组合”或养猪团体；促使养猪组合改建有卫生设施的猪舍、改善饲育法、定期注射预防液等措施。[45] 唯，这些项目并未普及全县，离岛地区延迟到1938年才开始推行。[46]

1939年冲绳进入战时经济体制，由于台湾总督府严格管制台湾米买卖活动，冲绳进口米短少，许多人一天二三餐都只得吃甘薯，甘薯变成大众主食，加以物资不足，猪饲料缺乏，结果导致养猪数从1940年128 793头、1941年降至123 314头、1942年减为114 620头，出现年年递减的情形。[47]

---

42 当山真秀：《第5部 豚》，第247－249、252页。

43 当山真秀：《第5部 豚》，第241－246、249－251页。

44 琉球政府编：《冲繩県史》第16卷《新闻集成》，琉球政府，1967年，第899页。

45 当山真秀：《第5部 豚》，第239－241、255－257页。

46 前花哲雄：《八重山の畜產風土記》，第304－305页。

47 当山真秀：《第5部 豚》，第254－255页，当山真秀：《冲繩県畜产史》，第246页。

七、台湾养猪业

猪是台湾畜产业之大宗。长久以来，台湾有一种专门从事种猪交配行业的人，名称为“牵猪哥”。牵猪哥一手牵一头公猪，一手吹着喇叭，以喇叭声招徕养猪户，为其饲养母猪进行交尾，每次交尾收取白米三升、25 钱至 50 钱酬劳。牵猪哥交配的种猪，以黑毛、矮肥、短鼻梁，生产于中坜的桃园种猪最受欢迎。但，台湾总督府认为牵猪哥没有辨识公猪体质优劣的能力，如果任意交尾，不仅会降低其繁殖力，而且在来种猪也有发育迟缓、饲养费用多、体重增加少等缺点。为此，便自 1896 年起引进盘克夏种猪，1900 年输入约克夏种猪，让地方政府做品种改良。但台湾人忌讳以白猪作祭祀神明的供品，故种猪改良成绩颇不理想。[48]

与此同期，台湾总督府为防止瘟疫蔓延，1896 年公告“屠兽场取缔规则”；1897 年于基隆、淡水、旧港、后垄设立“病豚检疫所”；1899 年制定“兽疫预防规则”，确立病猪之通报、扑杀、尸体处分、检疫等法规。除此之外，为加强公共卫生，与冲绳、福建(1898 年纳入日本势力范围)地区合作，建立跨海疫情通报及严禁载运病猪的情报系统。[49]

1908 年台湾总督府补助农会，让农会成员调查、指导饲养户，选育优良种猪，另购进盘克夏种猪贷与养猪户繁殖。[50] 1910 至 1920 年台湾人消费猪肉量增加，岛内饲养不足，依赖外地供应。1920 年冲绳饲养猪减产一万余头，台湾改由中国输入生猪。1926 年台湾总督府为使岛民改变养猪习惯，鼓吹饲养发育快、不易患病、饲料费少的洋种猪，故以洋种猪所含蛋白质多、脂肪多、水分少，比桃园种猪质量佳为由，断然实行统一品种，或饲养土洋杂交种猪之畜产政策。[51]

台湾总督府 面普及饲养繁殖力强的盘克夏种猪，一面提倡建造采光通风好的猪舍，及改善养猪方法，以预防疫病。举例言之，1921 年高雄州以卫生和奖励堆肥为要点，倡导兴建设施完备的猪舍。根据统计，该年猪舍竣工数共 5 974 间，1929 年增至 21 000 余间，其中，经过审查，建筑构造、利用、管理、采肥等均佳者占 48 间。[52] 又

---

48 戈福江：《台湾之猪》，第 54 页。有关牵猪哥行业，参见《種牡豚の改良》，《台湾日日新报》，1906 年 2 月 20 日，第 4 版，《一日一商 牽豬哥》1909 年 3 月 17 日，第 7 版。桃园种猪之特征，参见《台湾の養豚業》，《台湾日日新报》1924 年 6 月 22 日，第 4 版。

49 《艋舺の豚肉販賣者》，《台湾日日新报》1896 年 12 月 12 日，第 3 版，《病豚檢疫所》1897 年 9 月 30 日，第 2 版，《豚疫告示》1900 年 1 月 30 日，第 3 版，外务省编：《外地法制誌》第 4 卷，文生書院，1990 年，第 68 – 70 页。

50 《種牡豚の檢查》，《台湾日日新报》1906 年 9 月 16 日，第 4 版；《養豚改良に就いて》1908 年 1 月 30 日，第 2 版，《養豚改良》1910 年 10 月 6 日，第 3 版。

51 武上耕一：《在來種豚存廢問題を中心として》，《台湾農事報》(台北)第 8 号，1931 年，第 21 – 25、30 页，当山真秀：《冲縄県畜产史》，第 245 页。

52 《高雄改良豚舍 – 完成后采取堆肥十五亿斤 价格四百五十万圆》，《台湾日日新报》1922 年 9 月 11 日，第 3 版；《改良豚舍奖励 高雄冈山地方成绩》1929 年 2 月 10 日，第 4 版。

如，1925年台东厅为奖励农家兴建改良猪舍，补助每间猪舍20元，该年建造10间，1926年增建20间。新式养猪舍以混凝土建盖，面积4坪，设有饲料所、休眠所、土粪窖、污物堆处，可供饲养猪4头。[53]

八、生猪贸易商

在冲绳与台湾各自发展养猪业过程中，两地之间的生猪买卖相当活跃。如《台湾日日新报》1896年11月20日记载，基隆每月平均输入生猪593头，一年共进口7 123头。基隆每日平均消费生猪30头，一年消费25万9 996头，一头大约90斤，价格按11元20钱计算，生猪消费额总共31万1 996元16钱。冲绳人看到基隆生猪是很有利的事业，就把冲绳本岛、八重山岛产的500余头生猪卖到基隆，结果获得好评，拥有压倒中国生猪之市场竞争力。[54]

1909年3月7日报导，基隆2月份输入鹿儿岛产、冲绳产的生猪304头，鹿儿岛生猪每百斤价格16元70钱，冲绳生猪每百斤14元70钱。[55] 反映冲绳生猪运输基隆距离较近，运费比较便宜，具有交易成本低之优势。

1912年5月23日报导，台北去年屠宰猪只10万5千750头，台北猪肉消费量随着人口增加，生活程度向上，年年递增。尽管如此，台北养猪业规模很小，每年都要从鹿儿岛、冲绳输入生猪2万头左右。[56]

又，1913年《冲绳县产业要览》记载：

> 本县之养猪数占全国各府县之首位，多达十万头，其三分之一以上饲养管理周到，肉味美，非他府县可以模拟，近时由宫古、八重山运送台湾的生猪，每艘船有数十头。[57]

即谓冲绳与基隆之间生猪买卖活动颇为兴盛。有关冲绳生猪的流通途径，大体而言，冲绳产地是由养猪户卖给Wuwasa（家畜商），家畜商移出县外市场或中介商，市场批发商、中介商再卖给贸易商。家畜商为确保生猪来源，通常是以预借款方式对农家提供养猪费用。[58] 冲绳本地生猪中介商、贸易商姓名不详，台湾方面由若干零星资料里，约可了解生猪贸易商之经历。

【事例1】

高濑四郎寄居台北大稻埕建昌街，1897年租借东门外旧兵营遗址，7月进口两百多

---

53 《台东厅下改良豚舍补助》，《台湾日日新报》1926年11月21日，第4版。

54 《豚の輸入高及消費高》，《台湾日日新报》1896年11月20日，第3版。

55 《獸畜の輸入高》，《台湾日日新报》1909年3月7日，第3版。

56 《台北の養豚業》，《台湾日日新报》1912年5月23日，第2版。

57 当山真秀：《第5部 豚》，第235页。

58 吉田茂：《広域流通環境下における豚の地域内自給流通構造に関する経済的研究》，第20页。

头冲绳生产的小猪，雇用日本人、台湾人饲养。起初小猪长得很健康，但到9月突然有一头患病，为控制瘟疫蔓延，马上杀死病猪，但没有多久又病死几头。高濑四郎请来兽医设法预防，不料病情越来越重，有一百多头发病。高濑与兽医、雇工倾力隔离与灭毒，结果病猪没有全部毙死，可是已经损失了一千元。[59]

【事例2】

1897年2月27日台北商人陈江明、林水、王凤飞去基隆，搭乘须摩丸到那霸，亲自购买冲绳产地猪。[60]

【事例3】

1910年12月15日住在大稻埕稻新街的米商蔡水芋(45岁)到台湾银行存款一千元，银行员发现其中混入一张十元伪造纸币，立即报警。警察审讯蔡水芋，蔡水芋说那张伪钞是他当天从竹北堡杨梅坜米商陈金(43岁)手里取得的。警察调查陈金，陈金说伪钞是14日在大稻埕建成街皮革商永井春次郎(43岁)家里拿到的。员警传讯永井，永井回答伪钞是13日自北门街冲绳人(和服商)村山まかと(30岁)手里收到的。村山则辩解，前一天他到基隆街卖布，是在哨船头街冲绳人平蒲户的家里，和住在同一条街田名かめ交换纸币时被混入的，当时他不知道那张十元纸币是伪钞。[61]

卷入此案的永井春次郎，在1912年被鹿儿岛市生豚输出商森山猪之助以奸猾的手段诈骗了四百元。该年永井通过木下新三郎(佐贺人，台湾家畜保险株式会社监事)介绍，认识森山猪之助，永井春次郎打算进口生猪，将四百元预借给森山，后来发觉森山的营业不实在，考虑收回贷款，终止交易，但森山猪之助委托友人再三恳求，使他感到为难，便签下四百元订货合同，并以电报向返回鹿儿岛的森山汇款，结果森山背信，连一头生猪也没有运来。永井为此频频和他交涉，可是森山不理会。1915年永井愤然控告森山诈欺罪，同年12月森山渡台时立即被警务课传去审讯。[62]

【事例4】

1913年大稻埕的坚实商人刘金声、吴文秀、陈朝骏、杨础卿等，集资二十万元组织"养猪株式会社"，展开养猪业及移入、贩卖生猪计划。其中，刘金声1884年出生于基隆，公学校毕业，1905年进入商界，经营金德发号，是台北米界相当著名的贸易商。陈朝骏1886年出生于厦门，在日本殖民台湾以前，其父陈玉露到爪哇(Java)创设义裕茶行，因经营福建乌龙茶输出爪哇而闻名。1899年陈朝骏跟随父亲渡台，归化日本籍，在大稻埕开设永裕茶行。1910年陈朝骏继承永裕号事业，1914至1922年间被台北茶商

---

59 《養豚半ば斃る》，《台湾日日新报》1898年1月16日，第3版。

60 《豚商渡航》《台湾日日新报》1897年3月30日，第3版。

61 《十圓の贋造紙幣》，《台湾日日新报》1910年12月17日，第7版。

62 《広告》，《台湾日日新报》1905年2月11日，第12版，《生豚輸入を種に》1915年12月7日，第7版。

公会选任为会长，1922年营业资本额600万元，是台湾茶界远近驰名的富商。[63]

综上事例，可知生猪贸易商包括台湾、冲绳、鹿儿岛、佐贺等地商人。贸易商分别兼营米谷业、茶业、运输业、汇兑业、料理屋业，利用多角经营之方式累计商业或产业资本。至于他们加入生猪贸易的原因，与海上运输货物需要预订船舱，船公司主要根据客户出货量之多寡配置舱位。输出商为订到舱位，并增加往返航程之商品交易利益，多会配合船公司航线，交换其通过地的商品。[64] 唯，1937年中日战争爆发后，航行台湾的日本船变成御用船，生猪变成军需品之一，生猪贸易几乎都归半官半民的国策会社独占。[65]

结　论

台湾与冲绳地理位置很近，明清时期两地人员很少往来，进入近代因为日本殖民台湾，开启日本－冲绳－台湾定期航路，海运交通方便，故使台湾与冲绳连接成一个流通圈，岛屿与岛屿之间的商品交换越来越频繁。

如以大宗消费品台湾米的流通而言，米是台湾人、冲绳人的主食。台湾米属于二期作，具有早熟、生产量大、价格便宜、口感比廉价南洋米佳、米型类似日本米，易与日本米混合食用等特点。台湾米大量输日，源于日本推展产业革命，食米人口增加，国内稻作供不应求，为减少外汇支出、抑制昂贵的米价，解决食粮问题，故而进口台湾米。台湾米流通日本的据点为：东京、横滨、大阪、神户、下关、门司、名古屋、四日市、三池、长崎、那霸等地。台湾米卖到日本，在东京、横滨、大阪、神户先调制成精白米，和日本米混合后，再卖到附近工厂，或以水运、铁路运输国内各地。冲绳距离基隆很近，岛民通过物物交换，也有直接交易台湾米的情形。大体言之，台湾米流入全日本各地米市，其中，在冲绳的市占率很高，主要消费对象是在冲寄留人，冲绳本地人则多混食杂谷、甘薯。

在台出口台湾米的贸易商为：三井物产、大仓组、津阪商店、增田屋、瑞泰商店等日、台籍著名商社。把台湾米卖到冲绳的有：津阪、三井、三菱等大商社。冲绳本地有来自鹿儿岛、大阪、福冈的寄留商人经营米店。

值得指出的是，1922年台湾育成日本品种蓬莱米后，广受日本消费者欢迎，由于

---

63 《养豚会社创设》，《台湾日日新报》1913年4月3日，第2版。有关陈朝骏，见朱德兰，《近代台湾包种茶商的兴起与商业纠纷(1895—1945)》，Angela Schotten－hammer：East Asian Economic and Socio－cultural Studies，Germany Wiesbaden：Otto Harrasso－witz GmbH & Co. KG. 2011，pp95－115。

64 《移入豚归消防组独办》，《台湾日日新报》1912年11月17日，第5版；《家畜保险》1901年8月29日，第3版，1901年8月30日，第4版；浅香贞次郎编：《台湾海运史》，台湾海运协会，1941年，第16－17、456页。《台湾人物志》，汉珍公司制作数字图书数据库，http：//tbmc. infolinker. com. tw2011年10月23日引用。又，1933年基隆社寮岛 缴料理屋店主当选"社寮岛畜产组合长"。参见《台湾之畜产》(台北)第1号，1933年1月，第5页。

65 台湾畜产兴业株式会社编：《台湾畜产兴业株式会社要览》，台湾畜产兴业株式会社，1942年，第1－13页。

商品价值高，故普遍栽培于全台湾各地，其中台中65号米种被移植冲绳，对冲绳农业改良颇具贡献。[66]

猪肉为台湾人、冲绳人的重要副食品。有关生猪流通，清代台湾养猪户很少，主要依赖对岸供应。猪船贸易发展到日据时代，台湾总督府鉴于台湾对中国生猪购买量大、猪船带来瘟疫，故以实施高关税税率措施，打击两岸生猪贸易。台湾生猪在供需失衡下，开启了台湾、冲绳生猪贸易之商机。

冲绳为生猪之重要生产地和消费地。冲绳县政府为促进生猪饲养量，除了引进英国种猪进行改良外，还设立兽疫血清制造所。根据统计，1916年改良种猪之繁殖量超过饲养总数的一半，其生产、出售猪成为农民的主要经济来源。冲绳家畜商以预借款购买生猪，生猪运交市场或中介商手中，市场批发商、中介商再卖给出口贸易商。

台湾、冲绳生猪贸易商有：佐贺、鹿儿岛、冲绳、台湾系商人。这些商人基于海上运输须订货舱，为了确保舱位，并增加多次商品交易利益，故多配合船公司的航线通过地，经营多样化的商品交换。据此，原本以稻米、茶叶、运输、汇兑、料理屋为主业的商社，也兼营生猪买卖业。

总结的说，日据时代台湾与冲绳有活跃的商品贸易活动，大量米与生猪的交换及流通，除可刺激米与生猪的品种改良及商品化增产外，贸易商为获取营业利益，前往商品流通地直接交易或作商况调查，所形成的人的移动、资金流通、情报交换、技术移植等等，也加深了台湾与冲绳之间的交流关系。

---

66 卞凤奎：《日本台湾統治時代における台湾人の八重山諸島への移民活動》，第17页。

福州における琉球船の船舶乗組員
——19 世紀の事例を中心に

琉球船船员在福州的活动研究
——以 19 世纪的事例为中心

深沢秋人

要　旨

福州は明清時代を通じ、中国によって朝貢国琉球との接触の場(清代の「貢道」はビン安鎮)、北京への朝貢ルートの起点として位置づけられていた。近世の琉球王国は、進貢船と接貢船からなる定期便を福州に派遣していた。これら琉球船の乗船者は、朝貢使節を中心とする渡唐役人およびその従人と「船方」(船舶乗組員)から構成されていた。

これまで、福州における近世の琉球使節(渡唐使節)の活動については、存留通事や請諭使による福建当局との交渉、琉球使節の居留地化が進行した福州琉球館(柔遠駅)の状況、「開館貿易」の概況などに関する研究成果が蓄積されている。これらは渡唐役人をめぐる諸問題を扱ったものが多く、琉球船の「船方」については基礎的研究が不足しているといわざるをえないのが現状である。

そこで本稿では、まず、「勅使御迎大夫真栄里親方日記」に散見する「船方」関係史料を紹介しながら、福州における琉球船の「船方」の動向について考察したい。次に、「船方」の滞在形態について、広州における暹羅使節とも比較しながら検討してみたい。さらには、筆者は以前、琉球使節による南台尚書廟への捐資に触れたことがあるが、今回はその意味について別の視点から再検討を試みたい。

摘　要

明清两代，福州的定位一直是作为中国与藩属国琉球往来的门户、琉球使节赴京贡道的起点。近世时期，琉球王府定期派遣进贡船和接贡船前赴福州，这些琉球船只上的人员主要是由以朝贡使节为主的“渡唐役人”、随从以及被称作“船方”的船员构成。

关于近世时期琉球使节(渡唐使节)在福州的活动，以往的研究主要涉及以下几个方面：一是关于存留通事、请谕使等琉球使节与福建官方交涉的研究；二是关于使节居住地的福州琉球馆(柔远驿)的研究；三是琉球馆“开馆贸易”等等。虽说上述研究已经积累了一定的成果，但是，这些研究大多是围绕“渡唐役人”这一群体而展开的，针对琉球船“船方”，即船员状况所作的基础性研究明显不足。

因此，本文拟先通过介绍一些散见于《敕使御迎大夫真荣里亲方日记》中涉及琉球“船方”的史料信息，来考察这些船员在榕活动的具体状况；接着，想比较和分析一下琉球船员在榕逗留方式与暹罗国使节在广州逗留方式的同与异。另外，以前，笔者曾就琉球使节在福州南台尚书庙捐款的问题作过一些研究，在此，本文亦拟从另一个角度进行重新探讨。

一、問題の所在

福州は明清時代を通じ、中国側によって朝貢国琉球との接触の場(清代の「貢道」は閩安鎮)、進貢使を中心とする琉球の朝貢使節の北京への起点として位置づけられていた。清朝との通交期、近世中後期の首里王府は、那覇と福州のあいだを結ぶ福州航路に進貢船(二艘)と接貢船からなるそれぞれ隔年の定期便、ほかにも護送船や王舅迎船などの仕立船を臨時便として派遣していた。これらの琉球船はいずれもジャンク船タイプの船舶である。

福州航路の乗船者は、進貢正副使を筆頭とする北京派遣役人と福州派遣役人などの渡唐役人およびその従人、船舶乗組員である「船方」から構成されていた。北京での朝貢活動や福建当局との交渉を展開した渡唐役人は、沖縄島の町方(都市部)の士族層が琉球国王への奉公として務めていた。一方、「船方」の出身地は、那覇や久米村などの町方、慶良間島と久高島の島嶼部に限定され、町方の多くや島嶼部出身者は百姓身分であった。責任者の船頭、船頭を補佐する佐事、水主のなかでも熟練者と思われる定加子、水主などから成っていた。従人も含め、これらの乗船者は王府のもとで編成が行われていた。

また、当該船舶に乗船した渡唐役人と従人および「船方」は、渡唐役人を上位者とする組織体(渡唐使節)を形成しており、「船方」もその管理下に置かれていた。しかし、北京派遣役人と福州派遣役人の一部(その従人も)は、復路で乗船する船舶が往路とは異なっていた。朝貢活動や外交交渉の担い手であった渡唐役人は、「船方」が動かす定期便や臨時便に搭乗していたともいえよう。

福州航路の「船方」に関わる一定の研究成果も存在する。真栄平房昭氏は、琉球の対中国貿易には、王府の貿易とともに進貢船などの乗船者による個人貿易が存在し、「船方」もその権利を有していたことを明らかにした[1]。高良倉吉氏は、徐恭生氏などの中国側研究者の成果を踏まえ、福建省で確認されている琉球人墓碑の全体像を検討し、特徴の一つとして、那覇人の占める比重が高いこと、進貢貿易において進貢下級職や航海要員など職能者として役割を担っていたこととともに、同様に進貢貿易を支えた慶良間人の存在感の大きさを指摘した[2]。筆者は、一七三四年に派遣された護送船の「船方」の編成過程、特に佐事と水主の選出方法および出身地の傾向を分析した[3]。しかしながら、福州航路の「船方」をめぐる先行研究は鹿児島航路と比較しても決して多くないといわざるをえないのが現状である[4]。

一方、筆者は、一八五〇年に派遣された進貢船の渡唐準備期間における佐事と水主の役割、一八六〇年代における鹿児島航路の琉球船の水主が鹿児島琉球館で課されていた負担など陸上における「船方」の動向について指摘したことがある[5]。福州における琉球船の「船方」の具体的な動向や役割についても検討されるべきであろう。

そこで本稿では、まず、「勅使御迎大夫真栄里親方日記」(早稲田大学附属図書館特別資料室蔵)に散見する「船方」関係史料を紹介しながら、福州における琉球船の「船方」の動向、役割、負担を明らかにしたい。次に、「船方」の滞在形態について新たな見解を示してみたい。その際、広州における暹羅使節とも比較してみたい。さらには、筆者は以前、琉球使節による南台尚書廟への捐資(寄付)に触れたことがあるが[6]、今回はその意味について別の視点から再検討を試みたい。南台尚書廟への捐資や琉球人墓碑からうかがえる「船方」の世界を捉え直すことになる。

二、福州における「船方」の状況

(一)「真栄里親方日記」に見えるその動向

「勅使御迎大夫真栄里親方日記」(以下「真栄里親方日記」)は、同治四(一八六五)

---

1 真栄平房昭「近世琉球における個人貿易の構造」(『球陽論叢』ひるぎ社、1986年)。

2 高良倉吉「中国所在の琉球人墓とその歴史的意義」(『第三届中琉歴史関係国際学術会議論文集』中琉文化経済協会、1991年)。

3 深澤秋人「琉球の船舶乗組員からみた海域史—護送船・飛船の例を中心に—」(『周縁の文化交渉学シリーズ5 船の文化からみた東アジア諸国の位相』関西大学文化交渉学教育研究拠点、2012年)。

4 鹿児島航路の「船方」をめぐる研究成果としては、真栄平房昭「琉球海域における交流の諸相—海運・流通史の視点から—」(『沖縄県史各論編第四巻近世』沖縄県教育委員会、2005年)、深澤秋人「海域史のなかの那覇港—一八四〇～五〇年代の状況—」(『東アジアの文化と琉球・沖縄—琉球/沖縄・日本・中国・越南—』彩流社、2010年)、前掲注3の拙稿などをあげておく。

5 深澤秋人「近世琉球における朝貢品硫黄の精製と集積—1840～50年代を中心に—」(『第十届中琉歴史関係学術会議論文集』中琉文化経済協会、2007年)、同「『明治二／同治八年己巳六月ヨリ翌九月迄在勤中日記』第342号について」(『琉球国王家・尚家文書の総合的研究』琉球大学教育学部、2008年)。

6 深澤秋人「福州琉球館をめぐる状況」(『沖縄県史各論編第四巻近世』沖縄県教育委員会、2005年)、改訂のうえ、同『近世琉球中国交流史の研究』(榕樹書林、2011年)に収録。

年、勅使(冊封使)を福州で迎接するため派遣された勅使御迎大夫(接封大夫)の公務日記である[7]。一八世紀以降、勅使御迎大夫は往路では接貢船への搭乗が制度化されており[8]、復路では冠船(冊封使の乗船)に同乗するかたちで那覇に向かった。当日記は同治四年二月一三日条から翌年六月二三日条にわたる。那覇出発前の渡唐準備期間から那覇帰着以降の内容までを含んでいる。接貢船が那覇を出発したのは同治四年一〇月七日(乗船は前日)、座間味島を経由し、福州の停泊地のなかでも南台島北岸に位置する林浦に到着したのは同二〇日である[9]。真栄里親方などは翌日に下船し、翌年の五・六月まで福州琉球館に滞在している。同治五(一八六六)年五月一二日には同乗する冠船の頭号船に乗船し、同一四日には「戸部之前」を出発したものの、浅瀬に乗り上げてしまい、六月五日に林浦を再出発している。久米島を経由し、那覇に到着したのは同二一日であった。

『事々抜書』(沖縄県立図書館東恩納寛惇文庫蔵)に収録された「唐御取合之事」の項目からは、進貢船(大唐船・小唐船)をはじめとする福州航路の船舶の乗船者を知ることができる。「船方」の人数についてまとめたのが表1である。冠船の頭号船と二号船には、「勅使御渡来之時乗合人数」として、勅使御迎大夫の「主従」グループ一〇名とともに「船方」が乗船していた。頭号船には船頭の「主従」の二名[10]、佐事三人、水主三名の八名、二号船には佐事二名と水主二名の四名である。すなわち、福州から那覇に向かった往路の冠船には、琉球人が二二名ほど乗船しており、うち「船方」は一二名であったことがわかる。

「真栄里親方日記」同治四(一八六五)年三月二日条によると、当日、船手座において「勅使御乗船御船船頭」の人選が行われたことが知られる。船手座は那覇港の港湾機能を維持する諸施設が置かれた渡地村に位置した。同日条には、御迎大夫の真栄里親雲上と久米村役者中が作成し、高奉行が次書をした「覚」(おかす)が収録されている。「旅数」「船功」「人品」などを基準に選考したところ、伊差川筑登之親雲上(西村)と西銘筑登之親雲上(「久高島下小」〈屋号〉)の両名が最終候補者として推薦され、どちらかを船頭として選出してほしい旨が上申されている。これとは別に「首里役者

7　豊見山和行氏による解題と翻刻がある。豊見山和行「勅使御迎大夫真栄里親方日記について」「史料紹介勅使御迎大夫真栄里親方日記」(『歴代宝案研究』第三・四合併号、1993年)。

8　深澤秋人「近世琉球の渡唐使節における特使の様相—清朝との通交期を中心に—」(『沖縄キリスト教短期大学紀要』第29号、2000年)。

9　福州における琉球船の停泊地の変遷については、陳碩炫「清代福州における琉球進貢船の会験及び停泊地の変遷について」(『第1回琉中関係学術討論会論文集』琉中関係研究会、2009年)、林浦の歴史的位置付けについては、徐斌「林氏故郷の濂浦(林浦)と中琉歴史関係」(『東アジアの文化と琉球・沖縄—琉球/沖縄・日本・中国・越南—』彩流社、2010年)がある。

10　咸豊三年に派遣された護送船の事例であるが、船頭の「内」(従内)として那覇四町の東村出身の大嶺筑登之親雲上を確認できる。町百姓であったようである。『名護市史・資料編5文献資料集2羽地寄留士族関連資料』(名護市役所、2004年)所収、山里家史料「善行記」。

中」でも人選が行われ、「おかす」が提出されていたようである。二日後の三月四日条によると、「勅使様御乗船船頭」に任命されたのは久高島の西銘筑登之親雲上であった。冠船の頭号船に乗船する船頭は渡唐準備期間の比較的早い段階で決定していたことがわかる。

福州到着後の一一月七日条には、翌日の御迎大夫による諸衙門への「参官」をめぐり[11]、大夫儀者の高良筑登之が「船方」を動員するため、安慶名親雲上に宛てた「覚」が収録されている。「参官」では慣例として行列が編成されたが、高良筑登之は佐事一名と水主一四名の動員を要請している。佐事は色衣・帽子・大帯・鞋、水主は色衣・帽子・小帯・鞋を着用のこととある。安慶名親雲上は接貢船大筆者であったと思われ、動員された「船方」は冠船に乗船する「船方」でなく、接貢船の「船方」であった可能性がある。当日の同八日条によると、御迎大夫以下、接貢船の才府・大通事・官舎・存留通事・大夫儀者、小姓ならびに下供などが「五ツ時分」(午前八時頃)に福州琉球館の大堂に集合し、河口通事と長班役の案内によって、城内の撫院衙門、総督衙門、布政司衙門に向かい、「手本」を提出している。

同日条に収録された行列配置図(部分か)によると、御迎大夫と大夫儀者は轎に乗り、両名を囲むように二列縦隊の行列が編成されていた。水主が担っていた役割は、行列の先頭から順番に次の通りである。先頭で「銅羅金」を打ち(一対、二名)、続いて「冊封恭迎大牌」、「中山王府小牌」、「正議大夫小牌」を掲げ(各一対、計六名)、さらには「撮花」、「朱ぬり捧」(各一対、計四名)を持ち、御迎大夫が乗った「四人轎」の前方で「赤涼傘」を担ぎ(一名)、儀者が乗った「弐人轎」の右側前方で「馬架椅」を運んでいる(一名)。佐事は「四人轎」の左側前方に配置され、右側の五主とともに並んで歩いていたようである。「四人轎」と「二人轎」は、福州琉球館に出入りしていた中国人と思われる「野菜入阿第」が「唐日用」として雇われ、彼らによって担がれていた(一一月七日条)。一行が福州琉球館に戻ると、行列に動員された佐事・五主・「雇供」に対し、御迎大夫から「から肴」、「四ツ碗之物」、「焼酎」が振る舞われている。対象者のなかに水主は見えない。

後述するように、福州琉球館においても重要な儀礼として位置づけられていた冬至儀礼では、「船方」からの参加対象者は佐事に限定されていたようである。また、一二月二三日条には、元日の「子之方并琉球江之朝拝」をめぐる事前の通達が収録されているが、附には佐事は見えるものの水主を見いだせない。さらには、同治五年正月一五日条でも、「琉球江之朝拝」およびすべての進行は元日同断とある。参加対象者のなかに水主は含まれていなかったようである。すなわち、佐事は三大儀礼に参加していたものの、日記の文言を見る限りでは、水主にはその機会がなかったようであ

11　深澤秋人「福州における渡唐使節の儀礼について一近世琉球の事例を中心に一」(『第七届中琉歴史関係国際学術会議中琉歴史関係論文集』中琉文化経済協会、1999年)。

る。福州における「船方」の儀礼への参加にも職種によって差異が存在したといえよう。

なお、一一月八日条には、古存留(ここでは進貢存留通事)の楚南里之子親雲上が西銘筑登之親雲上の処遇をめぐって一一月付けで作成した「覚」が収録されている。西銘筑登之親雲上は二号船船頭であるところ、佐事と呼称していては、中国人に対して不都合であり、ほかの佐事や水主も同様の認識では指示が徹底されない可能性があるため、「那覇川」に到着するまでは船頭と呼称するよう通達してほしいとある。「覚」の文字の下部には、勢頭(進貢正使)・大夫(同副使)・御迎大夫の捺印があり、認められたことがわかる。前述したように、冠船の二号船には佐事が二名乗船することになっていたが、うち一名はいわば船頭格として扱われたようである。同日記のなかで、頭号船とともに二号船船頭を見いだせるのは、御迎大夫が福州琉球館に「安挿」した一〇月二七日条である。渡唐準備期間における頭号船船頭の人選とは別に、福州ではこのような措置が慣例として取られていたようである。

ところで、勅使御迎大夫の真栄里親方が福州で直面した問題の一つとして、豊見山和行氏が指摘するように冊封使が乗船するチャーター船の選定があった[12]。ここでは選定にいたる経緯において「船方」が果たした役割に着目してみたい。同治五(一八六六)年正月二八日条では、海防官からの召致により、河口通事と同筆者とともに頭号船船頭を帯同して海防衙門に出向いたところ、新據豊船以下の六艘の民間船を候補として伝えられている。

翌二九日条では、真栄里親方は、古存留の楚南里之子親雲上、前日同様に河口通事と同筆者、頭号船船頭さらには佐事を伴って打診された船舶の停泊地に赴き、建造年が古い邱大順船(戌〈一八三八年〉冠船の二号船)を除いた五艘の「見分」(検分)を「船方」に申し付けている。船底にいたるまで検査させたところ、「新徳盛船のみが新造船であること、規模も進貢船並みであること、船具も揃っていること、艍は半分であること、ほかの四艘は中古船であるうえ艍がない」という調査結果であった。これらは海防衙門に参上して報告している(海防官は不在)。二月朔日条では、古存留・河口通事・同筆者ともにここでは二号船船頭を召し連れ、現地で海防官と閩県の官人の両人と合流して検分を行っている。中国側が推す新據豊船は、大型船のため琉球での港の出入りに差し障りがあること、艍がないため遠海の往還が難しいなどの問題点があることを両人も認めている。結論から述べると、選定された船舶は中国側が候補として挙げた六艘(五艘)のなかにはなかった。

正月一六日条によると、琉球側から海防官に船舶の選定をめぐる腹案が稟によって提出されていた。「福宝玉と金振【草＋戎】の両船は新造船であり、規模も適当であると『船方』が内々に確認しています。この両艘も対象に加え、検分には我々も立ち

12　前掲注7の豊見山和行氏解題。

会わせてください」と申請している。琉球側が候補とする船舶は「船方」によって事前に絞り込まれていたのである。これは二八日条によると前例に則っていたようである。海防衙門におけるやりとりでは、琉球側が候補として挙げた二艘は一旦却下されたものの、最終的には認められた。二月朔日条の後半部分では「中奥」に停泊していた金振【草＋戎】船、二月七日条では閩江河口付近の「官頭」から「中奥」に到着した福宝玉船の検分が行われたことが知られ、中国側から好感触を得ている。二月一〇日条では、福州琉球館を訪れた海防官によって内定が伝えられている。三月四日条によると、真栄里親方は楚南里之子親雲上などを帯同して「戸封之官廳」に出向き、布政司以下中国側官人と対面したうえ、改めて両船の検分が行われ、頭号船は福宝玉船、二号船は金振【草＋戎】に決定している。二月七日と三月四日の検分には頭号船と二号船の船頭が両名とも参加している。選定交渉の過程において、「船方」(ここでは船頭と佐事)は職能者としての立場から船体の構造などに関わる専門的な意見を求められ、中国側が候補として挙げた船舶には問題点があることを先方に了承させるうえで重要な役割を果たしていたといえよう。

同治五(一八六六)年三月六日条には、御迎大夫儀者の高良筑登之と古存留の楚南里之子親雲上が接貢船公司に宛て、三月六日付けで作成した文書が収録されている。「欽差御乗船」(冠船)の修理が始まり[13]、頭号船・二号船の佐事と水主は毎日「御船元」に通うため、「公司番」と「加封番」を免除してくれるよう要請している。同日条には、両名が頭号船・二号船の佐事と水主中に宛てた同日付けの文書も収録されている。修理期間中は「公司番」と「加靴番」が免除されることになった旨が通達されている。接貢船公司は当日中に要請を許可したことがわかる。「加封番」(「加靴番」)については不明であるが、「公司番」とは、福州琉球館の居留地エリアに設置されたと思われる進貢船や接貢船の公司の警備もしくは雑用などであり、福州滞在中の佐事と水主に課された役割だったのではないだろうか。それがこのたび、冠船の頭号船と二号船に乗船する「船方」に限って免除されたのである。修理は三月二〇日頃までに完了予定であったが(三月四日条)、この間、冠船の修理が「公司番」と「加封番」に振り替えられたといえよう。

三月一四日条には、頭号船船頭の西銘筑登之親雲上と二号船船頭の西銘筑登之親雲上が冠船に乗船する水主の呼称をめぐってそれぞれ作成した三月付けの「覚」が収録され、古存留の楚南里之子親雲上の次書が加えられている。前者では、頭号船水主の国吉筑登之親雲上(汀志良次村四男)を阿班、同じく仁王大嶺(「西村平良」〈屋号〉)を頭碇と位置づけ直してほしい旨、後者でも、二号船水主の内間筑登之親雲上(知念間

13　頭号船に指定された福宝玉船については、中国側から二月七日の検分で「庫理へり」が少ないため補強してはどうかと指摘されている。このとき修理されたと思われる。琉球側は同船について、「作事別而堅固」と自信を持っていたが(三月四日条)、前述したように、五月一四日に「溝違」によって尾【土＋敦】なる浅瀬に乗り上げている。結局、頭号船は、選択肢から外されていた邱大順船に変更されている(五月二三日条)。

切久高島外間村)を阿班、大城筑登之親雲上(座間味間切慶良間村)を頭碇としてほしい旨が申請されている。冠船に乗船するにあたっては、水主の呼称を中国船の船員の名称に則って変更する慣例が存在したようである[14]。

五月一二日条によると、古存留と御迎大夫は、冠船への乗船当日、福州琉球館の居留地エリアの最奥部に並んだ「宮之上菩薩」、「土地君」、「琉位牌」の前に赤蝋燭を灯して「御拝」を行ったうえで、「九ツ時分」(正午頃)に河口通事とともに「水汲所」から河舟に乗って閩江に停泊する頭号船に移動している。このとき、水主によって「咨文箱」が搬送されている。四月二一日条には、儀者の高良筑登之が作成した「覚」が収録されているが、閩江に向かう河舟は四艘ほど準備され、河口通事、接封大夫、古存留にはそれぞれ一艘ずつ宛がわれ、船頭・佐事・水主は一艘に同乗したようである。なお、五月一二日条の附によると、御迎大夫・船頭・佐事・水主の頭号船における「住居所」は「艫こおり二こおり」であった[15]。事前に船頭によって福宝玉船の船主と調整がなされていたようである。

(二)「船住居」と「館屋詰」

「卯秋走接貢船帰帆改日記(道光二十四年)」(『琉球王国評定所文書』第一巻)には、接貢存留通事の普久嶺里之子親雲上によって福州琉球館で作成された文書群が「存留より申越候書状書付」としてまとめられている。そのなかの報告書の一つによると(タイトルは「覚」、辰〈一八四四〉四月二六日付け)、道光二三(一八四三)年に派遣された接貢船の往復路には、渡嘉敷間切阿波連村の金城筑登之・大城にや・かな玉城・次良当間・仁王金城の五人が搭乗していたことが知られる。しかし、彼らは接貢船の「船方」ではなかった。五人による供述書も添付されているが(タイトルは「覚」、辰三月付け)、ここでは、福州での彼らの様子がわかる存留通事の報告書を紹介してみたい。

昨年(一八四三年)、接貢船が那覇川を出発し、前慶良間(ここでは渡嘉敷島)を通過しようとしたところ、慶良間舟一艘が漕ぎ着けてきました。しかし、波を受けて転覆し、五人は接貢船にしがみつき、接貢船の「船方」によって救助されました(ほか一人は波に流されました)。五人に尋問したところ、「『御問合書』を受け取りに来たところ、このようなことになり、思いもよらないことです」と答えたため、「慶良

---

14 中国船の乗組員については、松浦章「清代福建の海船業について」(『東洋史研究』第四十七巻第三号、1988年)、富島壮英「唐船(進貢船・接貢船)に関する覚書—全乗船者を中心に—」(『歴代宝案研究』第六・七合併号、1996年)などをあげておく。

15 同日記三月二一日条には、真栄里親雲上(真栄里親方か)が古存留の楚南里之子親雲上、頭号船船頭の西銘筑登之親雲上、二号船船頭の西銘筑登之親雲上に宛てた通達が収録されている。冠船に乗船する面々の個人貿易の積載スペースは接貢船に確保されており、「大荷物」はもちろん「細物」の類も決して積み込まないこと、携帯品は「船中用」としてできるだけ少なくすること、場合によっては風呂敷包みの衣類のみとすることなどとある。

間島に潮懸して五人を下船させるように」と船頭と佐事に申し渡しましたが[16]、当日の風波では慶良間島に向かうことができず、やむを得ず、そのまま中国へ向かいました。五人については、改めて取り調べ、「福州在在中は『船住居』とし、上陸して徘徊するようなことが一切ないように」と船頭に堅く取り締まりを申しつけました。今回(一八四四年)、接貢船で帰国させます(以下略)。

すなわち、前慶良間近海で救助された五人は、結果的にそのまま接貢船に乗船し、中国に向かったこと、福州では「船住居」とされ、接貢船の船頭の監視下に置かれたことがわかる。それでは、「船住居」していたのはこの五人だけなのだろうか。彼らのみを接貢船に缶詰にし、上陸して徘徊することがないよう船頭が監視していたとは考えにくい。全員かどうかはともかく、船頭を含めた接貢船の「船方」も「船住居」するなか、責任者である船頭に取り締まりをさせたのではないだろうか。問題の五人だけではなく、船頭をはじめとする接貢船の「船方」も「船住居」していた可能性を指摘しておきたい。道光二三年の接貢船が福州の南台に到着したのは同年九月一八日、同所を出発したのは翌年五月二日である。

なお、村尾進氏は、清代の広州におけるシャムの朝貢使節や朝貢船の状況について論じている[17]。貢使は広州城の西の城外(西関十八甫)に位置する懐遠駅に落ち着いたうえ、城内での儀礼や上京して朝貢活動を展開するが、シャムの朝貢船は珠江の黄埔に停泊することが定められており、黄埔で待機している梢目・水手などに対しては、入港の許可が出た日から貢使が広東に帰還する日まで各人に口糧が支給されたことを指摘している。シャムの朝貢船の場合、少なくとも貢使が上陸して懐遠駅に移動し、北京から広州に帰着するまでのあいだは珠江下流の黄埔に停泊していたようである。この間、船舶乗組員は基本的には上陸することなく、船舶に滞在していたと考えられる。

「真栄里親方日記」同治四(一八六五)年一一月三日条には、翌日の福州琉球館の大堂での冬至儀礼について、存留通事(接貢存留通事)の上運天里之子親雲上が同日付けで高良筑登之に宛てた通達(連絡)が収録されている。附には佐事・五主・士・無系之位衆は色衣・帽子を着用して参加することが先例であること、「船方」へは「詰佐事」から通達されるべきことなどとある。当文書は大夫儀者の高良筑登之宛てであるが、宛先の肩書には「大夫へも申し上げられるべく候」とある。しかし、附の文言からして、同じ文面の文書は、渡唐役人はもちろん、他の参加対象者にも一斉に送付あるいは回覧されたのではないだろうか。「詰佐事」への伝達経路は不明であるが、

16 同日記には「卯秋走勢遣富接貢船、唐往還みおやたいり御双紙」(道光二四年甲辰五月二八日付け)が収録されている。接貢船の渡唐役人七名が連名で作成した往復路および福州滞在中の報告書である。そこには船頭として仲村渠筑登之親雲上の名前を見いだせる。船頭は「船方」の責任者であるとともに渡唐役人の一員でもあった。

17 村尾進「懐遠驛」(『中国文化研究』第16号、1999年)。

福州琉球館に滞在していたと思われる「詰佐事」から「船方」に伝えられたのである。附を見る限りではこの場合の「船方」に水主は含まれておらず、接貢船と冠船に乗船する佐事に限定されていたようである。「詰佐事」から「船住居」していた佐事に伝達された可能性もあろう。

なお、同日記同治五(一八六六)年正月二日条によると、真栄里親方は「初起之御祝儀」として頭号船の「یمの「欄元」に焼酎(四合錫一双)、大夫儀者も同様に一合瓶一対を贈っている。二号船の「欄元」には古存留(進貢存留通事)から贈られている。頭号船と二号船の「欄元」とは、福州琉球館の居留地エリアにおいて、冠船に乗船する「船方」が滞在していた部屋と思われる。彼らは接貢船ではなく、福州琉球館に滞在していたようである。

ところで、「位階昇進願他諸上申書等例寄(康熙～乾隆年間)」(『那覇市史』資料篇第1巻10)四六号文書は、進貢使(正使か)として渡唐した久志親方が、帰国後、福州での上原里之子親雲上の抜群の功績を記し、これに見合う処遇を首里王府に求めた酉一二月付けの要望書である(タイトルは「口上覚」)。正確な年は不明であるが、乾隆年間の最後の酉年は乾隆五四(一七八九)年である。福建当局が福州琉球館に配置した中国側のスタッフである把門官が四名ほど増員された結果、以前よりも管理が厳しくなり、門の出入りが不自由になったうえ、琉球側が把門官に支給する年礼銀も増加することとなった。久志親方はこれを懸念し、病気の大夫と北京大通事に替え、福州府衙門での交渉に「弁達之者」として上原里之子親雲上を帯同し、発言させたところ、これが功を奏し、把門官の増員は撤回されたとある。

把門官の増員には背景があった。佐事と加子四人が「御船」(琉球船か)との往還の途中、何かのはずみで中国人と喧嘩になった。これを聞きつけた「館屋詰」の佐事と加子までも合流して加勢したため、大変な騒動に発展したという。この騒ぎが城守(福協副将)と県官の耳に入り、最終的には閩浙総督の指示によって把門官が増員されたようである。

ここから、福州における「船方」の滞在形態をうかがうことができるのではないだろうか。まず、喧嘩に加勢した「館屋詰」の佐事と加子とは、琉球船から上陸して「館屋」(福州琉球館)に滞在していたと思われる。次に、喧嘩のもともとの当事者であった四人の佐事と加子は、「御船」とのあいだを往還する途中であった。行き先は福州琉球館ではなかったのではないだろうか。出発地が「御船」であったとすれば、少なくともこの四人は「船住居」であった可能性があり、所用のため福州琉球館とのあいだを往復していたと考えられる。この四人については、「館屋詰」とされておらず、文中では書き分けられているように思える。「船住居」する「船方」が存在するからこそ、「館屋詰」という表現が用いられているのではないだろうか。出発地が福州琉球館であるとすれば、四人も「館屋詰」であったことになる。しかし、琉球船の「船方」が「御船」とのあいだを行き来していたことにはなろう。

三、「船方」の客死と航海安全祈願

(一)南台尚書廟への捐資

閩江に架かる万寿橋の北詰近くの市街地には福州の人びとに厚く信仰される南台尚書廟(万寿尚書廟)が鎮座していた。南宋末年に抗元運動を展開した陳文龍を祭神とする。頼正維氏は、「尚書廟」の名称は、後世、陳文龍が水域を掌管する水神と尊ばれ、「尚書公」と称されたことに由来すること、福州には明清時代を通じて尚書廟が五廟建立され、最も荘厳さを誇ったのが当廟であったこと、さらには、嘉慶年間以降に琉球に派遣された冊封使は、陳文龍を媽祖とともに重要な海上守護神と認識していたことを指摘している[18]。

当廟には、嘉慶五(一八〇〇)年の改修などで製作された石碑が現存し、銘文によると、中国人とともに、琉球船の乗船者九八名が捐資(寄付)をしていた[19]。同年の銘文には「琉球大船」(進貢頭号船)と見えることから、捐資したメンバーは、前年(一七九九年)に派遣された進貢両号船の乗船者と思われる。頭号船には冊封に対する謝恩使が搭乗していた。捐資の合計金額は番銭(スペイン銀)四九圓と銭四千文であった。

職名・名前・人数・金額を列挙すると次の通りである。琉球大船直庫(船頭)の比嘉筑登之親雲上が番銭十圓、琉球大船の佐事など一〇名が同じく番銭十圓、水手(水主)五名が銭千文、琉球大船の直庫と水手四〇名が番銭十圓、直庫の長嶺親雲上が番銭十圓、大庁作事など九人が番銭九圓、定加子六人が銭千文、水主二六人が銭二千文である。

琉球大船直庫の比嘉筑登之親雲上とは別に名前が見える直庫の長嶺親雲上は、進貢二号船または那覇から福州に向かった冠船(復路の冠船)に搭乗した直庫であろう。また、このとき、琉球人の水梢が冠船の頭号船には二一人、二号船には五人が同乗していたが(『歴代宝案』校訂本第八冊二一九一三七号文書)、捐資をした水主二六と人数が一致する。

かつて、筆者は、捐資したメンバーは、那覇と福州のあいだを往復路とも同じ船舶に乗船する「摘回」グループであることを指摘した[20]。確かに、北京に上京する進貢正副使(耳目官・正議大夫)をはじめとする「進京」グループ、福州で活動する存留通事など(「存留」グループ)を見いだせない。しかし、同様に「摘回」グループである在船都通事、在船使者、在船通事、管船火長などの渡唐役人も見いだせない。むしろ

---

18 頼正維『清代中琉関係研究』(海洋出版社、2011年)所収、第五章第四節「福建省中琉友好交往歴史遺存調査」。

19 2001年に南台尚書廟を調査した際、徐恭生氏から銘文の翻刻文の写しを提供していただいた。当時の名称は福州万寿尚書廟、所在地は福州市台江区塢尾街二号であった。

20 前掲注6の拙稿。

「船方」に限定されているところに特徴や意味があるのではないだろうか。渡唐役人ではなく、「船方」による捐資であったのである。

ところで、福州琉球館の最奥部には、媽祖像が安置された天后宮を中心とした祭祀の場が成立していた[21]。「勅使御迎大夫真栄里親方日記」同知四(一八六五)年一一月八日条によれば、同二〇日から二四日までのあいだ、もともと安置されていた媽祖像である「宮之上菩薩加那志」と接貢船から天后宮に運び込まれた小型の媽祖像と思われる「御船菩薩加那志」に対して、接貢船の総官(管船火長)が担当者となり、「菩薩経」が読誦される予定であることが知られる。このような儀礼は琉球船が福州に到着するたびに行われていたのだろう。期間中、勅使御迎大夫などの渡唐役人は参加しているが、「船方」が参加した形跡はうかがえない。

ひるがえって考えてみると、「船方」による南台尚書廟への捐資は、一八〇〇年の改修をきっかけとするものであった。琉球船の歴代の「船方」が毎年のように参詣し、航海安全を祈願していたからこそ、改修に当たり、当時福州に滞在していた「船方」の人数の大部分が捐資したのではないだろうか。「船方」にとって南台尚書廟は極めて身近な存在であったと考える。前述したように、進貢正副使をはじめとする渡唐役人の捐資は見いだせない。渡唐役人が南台尚書廟に頻繁に参詣することはなかったことの裏返しではないだろか。「真栄里親方日記」とは六〇年余の時期差があるものの、ここでは、福州琉球館の天后宮での祭祀や儀礼とは別に、「船方」による航海安全祈願が南台尚書廟で行われていた可能性を指摘しておきたい。さらに付言すれば、福州琉球館の天后宮の儀礼には参加資格の有無があり、それは渡唐使節の階層や集団間の問題に関係するのではないだろうか。

(二)琉球人墓碑に見える「船方」

高良倉吉氏の琉球人墓碑をめぐる研究成果に依拠すると、客死した「船方」の墓碑は一〇八件のうち三二件、全体比二九.六パーセントである[22]。明治政府が琉球王国に清朝との通交停止命令を通達した一八七五年以前に限定した場合、九六件のうち三〇件、全体比は三一.二パーセントとなる。これをまとめたのが表2である。初出は乾隆一〇(一七四五)年の大佐事の友利筑登之親雲上(無系)、下限は同治七(一八六八)年に派遣された王舅迎船の定加子の国吉筑登之親雲上(直氏)である。確認できる墓碑の状況だけから見ても、琉球王国と清朝との通交期に客死した「船方」は決して少なくなかったといえよう。

客死した三〇名を船舶と職名で分類すると次の通りである。定期便は大唐船(大船)一一名、小唐船八名、接貢船四名の計二三名である。ほかにも封王船(福州から

21 前掲注6の拙稿。

22 高良倉吉「史料紹介福建琉球人墓碑状況」(『8－17世紀の東アジア地域における人・物・情報の交流ー海域と港市の形成、民族・地域間の相互認識を中心にー(下)』東京大学大学院人文社会系研究科、2004年)。

那覇への往路の冠船に乗船予定)、迎船(王舅迎船)、護送船の七名を見いだせる(船舶不明一名を含む)。確認できる墓碑では大唐船の「船方」が多いようである。一方、職名別では、佐事(大佐事・足佐事・作事)が一三名、定加子と水主(大細工・大工)はともに八名、船主が一名である。定員からすると佐事と定加子を多く見いだせる傾向にある。

時期的特徴としては、一七四〇年代から一八六〇年代のあいだでも一七七〇年代から八〇年代(四件・六件)と一八三〇年代から四〇年代(四件・六件)に集中する傾向にある(計二〇件)。当該時期には、存在が確認されている墓碑からだけでも三・四年連続して死亡している事例を見いだせるほか、乾隆五二(一七八七)年、道光三一(一八三一)年、同二七(一八四七)年にはそれぞれ二名、なかでも一八四七年には同じ「大船」(大唐船)の佐事と定加子が死亡している。

ところで、『歴代宝案』訳注本第十三冊には、福建布政使司が一八四〇年代の進貢船や接貢船の福州出発などをめぐり、琉球国王に宛て作成した咨文が複数収録されている。たとえば、道光二一(一八四一)年に派遣された接貢船の場合、「福建布政使司より琉球国中山王尚育あて、道光二十一年の接貢関連事項の処置に関する経緯を通知する旨の咨文」(二一一七四一一四号文書、道光二二〈一八四二〉年五月三日付け)というタイトルが付されている。咨文の後半には、代理総督部堂の批(指示)を受けた布政司の詳文に引用された福州府海防同知の詳報(詳文による報告)が要約されている。そこには、福州琉球館での「開館貿易」の期間や接貢船への乗船予定日とともに、復路の乗船者数(死亡者など往路との異同を詳述)が記されている。このときの接貢船では福州滞在中における死亡者は見いだせない。道光二三(一八四三)年および同二七(一八四七)年の接貢船も同様である(二一一七八一一二号文書、二一一八五一一四号文書)。しかし、前述したように、一八四〇年代は確認できる「船方」の墓碑が集中する傾向にあった(六件)。それでは、同時代史料である福建布政使司のほかの咨文に引用された福州府海防同治の詳報にはどれだけの死亡者を見いだせるのだろうか。これをまとめたのが表3である。

道光二二(一八四二)年に派遣された進貢船では、直庫(船頭)の金利国、水梢の島福久・晋韋治・大伍底の三名(二一一七六一〇一号文書)、道光二四(一八四四)年の進貢船でも水梢の麻永昌と小嶺の二名を見いだせる(二一一八〇一〇二号文書)。道光二六(一八四六)年の進貢船の場合は、請諭副使(正議大夫)の梁学孔、正使王舅の跟伴の吉維新、頭号船の水梢の島保久と地間城(他間城か)の二名を合わせた四名を確認できる(二一一八三一一七号文書)。道光二八年の進貢船では、水梢の蒲宮城・仲村渠・大富嶺の三名のほか、往路の海上で報喪使の跟伴の梁長熙が足を滑らせて転落したようである。ただしこれは福州滞在中の死亡ではない(二一一八八一〇二号文書)。そして、道光二九(一八四九)年の接貢船でも水梢の用致真と与儀の二名を見いだせる。

すなわち、福州府海防同治の詳報によると、一八四〇年代において福州で死亡した者は一五名を数える(道光二八年の梁長熙は除く)。このうち一三名までが直庫と水梢である。中国側が水梢と把握している者が全員「船方」に属するかどうかは検討する余地があるが[23]、名前の表記などからして多くが「船方」であった可能性は高いと思われる。この時期、確認できる「船方」の墓碑は比較的多いものの、その二倍の死亡者を見いだせるのである。

総じて「船方」は渡唐役人よりも客死と隣り合わせの可能性が高かったのではないだろうか。したがって、「船方」による航海安全、あるいは福州滞在中の無事を祈ることはより切実な問題であったと思われる。その祈願の場は、福州琉球館の「宮之上菩薩加那志」の前でなく、福州の人びとによって厚く信仰され霊験あらたかな南台尚書廟であった可能性を指摘した。「船方」が南台尚書廟の改修に捐資したことにはこうした背景や意味もあったのではないだろうか。福州における琉球船の「船方」は、渡唐使節の管理下に置かれていたものの、福州琉球館で繰り広げられた渡唐役人や従人のそれとは、滞在形態も含め、やや異なる世界を有していたといえよう。

附表

表1 「唐御取合之事」に見える琉球船の「船方」人数一覧

	船頭	佐事	定加子	水主	大工	備考
大唐船*	主従	8人	6人	26人		水主26人のうち大工2人を含む
小唐船	主従	8人	6人	26人		同上
接貢船	主従	8人	6人	26人		同上
冠船頭号船(往路)	主従	3人		3人		
冠船二号船(往路)		2人		2人		
冠船頭号船(復路)	主従	5人		15人		
冠船二号船(復路)	主従	5人		15人		
王舅迎船**	主従	8人	6人	24人	2人	謝恩使の迎接、接貢船とともに派遣
御返船	主従	4人	6人	22人	1人	琉球人漂着民を送還した船舶を返却

*冊封に対する謝恩使が乗船する大唐船も「船方」の人数は同様、水主と大工は区別

**中国人漂着民を送還する護送船の乗船者数は王舅迎船と同様

23 前掲注14の富島壯英氏論文、深澤秋人「近世琉球における渡唐使節の編成～一九世紀の事例を中心に～」(『沖縄文化研究』26、2000年)。後者は、改訂のうえ、前掲注6の拙著に収録。

表 2　琉球人墓碑に見える「船方」一覧(漂着船は除く)

職名	名前(無系、唐名・氏)	出身地	死亡年・建立年
大佐事	友利筑登之親雲上(無系)	那覇府前村久米村東	乾隆十(1745)年
接貢定加子	宮城筑登之(無系)	村阿嘉村那覇府西村	乾隆四十一(1776)年
大唐船大細工	小橋川筑登之(無系)	渡嘉敷間切同村渡嘉	乾隆四十二(1777)年
接貢佐事	崎山筑登之親雲上(無系)	敷間切同村那覇東村	乾隆四十三(1778)年
大唐船水主	与那覇仁屋(無系)	那覇府之内西村西村	乾隆四十四(1779)年
大船定加子	永浜筑登之(無系)	東村東村座間味	乾隆辛丑(1781)
小唐船水主	小嶺(無系)	間切慶留間村	乾隆乙巳(1785)
接貢作事	仲村渠筑登之親雲上(無系)	西村	乾隆五十一(1786)年
小唐船水主	仲村渠(無系)	那覇府西村	乾隆五十二(1787)年
大唐船定加子	与那嶺筑登之(無系)	渡地村	乾隆丁未(1787)
接貢船大佐事	照屋筑登之(無系)	西村	乾隆五十三(1788)年
小唐船定加子	崎山仁屋(無系)	渡嘉敷間切同村	嘉慶二(1797)年
封王船水主	仲村渠筑登之(無系)	渡地府	嘉慶十二(1807)年
迎船作事	大城筑登之(無系)	西村	嘉慶十五(1810)年
馬艦工護送船船主	大城筑登之(平春茂)	西村	嘉慶二十一(1816)年
護送船作事	宮里筑登之親雲上	慶留間村	嘉慶二十二(1817)年
小唐船水主	宮城(無系)	東村	道光元(1821)年
小唐船作事	比屋根筑登之親雲上(無系)	久米村辻蔵	道光三(1823)年
進貢小唐船佐事	小嶺筑登之親雲上(無系)	渡嘉敷間切阿波連村	道光十一(1831)年
護送船佐事	金城筑登之(無系)	那覇西村	道光十一(1831)年
小唐船定加子	宮城筑登之(無系)	座間味間切慶留間村	道光十二(1832)年
大唐船作事	島袋筑登之親雲上(無系)	泉崎村	道光十五(1835)年
小唐船佐事	大城筑登之親雲上(無系)	汀志良次村	道光二十二(1842)年
大船定加子	島袋筑登之親雲上(戴朝輝)島		道光二十三(1843)年
大船佐事	袋筑登之親雲上(無系)		道光二十七(1847)年
大船定加子	玉城筑登之(無系)		道光二十七(1847)年
大船大工	大嶺筑登之(無系)		道光二十八(1848)年
大唐船水主	仲村渠仁屋(無系)		道光二十九(1849)年
大唐船足佐事	渡慶次筑登之(無系)		咸豊八(1858)年
王舅迎船定加子	国吉筑登之親雲上(査氏)		同治七(1868)年

表 3　『歴代宝案』に見える1840 年代の死亡者(客死者)一覧

船舶	死亡者の職名と名前(人数)	文書番号
道光二十一年接貢船	なし	2－174－14
道光二十二年進貢船	直庫の金利国、水梢の島福久・晋章治・大伍底(計 4 名)	2－176－01
道光二十三年接貢船	なし	2－178－12
道光二十四年進貢船	水梢の麻永昌・小嶺(計 2 名)	2－180－02
道光二十五年接貢船	不明	なし

续表

船舶	死亡者の職名と名前（人数）	文書番号
道光二十六年進貢船	請諭副使の梁学孔、正使王舅跟伴の吉維新、 頭号船水梢の島保久・地間城＊（計4名）	2－183－17
道光二十七年接貢船	なし	2－185－14
道光二十八年進貢船	水梢の蒲宮城・仲村渠・大富嶺（計3名＊＊）	2－188－02
道光二十九年接貢船	水梢の用致真・与儀（計2名）2－189－36	

＊他間城か　＊＊ほかに往路の海上で報喪使跟伴の梁長煕が転落

中国戏曲《和番》在琉球的传播

琉球に伝わった中国戯曲『和番』

刘富琳*

摘　要

“昭君戏”是中国戏曲的传统剧目之一。根据《通航一览》和《琉球人座乐并躍之图》的记载，《和番》于1764年、1832年琉球“上江户”时表演过，其人物和表演的内容与中国的“昭君戏”相同。《和番》传入琉球后，作为宫廷音乐在琉球宫廷活动和对外交流中发挥了重要作用。但是，随着1879年，日本“废藩置县”吞并琉球，琉球王国瓦解，《和番》随之失传。本文以《和番》剧本资料为基础，比较它与中国“昭君戏”的联系，为琉球复原《和番》提供中国戏曲的参考，同时也为了解明清时期中国戏曲的对外传播提供一则实例。

要　旨

「江戸上り」の際には、進見の儀、奏楽の儀、辞見の儀という三つの儀礼が執り行われた。奏楽の儀においては、中国音楽(唱曲、楽、戯曲)と琉球音楽が上演された。『和番』はその際に上演された中国戯曲の一つである。1879年の廃藩置県に伴い、これら中国音楽(戯曲)の継承も途絶えたが、1993年になると沖縄県文化振興課によって、琉球に伝わった音楽の研究と復元事業が開始された。この事業は現在、器楽曲と歌唱曲の研究と演奏(唱)において一定の成果をあげている。しかし、戯曲に関する研究はまだわずかである。本稿では『通航一覧』などに記載された『和番』に関する資料をもとに、『和番』と中国の「昭君戯」との関係を比較検討し、琉球の『和番』復元への情報提供を行うと同時に、明清代における中国戯曲の伝播状況を理解する一例としたい。

明和元年(1764年)の江戸上りの際に上演された『和番』の台本の一部は、『通航一覧』に収録されている。また、沖縄県立博物館所蔵の「琉球人座楽並

* 刘富琳：福建师范大学音乐学院教授。

躍之図」の絵巻によると、『和番』は1832 年の「江戸上り」の際にも上演されたことが分かる。以上の史料から、『和番』の人物構成と上演形式、物語の状況などが中国の「昭君戯」と基本的に同じであることが確認された。とくに注目すべき点は、『和番』が琉球人によって演じられ、上演レベルがすでに成熟段階に達していたということである。

『和番』の復元に関しては、音楽の復元が一つの重要な問題となるだろう。筆者の研究により『和番』の歌部分の歌詞と中国の「昭君戯」の歌詞と比較し、中国の「昭君戯」で使用される音楽は『後庭花』『弋陽調』『中滚』『昭君出塞』などと判明した。それらが琉球の『和番』復元の参考になるだろう。

前　言

1372 年，琉球与明建立正式友好的册封朝贡关系；1392 年，明赐琉球“闽人三十六姓”；中国音乐(戏曲)随之传入琉球。1603 年，江户设立幕府；1609 年，萨摩入侵琉球，要求琉球在幕府将军袭位时，派遣“庆贺使”前往“庆贺”；在琉球国王袭封时，派遣“谢恩使”前往“谢恩”。琉球把这一历史上到江户的“庆贺”、“谢恩”活动，称作“上江户”。“上江户”始于 1634 年，止于 1850 年，共十八次。“上江户”时，进见之仪、奏乐之仪、辞见之仪是三大仪式。在奏乐仪式上，琉球演奏(唱)、表演的主要是中国音乐[1](包括器乐、歌曲、戏曲)和部分琉球音乐(包括三弦音乐、舞蹈),《和番》就是其中的中国戏曲之一。

中国音乐(戏曲)传入琉球后，在宫廷仪式、册封仪式和“上江户”仪式中，发挥了重要作用。但是，1879 年，日本“废藩置县”吞并琉球，琉球王国瓦解，这些曾在宫廷活动中演奏(唱)、表演过的中国音乐(戏曲)随之失传。1993 年，在冲绳县文化部门的组织下，开始了这些音乐的研究、恢复工作。[2] 目前，在器乐和歌曲的研究、演奏(唱)上，取得了阶段性成果；[3] 而有关戏曲部分的研究则处于开始阶段。本文将以《通航一览》记载的《和番》剧本资料[4]为基础，比较它与中国“昭君戏”的联系，为琉球恢复《和番》提供中国戏曲(音乐)的参考，同时也为了解明清时期中国戏曲的对外传播提供一则实例。

1　因在宫廷演奏，这些中国音乐又被称作“御座乐”。

2　1993 年，成立“御座乐复原研究会”；1997 年，成立“御座乐演奏研究会”。之后，两会合并为“御座乐复原演奏研究会”。福建师范大学的王耀华教授从一开始就参与了该项研究工作。

3　包括：一、研究方面，冲绳出版了三册御座乐的调查研究报告，王耀华出版了《琉球御座乐与中国音乐》；二、演奏(唱)方面，“御座乐复原演奏研究会”于 1997、1999 年复制了两套二十八件乐器。目前，可以公开演奏(唱)近十首曲目，还发行了 CD。

4　由于琉球宫廷的瓦解和第二次世界大战冲绳战的影响，有关琉球宫廷的中国音乐资料主要保存在日本的琉球“上江户”音乐资料中。

一、传播琉球的中国戏曲《和番》史料

(一)《通航一览》中的《和番》剧本资料

在《通航一览》中，保存有一段《和番》的剧本资料。根据其记载，《和番》曾于明和元年(1764年)琉球"上江户"时表演过，剧本如下：

> 国舅爷，初出唱：昭君今日里起身，千年羞杀汉刘王。锣鼓交打，舅爷坐唱：马夫。马夫在内应白：有。舅爷白：前来。马夫出白：王龙国舅爷，马夫叩头。舅爷白：呵，是你马夫。马夫白：小人正是马夫。舅爷白：娘娘去和番，这山路銮驾难行，你有好马么。马夫白：有一匹烈马。马夫入内，牵马出白：马牵来。舅爷白：是我查看肚带不曾收，该打马夫再收一收。锣鼓交打：如今收好，我去请娘娘。舅爷向内白：娘娘有请，马夫带马上鞍，千岁千岁。吹鼓，昭君出唱：今日汉官人，明朝胡地妇，再不能与我王同欢同乐。怀抱琵琶，诉不尽凄凉，好不伤心。看看来到黑水桥边，见一双孤雁飞落在马前，我那雁儿呀！昭君白：马夫，前面飞来飞去什么鸟？马夫白：兵鸿鸟。昭君白：可怜我回首望不见汉刘王，生离离把人凄凉凄凉。合唱：这相思，好叫奴多牵挂，弹几声马上琵琶，哪有心事来插戴他华落。路道逍遥，万里长沙，泪珠儿湿透了香罗帕。一来难舍父母恩，二来难舍枕边人，三来损坏了黎民，四来国家粮草都用尽，五来百万儿郎可怜他昼夜心惊。(锣鼓交打，昭君坐)舅爷、马夫跪白：娘娘千岁！千岁！(昭君不作声)舅爷唱：冬月里冻也来，昭君的娘娘去和番，舍不得刘王海洋深，高声哭到雁门关。娘娘哭唱：冬天路遥去和番，相思长安泪珠弹。舅爷、马夫跪白：娘娘不可太哭，马上快有日里该到那关。昭君白：那关是什么所在。舅爷白：乃是雁门关。昭君白：宁做南朝皇宫狗，不做番杂那边人。锣鼓交打，舅爷唱：千年恨杀毛延寿太不良，拆散鸾凤凰，一路上思想，马上思想王，泪珠弹。[1]

从这段资料可以了解到：①人物有马夫、国舅爷王龙和王昭君。②表演形式唱、白结合，有乐器伴奏，但具体音乐不详。而对于琉球恢复《和番》的表演来说，音乐是其中的一大难点。③从唱、白中出现的"备马、黑水桥、大雁、马上琵琶、雁门关"等来看，表演的情节应该是"昭君出塞(出关)"，但有删减。

(二)画卷《琉球人座乐并躍之图》中的《和番》表演资料

冲绳县立博物馆藏有一幅《琉球人座乐并躍之图》画卷，画有十幅不同节目的表演图。其中，有三幅是关于中国戏曲的，分别是《打花鼓》、《和番》和《风筝记》[2]，每副图画有剧中的人物情况及表演者姓名。根据画卷说明，该画卷画的是1832年琉球"上江户"时，在萨摩岛津家表演时的情景，如图[5]。

5　该资料的使用得到冲绳县立博物馆的许可。

从画卷中，我们可以看到《和番》的一些表演情况，人物从右至左分别是马夫、王昭君、梅香、国舅爷和皂隶二人。马夫身穿茶衣，手执马鞭。王昭君七彩宫衣，怀抱琵琶，头戴双翎冠。国舅爷大红官服官帽，挂佩剑、马鞭。皂隶身穿蓝绿衣，头戴单翎帽，肩扛“金鼓”旗等。在扮相上，保留了中国戏曲的一些特点。

(三)《和番》的表演者

根据《琉球人座乐并躍之图》，《和番》的表演者如下：

人物	表演者
国舅爷	濑名波亲云上
王昭君	名嘉地里之子
马吏	许田亲云上
梅香	崎山子
皂隶	渡庆次筑登之
同	屋嘉比亲云上

中国戏曲在琉球的发展，经历了一个由中国人表演的阶段到琉球人自己表演的阶段。从《和番》的表演者来看，该剧是由琉球人自己来表演的，说明琉球对中国戏曲的表演已经进入到一个较为成熟的阶段。再从表演者的身份来看，以上表演者姓名中的“亲云上”、“里之子”、“子”、“筑登之”是琉球的一种位阶，说明《和番》的表演者具有一定身份。中国音乐(戏曲)传入琉球后，其演唱(奏)、表演者一般由十至十五六岁的称之为“乐童子”的宫廷子弟来担任。

二、传播琉球的《和番》与我国“昭君戏”之比较

王昭君故事源于班固《汉书》卷九“元帝纪九”中的记载：“竟宁元年(公元前33年)春正月，匈奴呼韩邪单于来朝，诏曰：‘匈奴郅支单于背叛礼义，既伏其辜，呼韩邪单于不忘恩德，乡慕礼义，复修朝贺之礼，愿保塞传之无穷，边陲长无兵革之事，其改元为竟宁，赐单于待诏掖庭王樯(嫱)为阏氏。’”[3] 同卷九十四“匈奴传”第六十四也载：“竟宁元年，单于复入朝，礼赐如初，加衣服锦帛絮，皆倍于黄龙时。单于自言愿壻汉氏以自亲。元帝以后宫良家子王嫱字昭君赐单于。”[4] 元代，马致远的《破幽梦孤雁汉宫秋》标志了“昭君戏”的诞生，后历经明清的发展，“昭君戏”在全国各地得到广泛传播。下面把《和番》与中国不同时期主要的“昭君戏”作一比较，看其联系。

马致远的《破幽梦孤雁汉宫秋》由一个楔子和四折构成，讲述了王昭君被画工毛延寿丑化而落入冷宫，后又被美化而去和番的曲折动人故事。剧中除了一句“今日汉宫人，明朝胡地妾”[5] 与《和番》的“今日汉宫人，明朝胡地妇”相同外，其余唱、白词均不相同。

明传奇《昭君出塞和戎记》，今存明万历间金陵唐氏富春堂刊本，全三十六折，其形成年代大约在明初[6]。在明清戏曲中，有关王昭君故事的戏曲选本大多出自该本[7]。其中，第二十九折“出塞”王昭君的唱腔【后庭花】，在唱词句式、字数上，与《和番》中的“一来难舍父母恩，二来……”(以下简称“五难忘”)基本一致。

> 【后庭花】第一来难舍父娘恩，第二来难割同衾枕，第三来损害了良民，第四来百万铁衣郎昼夜辛勤，第五来国家粮草都虎丘尽。今日昭君输了身，万年羞辱汉先君。宁作南朝黄泉客，不做夷邦掌国人。泪洒如倾，恨只恨毛延寿歹心人。[8]

根据冯光钰《中国曲牌考》的研究，【后庭花】曲谱最早见于《新定九宫大成南北词宫谱》，载有25首，从中难以断定其母曲，且以第一首为基本曲调[9]。

【后庭花】[10]

【后庭花】的基本词格为“5、5。5、5。3、4、5”。《和戎记》中的【后庭花】与《和番》中的“五难忘”，在句式结构上与【后庭花】的基本句式大致吻合，但字数较多。如果用该曲来演唱《和戎记》中的【后庭花】或《和番》中的“五难忘”，则每句都要添字。

明胡文焕编《群音类选》中有《王昭君和番》。如编者所言，“与宁胡记不同，此戏南北相杂，音韵不谐，多诸腔中之饶剧也，姑入于此。”[11] 该剧的唱、白词主要来自明传奇《昭君出塞和戎记》的第二十九折、三十一折和三十三折等。但是《群音类选》中的唱词前后顺序与《和戎记》中不同，经过了新的编排组合。

清钱德苍编撰的《缀白裘》中收有《青冢记》，含《送昭》和《出塞》两出。其中，《送昭》中的一段对白与《和番》开始部分的国舅爷与马夫的对白意思相近。

> 付：马夫，可有良马？丑：没有良马，只得一匹劣马。付：可降得？丑：降得。……丑：自家弗会骑，倒要打人！你看肚带还弗曾收紧来！付：介拉为了弗早说？（收介）那是摇兀弗动个哉。娘娘有请。（旦上）付：请娘娘上马。旦：昭君跨玉鞍，上马啼红血；今日汉宫人，明朝胡地妾。付：马夫，带好了。丑：是。旦：这里事那里了？丑：汉岭了。[12]

在《出塞》中，有一王昭君的唱腔【弋阳调】与《和番》的“五难忘”相同。

【弋阳调】[13]

昆曲中也有《昭君和番》，其唱、白词与《缀白裘》基本相同，其中与《和番》“五难忘”相同唱词部分所用的唱腔音乐也是【弋阳调】（请见下图）[14]，但该曲与《青冢记》中的【弋阳调】略有不同。

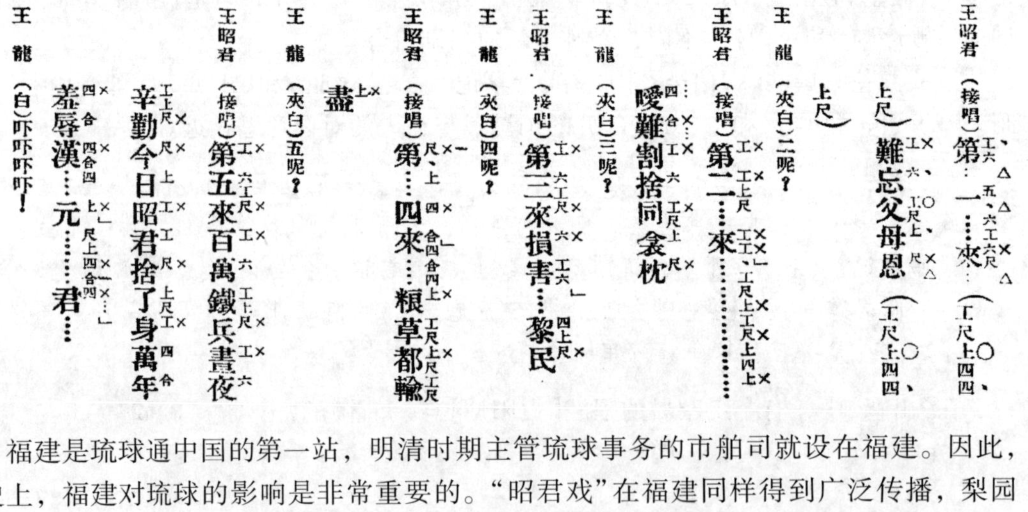

福建是琉球通中国的第一站，明清时期主管琉球事务的市舶司就设在福建。因此，历史上，福建对琉球的影响是非常重要的。“昭君戏”在福建同样得到广泛传播，梨园戏有单折戏《王昭君》，南音中有多达八十五首昭君故事的曲词，其中部分曲目，如《出汉关》、《山险峻》、《想当初》、《把鼓乐》等，仍是今天的常演曲目。下面是梨园戏《王昭君》中与《和番》“五难忘”相同唱词的唱腔【中滚】，不过在梨园戏《王昭君》中已经把唱词改为“五恨”了。

【中滚】[15]

吁 一 恨， 恨 煞
延 寿 较 于 毒 行，
故 笔 点 破 我 于 丹 青，又 掠 阮
形 图 背 走 沙 漠， 境，
致 惹 阮 一 身， 引 惹 阮
一 身 此 处 苦 痛， 真 个
话 说 勿 会 尽。
中略
于 二 恨 恨 是 汉 朝 无
于 贤 臣， 今 旦
即 会 祸 及 阮 身。＿ 忆 着 我

另外，在泉州泉港的北管音乐中有一首《昭君出塞》，其唱词与《和番》唱腔“五难忘”以外的另外两段基本相同，不同的是该曲唱词的前后顺序与《和番》的相反。北管音乐是明清时期江淮一带的民间小调、器乐曲及戏曲唱腔等传入泉港地区后形成的一种地方音乐。《昭君出塞》很可能来自当时“昭君戏”的唱腔音乐，现保留其演唱形式。

北管音乐《昭君出塞》[16]

连如碧传唱，谷川记录

此外，在福建的莆仙戏、闽剧、闽西汉剧、南词音乐中均有“昭君戏”音乐。限于篇幅，在此不一一介绍。

结 语

昭君故事反映了当时汉朝与匈奴间的“和亲”关系，而“昭君戏”则传颂了王昭君为了国家和平情愿和番的高尚品德。《和番》之所以能够传播琉球，并随“上江户”在日本表演，笔者以为《和番》的题材适合了当时琉球与中国、琉球与日本之间的一种关系，那就是“和”。

通过对《和番》资料的分析，可以看出该剧的人物构成、表演形式、故事情节等与中国的“昭君戏”基本相同。值得注意的是该剧由琉球人自己表演，说明琉球对中国戏曲的吸收已经进入到一个比较成熟的阶段。

对于恢复《和番》的表演来说，音乐是一个难点。拙文着重对《和番》中的“五难忘”唱词与中国“昭君戏”中的相同唱词进行了比较，了解中国“昭君戏”的音乐使用情况，分别有【后庭花】、【弋阳调】、【中滚】等；《和番》“五难忘”以外的两个唱段的唱词与泉州泉港的北管音乐《昭君出塞》的唱词基本相同，区别在于唱词的前后顺序不同。以上这些音乐可以为琉球恢复《和番》时提供一定的参考。通过对《和番》的研究，也为我们了解明清时期中国“昭君戏”的对外传播及传承变化情况，增加了一则实例。

附言：本文为教育部人文社科规划项目（08JA760006）、福建省社科项目（2008B106）“中国、琉球戏曲比较研究”的研究成果。

参考文献：

[1] 早川純一郎. 通航一覧(卷十六)[Z]. 东京：国書刊行会. 1911. 183－184.
[2] 刘富琳. 中国戏曲传入琉球及其意义[J]. 音乐研究. 2011，(1)：44－53.
[3] (汉)班固. 汉书[Z]. 北京：中华书局. 1962. 297.
[4] (汉)班固. 汉书[Z]. 北京：中华书局. 1962. 3803.
[5] 王季思主编. 全元戏曲(第二卷)[Z]. 北京：人民文学出版社. 1999. 121.
[6] 张文德. 王昭君故事传承与嬗变[M]. 南京：南京师范大学博士毕业论文. 2004. 71－72.
[7] 张文德. 明代戏曲选本昭君戏考论[J]. 艺术百家. 2009，(4)：149－154. 149－154.
[8] 古本戏曲丛刊编刊委员会. 王昭君出塞和戎记(富春堂刊本)[Z]. 北京：商务印书馆. 1955. 119.
[9] 冯光钰. 中国曲牌考[M]. 合肥：安徽文艺出版社. 2009. 253.
[10] 刘崇德校译. 新定九宫大成南北词宫谱校译[Z]. 天津：天津古籍出版社. 1998. 416.
[11] 胡文焕编. 群音类选(第三册)[Z]. 北京：中华书局. 1980. 1867.
[12] 清·钱德苍编撰、汪协如点校. 缀白裘(第三册)[Z]. 北京：中华书局. 2005. 172.
[13] 高景池传谱、樊步义编. 昆曲曲牌选[Z]. 北京：人民音乐出版社. 1981. 191.
[14] 徐仲衡编. 梦园曲谱[Z]. 上海：晓星书店. 1933. 16－17.
[15] 福建省群众艺术馆、泉州市南音研究社、厦门市南乐研究会编. 南曲选集[Z]. 福建人民出版社. 1962. 41－42.
[16] 泉州市泉港区文化馆印. 泉州北管曲谱汇编[Z]. 内部资料. 2007. 21－22.

清琉封贡关系的确立及其影响因素探析

清琉間冊封・進貢関係の確立に影響を及ぼした要因についての分析

修　斌[*]　付　伟[**]

摘　要

明朝灭亡后，中琉封贡关系没有立即确立，而是经历了一段曲折的过程。东亚局势的变化，特别是中国发生的朝代更迭使琉球一度徘徊不定，但最终琉球被纳入清王朝的封贡体制当中。清琉封贡关系的确立伴随着各方势力的相互斗争和博弈。在这个过程中，琉球基于现实主义的考量，选择了最具实力的能够保障琉球国家安全和经济利益的清王朝作为靠山，在清王朝主导的封贡体制的框架中维系国家的存续和经济社会的发展。琉球这一选择的内在动因，除了“实力主义”外，还来自数百年来中琉封贡关系的历史积淀和价值认同，来自琉球自身“空道的性格”以及主导琉球海上贸易的琉球海商集团的现实利益诉求。此外，中日琉三方关系既存的平衡和互动机制也在一定程度上维护了各方的基本利益。从清琉封贡关系的确立过程能够看出琉球寻求立身于封贡体制和华夷秩序的不懈努力。清琉封贡关系的确立让琉球在明清交替、东亚海洋力量格局复杂多变的历史关头找回并找准了位置，获取了稳定的政治经济环境，也因而得以继续发展其海外贸易，确保其继续“自为一国”二百余年。

关键词： 明清交替　琉球　封贡关系　影响因素

要　旨

明が滅んだ後、中琉間の冊封・進貢関係はすぐに確立したのではなく、紆余曲折があった。琉球は、東アジア情勢の変化、特に中国における王朝交替に選択を迫られ、最終的に清朝を宗主国とする冊封・進貢体制に組み込まれた。清琉間の冊封・進貢体制が確立するまでに、各政権間での闘争と対立

---

[*] 修斌：中国海洋大学文学与新闻传播学院教授。

[**] 付伟：中国海洋大学文学与新闻传播学院硕士研究生。

が存在した。そういった移行期において琉球は、「空道的な性格」「事大主義の卑屈」と現実主義の立場を取りながら、国家の安全保障と経済的利益を提供できる最も実力のある清朝を後ろ盾として選び、清朝が主導する冊封・進貢体制の下で国家の存続や経済・社会の発展を目指していくこととなった。同時に、この選択を促した内的要因として、数百年にもわたる中琉の冊封・進貢関係の歴史的な蓄積によって形成された共通の価値観があったのみならず、琉球海上貿易を主導していた琉球海商集団の要求に沿ったものともなっていた。さらに、中・日・琉三国の存在を前提としたあり方もある程度において、相互の利益維持が図られていた。清琉間の冊封・進貢関係の確立経緯からは、絶え間なる琉球の冊封・進貢関係と華夷秩序への参入を求める姿勢を窺うことができる。清琉間の冊封・進貢関係の確立によって、琉球は明清王朝の交替、そして東アジアにおける複雑的かつ多変的な国際関係の転換期における国家的位置付けが確立されたことで、政治・経済が安定的に推移し海外貿易の発展が図られ、「自ら一国と為す」といった二百余年にわたる体制の存続が確保されることとなった。

前　言

关于清琉封贡关系确立的过程及其前因后果，中外学者从不同角度进行过研究，并提出过颇具价值的意见。如岛尻胜太郎的《明清交替期的琉球的对应》，依据琉球使节的家谱、《球阳》等记述，对琉球归顺清朝的过程、清朝对琉球的册封、琉球同建国公郑彩和靖南王耿精忠的往来等，进行了梳理；西里喜行的《明清交替期的中琉日关系再考——以琉球国王的册封问题为中心》，从琉球王国的角度以册封问题为线索考察了明清交替期前半期的中日琉关系；杨彦杰的《明清之际的中琉关系——以琉使入贡为中心》，利用《历代宝案》和多种《使录》，聚焦于1644年明朝灭亡到1662年张学礼完成对琉球的册封近20年的历史，以琉球朝贡使活动为线索进行阐述；田明真之的《明清交替与琉球》，利用《历代宝案》、《中山世谱》、琉使的家谱等资料，对琉球与弘光、隆武、监国鲁王等南明政权的交往进行了研究；真荣平房昭的《明清动乱与琉球、日本》，依据《萨摩旧记杂录》、《长崎荷兰商馆日记》等文献，探究了明清交替时期日本对中琉关系变动的反应；徐玉虎的《南明与琉球关系之研究》、吴元丰的《南明时期中琉关系探实》则重点考察南明政权与琉球的关系。在上述研究中，有的学者提出琉球归附清朝的原因是滞留福州的琉球使节不得已而为之、需要稳定的政权以达到萨摩的要求、维护朝贡贸易、琉球国内政治经济因素的推动等等。但是对清琉关系确立过程中究竟哪些因素起到了决定性作用却论及不多，有关意见也似乎缺乏概括性。本文拟在简要回溯清琉关系确立过程的基础上，就清琉封贡关系确立的影响因素略加论述。[1]

一、清琉封贡关系确立的过程

(一)琉球与南明政权、郑氏势力的往来

1644 年春，琉球世子尚贤派遣正议大夫金应元、使者吉时逢等出使中国，依循旧例向明朝纳贡。金应元一行肩负着两个使命：一是为世子尚贤请封。明琉封贡关系建立以来，琉球的统治者只有得到中华王朝的册封才能继承正统王位。一是请求与明朝互市白丝。琉球“三十余岛僻居海藩，瘠地荒土别无所产，男女只知纺织营生，通国衣食全赖寸丝尺缕”[2]，而琉球白丝的供给长年来仰赖于明朝。这两件事之于琉球意义重大。

琉球使节到达福州后，其贡物应由福建“承宣布政使司授纳，转解赴京进奉”。[3]时值李自成的农民军、清军相继攻入北京，明朝灭亡，福王朱由崧在南京称帝，建立南明弘光政权。因此本应前往北京的琉球使节金应元、吉时逢等改道南京觐见弘光帝。弘光帝依照以往明朝的做法对待琉球使节，准许了琉球互市白丝的请求，并派遣礼科左给事中陈燕翼、行人韩元勋册封琉球。[4] 随后的 1645 年，弘光帝又派遣福州左卫指挥花煾敕谕琉球国，“诏告登极事”。[5]在没有对中国的政局势做出清晰判断的情况下，琉球接受了弘光帝的诏谕，奉弘光政权为正溯，向其行朝贡之礼。于是世子尚贤遣使毛大用、都通事阮士元等载运香品及庆贺方物红花、胡椒、苏木等给崇祯上香，庆贺福王登极称帝，[6] 又遣都通事郑子廉等护送花煾回国。

但是到达福州的琉球使节毛大用、阮士元等得知弘光政权已经覆灭，便与刚刚建立的隆武政权取得了联系，把香品、方物进献隆武帝。早于毛大用、阮士元一行，前使金应元等率先从南京返回福州，并向隆武帝上书，再次请求互市白丝，纳税助饷。隆武帝礼待琉球使节，对互市贸易等请求也给予了准许。1646 年隆武帝复遣指挥闵邦基敕谕

---

1 参见岛尻胜太郎：《明清交替的琉球的应对》，《第一届中琉历史关系国际学术会议论文集》，中琉文化经济协会出版，1988 年；西里喜行：《明清交替时期的中日琉关系再考——以琉球国王的册封问题为中心》，《国际冲绳研究》2010 年第 1 期；杨彦杰：《明清之际的中琉关系——以琉使入贡为中心》，《第五届中琉历史关系学术会议论文集》，福建教育出版社，1996 年；田名真之：《明清交替与琉球》，《第六届中琉历史关系学术研讨会文集》，中国第一历史档案馆第六届中琉历史关系学术研讨会筹备会，2000 年；真荣平房昭：《明清动乱与琉球日本》，《第一届中琉历史关系国际学术会议论文集》中琉文化经济协会出版，1988 年；吴元丰：《南明时期中琉关系探实》，《中国边疆史地研究》2002 年第 2 期，等。

2 《历代宝案》(校订本)，第一册，冲绳县立图书馆史料编集室，1992 年，第 684 页。

3 《历代宝案》(校订本)，第一册，冲绳县立图书馆史料编集室，1992 年，第 684 页。

4 但由于册封的准备工作需要较长时间，没等册封使出发清军就攻破了南京，弘光政权随即灭亡，这次册封未能实现。

5 《球阳》第 307 条“四年清世祖章皇帝登极”。引自《冲绳文化史料集成》(5)，角川书店，1978 年，第 217 页。

6 田名真之在《明清交替与琉球》中认为毛大用等只是进香使，庆贺隆武帝登极的毛泰久等原本是派遣给弘光政权的，但还未出发弘光政权就灭亡了，当隆武政权的诏谕使闵邦基来到琉球时，毛泰久等就受命出使中国，向隆武帝表示庆贺。

琉球，本来令金应元等一同回国，但金应元上奏说“向例进贡，一官往，方一归，前后交接，卑国定规”，[7] 请求隆武帝让熟知海国诸島的郑子廉等随行。隆武帝接受了他的建议，命令护送花煜回闽的都通事郑子廉及惯海水梢5人伴随诏谕使闵邦基一起前往琉球。到达琉球的闵邦基受到了王舅毛泰久的招待，完成使命后又在郑子廉等人的护送下返回福州。[8] 随后琉球世子尚贤再次派遣王舅毛泰久、长史金思义(又名金正春)等到福州，入贺隆武帝登极。毛泰久等并没有见到隆武帝，他们把表文、方物呈进给福建的官员后，准备秋季趁季风回国。返还途中，行至闽安镇外琅崎地方时，清朝大将军贝勒攻克了福州。“由是长史金正春、都通事郑思善、火长陈初源等改衣剃发先入福省，拜谒贝勒禀明琉球国投诚之事。”[9] 不料进入内港回至怡山等候的琉球贡船又遭遇海盗的劫掠，走投无路的官伴水梢等不得不到福州寻求帮助。最后大将军贝勒带毛泰久、金思义等到北京觐见顺治帝，商议向清投诚之事。随大将军贝勒一起入京的还有归降清朝的郑芝龙，他曾是隆武政权的重臣，与琉球等藩属国有着亲密接触，为进京投诚的琉球使节提供了很大帮助，在琉球向清投诚这件事上发挥了重要作用。[10] 琉球馆通事谢必振与滞留福建的琉球使者，到南京向洪承畴投书，向清朝请封，也被转送入京。[11]

1647年世子尚贤派遣蔡祚隆等按期朝贡并打探前使的下落，但蔡祚隆等中途遇到海盗，无功而返。世子尚贤也在蔡祚隆等出发不久后去世了。1649年新即位为世子的尚质再次派遣蔡祚隆等入贡、打探前使下落，并通告尚贤逝世，兼请袭封。此时又因为隆武政权灭亡，福州已被清军占领，蔡祚隆等没有到达福州，而在福建定海附近面见了监国鲁王。[12] 随后又被护送至建国公郑彩处盘验贡物。鲁王和建国公郑彩都致书琉球，郑彩在国书中表达了通过琉球获取武器和取得日本援助的愿望，[13] 此时南明势力已经极其衰微，琉球与南明的交往就此走向终结。

(二)琉球与清朝、三藩势力的往来

来到北京的琉球使节毛大用、金思义等受到顺治帝的赏赐与宴请，但琉球的请封活动并不顺利。清朝要求琉球先缴纳明朝的敕印，然后再进行册封。礼部上奏“琉球国世子尚贤，前已遣使请封，而今前朝勅印未缴。乞遣通事谢必振，奉旨往谕。”[14]顺治帝准奏，命谢必振与滞留北京的琉球使节一起前往琉球，诏谕琉球返回明朝敕印，归顺清

---

7 《历代宝案》(校订本)，第二册，冲绳县立图书馆史料编集室，1992年，第477页。

8 《历代宝案》(校订本)，第二册，冲绳县立图书馆史料编集室，1992年，第477页。

9 《球阳》第307条“四年清世祖章皇帝登极”。引自《冲绳文化史料集成5》，角川书店，1978年，第217页。

10 参见杨彦杰：《明清之际的中琉关系——以琉使入贡为中心》，《第五届中琉历史关系学术会议论文集》，福建教育出版社，1996年，第885-886页。

11 滞留福州的琉球使者应该是金应元一行中的成员，参见杨彦杰：《明清之际的中琉关系——以琉使入贡为中心》，《第五届中琉历史关系学术会议论文集》，福建教育出版社，1996年，第886页。

12 一说琉球使节蔡祚隆在沙埕与监国鲁王见面。

13 参见林春胜、林信笃：《华夷变态》卷一，东方书店，1981年，第37-38页

14 殷梦霞、贾贵荣、王冠：《国家图书馆藏琉球资料续编下册·中山世谱抄本》，北京图书馆出版社，2002年251页。

朝。1646年4月从北京出发的谢必振一行途中遇到山贼、海盗阻路，直到1648年才到达福州。1649年从五虎门出海后又遇飓风，谢必振等飘到萨摩，被送往长崎查验，之后才到达琉球。金思义与柳枝蕃则直接到江户，向幕府汇报中国政局变动的相关事宜。其实在谢必振等到达琉球之前，世子尚质已经遣通事周国盛等到福建向清朝投诚。周国盛等与事毕返闽的谢必振、护送谢必振返还的通事梁廷翰等在福州会合后一起奉表进京。[15] 1650年顺治帝把梁廷翰等人遣回，再次催促琉球缴还明朝敕印。1651年久久不见琉球来使的顺治帝又命"通事谢必振、周国盛等赍勅，归谕世子，并讨还明印。"[16]其实1650年尚质曾派遣王舅阿榜琨、正议大夫蔡锦等庆贺世祖登极，但因为遭遇海难没能到达中国。1652年诏谕使臣谢必振等再次到来时，琉球诚惶诚恐。1653年春尚质立即派遣王舅马宗毅、正议大夫蔡祚隆等赴京庆贺顺治登极，并缴还了明朝的敕印，请求下赐新的敕印，向清朝请封。这样清朝册封琉球就进入了实质性运作阶段。1654年顺治帝派遣兵科副理事官张学礼、行人王垓作为正副使前去琉球册封。张学礼等到达福州后，进行相关准备，但由于时值郑成功与清军在福建沿海激战，未能出发，滞留福建四年后又返回北京。此后琉球多次"遣使迎接庆贺使臣，皆为海贼所阻，故不复遣使"。[17]在郑成功病故台湾，南明余部逃亡缅甸，反清势力威胁削弱的情况下，1662年康熙帝再次派遣张学礼、王垓等前往琉球行册封之礼。1663年张学礼等奉诏勅及印一、缎币五十匹到达琉球国，谕祭世子尚贤，册封世子尚质为中山王，并于同年回国，尚质以王舅向国用、紫金大夫金正春等为谢恩使赴京向康熙帝表示谢意。

此后琉球按照两年一贡的规定按期朝贡清朝，朝贡贸易的货物不断丰富，清琉封贡关系稳定健康地发展。但1673年清朝发生三藩之乱，云南的平西王吴三桂、广东的平南王尚可喜、福建的靖南王耿精忠先后举旗反清，清朝政权再次受到严重威胁，这也又一次对清琉封贡关系提出了挑战与考验。这一年本欲回国的琉球贡使耳目官吴美德、正议大夫蔡彬等由于"耿精忠谋叛动兵，无路可归，留苏州数年。"[18]叛乱发生后琉球国不再敢向清朝贡，清琉关系一度处于中断。1674年靖南王耿精忠、平西王吴三桂向琉球发出谕令与檄文，催促琉球臣服。1676年耿精忠又派遣游击陈应昌到琉球国，招谕琉球，并索取军需物资硫磺。陈应昌返回后，琉球开始考虑应对之道。在对中国的局势没有清晰把握的情况下，总理唐荣司本来只打算遣使向耿精忠表示庆贺，蔡国器建言世子尚贞应携带两封文书，一封向耿精忠表示庆贺，一封探问清朝安否，视实际情况随机应变，以备不时之需。1677年琉使蔡国器等来到福建时，耿精忠势力已被清军剿灭，于

15 参见殷梦霞、贾贵荣、王冠：《国家图书馆藏琉球资料续编下册·中山世谱抄本》，北京图书馆出版社，2002年，255页。

16 殷梦霞、贾贵荣、王冠：《国家图书馆藏琉球资料续编下册·中山世谱抄本》，北京图书馆出版社，2002年，第255、256页。

17 殷梦霞、贾贵荣、王冠：《国家图书馆藏琉球资料续编下册·中山世谱抄本》，北京图书馆出版社，2002年，第256页。

18 殷梦霞、贾贵荣、王冠：《国家图书馆藏琉球资料续编下册·中山世谱抄本》，北京图书馆出版社，2002年，第266页。

是便把探问安否的咨文呈进给康熙帝。康熙很是欣喜，对琉球大加封赏。[19] 这件事之后清琉关系再次进入发展的快车道，1678 年后琉球获得派遣接贡船的准许，清琉间的朝贡贸易制度进一步完善。1681 年清军平定三藩，1682 年台湾郑氏归降清朝，同年康熙帝派遣正使翰林院检讨汪楫、副使内阁中书舍人林麟焻到琉球国，谕祭尚质，封尚贞为中山王，并御书"中山世土"赐王，自此可以说清琉封贡关系得以完全确立，开始进入稳定发展期。

二、清琉封贡关系确立的影响因素

大明政权的灭亡、明琉封贡关系的终结让琉球一度陷入无所适从的慌乱境地，同时也为琉球对外关系的处理提供了做出多重选择的可能，但最终琉球还是与清朝建立了宗藩封贡关系，成了以清朝为核心的东亚封贡体制中的一员。清琉封贡关系的确立主要受以下四方面因素的影响。

(一)"实力主义"的现实态度决定了琉球的最终选择

清琉封贡关系确立的最重要的影响因素无疑是实力。琉球在与清朝、南明、日本(萨摩)、郑氏集团等各方势力接触中详细观察，并从中认知、周旋、选择。

明清交替时期，与清朝相比，南明政权、三藩、郑氏集团等势力的主要活动区域在中国东南沿海地区，海上贸易和航路主要被控制在这些势力手中，他们与琉球的经济贸易联系更为密切。尽管如此，由于这些势力并没有统一中国的实力，最终都被清朝逐次歼灭，琉球也从周旋于清朝、南明各朝廷、郑氏集团等势力之间逐步转向忠顺于清朝。由此可见，"实力"和"大势"是清琉关系得以确立的最重要的影响因素。众所周知，明清交替之前的 1609 年，萨摩藩已攻破琉球，萨摩藩入侵琉球后大肆洗劫琉球的财富，实际控制了琉球经济，使琉球丧失了海外贸易的自主权。明清交替的战乱时期，琉球依然按例入贡，继续维持与中国的封贡关系。萨摩通过向琉球提供"渡唐银"、委托琉球朝贡船捎带萨摩的货物等形式介入了中琉贸易。[20] 如琉球使节金应元等所带贡物中的硫磺即是萨摩所产。明清交替之际琉球的朝贡船常常面临海盗的威胁，1654 年、1655 年、1670 年琉球的接贡、进贡船都曾遇到海盗，萨摩便通过借给琉球对抗海盗武器等方式，帮助琉球维护清琉朝贡贸易的顺利进行。尽管明清交替、时局动荡，但此时的萨摩藩和幕府都不具备与清朝摊牌和对抗的实力，也未敢公开吞并琉球。其原因一方面是因为幕府和萨摩藩处于经济利益的考虑，希望继续通过琉球与中原王朝的朝贡贸易从中获取巨大经济利益；另一方面也是因为明、清王朝的巨大实力和影响力。琉球受制于萨摩，与南明、清等的每一次交往几乎都要向萨摩、幕府报告，由此可知在清琉封贡关系确立的

---

19 参见岛尻胜太郎：《明清交替的琉球的应对》，《第一届中琉历史关系国际学术会议论文集》，中琉文化经济协会，1988 年，第 491－508 页。

20 参见赤嶺守：《琉球王国》，讲谈社，2004 年，第 103－105 页。

过程中，日本的影响贯穿始终。但琉球并没有全面依附日本，琉球依然希望通过中琉封贡关系的巩固来避免完全陷于日本和萨摩藩的控制，维持自身社会经济的发展。同时，琉球也没有归附南明政权等势力，面对形势的不断变化它最终选择了强大的清朝。

(二)"事大主义"的传统积淀使琉球习惯于封贡体制的庇护

中琉封贡关系到明末清初已历时270余年。1372年明太祖遣行人杨载诏谕琉球，中山王察度欣然接受并派其弟泰期出使明朝，称臣纳贡。琉球自此被纳入以明朝为中心的东亚封贡体制。"由是琉球始通中国，以开人文维新之基。"[21]明琉封贡关系的建立对琉球的政治构造、经贸方式、文化繁荣起到了巨大的导向性作用。同时，明琉封贡体制为琉球提供了安全保障，明琉两国也据此协同应对倭寇等海上势力的侵扰，维护了相关海域的稳定。这方面的例子不胜枚举。如嘉靖三十六年倭寇从浙江逃亡琉球，世子尚元遣兵攻击倭寇，并把被劫掠的6名中国人送还。明朝与琉球"三山"建立封贡关系初期的一段时间，"三山"各王曾相互争斗不止，太祖先后诏谕琉球中山王、山南王、山北王，劝说三王"息兵养民，以绵国祚。"[22]三王接受太祖的诏谕，各自罢兵休战。与明朝关系最为密切的中山，中山通过明琉贸易获取的巨额财富为其统一琉球提供了强有力的支撑，明朝政治制度、礼仪文化的传入还为琉球完备其国家体制提供了范本。明朝还通过密切朝贡贸易、厚往薄来，派遣"闽人三十六姓"等，为琉球海洋贸易的展开创造了必要条件，推动琉球走向繁荣的"大航海时代"。总之，明朝为琉球社会的统一和发展提供了真诚的帮助，赢得了琉球各方面的信赖。琉球也在与明朝的交往中获取了巨大的利益，取得飞跃性发展。明朝以及中华文化对琉球社会的持续影响，使得尊崇中原王朝的"事大主义"的思想逐步扎根琉球社会深层，琉球也逐渐习惯了在封贡体制庇护下进行经济活动。还需指出的是，由于清琉封贡关系的确立也符合清朝建立统治地位和国家利益的需要。从明清鼎革到平定三藩、收回台湾，清朝逐步建立起强有力的中央政权，实现了国家的统一，国力不断增强。以此同时，清朝政府充分吸收历朝历代的制度和文化，逐步走向"汉化"，并致力于继续保持与周边国家的封贡关系，以此彰显其华夏正统地位，扩大在世界的影响力，推动海外贸易的有序开展。自然地，推动清琉封贡关系的确立和发展也就成为题中之义。1667年清顺治帝颁布诏书，表达了清朝与明朝的各个海外藩属国重建宗藩关系的愿望。琉球使节毛泰久、金思义等入京投诚，顺治帝高度重视并给予积极回应，并遣使赴琉球传达其怀柔远人的外交理念。这一切也使得琉球渐渐安心于归顺清朝，继续在封贡体制内得到清王朝的庇护。

(三)秉持"海洋立国"理念的琉球海商集团的巨大影响力

琉球是一个岛弧国家，其生产和生活自古以来就与海洋息息相关。海洋不仅是琉球

---

21 殷梦霞、贾贵荣、王冠:《国家图书馆藏琉球资料续编下册·中山世谱抄本》，北京图书馆出版社，2002年，第83页。

22 殷梦霞、贾贵荣、王冠:《国家图书馆藏琉球资料续编下册·中山世谱抄本》，北京图书馆出版社，2002年，第86页。

的安全屏障，也发挥着海外交通、贸易通道的作用，为琉球的社会发展提供了资源和支撑。由于自然地理的条件所限，琉球农耕普及程度不高，其国家生存发展主要依赖于发达的海外贸易。随着社会生产力水平的不断提高，从事海洋贸易活动的海商集团出现，他们在琉球的社会地位也渐渐上升，所主导的海外贸易活动也把琉球经济活动纳入到统一的经济体系之中，进而使琉球社会各个阶层都能分享利益。在长期海洋经贸活动中壮大的海商集团与琉球统治阶层关系日益密切，政治影响力也越来越大，并影响着琉球对外关系的处理。琉球的海外贸易活动与政治活动往往交织在一起。琉球的官员、士绅是海商集团的核心成员，有的时期国王也是海商，直接主导着海外贸易活动。海商集团是海外贸易的控制者、承担者，也是最主要受益者。琉球的中国人及其后裔大多从事航海、通事等工作，成为海商集团的重要成员，当中的许多人进入琉球上层社会，担任长史、大夫、总管等文职，享有较高的官阶和俸禄。萨摩入侵琉球后，让琉球人、萨摩人入籍“闽人三十六姓”后裔为主体的久米村，直接参与、指导中琉贸易活动，海商集团又转变为琉球、萨摩利益的双重代表。这样的一个海商集团从来不缺乏政治活力，并始终与中国保持着紧密的联系。因此清琉封贡关系的确立能满足琉球海商集团利益诉求，琉球海商集团也通过影响、控制琉球的对外决策积极推动清琉封贡关系的确立和朝贡贸易的发展。

琉球经济严重依赖于海外贸易，特别是中琉间的封贡贸易关乎琉球的生死存亡。清初琉球与东南亚的贸易断绝[23]，又受到日本的严重盘剥，对中琉贸易的依赖程度也就更强。在清琉封贡关系确立的过程中，琉球使节的活动主要围绕请封和贸易这两件事来展开。弘光政权灭亡后，从南京返回福州的金应元还念念不忘向隆武帝请求互市白丝，在福州筹办相关事宜。清军攻克福州后，滞留福建的琉球使者与通事谢必振一起到南京洪承畴处投书，向清投诚请封，希求尽快重开朝贡贸易。这也正是琉球海商集团最关心的事情。清朝也积极接纳琉球，依旧制允许朝贡，又先后实行外贡制、耳目官制、接贡船制等，琉球海商也从中得到了更多的利益。

（四）琉球“空道的性格”和各方势力的相对平衡也促使琉球寻求务实之路

所谓“空道”是指明末清初王朝更替之际，琉球的朝贡使节为应对中国时局的突然变化，怀揣呈递给南明和清朝两种不同的上表文书，或者类似今人俗称的“空白介绍信”一样的公文，以便根据彼时彼地的实际情况进行应对。这种性格反映出历经萨摩侵琉的琉球人委曲求全、无可奈何、圆滑周旋的小国心态，一定程度上也是一种寻求生存之道的智慧。在清琉封贡关系的确立过程中，地域因素也是重要影响因素之一。由于地理上的便利和中琉间海路的缘故，琉球与以福建为中心地域联系密切。明清交替之际，琉球最先与南明的弘光政权取得了联系，这与当时弘光政权控制着东南地区密不可分

23　参见安里进、高良仓吉、田名真之等：《冲绳县的历史》，山川出版社，2004 年，第 107 – 108 页。

的。[24] 清军攻克南京后琉球转而奉在福州建立的隆武政权为正朔，清军攻克福州后琉球则有意向清朝投诚。当占据福建的靖南王耿精忠反清后，琉球忠顺清朝的态度则再一次发生动摇。可见，控制福建地区的势力深深影响着中琉间的册封与朝贡活动，琉球使节也在这样的外交活动中随机应变。另一方面，我们还可以跳出中国和中琉双边的范围，从东亚区域的角度来看。以中国为中心的封贡体制是古代东亚国际关系的基本框架和机制，琉球从明初开始就成为这一体制内忠实的成员。明末清初之际，中琉关系仍以一种惯性延续着明琉封贡关系的基本状态，而这时的琉日关系半明半暗却也十分密切，琉球自身则处于一种被称为中日“两属”的状态，在中日之间还扮演着贸易联系和信息沟通的角色。中、琉、日三方形成了一种既成的较为稳定的关系，连同封贡体制自身所具有的包容性，使得三方或直接或间接地互动，也在一定程度上顺应了当时三方的政治、经济、外交等利益的需求。

结 语

清琉封贡关系的确立过程伴随着明清交替之际各方势力集团的相互斗争和博弈。在这一过程中，琉球基于现实主义的立场以及“空道的性格”、“事大主义的自卑”[25]，选择了最具实力的能够提供琉球国家安全保障和经济利益的清王朝，在清王朝主导的封贡体制的框架中维系国体的存续和经济社会的发展。这一选择的内在动因主要基于实力主义的考量，同时包括数百年来中琉封贡关系的历史积淀及其所所赋予的价值认同，包括主导琉球经贸活动的海商集团的现实利益诉求，也与琉球的国家性格有关。其中，“实力主义”与“空道的性格”互为表里；封贡体制的历史积淀和海商集团的利益需求也互为表里。另外，中日琉三方关系既存的平衡状态、互动机制也在一定程度上维护了各方的基本利益。从清琉封贡关系的确立过程也可以看出琉球寻求立身于封贡体制和华夷秩序之中的不懈努力。清琉封贡关系的确立让琉球在明清交替、东亚海洋力量格局复杂多变的历史关头回归既往，找准了位置，获取了稳定的政治经济环境，进而维持其海外贸易的发展，确保其继续“自为一国”直到230年后的亡国时刻。

---

24 杨彦杰在《明清之际的中琉关系——以琉使入贡为中心》中也提及琉使进入中国以福州为登陆港，使得琉球必然与当时控制着长江以南区域的南明政权发生联系。

25 参见大江健三郎（陈言译）：《冲绳札记》，三联书店，2010 年。

近世期に琉球国へ導入された工芸品の製作技術

近世时期传入琉球的工艺制作技术

上江洲安亨*

要　旨

進貢貿易による清朝からの輸入品には、生糸・薬種だけでなく、紙製品や漆器・染織品の製作に必要な鉱物顔料もあり、中国漆器等の工芸品自体の輸入も多くあった。また、琉球は、17 世紀半ば以降、様々な工芸技術の導入のため、技術者の派遣が行われている。その個々の派遣技術者については、それぞれの工芸分野の研究で紹介されているが、この時期、首里王府が行った技術導入の傾向等を分析して考察することは少なかった。拙論では、進貢貿易を介在して主に清朝より琉球国内に導入された工芸品の製作技術の内容と傾向を分析し、琉球の工芸製作に与えた影響について検討をしてみたい。

摘　要

琉球通过进贡贸易从清朝购得的物品中，除生丝、药材以外，也有制造纸制品、漆器、染织品等物所需的矿物染料，还有许多中国漆器等工艺品。17 世纪半叶以后，琉球国为了引进各种工艺技术，开始对外派遣技术者。关于这些派遣的技术者，在各工艺领域的研究中已有作介绍，但对于这一时期首里王府的技术导入倾向等问题，却鲜有先行研究对此进行分析和考察。本文着重分析琉球国通过进贡贸易的途径从清朝引进的工艺制作技术之内容和倾向，并探讨其对琉球工艺制作的影响。

はじめに

進貢貿易による清朝から琉球への輸入品には、生糸・薬種だけでなく、紙製品や漆器・染織品の製作に必要な鉱物顔料もあり、中国漆器等の工芸品自体の輸入も多く

---

* 上江洲安亨：财团法人海洋博览会纪念公园管理财团首里城公园管理中心。

あった。

薩摩から調達した輸出品も銀だけでなく海産物等、様々な品目があった。このような琉球を介在して清朝と日本・薩摩の物品が交易されていたことは多くの研究で明らかになっている。この進貢貿易のなかで、移動するのは物品だけでなく工芸品等の製作技術もそうであった。琉球への工芸技術の導入については、それぞれの工芸分野の研究で文献史料の記録が紹介されている。拙論では個々の工芸技術の導入に関する事例をできるだけ網羅的に取り上げ、琉球国の工芸技術の導入に関する全体的な傾向を分析したうえで、技術の伝播が与えた影響について検討をしてみたいと思う。

一、工芸製作技術の導入に関する動向

琉球国における工芸技術の導入に関する記事は、『琉球国由来記』(以下、『由来記』と略す。)巻四、技術門という項目を中心に纏まった記事があり、王府の正史である『球陽』にも記述されている。また工芸技術導入に携わった人物の家譜史料にも、導入時の経緯が判る記録が記述されている場合がある。このような工芸技術導入に関する関連記事や時期、どのような人物が携わったのか一覧表にしてみた(表1)。

これらの史料にみえる工芸技術の導入事例は、51 項目 78 事例であり、例えば漆工芸では貝摺(螺鈿)技法や漆器の導入事例等があり、絵画では絵師の留学事例、窯業では瓦工や陶工の事例、製紙では紙漉技術の導入や国内での技術開発の事例等があった。金工品では御玉貫や刀剣の研ぎの技術の導入事例、織物は糸綿の導入の事例が断続的に複数あった。このような伝播してきた状況を整理した一覧表から読み取り、工芸技術の導入の傾向を紹介してみたい。

(一)中国から琉球へ導入された工芸技術の事例

中国から琉球へ技術の導入が図られた事例は最も多く31 件あり、全体の約 40% を占めていた。ただし、『由来記』巻四　技術門の記述をみると「畳刺・簾細工・皮細工・組物細工・貫物細工・鼓張・糸組」は、「当国、此七工、何世代為初哉、不可考。従中古有来歟、通中華以後始乎。」とあり、この7 件の事例については導入の時期や携わった人物が不明である。『由来記』(康熙 52(1713)年)が編纂された18 世紀初頭には具

体的な伝承等が無く、曖昧な情報しかなかったため、このような記述になったのであろう。類似の記述がされている事例はその他、彫物、織に2 件あり、全て『由来記』の記述である。また『球陽』附巻尚寧王三一年条に盛元竜が綿の製法を久米島に伝えた記述の中で過去に年代不明であるが「堂之大親」という中華より治蚕織紬を伝授したという伝承を掲載している。よって技術の導入が中国由来とした31 件中、9 件は具体的な記述が無く、1 件は年代不明で携わった人物についても判然としない記述で、導入した人物の名前や年代などがある程度具体的に書かれているのは21 件であ

表1　琉球国由来記・球陽・家譜等にみえる工芸製作技術の伝播に関する事項

№	導入された工芸技術等	時期	内容	技術伝播の経路	携わった人物	出典
1	涼傘	尚巴志王世代（由来記） 康熙5(1666)年（球陽）	尚巴志王の世代に中国の制度が来て用いるとある（由来記）。 康熙5年、毛栄清が貢使となり閩で鄭思善とともに涼傘と五方旗を公銀四十両で作らせた。	中国福州→琉球	毛栄清（喜屋武親雲上盛勝） 鄭思善	由来記 巻三 財器門 球陽　尚質王一九年条
2	五方旗	康熙5(1666)年	康熙5年、毛栄清が貢使となり閩で鄭思善とともに涼傘と五方旗を公銀四十両で作らせた。五方旗炎上後、五色の芭蕉布の旗となったとある。	中国福州→琉球	毛栄清（喜屋武親雲上盛勝）	由来記 巻三 財器門 球陽　尚質王一九年条
3	匱	不明	中国の制に倣うとある。	中国→琉球	記述無し	由来記 巻三 財器門
4	漆器	不明	和漢の制器を用いるとある。	日本・中国→琉球	記述無し	由来記 巻三 財器門
5	貝摺師	崇禎9(1636)年	崇禎9年に国吉が閩に入りて三年滞在し、貝摺（螺鈿）と塗物（髹漆）を学ぶ。同14(1641)年に貝摺師となる。青貝師の始めなりとある。	中国福州→琉球	国吉（後に伊平屋比嘉を領す）。織の国吉と同一人物の可能性有り。	由来記 巻四　技術門 球陽　尚賢王元年条
6	漆器の法	康熙2(1663)年	陸得先が王府の命により、慶賀使に随いて閩に赴き、白糖・氷糖の製法とともに朱塗・黒赤梨地・金銀箔等の製造を伝授して帰国した。漆器並びに金銀箔の法は、貝摺勢頭に教授し、白糖の法は浦添群民に教授したとある。	中国福州→琉球	陸得先（武富親雲上重隣）	球陽　尚質王一六年条
7	煮貝技術	康熙29(1690)年	康熙29年大見武憑武が杭州で煮貝の技術を学ぶ。康熙34(1695)年に神谷親雲上に教える（由）。 家譜では揚州で煮貝の技術を学ぶとある（関姓家譜）	中国揚州（杭州）→琉球	関忠勇（大見武筑登之親雲上憑武）	由来記 巻四　技術門 新参関姓家譜正統

续表

№	導入された工芸技術等	時期	内容	技術伝播の経路	携わった人物	出典
8	堆錦塗	康熙 54(1715)年	首里の房弘徳は、自ら工夫し始めて異製の漆法で器物を飾る。これを堆錦塗と言い、国用に供し、褒奨を賜る。	琉球	首里の房弘徳(比嘉筑登之親雲上乗昌)	球陽　尚敬王三年条
9	朱塗・木地引	乾隆 39(1774)年	薩摩より朱塗・木地引の匠を召したいとあり、貝摺師の查允泰・向允升・具文忠、木地引匠の西村新垣筑登之・若狭町村比嘉仁也・渡嘉敷仁也が派遣され三年滞在した(球附)。 薩摩に派遣も、細工所に工房の準備が無く、製作ができないと木地引並塗物師より要望があった(琉球館文書)	琉球→薩摩	查允泰(仲宗根筑登之親雲上真常 向允升(粟国筑登之朝●(木+康)) 具文忠(金城筑登之唯福) 西村新垣筑登之・若狭町村比嘉仁也・同村渡嘉敷仁也	球陽附巻尚穆二三年条 琉球館文書
10	画工	不明	中古より唐に入り、或いは倭に入り、伝授すると雖も、人員の詳細は不明とある。	日本・中国→琉球	記述無し	由来記 巻四　技術門
11		順治 17(1660)年	李基昌(崎山喜俊)、薩摩で絵師内藤等甫に絵を学ぶ。	薩摩→琉球	李氏東風平(後に崎山)筑登之喜俊	由来記 巻四　技術門 球陽附巻尚質王一三年条
12		康熙 22(1683)年	康熙 22 年、璩(琥)自謙(石嶺傳莫)・查康信(上原眞知)が閩に入り、王調鼎・謝天游(祐)・孫億に学び、画絵の法を伝授して康熙 26(1687)年に帰国する。	中国福州→琉球	璩(琥)自謙(牧志傳莫。後、石嶺傳莫) 查康信(上原眞知)	由来記 巻四　技術門 球陽附巻尚質王一三年条
13		康熙 43(1703)年	康熙 43 年、琉球に伝授の絵師がいないため呉師虔が中国に派遣され、翌年福州第一の孫億、第二の順梁亨及び鄭大観を師として康熙 46(1707)年まで学んだ。	中国福州→琉球	呉師虔(山口親雲上保房)	呉姓家譜
14		乾隆 35(1770)年	乾隆 35 年、進貢使に随い北京まで登った。山體岸組の風景を見聞し稽古に励んだ。乾隆 38(1773)年中城王子尚哲に随いて薩摩に入った。北京・薩摩で国用となる絵を描いたとある。	中国北京・福州・薩摩→琉球	呉著温(屋慶名筑登之親雲上政賀)	呉姓家譜

续表

№	導入された工芸技術等	時期	内容	技術伝播の経路	携わった人物	出典
15	表具師	不明	伝授の人員の詳細は不明とある。	不明	記述無し	由来記巻四　技術門
16		順治年間	中城筑登之親雲上という表具師ありとある。	不明	中城筑登之親雲上（尚氏金武王子朝貞奉公人）	由来記巻四　技術門
17		康熙 31（1692）年	康熙 31 年に宮城元易が北谷王子朝愛に随従して薩摩に赴き、朝愛の命により、熊谷有善坊・眞方善右衛門から表具の技術を伝授される。康熙 34（1695）年より表具師主取となる。	薩摩→琉球	鄂氏宮城筑登之親雲上元易	由来記巻四　技術門
18	玉焼	康熙 9（1670）年	康熙 9 年に與那城（平田）典通が閩で五色の玉焼の製作を稽古し、康熙 11（1672）年に首里城の屋根に玉の龍頭・獅子頭を始めて製作する。また孔子並四賢之御像を製作する（由）。 與那城典通が貢使に随いて閩に入り京に赴き、瓷器及び焼玉を焼製する法を伝授して帰り、五色の珠玉を焼くとある（球）	中国→琉球	宿氏與那城（平田）筑登之典通	由来記 巻四　技術門 球陽　尚貞王二年条
19	瓦工	不明	焼き始めの年代は不明とある。	不明	記述無し	由来記 巻四　技術門
20		不明	昔、唐人が渡来し、真和志間切の国場村に居住し、真玉橋村で焼き始める。御検地帳には渡嘉敷三良と云う。	中国→琉球	渡嘉敷三良	由来記 巻四　技術門 球陽外巻一遺老説伝

续表

№	導入された工芸技術等	時期	内容	技術伝播の経路	携わった人物	出典
21		萬暦44(1616)年	陶芸の始めは、萬暦44年、尚豊王が佐敷王子として薩摩に滞在時に高麗人の一官・一六・三官を召し列れて帰国し、特に一六は、琉球に住み付き仲地の姓を賜るとある(由)。 一六は張献功(姓は仲地、名乗は麗伸)とある(球附)	(朝鮮)→薩摩→琉球	一官・一六・三官(高麗人)。 一六(張献功・仲地麗伸)は琉球に帰化。	由来記 巻四　技術門 球陽附巻尚寧王二八年条
22	陶工	雍正9(1731)年	雍正8(1730)年麻世忠(真境名親雲上真本)に随いて薩摩に到り林氏・星山氏から立野焼物の法を伝授し、秋に帰る。雍正9年より陶窯を湧田に作り陶焼を行う。	薩摩→琉球	那覇泉崎村の仲村渠・賀数	球陽附巻尚敬王一九年条
23		乾隆53(1788)年	乾隆51(1786)年に薩摩の命を奉じて閩に到って陶業を学ぶ。粉朱をして五色を鍍する法を学習した。各色の詩箋を製造し、鳴鶏卵を蒸生し、陶器に装飾をする法を学ぶ。乾隆52(1787)年夏に薩摩に到り、学んだ陶業を試すに良好で、薩摩の人に伝授したとある。	中国福州→琉球→薩摩	仲元筑登之親雲上 新垣筑登之親雲上	球陽附巻尚穆王三七年条
24	木匠	不明	天孫氏より有り来るとある。	不明	記述無し	由来記 巻四　技術門
25	鍛冶	不明	天孫氏より有り来るとある。	不明	記述無し	由来記 巻四　技術門
26	石工	不明	天孫氏より有り来るとある。	不明	記述無し	由来記 巻四　技術門
27	畳刺	不明	何世代より始まるか不明。中華に通じて以後始まるかとある。	中国→琉球か	記述無し	由来記 巻四　技術門
28	簾細工	不明	何世代より始まるか不明。中華に通じて以後始まるかとある。	中国→琉球か	記述無し	由来記 巻四　技術門

续表

№	導入された工芸技術等	時期	内容	技術伝播の経路	携わった人物	出典
29	皮細工	不明	何世代より始まるか不明。中華に通じて以後始まるかとある。	中国→琉球か	記述無し	由来記 巻四　技術門
30	組物細工	不明	何世代より始まるか不明。中華に通じて以後始まるかとある。	中国→琉球か	記述無し	由来記 巻四　技術門
31	貫物細工	不明	何世代より始まるか不明。中華に通じて以後始まるかとある。	中国→琉球か	記述無し	由来記 巻四　技術門
32	鼓張	不明	何世代より始まるか不明。中華に通じて以後始まるかとある。	中国→琉球か	記述無し	由来記 巻四　技術門
33	糸組	不明	何世代より始まるか不明。中華に通じて以後始まるかとある。	中国→琉球か	記述無し	由来記 巻四　技術門
34	玉貫	不明	真和志間切の銘苅村の女が唐人と夫婦になり、生まれた男子に玉貫の技術を教えたとある。技術が導入された年代は不明。	中国→琉球	唐人と銘苅村女の男子	由来記 巻四　技術門 球陽外巻一遺老説伝
35	鞍打	不明	琉球の鞍は和国の製作技法を見て作っている。牧志親雲上が鞍の製法を伝授して作った。その後、荒木拾左衛門製作の鞍を薩摩よりお手本として下し、これよりその製法が始まるとある。	薩摩→琉球	牧志親雲上小大良	由来記 巻四　技術門
36	彫物	不明	中華に通じて以後始まるかとある。	中国→琉球か		由来記 巻四　技術門
37	彫物	康熙年間	久米村牧湊親雲上が初めて彫物勢頭となるとある。	不明	牧湊親雲上（久米村系士族）	由来記 巻四　技術門
38	縫物細工	不明	その始めは不明であるとある。	不明	記述無し	由来記 巻四　技術門

续表

№	導入された工芸技術等	時期	内容	技術伝播の経路	携わった人物	出典
39	染物師	不明	染物は前代は木皮染であったとある。	不明	記述無し	由来記 巻四　技術門
40		萬暦40(1612)年	萬暦40年に藍染が初めて導入され、薩摩の人、酒匂四郎右衛門が琉球に住み付き、国中に教える	薩摩→琉球	酒匂四郎右衛門景陳（剃髪して善濟）	由来記 巻四　技術門
41	紙漉	不明	往古から紙漉があったか伝来は不明。	不明	記述無し	由来記 巻四　技術門
42		康熙25(1686)年	康熙25年に大見武憑武が薩摩で杉原紙・百田紙の漉法を草野五右衛門を師として伝授し琉球にもたらした。康熙33(1694)年紙漉主取となる。これより琉球の紙漉きの始めであるとある(由)。 康熙34(1695)年金城邑大樋川辺に移住し造紙するとある(球附)	薩摩→琉球	関忠勇(大見武筑登之親雲上憑武)	由来記 巻四　技術門 球陽附巻尚貞王二七年条
43		康熙51(1712)年	那覇の翁能哲は、王府の命により久米島で人民をして桑樹・榕樹・宇祖古樹等を用いて楮紙を製造させる。	琉球	翁能哲(富村親雲上盛友)	球陽　尚益王三年条
44		康熙57(1718)年	欽兆鳳・房弘徳・査王蚕は康熙56(1717)年に芭蕉紙の製造に成功した。また翌康熙57年に王府より銀子200両を賜い、山川村に造紙所を設けた。造紙の技術を宮古・八重山・大島に伝えた。雍正甲辰の年(雍正2(1724)年)に房弘徳が色半紙・広紙を製造した。その丙午の年(雍正4(1726)年)には奉書紙・高檀紙・百田紙を製造した。その辛酉の年(己酉の誤りか。雍正7(1729)年)に薬紙を製造するとある。	琉球	欽兆鳳(祖慶筑登之親雲上清寄) 房弘徳(比嘉筑登之親雲上乗昌) 査王蚕(仲宗根筑登之親雲上真秀)	球陽　尚敬王六年条

续表

№	導入された工芸技術等	時期	内容	技術伝播の経路	携わった人物	出典
45	紙漉	乾隆47(1782)年	慶良間島渡嘉敷村の新垣仁也、乾隆41(1776)年に内之浦直庫弥右衛門に雇われ、水手となり本州に到る。以前、中華で製紙の法を学んだことにより、乾隆43(1778)年以来、薩摩で製紙を試し、紙を製造する。このため乾隆47年に王府は新垣を報奨した。乾隆51(1786)年、薩摩で御納戸与力となり新垣筑兵衛と改め琉球国の版図より除去され、翌年妻屋鉄兵衛等と琉球に入り、砂石・草木・鳥獣調査を行う。乾隆53(1788)年筑兵衛の男子を琉球から呼び寄せ仁右衛門とする。新垣家は代々御納戸御子人となるとある。	中国→琉球→薩摩	慶良間島新垣仁也(後に薩摩で士分となり新垣筑兵衛と改め御納戸与力となる)	球陽附巻尚穆王三一年・三五年・三七年条
46		道光27(1847)年	百田紙の製法が断絶したので道光20(1840)年に金城村の百姓比嘉筑登之親雲上が製作を試み、王府は宝口で比嘉に製作させたが、失敗し、道光26(1846)年泉崎村の鄭氏金城筑登之順応が薩摩に赴き製紙を学習して帰国後、金城をして紙座で上紙・下紙・百田紙・美濃紙・宇田紙・杉原紙を試作する。杉原紙以外は善美だった。道光20年以降、国内に楮木を広く植栽し繁茂したため、王府は公用の紙に国製を使用するを許した。	薩摩→琉球	鄭氏金城筑登之順応	球陽附巻尚育王一三年条
47	唐紙・印金紙・緞子紙	乾隆31(1766)年	首里大中村の無譜の知念が始めて唐紙・印金紙・緞子紙を製造した。これより他国より購入しなくなったとある。	琉球	首里大中村の無譜知念筑登之親雲上	球陽　尚穆王一五年条

续表

№	導入された工芸技術等	時期	内容	技術伝播の経路	携わった人物	出典
48	磨物師	順治元(1644)年	順治元年に若狭町村の外間爾也が薩摩で三年滞在し、磨物師の稽古を行い帰国して主取となる。これが始めであるとある。	薩摩→琉球	若狭町村の外間爾也	由来記 巻四　技術門 球陽附巻尚賢王四年条
49	櫛引	不明	先代より有り来るかとある。	不明	記述無し	由来記 巻四　技術門
50		順治年間	角を以って櫛を作るのは、順治年間、若狭町村の浦崎筑登之が始めて作るとあり、康熙 50 (1711)年に公儀の細工となるとある。	不明	若狭町村の浦崎筑登之	由来記 巻四　技術門
51	轆轤(鑪盤工引物)	不明	轆轤は安里掟(元は大限国分の人で鮫島六良兵衛)が漂流して琉球に到着し、宮古島の女と一男をもうけ、若狭町村に移り住み、轆轤を始めたとある。	薩摩→琉球	大隈国分の鮫島六良兵衛	由来記 巻四　技術門 球陽外附巻　遺老説伝
52	檜物師	順治元(1644)年	順治元年に那覇の仲村渠爾也が薩摩に到り、三年滞在して檜物細工の稽古を行い帰国し、始めて主取となった。これが始めてであろうかとしている。	薩摩→琉球	那覇の仲村渠爾也	由来記 巻四　技術門 球陽附巻尚賢王四年条
53	錫細工	不明	何世代より始まるか不明。	不明	記述無し	由来記 巻四　技術門
54		康熙年間	康熙年間、伊指川筑登之親雲上が閩で伝授して来るとある。	中国福州→琉球	伊指川筑登之親雲上	由来記 巻四　技術門
55	金細工(金具師)	不明	金細工の始まった世代は不明とある。	不明	記述無し	由来記 巻四　技術門
56		康熙年間	康熙年間、泊村で善工の新垣親雲上を薩摩に派遣した。新垣は金細工の綿密な稽古を行い、書物等も伝えた。	薩摩→琉球	泊村新垣親雲上	由来記 巻四　技術門

续表

№	導入された工芸技術等	時期	内容	技術伝播の経路	携わった人物	出典
57	鋳物師	雍正 8(1730)年	泊邑の屋比久、貢使に随いて中華に至り、熟銅の法を学びて本国に帰り、人民に教える。以前から鋳物師はいたが、鋳物主取は無かったので屋比久を主取とした。	中国→琉球	泊邑の屋比久	球陽　尚敬王一八年条
58	鉄錠・銅条	乾隆 6(1741)年	賓洪勲は元は宜野湾郡の人で、首里に住み五主役となり中国に到り雨傘等を製する法を伝授され、薩摩に赴き●(木＋鼎)●(草＋麻)油等の製法を伝授された。このため首里籍となり、後に中国と日本に到り鉄錠・銅条を製作し、並びに鉄銅等の器物を熟鋳する法を琉球に伝えた。	中国・日本→琉球	賓洪勲(仲村渠筑登之親雲上起董)	球陽附巻尚敬王二九年条
59	鏡	乾隆 37(1772)年	真和志村の宮城筑登之親雲上が始めて八重山桃林寺権現堂への奉納鏡三面を鋳造し、本年十月一五日に報奨した。	不明	真和志村の宮城筑登之親雲上	球陽　尚穆王年条
60	墨	康熙年間 (由来記) 康熙 48(1709)年 (球陽)	康熙年間、若狭町村の大嶺筑登之が墨の製作技法を中華より伝えた。世子尚純は、之を聴き、汀志良次村宮城爾也に命じて、大嶺を師とし、始めて墨の製作した。	中国→琉球	若狭町村の大嶺筑登之 汀志良次村の宮城爾也	由来記 巻四　技術門 球陽　尚貞王四一年条
61	石硯	康熙 53(1714)年	那覇若狭町村の平好仁は、国頭等に行き、石を山中に取って始めて硯を作った。	琉球	若狭町村の平好仁(長嶺仁也但満)	球陽 尚敬王二年条
62	朱印	雍正 4(1726)年	呉師虔は、曽て福省に至り画法を学び、並びに朱印色の法を伝授して帰る。雍正 4 年に朱印色を製造する。国中の印色に用い閩より購入しなくなったとある。	中国福州→琉球	呉師虔(山口親雲上保房)	球陽　尚敬王一四年条

续表

№	導入された工芸技術等	時期	内容	技術伝播の経路	携わった人物	出典
63	銀朱	雍正 5(1727)年	那覇の労維達は、雍正丁未の年(雍正 5 年)に閩に到り始めて銀朱(朱墨)を製造する法を学ぶ。その己酉の年(雍正 7(1729)年より王府では、その製造する銀朱を用いるとある。	中国福州→琉球	那覇の労維達(古波蔵筑登之親雲上良玄)	球陽　尚敬王一五年条
64	筆結	崇禎 4(1631)年	薩摩の住人源介が帰化し首里町端(池端)に住み、筆を結ったのが始まりとある。	薩摩→琉球	薩州住人源介(隈本源助盛治)。琉球に帰化し、運天と称し、更に棚原、根指部となる。	由来記 巻四　技術門 球陽附巻尚豊王一一年条
65		康熙 35(1696)年	那覇村の大見武寛朋が公用の筆を結ったとある。	不明	愼氏大見武筑登之親雲上寛朋	由来記 巻四　技術門
66	三味線造	不明	前代より有り来るとし、年代不詳であるが南風原という三味線造の善二がいたとしている。	不明	南風原	由来記 巻四　技術門 球陽　尚益王元年条
67		康熙 49(1710)年	康熙 49 年に知念爾也が筑登之座敷に登り、公工の主取となる。	不明	知念爾也	由来記 巻四　技術門 球陽　尚益王元年条
68	織	不明	何世代より始まるか不明。中国に通じてより始まるかとある。	中国→琉球か	記述無し	由来記 巻四　技術門
69		順治 16(1659)年	浮織は、順治 16 年に国吉が貢使に随って閩に入り、始めて緞疋を織る法を学びて帰り、浮織緞を善くすとある。	中国→琉球	国吉(後に伊平屋比嘉を領す)貝摺師の国吉と同一人物と思われる。	由来記 巻四　技術門 球陽　尚質王一二年条
70	蕉布	不明	琉球の蕉布は、どれくらい上古より有るか判らない。洪武 5 年の明への貢物の生熟夏布とあるは蕉布であろうとしている。	琉球	記述無し	由来記 巻四　技術門
71		不明	洪武年間に三山の貢物に生熟夏布とあり、中国と通じる前より琉球に蕉布はあり人衣であったと思われるとある。	琉球	記述無し	球陽 察度王四五年条

续表

№	導入された工芸技術等	時期	内容	技術伝播の経路	携わった人物	出典
72	糸綿	不明	盛元竜の以前に堂之大親が中華に到り進貢する時に治蚕織紬の事を伝授す。大親の墓内の厨子に弘治18(1505)年10月14日死と銘があるが、同名の別人かとある。	中国→琉球か	堂之大親	球陽附巻尚寧王三一年条
73		万暦47(1619)年	盛元竜(越前国の人)が那覇に居住し、王命を奉じて万暦47年に久米島で綿を製する法を島民に教える。	日本→琉球	盛元竜(宗味入道。名乗は普基)	球陽附巻尚寧王三一年条
74		崇禎5(1632)年	八丈島織法を知る薩摩の酒匂氏は琉球に帰化し、久米島に至り八丈島織(紬)を教えた。	日本→琉球	平方祉(友寄景文。薩摩の人。酒匂氏)	球陽附巻尚豊王一二年条
75		康熙22(1683)年	康熙22年北京宰領となり、翌年二月杭州で白糸の製法や縮緬の織り方や煮方を学んだ。康熙24(1685)年に久米島で綿子白糸の製法を教え、康熙25(1686)年に薩摩で祢寝八良右衛門・新納近江に白糸の製法、縮緬の煮調を教える。	中国→琉球→薩摩	関忠勇(大見武筑登之親雲上憑武)	新参関姓家譜正統
76		康熙52(1713)年	那覇の翁能哲は、王府の命により粟国・渡名喜島で人民をして桑を植え蚕を養い糸綿を作るの法を教え、綿を作る。	琉球	翁能哲(富村親雲上盛友)	球陽　尚益王三年条
77	木棉	天啓元(1621)年	麻平衡が国王に従って薩摩に到り、万暦39(1611)年に帰国する時、木棉種子を持ち帰り国中に播く。また麻平衡は泉崎村に住む日本の女二人に棉布大帯を織らせた。	薩摩→琉球	麻平衡(儀間親方真常)	球陽附巻尚寧王三三年条
78	糸機織の法	乾隆元(1736)年	首里の向得礼は命ぜられ閩に行き、綢緞・紗綾の織法を学びて本国に帰り、始めて本国で織るとある。	中国福州→琉球	向得礼(天久里之子親雲上朝嘉)	球陽　尚敬王二四年条

ることを留意しておく必要があると思われる。

（二）日本・薩摩から琉球へ導入された工芸技術の事例

次に日本・薩摩からの経路で工芸技術の導入が図られた事例を紹介すると全部で16件あった。これは全体の約20%程度である。事例の内容の特徴をみると、多くが導入時期や導入に携わった人物が記録されている事例が多い。年代が不明な事例でも、鞍打の場合、『由来記』巻四　技術門に「近世、牧志親雲上小大良、鞍之制法傳授、而作之。其後荒木拾左衛門制作之鞍、従薩州御手本下。」とあり、轆轤の場合、『由来記』巻四　技術門に轆轤を導入した人物である安里掟は「原隅州国分之人、鮫島六良兵衛。」と具体的な記述となっている。中国由来の技術導入の事例に較べて半分程度であるが、先述のとおり中国由来の事例のうち具体的な記述がある事例は21件であるため、日本・薩摩由来の事例の割合は中国由来の事例より若干少ない程度といえる。

（三）日本・薩摩と中国の双方から琉球へ導入された工芸技術の事例

日本・薩摩と中国の双方から琉球へ技術を導入している事例は4件ある。『由来記』巻三財器門にある漆器の項には「当国、往昔、漆器始、不可考。用和漢之制器者歟。」とあり、画工の事例については、『由来記』巻四　技術門に「当国絵師、往昔有之歟。従中古、入唐、或入倭。雖傳授、人員未詳。」と記述されており、具体的な記述は無いが漠然と日本・中国双方から技術が伝播したであろうことを18世紀初頭の『由来記』を編纂した琉球の史官達は示唆している。残り2件は時期と人物が明確であり、乾隆6（1741）年に鉄錠・銅条の技術を導入した賓洪勲も中国・日本に渡って鉄錠・銅条や鉄銅を熟鋳する法を学んだ[1]①。画工の呉著温の場合、乾隆35（1770）年に中国へ進貢使節の一員として北京まで派遣され、業務を遂行しながら旅中、中国の風景を描いていたようである。また滞在中に師匠について稽古を行う費用は自分持ちでよいと王府に訴えている。そして中国帰国後、世子尚哲につき、薩摩に上国時にも国用に使える絵を描いていたようである[2]。

（四）琉球で培われた工芸技術の事例

記録された事例に他地域からの導入の記述が無く、琉球で培われた工芸技術は8件であった。まず蕉布であるが琉球国成立以前から使用されていた繊維植物である可能性が高く、他地域の蕉布の製作の影響を受けずに独自に人衣として使用が拡がった可能性は充分ありうると思われる。

製紙法自体は、他地域より導入されたものであるが、『球陽』尚益王三年条（康熙51（1712）年）で「那覇翁能哲富村親雲上盛友、奉命到久米島、令彼人民用桑樹・榕樹・宇祖古樹等、製造楮紙。」とあり、桑や榕樹、宇祖古樹等で楮紙を製紙する技術を

1　『球陽』附巻三　　尚敬王二九年条。
2　『呉姓家譜』　比嘉朝健「研究資料　琉球歴代画家譜　下」（『美術研究』第48号　昭和10年12月）所収。

久米島の島民に教えたとあって、島にある樹木を利用して製紙法を工夫したと言えるのではないだろうか。『球陽』尚敬王六年条の記述にある康熙56(1717)年に欽兆鳳・房弘徳・査王蚕が芭蕉紙を開発し翌康熙57(1718)年に王府より銀子二百両を賜い山川に造紙所を設けた事例も、琉球の風土にあった工芸技術の開発といえる。さらに房弘徳は、雍正2(1724)年に色半紙・広紙、同4(1726)年に奉書紙・高檀紙・百田紙、同7(1729)年に藁紙の製造を行ったとある。乾隆30(1765)年に揚顯烈の家譜によると薩摩で購入した唐紙が船の遭難のため濡れて使用できなくなり、琉球国内で紙に塗飾の原料を採取して製作し、翌年には印金紙・緞子紙も開発したとあり、首里城御書院・御鎖之間・南風御殿(南殿)と御在番所・那覇里主館に使用したとある。ここで言う「唐紙」とは、和建築で内装壁に使用する「から紙」のことだと思われるが、薩摩から輸入できなくなった急な事情から、他地域に人員を派遣して製法を学習して導入するのではなく、急遽国内の材料で製作したということであろう。しかし急ではあったが製作の成績が良かったらしく、以後他国からの購入は止まったと記述されている[3]。

乾隆54(1715)年には芭蕉紙等の製紙開発にも尽力した房弘徳が自ら工夫して始めて異製の堆錦塗を行ったとある[4]。現在でも堆錦技法は琉球漆器の代表的な技法としてよく紹介されるが、中国にも堆錦に近い技法はあるため、この記述には疑問も残る。「から紙」と同じく中国で技法の学習はしていないが類似した技法を独自に製作できるようになったということなのであろうか。

石硯も同じ事が考えられ、康熙53(1714)年に若狭町村の平好仁が国頭等に行き、石を山中より採取して始めて硯を造るとあるが[5]、文字で書く道具として硯は18世紀以前から当然琉球に伝来していたと思われるので、これも他地域で製作技術を学習することなく製作できるようになったということだと思われる。

(五)琉球に定着した工芸技術が薩摩へ導入された事例

琉球に定着した工芸技術が薩摩へ導入された事例は1件で、乾隆39(1774)年に薩摩藩が琉球へ漆職人の派遣を依頼し、工房まで用意する計画であったようである[6]。但し、薩摩藩側は工房の準備をしなかったため、漆器製作ができず製作に伴う人件費が支払われないことから、派遣された琉球の漆職人から薩摩藩へ苦情があったようである。そのため、薩摩でどれだけ漆器製作が行われたかは不明である[7]。『球陽』には

---

3 『新参　楊姓家譜』（『那覇市史』資料編第1巻7　那覇市企画部市史編集室　昭和57年1月）。
4 『球陽』巻十　尚敬王三年条。
5 『球陽』巻十 尚敬王二年条。
6 『琉球館文書』（『那覇市史』資料編第1巻2　那覇市役所　1970年6月）
7 荒川浩和　徳川義宣 『琉球漆工藝』(日本経済新聞社　昭和52年6月)。この件は、徳川義宣氏も指摘している。

漆職人は三年滞在したとあるので[8]、逆に薩摩での琉球人職人を召し出して漆器産業を起そうという計画はあまり上手くいかなかったものと思われる。

逆に琉球に定着した工芸技術が中国へ導入された事例は、今のところ見当たらない。

(六)工芸技術の導入経路が不明な事例

導入経路が不明な工芸技術の記録は18件ある。この中で、工芸技術が琉球に導入された経緯自体判らなくなっている事例が10件ある。例えば木匠・鍛冶・石公は『由来記』巻四　技術門に「当国、此工、従天孫氏有来琉球也」とあり具体的な記述が無く、これも『由来記』編纂の時点で、具体的な導入の記録や伝承が残っていなかったのであろう。残り9件について例えば表具師の場合、『由来記』巻四　技術門に「順治年間、中城筑登之親雲上(尚氏金武王子朝貞奉公人)ト云表具師有ルナリ)」とあり、工芸技術者がいた年代や、姓名は記述されているが、技術をどこで学習したか記述がないものである。その中で、三味線については、同じく『由来記』巻四　技術門に「当国、此細工、従前代有来也。中古、南風原云人、三味線造善工也(年代不詳)。知念爾也、叙筑登之座敷。公工為主取也。」とあり、琉球の三味線の形状から中国の影響が強いものと考えられるが、三味線製作の技術の導入経路については不明である。これも『由来記』編纂の時期に導入の記録や伝承が残っていないためで、文献史料の考察だけでは限界があり、工芸資料自体の器物の分析から、影響を受けた地域についての考察を行う必要があるものと思われる。

二、工芸製作技術の導入に関する傾向

文献史料に記述のある工芸技術導入の事例を整理して紹介してみたが、さらに導入に関する傾向をみてみると、第一に導入時期の傾向は、具体的な時期の記述がある事例だけであれば、17世紀が最も多く26件、18世紀が20件で、18世紀前半で13件、後半で7件、19世紀は1件だけとなっており、琉球国末期になればなるほど導入の記録は少なくなっている。工芸関係の記録が多い『由来記』の編纂が康熙52(1713)年であるため18世紀初頭以前の記録が多く残っているという理由もあるものと思われる。

古琉球の事例が無い点も特徴だが、そのため古琉球期に工芸技術が導入することはなかったとはいえない。首里王府の工芸関係の業務を行う組織として『由来記』巻二　官爵位階職之事には、鍛冶奉行が「尚寧王御代、萬暦中(1589—1619)」、瓦奉行が「尚永王御代、萬暦中(1573—1588)」、金奉行が「尚寧王御代、萬暦廿(1592)年壬辰」、貝摺奉行が「尚寧王御代、萬暦四十(1612)年壬子」、螺赤頭奉行が「尚寧王御代、萬暦十七(1589)年巳(己か)丑」に奉行の任命等の記録があるが、その後に必ず「自何御代

---

8 『球陽』附巻三　尚穆王二三年条。

始哉、不可考乎」という表現があり、奉行の任命記録等がある以前から組織自体はあったようである。そのため具体的な記録に表れないが、他地域から琉球への工芸技術の伝播や、工芸製作を行うことはあったものと思われる。これは17世紀後半から家譜編纂が始まったことによる影響で、記録が明確に残り、記録を遡って記述できた部分が16世紀後半から17世紀前半であり、その記録を基に『由来記』の編纂が行われたためではないだろうか。もう一つ、16世紀後半から17世紀前半の薩摩の琉球侵入前後に王府の工芸分野の機構も強化され、その成果として17世紀に様々な技術が導入されたことも背景にあるのではないだろうか。また17世紀に導入された26件をさらに時期を分けて、分析すると薩摩入り前後の17世紀第1四半期には3件しかないが、次の第2・第3・第4四半期はほぼ6件程度と平均した事例数となっている。向象賢の羽地仕置(1660～1772)の前後でも、羽地仕置前が10件、順治年間としか記述が無く羽地仕置前と羽地仕置の開始後が重なる事例が2件、羽地仕置以後が14件となっており、羽地仕置の影響から工芸技術の導入が飛躍的に増加する訳ではなかった。19世紀が1件だけと少ないのも特徴である。理由として挙げられるのが、新たに国外に派遣して導入を必要とした技術が無くなっていたのではないだろうか。唯一の19世紀の事例は、紙漉の製法であり、いったん途絶えた技術を再び得るため薩摩に紙漉職人を派遣している。紙漉技術の導入事例は、それ以前にも何度かあった。

第二に同じ工芸技術の取得に対して何度も派遣を行っていることである。

先述の紙漉についても康熙25(1686)年に関忠勇が薩摩で杉原紙、百田紙の製法を学習して琉球にもたらし[9]、乾隆47(1782)年には渡嘉敷村の新垣仁也は以前、中国で製紙の法を学んだことにより、薩摩の内之浦弥右衛門に雇われ、薩摩で製紙を試して紙を製造する。その功により、琉球の版図から、薩摩へ移籍し、士分に取り立てられ新垣筑兵衛と名を改めた[10]。

糸綿は、萬暦47(1619)年に盛元竜(元は越前国の人)が那覇に移住し久米島で技術を伝授し[11]、崇禎5(1632)年に薩摩の酒匂氏が、久米島に綿を製作する技法を久米島に八丈織の技術を伝え[12]、康熙22(1683)年に関忠勇が中国で白糸の製法や縮緬の織り方や煮方の学習を行い久米島で製法を教えている[13]。

漆工芸は、康熙2(1663)年に陸得先が朱漆・黒赤梨地・金銀箔の製法を学んだとあり[14]、康熙29(1690)年に関忠勇が1個の貝から、たくさん螺鈿の薄い層を生産する

---

9 『琉球国由来記』巻四　技術門(『琉球史料叢書』第一巻　昭和37年6月)、『球陽』附巻二　尚貞王二七年条、『新参　関姓家譜』(『那覇市史』資料編第1巻8　那覇市企画部市史編集室　昭和58年3月)。

10 『球陽』附巻三　尚穆王三一年・三五年・三七年条。

11 『球陽』附巻一　尚寧王三一年条。

12 『球陽』附巻一　尚豊王一二年条。

13 『球陽』附巻二　尚貞王三一年条、『新参　関姓家譜』(『那覇市史』資料編第1巻8　那覇市企画部市史編集室　昭和58年3月)。

14 『球陽』巻六　尚質王一六年条。

煮貝の技術を学んだとある[15]。康熙54(1715)年には房弘徳が堆錦の製作に成功したようである[16]。

陶工では、萬暦44(1616)年に尚豊王が朝鮮人の陶工一官・一六・三官を召し連れて帰り、特に一六は、琉球に帰化している[17]。雍正9(1731)年の仲村渠・賀数は薩摩で林氏・星山氏から立野焼物を学習し帰国後湧田に陶窯を作り、陶業を行ったとある[18]。乾隆51(1786)年仲元筑登之親雲上・新垣筑登之親雲上は、薩摩の命に随って中国福州で陶業を学び、粉朱をして五色を鍍金する法を学習したとある[19]。

このように、類似した工芸分野の取得に何度も派遣が行われたのは、紙漉の記述のように百田紙の製法がいったん断絶したという事情の場合もあるが、同じ分野でも新たな技術・技法等を習得する為に複数回派遣が行われたと考えられる。

第三は、同じ人物が複数の工芸技術を導入していることである。現在の伝統工芸の技術者の養成の過程をみていると、一人前の熟練工となるために十数年近い年月を費やすものがほとんどであるため、一人の人物が複数の工芸技術を習得するというのは考えにくいのであるが、実際の事例を紹介すると、

国吉という人物が崇禎9(1636)年に福州で3年滞在して螺鈿と漆塗りの技法学び[20]、さらに順治16年に再び国吉は、福州で緞疋を織る法を学んだとある[21]。

先ほどから紹介している関忠勇が康熙22(1683)年北京宰領となって、北京に赴く途上の杭州で白糸・縮緬の製造を学び、康熙25(1686)年に杉原紙・百田紙の漉き方を薩摩で学んだ。そして康熙29(1690)年には煮貝の法を学んだという。

呉師虔は絵師として有名であるが、康熙43(1703)年に中国福州に渡り、孫億・順梁亨・鄭大観に学んだとある[22]。雍正4(1726)年に朱印を製造したとあるが、製作技術を学んだのは絵画と同じ時期のようである[23]。

康熙51(1712)年に翁能哲は王府の命により久米島の島民に桑樹・榕樹・宇祖古樹等を用いた製紙法を伝えたとあり、さらに康熙52(1713)年に粟国島、渡名喜島の島民に養蚕を学習させたとある[24]。

先述の通り、房弘徳は、自ら工夫して始めて異製の漆法である堆錦を製作し[25]、

15　注13に同じ。

16　注4に同じ。

17　『琉球国由来記』巻四　技術門(『琉球史料叢書』第一巻　昭和37年6月)、『球陽』附巻一　尚寧王二八年条。

18　『球陽』附巻三　尚敬王一九年条。

19　『球陽』附巻三　尚穆王三七年条。

20　『球陽』巻五　尚賢王元年条、『琉球国由来記』巻四　技術門(『琉球史料叢書』第一巻　昭和37年6月)。

21　『球陽』巻六　尚質王一二年条。

22　『呉姓家譜』　比嘉朝健「琉球の歴代国王画像に就て下の一」(『國華』第47編4冊　昭和12年4月)。

23　『球陽』巻十一　尚敬王一四年条。

24　『球陽』巻九　尚益王三年条。

25　注4に同じ。

康熙57(1718)には芭蕉紙等の製紙を行った[26]。

賨洪勲は、元は宜野湾郡の人で、乾隆6(1741)年に百姓の身分であったが中国に到り雨傘等を製する法を伝授され、薩摩で植物油の製法を伝授された。その功績で首里籍となり、後に中国と日本に到り鉄錠・銅条を製作し、並びに鉄銅等の器物を熟鋳する法を琉球に伝えた[27]。

螺鈿と織りを導入した国吉、白糸・縮緬及び紙漉、煮貝を導入した関忠勇、雨傘や植物油、鉄錠・銅条及び鉄銅の熟鋳法を導入した賨洪勲は、それぞれ中国や薩摩への滞在期間はそれほど長いとは思えないが複数の工芸技術を短期間で習得したことになっている。彼らは百姓だったり、身分の低い士族であるため、さらに彼らの下に跟伴のような人材がいて、同時並行で複数の人間に技術の習得を指揮したプロデューサー的な存在だったとは思えない。自ら技術を習得したと考えられるが、このように複数の工芸技術を短期間で学習したのであれば、それぞれ熟練した技術といえるまで習得して帰国したのかは疑問が残る。また複数回派遣されて前回と同じ工芸技術の習得を志した事例も見当たらない。一つの工芸技術を極めようと考えたものではないと思われる。おそらく、中国や薩摩へ派遣された間に、工芸技術を習得して帰国することにより、王府へ自らの功績を認めさせ、次回以降の役職を得る機会としたのではないだろうか。そのため二回目、三回目の派遣で同じ工芸技術を習得するより、新たな工芸技術を習得して王府に新たな功績を示した方が得策と考えたのではないだろうか。

第四に、琉球人が国外で技術を学んで帰国して国内で広めるのではなく、中国や日本本州の人間が琉球に移住して工芸技術を導入した事例である。全部で8件の事例があり、中国人が移住した事例が2件で、日本本州から移住した事例が6件である。中国人が移住した事例は、瓦工で国場村に移住した渡嘉敷三郎[28]、銘苅村の女と結婚して生まれた男子に玉貫の製法を伝授した唐人である[29]。渡嘉敷三郎は国場村に居住しており、御玉貫を伝えた唐人は、銘苅村の女と結婚したとあるので、その周辺の居住かと考えられるが、久米村に居住していないことは興味深いところである。日本本州からの事例は薩摩藩の領域から移住した事例が5件あり、1件は先述した朝鮮の陶工を琉球に召し連れてきた事例である。残り4件は染物師で萬暦40(1612)年に藍染を導入した薩摩の酒匂四郎右衛門[30]、年代不明であるが轆轤を導入した鮫島六良兵衛(琉球名は安里掟)[31]、筆結の薩州住人源介(限本源助)は、崇禎4(1631)年に琉球に住

---

26 『球陽』巻十　尚敬王六年条。

27 『球陽』附巻三　尚敬王二九年条。

28 『球陽』外巻一　遺老説伝、『琉球国由来記』巻四　技術門(『琉球史料叢書』第一巻　昭和37年6月)。

29 『琉球国由来記』巻四　技術門(『琉球史料叢書』第一巻　昭和37年6月)。

30 『琉球国由来記』巻四　技術門(『琉球史料叢書』第一巻　昭和37年6月)。

31 『琉球国由来記』巻四　技術門(『琉球史料叢書』第一巻　昭和37年6月)、『球陽』外附巻　遺老説伝。

み、筆を結うようになったとある[32]。薩摩藩以外の領域から移住して工芸技術を伝えた事例も1件あり、糸綿を導入した宗味入道は、越前の人で那覇に移住した人物で萬暦47(1619)年に久米島に綿の製法を島民に教えたとあり、宗味入道は後に盛元竜と唐名を名乗っている。中国人の移住による工芸技術の導入事例は意外と少ないことがわかり、さらに移住した中国人が久米村に居住していないようであるが、携わった生業が工芸製作で貿易事務でない場合は、中国人移住者が久米村以外に籍を置くことがあったものと思われる。

最後に一件しかないので、稀な事例と言ってもよいかと思うが、先述の紙漉技術を琉球から薩摩にまで導入した新垣筑登之こと新垣筑兵衛の事例である。

新垣筑兵衛の事例は製紙の研究でも紹介されており、琉球籍から薩摩の士分になった稀な事例としてよく知られている。しかし、新垣筑兵衛が薩摩の士族となった後の動向はあまり紹介されていない。乾隆51(1786)年に士族になった後、翌乾隆52(1787)年に新垣筑兵衛は、妻屋鉄兵衛・野野山平八・渋江源蔵・藤崎次郎兵衛と琉球を訪れ、砂石・草木・鳥獣を査取して翌年帰国したとある[33]。この時期は『琉球産物志』が明和8(1771)年に出版された直後で、『質問本草』に記述されている内容が天明元(1781)~5(1785)年で、ほぼ同時期である。薩摩藩で植物を中心とした博物学的な興味が高まった頃だったようで、新垣筑兵衛は、琉球を良く知る現地コーディネーターというような役割を薩摩藩側の人間として担っていたものと思われる。さらに、『琉球館文書』によると、嘉慶7(1802)年の記事に新垣筑兵衛が嘉慶5(1800)年に琉球へ渡って来た時に中国へ派遣した久米村の鐃波里之子筑登之・具志堅里之子親雲上、儀間里之子親雲上が白砂糖精製の稽古を行い、出費が嵩んだので今年の渡唐役に三人を加えてほしいと王府に申し出ており、王府は拒否する対応を行おうとしていたようである[34]。薩摩に籍を移した後も頻繁に琉球を訪れていたようであり、さらに琉球内に新垣筑兵衛の息のかかった久米村士族がいたようで、その士族達の権益確保のために王府へ渡唐船の人員として息のかかった鐃波・具志堅・儀間をねじ込もうとしていたのである。紙漉という工芸技術を中国から琉球、薩摩へ導入した生粋の職人気質の人間というよりも、したたかな小役人という一面が垣間見える記事である。

おわりに

近世期に導入された工芸品の製作技術に関する文献史料を整理して、その傾向と

---

32 『琉球国由来記』巻四　技術門(『琉球史料叢書』第一巻　昭和37年6月)、『球陽』附巻一 尚豊王一一年条。
33 注10に同じ。
34 『琉球館文書』(『那覇市史』資料編第1巻2　那覇市役所　1970年6月)。

特徴を考察してみた内容を纏めると、

(1)『由来記』、『球陽』、家譜資料等の文献史料にみえる工芸製作技術の導入事例は51項目78事例あり、中国から導入を図られた事例が最も多く31件であった。

(2)ただし、記述に具体性のない記録もあり、時期若しくは導入した人物等の具体的な記述がある事例は21件であった。

(3)日本・薩摩から琉球へ導入された工芸技術が導入された事例は16件であった。

(4)導入時期は17世紀が最も多く26件、18世紀が20件、19世紀が1件だけであった。

(5)17世紀の導入件数が多い理由は今後の課題であるが、16世紀後半から17世紀前半に

鍛冶奉行、貝摺奉行等の工芸関係を司る王府機構の機能強化が図られたことに起因する可能性が考えられる。

(6)尚象賢の「羽地仕置」の前後に導入事例の急激な増減は起こっておらず、17世紀中、平均して導入事例があった。

(7)同じ工芸技術の取得に対して何度も派遣を行っており、その理由は琉球に入った工芸技術が途絶えてしまったことや、新たな技法の導入を行うため何度も派遣したことと、渡唐役人や薩摩に上国した役人も滞在中に積極的に新たな技術の取得を行い、帰国後王府へ功績を認めてもらい新たな役職を得る機会と考えていたのではないか。

(8)同じ人物が複数の工芸技術の導入に携わっており、さらに習得期間が短く、熟練した技術を得て帰国したか疑問が残る。工芸技術を得て帰国した功績が評価されるため、習得期間が短かったり、一度の派遣で複数習得を試みたり、派遣毎に違う工芸技術の取得を考えたのではないか。

(9)中国や日本・薩摩の人間が移住して工芸技術を導入した事例もあった。

(10)紙漉技術の導入の功績で薩摩に移籍した新垣筑兵衛は、その後も琉球へ頻繁に来ていた可能性があり渡唐役の人事に介入する等、王府とトラブルも起していたようである。

今回拙論で紹介した工芸技術の導入の事例に関する文献史料は、全て既出の史料で、琉球関係のそれぞれの工芸分野の研究ではよく知られている史料である。各分野で個別に取り上げられていた史料を横断的に紹介して、工芸技術の導入について一定の特徴と傾向がないか検討してみたものである。上記の特徴と傾向を踏まえて総括すると、工芸技術の導入は中国がやや多いが、薩摩からの導入も含めて偏りがあまり無い。必要な技術をその時期に習得しやすい地域で取得しているのではないか。17世紀の導入が多い要因はさらに検討を要するが、「羽地仕置」前後に導入の増減があまり無いため、「羽地仕置」による改革で、殖産興業化していったということではなさそ

うで、古琉球期の海外貿易の縮小に伴い16 世紀後半から17 世紀前半に王府の工芸関係の機構の機能強化が図られたことに起因するのではないだろうか。

さらに工芸技術の担い手となった百姓身分の者や下級士族については、技術習得することで王府へ自らの功績を認めさせ、次の役職を得るための機会となっていたようである。そのため短期間の習得期間で技術の摂取を行っており、次回の派遣で同じ工芸技術の習得を継続して工芸技術を高めようとするより、新たな功績を得ることが重要と考えていたのではないだろうか。その最たる事例が関忠勇や新垣筑兵衛だったものと思われる。

近世琉球与“日本人的血统”

近世琉球と「日本人の血」

渡辺美季*

摘　要

1609 年，萨摩藩入侵琉球，将琉球王国纳入统治。之后，萨摩藩采取了一项政策，规定可渡海赴琉的日本人一般仅限于获藩令许可的萨摩男性。但是，这些人只不过是短期逗留，不被允许在琉球正式娶妻成家。到了 18 世纪，琉球王府又下令，禁止与日本人或中国人有过男女关系往来的琉球女性所生之子编入士籍。尽管如此，与日本男性交往的琉球女性仍时常存在，两人最终产下子嗣之事也是屡见不鲜。这些人体内流淌的“日本人的血”，即他们的血缘和血统的内涵在近世琉球发生了何种变化？本文拟对这一问题进行一番探讨。

要　旨

1609 年の琉球侵攻を契機に琉球王国を支配するようになった薩摩藩は、琉球へ渡航できる日本人を、藩の許可を得た薩摩人男性にほぼ限る政策を取った。彼らはあくまでも一時滞在者であり、琉球で正式に妻をめとり所帯を持つことは禁じられていた。さらに18 世紀には琉球王府が、日本人・中国人と交際した経歴を持つ琉球人女性の男児の士籍編入を禁止する政策を取るようになった。しかしこのような状況下でも、日本人男性と交際する琉球人女性は常に存在し、両者の間に子供が生まれることも珍しくなかった。本稿では、彼らの「日本人の血ー血縁と血統ー」の意味が、近世琉球(1609～1879 年)においていかなる変遷をたどったのかについて若干の考察を試みたい。

一、前言

1609(万历三十七年、庆长十四)年春，萨摩藩大名岛津氏南侵大败琉球。从此，

* 渡辺美季：日本神奈川大学副教授。

琉球在维持14世纪以来同中国(明朝)间建立的君臣关系的同时，也被纳入了日本幕藩体制之下。

琉球国际处境的转变也给王国内部带来了种种改观。其中之一便是往来王国内外人员的变化。被入侵之前，日本和中国的船只可自由出入琉球王国，且从两国来琉球(尤其是港町、那霸)定居的人也屡见不鲜[1]。但是自被入侵之后，琉球的外交基本限定在中、日两国，并且原则上不允许琉日·琉中之间相互移居和通婚。对于琉日关系方面，萨摩藩逐步推出新政，严禁日本人移居琉球，同时也禁止已定居琉球的日本人回国。另一方面，中国与琉球之间的往来也逐渐限定在外交使节之间，民间交流日益消失。如此一来，几乎不再有各国新进入琉球居住的人员，已定居琉球的外国人也只能以“琉球人”的身份生存下来。丰见山和行根据此人员交流的特征，指出近代即可“称为促进、确定琉球社会纯化的时代”[2]。

但在“纯化”的过程中，来访琉球的短时间滞留者——日本人(萨摩的官吏·船主·水手)、中国人(册封使节一行)仍会经常与琉球女性交往[3]。本文便将焦点放在频繁出入琉球的萨摩男性身上，整理、分析与他们交往的琉球女性及留在当地(琉球)子女的社会地位等问题[4]。

二、琉萨交流与各自领域内的权力

(一)萨摩藩的禁制

南侵后不久，萨摩藩便积极致力于将琉日之间人、物的流动纳入自己的管制之下[5]，为此萨摩藩在17世纪上半期到中叶发布了一系列通告。结果导致能进入琉球的日本人基本被限定在得到(萨摩)藩许可的萨摩人内。具体来说有以下几类：①藩为监督琉球，派往那霸在番奉行所(临时性机构)的众多藩士(译者注：隶属于藩的武士，江户时代大名的家臣)(20名左右)[6]；②接受藩的委托，协助运送琉球年贡的米、砂糖，从

---

1 丰见和山《琉球·沖縄史の世界》同编《日本の時代史一八　琉球·沖縄史の世界》，吉川弘文馆，2003，(以下简称丰见山2003)。上里隆史《古琉球·那覇の「倭人」居留地と環シナ海世界》，《史学杂志》一一四一七，2005。

2 丰见山2003，第76页。

3 禁止除妓女之外的普通女性进入册封使一行所住的宿舍。参考伊波普猷《尾類の歴史》，《沖縄女性史》，平凡社、2000(论文初次出版在1910年)，第95页。以下，简称伊波1910。

4 本文根据拙稿《境界を越える人々－近世琉薩交流の一側面－》(井上徹编《国際交流と政治権力の対応》，汲古书院，2011)修改而成。

5 参照丰见山2003、真荣平房昭《薩摩藩の海事政策と琉球支配》(柚木学编《日本水上交通史論集》五，文献出版，1993)。真荣平房昭《琉球海域における交流の諸相》(财团法人冲绳县文化振兴会公文书管理部史料编集室编《沖縄県史·各論編》四·近世，冲绳县教育委员会，2005)。德永和喜《琉球在番奉行の設置と展開》，《薩摩藩対外交渉史の研究》，九州大学出版会，2005，等。以下按顺序分别简称为真荣平1993、真荣平2005、德永2005。

6 在番奉行一名，随从官员四名，另有笔记官·与力(捕吏)等、任期原则上是二十八个月。严禁在番奉行干涉藩对琉球内政的干涉，专门负责监视琉球外部船只·人员·物品的出入。代表性研究有德永2005。

而获得在琉球经商机会的萨摩船上的工作人员——船主、水手等。但他们不过是短时间的滞留人员，若在琉球正式娶妻成家则要受到禁止。当然不可能完全限制住其与琉球女性的来往，只是从“禁止船主、水手擅自登陆及与当地妓女来往”[7]、“从官吏到佣人应对酒色心怀戒意”[8]等相关命令中，可窥见萨摩藩并不希望本藩男性与琉球女性来往的用意。

此外不管是萨摩女性还是琉球女性，往来两国都受到禁止。萨摩藩还命令之前已经定居琉球的日本人必须同化为琉球人，长久定居下去。根据萨摩藩的这些政策，可以说琉球人与日本人之间的“国境”更加明确了。

(二)首里王府的禁制

另一方面，进入18世纪以后，琉球(首里王府)也开始制定限制琉球女性与外国男性交往的相关禁制。当然这些规定并不是禁止交往行为本身，而是通过禁止琉球女性与日本人、中国人所生子女编入士籍的方式(来达到目的)。

17世纪末至18世纪上半期琉球王国实行士(良人)、农(百姓)二级身份制度[9]，这也正是上述禁制得以成立的背景。士，原则上是文官，指在王府担任官职的人或预备军。农，不仅指农民，也包括工商业者，即指“普通民众”。士与农之间除在装束、住所等方面存在各种差别外，最大的不同在于是否拥有家谱(系图)。也就是说士即“拥有家谱的身份”，而农则为“没有家谱的身份”。因此又称士为“系持”、农为“无系”。

当时，家谱的编纂虽然由各家族来执行，但其记载的内容由首里王府来管理。为此王府专设名为“系图座”的机构，负责审查各家族上交的草稿，获得许可后的内容方可记载至家谱。在“系图座”的业务规定集(1730年)中有如下条文。

> 妓女所生子女不得入家谱(即以士的身份入籍)，因此行为有悖人伦，故绝不容许。另附，不为娼妓后所生子女，与唐人(中国人)、大和人(日本人)所生子女，均同上。[10] (下划线为笔者所加)

由此可见，王府以乱伦为由，严禁妓女之子、琉球女性与中国人或日本人之子记入家谱，换言之，即禁止他们进入士族阶层。

此外据编纂于18世纪中叶的琉球正史《球阳》一书记载，王府禁止妓女之子入家谱一事发生在1725年。具体条文如下：

---

7 諸船荷物積入、日和待之間、何方之湊ニおひても船頭水主猥ニ陸地へ下儀可為停止候、勿論遊女之類通融一切禁止之事(鹿儿岛县维新史料编纂所编《鹿儿岛县史料》，旧记杂录追录一，鹿儿岛县，1971，747号)。以下将本史料简称为追录一。

8 在番之面々至下人等迄、酒女之戒専可相嗜事(追录一，748号)。

9 以下，关于琉球的身份制度及家谱均参考田名真之的《身分制―士と農―》，琉球新报社编《新琉球史　近世编―下―》，(琉球新报社，1990)、《琉球家譜の成立と門中》，历史学研究会编《系図が語る世界史》(青木书店，2002)等。

10 倾城之为出生之子共、系继入仪乱人伦基候间、曾而相达间敷事、附、倾城相止以后出生之子、又者唐大和人取合以后出生之子共右同断、(《系図座規模帳(仮題)》，冲绳县立图书馆史料编集室编《沖縄県史料》前代近六，冲绳县教育委员会，1989，第54页。本史料以下简称为县史六。

严禁娼之子入家谱乱其系。妓乱大伦、一夜千人、固有所不忌。千种一胞、亦有所难辨、而乃以其所出者、为己之直子也、谬者多矣。由是素有严禁。至于近世渐致犯法者众。是以正其入家谱、乱宗系者、贬为百姓、并谕司谱官严禁入其家谱。(『球阳』卷一一)

显而易见，前面“系图座”的规定，正体现出了国家1725年颁布的“妓女之子不能以士入户籍”的原则。

在琉球，娼妓从何时开始存在尚不明了，但1627年首里王府就在荒野的交通要道及仲岛建立起村落，让妓女集中住在此处。之后又在港口附近建造妓院，这三个地点便成为琉球的妓院集中区[11]。对此，当时琉球著名官僚——蔡温在其著作《独物语》(1750年)中曾有如下描述：

娼妓行为因有悖人伦，于政府管理而言实为伤风败俗。然而，若那霸不在各船停泊港口处设娼妓，将会发生何等问题则不可估量。因此自前代开始便设置妓院，其最终还是协助了政府管理。[12]

如此，王府一方面为避免来琉日本人和中国人的粗野行径，将妓女、妓院作为“必要的恶行”而容许其存在，另一发面却禁止士阶层嫖娼，也禁止士的女儿成为妓女等，可见妓女仍被置于“贱民”的地位[13]。这种对妓女及其子女的忌避观，笔者认为与当时王府在意识形态中积极引入和利用儒教思想有关[14]。

而且王府在政策方针中也专门针对与日本人、中国人交往的琉球女性做出了详细规定。在不能和日本人、中国人正式结婚的近世，与他们来往的女性们也被王府看作是妓女或基本等同于妓女吧。可见，在整个18世纪，鉴于琉球方面的身份制度，琉球女性与萨摩男性之间的交往受到了严禁。

三、当地子女与各自领域内的权力

(一)萨摩藩与当地子女(译者注：指萨摩男性与琉球女性在琉所生子女，下同)

尽管受到萨摩藩与首里王府的双重禁制，萨摩男性与琉球女性之间的交往也并未断绝，

---

11 有关妓女、妓院等的代表性研究除伊波1910外，还有《辻·仲岛·渡地》，(那霸市企画部文化振兴部编『那霸市史』通史篇第一卷前近代史，那霸市役所、1985年)、《チージ(辻遊郭)》(那霸市总务部女性室编《那霸女性史(近代编)なは·女のあしあと》，琉球新报社，1998年，等。以下简称为那霸市女性室1998。

12 傾城と申は其行跡人倫の妨にて、御政道の為には至極不締の様に相見候得共、那覇の儀諸方の会船所に候故、傾城召置不申は如何成故障の儀敷致出来候半難計得候、依之相考候得は前代より那覇へ傾城召置候儀畢竟御政道締方の為に相成申事に候(《独物语》，崎滨秀明编《蔡温全集》，本邦书籍，1984，第83页)。

13 那霸市女性室1998，368－372页。

14 1732年王府在国内发布的《御教条》中，将“节义”定为女性应遵守的道德。具体内容详见《王府が求めた女性像》(那霸市总务部女性室编《那霸女性史(前近代编)なは·女のあしあと》，琉球新报社，2001)。以下将本书简称为那霸市女性室2001。

生下孩子的事情也屡见不鲜。例如，熊本镇台冲绳分遣队军医——渡边重綱在琉球滞留半年期间，将个人琉球见闻写成《琉球漫録》，书中写道“鹿儿岛商人大都嫖娼。几年间便会有两三个孩子出生。妓女也常常帮助招揽生意……(冲绳)岛内没有茶屋、旅馆，食宿只能全部依靠妓院。因此可以说(妓院)兼做了饭馆和旅馆”[15]。此时正值王国灭亡前夕的1878年。前面说过，萨摩船的船主和水手受藩府委托运送琉球贡品，从而成为获得在琉球经商许可的商人。但他们不可能在琉球开店铺，况且他们是清一色的男性，滞留期间也需要有人打理日常生活起居[16]。因此可以推知妓女就成为他们在琉的生意伙伴兼经纪人。

《琉球漫録》中还记载说1858年首里王府针对萨摩商人留在当地的子女，对驻石垣岛的地方官(八重山在番)作了如下指示：

现接到宫古岛在番的奏文，说今年来宫田岛的大和(日本)船亲司[17]提出申请将在岛上所生女儿带回鹿儿岛，虽一度被驳回今又再次申请，难以控制此类情况等。对于大和人在琉球所生子女，若萨摩藩同意(转国籍)申请，琉球接到来自藩家老(译者注：武家重臣，主宰家政。也指该官职名，江户时代，一藩内设置数名，多为世袭)的指示下可允许其被带往萨摩。请将此理由附上，申报驻那霸的(萨摩)在番奉行所，若得到藩的许可，则可向亲司下达指示。因此大和人的子女能否带回日本应依藩律及意旨来决定。只是目前岛内面临人口不足，且进一步减少的困难，故今后若再有此类申请，令务必予以阻止，应在征得王府指示后再作处理。本款为对宫古岛官府之命令，八重山诸岛也当知晓。为避免出现差错，应将此规定记入职务规定集内。依据(王府)旨意将此事予以传达[18]。

从上述指示中，可以发现如果有萨摩藩的许可，当地子女就可以被带往日本(变更国籍)，不过因岛内人口不断减少，首里王府对此行为并不欢迎。另外还有很重要的一点，即在本地子女变更国籍的问题上，萨摩藩应该比首里王府拥有更大的决定权。

萨摩藩的政治影响力不仅表现在当地子女国籍的变更上，还延伸至身份的变更。下面所要讲到的那霸之士——工姓家族一世(大宗)，名善事(仲元筑登之亲云上喜长，1737—1794年)的事例，便是实证。善事的父亲——妹尾五右卫门(1711年生)是萨州(萨摩)岛津仲殿年季抱家来的大隅郡小根占町人，母亲——真那(1712—1751年)是那

---

15 鹿児島商人皆之ヲ用ル。数年二三子ヲ生ズルアリ。朝夕商事ヲ助ク……島内茶屋旅宿ナシ。一飯一宿総テ妓家に依ザルヲ得ズ。料理店兼旅店ト称スルモ可ナリ。渡边重綱《琉球漫録》，弘令社，1879，16－17页。

16 参照《座談会・琉球文化の興隆と成熟》(《うらそえ文芸》一四，2009，第30页)中小野まさ子的发言。

17 与船长、副船长并列的三要职之一。指船的总指挥官。

18 当年宮古島下本番大和船親司、先年彼表ニ而出生之女子本国江列登度旨申出有之，一往差帰候共、再重和利申立難差留見流ニ差通候段、彼島在番申越有之処、大和人御当地ニ而出生之子列登方之儀、於御国元奉訴御家老衆ヨリ御差図之趣到来之上差登置候付、右之趣取添御在番所及御届候処、弥御国元御免之上列登様、右親司江御達爲為由、大和人出生之子列登方者、右通御国元御趣法有之勿論、不人足之所猶更頭高茂相減、旁不容易事候付、向後右様之申立有之候節者、屹与差留御当地御差図之上、何分可取計旨、此節右在番江被仰越候間、於其島茂同断相心得、尤件之趣規模帳ニ載置差留無間違様可被取計候、依御指図此段申越候、以上、午八月十五日豊見城親雲上・牧志親雲上・浦添親雲上八重山島在番(《万书付集(宮良殿内)》县史料六県，第863页)。

霸东村农民——金城筑登之的女儿[19]。在他们家谱的序文中有如下记载：

……然家谱惟士籍得以设之、而民籍不得设之也。然则士民之分于焉亦殊矣。今西村仲元筑登之亲云上、系那霸居民。萨州岛津仲殿年季家来大隅郡小根占之町人妹尾五右卫门□(之?)子。向例□(他?)邦商人娶妻生子、则子例应为民。□(故?)仲元编在民籍。

即琉球方面规定“外国商人在此娶妻所生之子定为琉球的农民”，因此善事是农民的身份。这与前面首里王府的规定并不矛盾。那么善事到底如何加入士籍的呢？我们继续来看序文。

……然其平日所业、岂寻常野夫商买之所能及哉。况其为人素有巧能。尝充五主役、往来于闽省者、凡十二次。内三次、充大五主。乾隆丙午(1786)年、萨州乃简命仲元筑登之亲云上、并新垣筑登之两人、赴闽省习工业、而业精熟归、而试之萨州有以增昔之未备。于是堀四郎大夫殿(在番奉行)、奉御家老名越右膳殿宪令、移文本国、举荐之。遂荷王恩特赐褒书、直升士籍。

也就是说善事受萨摩藩之命前往福州研习工业[20]并取得杰出成绩，因此受到萨摩藩的推举，即在萨摩藩的主导下升格为士。此外琉球的士族门第分两个层次，即处于上等地位的谱代和下等地位的新参。善事取得的是谱代士族。这个过程中完全没有涉及首里王府规定的“与日本人交往的琉球女性之子不得以士入籍”的问题。顺便提一下，他姓工，名善事，是久米村之士——蔡载尧受善事之托，根据《诗传》中的“善其事曰工”而起的姓名。

此外家谱正文中还记载，善事的次男——喜道(1758—1787年)于1775年移居萨摩，并继承其祖父妹尾五右卫门之名改名为妹尾政右卫门。[21] 从刚才王府下达给八重山在番官府的指示来推测的话，应该是妹尾五右卫门先向藩提出申请，藩又将指示下达给王府，最后此番移居和国籍变更才得以实现的。

(二)首里王府与当地子女(截至18世纪中叶)

另一方面首里王府在18世纪上半期将当地遗留子女定为“农”籍，同时对士族家谱展开调查，如有萨摩男性与琉球女性的子女记入士族家谱的，一经发现则予以降格——由士转农处分。以下就是当时被降为农，后又恢复士籍的两个例子。

---

19 《工姓家谱》(仲本家)(那霸市企画部市史编集室《那霸市史》资料篇卷一—八、1983、194－200页)。有关工姓家族的记述如无特别说明均参考本史料。以下将本书简称为那霸市史八。

20 根据家谱正文可知，善事他们本是为学习龙脑制法而被派遣去中国，但因熟知此技法的工匠已逝世，于是转学粉朱制法和五色烧制法。

21 二男喜道。童名思仁王。号逸云。行二。乾隆二十三年戊寅六月二十五日生。后因祖父妹尾五右卫门无嗣、乾隆四十年乙未六月请旨入于萨州为祖父后、名呼妹尾政右卫门、乾隆五十二年丁未四月初九日死、享年三十。

第一个事例是那霸之士——新参慎姓家族一世（大宗）·宽朋（1673—1734年）的故事。[22] 家谱序文中对其生平有如下记载：

> 我（二世宽通）父宽朋、乃谱代慎氏东恩纳亲云上宽敬行二、其母豊见城县饶波村屋富祖掟亲云上女真古瑞也。先是为宽敬侧室而生宽朋后、再嫁〔日本人〕西田町八郎左卫门。雍正五丁未（一七二七）年、诸士系录、查误就正、决疑就明时、宽朋之母、以为八郎左卫门妻缘由、被贬百姓。宽朋、当随八郎左卫门、始学制笔之法、以供国用。既而广传授子孙及徒弟、永备国用。由是褒赐新参家谱。诚是天高地厚之恩典也。

另外据家谱正文记载，宽朋的母亲——真古瑞生于1646年卒于1703年。八郎左卫门能与真古瑞结婚并定居琉球，恐怕是在琉萨之间移居、通婚禁制的调整期间，当然真古瑞也有可能是妓女。[23]

如家谱序文所记，1727年王府进行家谱调查时，将宽朋由士降为农民，在其死后20年的1754年又赐予新参士籍。家谱中还摘抄了王府下赐新参家谱时的旨文，据此，儿子们也提出申请说："以宽朋之母系妓女为由，在对（家谱）不正记载予以查明之际将其降格为农，然（母亲）是在不做妓女时生下宽朋，之后才嫁给西田町八郎左卫门为妻"，[24] 况且事到如今也难辨虚实，便以八郎左卫门传授的造笔技术对国家贡献极大为由恢复了其士籍身份。

也就是说宽朋因母亲的身世（和日本男性交往）与国家规定相抵触而被剥夺士籍，以农民的身份死去，但又因家传造笔技术对国家有益而被追还生前的士籍。对于其母身世也以虚实不祥为由不再过问。不过降为农之前宽朋是谱代士，复籍之后则变为新参士[25]，在这点上大概可以反映出王府想尽可能维持国家规定、继续让留在当地的子女维持略低一级身份的意图。

第二个事例的主人公是那霸之士——新参祖姓七世·良兴（1700—1765年）。[26] 他被贬为农，后又恢复士籍的情况在家谱记载为："雍正四（1726年）年丙午二月、外父良安、倾城腹之筋被贬百姓"，"乾隆十六（1751年）年辛未闰五月二十四日、奏讼入本系"。良兴的父亲——良安（1675—1719年），被膝下无子的祖姓五世——良文收为婿养子（译者注：男子成为养子，同时又和养父母的女儿有婚姻关系）。良安的亲生父亲是

---

22 《新参慎姓家譜》（东恩纳家）《氏集番号一八一二二七六》，冲绳县立图书馆藏影印本。关于本事例在丰见山和行《近世琉球の士と民（百姓）》，大桥幸泰 等编：《〈江户〉の人と身分六　身分論を広げる》，吉川弘文馆，2011，第171－174页中也有相关介绍。

23 著名的琉球史研究者、宽朋后代——东恩纳宽惇在以家谱为基础介绍慎性家族史的论文中说"虽然真古瑞原本是妓女只是传说，但也或许真是这样"。（《万水一源—慎氏東恩納家譜—》，琉球新报社编《東恩納寛惇全集》十，第一书房，1982，第147页 。

24 右母事傾城為仕在之由ニ而、掠紀之砌、百姓ニ被召貶置候、然處傾城ニ而無御座、東恩納成生以後、西田町八郎左衛門妻ニ罷成申候……

25 丰见山，上述论文，173－174页。

26 《新参祖姓家谱》（石川家）、《氏集番号一八一二二四六》（那霸市历史博物馆藏影印本）。

“萨州坊津之住人森嘉左卫门”，亲生母亲是一位琉球女性。[27] 据从家谱中摘抄出来的良兴的口述可知，家谱调查时因为关于祖父——良安父亲的记载有些失误而被降格为农民。不过良兴要求王府恢复其亲戚和族人的士籍身份，为此列出以下四点理由：

(1)良安虽然是农民(无系)，但他是通过族人和亲戚承认、并向王府申请获得认可的家业继承人。

(2)因为本札·改帐(宗门人别改帐)[28]中不允许记“大和人的孩子”，因此本札中并没有写亲生父亲的名字，而是记为父无系渡口筑登之。因此在家谱中也依此记录下来。

(3)良安的亲生母亲并不是乱伦之人。证据便是她在17岁时成为泉崎村嘉数仁也的妻子，丈夫病逝后，才嫁给嘉左卫门。

(4)和现在不同，当时处于町人、百姓[29]的子女只要有缘就可与日本人结为夫妻的时代。

虽然已不能详知王府方面对此请愿的回应，不过如上所述王府还是在1751年恢复了良兴的士籍。从这个事例看来，王府一方面虽然维持着不承认现地子加入士族的原则，但对此原则确立之前的事情则采取了灵活处理的方式。

当然也存在为数不少的家谱调查时被降为农且未能恢复士籍的事例，只是因为在家谱中没有留下来相关记载而无法辨明实情而已。

四、18世纪末“日本人血统”的变化

进入18世纪，与萨摩男性交往的琉球女性及留在当地的子女的政治、社会意义都产生了引人注目的变化。从以下两个事例中我们来考察这种变化。

第一个是那霸之士、谱代吉姓第一代——久志(喜纳筑登之亲云上保喜，1730—1794年)的事例[30]。久志的父亲——吉见喜左卫门(生卒年不详)，是萨摩半岛西南端久志地区(今南萨摩市坊津町久志)的商人；母亲——思户(1700—1754年)，是小禄间切当间村天久筑登之亲云上的女儿。1793年(乾隆五十八年)9月久志本人在(家谱)序文中讲述了被编入士族的经过。

……国例、他邦商人娶妻生子、则子入民籍、故予编在那霸西村之民籍(农民户籍)曩作。商于闽稍获利息、厥后勤俭克家、不上数十年、而家资充焉。乾隆癸丑年(一七九二年)、恭闻国帑空乏、御用不敷、愿以家财十三万贯、奉借于官、填补国用。爰荷王恩褒嘉厥志、赐以新家谱、永使子孙相继不

27 浦添間切伊祖村高江洲住屋女真加戸。

28 基督教出于禁制的目的实施宗派调查，并将调查结果汇总制成宗门人别改帐，在宗派信仰无异常的居民中发放手札，本札和改帐便是指这两样文件。本来这只是为了逐步形式化，实质上却发挥了调查居民(户籍、人口数)的作用。

29 在琉球，町人和百姓都是“农民”身份。

30 《谱代吉姓家谱》(诸见里家)(那霸市史八)。有关吉姓的记述如无特别说明均参照本史料。

替。噫、予何人斯、叨此恩荣、忝入仕籍。于是虔修家谱。因以父姓之吉字为姓、又用其地名、名之曰久志。盖不忘本也。

序文中的“商于闽（福建）稍获利息”，应该是指作为进宫船船员的一员入唐（中国），可通过个人贸易获得收益的意思。所谓个人贸易，是指渡唐官吏可携带私人财银和各种商品登陆。首里王府根据官员职位高低，上到正使（核心使者）下到水手，都分配给相应大小的储存货物的船内空间，保障其从中获得一定利润以作为赴中国执行公务的回扣。[31]

久志不断将个人贸易收入作为资金储存起来，不久得知王府财政困难。据家谱正文记载，1790年因上交江户的费用急剧增加，王府被迫向日本商人[32]借钱渡过难关，当时的负债额高达650多万贯。1793年久志借给——实质上是捐款——王府13万贯，由于这一功绩而取得新参士籍。之后，在1825年，他的孙子（第三代）保昌又借给王府80 000贯5 000文，家族士籍也从新参升为谱代。

18世纪中期以后，王府为应对不断恶化的财政状况，多次向国民以捐款为名进行有目的的借款。捐款数额大的农民也因此取得士籍，俗称“买士，买良人”。捐款16万贯就可从“无系”成为“新参”士族，若再出16万贯就有可能升为上层士族——“谱代”。久志们利用这一制度，也可以说是依靠自身之力跨越了身份界限。久志是琉球女性与日本人的孩子，按说其血统与王府的规定相抵触，但当时终归是为国家捐款优先，于是就不再追问其身世。并且久志的姓和名分别来源于父亲吉见喜左卫门及其出生地，因此对久志来说“日本人血统”不仅绝不是一种避讳，反而将它置于（产生）同一民族意识的核心地位，认为其具有应该公开呼吁的价值。

另外是和吉姓家族非常相似的那霸之士——谱代宇姓家族的故事[33]。宇姓一世（大宗）是一位叫思嘉那（1708—1776年）的女性，她的丈夫——中村宇兵卫（1708—1776年）是萨摩久志的海商。思嘉那的长男——政荣1789年在家谱序文中写道：

……吾父中村宇兵卫、乃萨州久志浦人也。家富有船、为装运贡米事、来到本国、娶久米村无系高良仁也女思嘉那为妻。是吾生母也。母年十六而始嫁生子五人、曰政荣·政明·政孝·政根·政記、皆□幼学笔墨。而政孝因父无嗣奏请继其家统。岁壬寅（一七八二年）、国家财赋不足、且王子等官赴萨之行装银亦缺、是以有上司借钱补国用之令、吾母虽为女流、谨効臣子之诚、奉借铜钱十六万贯文、以应国用。恭蒙王上褒嘉母志、以赐新录。又于乾隆己酉（一七八九年）三月、遣江府使者费用银两不敷。吾母又承宪令、奉借铜钱十八万贯文、以备国家之用、是以转赐谱代家谱、世及子孙。国恩浩荡、固难名

---

31 真荣平房昭《近世琉球における個人貿易の構造》，岛尻胜太郎·嘉手纳宗德·渡口真清三先生古稀纪念论集刊行委员会编《球阳论丛》，ひるぎ社、1986，第251页。

32 日州的石见屋德兵卫（日向延冈藩的御用商人）·萨摩屋幸次郎。

33 《宇姓家谱》（仲滨家）（那霸市史八）。有关宇姓的记述如无特别说明均参照本史料。

言。母何人斯、重重叨此恩光。盖以父宇兵卫分与资本之故也。因以宇字为姓、以示不忘其本始也。是为序。

据传中村家是久志的世家门第，祖先来自京都，应仁之乱后，移居久志浦仁田川从事农业和海运业[34]。当时含久志在内的萨摩半岛西南海沿岸的船夫很早以前就活跃于琉球萨摩之间，据18世纪到19世纪的史料记载尤以久志的船主最为引人注目[35]。序文中写“家富有船”，大概是因为宇兵卫正是这船主之一吧。

序文(及正文)中写思嘉那分别在1782、1789年共向王府捐款两次，最终获得谱代的士籍身份。但从序文“盖以父宇兵卫分与资本之故也”中可以看出这些钱款实质上多来自宇兵卫。和吉姓家族一样，王府将思嘉那编入士籍时，看重的是捐款，而没有追究与日本男性交往的事实。此外，思嘉那和其长男政荣从宇兵卫的名字中选择了自己的姓，从中我们不难看出正是他们同一民族的意识使其汇入到日本人的祖先群体中。

不过因为琉球的士族奉行父系血统的原则，以女性为元祖原本仅限于公主出嫁等情况。思嘉那显然不属于此类特殊情形。不仅是她，近世中、后期因捐款而获得士籍的家族，即使家有壮年子孙，也经常将母亲或祖母奉为元祖。可以推测像技术和医术等功绩只属于本人，但捐款的功名可尽其可能追溯到前几代人的身上，这样本族内便会有更多的人被编入士籍[36]。不过，即使元祖是女性，到第二代以后就必须由男性来继承了。(作为元祖的)女性中像思嘉那一样成为萨摩男性之妻的情况并不少见。例如，虽然不能确认其家谱，但从家谱目录——《氏集》中可知那霸之士，武姓家族一世——真蒲户就是“萨州小根占大滨村·坂口武右卫门盛全之妻”[37]。

18世纪后半期在日益严重的财政危机下，王府一改维护身份制的理念，推行实利(捐款)优先、使农入士的政策。正是在王府态度转变的背景下，18世纪末对“日本人血统”的忌讳观逐渐削弱，而其积极意味反而在不断增强，这点通过与萨摩男性交往的琉球女性、当地子女以及家族的社会地位上升(获得士籍)就可以看出来。

五、结语

近世琉萨之间的交流，受到来自萨摩藩和首里王府双重权力的限制。萨摩藩方面，截至17世纪中叶只允许获得藩许可的萨摩人(官吏、船主、水手)去琉球，并且禁止移居琉球及女性在琉萨之间来往，着重于统制移居和往来。进入18世纪后，首里王府方面也制定相关禁制，不允许与“日本人”交往的琉球女性之子入士籍——琉球的上层社会身份。虽然两者禁制的重点不同，但在维护各自领域的权力和统治稳定性上，双方的

34 伊波普猷：《浄土真宗沖縄開教前史》，《伊波普猷选集》上卷，冲绳タイムス社，1961，(首1962年次出版)。

35 真荣平2005，第361-364页。

36 大城康洋“解说”(那霸市史八)，第4页。

37 那霸市市民文化部历史博物馆编《氏集(首里·那霸)》增补修订版，同馆，2008，第87页(二〇一二六〇九号)。

姿态基本一致。

不过对获得往来琉球许可的萨摩男性与琉球女性交往的行为本身，萨摩藩和首里王府都没有予以禁止。实际上，萨摩男性滞留琉球期间的生活和生意，很大程度上都依赖于琉球女性的协助，因此两者之间的交流、往来非常活跃。双方权力机构既要维持禁制，又要获取各自利益，因此针对上述情形又增设了各式各样的例外规定。在制定规则的过程中，处于较高地位的萨摩藩比首里王府拥有更大的决定权。

另一方面，琉球在 18 世纪中叶陷入财政危机，向王府捐款的农可从首里王府那里得到士的身份。在捐款者中包括与萨摩男性交往的女性及他们的子女，萨摩男性也可以间接或直接资助他们捐款。同时王府面对财政艰难的现实只好暂时搁置各项禁制，推行实利优先政策，给予通过捐款为国家做贡献的人以士籍。因此与其说琉球女性及他们的孩子因与萨摩男性交往，而在琉球社会中处于略低一等的地位，不如说他们利用与萨摩人的关系，依靠自己的力量爬到了社会的上层。他们不仅没有避讳“日本人的血统”，反而以此为荣，将其看作同一民族意识的基石。

“日本人的血统”社会意义上的变化，放在近世后期的琉球社会中，到底具有怎样的意味，还有待在今后的课题中进一步挖掘。

琉球漢詩人の"詩跡"理解と詩歌創作
——杭州・蘇州における作品を例にして

琉球汉诗诗人的"诗迹"理解与诗歌创作
——以在杭州、苏州的作品为例

绀野达也*

要　旨

清代、長江下流域を占める江蘇・浙江の両省は当時の経済・物流・文化・学術の主要な拠点であった。そして、福州に上陸した琉球の進貢使節が北京へと赴き、また逆に北京から福建へと南下するに際し、通過した地域でもある。

したがって、この両省では、杭州や蘇州を中心に、琉球使節による中国古典詩、すなわち琉球漢詩も比較的多く創作されている。このことは、この両省が中国古典文学、特に詩歌においても重要な場所あったことと密接に関係している。ただ、従来は部分的な引用、言及はあったものの、琉球漢詩人がこの両省の風景や風土などをどのようにその詩に詠っているか、という問題について詳細に論じたものはほとんど見られない。それは"琉球"にとって、この地域があくまでも通過地であったことにも起因しよう。

本稿は、このように作品の数量の面からいえば重要な問題であるにもかかわらず、従来充分には論じられてこなかった江蘇・浙江両省における琉球漢詩について考察するものである。特に、そこに描かれた風景や風土などについて、近年、研究が進展する「詩跡」(詩的古跡。和歌の"歌枕"に相当する)との関連も視野に入れて論じたい。

摘　要

琉球汉诗中有诗人亲历大陆吟咏其风土的作品，这不仅是琉球汉诗的重要特征之一，亦可谓是探讨"域外"汉诗文的创作时不容忽视的问题。

* 绀野达也：琉球大学法文学部副教授。

本文在考析成作于大陆的这些琉球汉诗时，尤为注重近年来逐步发展的“诗迹”(诗的古迹)研究与琉球汉诗之间的关联性。“诗迹”是一种相当于日本和歌“歌枕”的概念，一般认为这是“由诗得名，诗人共有独特形象的名胜”。琉球汉诗人亦在自闽赴京或由京回闽途中亲历“诗迹”，即兴吟赋。因此，琉球汉诗诗人对“诗迹”的理解和诗歌创作之间的联系值得作一探讨。而且，通过分析成作于“诗迹”的琉球汉诗及探讨诗中所用典故，亦可在某种程度上了解汉文文献在琉球的传播状况。

本文以在苏杭两地“诗迹”吟咏的琉球汉诗为中心，考察了这些诗歌是如何在中国古代历史和文学(尤其是古代诗歌)的基础上创作而成的。为何琉球汉诗人在苏杭“诗迹”咏诗之际常以家喻户晓的名诗和历史故事为典故呢？其理由主要有三：一是对作为“域外”文人的琉球汉诗人来说，此类名诗和历史典故的存在感极大；二是这些名诗及历史典故让他们产生了亲历“诗迹”即兴吟赋的憧憬；三是作为外交使节的这些琉球汉诗人在与清朝官员交往的过程中，运用中国历史典故创造诗歌在一定程度上反映了琉球的文化水平。

与此同时，本文还指出，在苏杭两地吟咏的琉球汉诗具有借鉴和影响的特点。在苏杭“诗迹”吟咏的同一时期或者前一时期的琉球汉诗跟中国名诗一样，也令后来的琉球汉诗人产生了对“诗迹”风光的憧憬。因此，他们常在同一“诗迹”里用类似表现和思想来吟咏诗歌。

一、はじめに

琉球漢詩には、詩人自らが直接、大陸を訪れ、その風土を詠んだ作品が多く見られる。これは琉球漢詩の重要な特徴の一つであると同時に、“域外”(中国国外)[1]における漢詩文の創作の諸相を考えるにあたっても無視できない問題であろう。

その大陸における琉球漢詩を考察するにあたり、本稿は近年の中国古典詩学において研究の進展する“詩跡”に着目したい。“詩的古跡”の略称である詩跡とは、和歌の“歌枕”にほぼ一致する概念で、「愛唱される詩の中に詠みこまれて、ある特定のイメージを備えることになった具体的な場所」、「詩によって著名になり、独特のイメージを共有するようになった詩的名所」[2]と説明される。そして、当然のことではあるが、大陸でつくられた琉球漢詩にも、琉球の漢詩人が実際に目睹した詩跡が詠みこまれている。それゆえに、まず彼等がどの詩跡を訪れて詩を残したかを確認し、その上

1 域外とは中国(禹域)以外の地域を指し、近年、文献学の分野で准漢籍・和刻本なども含めた中国国外の漢籍の総称として「域外漢籍」という言葉が用いられる。

2 植木久行「詩跡への誘い」(松浦友久編『漢詩の事典』大修館書店、1999年1月「Ⅲ名詩のふるさと(詩跡)」)p. 294を参照。

で、それらの詩がどのように中国古典詩の蓄積を踏まえたものなのかを考察することは、大陸における琉球漢詩の創作に関する有効な研究方法の一つとなり得るだろう。

本稿では、福州や北京とともに比較的まとまった数の琉球漢詩が残されている杭州・蘇州における琉球漢詩について特に検討したい。しかし、その理由は単にこの二つの都市における琉球漢詩の作例が少なくないからではない。江南の風光明媚な都市であるこの杭州や蘇州は琉球使節の訪れた他の地域よりも、それぞれの詩跡において多くの歴代の中国古典詩が蓄積され、それによって一定の詩的イメージが形成されている。そのため、この二つの都市を詠む琉球漢詩を検討することで、琉球漢詩人における"詩跡"理解と彼等の詩歌創作との関係を明確にできると考えるからである。

二、杭州における琉球漢詩—西湖の風光と岳飛への思慕—

浙江省最大の都市である杭州の街の西には一大景勝地である西湖が広がる。往時の琉球使節もこの西湖を遊覧している。

雍正三年(1725)編の『中山詩文集』には、康熙二十三年(1684)もしくは同二十六年(1687)の曽益の「遊西湖」(西湖に遊ぶ)詩[3]を収録する。この詩は現存する琉球漢詩で最も早く西湖を詠った作品である。

西子湖頭別有天　　西子湖頭　別に　天　有り
醉看花鳥盡嫣然　　酔いて花鳥を看れば尽く嫣然
六橋柳色搖晴緑　　六橋の柳色　晴緑に揺れ
三竺鶯聲帶曉烟　　三竺の鶯声　暁烟を帯ぶ
走馬客過桃葉岸　　馬を走らせるの客は過ぐ　桃葉の岸
吹簫人上酒家船　　簫を吹くの人は上る　酒家の船
飛來一片峰前立　　飛来　一片　峰前に立ち
爲問林逋放鶴年　　為に問ふ　林逋　鶴を放つ年

この詩の冒頭、「西子湖」とは、この西湖を第一流の詩跡とした北宋の蘇軾の七言絶句「飲湖上初晴後雨二首」(湖上に飲み、初め晴れて後に雨ふる、二首)其二[4]の

欲把西湖比西子　　西湖を把って西子に比せんと欲す
淡粧濃抹總相宜　　淡粧　濃抹　総て相い宜し

3　本稿における『中山詩文集』の引用は上里賢一『校訂本中山詩文集』(九州大学出版会、1998年4月初版)所収国立公文書館内閣文庫本影印本による。なお各詩の出処は、曽益が同本所収『執圭堂詩艸』、蔡鐸が同じく『観光堂詩艸』、程順則が同じく『雪堂燕游艸』である。なお、島尻勝太郎選・上里賢一注釈『琉球漢詩選』(ひるぎ社、1990年1月初版)所載の作品は同書もあわせて参照されたい。ただし、訓読については異なる部分もある。

4　清・馮応榴注『蘇軾詩集合注』(上海古籍出版社排印本、2001年6月第一版)巻九。

に基づく名称である。そして、詩には「六橋」（蘇堤）[5]、「三竺」（天竺寺）、「飛来（峰）」（霊隠寺）、「林逋放鶴」（孤山）など、西湖周辺の景勝地やそれにまつわる故事が詠われる。これらはいずれも著名な名勝であるとともに、歴代、多くの詩が作られた"詩跡"でもある。このように曽益は西湖の名勝に熟知し、かつ自らの作品に詠うことができた。それは彼に詩作の前提となる中国古典、特に西湖に関する歴代の詩歌への理解と関心があったことを示している。

康熙二十八年（1689）の蔡鐸「遊西湖」（西湖に遊ぶ）二首[6]は次のように詠う。

曾傳西子湖中勝　　曽て伝ふ　西子湖中の勝
今日來遊見所聞　　今日　来遊して　聞く所を見る
滿地寒梅和靖骨　　地に満つるの寒梅　和靖の骨
經霜古樹岳王墳　　霜を経るの古樹　岳王の墳
六橋楊柳披殘照　　六橋の楊柳　残照に披き
三竺清鍾濕暮雲　　三竺の清鍾　暮雲に湿ふ
水氣年年香不散　　水気　年年　香　散ぜず
青衫泛艇自氤氳　　青衫　艇を泛べて自から氤氳

（其一）

清風輕艇泛西湖　　清風　軽艇　西湖に泛べ
湖上人呼酒再沽　　湖上人　呼びて　酒　再び沽る
十里楊堤雙槳曲　　十里の楊堤　双槳　曲さにして
半波僧語一鐘孤　　半波の僧語　一鐘　孤なり
古今過客多詞賦　　古今過客　詞賦　多し
花鳥逢春見畫圖　　花鳥逢春　画図に見る
放鶴亭前梅未老　　放鶴亭前　梅　未だ老いず
好題新句弔林逋　　好しく新句を題し林逋を弔すべし

（其二）

この二首にも「和靖骨」（孤山）、「岳王墳」（岳飛墓）、「六橋」、「三竺」、「放鶴亭」（孤山）など西湖の名勝が詠われる。

其一の首聯「曽傳西子湖中勝、今日來遊見所聞」および其二の第五句「古今過客多詞賦」という表現に注目したい。これらの詩句からは、蔡鐸が西湖とその周辺の景勝およびそれらが古今の詩歌に詠われていることを以前から知っていたと判断できよう。つまり、蔡鐸は西湖を単なる美しい風景とみなしたのではなく、歴代の詩歌に詠み継がれた場所として理解し、その上でその憧れの地に実際に遊び、自らも作詩した

5　前掲注④『蘇軾詩集合注』巻三五「軾在潁州与趙徳麟同治西湖未成改揚州三月十六日湖成徳麟有詩見懷次其韻」詩に「六橋横絶天漢上、北山始与南屏通」とある。

6　蔡鐸には、他に福州への復路に詠んだ「重遊西湖有懷陳昌其先生即用其送別韻」がある。

のである。

康熙三十六年(1697)、北京からの帰国の途にあった程順則の七言律詩「西子湖感事」(西子湖、事に感ず)も次のように詠う。

西子湖頭唱竹枝　　西子湖頭　竹枝を唱ひ
不禁往事繫人思　　禁ぜず　往事　人思を繫ぐを
波濤白晝錢王弩　　波濤　白昼　銭王の弩
風雨蒼山陸相祠　　風雨　蒼山　陸相の祠
衣濕雲香三竺路　　衣は湿ふ　雲香　三竺の路
囊餘柳色六橋詩　　嚢は餘す　柳色　六橋の詩
難將東海勞臣意　　東海の労臣の意を将って
説與栽梅處士知　　説きて梅を栽うるの処士の与に知らしめ難し

第一句の「唱竹枝」とは元の楊維楨の「西湖竹枝歌」[7]とそれに対する唱和詩の存在を踏まえた表現である。したがって、程順則もまた、西湖が歴代の詩歌に詠われた場所であることを理解していたと言ってよかろう。

ところで、“詩跡”西湖に関するこれらの琉球漢詩を考えた場合、ある興味深い事実が確認される。それはこの三人の詩に多くの共通点が見られることである。第一に全て七言律詩であること、第二に詩、もしくは第一首の冒頭に蘇軾の詩をもとにした「西子湖」の名を用いること、第三に中間に「三竺」と「六橋」という“数対”があること、第四に作品の末尾に孤山に隠棲した北宋の林逋に言及する点が挙げられよう。これらの作品は前後十年あまりで作られていることから、蔡鐸は曽益の、程順則は曽益と蔡鐸の詩を目にしていたと思われる。つまり、琉球の漢詩人は詩作にあたり、歴代の中国の詩歌を踏まえるだけではなく、詩形や表現、発想の点で“詩跡”西湖における他の琉球漢詩の影響を受けていた、あるいはそれを積極的に踏襲したのではなかろうか。

西湖はその後の琉球漢詩人にも詠われていった。道光二十年(1840)、官生として北京の国子監へと派遣された阮宣詔と向克秀の二人は「至杭州欲遊西湖不果」(杭州に至り西湖に遊ばんと欲するも果たせず)という同題の詩[8]を詠み、西湖に遊覧できなかったことを惜しむ。また、琉球王国最末期の漢詩人、蔡大鼎[9]も同治十二年

7　この作品については、栗木純一「楊維楨『西湖竹枝歌』について」『島大言語文化－島根大学法文学部紀要言語文化学科編』第一五号(島根大学法文学部、2003年8月)が詳しい。

8　清・孫衣言編『琉球使録』(黄潤華・薛英編『国家図書館蔵琉球資料滙編』(北京図書館出版社、2000年10月第一版)下冊所収道光二十四年(1844)刻本影印本)巻一(阮宣詔)、巻三(向克秀)を参照。

9　本稿における蔡大鼎の詩は沖縄県立図書館東恩納寛惇文庫所蔵本『北燕游草』(同治十二年(1873)刻本。同図書館貴重資料デジタル書庫公開画像)による。なお蔡大鼎の詩については、輿石豊伸訳注『北燕游草』(オフィス・コシイシ、1997年11月発行)がある。ただし同書には誤りが多く、本稿の訓読および解釈は同書と大きく相違する。

(1873)、福州と北京との往復ともに西湖に遊んでいる。[10]

琉球の漢詩人は西湖全体を詠うだけではなく、その周辺の景勝地や西湖に浮かぶ島なども訪れて詩を残している。本稿では、その一つ、西湖の西北にある岳王廟を訪れて詠んだ詩を検討したい。

岳王廟は南宋の抗金派の将軍、岳飛を祀り、岳飛と息子の岳雲の墓がある。和平派の宰相であった秦檜に謀反を起こそうとしたと誣告され、悲劇的な最期を遂げた“忠義”の武将、岳飛の故事は琉球の漢詩人にもよく知られていた。前述の蔡鐸の「遊西湖」其一にも「經霜古樹岳王墳」と詠われている。

程順則は実際にここを訪れて次の七言絶句「拜岳鄂王墓」(岳鄂王墓に拜す)を残している。

森森古栢墓門風　　森森たる古栢　墓門の風
大醉黄龍事已空　　大いに黄龍に醉はんとするも　事　已に空し
當日何人灰宋祚　　当日　何人か　宋祚を灰さん
可憐三字死英雄　　憐れむべし　三字　英雄を死するを

この詩には岳飛の故事が典故として用いられる。承句の「黄龍」はもと遼の設置した黄龍府(現在の遼寧省農安県)をいうが、ここでは金の根拠地、おそらくその上京(現在の黒龍江省阿城市南)を指す。「大醉黄龍」は、たとえば『宋史』[11]岳飛伝の「飛大喜、『直抵黄龍府、與諸君痛飲爾』」のような、岳飛が金軍の投降と内応を受けて将兵に語った言葉を踏まえた表現であろう。また結句の「三字」とは岳飛父子らの最期に関する故事が典故である。岳飛らの罪状に明確な証拠がないことを南宋の「中興四将」の一人である韓世忠は宰相の秦檜に詰問した。『宋史』岳飛伝は次のように記す。

獄之將上也、韓世忠不平、詣檜詰其實。檜曰、「飛子雲與張憲書雖不明、其事體莫須有。」世忠曰、「『莫須有』三字、何以服天下。」

“ありもしないこと”、“でたらめなこと”という意味で現在も用いられるこの「莫須有」が程順則の詩のいう「三字」であることはいうまでもない。

蔡大鼎も岳王廟に参詣している。彼の七言絶句「謁岳王墓」(岳王墓に謁す)は、

韓岳張劉大將良　　韓岳張劉　大将　良し
可憐奸相蔽君王　　憐れむべし　奸相　君王を蔽うを
金牌十二朱仙鎭　　金牌　十二　朱仙鎮
二帝蒙塵飲恨長　　二帝　蒙塵し　恨みを飲むこと長し

---

10 福州への復路での作である「再游西湖」詩には「聖明湖曠水盈盈、妙筆荊關畫不成。当日游觀吟未了、重臨仙境寄餘情」とあり、他にも西湖周辺の名勝を訪れて詠んだ詩もある。往路の「遊西湖」詩は後述する。

11 元・脱脱編『宋史』(中華書局排印本、1985年6月第一版)による。

と詠う。この詩もまた、岳飛と彼にまつわる故事を典故としている。たとえば承句の「奸相」は秦檜を指す言葉であり、結句の「二帝蒙塵」とは北宋末の徽宗と欽宗の父子が金へと連行されたことを婉曲に表現したものである。蔡大鼎が岳飛に関する故事について知悉していたことを最も明確に示しているのは「金牌十二朱仙鎮」という転句であろう。南宋の紹興十年(1140)、北宋の旧都である汴京(現在の河南省開封市)まで四十五里(約23キロメートル)の朱仙鎮まで迫った岳飛に対し、和平を進める秦檜は高宗に要請して彼を召還させた。これについて、『宋史』岳飛伝は、

一日奉十二金字牌、飛憤惋泣下、東向再拜曰、「十年之力、廢於一旦」。

と記す。

ところで、岳王廟は絶景西湖と独立しているのではなく、むしろ"詩跡"西湖にさらに「忠君報国」を主とした儒教的倫理をもとにした詩的イメージを与えることになった。[12] つまり、"詩跡"岳王廟は他の西湖周辺の景勝地とともに、より包括的な"詩跡"西湖を構成していた、といってよい。このことは琉球漢詩人も理解していたと考えられる。[13] たとえば、蔡鐸「遊西湖」其一は、西湖の景勝の一つとして岳王墓を歌う。蔡鐸にとって、岳王墓は"詩跡"西湖のイメージのなかに当然、含まれていたのである。

次に示す蔡大鼎の七言絶句「游西湖」(西湖に游ぶ)も西湖と岳飛とが結びつき、題材となっている作品である、といえよう。

風光第一古來傳　　風光　第一　古来伝ふ
湖上游觀憶昔年　　湖上を游観すれば　昔年を憶ふ
南宋君如知將將　　南宋の君　如し将を将とするを知らば
騎驢未必隱高賢　　騎驢するも　未だ必ずしも高賢を隠さざりしを

承句の「憶昔年」を受け、詩の後半では西湖を遊覧したことで想起された南宋の史実を踏まえ、仮構の世界を想像する。具体的には、まず転句で、南宋の皇帝が、——現実には充分に用いられなかった——岳飛に代表される抗金派の将軍らを正当に処遇し、登用することを知っていたならば、と歌う。ただし、蔡大鼎はその空想を宋金両国の戦況に直接、結びつけることはせず、そのかわり、結句で「騎驢」という語を用いる。これは岳飛らと同様に金への抵抗を主張した南宋最大の詩人である陸游の七言絶句「劍門道中遇微雨」(剣門道中　微雨に遇ふ)[14]を踏まえた表現であると考えられ

12 植木久行「中国詩跡補考」(弘前大学人文学部『人文社会論叢 人文科学編』第1号、1999年3月)p. 53は「悲劇の英雄岳飛の墓は、明朝の愛国の忠臣于謙の墓とともに、天下の名勝西湖に、凛然たる精神的な輝きを添えることになった。」と指摘する。

13 前掲注「中国詩跡補考」にある于謙について、現存する琉球漢詩は言及していない。その理由は未詳だが、岳飛との対比においてきわめて興味深い現象であろう。

14 銭仲聯校注『剣南詩稿校注』(上海古籍出版社、2005年4月第一版)巻三。

る。その後半は次のように記す。

此身合是詩人未　　此の身　合に是れ詩人なるべきや未や
細雨騎驢入劍門　　細雨　驢に騎り　剣門に入る

この詩が詠まれた乾道八年(1172)の冬、陸游は金と国境を接する南鄭(現在の陝西省漢中市)から南の成都へ転任する途上にあった。失地回復の夢が破れた陸游のいう「騎驢」とは唐代の詩人たちをイメージする姿であり[15]、詩人として生きる運命を嘆息する陸游自身の姿でもある。そして、彼は淳熙十六年(1189)に生涯に四度目となる免職にあって以後、ほぼ完全に故郷山陰(現在の浙江省紹興市)での退隠生活に入る。したがって、蔡大鼎の詩の結句「騎驢未必隠高賢」も、この陸游の詩とその生涯を逆転させた表現であるといえよう。つまり、蔡大鼎はこの詩の後半において、人材が適切に登用されていれば、陸游のような詩人も退隠することなく出仕できただろうに、と仮構の世界を詠み、それによって歴史に思いをめぐらせている。

蔡大鼎のこのような歴史に対する仮構は西湖という"詩跡"と無関係ではない。詩の前半でいうように、それはむしろ南宋の事実上の首都、臨安だった杭州の西に広がる西湖の美しい風景に触発されて生まれた。換言すれば、古来、詩に詠まれ、自らも憧れた西湖に遊覧することで、蔡大鼎はその"詩跡"西湖のイメージに含まれる岳飛を中心とした南宋の歴史を想起し、さらにそれをもとに仮構の世界を自らの詩に表現したのである。

本章で取り上げたこれらの西湖や岳飛、南宋に関する故事や詩歌は非常によく知られているため、しばしば典故という形で別の詩に表現されている。そもそも、このように典故を用いること、すなわち用典は中国古典詩の創作における基本的な技法である。特に共有されるべき詩的イメージが共有される"詩跡"における作品であれば、用典はなおさら重要かつ有効な方法の一つであった。その重要性は琉球漢詩人においても同様であったと考えてよい。

同時に、琉球の漢詩人が典故を自らの詩に用いることを考えるにあたっては、彼等にとって詩歌創作が使節としての外交活動の一環でもあったことを無視することはできない。先行研究[16]の指摘するように、久米村の人士を主とする琉球使節にとって、進貢という外交活動上、清朝の官吏との間に詩歌の贈答を欠くことはできなかった。それゆえに、典故を用いて詩を作ることは彼等自身や琉球という国家そのものの文化水準を示すことに直結したのではないか。そうであるならば、当然、中国の古典に関

15　一海知義『陸游』(岩波書店、1962年7月第一刷)p. 20を参照。

16　前掲注③『校訂本中山詩文集』「解説」p. 10は、久米村の子弟には「中国の役人を相手にせざるをえない関係上、……彼らと対等にわたりあえる高い知識と漢詩文などの知識が要求される」と指摘する。

する充分な学習が求められる。彼等はおそらくそれを琉球に伝わった漢籍[17]に学んだものと考えられる。福州などにおける留学も当然、作詩技能習得の重要な機会であったが、その留学を行うためにも中国古典詩についての基本的知識は必要だったろう。

そして、このような学習の過程で、琉球の漢詩人は岳飛の故事や西湖の風光なども知り得るとともに、歴代の詩文に美しく描かれた西湖への憧憬も生まれたと考えられる。

それでは、たとえば岳飛の故事を琉球の漢詩人はどのように知ったのだろうか。程順則は上述の詩を詠んだ北京への進貢以前に『十七史』を自ら購入し、久米村の孔子廟に献上している[18]が、この『十七史』に『宋史』は含まれず、また程順則の時代に『宋史』が琉球に伝来したという、文献上の明確な記載は確認できない。[19] しかし、おそらく『宋史』岳飛伝や別の文献から得た知識および中国の歴代の詩や琉球の先人の詩歌によって、このように岳飛に関する故事を詩に詠むことができたのだろう。それは蔡大鼎も同じであったに相違ない。

同様に西湖に関する知識や詩歌もまた文献によって学んでいたのだろう。この西湖は中唐の白居易以降に詩跡化され[20]、前述の蘇軾の「飲湖上初晴後雨二首」其二を経たのち、実質的な首都となった南宋以後、「いっそう文人墨客の清遊の地として有名になり、大量の詩詞に彩られる美しい詩跡」[21]となった。したがって、岳王廟はいうまでもなく、“詩跡”西湖における詩歌は大部分が宋代以降の詩ということになる。琉球で宋詩およびそれ以降の詩が読まれていた(福建での学習も含む)という記録は今のところ、確認できない[22]。しかし、西湖とその周辺の名勝における琉球漢詩は、たとえば元代の楊維楨「西湖竹枝歌」のような西湖における詩、とくに宋代以降の詩歌を琉球の漢詩人が読んでいた、少なくとも一定程度、知っていたことを示している。

---

17 真境名安興『沖縄教育史要』(真境名安興『真境名安興全集 第二巻』琉球新報社、1993 年 2 月第一版。初出は 1931 年)第三編第三章 p. 395は、「国学の教科書は初めは主として四書・五経・唐詩合解を用ゐていた」とあり、時代は下るが、嘉慶三年(1798)設立の国学では唐詩を既に学習している。なお、現存する漢籍について、高津孝・榮野川敦編『増補琉球関係漢籍目録』(2005 年 3 月発行)は、久米村士族である楚南家文書に『唐詩紀』『唐詩解』『古唐詩合解』のあることを報告する。

18 前掲注③『校訂本中山詩文集』「解説」p. 21を参照。

19 嘉慶三年(1798)に設立された国学の講談学生の試験科目に『二十一史』に訓点を施すものがある。『二十一史』は『宋史』を含む。前掲注『沖縄教育史要』第三編第三章 p. 396を参照。

20 鎌田出「白居易の愛した風景——杭州「西湖」へのトポフィリア——」(中国詩文研究会『中国詩文論叢』第 17 集、1998 年 10 月)は「白居易詩に表れる杭州「西湖」に対する特別な感情」(p. 126)について検証するとともに、「杭州「西湖」をモチーフとする詩に関して言えば、白居易以外の詩人では四首を数えるのみであるのに対して、白居易にあっては……十首を数える」と指摘する。

21 前掲注②『漢詩の事典』「Ⅲ名詩のふるさと(詩跡)」)p. 440を参照。

22 「琉球官生の研学参考書籍として一読すべきものを、琉球学教習の孫衣言……が、その高弟子であった当時の官生東国興……に指示した」なかに、『蘇(軾)詩』『宋詩鈔』『元詩選』『金詩選』『明詩綜』『列朝詩選』が含まれる(前掲注『沖縄教育史要』第三編第四章 p. 413を参照)。ただし、これは北京の国子監でのことであり、琉球や福州での情況と同一視することはできない。

さらに、西湖に関する文献について、もう一つ興味深い作品がある。蔡大鼎は杭州を離れて福州へ戻る途中、次の七言絶句「閲西湖佳話有感」(『西湖佳話』を閲し、感有り)を詠んでいる。

商旅舟車四達途　　商旅　舟車　四達の途
燈前佳話閲西湖　　灯前　佳話に　西湖を閲す
孤山處士林和靖　　孤山の処士　林和靖
子鶴妻梅絶世無　　鶴を子とし梅を妻とすること　世に絶えて無し

ここでいう詩題の『西湖佳話』とは、清の墨浪子撰による白話小説『西湖佳話』(『西湖佳話古今遺蹟』)十六巻を指すだろう。詩の後半で言及される林逋は巻五「孤山隠蹟」に見える。したがって、蔡大鼎はこの『西湖佳話』を杭州で買った、もしくは予め携帯していたと推測される。つまり、西湖に関する詩歌とともに、このような白話資料を含めた西湖や杭州に関する地理書なども琉球漢詩人の“詩跡”西湖への理解に寄与したのではないか。

このように琉球漢詩人は文献等によって西湖およびその周辺の景勝、それらに関する詩歌や故事について熟知するとともに、用典という形でそれらの“詩跡”の持つイメージを継承し、自らも詩作を行っていた。そこに、詩文の学習や読書によって生まれた西湖への憧憬があることは言うまでもない。同時に、この“詩跡”の持つイメージの理解と継承とは、彼等にとって自らの作詩技能、ひいては進貢国である琉球の文化水準の高さを端的に示すものでもあった、と考えられる。

三、蘇州における琉球漢詩—楓橋の旅愁と呉国の興亡—

蘇州は杭州に始まる大運河を北上し、江蘇省内に入って最初の大都市である。蘇州も古来、長江下流域の重要な都市であり、清代においても、康熙六年(1667)に江蘇省が設置されると、江蘇巡撫が蘇州府に駐在した。

この蘇州に関する琉球漢詩も多く現存している。本稿では蘇州を代表し、かつ琉球漢詩において特に多く言及される景勝地、楓橋・寒山寺と虎丘における詩に着目したい。[23]

楓橋は蘇州城の閶門の西、約5キロメートルに位置し、その東南約200メートルに寒山寺がある。この楓橋・寒山寺を著名な“詩跡”とした詩に、秋夜、旅の愁いを

23　蘇州における琉球使節とその詩に関して、程順則の父、程泰祚が康熙十四年(1675)晩秋九月に病没したことは重要な事件である。程順則は康熙二十二(1683)に引き続いて、康熙三十六年(1696)、再び墓参を果たし、「姑蘇省墓」(姑蘇に墓を省る)二首を残している。しかし、この父への思いを詠った詩は、いわば程順則の個人的感懐に属するものであり、本稿では検討の対象とはしない。

詠った中唐の張継の七言絶句「楓橋夜泊」[24]がある。

月落烏啼霜満天　　月落ち　烏啼いて　霜　天に満つ
江楓漁火対愁眠　　江楓　漁火　愁眠に対す
姑蘇城外寒山寺　　姑蘇城外　寒山寺
夜半鐘聲到客船　　夜半の鐘声　客船に到る

この詩に歌われる寺が寒山寺ではなく、また楓橋で作られた作品でないことは既に指摘されている。[25] この詩が楓橋の作品であるとみなされるようになったのは遅くとも『文苑英華』巻二九二にこの詩題が見える北宋の初め、そして現在の寒山寺とこの詩が結びつくのは南宋もしくは明代頃と考えられる。しかし、逆に言えば明代以降、“詩跡”楓橋・寒山寺を訪れて詩を残した多くの文人にとって、張継の詩の存在とその詩が創り出すイメージは極めて強いものであった。そして、まさに明代以降、中国に進貢していた琉球の漢詩人にとっても、楓橋・寒山寺において張継の詩が作られたことは疑う余地のない“事実”だったのである。

この楓橋は北京と杭州を結ぶ大運河に面していたため、琉球使節も楓橋・寒山寺を訪れて詩を残している。[26] そのなかでも張継の詩について明確に記すのは程順則の七言絶句「寒山寺讀唐戸部員外郎張懿孫先生楓橋夜泊石刻」（寒山寺にて唐の戸部員外郎張懿孫先生の「楓橋夜泊」の石刻を読む）である。

大暦詩人晩泊舟　　大暦の詩人　晩に舟を泊す
楓橋霜月思悠悠　　楓橋　霜月　思ひ悠悠
請看石上留題句　　請うて看る　石上　留題の句
盡是寒山寺裏秋　　尽く是れ寒山寺裏の秋

寒山寺は「唐戸部員外郎張懿孫」すなわち張継「楓橋夜泊」詩の石刻でも有名である。程順則があえて願い出て目睹し得たのは、現在、わずかな残欠を留める明の文徴明の石刻であったと考えてよかろう。

この時、程順則は七言律詩「楓橋泛月」（楓橋　月に泛ぶ）も詠んでいる。

青楓橋下水溶溶　　青楓橋下　水　溶溶

---

24 『全唐詩』（中華書局排印本、1960年4月第一版）巻二四二。

25 三沢玲爾「『姑蘇城外寒山寺』小考」（八代学院大学学術研究会『八代学院大学紀要』第30号、1987年6月）および楊明「張継詩中寒山寺弁」（上海古籍出版社『中華文史論叢』1987年第2・3合刊（1987年9月）を参照。なお、植木久行『唐詩の風景』（講談社、1999年4月第一刷）p. 245・246がこの二編の論文を簡潔に説明する。

26 琉球使節はしばしば楓橋に舟を浮かべる詩を残しているが、旅の途上でここに泊ったかは実は定かではない。なぜならば、清代、この地に公文書往来のための「楓橋舗」は置かれていたが、駅が置かれていた記録は確認されないからである（清・李銘皖等修、馮桂芬等纂、光緒九年（1883）刊本『蘇州府志』（成文出版社影印本、1970年5月第一版）巻二三「公署三・駅道」を参照。）つまり、琉球使節はたまたま楓橋に停泊したのではなく、あえて張継詩と同様の体験をするために蘇州からこの地を訪れた可能性がある。

偶泛輕舟罷短笻　　偶たま軽舟を泛べ　短笻を罷む
城郭夜涼遙聽角　　城郭　夜　涼しくして　遥かに角を聴き
寺門秋靜忽聞鐘　　寺門　秋　静かにして　忽ち鐘を聞く
家連滄海何時到　　家は滄海に連なりて　何れの時にか到らん
月照清江幾處逢　　月は清江を照らして　幾処にか逢はん
惆悵烏啼霜落後　　惆悵す　烏　啼きて　霜　落つるの後
關山萬里有雲封　　関山　万里　雲　有りて封ぜらるを

尾聯の表現に明らかなように、この詩が張継「楓橋夜泊」を前提にしていることは疑い得ない。そして、張継詩の旅愁が、この詩では故郷である琉球への郷愁となっていることが頸聯・尾聯の表現や詩語から判断される。

現存する琉球漢詩で最初に楓橋を詠んだのは、程順則から十年あまり前、康熙二十三年(1684)もしくは同二十六年(1687)に北京へ向かっていた曽益の七言絶句「楓橋雨泛」(楓橋　雨に泛ぶ)である。

布帆無恙雨蕭蕭　　布帆　恙無く　雨　蕭蕭
山色空濛客路遙　　山色　空濛　客路　遥かなり
最是孤臣身似葉　　最も是れ　孤臣　身は葉に似たり
蘇臺十里到楓橋　　蘇台　十里　楓橋に到る

この詩を考えるにあたり、張継の詩とともに楓橋を第一級の詩跡とした晩唐の杜牧の七言絶句「懷吳中馮秀才」(呉中の馮秀才を懐ふ)[27]を確認しておきたい。

長洲苑外草蕭蕭　　長洲苑外　草　蕭蕭
卻算遊程歲月遙　　却って遊程を算ふれば　歳月　遥かなり
唯有別時今不忘　　唯だ別時の今に忘れざる有り
暮煙秋雨過楓橋　　暮煙　秋雨　楓橋を過ぐ

この詩と曽詩とを比較すると、詩中の情景などが類似するばかりでない。同じ七言絶句であり、押韻も同一箇所、同一字で行う、つまり曽益が杜牧の詩に次韻する形になっている。したがって、曽益は押韻を杜牧詩と同一にすることで詩作の便を図るとともに、さらにその詩的イメージをも共有し、自らの詩作の水準を保とうとした、と考えられる。そして、結果として杜牧の友人への思慕に答える形で羈旅の孤独とそれに伴う愁いを詠う詩に翻案することとなった、と言えよう。また、旅愁を詠う点において、曽益の詩はやはり"詩跡"楓橋のもう一つの代表作、張継の詩と軌を一にするのではなかろうか。

このように琉球漢詩では、現存する初期の作品において、すでに楓橋を代表する

27　(清)馮集梧注『樊川詩集注』(上海古籍出版社排印本、1998年12月第一版)「樊川外集」。

張継・杜牧の詩を意識し、あるいは直接に言及する。それは琉球の漢詩人が"詩跡"楓橋、寒山寺の源泉的な作品を知っていたこと、そしてそれらの詩が持つ詩的イメージを一定程度理解し、かつ自らもそれに基づいて詩を作っていたことを示している。

以後の琉球漢詩では主に張継の作品を意識している。道光二十年(1840)、官生として派遣された鄭学楷は張継とほぼ同題の「楓橋晩泊」[28]という七言律詩を詠んでいる。

東風吹送布帆輕　　東風　吹き送りて　布帆　軽し
忽到楓橋十里程　　忽ち到る　楓橋　十里の程
江月嬋娟涼夜色　　江月　嬋娟として　夜色　涼しく
漁灯明滅聴橈声　　漁灯　明滅して　橈声を聴く
疎鐘尚憶當年夢　　疎鐘　尚お憶ふ　当年の夢
孤雁應同此夕情　　孤雁　応に同じくすべし　此の夕の情
枕上蕭条眠未穏　　枕上　蕭条として　眠り未だ穏やかならず
推窗屢數短長更　　窓を推して屡しば数ふ　短長の更

北京へと向かう詩人自らの旅愁を「江月」「漁火」「疎鐘」といった張継の詩と類似する詩語を用いながら描く。一方で首聯の「布帆」「忽到楓橋十里程」の表現は前述の曽益の「楓橋雨泛」に発想を得たものであろう。

同治十二年(1873)、北京へと向かっていた蔡大鼎にも鄭学楷と同題の「楓橋晩泊」という七言絶句がある。

雲帆風飽抵楓橋　　雲帆　風　飽きて　楓橋に抵る
月朗晴虹現一條　　月　朗かにして　晴虹　一條　現る
莫訝神京千里遠　　訝る莫れ　神京　千里の遠きを
且燒殘燈話良宵　　且く残灯を焼き良宵に話る

この詩は月夜、まさに「良宵」を楽しもうではないかと述べ、客愁を歌う張継の詩とは主題を異にするように見えるが、実際には張継の詩を充分に意識している、と考えられる。[29] それは鄭学楷と同様、張継とほぼ同題の詩を持つことからも確認されよう。そして、「莫訝」や「且」といった語などからも明かなように、蔡大鼎は旅愁そのものを感じないのではなく、詩の前半で詠われるこの夜の好風景のなかで一時的にそれを忘れようとしている。つまり、"詩跡"楓橋で想起され、共有されるべき張継の詩とそこに詠われた客愁を前提にしつつ、あえて意図的にそれを逆転させているの

28　前掲注⑧『琉球使録』巻二。
29　蔡大鼎が張継の「楓橋夜泊」を知らなかったということはありえない。蘇州に入る直前、運河に浮かぶ船上で作った七言絶句「望寶帶橋」詩の後半では「三更月白潮初上、時有鐘聲到客船」と詠う。いうまでもなく、結句はほぼ張継「楓橋夜泊」の結句「夜半鐘聲到客船」を模倣したものである。

である。

これまで確認してきたように、琉球の漢詩人は主に中唐の張継「楓橋夜泊」詩の舞台である楓橋や寒山寺を訪れて詩を残している。この張継の詩そのものや旅愁に代表される"詩跡"楓橋や寒山寺の詩的イメージについて、彼等は充分に理解していることがその作品から窺える。そして、その詩作にあたっては、張継詩の旅愁・客愁を自らの作品の核心としつつ、時にその愁いを郷愁へと焦点を絞り、またあえてそれを逆転させるような表現を作りだすなど、多様に展開させているのである。

次に虎丘における作品を検討したい。虎丘は楓橋とともに蘇州を代表する景勝地である。蘇州市中心部から西北に3.5キロメートルの地にある小山で、春秋末の呉王、闔閭の墳墓とされる。そして、程順則の「姑蘇送謝爾綏孝廉還閩」(姑蘇に謝爾綏孝廉の閩に還るを送る)詩に「同作燕臺客、君先過虎丘(同に燕台の客と作り、君先ず虎丘を過ぐ)」とあるように、蘇州の代名詞として名が挙がるほど、琉球の漢詩人にも知られていた。

現存する琉球漢詩で最も早く作られたのは曽益の「遊虎丘」(虎丘に遊ぶ)である。

曽夢江南好	曽て江南の好きを夢み
探奇到虎丘	奇を探して虎丘に到る
川原經萬劫	川原　万劫を経
花鳥自千秋	花鳥　自から千秋
過客知携酒	過客　酒を携ふるを知り
看山竟浪遊	山を看て　竟に浪遊す
呉王歌舞後	呉王　歌舞の後
回首使人愁	首を回して人をして愁へしむ

上里賢一氏が指摘する[30]ように、第一句の「江南好」とは杭州・蘇州の刺史に任じられた白居易の「憶江南」(江南を憶ふ)詞の冒頭の句に基づいている。白居易の作品をはじめとする詩詞に詠われた憧れの江南の好風景を目にしたいと希望した曽益にとって、虎丘はその風景を代表する場だったのであろう。

ところで尾聯の「呉王歌舞後、回首使人愁」は闔閭の息子夫差が絶世の美女、西施らと宴遊を繰り広げたことを踏まえた表現である。ただし、その豪奢な宴遊は夫差の拡張した姑蘇台[31]や西施を住まわせた館娃宮[32]で行われたものであって、父の墳墓である虎丘ではない。つまり、"詩跡"虎丘を遊覧して詠んだ詩にもかかわらず、本来、別の"詩跡"と関連の深い夫差の宴遊を曽益は懐古しているのである。

30　前掲注③『琉球漢詩選』p. 138を参照。厳密には「憶江南」は詞である。
31　前掲注『唐詩の風景』p. 232－236を参照。
32　前掲注『唐詩の風景』p. 227－232を参照。

蔡鐸にも、康熙二十八年(1689)の作である「登虎丘山」(虎丘山に登る)という二首連作の七言絶句がある。

策杖探奇到虎丘　　杖を策つきて奇を探して虎丘に到る
千人石上坐悠悠　　千人石上　坐　悠悠
呉王歌舞銷沉後　　呉王の歌舞　銷沉の後
山逕松風一夜秋　　山逕　松風　一夜にして秋なり

(其一)

呉王宮殿恍蓬莱　　呉王の宮殿　恍かも蓬莱
響屧廊空覇業灰　　響屧廊　空しくして　覇業　灰ぶ
惟有虎丘山上月　　惟だ虎丘山上の月のみ有って
至今猶照舊蘇臺　　今に至るまで猶ほ照らす　旧蘇台

(其二)

まず、其一の第一句「探奇到虎丘」や第三句の「呉王歌舞」などの表現に注目したい。これらの表現は前述の曽益の詩にも見え、蔡鐸は彼の作品を意識してこの詩を詠んだといってよかろう。また、曽詩と同様にこの詩も虎丘で作られた作品でありながら、呉王夫差の盛衰を歌う。呉の歴史への懐古を示すために、蔡鐸は其二の後半で李白の七言絶句「蘇臺覧古」[33]を典故に用いる。

舊苑荒臺楊柳新　　旧苑　荒台　楊柳　新たなり
菱歌清唱不勝春　　菱歌　清唱　春に勝えず
只今惟有西江月　　只だ今　惟だ　西江の月のみ有って
曾照呉王宮裏人　　曽て照らす　呉王宮裏の人

李白のこの詩は蘇台、すなわち姑蘇台における作品である。この李白の詩に代表される“詩跡”姑蘇台の持つ詩的イメージを蔡鐸は彼の訪れることができた蘇州第一の“詩跡”虎丘のそれに置換、もしくは拡大して、自らの作品を創作している、といえよう。

程順則も康熙三十六年(1697)の帰国の際に虎丘を遊覧し、七言絶句「遊虎丘」(虎丘に遊ぶ)を詠んでいる。

簇簇笙歌没虎丘　　簇簇たる笙歌　虎丘に没す
桃花面膩柳腰柔　　桃花　面は膩らかにして　柳　腰は柔らかなり
可憐第一姑蘇月　　憐れむべし　第一　姑蘇の月の
照得遊人盡白頭　　遊人　尽く白頭なるを照らし得たるを

この詩の前半も曽益・蔡鐸の詩と同様に呉国の歴史を踏まえ、特に承句は美女の

33　瞿蛻園・朱金城校注『李白集校注』(上海古籍出版社、1980年7月第一版)巻二二。

西施の艶めかしい容姿を描く。一方、後半部では今まさに虎丘に遊ぶ白髪の詩人自身の姿を詠う。程順則を照らす「第一姑蘇月」とは李白の詩に詠われるように、かつて西施を照らした月である。不変に輝き続ける天上の月と地上の転変を対比する点において、この程順則の詩の発想は李白の詩に由来する、と考えられる。つまり、程順則も虎丘において、同じ蘇州周辺にある姑蘇台の持つ詩的イメージによって詩作を行っているのである。

それではなぜ、"詩跡"虎丘における琉球漢詩において、このような別の"詩跡"が持つ詩的イメージへの置換、もしくは拡大といった現象が見られるのだろうか。

"詩跡"にはそれぞれ特有の詩的イメージがあり、それはしばしば人口に膾炙する名詩によって一気に定着する。それゆえに、そのイメージは明確なものであって、他の"詩跡"のそれに置き換えたり、広げたりすることは必ずしも容易ではない。もし、安易にそれを行った場合、同時代もしくは後世、考証の誤りや学識の低さを批判されかねないからである。

それにもかかわらず、琉球の漢詩人は別の"詩跡"のイメージを用いてまで、虎丘において詩を作った。その理由の第一には外交使節として日程や行程に制限がある彼らにとって訪れ得る場所がそもそも限られていた、ということがあげられる。しかし、それではなぜ、"詩跡"虎丘にふさわしい詩的イメージによって創作しなかったのかという問題を充分には説明できない。

上述したように、琉球漢詩人の詩歌創作は使節としての外交活動の一環でもあった。したがって、詩人は自らの作品が彼ら清朝の文人・士大夫に読まれることを意識せざるをえなかっただろう。[34] そして、用典の有無や適否は清朝の文人が琉球漢詩人の作詩技能——それは前述したように文化水準でもある——を判断する要素の一つとなった、少なくとも琉球の側はそのように考えたのではなかろうか。当然、著名な作品や故事を典故とすれば、清朝側の文人もそれをすぐに想起することが可能となろう。また、これらの名作や故事は琉球漢詩人も初学の頃から親しんだものであり、彼らにとっても大きな存在であった、と思われる。

ところが、虎丘は呉中第一の景勝地であり、唐代以来、多くの詩歌が詠われた"詩跡"にもかかわらず、一首の著名度という点において「楓橋夜泊」に匹敵する詩は見いだせない。ただし、虎丘も闔閭の墳墓という呉越の歴史に関係する場所であった

34　琉球漢詩人の漢詩文集にはしばしば清朝の文人の序跋が見られる。このような序跋からも自らの詩文が清朝の文人・士大夫に読まれることを琉球の漢詩人は自覚していた、と判断できよう。

ため、日程や行程にも制限があった[35]曾益や蔡鐸らは、厳密に「虎丘」の詩的イメージを追求するよりも、自らもよく知る呉越の興亡に関係する故事やそれにまつわる蘇州周辺で作られた名作を踏まえたほうがよい、と判断したのではなかろうか。それゆえに、本来、姑蘇台などの詩的イメージを虎丘のそれに拡大し、あるいは置換して詩を詠んだ、と考えられる。そこで想起された最も有名な作品こそ李白の絶唱「蘇台覧古」だったのである。

このことは、虎丘に関する蔡大鼎の詩を考える上でもやはり重要である。北京への往路にこの地を訪れた彼は、帰路に遊覧が叶わなかったことを詠う詩一首も含めて、合計、五首の詩を残している。

ところが、彼の詩はそれまでの琉球漢詩とは異なり、往路の詩では行楽の人々で賑わう春の虎丘を詠っており、そこには呉越の歴史やそれに対する懐古はほぼ皆無といってよい。その一つ、「游虎邱」(虎邱に游ぶ)[36]は次のように詠う。

芒鞋箬笠任遨游	芒鞋　笠を箬け　遨游に任せ
有意探奇到虎邱	意　有り奇を探して虎邱に到る
無數佳人聽鼓樂	無数の佳人　鼓楽を聴き
青山綠水豁雙眸	青山　緑水　双眸に豁く

この詩の第二句は曾益・蔡鐸の詩に極めて類似する表現であり、一つの“詩跡”における琉球漢詩人間の作品の受容・継承を明確に示す例である。つまり、蔡大鼎は琉球の先人の詩を読んでいたのであり、彼等が虎丘において呉王夫差と西施を中心とする呉の盛衰への懐古の情を詠っていることを当然、知っていたと言わざるを得ない。

それではなぜ、蔡大鼎はそのような歴史に対する懐古の詩をつくらなかったのか。その理由の一つとして、曾益らの詩作に見られるような“詩跡”の持つ詩的イメージの拡大や置換という方法がやはり一般的でないため、蔡大鼎はその手法をとらなかったと考えられる。その結果、彼は先人である曾益や蔡鐸の表現を用いつつも、呉中第一の名勝である虎丘の春景と自らも含めた行楽の人々を描いたのではなかろうか。

35　曾益には「蘇臺懷古」詩があり、厳密にいえば、実際に姑蘇台を訪れた可能性も否定することはできない。郭丹「論琉球中山詩的漢詩伝統」(琉球中国国際学術会議編『第 11 回琉中歴史関係国際学術会議論文集』(琉球中国国際学術会議、2008 年 8 月発行) p. 95は「此詩前半写景、緊扣姑蘇和太湖的景色；……館娃宮、是呉王館西施之所、這裏既是用典故、也是写実」と判断している。ただし、その詩中に見える館娃宮は蘇州の西南郊外約 15キロメートルの霊巌山にあり、姑蘇台とは異なる。また曾益が蘇州滞在中にそれらを実際にすべて訪れたというのも、にわかには首肯しかねる。むしろ、前述の同じ曾益「楓橋雨泛」の結句に「蘇臺十里到楓橋」とあり、この蘇台が蘇州城そのものを指すことから、「蘇臺懷古」詩も蘇州城における懐古詩であった、と考えるのが適当だろう。蘇台が蘇州城を指すことについては、宋・呉処厚『青箱雑記』(中華書局排印本、1985 年 8 月第一版) 巻八に「蘇(州)有姑蘇臺、故蘇州謂之蘇臺」とある。

36　他に「坐舟游虎邱花園」、「登虎邱寺」、「登塔不果」、復路の「到虎邱花園不果」がある。

本章では楓橋・寒山寺と虎丘における琉球漢詩について考察してきた。どちらも蘇州を代表する詩跡だが、この二つの場所における琉球漢詩の作詩の方法はかなり異なっている。楓橋・寒山寺における琉球漢詩は主に中唐の張継の「楓橋夜泊」とその詩に詠われた旅愁を前提としていた。一方、虎丘の詩、とくに『中山詩文集』所収の詩は本来、虎丘とは直接には関係しない呉王夫差の繁栄と滅亡への懐古に重点が置かれ、あわせて李白「蘇臺覧古」詩が重要な典故として位置づけられていた。蔡大鼎の詩にはそのような懐古はほとんど確認されないが、いずれにせよ、実際に虎丘で詠まれた詩を典故とすることは——琉球漢詩間における受容・継承の関係を除いて——ほとんど見られない。

このような相違の理由は“詩跡”における著名な作品の有無にあるだろう。“詩跡”楓橋の「楓橋夜泊」詩は誰もが知り、愛誦する作品であるのに対し、虎丘にはそのような作品がない、少なくとも乏しいと言える。このような“詩跡”における源泉的作品、もしくは極めて著名な作品の有無の差異は、“域外”の文人である琉球の漢詩人にとって、中国の文人以上に大きく感じられたのではなかろうか。その結果、彼らの詩歌創作に相違を生じさせたと考えられる。

四、小結

本稿は杭州と蘇州の“詩跡”で詠まれた琉球漢詩を具体的に検討することで、琉球漢詩人の“詩跡”理解と詩歌創作について考察してきた。この場合、“詩跡”を理解するとは、単に名勝としての存在を知っているということではなく、その地に関する故事や歴代の詩文まで包括的に把握していることをいう。そして、琉球の漢詩人は、早い時期から“詩跡”における著名な作品、そしてそれによって形成された“詩跡”の詩的イメージを理解し、それを前提として自らも詩を作ってきた。

このような詩作そのものは中国古典詩に広く見られる現象であり、いわば既に成熟した“詩跡”における詩歌創作の典型的方法の一つである。しかし、蘇州の虎丘における作品のように、日程・行程に制限のあった琉球漢詩人が、時に別の“詩跡”の詩的イメージをも用いたということは、琉球漢詩研究の上で、また、中国のみならず、東アジアの漢文学における“詩跡”の継承という問題を考える上でも興味深い現象である、と思われる。

ある“詩跡”について、しばしばその核心となる作品の存在が詩的イメージの形成や継承の点で重要であることはいうまでもない。ただし、実際に訪れることもままならず、また文献も不足していた“域外”の漢詩人にとって、そのような名作は、——多種多様な文献を有し、かつそもそも母語の文学である中国の詩人と比較して——、より大きな位置を占めていたのではないだろうか。そのなかでも琉球は、一部の詩人が実際に“詩跡”を訪れることができたとはいえ、国内の漢学の歴史的蓄積、漢詩人とその作品の数、文献の量において厳しい環境にあった、少なくとも恵まれてはいなかった。そのような環境にあった琉球の漢詩人にとって“詩跡”における名作・絶唱の存在は極めて大きかったであろう。そのような名作はそれに関する故事とともに、琉球の漢詩人にその“詩跡”への憧憬を生み出した。同時に、そのような名作を踏まえて詩を作り、外交の一環として清朝の文人と贈答することは進貢国としての琉球の文化水準を明確に伝えるという機能も担っていたと考えられる。

また、大陸の“詩跡”において、琉球の漢詩人は同時代もしくは前代の琉球漢詩の表現を継承して自らの詩作を行っていた点も指摘しなければならない。彼らにとって先人の作品は重要な先行作品でもあった。同時に教材でもあり、また目指すべき目標でもあったに違いない。そのような琉球の先人の詩は中国歴代の名詩と同様に、そこに描かれた蘇杭の風景や風土を彼らに想像させた。その想像はその地を観光したいという憧憬へと変化し、その憧れが実現した時には想像の由来となった既読の詩歌の表現によって風景を認識することになったのではなかろうか。[37] その結果、特に身近な存在であった琉球の先人の詩とほぼ類似した表現・発想が生まれた、と考えられる。

そして、これらの“詩跡”における琉球漢詩は、現存の資料や文献上の記載では充分には明らかにされていない琉球の中国古典詩の学習およびその前提となる文献の伝来についても示唆を与えてくれる。少なくともその一端は“詩跡”において詠まれた琉球漢詩の典故を検討することで解明される可能性がある。当然、典故となっている史書や詩文などの全てが琉球に入ったと断言することはできない。しかし、それらを丹念に検証することで詩歌のみならず、漢籍の伝来や学習も含めた琉球漢文学の全体像をより明確にできるだろう。

---

37 松尾幸忠「皮日休「館娃宮懐古」の「香径」について——「詩跡」解釈の視点から——」(中国詩文研究会『中国詩文論叢』第15集、1996年10月)p. 60は「唐代に開拓された様々な「詩跡」は、宋代の詩人たちによって詠みつがれ、「詩跡」としての体裁を一層整え始める。それは原理的に言えば、特定の風土・景物が、特定の詩歌との関わりにおいて認識されるという“認識の型”の成立に他ならない。しかしまた一面、より現実的に言えば、当該地域に関する文学的な“観光”の対象として、意識され始めるということでもある」と指摘する。

从客林熙及其诗集《中山纪游吟》考释

従客・林熙及びその詩集『中山紀遊吟』について[1]

徐　斌*

摘　要

册封使的从客是一些在琴棋书画上颇具造诣的文人雅士，他们协助册封使臣与琉球士族人士开展文化交流活动，如一起游历山川、观赏戏剧、品茶饮酒、吟诗作画等。本文叙述的从客林熙却不以琴棋书画见长，而是一名精通岐黄的“医官”，是正使赵新的从客。林熙，字绍眉，侯官人，有《中山纪游吟》和《井窗蛩吟集》两部诗集存世。其中，《中山纪游吟》是作者随封出使琉球期间创作的诗集，收入作者出行、滞留琉球和回航期间创作的五七言近体诗54首。内容主要涉及四个方面：一是记述从福州到那霸的航行过程，描绘沿途的山川岛屿，抒发航海心境；二是记录作者外出游览，访问寺僧，交友唱和；三是叙述作者受邀赴宴，与琉球士大夫互动的情况；四是抒发作者远在异乡，思念故土亲人之作。《中山纪游吟》由林熙的侄子林怡游整理刊行于光绪十八年(1892年)，林怡游是马尾船政的知名人物。

本文考察了林熙的生平情况，发现他与林鸿年、赵新有亲戚关系。在对《中山纪游吟》中部分诗句进行史料分析和解读之后，发现了一些以往不曾明了的中琉历史交往中的细节。比如了解到册封舟福州起航地是在台江渡口；册封使团的绝大部分员役可能不都安顿在天使馆；林熙在琉期间与东禅寺清仁禅师交往甚密，与久米村士族、评价司官吏林世爵、林世宝等人有过接触；新发现一位久米村蔡氏家谱记载遗漏的人物——蔡德昌；还发现，以册封员役身份死于琉球的除了嘉庆五年的都司陈瑞芳之外，乾、嘉年间尚有其他人员也死于该地，而且他们的坟墓保存至同治年间等情况。

从林熙《中山纪游吟》所录诗作中可以看出，该书对进一步研究和了解中琉历史关系中的一些细节问题应有所助益。本文仅是选取了其中部分作品进行

---

* 徐斌：福建师范大学中琉关系研究所助理研究员。

1　在收集《中山纪游吟》文献资料过程中，得到中共福建省委宣传部刘相骏博士的鼎力相助，借此表示由衷的感谢。

了简单的介绍，该书中的其他诗作以及作者的另一部诗集《井窗蛩吟集》尚有待今后作进一步的研读与分析。

要　旨

冊封使の従客は大体琴詩書画に優れた才能を持つ文人であり、冊封使の補佐役として琉球士族の文人と文化の交流を行っていた。例えば、彼らは一緒に琉球風景の遊覧をし、王府演劇を鑑賞し、或いは酒を交わしながら詩書画の創作などの交流活動をしていた。本稿で述べられる主人公の従客・林熙は、この様な文芸的素養が高かっただけの人物ではなく、医術に精通していた「医官」でもある。

林熙は正使・趙新の従客で、字紹眉といい、侯官人である。彼の著作として『中山紀遊吟』と『井窓蛩吟集』という2部の詩集が残されている。その中でも『中山紀遊吟』は作者が冊封使の随員として琉球に渡る期間中に詠んだ詩で、全部五七言体詩である。内容的には主に4つに分けられる。まず一つ目は、福州から那覇に向う航海中に読んだ風景詩であり、初めての遠洋航海の心境を語る詩作である。二つ目は作者が琉球での遊覧や寺院訪問、友人との唱和などといった内容の詩作である。三つ目は作者が琉球の士大夫に招待され、交流するの場面を読んだ詩作である。四つ目は異国に滞在していて、故郷や親友を思う気持ちを詠出する詩作である。この『中山紀遊吟』は林熙の甥（弟の子）である林怡遊によって光緒十八年（1892）に刊行された。林怡遊はまた近代における福州馬尾船政の著名な人物の一人でもある。

本稿はまず林熙の生涯について検討し、彼が冊封使である林鴻年、趙新の二人と何らかの親戚関係をもっていることが明らかになった。『中山紀遊吟』の詩作の内容を分析し、解読することによって、これまで不明な中琉交流歴史の中の細かな部分の推測が可能になろう。例えば、福州における封舟の具体的な出帆場所は台江渡という埠頭であること、天使館の敷地だけで冊封使団の下部人役のすべてを受け入れ、宿泊させるには困難であること、琉球滞在中に林熙は東禅寺の清仁禅師、久米村の士族である林世爵、林世宝、蔡徳昌などの琉球人とよく交流したことが挙げられる。そして、久米村の蔡氏家譜に載せ忘れられていた人物である蔡徳昌の存在が新たに明らかになった。また、冊封の随員として琉球で死亡した人物にはこれまでに嘉慶五年（1800）に亡くなった都司・陳瑞芳のことしか判らなかったが、『中山紀遊吟』中の詩作で乾隆年間から嘉慶年間にかけて他にも琉球で亡くなった人物が存在しており、尚且彼らの墓は同治年間まで保存されていた等といった状況も明らかになった。

林熙の詩集『中山紀遊吟』に収録された詩作からも明らかなように、当該詩集には中琉交流の歴史に存在した幾つかの細かい場面を理解するにあたって有用な史料価値がある。本稿はその一部の詩作を選んで簡単な紹介を加えたのであるが、他の詩作及び詩集『井窓蛩吟集』についての解読・分析は今後の課題にしたい。

一、从客林熙的生平

明清时期册封琉球的中国使团一般由册封正、副使臣、随护官兵、水手以及使臣聘请的从客、医生、僧道等各式员役组成。其中又以擅长琴棋书画的文士从客备受正副使臣的重视，他们和随护将官、礼赞官、通事等人可被称为使团的“节幕”，负责册封期间的日常事务管理，是使臣的重要幕僚。比如康熙五十八年（1719 年）副使徐葆光的从客翁长祚、乾隆二十一年（1756 年）正使全魁的从客王文治、嘉庆五年（1800 年）副使李鼎元的从客杨华长和寄尘和尚等，都是在琴棋书画上颇有造诣的雅士。他们各以所长襄助使臣开展与琉球士族人士的文化交流活动，如一起游历吟咏唱和，一起观赏琉球戏剧、一同品茶饮酒、赋诗作画和互述情谊等。本文所述的从客林熙以精通医术而入选“节幕”，[2] 同时他也是一位擅长作诗的文人，并且留下了许多纪游琉球的诗篇。在琉球的这一年（1866 年），林熙度过了他 50 岁的生日。[3]

林熙，字绍眉，侯官人，居三坊七巷，以所居宅院中的古井为号，自号井窗子。林熙生于嘉庆二十二年（1817 年），卒于光绪三年（1877 年），终年 61 岁。有两部诗文集存留后世，这两部诗集分别是《中山纪游吟》（一卷）和《井窗蛩吟集》（二卷）。从现有的资料来看，没有林熙参与科举和取得一官半职的记载，但他在道光、同治年间的侯官县也还称得上是一位知名人士。有关其生平，在《侯官县乡土志》中记载：

> 林熙，字绍眉，以孝友称。素好义，中表有独子而僧者，熙为之觞客。酒半，长跽请曰：“某为僧，嗣将斩矣。”客皆涕下，群随熙向方丈，促令还俗。闭深室，使蓄发，为谋生业而起家焉。戚党有丧，不叩自至，为之治棺衾，卒事乃返。光绪丁丑卒，年六十一。[4]

一同居住三坊七巷的著名文人郭柏苍撰有《绍眉林先生墓志》一篇，收入在诗集《井窗蛩吟集》当中。从该文的记载中可更加详细了解林熙其人的生平家事，亦录如下：

> 先生侯官人，姓林氏，名熙，字绍眉。以所居有古井，自呼为井窗子。先

2　林熙：《自序》，《中山纪游吟》，同治六年（1867 年），中国科学院国家科学图书馆藏。

3　林熙：《葭月初九日为予五十初度适在那霸港督葺漏舟却忆是日儿女辈遥祝称觞亲朋咸集因成七绝二首聊以自遣》，《中山纪游吟》，同治六年（1867 年），中国科学院国家科学图书馆藏。

4　（清）朱景星修、郑祖庚纂：《侯官县乡土志》，《耆旧录内编一》，《德行》“国朝篇”，福州市地方志编纂委员会整理，海风出版社，2001 年。

生系出府园。明嘉靖间，青州太守远公之后。祖调燮，隐于吏役。寿英名孝廉，选授建宁府训导。母、郑孺人，继母、陈孺人，赵、许二孺人。先生与弟樛皆许出。又皆以赵为慈母，故以孝于许孺人者并孝于赵孺人。以友于怀弟樛者兼友于堂弟渠瀍。道光丁未先生与诸弟偕柏苍弟柏芗、侄式昌，筑乌麓鄂跗草堂，移梅十树间以杂木奇石，盖取常棣韡韡之意。堂成时，与黄子福畴、孟子际元、黄子宗彝、许子子春、刘子永松、林子直，论文谈酒。先生于月圆灯灺，矢口成声，纯任天籁。晨鸡乱鸣，茶烟尤袅袅出树罅。治书史外，究心医学。同治丙寅赵官詹新册封琉球，邀入幕府，全活多人。中山王尚泰亦礼款之先生。[5]

郭柏苍在所撰的墓志铭当中，先是称颂了林熙对义母和生母的孝道，对弟弟们的关怀；其次指出了林熙不仅文采斐然，还善于钻研医道；最后还介绍了他随同正使赵新出使琉球，以医术救人，并受到琉球国王尚泰礼遇的事迹。

有关林熙的亲友，除了上述墓志铭中提及的一些人物之外，还有两人值得一提。林熙在其诗集的序言中曾说道，道光年八年(1828 年)的册封琉球正使林鸿年是他的“族兄”，一同前往琉球的赵新与他有“莩亲”关系[6]，但林熙与林鸿年、赵新之间到底是什么样的亲戚关系尚不明确，有待进一步考证。

琉球国王尚泰受封于同治五年(1866 年)八月二十七日，册封正使为詹事府右赞善赵新、副使为内阁中书舍人于光甲。[7] 赵新为福州侯官人，册封归国后著有《续琉球国志略》一书。该书主要记录与册封相关的外交文书，其中有中国皇帝颁发的御书、诏敕、谕祭文，以及琉球国的表奏等，此外，该书还介绍了琉球国的国统、封贡、典礼、学校、政刑、官制、冠带簪衣制、府署、祠庙、风俗、人物、物产、针路、灵迹等琉球社会的基本状况。由于作者在内容上刻意精炼简洁，在诸多条目后备注“详载前续志后无增建”的提示，对其亲身经历或感想“兹概不录”。如此一来，相比在他之前的历届使臣所撰文字，《续琉球国志略》一书在内容上就显得过于单薄简略，资讯不足。该书对一同赴琉的从客、医士或其他人等在琉活动情况并无记载。而林熙诗文的发现，可补《续琉球国志略》对使团人员构成及其活动状况记录不足的缺憾。此外，林熙的诗文也向我们展现了一些中琉两国历史交往中的细节。

林熙、赵新、郭柏苍 3 人早在册封琉球的 30 年前就是朋友。光绪丨七年(1837 年)郭柏蔚在其诗作《社集玉雨山房》的序言中提到，光绪十七年(1837 年)许庆龄、曾铿鸣、曾锵鸣、林熙、赵坤、赵新、黄宗彝、郑尔恭、陈履仁、姚宝铭、郭柏心、郭柏苍、郭柏芗、郭柏荫等“同志二十五人”，齐聚乌石山南麓的玉雨山房，结成诗社，赋诗作画，

5 林熙：《井窗蛩吟集》，序言，同治六年(1867 年)，中国科学院国家科学图书馆藏。

6 林熙：《中山纪游吟》，自序，第 1 页 a 和 b，中国科学院国家科学图书馆藏。

7 赵新：《续琉球国志略》，卷一，表奏，台湾文献丛刊本第 293 种，《同治五年谢恩疏》(第 311 页)，《中山王尚泰请存旧礼以劳使臣疏》(第 313 页)。

订下文酒会友之盟。[8] 当时的赵新还曾赋诗一首以资纪念，这首诗文不是本文探讨的重点，谨录于注释以供参考。[9] 另外，光绪八年(1882 年)郭柏荫还为赵新《续琉球国志略》的刊行撰写序言，称该书"以史书之义例为记载之文章，宸章炳焕、典礼裔煌，俾后之至东瀛者，有所循而考核焉"。[10] 林熙和郭柏苍一同于道光二十四年(1882 年)和二十五年(1899 年)集资重修了乌石山邻霄台西的宗徐二公祠，用以警示后人应该崇祀这两位前朝名宦，即嘉靖年间组织福州城抗倭的提学副使宗臣和万历年间平定海寇、政绩显著的布政司参政徐中行。祠庙建成后，林熙曾撰写《重建两贤祠记》，郭柏苍作《两贤祠成诗》作为纪念。[11] 上述史实说明赵新、林熙和郭柏荫、郭柏苍兄弟等人常相往来，是多年的诗友。

以上主要介绍了记录林熙生平事迹的中国文献史料。此外，藏于台湾大学图书馆的琉球史料《冠船に付評価方日記(抄本)》(同治五年)中也有一条关于林熙的记载。《冠船に付評価方日記》(同治五年)的内容主要是同治五年(1866 年)赵新、于光甲使团出使琉球时其使团成员、船主、商人与琉球王府评价司开展交易的状况。其中在《勅使以下唐人ヨ里摂政与那城王子江進物右記》这一条日记中，记载了中国使团主要成员与琉球国王、王室成员、三司官和王舅间馈赠礼品的清单，清单里称呼林熙为林绍眉，其身份是"副使医官"。《冠船に付評価方日記(抄本)》是研究中琉历史关系的重要史料，对此，已经有学者做过相关研究，此不赘述。[12]

二、《中山纪游吟》版本介绍

林熙所著诗集有两部，分别是《中山纪游吟》(一卷)和《井窗蛩吟集》(二卷)，为光绪十八年(1892 年)乌园读画亭刻本，中国科学院国家科学图书馆古籍部存有这两部诗集，福建省图书馆仅存有《井窗蛩吟集》(二卷)一部。

《中山纪游吟》仅有一册，不分卷次和章节子目，诗文按时序排列，全书合计 35 页。其中作者林熙所著《中山纪游吟诗》占 23 页，收入作者出行、滞留琉球和回航期间创作的五七言近体诗 54 首，从数量来看可谓不少。剩余部分为附录，收录有林熙侄女林恒

---

8 郭柏蔚：《社集玉雨山房诗并序》，郭柏苍、刘永松纂辑《乌石山志》卷五，《第宅园亭漱石山房》，福州市地方志编纂委员会整理，海风出版社，2001 年。

9 赵新：《社集玉雨山房》："风物全归老画师，笔端点缀各须眉；江山胜在秋空外，裙屐多于曲水时。可笑刘伶空嗜酒，漫传曾巩不能诗；座中多少雕龙手，王后卢前那敢知。"引自郭柏苍、刘永松纂辑《乌石山志》卷五，《第宅园亭漱石山房》，福州市地方志编纂委员会整理，海风出版社，2001 年。

10 赵新：《续琉球国志略》，郭序，台湾文献丛刊本第 293 种，第 291 页。

11 郭柏苍、刘永松纂辑《乌石山志》卷四，《祠庙 · 宗徐二公祠》，福州市地方志编纂委员会整理，海风出版社，2001 年。

12 这方面的研究成果主要有：丰见山和行的《冠船貿易について一考察—準備体制を中心に—》(第 3 届论文集)1990 年；《琉球国における冠船貿易について》(第 6 届论文集)1996 年；徐玉虎的《冠船之时唐人持来品货物论之分析》(第 3 届论文集)1990 年；朱德兰的《1838 年与 1866 年的封舟贸易》(第 3 届论文集)1990 年；谢必震的《〈冠船付评价方日记〉的史料价值》(《海交史研究》)1999 年等。

修所撰诗稿《待椿吟》。由于该诗稿的内容与中琉历史没有关系，下文就不再述及。有兴趣考察清末闽籍女性诗人的文学创作及社会生活历史的倒是值得一读。

收录于《中山纪游吟》的诗作大都围绕纪行、纪胜、酬唱和感怀等主题展开，内容主要涉及4个方面：一是记述从福州到那霸的航行过程，描绘沿途的山川岛屿，抒发航海心境；二是记录作者外出游览，访问寺僧，交友唱和；三是叙述作者受邀赴宴，与琉球士大夫互动的情况；四是抒发作者远在异乡，思念故土亲人之作。相关诗作题目请参照附录一。作者林熙在册封使团之中仅是一名医生，可能不够资格直接参与到谕祭琉球前王，册封新王的重大礼仪活动之中，所以，他的诗集也就缺乏这方面的内容。林熙在自序中述及"今岁消夏，草堂因检奚囊，将中山吟稿加以裁汰，仅得古今近体九十二首，抄订成帙，署名曰《中山纪游吟》。"不知什么原因，刊出后的诗集里边只剩下54首，不见其余38首。

《中山纪游吟》刊行于作者去世15年后的光绪十八年(1892年)，该诗集由林熙的侄儿林怡游整理刊刻。林怡游在《跋》中指出，其兄弟3人在年少时都曾接受伯父的"训诲"和教导，少年的林怡游正是在伯父的劝导下参加了福州马尾船政学堂第一届"艺童"的招生考试，得以入学船政绘事院，学习西学7年。[13] 他是马尾船政前学堂制造班第一届21名毕业生之一，与他同届的毕业生中有魏瀚、陈兆翱、郑清濂、李寿田、吴德章、林庆升、梁炳年、林日章、陈季同和苏汝灼等优秀人才。光绪元年(1875年)和光绪三年(1877年)，在左宗棠、李鸿章和沈葆桢等洋务派官员的大力支持下，马尾船政前学堂的第一届毕业生被选拔送往欧洲，进入法国的削浦官学、多朗官厂、汕答佃矿务学堂、腊孙船厂、马赛铸铁厂等企业和学校，进修造船、矿务、冶炼等专业，林怡游即为其中之一。他被送到多郎官厂主修轮机、洋炮和冶炼技术。临行前林怡游向伯父叩别，并得到了老人的勉励。[14] 同期被派赴英、美、西等国学习驾驶、气学、化学等专业的留学生还有严复、萨镇冰等10多人。[15] 3年后的1880年，林怡游等人学成归国，翌年他便开始了游历生涯。从跋文中可知，林怡游先后两次跟随朝廷特使出访欧美。第一次是在1881年，他跟随特派使臣郑藻如出使美国、西班牙和秘鲁，途经日本。这一次出行，林怡游等人在海外渡过了6个年头。归国途中，其所乘坐的汽轮途径琉球群岛西部海域，林怡游联想起伯父的琉球之旅，激动万分，留下了这样一段文字：

> 已丑(光绪十五年，1889)同华，舟至中国海。舟柁师告予曰："左岸黑点

---

13 林怡游：《中山纪游吟跋》，第1页a，林熙《中山纪游吟》，同治六年(1867年)，中国科学院国家科学图书馆藏。

14 林怡游：《中山纪游吟跋》，第1页b，林熙《中山纪游吟》，同治六年(1867年)，中国科学院国家科学图书馆藏。

15 《福建省志·船舶工业志》，第9章《科研与教育》，第4节《留学与研修》，福建省地方志编纂委员会编，方志出版社，2002年。

如豆者琉球岛也。”怡游怦然心动，恨不能登岸一履伯父久游之地。[16]

光绪十七年(1891 年)，林怡游再一次跟随许景澄公使出访俄、德、奥、荷四国，这期间他在“俄罗斯之行馆”编集和整理了伯父林熙和姐姐林恒修的诗稿，以备归国刊出。[17]

三、《中山纪游吟》与中琉关系

如上所述，《中山纪游吟》中有关出使琉球的 54 首诗词内容涉及多个方面，本节主要从中截取部分内容新颖，有助于发掘和了解中琉历史交往一些细节的诗作进行介绍和分析。至于对该诗集的语言特征、艺术手法等文学方面的探讨则不属于本文关注的对象。

(一)海中吟咏

林熙的诗作完全是按照册封流程，从出发赴琉，完成任务到归棹还乡的时间顺序逐一展开的。第一首《赵又铭宫赞奉使中山招入节幕行有日矣次前使齐北瀛太史渡海吟原韵留别里门诸戚友》和第 2 首《将赴中山适许穆斋姊丈邀集退思斋话别次林桐荪上舍赠行原韵却呈》描述的就是行前与亲朋好友话别的情景。第三首《五月十三日随同册使赵宫赞由南关启行》，诗文如下：

追随绛节出郊垧，城市尽人望使星；窃笑簪缨荣梓里，愧同冠盖驻邮亭。
旌旗闪闪长途拥，钲鼓喧喧聒耳听；小别满腔仍怅怅，万条郭外柳垂青。
检点轻装作远游，候风已顺莫淹留；招招始发台江渡，济济同登瀛海舟。
万叠爆声鸣隔岸，一竿帆影飏中流；此行喜伏乘槎客，儿女休添别后愁。

诗人指出正使赵新率领的册封使团于同治五年五月十三日这一天正式从福州南关启程。这个时间和地点的叙述与以往册封使录所载资讯，以及中琉历史档案基本吻合。在赵新所撰的《志略》中，由于其记述过于简洁，仅给出了封舟自五虎门放洋的时间，而没有言及使团正式启程时间。同时期的史料还有同治五年六月初五日闽浙总督左宗棠为更换册封舟所上的奏折，在奏折中总督向朝廷具体报告了“五月十三日”这个启程时间，却又略去了出发地的资讯。以往的研究成果虽然已经知道封舟的起航仪式和出发地是在南台中州岛一带，但具体位置一直不明。而林熙的诗文则给出了完整的起航时间和起航地点——(始发)闽江北岸的台江渡，即可弥补以往之不足，也可于其相互印证。从林熙的诗中可以看出，五月十三日这一天福州南台一带人头攒动，百姓齐聚在江滨一带，观赏使团一行的热闹登场，到处是“旌旗闪闪”、“钲鼓喧喧”，场面热烈而盛大。封舟

---

16 林怡游：《中山纪游吟跋》，第 1 页 b－2 页 a，林熙《中山纪游吟》，同治六年(1867 年)，中国科学院国家科学图书馆藏。

17 林怡游：《中山纪游吟跋》，第 2 页 b，林熙《中山纪游吟》，同治六年(1867 年)，中国科学院国家科学图书馆藏。

在阵阵震耳欲聋的爆竹声中离开北岸台江码头，向东海驶去。与亲人的离别虽然伤感，但诗人当时的心情却充满了激动和愉悦。

伴随着封舟的东行，诗人逐一吟咏了濂浦、鼓山、怡山院3等个景点，这些场所都是中琉两国使节进出闽江海口的必经之地，这里有人文的、自然的景观，也有提供大型船舶一时停靠的重要渡口。在中琉双方历史文献当中这些地名经常出现。随后，身为使团医生的诗人竟然在封舟放洋后不久先行晕船病倒，在养病期间林熙创作了两首诗歌，分别是《舟次卧病枕上口占》和《舟过鸡笼山病中怀吴大修轩》。[18] 封舟驶过钓鱼台、黑水洋、姑米山之际，诗人也都各赋诗一首以作留念，其内容与历届册封使所述略同，也提及过黑水沟需举行祭拜仪式，往大海中投放羊豕等祭祀活动。封舟抵达久米岛后，诗人在所作诗前加注小序，说明自此进入琉球国境界，此外还记有岛人凭借刳木扁舟送来慰问蔬果等信息。

(二)封舟到港

封舟到那霸港后，诗人创作了《六月念二晚舟进那霸港翌晓入使馆喜成》和《初进天使馆即事》两首诗。由于那霸港暗礁密布，危险至极，以往封舟入港，为避免触礁，琉球人都会派出上百艘大大小小的船只，以缆绳牵引封舟进入，这一次也不例外。与之前的使琉球诗作不同的是，诗人注意到了一些细节的地方。比如，在大型封舟被诸多琉球小船安全导引到岸时，诗人在《六月念二晚舟进那霸港翌晓入使馆喜成》中写道：

> 列炬高烧不夜光，偷闲倚棹看人忙；弄潮谁识球民惯，波底联舟架作梁。
> (舟前遍架梁木若坦途，以供天使登岸)[19]

夜间使团人员无法立刻登岸，继续在船上滞留一晚。经历了无数风涛骇浪，可以想象这时的使团成员中一定多人患病，诗人在照料病人的过程中，忙里偷闲，来到甲板上，观看码头上繁忙的情形。琉球人正忙碌着往封舟上架设大块梁木，以连接岸边，岸上是熊熊的照明篝火。通过这首诗，读者仿佛也可以看到在夜色和篝火陪衬下，码头上一片紧张生动的工作场景。历届册封使臣虽然都有感于数百艘小船牵引封舟的壮观场面，却在最后如何登岸处一笔带过。使臣们自然而然地注重表达自己是如何高捧皇帝詔敕，以龙亭为先导，率领大家依序登岸的。翌日拂晓，众人安心地踏上琉球人铺设好的“梁木坦途”终于离开了颠簸10来天的封舟登岸，向天使馆进发。沿途上受到琉球国王世子、百官和百姓的夹道欢迎，以及茶点酒肴的款待。诗人紧接着就在《初进天使馆即事》中写道：

> 深沉幕府赋渠渠，旅馆安同鼎食居；莫道解装只草草，却怜门外众停车。
> (使馆外随封诸色人等皆舍馆未定)[20]

---

18 诗中的“吴大修轩”是作者好友吴希潜，字修轩，浙江石门人。同治二年赴台，为淡水厅同知严金清的幕僚，服务3年后，死于淡水。林豪纂修《淡水廳志》和《东瀛纪事》略有提及。

19 林熙：《中山纪游吟》，第4页b，同治六年(1867年)，中国科学院国家科学图书馆藏。

20 林熙：《中山纪游吟》，第5页b，同治六年(1867年)，中国科学院国家科学图书馆藏。

这里描述的是使团大队人马进入天使馆的情景，由于人数过多过于集中，如何分配和安置一时出现了问题。于是，疲惫不堪的大队人员和车马不得不滞留馆外，等候另行安排。大家充满了无助和不满。诗人对处于这种境地的人们寄予了同情和怜悯，这样的内容在以往出使琉球文人的笔下是看不到的。

(三)林熙和东禅寺的清仁禅师

林熙利用公务余暇时间，游历了多个琉球佛寺，并与僧侣结为好友。他所造访的寺庙有东禅寺、善兴寺、临海寺、龙渡寺、三光院、波上楼和天界寺。其中，与东禅寺主持清仁禅师的交流最为频繁。诗人前后 5 次做客东禅寺，创作了 5 首诗词。东禅寺位于那霸东南部，久米府东北。寺庙背靠平山，面朝下天妃堂，为琉球王府三大寺之一圆觉寺的下院，属真言宗佛寺。寺庙规模宏阔，寺内苍松翠柏、曲径通幽，历来是册封使节和从客必游之地。这些往游的中国士大夫文人从不吝惜笔墨，纷纷为寺庙作诗题字，比如康熙年间的副使徐葆光、嘉庆初年的正使赵文楷皆作有《游东禅寺》诗一首，副使李鼎元在《使琉球记》中也详细记录了他游览佛堂的所见所闻。林熙在中元节前首次游历东禅寺，作《游东禅寺》一诗，写道：

一览禅关万绿中，连轩斜傍梵王宫；入门难得逢今雨，列席聊同憩晚风。(寺中多是球人乘凉)

贴地杂花残夏发，投林倦鸟夕阳红；老僧恋恋如相识，只恨难将笑语通。[21]

可以看出，林熙是在傍晚时分走访该寺的。之前那里刚刚下过一场雨，这时已有不少的琉球人在庙内纳凉休憩。后四句作者描绘了院内的残花和夕阳，勾勒出清仁禅师的热诚和好客。这与前使臣赵文楷的诗句有异曲同工之妙。往昔的主持僧名叫严桂(见李鼎元的日记)，赵文楷曾这样写道：

阁前海气留残雨，花外钟声散夕阳；懒向夷僧频问讯，无言对我澹相忘。

同样是写雨、写花、写夕阳，还有僧侣。僧人和访客都渴望相互问候，可惜语言不通，阻碍了双方的进一步交流。林熙在第一次造访之后便作诗一首赠送清仁禅师。

吾师谈笑悟真禅，具足山门已耄年；客至摘蔬留酌酒，席兰试墨乞题签。

袈裟追感前王意，莲钵何劳大众缘；海外得逢方外友，一声捧唱醒心田。[22]

清仁禅师十分好客，主动预备蔬果和酒水招待远到的中国客人。当然也免不了请中国文人作诗题词以资纪念。中秋宴之后，册封使团在琉期间的主要任务基本完成，整个行程接近尾声。上至使臣从客，下至兵丁员役逐渐萌生起思乡之情，随着归期日益临

21 林熙：《中山纪游吟》，第 9 页 a－b，同治六年(1867 年)，中国科学院国家科学图书馆藏。

22 林熙：《中山纪游吟》，第 7 页 a，同治六年(1867 年)，中国科学院国家科学图书馆藏。

近，大家急于完成商品交易任务，尽早踏上归途。另一方面，由于琉中双方严格的行为管制，一般使团成员不能随便外出，不过从客们尚有一定的行动自由。于是，在琉球士大夫友人的邀请下，外出游历海岛风光、吟诗唱和无疑成为他们克服无聊与孤寂的消遣方式。林熙先后两次与友人赴东禅寺，看望禅师，并借用寺内场所，设宴夜饮唱和，并写下了《同郑玉甫茂才夜饮东禅寺酒阑却忆故乡怅然有作》和《九秋晦日招同郑琴坡孝廉郑玉甫茂才李莲峰上舍夜饮东禅寺以践清仁禅师试太平酒之约》两首诗作。这两首诗均为诗人借酒消愁之作，故这里不作介绍。但有一点值得留意的是，诗中出现的人物姓名多冠有"茂才"、"孝廉"、"上舍"之类的雅称，说明他们也是各具文采的从客，而这些人在其他的史料中均不见记载。上文提及的《冠船に付評価方日記》里也没有记载这些人物。从客郑玉甫、郑琴坡、李莲峰、林筱铭和李雨亭等人物姓名的出现，使我们对赵新使团的人员构成有了进一步的了解。

就在赵新使团归国几年之后，林熙等人曾寄怀于彼的东禅寺即不复存在了，对于这个曾见证过中琉之间历史交往的历史古刹，明治初期的日人渡辺重剛留下了这样的记载：

> 有小刹一座，名叫东禅寺。该寺是当地乡村最为清丽的名胜。寺内安奉圣观音像，住持僧人是清仁，本年82岁高龄，好书画。清仁和尚由于过于衰老，已经不能亲自笔墨挥毫了。寺内存有许多册封使书法。来自内地(日本本土)的官吏和琉球藩的官吏常于寺内举办宴会。[23]

(四)蔡德昌与林世爵

诗集中叙及作者本人与琉球人交流的史实并不多。除了上述清仁禅师外，仅有久米籍士人3名。他们分别是("大夫")蔡德昌、林世爵及林世宝。涉及与蔡德昌唱和的诗有两首，兹引其中一首如下以供参考：

> 《蔡君德昌枉过节幕并携酒馔话别通宵承赠送行诗因次韵以酬》
>
> 相逢文字喜论交，累月盘桓启塞茅；聚首那堪鸿寄迹，归舟恰似燕辞巢。
>
> 愧无杂佩临歧赠，聊和高吟剪烛敲；今夕离尊偏恋我，岂因中外易相抛。[24]

虽然蔡德昌身为"大夫"，但查考久米村系蔡氏5种家谱，竟然未能发现他的名字。不过"蔡德昌"这个名字倒是在金氏(阿波連家)家谱中出现一次，而且仅有一次。金氏家谱这样记载：

> (十六世重威)〔婚嫁〕"次男承范娶兪永昌川平筑登之长女武樽金，因死，

23 名幸芳章：《冲绳佛教史》，第168页，那霸，护国寺，1968年。

24 林熙《中山纪游吟》，第13页a，同治六年(1867)，中国科学院国家科学图书馆藏。

又娶蔡德昌湖城里之子亲云上长女眞蒲戸。”[25]

意思就是说金重威的二儿子金承范再婚，娶“蔡德昌”的长女眞蒲戸为妻。久米村系家谱的资料显示，不同姓氏家庭之间的联姻现象在当时极为普遍，金承范和眞蒲戸的结合也是金氏家族与蔡氏家族的一次联姻。蔡德昌的位阶为“里之子親雲上”，是正七品士族，名义采地为“湖城”。所以诗人称他作“大夫德昌”是再自然不过的事。诗集中提及的另外两位久米村人士，一位是林世爵，一位是林世宝，二人为同宗兄弟。《林氏家譜》(平安座家)的记载，八世林世爵出生于嘉庆十三年(1808 年)，父亲林奕源为通事。林世爵于道光十二年(1832 年)，23 岁时随同宗长辈进贡二号船总管林奕渊来闽“勤学”，自费延请福州历师传授“日食月食”等天文历法知识。回国后，历任三平等讲解师、异国通事、势头位、座敷都通事等职务，主要负责处理飘风难民安置以及道光十八年(1838 年)林鸿年、高人鉴册封典礼的接待工作。咸丰二年(1852 年)，林世爵直接参与了拯救、安置和护送“罗伯特·包恩号华工暴动事件”[26]中遇难、流寓琉球八重山的华工 279 名。咸丰年间，升任中议大夫、国学讲解师和进贡长史等中级官职。自同治三年(1864 年)开始，跟随耳目官东国兴、正议大夫毛发荣为请封和筹备册封大典工作。根据家谱和《大清同治五年丙寅评价方日记》的史料记载，正使赵新、副使于光甲一行中国使团于同治五年(1866 年)六月二十一日抵达那霸港[27]，进驻天使馆。随行员役和船主在随后展开的“冠船”贸易中，在物价和汇率问题问题发生激烈争议，导致琉球方面负责交易的三司官和评价司官吏难以应对，双方在补偿买卖差价的谈判过程中一度陷入僵局，[28] 迫使赵新多次出面调解。林世爵作为王府评价司官员之一直接参与了双方的交涉过程，为王府节约开支、最终相互妥协达成交易，付出了不懈的努力。册封大典之后，因功论奖，林世爵荣升申口官衔。

林世宝是林世爵的族弟(同曾祖林家槐)，以通事身份在天使馆承应司打下手，协助接待中国使臣。[29] 从诗作题目得知，林世爵拜访林熙的另一目的是“订通谱”，可能是

---

25 《金氏家谱》(阿波連)，第 97 页，《那霸市史》资料篇第一卷 6 家谱资料二(上)，那霸市企画部市史编辑室，1980 年。

26 “罗伯特·包恩号事件”：清咸丰二年(1852 年)初，美国殖民者从闽南地区(泉州府辖的同安、晋江、南安、安溪、惠安，漳州府辖的龙溪、南靖等地)掳买 410 名华工，2 月 21 日乘坐罗伯特·包恩号船运往美洲当苦力。华工们在船上受到非人的虐待而奋起暴动，打死美国船长、大副、二副和水手多人，将船开至琉球国八重山石垣岛崎枝村洋面，华工们逃往岛上避难，受到了琉球人民的同情和帮助。在厦门的美国殖民者闻报，伙同英国人派遣兵舰前往镇压，枪杀了不少华工，并抓回一批。幸存的 175 名华工在琉球王府的帮助下，由“该国王世子特备咨文护照”派船护送回闽省，途中又遭海盗，最后仅余 125 人。友好的琉球人民还为在石垣岛上的死难华工建立墓地，竖碑纪念。

27 赵新：《续琉球国志略》，卷二，针路，台湾文献丛刊本第 293 种，第 335 页。

28 《林氏家谱》(平安座家)，第 865－868 页，《那霸市史》资料篇第一卷 6 家谱资料二(下)，那霸市企画部市史编辑室，1980 年；《冠船に付評価方日記》，第二册(自清同治五年八月十日起至同治六年二月止)，台湾大学图书馆藏。

29 《林氏家谱》(六世林兴祚)，第 907 页，《那霸市史》资料篇第一卷 6 家谱资料二(下)，那霸市企画部市史编辑室，1980 年。

商量如何修订林氏通谱事宜。正如第一节中所述及的，林熙本人就是一位修谱专家。其留别诗这样写道：

同是长林裔，依依相见时；漫言桑梓谊，且赋鹡鸰诗。

久米成安宅，中山衍别支；贡舟时往复，握手岂无期。[30]

作者亲切地将两位林姓久米大夫看作是福建林氏后裔，同属福建"长林"一脉。其实，他不知道久米村另外一支林姓家族(名嘉山派)才是他应该承认的同宗人士。[31] 明洪武、永乐年间福州林浦人林喜移居该国，开创了久米村林氏一族。到了明末清初，林姓已凋零。琉球国为重振中琉朝贡贸易和外交关系，以赐姓入籍的方式组织了一批具有一定汉语能力的琉球本土人士进入久米村，改变了"久米三十六姓"濒临凋敝的状况。林世爵的先祖就是这样一位后期编入的本土人士。当然诗人林熙并不知晓有这么一段历史背景。能在异国他乡与林氏后裔相知相识，共叙同宗情谊不啻为一件乐事。

(五)随封员役亡于琉球

《中山纪游吟》收录有一首题名叫《弔五人墓》的诗，诗文这样写道：

辽岛苍凉寄此身，可怜尽是故乡人。当年重利还轻别，宿草青青在海滨。

一坯黄土隐蒿莱，长与鲛人共夜台。杯酒聊伸桑梓谊，魂兮何处赋归来。

作者没有注明这座"五人墓"在那霸何处，只是在小序中注明"乾嘉年间随封人从葬在此"。乾隆、嘉庆年间中国共 3 次遣使册封琉球，分别是乾隆二十一年(1754 年)全魁、周煌使团；嘉庆五年(1800 年)的赵文楷、李鼎元使团；嘉庆十三年(1808 年)的齐鲲、费锡章使团。从现有已发掘的中琉历史文献史料，尤其是册封使节及其随从所著文献的来看，记录中国人在册封琉球过程中死于琉球的，仅有嘉庆五年(1800 年)跟随赵文楷、李鼎元赴琉的闽安协左营都司陈瑞芳一人。关于陈瑞芳的病故，使团的应对以及琉球国王、王府的抚恤，在李鼎元的《使琉球记》、赵文楷的《石柏山房诗存》、闽浙总督玉德上奏的《奏谢绝琉球国王资给陈瑞芳病故抚恤费折》[32]等史料中已有明确的记载，不再赘言。林熙称 5 名亡者"尽是故乡人"，是否可以直接理解为他们就是来自福建福州的商人，因追逐"重利"跟随封舟来到琉球，有待进一步考证。不过根据文献记载和已有的研究成果表明，这种可能性极大。历届册封，福州琉球馆周边总是有这样一些商人愿意冒险混入封舟，企图在"冠船贸易"中获取一些经济利益。诗句中的"宿草青青在海滨"显示这座五人墓坐落于那霸的某处海滨，目前在那霸市泊港北岸地方尚保存有一片外国人墓园(当地人称之为"泊外人墓地")，墓园主要埋葬有 6 名中国漂流民，而为数

---

30 林熙：《中山纪游吟》，第 18 页下，中国科学院国家科学图书馆藏。

31 《林氏家谱》(名嘉山家)，第 917 – 930 页，《那霸市史》资料篇第一卷 6 家谱资料二(下)，那霸市企画部市史编辑室，1980 年。

32 《浙总督玉德奏谢绝琉球国王资给陈瑞芳病故抚恤费折》，中国第一历史档案馆编《清代中琉关系档案选编》，嘉庆朝第 36 号，第 328 页，中华书局，1993 年。

更多的是则1816年以后往来琉球海域的欧美列强舰只的水手、士兵以及第二次世界大战时期的美国士兵及其家属。[33] 从墓碑上的文字来看，6名中国漂流民当中最早的是康熙五十七年(1718年)来自浙江宁波府的漂流民，其次是乾隆十五年(1750年)来自江南府常熟县的漂流民和乾隆五十年(1785年)的漂流民，与上述3次册封时间不符，其他3台墓的情况不明。林熙所见到"五人墓"是否是在"泊外人墓地"园内，相关情况待考。[34]

四、结语

从客林熙(林绍眉)既是一位诗人，又是一名精通岐黄的"医官"。正使林鸿年是他的"族兄"，其后一任正使赵新又与他有"莩亲"关系[35]，这些关系仿佛在冥冥之中注定了林熙与琉球的缘分。《中山纪游吟》是他跟随赵新、于光甲出使琉球期间创作的诗文集。本文先是介绍了林熙的一些生平情况及其《中山纪游吟》的版本和刊刻情况。之后，从林熙所作的54首诗中节选了部分诗句进行史料分析和解读，从中发现和了解了中琉历史交往中的一些细节，比如从其诗句中了解到册封舟在福州的起航地是在台江渡口；册封使团的绝大部分员役可能不都安顿在天使馆；林熙在琉期间与东禅寺清仁禅师交往甚密，与久米村士族、评价司官吏林世爵、林世宝等人也有过接触；新发现一位久米村蔡氏家谱记载遗漏的人物——蔡德昌；还发现，以册封员役身份死于琉球的除了嘉庆五年的都司陈瑞芳之外，乾、嘉年间尚有其他人员也死于该地，而且他们的坟墓保存至同治年间等历史信息。

从林熙《中山纪游吟》所录诗作中可以看出，该书对进一步研究和了解中琉历史关系中的一些细节问题应有所助益。本文仅是选取了其中部分作品进行了简单的介绍，该书中的其他诗作以及作者的另一部诗集《井窗蛩吟集》尚有待今后作进一步的研读与分析。

附录：

《中山纪游吟》目录

〈一〉自序(注：撰于1867年)

〈二〉中山纪游吟(注：计54首)

〈1〉《赵又铭宫赞奉使中山招入节幕行有日矣次前使齐北瀛太史渡海吟原韵留别里门诸戚友》

〈2〉《将赴中山适许穆斋姊丈邀集退思斋话别次林桐荪上舍赠行原韵却呈》

〈3〉《五月十三日随同册使赵宫赞由南关启行》

---

33 高良仓吉、西里喜行、赤岭守：《史迹调查书》[基盘研究(B)(二)《琉球·中国交流史研究》研究代表上里贤一]，琉球大学，平成14年，第220页。

34 1866年的"泊外人墓地"里应该还有许多台西人之墓，林熙不可能视而不见。

35 林熙：《中山纪游吟》，自序，第1页a和b，中国科学院国家科学图书馆藏。

〈4〉《舟过濂浦石鼓山下》
〈5〉《怡山院别崧儿》
〈6〉《舟次卧病枕上口占》
〈7〉《舟过鸡笼山病中怀吴大修轩》
〈8〉《过钓鱼台》
〈9〉《渡黑水洋》
〈10〉《舟抵姑米山》
〈11〉《六月念二晚舟进那霸港翌晓入使馆喜成》
〈12〉《初进天使馆即事》
〈13〉《寿册使赵宫赞》
〈14〉《游东禅寺》
〈15〉《中元节集善兴寺》
〈16〉《敷命堂西院晓起，东望岚光与海气相涌，变幻不测，待日出适消洵，为海外异观，因成五古以志》
〈17〉《寻临海寺》
〈18〉《寻龙渡寺》
〈19〉《谒蔡端明公祠》
〈20〉《登辩嶽》
〈21〉《过却金亭感咏》
〈22〉《赠东禅寺清仁禅师》
〈23〉《过安里桥途次即景》
〈24〉《酬三光院道盛上人留饮枕流轩》
〈25〉《夜登波上楼观潮》
〈26〉《久米村蔡大夫德昌枉过节幕并丐近作承面和东禅寺善应寺纪游二律走笔以谢》
〈27〉《陪册使赵宫赞出访中山诸胜迹却呈》
〈28〉《同林筱铭孝廉节幕夜话却呈》
〈29〉《题长风阁呈册使宫赞》
〈30〉《中秋宴歌拟谢中山王作》
〈31〉《代于申卿舍人酬中山王馈菊》
〈32〉《同郑玉甫茂才夜饮东禅寺酒蘭却忆故乡怅然有作》
〈33〉《赴宴王府憩天界寺即题其壁》
〈34〉《蔡大夫德昌挈榼招游末吉山赋此鸣谢》
〈35〉《瑞泉》
〈36〉《九日登波上山》
〈37〉《读林篠铭孝廉咏秋乡关云水外何日买归舟》

〈38〉《中山八景步前使齐北瀛太史原韵》
〈39〉《球阳秋晚飏风交作三日乃止势欲颓墙倾屋殊多戒心诗以纪之》
〈40〉《临海寺同赵二亦龄听涛感咏》
〈41〉《重阳宴展日集龙潭观竞渡旋到王府开宴演剧》
〈42〉《拟谢中山王招宴南苑看菊》
〈43〉《弔五人墓》
〈44〉《九秋晦日招同郑琴坡孝廉、郑玉甫茂才、李莲峰上舍夜饮东禅寺以践清仁禅师试太平酒之约》
〈45〉《桄榔树》
〈46〉《未赴饯别宴适李雨亭上舍招话停云楼》
〈47〉《七宴罢已届冬令未定归期幕夜独坐感咏》
〈48〉《北京通事林世爵同其弟世宝过访并订通谱濒行赋此志别》
〈49〉《濒行蔡君德昌枉过节幕并携酒馔话别通宵承赠送行诗因次原韵以酬》
〈50〉《行有日矣久米村诸大夫多有赠言赋此留别并谢》
〈51〉《濒行过东禅寺为清仁禅师索赋留别因成》
〈52〉《孟冬念六日启发归舟停泊那霸港候风旬日舟次闷坐无聊怅然有作》
〈53〉《葭月初九日为予五十初度适在那霸港督葺漏舟却忆是日儿女辈遥祝称觞亲朋咸集因成七绝二首聊以自遣》
〈54〉《十七日自怡山院破晓赶渡归家喜以志之》
〈三〉跋(林怡游)
〈四〉附录《待椿吟》(林恒修撰)

清代琉球船的朝鲜漂流记录

清代における琉球船の朝鮮漂着記録

刘序枫*

摘　要

朝鲜与琉球间的直接往来，自1609年日本萨摩藩侵入琉球后断绝，再加上之后东亚局势动荡，明清王朝更迭，两国间除了利用赴中国朝贡时，使节短暂的接触外无直接的外交往来。其他只有透过对偶发漂流事件的处理，两国间维持一定程度的友好关系和相互认识。

有关清代朝鲜与琉球间的相互救助及遣返海难民问题，近年已有相当多的研究，但大多以朝鲜人漂到琉球为事例，讨论琉球对朝鲜难民的救助、遣返，以及朝鲜人所见的琉球景观和习俗等问题，而对于琉球人漂到朝鲜的相关议题，相对的比较少。朝鲜对琉球漂流民的救助，基本上只要无违法行为，官方都会加以救助，并遣送回国。回国的方式，若是船只完好，大多依难民意愿，或是原船返国，或是由陆路护送至中国，再经由福州返国。若是附搭日本船漂到朝鲜，则透过对马藩，经由日本回国。18世纪后，由于东亚国际情势的安定，朝鲜对外国漂流民的处理方式也变得更有弹性。

本文主要分析清代漂到朝鲜的琉球难民事例，试探讨朝鲜对琉球难民处理方式的变化及琉球船漂流的相关问题。

要　旨

朝鮮—琉球間の直接往来は、1609年薩摩藩によって行われた琉球侵攻以後、途絶えた。さらに、その後の東アジア国際情勢の変動、とりわけ明清の王朝交替などを背景として、両国間の接触は、中国への朝貢を利用して北京で行われる使節同士の短時間の交流を除き、偶発の漂流・漂着事件しかなくなったが、漂流民の救助や送還を通して両国間にはある程度の友好関係が維持されていた。難民の訊問記録および難民が帰国した後に行われる調査・見聞の記録は両国間の相互認識の情報源にもなる。

---

* 刘序枫："中央研究院"人文社会科学研究中心副研究员。

朝鮮—琉球間の漂流・漂着問題については、すでに多くの研究成果が蓄積されている。しかし、朝鮮人の琉球漂着事件を中心に扱うものが多く、琉球人の朝鮮漂着に関する研究は比較的少ない。朝鮮側では琉球漂着民に対して、違法行為がなければ、手厚く救助して本国に送還するのが一般的である。送還の方法としては、もし船に損傷がなく、航海できる場合、漂着民の意向に従い原船で自力帰国させるのが普通であるが、船の損壊、あるいは難民の意志によって、一旦陸路で中国に護送したのち福州経由で帰国させる事例も少なくなかった。日本船に便乗し朝鮮へ漂着した琉球人の場合は、対馬藩を通して日本経由で送還する方法が取られている。18 世紀以降、東アジアの国際情勢が安定したため、外国人漂着民に対する朝鮮側の対処方法はさらに柔軟になった。

本稿では、清代に朝鮮へ漂着した琉球船の事例を取り上げ、琉球漂着民に対する朝鮮側の対処方式の変遷及び琉球船の漂流に関する諸問題について検討を試みたい。

一、前言

朝鲜与琉球两国自李朝太祖初年(1392 年)起就有直接的使节往来，但这种使节往来在 1609 年日本萨摩藩侵入琉球后断绝。再加上之后东亚局势动荡，明清王朝更迭，两国间除了利用赴中国朝贡时，使节短暂的接触外无直接的外交往来。其他只有透过对偶发漂流事件的处理，两国间维持一定程度的友好关系和相互认识。1609 年后，漂到琉球的朝鲜人，在明朝亡后清朝实施海禁期间(1644—1683 年)，多经由日本送还，[1] 琉球国王与朝鲜国王间并无直接外交文书往来。明万历四十年(1612 年)琉球人 8 人漂到济州，经中国送还，朝鲜国王并有致琉球国王咨文，[2] 琉球也于崇祯元年(1628 年)回咨致谢，以后则断绝。[3] 目前可确认两国间因遣返漂民而往来最后之外交文书为崇祯元年 7 月 11 日，朝鲜国王覆琉球国王咨。[4] 其后一直到 1794 年(乾隆五十九年)才见到朝鲜经由中国送还琉球漂民的记录。[5] 此时乃顺附赴北京的使节，并有朝鲜国王致清朝礼部

1 参看李薰：《朝鮮王朝時代後期漂民の送還を通してみた朝鮮、琉球関係》，《歴代宝案研究》第 8 号，1997 年，第 3－6 页；同《人的交流を通じて見た朝鮮・琉球関係—被虜人・漂着民を中心に—》，收於河宇鳳・孫承喆・李薰等著，赤嶺守監译：《朝鮮と琉球—歴史の深淵を探る》，沖繩宜野湾：榕樹書林，2011 年，第 135－137 页。

2 《朝鲜王朝实录 光海君日记》，光海君 4 年 9 月癸卯(12 日)条。首尔：国史编纂委员会影印本，1955—1958 年，第 27 册，第 500 页。

3 《通文馆志》(朝鲜史料丛刊 21)，京城：朝鲜总督府影印本，1944 年，卷 9，第 61 页，肃宗 42 年条。

4 《历代宝案》(台湾大学影印本，1972 年)第 2 册，第 1267－1269 页。

5 郑昌顺等编：《同文汇考》，首尔：国史编纂委员会影印，1978 年，第 4 册，第 3599 页。

咨文。礼部在转送琉球难民经福建回国时，另发咨文给琉球国王。即朝鲜与琉球之间，均经由中国相互送还漂民，两国间在明朝灭亡后，处于清朝册封体制下，基于人臣无外交的原则，双方无外交文书及礼物之往来。

有关清代朝鲜与琉球间的相互救助及遣返海难民问题，近年已有相当多的研究，但大多以朝鲜人漂到琉球为事例，讨论琉球对朝鲜难民的救助、遣返，以及朝鲜人所见的琉球景观和习俗等问题，[6] 而对于琉球人漂到朝鲜的相关议题，相对的比较少。[7] 朝鲜对漂到的外国船只，都会详细调查问讯，对琉球漂流民的救助，基本上只要无违法行为，官方都会加以救助，并遣送回国。回国的方式，若是船只完好，大多依难民意愿，或是原船返国，或是由陆路护送至中国，再经由福州返国。若是琉球人附搭日本船漂到朝鲜，则透过对马藩，经由日本回国。[8] 18 世纪后，由于东亚国际情势的安定，朝鲜对外国漂流民的处理方式也变得更有弹性。

本文主要分析清代漂到朝鲜的琉球难民事例，试探讨朝鲜对琉球难民处理方式的变化，特别是针对琉球船原船自力返国的问题，以相关诸国史料，分析其背景及利弊。

二、琉球船漂到朝鲜的事例

(一)漂到朝鲜的事例概观

在清代以前，琉球船漂到朝鲜并被送还本国的最后事例，是前述 1612 年经由中国送还的马喜富等 8 人。明清王朝交替后，直到 1790 年代，在史料中并未见到琉球船漂到的相关记录。本节先整理清代漂到朝鲜的琉球船事例，并概观其内容，接着再讨论朝鲜对琉球船的处理方式及相关问题。

据相关史料所整理的 17 件事例，最早见于 1790 年(乾隆五十五年)，最晚的则为

---

6 綜合性的研究主要有前引李薰論文及小林茂、松原孝俊、六反田豊編:《朝鲜から琉球へ，琉球から朝鲜への漂流年表》,《歷代宝案研究》第 9 号，1998 年等。针对朝鲜人漂到琉球的相关研究较多，如李炫熙:《朝鲜漂流人对琉球的了解—以朝鲜、中国、琉球三国关系为主》,《第三届中琉历史关系国际学术会议论文集》，台北:中琉文化经济协会，1991 年；张存武:《朝鲜人所知的盛世琉球》,《中央研究院近代史研究所集刊》第 30 期，1998 年；糟谷政和:《一七三〇年代朝鮮船の琉球漂着と中国経由送還に関する事例研究》《地域社会の歴史と構造》，東京：御茶の水書房，1998 年；長森美信:《一七三九年朝鮮漂着民が見た琉球—天理大学附屬天理図書館所蔵《增補耽羅志》の漂流関係記録をめぐって》,《南島史学》第 68 号，2006 年；刘序枫:《清代环中国海域的海难事件研究—以嘉庆年间漂到琉球、吕宋的朝鲜难民返国事例为中心》，福建师范大学中琉关系研究所编:《第九届中琉历史关系国际学术会议论文集》，北京：海洋出版社，2005 年，第 65 - 85 页；同《清代前期的朝鲜与琉球—以朝鲜人的琉球漂流记录为中心》，收于曲金良、修斌主编:《第十二届中琉历史关系国际学术会议论文集》，北京：北京图书出版社，2010 年，第 88 - 104 页等。

7 主要有前引李薰论文及小林茂等的研究，另有小林茂:《近世後期における琉球船の朝鮮漂着と自力回航》,《待兼山論叢 日本学篇》第 33 号，1999 年；曾田勝機:〈朝鲜に漂着した琉球船〉,《鹿兒島短期大学研究紀要》第 22 号，1978 年等。

8 参看李薰:《朝鲜王朝時代後期漂民の送還を通してみた朝鮮、琉球関係》，第 19 - 20 页。朝鲜早已知日本统治琉球的事实，只要是搭乘日本船，多直接经由日本遣返；但对单独漂到的琉球船，则尊重其意愿，经由中国送还。

1871年(同治元年)。其中，事例8及事例17的纪录不见于小林茂及李薰的年表中。[9]以下先概观各件的漂流经过。

事例1.（1790年）：

琉球国那霸府西村船主查比嘉、国吉等14人，5月为载年贡粟米赴宫古岛，6月回程途中遭风漂流至济州岛贵日浦。经济州牧使救助，并笔谈问讯，确认为琉球船后，依难民意愿，修理船只、器具，并提供衣物、粮食，原船由水路归国。但此船在返国途中，9月初又漂到江苏通州沿海，由于船只完好，江苏省问讯后，修理船只，派员护送至福州，次年9月安置于琉球馆。再由琉球进贡船内拨派熟习水道的水手，代为驾船护送回国。

事例2.（1790年）：

琉球国冲永良部岛伊名川等7人，6月载运米粟豆麦等赴本国山原买卖，中途遭风，漂到朝鲜全罗道兴阳县三岛地方。经地方官问讯，确认为琉球国商船，并上奏中央后，依难民意愿，提供粮食衣物，由水路自行返国。但琉球史料并未见有此船返国的记录。

事例3.（1794年）：

琉球八重山岛民米精兼个段等11人，因公务赴与那国岛，7月11日出发，中途遭风漂流，至8月17日漂到朝鲜全罗道济州大静县加波岛，11人中7人或因饥渴而死或淹死，登陆后，又1人病死，仅存3人。地方官问讯后，原欲修船给粮，使其由水路返国。但难民以风汛不对，坚持要以陆路经福州回国。因为无将外国难民送中国遣返的前例，经朝鲜政府内部讨论后，以人道考虑，同意顺附使节送中国遣返。1795年闰2月送抵福州，附搭琉球接贡船回国。开启了入清以后，琉球难民经由中国遣返的先例。

事例4.（1797年）：

琉球国那霸府东村大城筑登之等7人，1797年6月赴宫古岛载运贡米，中途遇风漂到朝鲜全罗道大静县。经地方官问情救助，琉球难民欲由陆路返国，朝鲜官员则希望他们按前例，代修船只，由海路返国。后依朝鲜官员指示，原船由海路出发回国，中途再漂到江苏省宝山县，原船及货物变价发给银两，经由江苏派员护送难民7人至福州，1798年6月附搭同国的上原船回国。

事例5.（1797年）：

琉球国泊村佐久川船，由习惟怀、氏仲间等21人坐驾，1796年6月出发赴八重山运贡米，回程遇风(遭遇海盗劫掠)漂到浙江温州府，1人溺死，1人病死，经清朝救助，护送原船至福州。1797年6月附搭通事金成德(勤学毛修仁)、贡船水手宫平由福州出发，再遭风漂到朝鲜全罗道顺天安岛。经朝鲜问情救助，提供粮食，闰6月护送至外洋返国。此船同月再漂到江苏省吴淞口的宝山县，原船及货物变价发给银两，经由江苏派员护送难民21人由陆路至福州，1798年6月附搭同国的新垣(阿波根)船回国。

9　李薰：《朝鮮王朝時代後期漂民の送還を通してみた朝鮮、琉球関係》，第19页；小林茂、松原孝俊、六反田豊编：《朝鮮から琉球へ，琉球から朝鮮への漂流年表》，第118－136页。

事例 6.（1807 年）：

琉球国巡见官翁世煌（佐久间亲方）船 78 人，1805 年 1 月赴大岛巡视，1806 年 10 月返回那霸途中遭风，11 月漂到福建福宁府。经救助送往福州修船，1807 年 6 月附搭同国其他难民 21 人回国，全船 99 人，中途再遭风，7 月 10 日漂到济州旌义县的牛岛。经朝鲜官员问情，并给予一个月的行粮，由水路出发回国。同船离开朝鲜后再漂日本壹岐，其后被送至萨摩山川，11 月由该地返回琉球途中，再遇暴风，在琉球本岛国头村沿岸触礁沉没，99 人中仅存活 47 人。[10]

事例 7.（1809 年）：

1809 年 5 月朝鲜巨济府属的利勿岛漂到琉球国人 10 名，由于语言不通，笔谈亦难以沟通，仅知是琉球国伊平屋岛人，捕鱼出海，遭风漂流，而愿从水路归国。修理船只，补给粮食后，由海道待风发送。但琉球史料亦未见此船返国的记录。

事例 8.（1810 年）：

1810 年 7 月全罗道珍岛南桃浦漂到琉球国船一艘，船中 9 人，语言不通，笔谈得知为琉球大鴈屋今里村人，为买芭蕉皮，6 月 20 日自沂池村出帆，回程遇大风漂到朝鲜，愿从水路返国。目前也未见琉球史料中有此船返国的记录。

事例 9.（1820 年）：

琉球国宇金岛人平久保（平屋）等 5 人，1820 年 4 月在本岛装载杂木土苎往永良部岛贸易。中途遭风漂流，至 5 月漂到朝鲜济州旌义县狐村浦。经朝鲜地方官救助安置，难民因船只遭风破坏，愿由陆路返国。原船烧弃，顺附朝鲜使节，经北京，于 1821 年 1 月送至福州，附搭贡船回国。

事例 10.（1821 年）：

琉球国大岛东间切油井村人米喜阜等 6 人，1821 年 5 月赴住用间切（大山珍月村）购买材木、土麻等，归途遇风漂到朝鲜全罗道济州健入浦。由于船只损坏，无法航行大洋，难民愿由陆路返国。原船烧弃，顺附朝鲜使节，经北京，于 1822 年 1 月送至福州，中途 1 名病故，其余 5 人附搭琉球护送船回国。

事例 11.（1826 年）：

琉球国那霸大城筑登之等 3 人，于 1826 年 4 月自那霸前往山原购买薪木，5 月中回航遇大风，漂到朝鲜全罗道兴阳县罗老岛。经朝鲜地方官救助，难民愿由陆路返国。烧弃船只杂物，朝鲜官府折价给发。随使节沿途护送至北京，中途 1 人病死，1827 年 1 月送抵福州安置。同年 6 月附搭贡船回国。

---

10 据《那霸市史 家谱资料 三》，那霸：那霸市企画部市史编辑室，1982 年，第 734 页所收《毛姓家谱》十一世盛保之条，盛保为鹿儿岛琉球馆的笔者，1806 年 10 月随翁氏佐久真亲方盛宁（翁世煌）由山川返国途中漂到福建。可知“翁世煌”是为隐蔽琉日关系而伪称赴大岛返。相关记录可参看《国头村史》，冲绳：国头村役所，1967 年，第 174 – 75 页；伊波普猷等编：《中山世谱》（琉球史料丛书 4），东京：东京美术，1972 年，第 197 页；中国第一历史档案馆：《清代中琉关系档案选编》，北京：中华书局，1993 年，第 369 – 371 页等。

事例 12.（1831 年）：

琉球国宫古岛前泊、多良间、永仁屋等 8 人，1831 年 6 月奉差前往该国属多良间岛催运粮米。在洋遭风，船桅损坏，6 月 30 日漂到朝鲜济州大静县属黑山岛。8 月由该岛开船返国，因不识海道，再度漂到江苏宝山县的沿海。经官员救助，船货变价，并于 11 月护送至福州安置。中途 2(5?) 人病故，其余则在 1832 年附搭接贡船回国。

事例 13.（1831 年）：

琉球国那霸泊村浦嘉（渡庆次）、照屋、知念 3 人，1831 年 6 月往山粟岛采柴薪，中途遇飓风，7 月漂到朝鲜全罗道济州牧大静县犯川浦地方。船只破损，因畏海洋路险，愿从陆路归国。船只及杂货烧弃，朝鲜官员折价给发。附使臣经北京，于 1832 年 3 月送抵福州安置。同年附搭接贡船回国。

事例 14.（1832 年）：

琉球国那霸东村仲大城、岛比嘉等 4 人，1832 年 7 月往山粟岛采柴木，途中遭风，8 月漂到朝鲜济州大静县穑达浦。船只损坏，1 人淹死，1 人病死。经地方官救助，依愿从陆路遣送回国。原船及杂货烧弃，朝鲜官员折价给发。附使臣经北京，交给琉球使节，于 1833 年 4 月抵福州安置。同年附搭本国船回国。

事例 15.（1846 年）：

琉球国那霸东村宝德、岛袋等 9 人，1846 年 3 月载贡米赴那霸，5 月回程途中遭风，船桅损坏，6 月漂到朝鲜全罗道珍岛。经朝鲜官员问情，无可疑处，依难民意愿由水路归国。按前例，修理船只，供给衣物粮食，原船遣返。8 月 26 日船只再漂到江苏省阜宁县。经地方官救助，并派船护送，但此船又漂到盐城县。

地方官安置难民，并将船只变价，由陆路护送至福州。中途一人病故，其余 8 人附搭本国船回国。

事例 16.（1860 年）：

琉球国那霸府人宽仲地、江比嘉等 6 人，1860 年 5 月运送贡米，由八重山返航途中遭风漂到朝鲜济州大静县。船只损坏，经地方官救助问情，依愿由陆路返国。原船及杂货烧弃，折价给发。9 月送汉城，顺附使节，12 月抵奉天，1 人病故。其余 5 人委员由陆路护送往福建。至江苏因战乱，道路不通，改搭船只，经浙江镇海转送到福建，1861 年 7 月 13 日送抵福州琉球馆安置。同年附搭接贡船回国。

事例 17.（1871 年）：

1871 年 9 月据朝鲜全罗道水使奏报，全罗道可佳岛漂到异国人 22 人。经讯问，得知是琉球国人，遭风漂到，船只损坏，希望朝鲜能提供船只由水路返国。

由于离岛运送补给不易，中央命移至附近岛屿安置。“借船发送”之事则另外审议。其间有难民病故。详细处理结果不明。

（二）漂到地点与返国方式

值得注意的是上述 17 件事例漂到的地点几乎都是在全罗道，特别是集中在济州岛及其附近的岛屿。这与济州岛周围的地理条件，也就是洋流息息相关。黑潮暖流在奄美大岛以西，沿着九州岛岛西岸北上的一支称对马暖流，约在五岛列岛以南又分两股，主流向东北通过朝鲜海峡流入日本海；西分支则在济州岛南边进入黄海，构成黄海暖流。[11] 复杂的洋流再加上天候及季风，导致济州岛附近海难事件频出。而漂到的时期集中在5—8月间，尤其以6月为最多。这与风向转南风，或是台风的季节有相当大的关联。

图1 渤、黄、东海及南海北部冬季主要流系(附东海流系)

资料来源:《中国大百科全书》，第20卷(大气科学·海洋科学·水文科学)，第171页。

由上述17件事例可得知，漂到朝鲜的琉球船中，返国的方式可分为:①原船自力回航;②从陆路经由中国遣返二种。其中又以原船自力返国的事例占多数，占17件中

11 参见中国大百科全书出版社编辑部编:《中国大百科全书》，第20卷(大气科学·海洋科学·水文科学)，北京、上海:中国大百科全书出版社，1987年，第170－171页，《东海》条;第46－47页，《朝鲜海峡》条;第479－481页，《黑潮》条。

的9件(事例1、2、4、5、6、7、8、12、15)，另有1件不确定(事例17)。[12] 而自力回航的船只中，再度遭难的比率也相当高，9件中有6件再度漂到他国，3件记录不明。再漂他国事例中5件是漂到中国的江苏省，这应该与出航季节和风向，以及出发地的地理位置有关。回航的时期多集中在阴历的8—9月，方向以北风居多，在异域(朝鲜半岛)水路不熟悉的情况下，往南航行，若未回到本国，大多会漂向地理位置接近的江苏省。另外，还有3件回航后的记录不明(事例2、7、8)，也就是说在中国、琉球、日本及朝鲜的记录中均未记载。以当时的条件，极有可能在海上遇难，因此未见返国的记录。

从陆路经由中国返国的事例共有7件(事例3、9、10、11、13、14、16)。自1794年起成为先例，依难民的意愿，随朝鲜使节送至北京，再转送福建，附搭本国船只回国。由于属官方正规程序，在朝鲜及中国档案记录中均会留下详细护送记录。加上沿途有官方接待护送，难民除少数病死者外，均能平安返回本国。

三、朝鲜对漂到琉球船的处理方式

对漂到的外国船，朝鲜有一定的处理方式。《通文馆志》，卷3，《事大上》内就有对“押解漂口”的明确规定。

> 上国人漂泊我国界地方，官为先馆接，驰报于该营，则该营状闻形止，发遣译学问情。船完而愿从水路者，候风发回。若船破从陆者，备局草记，自京差送问情官，更为问情。具由手本于备局，与差员眼同领来。而两西漂到人，自其地直解义州；三南则领到于京诚。差定汉学四五员，偕备局郎厅问情后，备局修启，留接数日，差咨官分内外地，押解转送原籍地方。[13]
>
> 发现漂民的地方官，先救助安顿，然后通知海防的“水营”，水营再上报并派出相关的通事问情。若船只完好，愿从海路回国者，则提供救助物资，候风送回。若是船破，无法使用，愿从陆路回国者，则另通知备边司，由京师派遣问情官，详细询问遭风漂流原委。经确认无误后，再派遣咨官送回原籍。

上述规定虽然是以漂到的中国人为主，但对其他国家的漂民也适用。如所引前文之后，又载“日本人漂到，则问情、馆饩等事略同，而自其所泊处，押赴倭馆。”对朝鲜而言，有直接往来的国家只有清朝和日本，有通中国及日本语文的通事，可以问情和通译，在处理上不会有大问题。但对琉球或是其他国家漂到的者，若是不通汉文，无法笔谈沟通，往往会产生处理上的困难。如表1可知，在1790年以前，尚未处理过琉球船

---

12 有关漂到朝鲜的琉球船自力回航之研究，小林茂：《近世後期における琉球船の朝鮮漂着と自力回航》为先驱性的研究，值得参考处颇多。

13 《通文馆志》，卷3，《事大上，赉咨行》，第58页。

表1　清代漂到朝鲜的琉球船表*

	漂到、发现日期	漂到地	船主等代表人	人数	船籍、出航地	出航日期	返国方式经过地方	返国日期	返国人数	备注	资料来源
1◎	1790.6.27 乾隆五十五 正祖十四	济州 贵日浦	查比嘉、国吉、多嘉良	14	那霸西村泊村—宫古岛	1790.6.09	宫古—济州—自力返航—9.02 漂江苏通州—浏河口—1791.9.08 福州—原船	1791.	14	船主仁屋 往宫古运年贡，回途中漂流（清朝档案未载漂到朝鲜） 朝鲜“问情别单”	朝鲜王朝实录，正祖十四年七月；日省录、承政院日记、备边司誊录，正祖庚戌六—七月；中山世谱 v10，p.164；历代宝案 p3878－3885；中琉档案选编 p218，228－238
2◎	1790.7 乾隆五十五	全罗道 兴阳县 三岛	伊名川	7	冲永良部岛	1790.6.17	自力返航	1790.	7	赴山原商用 朝鲜“问情记”、“摘奸记”	实录，正祖十四年七月己丑日省录、承政院、备边司，正祖庚戌7—8月
3	1794.8.17 乾隆五十九 正祖十八	全罗道 济州大静县 加波岛	米精兼个段、真势、与那田	11	琉球 八重山	1794.7.11	汉城—圣节使—北京—1795．闰2.15—福州—接贡船	1795.5	3	公务赴与那国；8人死亡；船只烧弃，附使节送还 朝鲜“问情记”、“问情别单”	实录正祖十八年九月；日省录、承政院、备边司，正祖甲寅七—九月；同文汇考 p3559－3560；通文馆志 p192；宝案 p4086－4099；世谱 v10，p171；选编 p269－270
4◎	1797.6.18 嘉庆二 正祖二十一	济州 大静县	大城筑登之、仲村渠	7	那霸东村	1797.6.06	济州 6.22 自力返航—6.23 再漂江苏宝山县—附搭上原船回国	1798.6	7	船主我部筑登之亲云上，赴宫古途中漂流，船只变卖，遣送回国。（清朝档案未载漂朝鲜） 朝鲜“问情记”	实录、日省录，正祖二十一年闰六月；选编 p295－300

续表

	漂到、发现日期	漂到地	船主等代表人	人数	船籍、出航地	出航日期	返国方式经过地方	返国日期	返国人数	备注	资料来源
5◎	1797.6.28 嘉庆二 正祖二十一	全罗道顺天安岛	佐久川船习惟怀、氏仲间	21	那霸泊村	1796.6.15	1796.6.15 八重山—6.29 浙江乐清—永嘉—福州 12.13—1797.6.14 自力返航—6.28 朝鲜—闰 6.17 自力返航—闰 6.24 江苏宝山—11.04 福州—附搭新垣(阿波根)船回国	1798.6	19	八重山运年贡回航 遇海盗 1 人被掳，1 人落海，先漂浙江温州乐清县，1 人病死，返国途中再漂朝鲜，再返途中又漂江苏宝山(崇明)，1 人死亡，船只货物变卖，遣送回国。朝鲜“问情记”	日省录，正祖二十一年闰六月；世谱 v10，p177 - 178 选编 p291 - 292，p295 - 300
6◎	1807.7.10 嘉庆十二 纯祖七	济州旌义县牛岛	左久间亲方(翁世煌)	78 (99)	那霸	1805.1	1806.10.24 萨摩山川—11.06 福建福宁—12.01 福州 1807.6—7.10 济州—壹岐—9.12 山川 11.02—11.11 国头间切破船	1807.11	47	于福州附搭大城、友寄等 21 人，自力返航，再漂朝鲜、日本壹岐。自日本返琉球途中，于国头间切破船 51 人溺死 在朝鲜与 1801 年漂济州吕宋人 5 人相见	实录、承政院、日省录、备边司，纯祖丁卯七年八月；那霸市史家谱 3，毛姓 p734；中琉选编 p369 - 371，三编 p347
7◎	1809.5 嘉庆十四 纯祖九	巨济岛利勿岛		10	伊平屋岛		自力返航		?	渔船(文字不通)	日省录、备边司，纯祖己巳九年五月
8◎	1810.7.23 嘉庆十五 纯祖十	全罗道珍岛南桃浦		9	大嶋屋今里村人	1810.6.20	自力返航		9	买芭蕉布	日省录，纯祖十年八月十八日
9	1820.5.16 嘉庆二十五 纯祖二十	全罗道济州旌义县狐村浦	平久保(平屋)、嘉根(金等)、国三	5	琉球宇金岛	1820.4.21	汉城—1820.7 宪书赍咨官—北京—1821.1 福州	1821.	5	往永良部岛贸易，回航途中漂流，船破，船只烧弃，陆路归国	实录、承政院、日省录、备边司，纯祖庚辰二十年七—八月；汇考 p3645 - 3646；通文 207；选编 p535 - 336

续表

	漂到、发现日期	漂到地	船主等代表人	人数	船籍、出航地	出航日期	返国方式经过地方	返国日期	返国人数	备注	资料来源
10	1821.5.20 道光一 纯祖二十一	全罗道济州健入浦	米喜阜、清寿、佐惠德	6	琉球大岛东间切油井村	1821.5.02	1821.8 汉城—宪书赍咨官—9.19 盛京—北京—1822.1.13 福州—尹送船	1822.	5	贩购材木 船只烧弃，陆路归国 1人中途病死	实录、承政院、日省录，纯祖二十一年六—八月；汇考 p3648－3650；通文 p209； 世谱 p215；选编 p554－555
11	1826.5.29 道光六 纯祖二十六	全罗道兴阳县罗老岛	大成筑登之、比嘉	3	那霸	1826.4	汉城—宪书赍咨官—9.20 盛京—北京—1827.1.06 福州—贡船	1827.6	2	赴山原购薪木 1人病死 朝鲜“问情别单”	实录、日省录、备边司，纯祖丙戌二十六年六—八月；汇考 p3651；通文 p211；宝案 p6003；世谱 p225；中琉档三 p446－447；选编 p639－640
12◎	1831.6.30 道光十一 纯祖三十一	全罗道济州大静县黑山岛	永仁屋前泊、多良间	8	琉球宫古岛	1831.6	8.03 济州—自力返航—8.17 江苏—11.20 福州—接贡、护送船	1832.	6 3?	赴多良间岛收税 再漂江苏宝山县吴淞，船货变价34两，2(5?)人病死	宝案 p6471－6477；世谱 p229；选编 p689－690，698－699
13	1831.7.25 道光十一 纯祖三十一	全罗道济州大静县犯川浦	浦嘉（渡庆次）、照屋、知念	3	琉球那霸泊村	1831.6.18	汉城—节使—11.30 盛京—北京—1832.3 福州—接贡、护送船	1832.	3	赴山粟岛采材途中 船只烧弃，陆路归国	实录、日省录、承政院、备边司，纯祖辛卯三十一年七—九月；汇考 p3654；通文 p214；宝案 p6523－6529；世谱 p230；选编 p697，701－702

续表

	漂到、发现日期	漂到地	船主等代表人	人数	船籍、出航地	出航日期	返国方式经过地方	返国日期	返国人数	备注	资料来源
14	1832. 8. 13 道光十二 纯祖三十二	全罗道 济州 大静县 稿达浦	仲大成、岛比嘉	4	琉球 那霸东村	1832. 7. 02	汉城—宪书赍咨官—北京—1833. 4. 20 福州	1833.	2	赴山栗（粟）岛采材木途中遭风，1人溺死，1人病死 船只烧弃，陆路归国	实录、承政院、日省录、备边司，纯祖壬辰三十二年九—十月；汇考 p3656；通文 p214；宝案 p6551－6558；世谱 p232；选编 p718－719
15◎	1846. 6. 04 道光二十六 宪宗十二	全罗道 珍岛	宝德（宝安波连）岛袋、长滨、友寄、照屋、翁长	9	那霸 久米村 东村	1846. 5. 08	珍岛—自力返航—8. 26 江苏阜宁县—盐城县—福州		8	运贡米赴京，船主：神山里之子亲云上（未来） 先漂朝鲜，再漂江苏，1人病死，船只变卖50余两	承政院、日省录， 宪宗十二年丙午六月；世谱 p252－253；选编 p883－884
16	1860. 6. 13 咸丰十 哲宗十一	全罗道 济州 大静县	宽仲地、江比嘉	6	琉球那霸 久米村	1860. 5. 08	9. 05 汉城—节使—12. 06 奉天—北京—浙江镇海—（海路）—1861. 7. 13 福州—接贡船	1861.	5	运送贡米，由八重山回航途中 船只烧弃，陆路归国 江比嘉病死 朝鲜"问情别单"	世谱 p269 日省录，哲宗十一年七月；汇考 p3682；承政院改修，咸丰十年九月；p3656；通文 p229；选编 p1026－1027
17	1871. 9 同治一 高宗八	全罗道 可佳岛		22	琉球		自力返航？	？		船只损坏，乞借船归 （不明）	承政院、日省录， 高宗八年九月

*本表仅列举琉球船，不含附搭日本船的琉球人事例。

◎ 为自力返航的事例。

参考文献：小林茂、松原孝俊、六反田豊编：《朝鮮から琉球へ，琉球から朝鮮への漂流年表》，《歷代宝案研究》第9号，1998年，第73－136页。
李薰著，松原孝俊、金明美译：《朝鮮王朝時代後期漂民の送還を通してみた朝鮮、琉球關係》，《歷代宝案研究》第8号，1997年，第19页。
小林茂：《近世後期における琉球船の朝鮮漂着と自力回航》，《待兼山論叢 日本学篇》第33号，1999年，第1－15页。

漂到的问题。对事例1，1790年漂到济州贵日浦的琉球国那覇府西村船主查比嘉、国吉等14人，济州中军兼判官金风吉获报后，就立刻率领哨军赴泊船处调查问情。由于语言不通，主要靠汉文笔谈，了解大致情形后再上报济州牧使。最后济州牧使再召见漂民至衙署，亲自再讯问，并整理成"问情别单"（或"问情记"）、人员名册、船货清册及所携公文、文书的摹本上呈。最后再安置漂民，提供衣物粮食，并修理船只，等待中央命令遣返。当时规定对每名难民每日提供的粮食为："粮米二升、鸡一脚、生鱼二个、甘藿二叶，盐、酱油、南草，磨炼以给。"[14]衣袴则为每名周遮衣一件，赤衫一件，单袴衣一件，袜子一部。回国的行粮"每名各白米十斗计给，酱馔柴水等物亦为优给"，可说相当优厚。[15]

至于"问情别单"的形式，是以问答方式。1790年济州牧使李喆模对琉球漂民的"问情别单"如下：[16]

问：尔等何国何地方人耶。

答：我等琉球国中山王都内那覇府西村人耳。

问：尔等缘何事何月日向往何处，何日到何地方，逢何方风漂流到此耶。

答：自琉球国津口宫古岛出船，五月十六日走渡，自彼处年贡粟御物乘入，同六月初九日自宫古岛出船，如本国。罢渡三日后，向风寅卯方吹出，折角如宫古岛乘归，同四日振八重山近见挂，酉时分自子丑寅方大风吹出乘船，并人命十死一生当渐，本樯乘荷打舍，风尽漂流，只何方等不知。如琉球思子丑寅方向，而到此地日数十九日得也。

问：尔等同船者为几人，而恶风漂荡之际，能无渰没之患，什物亦无漂失之叹耶。

答：我等乘船逆风当时，打舍荷物本樯一、铁碇一张、绳一房、帆持绳二房、前小樯下半分切，此品打去，御物粟何分等不知打去。人命之仪不欠，皆全快也。

问：人命之全活诚为多。幸尔等十四人姓名年岁自手书纳可也。

答：船主查氏比嘉岁四十二、庆姓高江洌岁三十八、孟姓国吉岁三十四、鱼氏多嘉良岁二十三、楫取芳姓新城岁三十六、水主季姓佐久川岁三十四、行姓比嘉岁三十六、绍姓友安岁二十一、桃姓宫城岁四十四、衡姓新垣岁三十五、毛姓照嘉名岁二十七、莲姓长岭岁三十三、仝姓新垣岁二十二、平姓仲里岁二十七，合十四人也。

问：尔等铁碇挂绳漂失云，船中有余碇及挂绳否。

---

14 首尔大学奎章阁藏本，《日省录》，正祖庚戌（十四）年7月20日（戊戌）条记载："仍为安接于州城公廨，以人防牙兵把守供馈，依定式每日每名粮米二升、鸡一脚、生鱼二个、甘藿二叶、盐酱油、南草磨炼以给。而其所伤帆竹帆席碇索张索等物，亦使之改备，为先驰启。"

15 《日省录》，正祖丁巳（二十一）年闰6月7日（乙巳）条。对1797年的事件也是比照1790年事例办理。

16 《日省录》，正祖庚戌（十四）年7月20日（戊戌）条。

答：我等乘船道具有分铁碇四头在，绳二张在，前樯一在帆半在，帆桁在，楫在耳。
问：尔等必有部牌公文，何不现纳耶。
答：我等公文部牌无，御物公事送状纳上耳。
问：尔等所持文迹中何无印迹耶。
答：我等所持文迹中岂无印迹。
问：尤琉球国风俗右体文迹印，船头一人印，而津口通相济耳。
问：尔等合为十四人，公文中只录十二人，余二人何也。
答：我等共乘十二人，外二人者是使人，合十四人。
问：公文外二人何为而添载耶。
答：我等外二人事为商买用渡，居时为客人归国也。
问：此二人何国何地方人，而且有三人名相左者何也。
答：二人我国内泊村绍氏友安、毛氏照嘉，名二人，三人公文相买，如此相替有人也。
问：尔等所载粟谷、马匹俱为贡物耶。
答：我等所载粟谷自宫古岛琉球国中山王大臣御物奉行以完书，那霸府内东村在结地，御岁方纳也，马则私物耳。
问：马是私物则何为载来耶。
答：马是船主私物，而自宫古岛琉球国居村持登也。
问：尔所谓八重山是何地方耶。
答：宫古岛内八重山在耳。
问：自宫古岛至琉球国那霸府为几许里耶。
答：自宫古岛如那霸府二百七十里，自那霸府酉戌之方在耳。
问：书册非舟人所有。何为而带来耶。
答：书册马匹之仪非公事，而无书，船主以买卖物价替取，又或国持渡致卖拂用马也。依是奉愿者，本国行向前何方，难知何日程海上，而本国仕事不得数知，草用水绩兼然，则自然可及死命哉。迚仕合此处持渡太公君样奉献上赖存也。
问：汝国王何不称琉球国，而曰中山王耶。
答：自唐太清皇帝封王御名尚穆王称也。
问：尔等头无所着，岂或逢风漂荡之时俱为见失而然耶。
答：我等虽为蚊身，此程圣人段段以问，何篇不足物及谓是高情，各个于今生戴头上，以各归国事。死则主子君此故奏上于父母妻子，其故通达胸中上置筈者也。然则不顾恐亦申上事，自素无冠衣服带之仪，洋中逢风时心闷何色不知打去，衣服着衣取舍置也。
问：琉球国在于此岛之辰巳方，得戌亥风可以顺归帆，竹器械之折伤者，亦当改给。尔等本船移泊于发处，姑馆尔等于城中，知悉留待可也。

答：右之通奉拜教难在仕合奉存，然则修甫本樯绳具改造以给，早早归国仕样，彼仰度万万奉愿者也。

问：尔等卜物毋论巨细。若有见失之弊。即为书纳，则当一一推给矣。

答：此外于洋中大风时漂失，路行时无失也。

以上问答内容，依难民汉文程度而有详略之分，基本上是针对漂民的出发地、目的地、航海遭风情由、船员、船货及琉球国内相关制度、风俗的询问。

与此相对，事例2，对同年漂到全罗道兴阳县三岛地方的伊名川等7人之处理，由于语言不通，而以汉文笔谈又困难，其内容就相对简略。就如负责救助及问情调查工作的全罗左水使和兴阳县监的呈文中云："其中伊名川者身手与衣服比之诸人稍有别焉，必是七人中头目，亦似略知文字，而书问之际，十不解二三字，琉球国仲山王之人八字之外更无所答，故万端诘难。至二日始略有所答，而笔迹模糊，且多省画暗草，难以通晓。"又"语音既不通晓，文字又甚短拙。其所问而知之者不过姓名、年岁、居住等数件事外，此漂流根因，同行有无，无一酬答。"[17]但朝鲜地方官还是对船中的所有货物、船员的所持品加以详细调查，并一一摹写记录。在"问情记"之外，另制作"摘奸记"，对于船员的装扮、服饰、容貌、船中用品、船只尺寸构造等有详细描述。如对船员衣服的描写："衣服则七人皆着麻丝布，单襦棉布单袴，而上着青白交织麻丝布单周遮衣，其长至胫，以青白交织麻丝布缠带缭而结之，或脱襦袴而只着周遮衣，或去麻丝布周遮衣，而换着青白交织棉布周遮衣。至于腰带亦以纯青纯黑色时时换带。亦或于交织带之上又重以或青或黑之带，皆不可以一定。其所着之服色周遮衣之制，袖阔而短，领圆而狭，与我国所制别无显殊。"

对容貌的描述为："容貌与耳目口鼻则与我国人少无异同，而皆如熟面之人，若加以我国衣冠而杂之于众人之中，则似难辨别。头发则尽削其中，只存外面若干，以为盖首，而结为发子，恰似我国人上头貌样。而发上并涂蜡脂，使之光润，髻底插以银簪或朱锡簪。"

对习俗的描述为："礼数则见官长起立合手，无数叩头。官长有问则亦拜，燕居亦必跪坐。"饮食则"炊饭而置于鼎中，以甫儿盛而食之，食尽又盛而食之，多或三次，少不下二次，后饮冷水而止。食物不过胡朴羹菜及甘酱之属，而官家以鸡鱼油醋等物给之，则虽受而食之，其所烹饪全不成样，其薄于饮食可知。"[18]

由于对船只、船员做了详细调查，因此朝鲜官员也发现琉球服属于日本的证据。在官员奏报中就提到："其头髻衣制大抵与倭人相似，所赍钱货又是倭人所用宽永通货，则或是琉球人之服属于倭国者。"[19]又"所报模写册子中有大板(坂)绘图、大日本年代记

---

17 《日省录》，正祖庚戌(14)年7月17日(乙未)条。

18 《日省录》，正祖庚戌(14)年7月17日(乙未)条。

19 《日省录》，正祖庚戌(14)年7月17日(乙未)条。

等文字，其为服属于倭国者明的无疑。”[20]尽管如此，朝鲜官员还是提供饮食、衣物，代为修理船只后，让他们自行返国。

以上为对船只完好，而依漂民意愿使其自行驾船返国的事例。但对于事例3，1794年漂到全罗道济州大静县的八重山岛民米精兼个段等11人，由于仅存3人，地方官问讯后，原欲依前例，修船给粮，使其由水路返国。但难民以风汛不对，坚持要以陆路经福州回国。为此，特别又从京师派遣译官问情。针对由水路或陆路返国一事，双方有如下的问答。

问：你们大海漂荡之余，能免疾恙否。

答：万死一生辛得到此，而辛苦不可言。

又问：你们归程欲从水路耶，欲从旱路耶。

答：愿从旱路。

又问：你们舟船完固，机械且备，从此还归，事极无妨，而欲从旱路何也。

答：舟船虽完，有东南风然后可以行船，目今西北风之时，万无行船之望，所以欲从旱路。

问：在先你等之漂到舟船虽伤，自我国更为修葺，助给归粮，则多从水路还归。而未尝有以无东南风为语者。你们则诿以无东南风，无乃不欲从水，以此为言耶。

答：水路归去，非久可得归家，非不知好，而无风不得行船，且未谙水路，事系无奈矣。

问：你七人内，舵工一人，水手六人，决无未谙水路之理，若给轮图，则可辨东西南北，岂不好耶。

答：轮图虽好，无风无櫓，不得行船，奈何之。

问：你们从旱路则自此达王京，自王京到义州，自义州到凤城，程道将为二千里，未知何时归家。若从水路，则不多日内可得归家，而必欲从陆，诚未可知矣。

答：船只既固，且给衣粮，又速还归，我们心里亦一时为急，而无风不得行船，非人力所能为，若待风好，则等待明春二三月间始可行船，此外无他策云云。[21]

由于琉球难民以无东南风，加上“未谙水路”，坚持要由陆路返国。而入清以后，并未有由陆路经由中国遣返琉球难民的前例，此事在朝鲜政府内部引起了相当大的讨论。最后，基于人道与交邻的考虑，朝鲜政府同意将难民顺附使节，送至北京，再由福

---

20 《日省录》，正祖庚戌(14)年7月26日(甲辰)条。

21 《日省录》，正祖甲寅(18)年11月5日(己丑)条。

州回国。[22] 也开启了入清以后，琉球难民经由中国遣返的先例。朝鲜国王在寄给清朝礼部的咨文中也云："今此琉球漂人，万死之余，三人仅存，欲归，则迷来时之路；欲止，则非可居之地。北望上国，仰恃父母之孔迩，愿从旱路转由福州。当职于琉球虽无私交之礼，而无内外，均之为皇上赤子，则烦猥是惧，不思转闻，强令驾海，置之必无幸之地。实非所以对扬皇上柔远之德意也。右项琉球漂人三名，优给衣粮，顺附于节使之行，庶冀诸大人俯赐鉴谅，善为导达，使彼滨死之喘，获被再生之恩，不胜幸甚。"[23]强调朝鲜与琉球虽无私交之礼，但均为清朝皇帝子民，基于弘扬皇上柔远之德，因此，经由中国遣返。朝鲜当局最初不愿将琉球漂民经由中国遣返，可能也是顾虑到外交的因素，恐清朝怀疑朝鲜与琉球有私下往来。当然，在此之前的康熙二十八年(1689 年)清朝礼部亦有咨文给朝鲜国王，希望朝鲜对漂到的中国船只，只要船只完好，令其自行回籍，不必再一一解送北京。[24] 朝鲜或许持续遵循此一规定，而恐增添不必要的麻烦。另外，对于沿途的押送及照顾，并避免与一般人民接触，也是考虑之一。

由陆路返国的难民，对其所乘的船只及无法携带的船货，朝鲜政府一般是当着漂民面烧弃，并从优折价给发，所余铁器(铁钉等)则抛弃海中。其他所需之物则雇马运送。[25] 所有沿途所需之经费都是由朝鲜政府负担，直到送抵北京交给清朝礼部为止。相对的，琉球对漂到的朝鲜人救助也是无偿的。两国间尽管无"私交之礼"，但同为清朝的属国，为"皇上赤子"，因此也无分内外，如同救助清朝漂到的人民般。

朝鲜对于中、日、琉球等国漂到者，尚可用汉文沟通问情。但对于非使用汉文的国家，则毫无办法。由于当时朝鲜仅有对中国及日本的通事，对遇到无法沟通，判别国籍，加上又无船只返国的漂到者，仅有将其留在朝鲜。如 1801 年一艘澳门籍的船只遭风漂到济州岛，吕宋人五人下船取水时被朝鲜羁留。对这些留在朝鲜吕宋人的处理，在朝鲜史料中有详细记录。无法送返之因，是言语不通，朝鲜无法辨别五人为何国之人，

---

22 《朝鲜王朝实录》，正祖十八年 9 月乙未(11 日)条："济州牧使沈乐洙状启言：琉球国漂人问情，必欲从陆路，愿往福州，仍归其国者，事极骇异。所当反复诘问，而译学通事俱不能晓解其言，漂人不通文字，无以得其情实，而语及水路，辄皆挥手掉头，谕以国法所不许，而抵死力拒。漂人之当初发船，初非商贾，其船一片小舸，所载无过衣服、文书，死者过半，只余四人。今以不习水之若干人，乘彼小舸，放之万里鲸涛，亦甚矜恻，而异国之人移咨入送，必无前例，决不可为。改装船只，多载粮米，强令乘船，任其死生之外，似无他道，请令庙堂禀处。教以观此状辞，不待禀处。旱路顺付，可知其无例，然十一人之漂流，而生存者只是一二人，则亦可给船放海乎？具由事状，别定赍官，入送北京，指路福州，似合交邻国，重人命之义。况今使行不远，若能星火知委，及期押来，顺付于使行，则抵彼绰可周旋。"(影印本第 46 册，第 506 页)另可参看首尔大学奎章阁文库藏《承政院日记》，乾隆五十九年(正祖十八年)9 月乙未(11 日)条。

23 郑昌顺等编：《同文汇考》第 4 册，第 3599 页，"报济州漂流人转解咨"。

24 《通文馆志》，卷 3，《事大上，赍咨行，押解漂口》，第 58 页。"礼部咨：海禁已停，其漂海人民，朝鲜仍差官解送。但路途遥远，解送维艰，嗣后船完者，停其解京，除禁物外，其余货物，听其发卖，令其回籍。仍将姓名、籍贯、物货查明，俟贡使便报部。如船破难回，将人口照常解京。"

25 如《备边司誊录》(首尔大学奎章阁文库藏)，纯祖二十六年(1826 年)丙戌 6 月 16 日条记载："琉球国漂人之由陆还送，既有甲寅(1794 年)·庚辰(1820 年)已例，今亦依其愿，从旱路许归。而衣袴造给，朝夕供馈，各别申饬，以示朝家优恤之意。彼人对象中，可以运致者，以刷马递运，卜重难致者，从厚折价以给。所弃船材及什物，彼人见处，尽为烧火，妆船铁物，则依庚辰投水之例，自该邑举行。"。

因此，送至清朝，由清政府处理。但送至清朝盛京后，又因无法通译，不知如何遣返。后奉嘉庆帝上谕，若不识国名，即使护送进京，亦属无益。遂又遣送回济州，令朝鲜给予舟粮任其自行返国。[26]

朝鲜对清朝退还漂民之处置，亦感无奈，只得再送回济州，“待彼船之更来，因便付送。如或不来，则势将依向化人例，仍作编氓。定差员交付下送于济州，就官府近处择定一所，官给廪料衣资，待其岁月稍久，言语渐通，或从便授业，或随宜立役，以示朝家怀柔之意。”[27]这些吕宋难民在济州又待了五年，1807 年 7 月，有前述事例 6 的琉球翁世煌船漂到济州，其中有船员曾经漂到吕宋，略通当地语言，因而确认这些人为吕宋人。朝鲜官方在讯问漂流经纬时，请琉球船将吕宋难民遣送回国，但琉球人以“他国漂人，难以载去”为由，而加婉拒。[28] 且此琉球船本身亦遭风难，急欲返国，现实上亦有所不便。遣返之事，再度被搁置。直到 1809 年漂到吕宋的朝鲜难民文淳得返国后，始确认这些人为吕宋国人。因此，移咨盛京，将吕宋国漂人，送还本国。[29]

其他类似事件如 1653 年漂到济州岛的荷兰船 Sperwer 号，船只损坏，64 人中仅有 38 人存活。由于无遣返管道，这些人在朝鲜居留 13 年后，其中 8 人于 1666 年搭小船逃离朝鲜，漂到日本五岛列岛。经荷兰透过日本交涉，其余人员才被送往日本，最后得以回到荷兰。其中船员哈梅尔(Hendrick Hamel)在返国后将这段经历写成报告书，向欧洲广泛地介绍了朝鲜的情况。[30]

四、诸国记录的比较——1797 年的佐久川船事例

在 18 世纪中期以后，由于东亚国际情势安定，加上以中国为中心的难民救助及遣返体系成形，基本上漂到东亚各地的难民均可平安返回本国。[31] 也因此相关各国都会留下记录。17 件事例中，经由中国返国(含陆路与再度漂到者)的共有 13 件，在清朝官方档案都有留下记录。可与朝鲜官方的“问情”记录和本国琉球的记录相比对。对研究漂

26 参看台北故宫博物院藏《宫中档嘉庆朝奏折》，嘉庆六年十二月十八日，同七年四月二日，盛京将军晋昌等奏折。另在盛京礼部给朝鲜的咨文中即云：“异国人五名中一名在途病故外，均属远夷，容服既殊，言语又无通译。若由陆路送京(北京)，亦未能的指何国，势必行查往复，守候需时，恐非怀远之意。难夷等既经漂至朝鲜，自系相近邻邦，自何处遭乱，谅必记忆水路方向，若资助舟粮，指示来踪，送至彼国交界，较为顺便。将难夷四名，仍送回朝鲜，仰即转达事，令庙堂禀处。”[《朝鲜王朝实录》，纯祖 2 年(嘉庆七年，1802 年)3 月癸未条，影印本第 47 册，第 425 页]。

27 《朝鲜王朝实录》，纯祖二年 3 月乙酉(15 日)条，影印本第 47 册，第 425 页。

28 《朝鲜王朝实录》，纯祖七年(嘉庆十二年，1807)8 月己卯，影印本第 47 册，第 585 页。

29 参见刘序枫：《清代环中国海域的海难事件研究—以嘉庆年间漂到琉球、吕宋的朝鲜难民返国事例为中心》，第 75 - 76 页。

30 参见生田滋译：《朝鲜幽囚记》，东京：平凡社，2003 年。另中村荣孝：《蘭船朝鮮漂着と日鮮交涉》，《青丘学叢》第 23 卷，1936 年，第 82 - 99 页等。

31 参见刘序枫：《清代档案与环东亚海域的海难事件研究—兼论海难民遣返网络的形成》，《故宫学术季刊》第 23 卷 3 期，2006 年，第 91 - 126 页。

流事件的事实真相和各国的处理方式等提供了重要的材料。

但由于语言沟通或是政治、经济等因素的考虑，各国纪录的内容往往也会有所差异。如事例 6，1806 年漂到福建福宁府沿海的琉球国翁世煌船，就隐匿由萨摩返国的事实，谎称是由琉球的大岛返回那霸途中而遭风漂流的。此船由福建返回琉球途中，再度漂到济州，对于朝鲜官方的问情，也是相同的回答。[32] 另外，事例 1 和事例 4，二件都是先漂到朝鲜济州，自力返国时又漂到江苏，但在中国的档案记录和返国后琉球的记录，却未见漂到朝鲜的记载。有可能是琉球漂民，为避免增添不必要的麻烦，而隐匿漂到朝鲜的事实。

再如事例 5，1797 年漂到朝鲜全罗道顺天的佐久川船，刁惟怀、氏仲间等 21 人于 1796 年 6 月由那霸出发赴八重山运贡米，回程遇风漂到浙江温州府，1 人落水溺死，1 人失踪，1 人病死，经清朝救助，护送原船至福州返国。清朝和朝鲜的记录大致相同，[33] 但琉球《中山世谱》却记载，此船是在漂到浙江温州沿海时遇到海盗劫掠，船货遭抢，1 人被掳去当人质。[34] 事实上，当时中国沿海地区安南等地的海盗横行，前一年(1795 年)琉球的货船也在当地被海盗抢劫，官方全力追捕。[35] 因此，佐久川船遭遇海盗之事，有可能是清朝官方刻意隐瞒，以免遭到处罚。而这些琉球船员由于遭到抢劫，包括银制发簪、衣物等，以致头发、衣装散乱，加上语言不通，而被清朝官员误认为是海盗同伙。后经福州赶到的琉球通事翻译才被释放，护送至福州。另一名被掳为人质者，也因海盗被捕，而获救被护送到福州。

中国和朝鲜官方的记录，记载落水死亡者为真牛，而失踪者为仁黄，系搭杉板探路而漂没。但在《中山世谱》则记落水者为翁长，童僧走中被掳去当人质。中国官方的纪录隐匿了琉球船遭遇海盗的事实。

1797 年 6 月为导引琉球船回国，船上特别附搭通事金成德(《中山世谱》记为勤学毛修仁)和贡船水手宫平，由福州出发，但中途再遭风漂到朝鲜。经朝鲜救助，提供粮食，闰6 月护送至外洋返国。朝鲜的官方留下了详细的“问情记”，除询问漂流经过外，对船只外观、尺寸、船旗式样、船货内容和船员姓名、年龄、家庭、服装容貌、饮食习惯等

---

32 《日省录》，纯祖丁卯(7)年 8 月 10 日(己卯)条。

33 《清代中琉关系档案选编》，第 291－292，295－300 页，嘉庆元年(1796 年)九月，浙江巡抚玉德奏；嘉庆二年九月，江苏巡抚康基田奏；嘉庆二年十一月，嘉庆二年四、五月，福建巡抚汗志伊奏；《日省录》，正祖丁巳(21)年闰6 月 10—13 日条。

34 参见《中山世谱》，第 177－178 页，嘉庆元丙辰年(1796)条。部分内容摘录如下：

“通船人口二十一名，在八重山岛，装载年贡，彼地开船。不料洋中，陡遇飓风，撩弃货物，随风漂流，不知其何处所。只见贼船三只追来，放铜炮打铳鎗，贼徒六十余人，飞登本船。由是翁长一名，手忙脚乱，落死海中。凡船上人口，为贼徒所绑着，搬上贼船，掠抢簪子、衣服、货物等项。通船人口，有八重山岛，桃林寺住持之徒，僧走中一名，掳留贼船。其余人数放回本船。”

35 《清代中琉关系档案选编》，第 272－285 页；《中山世谱》，第 173 页。相关研究可参见郑樑生：《清廷对琉球遇劫货船的处置始末》，收于《中日关系史研究论集(十)》，台北：文史哲出版社，2000 年，第 217－234 页；平和彦：《近世中国の海盗と琉球船舶》，《南島史学》第 41 号，1993 年；真荣平房昭：《清代中国における海賊問題と琉球》，《東洋史研究》第 63 卷 3 号，2004 年 12 月等。

作了详细记录。如对船只的描述如下：

> 船只完全，而制样与我国舟舰制异。头尾与腹下底及上边，广挟(狭)高下无不相同，状如升样。付杉不以木槊，皆用铁钉。船头有两角，而角上以黑白彩尽日月样，全船内以石灰紧涂，外以朱黑色涂之。可载四五百石谷物。以均量尺尺量，则船长八把五寸，广三把三寸，高一把三寸，前帆竹桧木长七把，围四寸五分。其上悬棉布二幅风正旗一面，黄心红边，以布帛尺长二尺，广一尺二寸，上阔下尖，又以红棉布摸制日形缝着其中。后帆竹桧木长十把，围八寸，其上悬棉布二幅风正旗一面，亦如前。帆竹旗以布帛尺长二尺五寸，广一尺五寸；升旗竹一个插在后荷盘，长三把八寸，围一寸四分，其上有红棉布一幅号带旗，而以布帛尺长四尺五寸，广七寸二分；又有青棉布二幅体旗，而以布帛尺长三尺，广一尺四寸，以白色摸绣七星形旗，上头横板以青红白彩尽狮子形，后荷盘板外面居中以红彩色尽日形。其内别作小龛形，坐童子金佛，抱小佛，而无常爇香燃烛。汲水小船一只，本板七片，长二把七寸，广一把。[36]

对朝鲜人而言，此船与朝鲜的式样完全不同，因此，对船只作了详细的描述。此琉球船为马舰船，是琉球民间使用的船只，属于中式帆船的系统，《中山世谱》记载为“五端帆”，即五片帆布(每片幅3尺)组合的帆，在当时马舰船(一般约5－12端帆)中算是较小型的，长度至少在14公尺以上，最大者可达30公尺，[37] 朝鲜官员估计可载400－500石谷物。

由于船只大致完好，朝鲜官员在补给衣物及五十日的柴粮后，导引出洋，令其自行返国。不幸同月再漂到江苏省宝山县。因为船只不堪航海，在江苏当地变卖船只和船货。船只估银400两，船货1 886两。[38] 主要船货有苏木、桂皮、山归来、甘草、甘松、清明茶、雨伞、纸地等物。其中大部分是之前在福建采购者。[39] 随后，江苏省再派员护送难民21人至福州安置，途中1人病故，1798年6月附搭同国另一艘漂到中国福州的新垣(阿波根)船回国。

此一事件牵涉到中国、琉球与朝鲜三国，加上三度漂流，二次在中国境内，一次在朝鲜，因此，各国均有留下相关的记录。经比对三国史料的记载，不仅可理解各国的处理方式，同时也可对比各国记载内容的差异，并还原遭风漂流的事实经过。

---

36 《日省录》，正祖丁巳(21)年闰6月10日(戊申)条。

37 豊见山和行据东京博物馆所藏琉球船图，对琉球船作了详细的考证。参见豊見山和行：〈船と琉球史— 近世の琉球船をめぐる諸相—〉，收于《周縁の文化交渉学シリーズ5 船の文化からみた東アジア諸国の位相—近世期の琉球を中心とした地域間比較を通じて—》，大阪：関西大学文化交涉学教育研究拠点，2012年，第23－35页。

38 《清代中琉关系档案选编》，第295－296页。

39 《日省录》，正祖丁巳(21)年闰6月10日(戊申)条。

五、结语

透过对上述琉球船漂流到朝鲜事例的分析，可得知朝鲜基本上也是本着人道精神救助漂到的外国难民，但是若无遣返管道，仍无法将难民送还本国。在19世纪中叶以前，与朝鲜有往来的国家只有中国与日本，对于漂到的其他外国船，只要在船只完好的情况下，朝鲜都会提供粮食衣物，并代为修理船只使其自行回国。对于无法沟通译讯，辨明国籍所在，也无遣返管道的难民，朝鲜只有将其留在本国，等待相关的船只代为送还或使其归化。本文所讨论的琉球，在明代时与朝鲜仍有外交往来，透过直接或间接(经由中国等)方式，双方可相互遣返漂到的难民。1609年日本萨摩藩出兵琉球，加上1644年明清王朝的更替以后，朝鲜与琉球间中断了直接的官方往来，但彼此间仍透过中国与日本，相互遣返漂到的难民。朝鲜并透过对漂到的外国难民和漂到外国返回本国人民的“问情”，搜集外国的讯息。由1794年朝鲜处理漂到琉球难民的遣返问题，可得知朝鲜外交处境的困难。最后基于人道与交邻的考虑，才不得不透过清朝将琉球难民遣返。但此一处理模式，也为朝鲜处理漂到的琉球难民问题开了先例，使往后对类似事件的处理，增加了弹性的选择。即使朝鲜已得知日本统治琉球的事实，对于漂到的琉球船仍是依难民的意愿，或是陆路经由中国，或是海路自行返国。对于附搭日本船中的琉球人，则是按原船遣返的模式，不加追究，透过对马藩送回日本。

另外，值得注意的问题是漂到朝鲜的琉球船中，原船自力返航的事例相当多，占17件中的9件。这与朝鲜对处理漂到外国船只的政策也有很大关系，为了减少不必要的麻烦及负担，在船只完好的情况下，尽量使其自行返国。但如表1所示，在自行返国的事例中，再度漂到他国，特别是中国的比例相当高。主要与季节，或是船只大小，以及不熟悉水道等航海技术有关。在18世纪中期以后，由于东亚国际情势安定，加上以中国为中心的难民救助及遣返体系成形，只要非在海上遇难沉没，基本上漂到东亚各地的难民均可平安返回本国。由上述自行返航后再度漂到中国的琉球船事例，更可印证此一事实。当时东亚各国对漂到的外国难民，只要是国家公权力所及之地，都会由官方加以问讯，调查难民的国籍所在和遭风漂流的经纬，以决定处理和遣返方式。因此，也留下了许多详细的调查记录。由于漂流事件的背后往往会牵涉政治、经济、风俗文化和难民自身的隐私问题，各国调查记录的内容，往往会有差异，有时不一定与事实相符。汇集各国相关记录，加以分析比较后，才有可能还原遭难的事实真相。

由于写作时间及资料因素，对于个别事件的分析以及相关诸国记录的发掘，和各国处理政策的比较等问题，尚有待后续深入探讨。

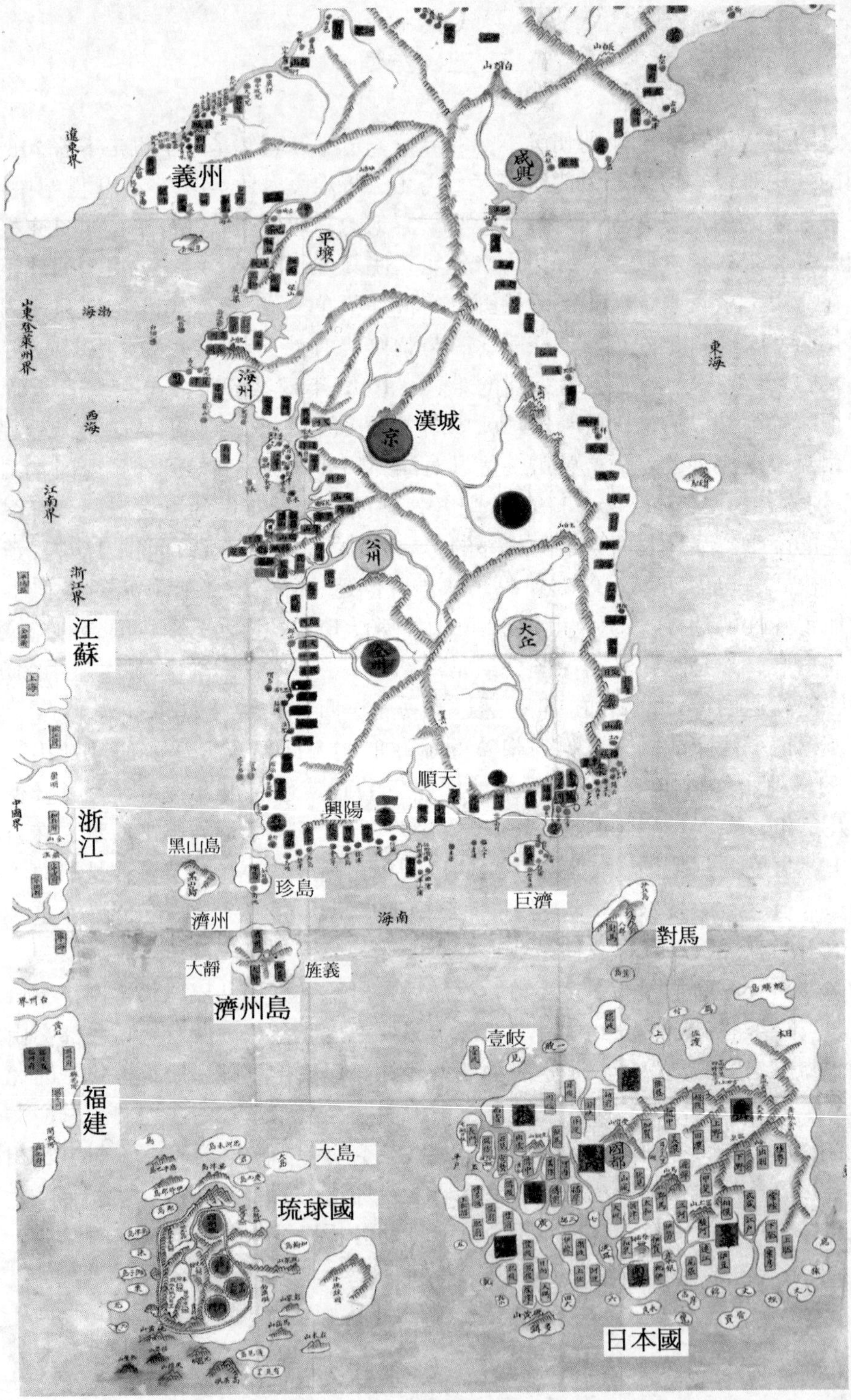

图 2　朝鲜、日本、琉球国图(18 世纪末，Seoul 大学奎章阁藏)

琉球官話課本の語彙分類に関する考察
——『琉球官話集』を例に

琉球官话课本词汇分类考述
——以《琉球官话集》为例

金城ひろみ*

要　旨

目下、琉球官話課本は主に会話集・語彙集・副読本の三種が現存している。それぞれの課本において、まず会話集に『官話問答便語』・『学官話』・『白姓官話』、語彙集には『廣應官話』・『琉球官話集』、副読本として『人中画』がある。上述した琉球官話課本における先行研究は、その音韻体系、文法構造及び具体的な課本の内容や特徴の分析を主とする研究に集中している。

本稿では、『琉球官話集』を中心に、収録されている語彙において、すでに分類された語彙と未分類の語彙の全ての語彙を再度分類・整理する。そして、琉球官話課本における語彙が関連する朝貢貿易、技術習得のための入門、社会生活の各方面及びその重要点について、より深く検討したい。これにより、琉球の人々が当時中国と琉球間の交流で直面した、さまざまな事柄・生活問題及び対応策等を垣間見ることができるのである。
キーワード： 琉球官話課本、『琉球官話集』、語彙分類

摘　要

目前，现有的琉球官话课本主要有三类。其一，会话课本有《官话问答便语》、《学官话》、《白姓官话》。其二，词汇课本有《广应官话》、《琉球官话集》。其三，辅助教材有《人中画》。关于上述琉球官话课本的先行研究，主要集中于对其音韵系统、语法结构及其具体文本内容特征的分析。

本稿以《琉球官话集》为主，通过对其已分类及未分类的所有词汇重新进

* 金城ひろみ：琉球大学法文学部副教授。

行分类整理及研究，深入探讨琉球官话课本词汇所涉及的朝贡贸易、拜师学艺、社会生活各个层面及其侧重点，从而窥视琉球人在中琉交往中所面临的不同工作、生活问题以及应对措施。

关键词：琉球官话课本　《琉球官话集》　词汇分类

一、はじめに

琉球の人々が、明清時代に学んだとされる当時の中国語（官話）に関する研究が、近年増えつつある。官話学習の方法、官生制度からみた官話学習の意義、また官話の系統を探ることで、当時の芸能音楽で用いられていた言語の系統を検討するという、官話または琉球官話というキーワードから幅広いテーマが研究され始めている。

本稿では、その原点ともいえる官話学習の方法、主に琉球の人々が使用した官話テキスト「琉球官話課本」に焦点をあてていきたい。

目下、琉球官話課本は主に会話集・語彙集・副読本の三種が現存している。それぞれの課本において、まず会話集に『官話問答便語』・『学官話』・『白姓官話』、語彙集には『廣應官話』・『琉球官話集』、副読本として『人中画』がある。上述した琉球官話課本における先行研究は、その音韻体系、文法構造及び具体的な課本の内容や特徴の分析を主とする研究に集中している。

今回は中でも語彙集『琉球官話集』をとりあげ、収録されている語彙の分類法をもとに、各項目の特徴を整理し、『琉球官話集』という語彙集がどのような形式でまとめられているのかを明らかにし、その独自性について検討する。また琉球の人々のために編まれた官話課本であるという点にも着目し、当時の琉球と中国の関係性を考察する。琉球の人々の官話学習及び官話課本の特徴を通して、琉球と中国間の交流で直面した、さまざまな事柄・生活問題等を垣間見ることができるような新たな観点から分析を進めていきたい。

二、「琉球官話」とは

中国では、公用語または標準語に対応する表現はさまざまな変遷を辿っている。孔子の『論語・述而』にみられる「雅言」、西漢時代の楊雄『方言』に記載されている「通語」または「凡語」を始めとし、「共通のことば」を意味する語が多く存在していた。後に「官話」という語が生まれるが、明清時代には、「共通のことば」という概念に加え、「中央の役人ことば」として定着し、「方言」・「家常話」等の語に対する語として通用されていた。時代からみても琉球人が当時学んでいた中国の標準語は、この「官話」で間違いないであろう。

また現在の「普通話」の基礎は、明清時代の「官話」が原型になっている。

これらの名称から考えると、「琉球官話」という語は、琉球における共通語と捉えてしまうかもしれない。しかし、もともと「琉球官話」という名称があったのではなく、昭和期に入り、琉球人が以前学んだ官話に関する資料をまとめる際に、日本で便宜的につけられた名称であったようだ。琉球で官話という共通語があったのではなく、琉球人が学習した中国の共通語のことを意味している。近年では、この「琉球官話」に関する研究も盛んになってきているため、「官話」を学習する際に用いられたテキスト「琉球官話課本」という名称も定着しつつある。

三、語彙集『琉球官話集』とは

『琉球官話集』は、各丁 8 行から成り、全体で130 丁ある。前半の20 丁は分類別に語彙を表した形式で、後半の110 丁は「～字官話[1]」という形式からできている。語彙の総数は、4417 語と4 行で、ほぼ全ての語彙のそばには、カタカナ表記による琉球語での意味説明もある。またその表記以外に、中国語音による「音注」や各文字に声調も記されている。

内容としては、以下のようである。( )の中の数字は語彙数である。

「称呼類(41)」、「内外親族称呼之類(46)」、「向人回答類(57)」、「人物死後称呼之言(12)」、「応答人物死後之類(28)」、「身体之類(208)」、「食物之類(241)」、「二字官話(2244)」、「三字官話(783)」、「四字官話(457)」、「五字官話(172)」、「北京俗話(63)」、その他「琉球国三十六島(4)」、「地図(41)」、「唐栄八景(8)」、「本国俗並漢字呼(6)」、「冠船冊封座々処々名記(10)」等がある。「琉球国三十六島」以下の内容は、課本の本文ではなく、琉球についての説明や他の資料から引用した参考資料である。

編纂者と成立時期に関して特定はされていないが、『宮良當壮全集』第十巻の解説によると、鄭干英ではないか、という推測がある。また年代に関しても、特定の年号はなく、「徳川時代後期で明治以前」という推測があることから、18 世紀末と予測されているが、後に家譜等から詳細な分析を行なった池宮正治氏の研究によると、鄭干英ではなく、鄭于英の誤りではないかという指摘がある。[2] 咸豊九年生まれの鄭文

1 「～字官話」という形式は、語彙の意味をもとに分類しているのではなく、語彙の音節数に基づいて分類された項目である。例えば、最も語彙数の多い「二字官話」という項目は、全て二音節の語彙を集めた項目であり、「四字官話」及び「五字官話」では、短文形式のものが多くみられる。例には、「二字官話」今日、明日、後日……底下、厚款、盛款……「三字官話」这个事、走了風、露出来……甜々的、做主張、涼得狼……「四字官話」今日纔見、請坐玩々、盤桓了去……不要説謊、外国来的、今年貴庚、三十多歳……「五字官話」踢毬玩要罢、越発不過意、為什么不来、家裡有事情、官話読完了，などがある。

2 池宮正治，『琉球官話集』補注追論，『沖縄文化研究』，法政大学沖縄文化研究所，1991 年，259－303 頁。

華という人物で、号を于英という者がおり、おおよその年代から考えてもその人物で、1864 年あたりにまとめたのでは、と推定されている。確かに、『琉球官話集』に関しては、編纂者と成立時期に関する確証が未だ見つからないが、池宮氏の推測している鄭文華氏の家系が代々、「官話」を伝授していたという事実や他の課本を参考にし、清末に書かれたとされる『琉球官話集』であることから考慮しても、池宮氏の説が妥当だと言えるのではないだろうか。この時代考証にあわせ、内容面や課本の構成から鑑みても、『琉球官話集』が琉球官話課本の中で初めて編まれたテキストではなく、すでに編纂されていた他の課本等を参考にし、語彙の部分を寄せ集め、整理した語彙集であることから、『琉球官話集』の成立時期は、他の課本よりも遅い清末だと考えられる。

本稿は、『宮良當壯全集 10 琉球官話集』をもとに分析を進めたもので、本稿では主に語彙分類に焦点を当て、論を展開していくため、『宮良當壯全集 10 琉球官話集』で示されている語彙数をもとに語彙分類表を作成した。

	頁数	項目	語彙数
1	1－2	称呼類	41
2	2－3	内外親族称呼之類	46
3	3－5	向人回答類	57
4	5	人物死後称呼之言	12
5	6	応答人物死後之類	28
6	7－12	身体之類	208
7	12－18	食物之類	241
8	19－70	二字官話	2244
9	71－94	三字官話	783
10	95－116	四字官話	457
11	117－123	五字官話	172
12	124－125	北京俗話	63
13	126	琉球国三十六島	4(行)
14	127－128	地図	41
15	129	唐栄八景	8
16	129	本国俗並漢字呼	6
17	129－130	冠船冊封座々処々名記	10

(一)呼称[3]に関する語彙について

『琉球官話集』では、呼称に関する語彙が第一番目に収録されている。「称呼類」から始まり「応答人物死後之類」まで五項目に分けられているが、語彙の総数は184にのぼる。これらの五項目における語彙の例は以下の通りである。

「称呼類」における例………………皇帝、王妃、伯父、小姨、乾母
「内外親族称呼之類」における例…令尊大人、令妹夫、令千金、令岳母
「向人回答類」における例…………家姐、小孫女、外祖母、表弟、妻兄
「人物死後称呼之言」における例…令先伯大人、令先叔、令先弟婦
「応答人物死後之類」における例…先祖、先弟、亡侄、玄孫

以下に挙げる「身体之類」や「食物之類」など他の項目に比べ、語彙の分類方法が極めて細かいことが一目瞭然である。もともと親族名称においては表現が多い中国語では、皇帝及びその親族に関する語彙も多く、現世における呼称のみならず、死後の呼称においても語彙がはっきりと区別されている。例えば、「内外親族称呼之類」では、相手の家族を表わす「令」字を以て他の語彙と区別し、「人物死後称呼之言」においては、「令先」字を語彙の始めに置くことでその人物と状況を表わしている。このような呼称に関する特徴は、琉球と中国との関係下だけではなく、日本と中国の呼称に関する文化的な認識にも関連していると考えられる。日本語には非常に複雑な文法体系である「敬語」が確立しているが、中国語では「敬語」があまり文法形式化されていない。しかし、中国における「呼称」または「親族名称」が、日本語の「敬語」に匹敵するほどの複雑さと重要性を兼ね備えている。そのため、血縁関係を重視する中国は、古来より親族名称を重要視しており、現在に至るまで呼称を重要とする捉え方はさほど変化していない。[4]

『琉球官話集』では、呼称に関する項目が最初の項目にまとめて収録している点、また他の項目に比べて細かな分類方法を採用している点から、『琉球官話集』を編纂する際に、中国における呼称の重要性を強調していたことがわかる。冊封関係下にある琉球に対して、琉球の人々にこれらの呼称の語彙を留意してほしいという中国側の強い意思が見うけられ、琉球側も中国と交流をする際に、万一、表現方法や呼称に誤りがある場合、重大な国際問題に発展すると考えていたため、呼称に関して慎重になっていたと考えられる。

(二)「身体之類」及び「食物之類」について

『琉球官話集』において、第二に特徴的かつ重要な項目は、「身体之類」及び「食物

---

3 中国語における「呼称」という表現は、『現代漢語詞典』では「當面招呼用的表示彼此關係的名稱。」と表されており、対面して用いる互いの関係性を表わす名称と定義されている。

4 劉穎,「中国親族呼称の諸相―その成り立ちと転用―」, 成城文藝(166), 100－84, 1999年。

之類」の二項目である。「食物之類」の項目以降は、音節数（文字数）から語彙を分類しており、「身体之類」や「食物之類」のような具体的な項目は見られない。

1、「身体之類」

「身体之類」の部分であるが、208語から成り、収録されている語彙も多岐にわたる。項目名の通り、身体部分の名称はもちろん、病気やその症状、または人間の生理現象にいたるまで幅広い「身体」にまつわる語彙を収録している。

「身体之類」における例は、以下の通りである。

頭首、眼涙、腰疼、呵欠、痢病、生瘡、発熱、腫了、治病、口渇

上記の例「頭首」のような身体の名称「頭」に関する語彙をみても、「脳頂、頭角、頭後、頭脳、頭髪」等のように非常に細かい表現が収録されている。また「眼涙、呵欠、口渇」のような身体の自然な生理現象についても取り上げている。「治病」は、身体部分を表わす他の語彙と異なり、動目構造[5]から成る「病を治す」という一つのフレーズとして収録されている。

さらに、琉球の人々が異国の地である中国で生活するにあたり、気候や習慣の違い、衛生上における問題、また当時流行していた病により体調を崩すこともあったことであろう。「痢病、生瘡、発熱、腫了」は、琉球の人々がそのような時にすぐ活用できる語彙である。中でも「発熱」という表現は、現代中国語の「発焼」に対して、当時の他の琉球官話課本においては「発熱」または「発潮熱」という表現が多用されている。そのほか、琉球の人々が中国で害虫に悩まされ、中国人の先生やお店の人に害虫駆除について相談したり、中国人が琉球の人々に、季節の変わり目の体調管理に助言をしたりしている様子が、琉球官話課本の会話集である『官話問答便語』や『学官話』に病に関する内容として多く扱われている。[6]

このように、語彙集『琉球官話集』に収録されている語彙と他の琉球官話課本で共通の語彙を用いて表現していることも多い。これは『琉球官話集』が当時の中国生活において、極めて重要で実用性のある表現を収録している語彙集であることがわかる。

2、「食物之類」

「食物之類」では、241語の表現が収録されている。食物の食品名が多くを占めており、その他、調理方法や食事時間を表わす表現（朝食、夕食のような表現）も含ま

5　中国語の合成語における文法構造は、以下のように区分される。ⅰ主述構造（主語・動詞の関係）；腰疼，口渇、ⅱ偏正構造（修飾・被修飾の関係）；眼涙，痢病、ⅲ補充構造（前の形態素が動作や行為を表わし、後ろの形態素がその結果や方向を表わす関係）；腫了、ⅳ動目構造（動詞・目的語の関係）；生瘡，発熱，治病、ⅴ並列構造（並列の関係）；頭首、ⅵ重畳構造（同一の形態素を重ねた重ね型の関係）；餑餑。

6　瀬戸口律子(2005)「春の天候と健康管理」(82－85)より引用。「你說的話狠不差。我那一日。因天氣炎熱。少穿兩件衣服就涼着。到第二天。頭又疼。身又發熱。」さらに、同書の「床屋でのおしゃべり」(38－39)・「害虫」(39－41)という場面では、琉球からの留学生が中国人に相談をする様子が描かれている。

れている。

「食物之類」の例は、以下の通りである。

鶏蛋糕、早飯、添飯、肥肉、老酒、酒渣、豆醤、香油、花椒、餑餑

上記の例「鶏蛋糕」のように菓子類を集めた語彙、「早飯」のように食事時間を表わす語、また「添飯」(ご飯をよそう)のように動目構造によって動作を表わす語句も収録されている。また米類、麺食類、肉類、魚類、野菜類とそれぞれ語彙が配列されているが、肉類一つのグループを例にとっても、その動物のどの部位であるのか、どのような肉であるのか、上記の例「肥肉」のように細かい表現まで紹介されている。これは酒類や調味料においても同様のことが言える。酒の種類だけではなく、「酒渣」という表現まで含まれており、調味料も醤油、油、胡椒それぞれに細かい表現の違いがあり、中国文化における「酒」や「調味料」の重要性をうかがい知ることができる。

また、上記の例の最後に挙げた「餑餑」(小麦粉で作った菓子等を表わす)は、琉球にも伝えられ、現在の沖縄でも一般的に食べられている「ポーポー」の語源と言われている。

以上より、当時の中国社会においても、「食」へのこだわりが深く[7]、その表現も多彩であり、琉球の人々にもこれらの食文化が浸透していたことがわかる。

(三)「二字官話」、「三字官話」、「四字官話」、「五字官話」について

『琉球官話集』における「二字官話」、「三字官話」、「四字官話」、「五字官話」は、全体の語彙総数からみると、これらの四項目が多くを占めている。「二字官話」の2244語、「三字官話」の783語、「四字官話」の457語、「五字官話」の172語で、総数は3656語である。

「二字官話」は、『琉球官話集』の中で最も語彙数の多い項目で、収録されている語彙も多彩である。「二字官話」の始まりは「時間・時候」に関する語彙からまとめられており、一見、二音節で形成される語彙をテーマ別に整理しているように思われるが、分析をすすめていくうちに、テーマが明確になっている部分の方が少ないことがわかる。金銭を表わす「借債」「還債」の語彙のあとに、「敬重」という尊敬を表わす表現が続き、「可疑」「懷疑」「供出」のような裁判や警察に関わる語彙のあとに「有趣」「興趣」のような感情を表わす表現が共に収録されている部分も見られる。また、「煮飯」「吃飯」「盛飯」のように「食物之類」にも収録されていたような語彙も重複しており、「二字官話」の部分全体では、配列に一定の規則やテーマがあるのではなく、編纂する際に、関連のある語彙を次々と思いつくままに増やしていたような点がある。

7　杜英起,「中日饮食文化的异同」,『愛知淑徳大学論集』—コミュニケーション学部・コミュニケーション研究科篇第7号,2007年,39－47页。

「三字官話」では、主に三音節からなる語彙、簡単な語句が収録されている。例えば、「这个事」「茉莉花」「眼睫毛」のような三字で形成される名詞や、「甜甜的」「脆脆的」のように重ね型で表わす形容詞も収録されている。「涼得狠[8]」「軟得緊」のように形容詞＋補語でその状態をより詳しく表わす三語のフレーズや、反復疑問文で用いられる「買不買」「売不売」の表現、「天亮了」「天黒了」など形容詞述語文として形成できる三語も含まれている。また否定詞「不」を用いた「不暁得」「不用講」などのフレーズ、同じく否定を表わす「没」を含んだ「没主意」「没体面」のような「没＋名詞」の表現も少なくない。

「三字官話」は、「二字官話」よりも語彙数は少ないが、「二字官話」ではみうけられなかった補語を用いたフレーズや否定詞との組み合わせも多く、短いフレーズも多く含まれているため、琉球の人々が実際に中国で官話を用いて会話をする際に、すぐに活用できる語句が多いといえる。

「四字官話」は、主に簡単な会話フレーズだと考えてよい。「朋友之間」「外国来的」のような日常的な簡単な会話フレーズがまとめられている。しかし、四字ずつで分けて記されているが、実のところ、対話形式で表現されている部分も多い。

例えば、「今年貴庚」「三十多歳」「你屬什麼」「我屬龍的」「是我同年」のように四字ずつ区切られているが、細かく考察すると対話形式や、「千変万化」「半信半疑」「口不應心」などの成語やことわざが収録されていることがわかる。

官話学習において、二字や三字の語彙・フレーズを覚えること以外に、「四字官話」から文の形で会話表現を習得し、単語量のみならず、会話能力の向上につなげられるような項目であったことがうかがえる。琉球の人々は、語彙集『琉球官話集』を用いて官話学習を行なう際に、単語のみを覚える学習ではなく、挨拶や四字熟語、短いフレーズを同時に学ぶことで、バリエーション豊かに、飽きることなく官話を学習できたのではないだろうか。

「五字官話」は、「～字官話」の項目では一番少ない172語であるが、「四字官話」の形式と相似している。「四字官話」に比べて、その文の構造が完全であり、主語＋動詞＋目的語の形で完成されている例もある。「你住在那裡」「官話讀完了」など「四字官話」に比べ、成語などはあまり見られないが、日常会話でよく使われるような文が多く扱われている。

(四) 北京俗話について

当時、琉球の人々にとって、北京はとても重要な土地であったことは言うまでもない。清代に編纂されたと言われている『琉球官話集』において、当時の官生はすで

8　「涼得狠」の「狠」という表現は、現在では「很」と表わす。琉球官話課本では、『琉球官話集』のみならず、他の課本(主に会話集)においても「～得狠」と表わし、その状態の程度を表現している。例；「今日天氣熱得狠在這房裡坐不住 我同你天后宮樓上去乘涼…」(瀬戸口律子，『学官話全訳』(220(45)－二十二丁表)，榕樹書林，2003年。

に北京国子監に留学していたということからも、これらの琉球官話課本における「北京」に関する内容は非常に重要である。特に、『琉球官話集』で他の項目とは区別し、「北京俗話」という項目を設け、63もの語彙を収録したという点から、編纂者及び当時の中国においての北京の重要性を感じ取ることができる。現在でも北京の言葉として通用している「興不興」「興这个样」「对不住他」「多子走」「借我使々」「不要言語」などの表現が収録されている。

官話や中国の先進技術、また風俗習慣を習得するために中国へ渡った琉球の人々にとって、北京へ赴くための必要知識として「北京俗話」の項目は重要視されていたと思われる。現地の言語に精通している場合、互いの信頼度も異なり、交流がよりスムーズに行われるため、当時の中国の中心地であり、最高学府の「北京国子監」の存在する北京の言語を一つの項目として設けたのである。

(五)琉球の地名に関する語彙について

ここで、琉球の地名に関する語彙として『琉球官話集』の後半部分の収録されている語彙や附録を整理する。「琉球国三十六島」として、琉球及び周辺の島嶼に関する説明をしている部分がある。これは他の項目と異なり、四行の文章形式で記されている。そのため、分類法の表では「四行」という表記にしている。

次の「地図」という項目は、項目名として「地図」と記載されているわけではなく、実際には簡単な琉球列島の地図が描かれており、その地図上にそのまま地名が記されている。例えば、黒島を「姑路世麻」、与那国島を「由那姑呢」、水納島を「面那」、徳之島を「度姑」と表わし、そのほか、北山、中山、南山、那覇港という表現も含まれている。

「唐栄八景」は、中国の風光明媚な地や庭園等をモデルに作られた琉球の景勝地である。この八景という表現は、日本でもよく用いられる「瀟湘八景[9]」からヒントを得たと思われ、「泉崎橋夜月」「中嶋蕉園」「城嶽霊泉」「久米村升屏」のように表現されている。

「本国俗並漢字呼」及び「冠船冊封座々処々名記」は、いずれも琉球における行政機関や公共機関における部署・部門・官吏の名称である。例として「貯薬局」「董舟局」「公務司」「書簡所」「管馬司」「評価司」などが挙げられる。

「琉球国三十六島」の4行、「地図」41語、「唐栄八景」8語、「本国俗並漢字呼」6語、「冠船冊封座々処々名記」10語をひとまとめに「琉球の地名に関する語彙」と整理したが、この巻末にまとめられた語彙には、非常に重要な意義がある。

琉球の人々が官話を学習し、その官話を用いて会話する上で、中国人に対して、

9　北宋の宋迪が画題に用いて有名になった瀟湘地方の八つの景勝地である。山市晴嵐・漁村夕照・遠浦帰帆・瀟湘夜雨・煙寺晩鐘・洞庭秋月・平沙落雁・江天暮雪の八景である。

琉球を説明する必要がある。琉球での暮らしぶりや習慣については、他の琉球官話課本(会話集)などにも描かれているが、琉球の島々の名称や景勝地、また行政に関する専門的な名称については、他の琉球官話課本ではあまり触れられていない。これは『琉球官話集』と他の琉球官話課本との大きな差異であり、また重要な特徴であるといえる。

四、おわりに

語彙集『琉球官話集』における語彙の分類法を通して、『琉球官話集』の独自性として考えられる、いくつかの点が明らかになった。

まず、『琉球官話集』に収録されている語彙は、多方面にわたる語彙から選びぬかれた語彙や語句であり、対話形式からなる短いフレーズも含まれ、内容が非常に豊富である。これは、当時、長崎と中国が交流をしていた際に用いられた「唐話」課本と比べると、『琉球官話集』は、日常生活に密着した生活用語を主とした官話課本であることが明白である。「唐話」課本の多くは、貿易に関する語彙や締結された条約の中で使われている表現などを記したものが多く、『琉球官話集』のように実際の生活ですぐに活用できるような語彙や会話フレーズはあまり見うけられない。

次に、『琉球官話集』の重要な特徴である点は、呼称に関する名称が多く、またその分類方法が細かい点にある。親族名称だけではなく、皇族の名称、また先人に関する名称も細かく一つ一つ挙げられていることが特徴である。また、「身体之類」及び「食物之類」のように、一つの項目として取り上げられることで、これらの名称が当時の中国文化において、重要視されていたことがわかる。琉球の人々が中国で生活する上で、最も必要な表現や知識であり、また生活に密着した語彙が多く、実用的ですぐに実践できるため、習得することがさほど難しくなかったであろう。

さらに、『琉球官話集』における実用性は強調すべき点である。上述したように、『琉球官話集』の「～字官話」に収録されている短いフレーズは、日常生活ですぐに応用できるような常用語彙やフレーズばかりである。特に、「四字官話」では成語や会話形式のフレーズが実用的であり、官話学習者である琉球の人々も習得しやすい項目であったのではないだろうか。しかし、「四字官話」「五字官話」においては、「四字官話」に「五字」以上のフレーズが含まれ、「五字官話」に「三字」や「四字」の語彙または「六字」「七字」の文が混在しており、今後分析を進めるうえで、細心の注意が必要である。

最後に、『琉球官話集』の語彙分類法を分析する中で、琉球の人々のための官話学習課本という視点だけではなく、当時の琉球と中国との関係性を垣間見ることができた。官話を学ぶためだけの課本であるのならば、常用語彙のみを収録するのが一般的だと思われるが、琉球の人々のために編纂された官話学習課本ということで、語彙集の内容が豊富かつ実用的な課本にまとめられていることがわかる。琉球の人々が、中国人に琉球を紹介するために琉球の地名や役職などの専門用語を習得し、北京でスムーズに交流が進められるよう、北京俗話を身につける。このことから、琉球の人々がいかに中国を重要視していたかがわかる。

一冊の琉球官話課本である『琉球官話集』より、収録されている語彙の言語学的な分析だけではなく、当時の琉球と中国の密接な関わりに触れることができた。今後はこの考察をもとに、さらに歴史的な背景を含め、より深く分析を進め、新しい観点から琉球官話課本研究につなげていきたい。

主な参考文献:

[1] 『宮良當壮全集　第10巻　琉球官話集』、第一書房、1981年.
[2] 沈国威、『近代中日词汇交流研究ー汉字新词的创制、容受于共享』、中華書局、2010年.
[3] 松岡榮志・古川裕監訳、『現代中国語総説』、北京大学中国語言文学系現代漢語教研室、2008年.
[4] 鲁宝元、『日本汉语教育史研究—江户时代唐话五种』、外语教学与研究出版社、2009年.
[5] 瀬戸口律子、『琉球官話課本の研究』、榕樹書林、2011年.
[6] 瀬戸口律子、『官話問答便語全訳ー琉球官話課本研究』、榕樹書林、2005年.
[7] 瀬戸口律子、『学官話全訳ー琉球官話課本研究』、榕樹書林、2003年.
[8] 遠藤光暁・朴在淵・竹越美奈子、『清代民国漢語研究』、學古房、2011年.

近世琉球的村落迁移与风水

近世沖縄における村落移動と風水

小熊诚*

摘　要

冲绳的村落与日本本土的不同，在冲绳各地村史的传说或记载当中时常可以看到某一村落从一个区域迁至另一个区域的移动历史。

史书《球阳》中记录了1736年屋我地岛及其周边聚落在琉球王府的主导下进行村落搬迁的史事。之后，《球阳》史料又有37个村落进行搬迁的记载。对上述搬迁记录进行分析，可将它们分成三个历史阶段：一是18世纪前半叶共有5个村落实施了搬迁，这个阶段可称之为“村落移动前期”；二是18世纪后半叶共有24个村落实施了搬迁，这个阶段可称之为“村落移动中期”；三是19世纪共有8例村落实施搬迁，可称之为“村落移动后期”。前期村庄移动的主要目的是为获取更多的耕地。18世纪中叶，村落不单纯为了获取耕地而移动，村落的地理风水状况也成为聚落发生移动的原因。到了19世纪，因地理风水因素而实施搬迁的村庄成为这一阶段的主要特征。

上述状况的产生与琉球社会的历史变迁相互对应。具体地说，17世纪后半叶琉球被纳入日本幕藩体制之下，羽地朝秀因应进行了行政改革，以重农政策取代了以朝贡贸易为轴心一直维修下来的重商政策。其具体表现之一就是积极奖励农垦，并在王府主导下进行村落的搬迁。进入17世纪前半叶，蔡温所主导的行政改革，则沿用风水地理知识和技术对王国的山林和村庄进行有计划的经营和管理，王府建立起村落搬迁的许可制度，继续主导村庄的整体搬迁和移动。之后，随着风水知识的进一步普及，农民自发地要求王府为他们的村落实施风水勘测，并以此为由进行搬迁。

如上所述，近世琉球的村落移动与琉球王府的行政改革相联动，同时也与风水知识在琉球社会中的渗透与受容程度有着密切的关系。

* 小熊诚：日本神奈川大学教授。

要　旨

沖縄の村落には、日本本土とは異なって、その集落が別の場所から現在の場所に移動してきたという村落移動に関する村落史伝承や記録が各地に残っている。

『球陽』の一七三六年の条には、屋我地島および周辺集落が、王府の主導によって村落移動している記録が見出される。それ以降、『球陽』には、三十七の村落移動の記録がある。その記録を分類すると、十八世紀前半の五例を村落移動前期、十八世紀後半の二十四例を村落移動中期、十九世紀の八例を村落移動後期に分けることができる。前期における村落移動の理由は、耕作地の確保を主な目的とする地理的理由が主である。十八世紀後半の中期になると、耕地の確保のほかに、風水の善し悪しが村落移動の理由としてあげられている。十九世紀になると、それが逆転して風水判断が村落移動の主な理由としてあげられるようになる。

この変化は、琉球社会の変化と対応している。つまり、十七世紀後半の羽地朝秀の改革では、朝貢貿易による重商政策から幕藩体制に組み込まれる中で重農政策に転換する時期に、田畑の開墾である仕明を奨励する政策において、王府主導で村落移動がおこなわれた。また、十七世紀前半の蔡温の改革では、風水の知識や技術を援用した山林政策や村落経営が行われ、村落移動を王府の許可制にして王府主導で行うようにした。それ以降、琉球社会において風水の知識が普及し、農民が王府に願い出て風水見分を行う事例も出てきた。

このように、近世琉球における村落移動は、琉球王府の改革と連動しており、それが琉球社会への風水知識の受容と浸透と密接に関連している。

序　言

笔者在调查冲绳村落时发现，各地都存在村落迁移的传承，即村落是从别处迁至现在位置的。迁移之前的地方，称为“フルジマ”（读作：furujima）。汉字写作“古岛”，甚至还有地方以此来命名。“岛”在冲绳的方言中是村落或聚落的意思，因此“古岛”便是指古老的聚落了。

村落祭祀时会祭拜位于“古岛”的圣地和古井，村落迁移的传承就是通过这种民俗行为将近世以前实际发生的村落迁移的历史事实留在了现代人的记忆中。因村落迁移的历史事实在《球阳》中有相关记载，且现在仍存在村落迁移的传承，仲松弥秀在著作中如此记述："像冲绳有如此众多村落迁移的地方再别无他地了"[1]。

那么，为何在近世琉球会发生如此之多的村落迁移呢？本文根据《球阳》中37座村落迁移的记载，来探讨迁移是在怎样的社会背景下、又是带着怎样的目的进行的。

一、屋我地岛的村落迁移

《球阳》中所能看到的村落迁移的最早记载是在尚敬王二十四年(1736年)一条，原文如下：

"蔡法司巡见诸郡山林移村于各处。

国师法司蔡温具志头亲方文若 率领御物奉行毛鸿基奥平亲方安三 高奉行东景仁天愿亲云上政房 巡见诸郡山林而羽地山林内吴我桃原我部松田振庆名等村(中略)集在一处农地最狭动烧山林以供农地今归山林之地属于今归仁县其邑仍属羽地县。"(《球阳》卷13，1026)

文中记载了蔡温巡视各地山林，将位于羽地山林的几处聚落迁至平地的事情。当时羽地山林内有吴我、桃原、我部、松田、振庆名等小村落，因位居山林内故农田面积狭小，居民便动辄烧山开田。于是，便把这些小村落迁至山林之外，山林划归林地稀少的今归仁间切(琉球王府时代的行政单位。相当于日本的县)所有，搬迁出去的村落仍归属羽地间切。

将上述内容用图表示的话，如图1所示。现在今归仁村涌川地区仍保留着吴我山和下我部的地名。吴我，从吴我山一带迁至羽地内海沿岸。我部，则从下我部渡过warumi海峡迁到屋我地岛的羽地内海沿岸。这两个村落的迁移路线基本上是比较清晰的。屋我地岛的松田与我部邻接，虽然并称为"我部·松田"，实际上已经并入我部。振庆名，据说原位于现今归仁村涌川和吴我山一带[2]，后来从山林地区迁到距吴我数公里之外的内陆地区。

移动路径不明确的是桃原。虽然有说法认为桃原村包含在现在的吴我村内[3]，但在济井出的"古岛"还保留着桃原的小字(在冲绳地区，几个小字组成一个村落)名，并且这里也有桃原村是从今归仁迁过来的传说，因此把它看做是从现今归仁村的涌川或天底一带迁至济井出更妥当些。《球阳》在次年的记载——《乾隆二年帐》中将桃原记作屋我地岛的新村，这与上述观点也是一致的。可以推测，桃原小村落先是从现今归仁村的山林迁至济井出"古岛"一带，然后各家各户又搬到了现在济井出的各个村落。

本文除了考察村落迁移的地理路线之外，更想探讨的是18世纪以后村落迁移之所以如此盛行的原因及其社会背景。

---

1 仲松弥秀《うるまの島の古層―琉球弧の村と民俗―》梟社，1993年。

2 《民俗地図》，347页。

3 同2，391页。

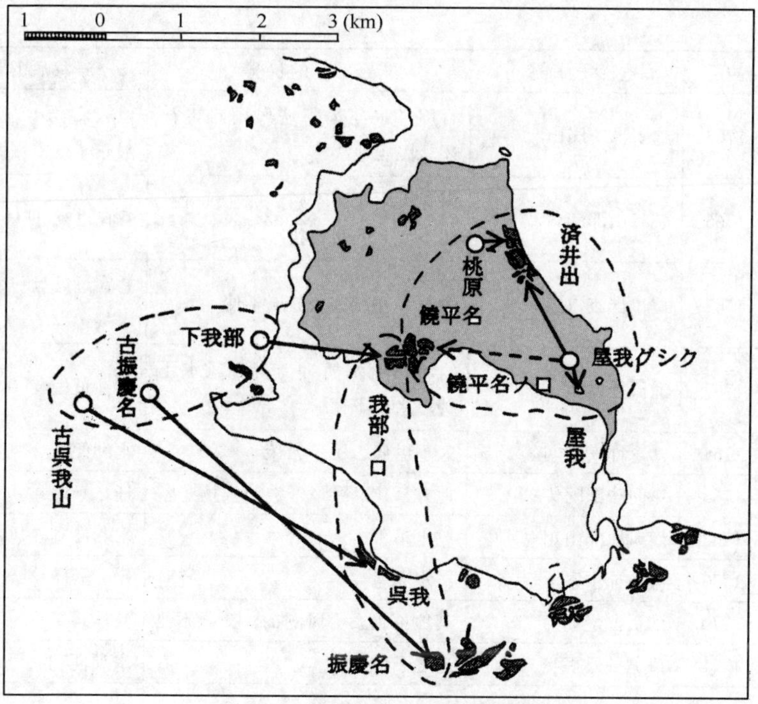

图 1　屋我地岛的村落迁移

二、《球阳》记载的村落迁移

(一)村落迁移的理由

《球阳》中有很多关于村落迁移的记载，将它们一一摘录出来便如表 1 所示。最早的是前面提到的尚敬二十四年(1736 年)的记录，截至尚泰十六年(1863 年)东风平郡高良的事例，前后 127 年间共计有 37 例。上述 37 例所涉及的地域，遍布冲绳本岛从北到南的全部地域及座间味岛的离岛，宫古岛也包括在内。不过没有八重山的例子。

表 1　《球阳》中关于近世琉球村落迁移的记述

	王代	西历	迁移的村落	迁移前的状况	迁移后的状况？备注
1	尚敬 24	1736	羽地吴我・桃原・我部・松田・振庆名	农地最狭、烧山林以供农地	
2	同 24	1736	本部郡赖底岛	海路相障难以耕耘	
3	同 24	1736	玉城郡前川	往来甚难	
4	同 25	1737	読谷山郡濑名波		
5	同 25	1737	宫古岛伊良部	土地甚狭、人居繁衍	肥土甘泉
6	尚穆 10	1761	具志川郡宇坚、江洲、宫里	风水不利	地势转善。且里水亦灌溉田圃

续表

	王代	西历	迁移的村落	迁移前的状况	迁移后的状况？备注
7	同 12	1763	越来郡安庆田	日用泉水亦远每遇风雨难以往还。民居地狭	地広泉多、又无风雨之忧。泉水亦灌溉田圃
8	同 15	1766	読谷山郡瀬名波	每遇大雨水聚不漏。井在远处甚属不便。民居地狭	井在近处 且风水亦善
9	同 16	1767	美里郡渡口	劲风。井在远处甚属不便	井在近处且村水流入田地。风水甚善
10	同 16	1767	浦添郡仲西	宫城川流水所冲，料必风水不善。水利不便	井在近处 。风水又善
11	同 17	1768	知念郡安座间	人不堪病，民不繁荣	水利便利。风水亦善
12	同 17	1768	座间味郡阿佐	地方窄狭。劲风？波浪大扬	迁之于旧村
13	同 17	1768	南风原郡山川	风水不善	水利便利。风水最善
14	同 19	1770	佐敷郡小谷	风水亦恶	
15	同 19	1770	国头郡楚洲	其地不善。大风潮扬。交通不便	其地悉善
16	同 20	1771	豊见城県平良	迁之于旧村	水利便利。风水亦吉
17	同 23	1774	真壁県糸洲	地理颓败	风水善吉。更有耕田汲水之便
18	同 24	1775	大里県当间	用水亦不便利	不惟有田园用水之便。风水亦善
19	同 29	1780	佐敷県屋比久	屡遭不幸民居减少甚及衰微	风水善吉。而得汲水往野之便
20	同 30	1781	大里郡西原	耕田圃离村遥远，汲水多费时刻	交通便利、水利便利。且风水亦善
21	同 30	1781	久志郡大鞍村	无井水。居民多为病身死者多而生者少	水利便利、交通便利且风水亦善
22	同 35	1786	豊见城郡田头	不堪病身民居减少。更有用水不便	水利便利、地理亦善
23	同 36	1787	浦添间切伊祖	民居地狭、交通不便、不健康地、水利不便	移至旧籍
24	同 37	1788	摩文仁间切波平	有不幸之事故，用水甚不利便	请地理师宫城通事亲云上见地理。改作具方位。水利便利。【地理师加具印结】
25	同 37	1788	胜连间切内间	交通不便	移村于旧籍
26	同 41	1792	金武郡伊芸	不健康地。地理师神山里之子亲云上。地理不善	坐向和乎法、用水通路、各得其便【地理师加具印结】

续表

	王代	西历	迁移的村落	迁移前的状况	迁移后的状况？备注
27	尚温 7	1801	真壁间切糸洲	不健康地。兹请地理师崎原里之子亲云上。风水不善	旧籍所在风水是好、而场亦宜【地理师加具印结】
28	同 7	1801	美里间切桃原	不健康地。请风水师宫城通事亲云上。风水不宜	风水善【风水师加具印结】
29	同 7	1801	国头间切楚洲	不健康地。兹请地理师宫城通事亲云上。风水不好	迁籍【地理师加具印结】
30	尚灏 8	1811	大里郡湧稲国村	人口減少。因请地理师。风水甚悪	湧野原地理是善。交通便利、水利便利【地理师加具印结】
31	同 14	1817	久志郡富久地村	不健康地、人口減少	水利便利。水运便利。延请地理师视其风水。地理甚好
32	尚育 11	1845	真和志郡古蔵村	人口減少。交通不便	迁于西方兼久原【地理师加具印结】
33	尚泰 11	1858	羽地郡我村	民居地狭、民居減少。地理不雅之所致也。乃请地理师	山秀地広、子孙繁昌。汲水亦得其便【地理师加具印结】
34	同 11	1858	読谷山郡上地	夭亡接踵灾难不绝民居減少。据地理师口称、地理不雅	迁村于故籍【地理师加具印结】
35	同 15	1862	今帰仁郡の寒水？岸本？玉城の三村	地理不雅。延请地理师	得地理之雅而家富人庶。交通、水利便利【地理师之印结】
36	同 16	1863	宫古岛比嘉	风水不雅	
37	同 16	1863	东风平郡高良	风水不雅	

通过表 1 来看，可将村落迁移大致分为三个时期。从出现的最早记录——前面所提到的 1736 年，到第二年——1737 年共有 5 例村落迁移的记载，这一时期是村落迁移初期。之后，时隔 24 年，至尚穆王时代的 1761 年到 1801 年，40 年间共有 24 例，几乎占全部迁移数的三分之二，将其称为村落迁移中期。之后，1811 年以来共有 8 例，截至琉球末代国王——尚泰王时代还有 5 例，将其看作村落迁移后期。

从《球阳》的记载来看，关于村落迁移的理由大致可分为人文地理方面的原因和风水方面的原因。人文地理方面主要有：(A)农田面积狭小；(B)交通不便；(C)距离泉井较远(水利条件不好)；(D)潮害等。风水方面的原因主要指(X)风水不利、(Y)不健康地、(Z)人口減少等。具体如表 2 所示。从表上也可以看出因时代不同记法上也有所变化。

表2 村落迁移的理由

	现在的位置	迁移的理由	风水师是否参与
1	名护市吴我·桃原·我部·松田·振庆名	A	
2	国头郡本部町	B	
3	南城市玉城前川	B	
4	読谷村濑名波		
5	宫古岛市伊良部	A	
6	うるま市宇坚、江洲、宫里	X	
7	冲绳市安庆田	B·C	
8	読谷村濑名波	C	
9	北中城村渡口	Z·C·D	
10	浦添市仲西	X·Z·C	
11	南城市知念安座间	Y·Z	
12	座间味村阿佐	A·D	
13	南风原町山川	X	
14	南城市佐敷小谷	X	
15	国头村楚洲	D·B	
16	豊见城市平良	Z	
17	糸满市糸洲	Z	
18	南城市大里当间	Z·C	
19	南城市佐敷屋比久	Y·Z	
20	南城市大里西原	C	
21	名护市大川?	C	
22	豊见城市田头	Y·C	
23	浦添市伊祖	B→Y·Z	
24	糸满市波平	Y·Z·C	○
25	うるま市胜连内间		
26	金武町伊芸	Y·Z	○
27	糸满市糸洲	Z·X	○
28	冲绳市桃原	Z·X	○
29	国头村楚洲	D·Z·X	○
30	南城市大里稲岭?	Z·X	○
31	名护市福地	Y·Z·B·C	○
32	那霸市古波蔵	Z	○
33	名护市屋我	Z·X	○

续表

	现在的位置	迁移的理由	风水师是否参与
34	読谷村上地	X · Z	○
35	今帰仁村玉城?	Z · X	○
36	宫古岛市城辺比嘉	X	
37	东风平町高良	X	

(二)村落迁移初期

村落迁移初期，人文地理方面的原因占据主导地位。如前面所述位于羽地村山中的吴我5座村落和宫古岛的例子[表1(5)]，原因为(A)农田狭小。

“太平山池間島土地甚狹人居繁衍耕鋤難食故航伊良部島耕鋤田圃以資衣食依見彼地曠曠茫野肥土甘泉。”(后略)(《球阳》卷十三，1052)

宫古的池间岛，当时土地少，人口多，因此耕地不足。于是将人口迁移到伊良部岛开垦稻田。伊良部岛有广阔的荒野，土地肥沃，泉水丰富，便将部分人口从池间岛迁到伊良部岛来扩耕稻田。表1(2)中的濑底岛也是如此，濑底岛上的田地原为对岸五个村分用，需要坐船来濑底岛耕种。因此极为不便，于是就将其中一个村子迁到濑底岛，这个村原有的田地便分给了附近的另外两个村。可以看出，在村落迁移初期，主要是受琉球王府扩大耕地政策的影响。这些记录中没有与风水相关的描述。

(三)村落迁移中期

村落迁移中期，即从尚穆王1761年到尚温王1801年的40年间，关于村落迁移的记载多达24例，且内容比较丰富。

这一时期的记录中最早出现的是表1(6)中的具志川郡的三个村子。

“宇堅村在天願川原外裏水不灌漑乎田園甚為不便因此准遷于後川原之地江洲村本在城原(地名)宮裏村在石大那原之地前年以其風水不利故遷江洲于多路喜原(地名)宮裏于當原之地然而來故墟地勢轉善且裏水亦灌注田圃故於十二月二十五日仍遷各村於各故墟。”(《球阳》卷十五，1208)

这个记述多少就有些复杂了。宇坚村因为田地少灌溉用水而迁移。江洲村和宫里村则因风水不利，于前一年迁移到别处。后因搬迁之前的地方风水变好，且水源也能够灌溉稻田，于是又迁回故地。田地的灌溉条件对稻米生产很重要，因此人文地理条件就成为村落迁移的理由。更应该注意的是，本条记录也是将风水作为村落迁移理由的最早的事例。不过，虽记载了风水不好，但没有指明是周边风水不好，还是风水的方位不好等具体内容。

冲绳具有深受台风与海潮影响的地理特征，因此在村落选址和搬迁时都要考虑到这些因素，这里也有几个例子，先是表1(7)中的安庆田村，同样还有9渡口、12座间味岛的阿佐、15国头郡的楚州等。我们来看一下渡口村的记载：

“渡口村原來生齒不繁人屋常被勁風吹損未免修造圍村群數不見茂榮且井在遠處甚

屬不便夫加那波川原井在近處且村水流入田地有利於耕种又無風患風水甚善(後略)。”(《球阳》卷十五，1241)

渡口村原本人丁并不兴旺，而且房屋被劲风吹坏又难以修葺。也就是说，因为村子周围的防潮林不繁茂而受到海潮破坏致使村落萧条。

蔡温向来重视山林政策，尤其是栽种在聚落或房屋周围的称为“抱护”或“抱护林”的树木。“抱护”虽然是中国风水书中出现的风水用语，但在琉球受到了更大的重视。它不仅作为防风林、防潮林发挥着作用，而且与风水中的环绕村落的青龙白虎山脉一样，能将村落周围的“地气”留在村落内。因此，上述“围村群数不见茂荣”可看作是对渡口村的人文地理和风水两方面做出的评价，从前者来看是防风林不繁茂导致房屋遭到破坏，从后者来理解就是“抱护的树林”不繁茂无法把“气”留住，以致人丁不兴旺。

此外，甚至将离井水较远也当作旧村址的缺点。

因此将村落迁移到小字名为加那波川原的地方。那里离井水较近，村中的水可流入田地，利于耕种，而且也无风灾。

聚落选址在人文地理上首先是能确保生活用水。尤其是在山少且是石灰岩土质的琉球，水源难以保证，并非何处都可挖井取水或有天然泉水，因而聚落附近能否确保饮水与日常生活的便利程度紧密相关。另外，水田的灌溉用水也很重要。在37例迁移的村落中几乎都提到“水利便利”、“水利不便”的字眼，可以看出水源的确保是村落迁移的一个重要原因。

并且，在原文的末尾还附加一句“风水甚善”，但至于风水为何而善，又表现在何处等具体内容就语焉不详了。

像这样描述完人文地理方面的理由后再加一句“风水甚善”的记载在村落迁移中期有很多。如表1所示，因风水不好而搬迁，或因迁移地风水大善，亦或两方面都记载的事例，24例中有20例，可以说这个时期绝大多数的记录中都将风水作为村落迁移的理由之一列出。只不过能写出具体风水判定内容的却极为鲜见。

表1(10)中的浦添郡仲西的例子便是为数不多的对风水做出具体解释的事例之一。

“仲西村當宮城川流水所沖料必風水不善自古生齒不多且井在遠處甚屬不便夫外間原地方近於首裏那霸況井在近處風水亦善。”(《球阳》卷十五，1242)

在仲西村的记述中说河流冲村落而流，因此风水不善。河流或道路所冲的地方，因有不良之气流过，风水不吉，因而人丁不旺，这是风水学上的基本解释。在仲西村的描述中风水解释在先，之后才提到离供给生活用水的井较远等人文地理原因。但在描述迁移目的地的时，先列举离首里·那霸较近交通便利、井水也近等人文地理理由，随后虽也记载了风水大吉，却没有给出具体理由。

综上，村落迁移中期记述上的一大特征便是绝大部分都含有“风水不利”或“风水善吉”等对风水的判断。从这点可以看出，这一时期王府在村落管理实践中盛行运用风水理论。虽然没有说明风水判定的具体内容，但很明显有专门的风水师参与了风水观测。

三、官僚风水师的活跃与村落迁移的步骤

（一）官僚风水师

那么，村落选址就与居住此处的人们的幸与不幸、健康与否相关联了。因此才会在《球阳》的记录中出现"不幸接踵而至"、"灾难不断"或"不堪病痛"之类的句子，最终导致"生齿不繁"或"人口减少"的村落萧条景象。村落选址的好坏与居住民的幸与不幸或健康与否之间的关系，正是运用风水理论方可得出的结论。要做到运用风水理论对村址做出判断，再依此对村落迁移做出具体指示，风水专家就是不可或缺的了。近世琉球，王府的村落管理中也运用了风水思想，并致力于培养专门的风水师。

在中国，作为风水专家的风水师曾经是民间知识分子。不过在琉球有一大特点，即王府培养风水师。《球阳》中也保留着相关记载。康熙六年（1667 年），从最初的周国俊到其后的蔡应瑞、蔡温，再到同治七年（1868 年）的郑良佐等 3 人，前后共计 11 人被公费派往福州专学风水[4]。这些人，几乎都是精通汉语的久米村系的士族年轻人，他们回国（琉球）后成为王府的官僚。最具代表性的就是蔡温，他被选拔为辅佐国王的国师，作为众官之首参与国家管理。能将风水理论作为国家管理的支柱，恰是站在"官僚风水师"的角度作出的决策。

培养官僚风水师不只是通过派往福州留学，在久米村内也开展起来。风水师的名字最早出现在村落迁移记载中的是表 1（24）是满间切波平（1788 年）的宫城通事（琉球王府内从事翻译工作的官职，多由久米士族担任）亲云上。因为拥有"通事"的位阶，可知他是久米村系的士族。随后，还有表 1（26）金武郡伊芸的神山里之子亲云上、表 1（28）美里间切桃原的宫城通事亲云上、表 1（29）国头间切楚洲的宫城通事亲云上等五处都有记载。村落迁移比较集中的中期后半段，即 1788 年至 1801 年 10 年间共出现过 3 位风水师的名字，且这 3 人都是琉球士族。在第一次出现风水师名字的表 1（24）的记载中还发现了风水师的"印结"。如果风水师是民间人士的话，不可能会在与村落管理相关的王府重大事件中盖"印结"。并且这里也有王府其他官员一并盖上的印结，由此可以看出风水师同样是王府官员。

在这之后村落迁移的记事中几乎都有风水师的印结记录。书写格式及《球阳》的记载形式虽有所变化，但 18 世纪下半期以后，根据村落迁移的记载可以确定是由风水师做出风水判断并据此进行的村落搬迁。

（二）村落迁移主导者的变化

蔡温在尚敬二十年（1732 年）确定下来村落迁移要经过向王府题奏的环节。

"《始定諸間切遷建村邑竝驛宅業經題奏》

前此遷建村邑竝驛宅不經題奏只郡之酋長呈請総地頭官轉達朝廷以為遷建然非事之

4　都築晶子：《近世沖縄における風水の変容とその展開》，窪德忠編《沖縄の風水》，河出出版社，1990 年。

輕是以题奏自此而始。”

在这之前的村落迁移，郡，即间切的酋长只要向总地头(统辖间切领地的官职)提出呈请，然后上报朝廷即王府即可。也就是说推行的是申报制度。但后来认为村落迁移绝非小事，需向王府提出题奏批准后方可实行。这就意味着之前虽有村落迁移，但由王府来掌管就是在蔡温时代以后的事情了[5]。也正因如此，之后村落迁移的记录才得以在《球阳》中保留下来。

村落迁移的记载应该就是提出准许迁移申请的内容。村落迁移前期由王府主导。在前面所提到的首条记录——尚敬王二十四年(1736 年)中，蔡温率领御物奉行毛鸿基和高奉行东景仁现场视察后，以王府政策为名推行了迁移村落。同样，表1(2)濑底岛的记录中说“由是两総地头及検官具呈陈奏”，间切的负责人及行政官员都向王府提出陈奏。表1(5)宫古岛的事例也是如此，记有“在番酋长奏请”，王府派出的官员要上奏村落迁移事宜。

不过，到村落迁移中期，这种情况发生了变化。中期最先出现的表1(6)中的三个村落，采用“迁各村于各故墟”的王府主导型的记述方式，表1(7)安庆田的事例中记为“准迁其村于此地”，虽然没有写明是谁向王府提出申请，但都有准许村落迁移的“准”字。表1(8)濑名波的事例中更是清楚写明“风水亦善故准其所请之于高志原”，在说明风水善吉的基础上，写明了准许所针对的申请——“其所请”。也就说，尽管没有明确标明申请的主体，但村落或村落管理的当事人向王府提出迁移村落的申请，王府再对其作出许可的回应，这种书写格式一直持续到表1(15)。也就意味着这里的书写格式被统一在了《球阳》卷十五的记载中。

到了《球阳》卷十六，可以看到书写格式多少发生了些变化。其中首次出现的迁移村落是表1(16)平良的事例。这里写“风水亦吉因其管之各役详请故准迁于旧籍”，在说明风水大吉之后，因为有“各役”的详情而准许其迁回旧籍。“其管之各役”的说法暗示村落迁移的申请手续对相关掌管官员都作有规定。

卷十七中关于村落迁移的记录中就明确记载了这一职务。表1(24)波平的例子中首次出现了“地理师”，原文说“移旧籍等情村中百姓呈明地理师酋长检者两总地头田地奉行等加具印结前来随即允焉”。即要迁移村落时在讲明必要理由之后，要由百姓 = 村人提出“呈明”，地理师、酋长・检者・两总地头・田地奉行等结印也就是盖章上交申请，才会获得许可。向王府提出村落迁移的申请时所涉及的人员，首先是地理师 = 风水师，然后是该村的官员之首“酋长”和间切内设置的行政官“检者”(有时“下地役”也会参与)，王府在间切设置的行政官“地头”也会参与，不过在这条记录中出现的是设置在间切的按司及首领阶层的领主“两总地头”，还有便是王府中央的田地负责官员“田地奉行”批准的印结。其中，笔者认为与实际村落迁移密切相关的行政上的官员是“检者”和“下地役”。他们作为临时官员，被王府派往间切番所为改善村落疲敝状况振兴村落献

5 同4，40 - 41 页。

计献策，与当地的“酋长”和“地头”商议具体政策。当时肯定推行了各种有关振兴村落的政策，其中在迁移村落时，就需要请来风水师观测完风水后再探讨、执行搬迁的具体计划。于是将风水师的姓名和行政官的官职都写下来的记录方式在之后的村落移动记载中一直保持到最后。

这里还有一处必须注意的标记方面的变化。“百姓呈明”的说法在此例以后的记录中都改写为“百姓佥呈”。指的是村民就村落迁移一事讨论，然后提出议案。我们可以理解为，村落迁移不是王府主导下的自上而下的行为，而是变为村民向王府提出请愿然后落实村落迁移的过程。

其实村民参与村落迁移事宜在之前就已经发生了变化。前面已经讲过从卷十六开始在表记上变为各官员提出申请，那么自表1(17)开始，“因村民并管之各役详请故准迁彼处”的表述来看，从1770年代开始村民和官员已经就村落迁移事宜在一起商讨，最后向王府提出请求了。这正如上述表1(24)“村中百姓呈明”所体现出的村民来提议案，可以看出在向着村民主导的方向变化。

在村落迁移后期，屋我地岛屋我的记载(1828年)中有“村民意谓所以如此者此乃地理不雅之所致也乃请地理师见其建村之区”的表述，即因为村民说村落不繁荣的原因在于地理＝风水不吉，所以请来地理师观看村落迁移的地址。表1(35)的今归仁3座村落也同样如此，记载为“该三村百姓等议谓其不致富庶者殆是所建村籍有地理不雅乃延请地理师观看风水”，可知村落迁移的步骤是村民认为村落风水不吉，然后请来风水师(观看)。也就是说，到村落迁移后期时，风水知识已经在普通村民中普及开来，他们自己也能在一定程度上做出风水(凶吉)的判断了。

在《真喜屋·稻岭风水日记》中记载了村民请求王府派遣风水师，观看村落及墓地风水的事情。这则记载，是1857年至1888年间8种关于风水观测理论的文字材料。显示出幕末到明治时期，普通村民对风水知识了解的程度及其高度的关心。

综上，村落迁移初期是在王府主导下推行，但到中期以后，变为现场(人员)主导的形式，即作为村落管理当事人的负责官员和村民商议之后，再请风水师对村落风水做出评测，最后向王府提出申请。而进入村落迁移后期，村民自己先对本村的风水做出解释，然后请求专门的风水师来观测，于是变为了村落迁移的主体(村民)与王府负责办理相关手续相结合的过程。风水知识最先为以管理村落为目的(而培养)的官僚风水师专有，后逐渐在民众中普及，在这个过程中，村落迁移的主导者也从王府变为迁移现场的村民和村落的直接负责官员，风水专家即官僚风水师就村落迁移的具体内容做出技术性的指导。从《球阳》的记载中我们可以推测出村落迁移中村民与王府之间关系上的上述变化。

四、近世琉球的国家管理与村落迁移

琉球的近世始于1609年岛津氏出兵琉球。即，之前琉球与明朝建立的是册封朝贡关系，推行以贸易为中心的国家政策，但在萨摩藩统治琉球的时期，则将社会、经济等都纳入了幕藩体制之下。这个变化过程，首先体现在从翌年1610年开始的琉球检地。庆长年间在全国推行检地的同时，也颁布了作为年贡课税基础的石高制（石为米收获量的单位。近世表示土地单位时使用的米谷公定收获量。通过检地决定，作为年贡赋课的标准），当时琉球国的总石高定为89 086石。

后来萨摩藩对琉球的赋税要求逐渐加重，到1635年（宽文12）年总石高增至98 330石，纳米是最基本的年贡征税，其中到18世纪初高达12 000石的法定负担额要缴纳给萨摩藩[6]。可是在宽文年间的内检（临时性检地）中石高明显大幅下降，甚至跌破90 000石。而且不仅有来自萨摩藩的年贡负担，由于对中国贸易衰退导致的财政危机，加上内部的混乱，最终使得琉球在萨摩统治半个世纪后的17世纪下半叶走上了衰退之路。

恰好在这一时期，在萨摩研修过的羽地朝秀1666年出任尚质王摄政一职，在萨摩藩的支持下推行了一系列改革。关于改革的内容体现在羽地朝秀的法令集——《羽地仕集》中，内容涉及琉球王国生产基础的强化、权力机构的改变、打破传统习俗等多方面，给当时的琉球社会带来了极大变化。特别是农业生产力的提高尤为重要，具体来说是引入了土地开垦的仕明政策。当时推行的是分地制度，不允许农民个人对土地享有所有权，而是以村落为单位每隔一定时期进行土地重新分配。因此，无论是土地肥力的维持还是耕地的开垦都几乎无法推进。于是，羽地朝秀在得到萨摩藩的许可下于1669年发布仕明令，对仕明（开垦耕地）实行奖励。

这是土地政策上的一大变革。也可认为与萨摩藩推行的新田开发政策有关。萨摩藩的新田开发，不像其他藩由土豪来推行，而是在藩的官吏主导下开展的。为此农民也被强制性移居别处。萨摩藩建立的近世体制也波及琉球，恰在17世纪的下半叶[7]，正与羽地朝秀时期相吻合。羽地朝秀在萨摩期间亲眼目睹了萨摩藩近世体制的整备状况。也就是说，王府主导下实施的将村落迁移到适合农耕尤其是水田耕作的场所，并在那里开垦土地的政策，正是羽地的改革措施。

关于这一时期村落迁移的详情虽然尚不明了，但当时确实对间切和村落进行了大的改编。据《琉球国高究帐》记载，在此之前冲绳本岛有27个切间、322个村。到1713年的《琉球王国由来记》中则增至35个间切、431个村。可见，羽地改革在王府的村落管理中产生了重大影响。

总之，羽地朝秀的改革意味着琉球将之前依靠海路以贸易为中心的重商制度转变为将陆地管理制度化的重农制度[8]，也可以说，一直以来以自给自足生活为基础的村落转变为能够通过整修田地而获取年贡粮米的村落，农业生产力获得极大提高。

可以认为这是近世前期的村落迁移。即以同一氏族为中心的自然发生的小聚落，为

---

6 安里進等：《沖縄の歴史》山川出版社，2004年，136页。

7 梅木哲人：《近世農村の成立》，《新琉球史　近世編上》琉球新報社，1989年，189页。

8 丰见山和行・高良仓吉编：《琉球・沖縄と海上の道》，吉川弘文館，2005年，90页。

便于水田耕作而迁移、整合形成新的聚落。不过几乎没有看到关于这一时期村落迁移的历史记录。只是在各个村落的村落史传承或村落祭祀时举行仪式的迁移之前的聚落，即"古岛"中留下了相关的记忆。

近世前期琉球的村落迁移还需另写作文章去考察，本文的研究对象是1736年以后《球阳》中记载的村落迁移。在与近世幕藩体制相适应的社会、经济制度改革中，为提高农业生产力琉球王府推行了一系列村落管理政策，可以说村落迁移就是在这些政策的延长线上展开的。

《球阳》中出现村落迁移的记录是在18世纪初到中叶，在琉球史上可以说属于剧变的时期[9]。1724年，萨摩藩对琉球的石高要求激增，增加了3 346石，总量高达94 230余石，成为实质性的年贡增税。为应对这种情况，琉球王府从乾隆元年(1736年)到乾隆十五年(1750年)自行展开了土地丈量。最终统计，水田面积在17世纪初庆长检地后名寄账中所记的是约26 000反(土地面积单位，1反约为991.7平方米)到乾隆检地时竿入账约60 500反，约是之前的2.3倍，同样旱田面积也从约61 000反扩大了约2.4倍达到约144 000反。这次检地运动被称为乾隆检地，目的之一是明确开垦后扩大的耕地及耕种人，把握越过村落或间切边界到其他地域耕作等错综复杂的状况，并予以整理。在这个过程中，也涉及了耕地的交换、间切边境的变更及村落的迁移和村民的移居等[10]。

五、总结

近世以后的琉球，由于被纳入了幕藩体制而需上缴粮米作为贡租，因此产生了新的经济负担。这就意味着国家迫切需要完成从之前的重商主义到重农主义的转变。

主导近世初期改革的羽地朝秀，推行鼓励农业的政策，为提高农业生产力奖励开垦即仕明。为推进改革，就需要进行水利和稻作农耕的集约型劳动力，而之前以自给自足为主的小聚落并不适合，因此需要将村落迁移到适合水田耕作的场所，与此同时也伴随着各地小聚落的整合。现在虽然还不明确王府是如何干预村落迁移的，但可以认为这是琉球村落迁移的原点。并且，康熙三十六年(1697年)的《法式》中的有风水师参与河岸仕明的记载[11]，从这点来看，羽地的仕明政策中有可能运用了风水理论。

18世纪上半期，琉球面临着种种社会矛盾，出身于久米村的蔡温开始着手解决这些矛盾。蔡温，1728年出任琉球王府最高职位的三司官后，实行了种种社会改革。前面

9　羽地改革对仕明进行奖励，耕地开发虽然获得了进展，但入会地(公用地)变小，割草打柴等变得困难起来。且仕明地内地头们和地方官员比较集中，致使纷争频发，加之由于卖身导致"家庭解体"或农民进城务工，农村人口减少使得农村管理的各种矛盾爆发出来。因此1689年开始禁止仕明。(丰见山和行・高良仓吉编《琉球・沖縄と海上の道》，吉川弘文館，2005年，92页)

10　同6，173－175页。

11　同4，38页。

所提到的乾隆检地(1736—1750年)，对确立起王府的村落管理无疑是一重要举措。最终，需要整合通过仕明扩大出的、错综复杂的耕地，于是村落迁移也顺时而生。我们可以通过表1(1)的事例推想出这种情形。也就是说，正是因为下我部的周围没有可供开垦的地方，才渡过海峡到现我部一带找到仕明地的。同时也可以推断正因如此才将村落迁移到离耕地较近的场所。古我知与振庆名也是如此。表1(2)濑底岛与表1(5)宫古岛的村落迁移也可以说正是基于这一事由。在整合跨越间切和聚落边境的耕作地及仕明地的过程中，确立了作为农业生产基石的行政村，正是在村落移动初期的蔡温时代。

蔡温能看懂王城和国庙、甚至玉陵的风水，是拥有丰富风水知识的官僚风水师，他不断将风水思想引入国家管理战略中。雍正十三年(1735年)的“间切公事帐”规定了“山当方”的职务，负责管理“御风水山”，在山林政策中便渗透着风水思想[12]。此外，《三府龙脉碑记》中还记载了蔡温用风水理论反驳当时作为国家事业的首里迁都论和运河掘削计划，结果计划被搁浅的事情[13]。可以推想蔡温在国家战略性的村落迁移中也运用了风水理论。不过，有关蔡温本人实际观测过村落迁移风水的文献似不存在。

村落迁移的记载中加入风水善恶描述是迁移中期以后的事情了，即在蔡温之后。蔡温之后琉球王府中应该仍然继续雇用官僚风水师，那么他们就会负责观测有关村落迁移的风水。而且在村落迁移中除风水师外王府其他官员参与进来的制度在不断完善，村落迁移的主体也从王府转移到村民，这些已在前面论述过。在这样的背景下，我们可以获知风水知识从王府占有到民间普及的转变。

不过，并没有只是因为风水方面的理由而迁移村落的事例，而是几乎所有的记录中都出现了水利和交通条件的好坏。村落迁移的最大目的是振兴农业，即如何确保对水田耕作有利的土地，如何将村落选址在取水、水田耕作都便利的地方等。在选址过程中，运用风水(学)的技术，基于山的布局水的流势对环境做出判断，正表明了近世琉球的村落迁移与风水的关系。

在很早以前就构筑起农业社会的中国和日本，自一开始村落就形成在适合水田耕作的地方。因此虽然有村落散开的情况，却几乎没有出现过迁移。与此相反，近世以前的琉球聚落多依靠烧田和海洋资源，过着自给自足的生活；而到近世以后，发生了以水田农耕为主的社会变革，其中的很多村落就需要迁移。所以，“像冲绳有如此众多村落迁移的地方再别无他地了”。

附记：本文由神奈川大学历史民俗资料学研究科博士班学生王新艳翻译。在此一并表示感谢。

---

12 同4，38页。

13 小熊诚：《南島文化人類学への誘い－中国から来た風水思想》，冲绳国际大学公开讲座委员会编《南島文化への誘い》，那霸出版，1998年，第159－160页。

冲绳久米村阮氏、毛氏门中清明墓祭的调查

冲縄久米村の阮氏と毛氏門中の清明墓祭調査について

林国平*

摘　要

本文对冲绳久米村阮氏、毛氏的门中清明墓祭进行实地调查，侧重考察了清明墓祭仪式，进而分析冲绳久米村清明墓祭的受容与演变。认为：早期的闽人三十六姓为了延续中国传统文化中的以父系为中心的血缘关系，他们坚持“同姓不婚”，热衷于修族谱，建祠堂，举行隆重的清明墓祭活动等，力图全盘继承中国的祭祖礼仪。但是，处在冲绳文化包围之中的久米门中的祭祖习俗也不可避免地随着时间的推移而发生相应的变化，本土色彩愈来愈浓厚。特别是第二次世界大战以后，冲绳的清明墓祭民俗发生很大的变化。在祭祖的观念上，中国的传统的慎终追远、敦亲睦族及行孝品德观念虽然在久米门中的墓祭中也有所体现，但逐渐淡薄；在祭祀仪式方面，举族祭祀、祭品用三牲、焚烧纸钱香烛、行三献礼等中国墓祭礼仪至今仍可见到，但仪式比较简单且无统一的程式、祭品数量少，深受冲绳本土文化的影响；在祭祀组织上，祭主由二战前的由门中中有声望的人轮流担任，演变为由本家担任，并允许女子参加清明墓祭祖活动。尽管冲绳三十六姓的祖先是在400年以前来到冲绳，其后裔早已是地地道道的日本人（与其他国家的华侨不同），但他们内心深处仍拥有无法割断的“中国”情结。近年来，久米村门中与福建迁出地的家族的往来十分密切，许多门中多次派人到福建寻根谒祖，帮助修建祠堂，甚至与中国其他地区的同姓家族建立密切关系。

要　旨

本稿、沖縄久米村の阮氏と毛氏門中の清明祭について現地調査を行い、特に清明祭の儀礼に重きをおいて観察し、そして沖縄久米村における清明祭の受容とその変遷を分析したものである。

---

* 林国平：福建师范大学社会历史学院教授。

早期の閩人三十六姓は中国の伝統文化における父系を中心とした血縁関係を維持するために、彼らは「同姓不婚」の習慣を堅持し、族譜を編纂し、祠堂を建て、また清明祭を盛大に挙行し、中国の祖先祭祀儀礼のすべてを継承しようと努めていた。しかし、沖縄文化に囲まれる中、久米門中の祖先祭祀習俗も時間の推移に伴って相応の変化が生じられ、強く現地化されつつあった。特に第二次大戦後、沖縄の清明祭の習俗は大きな変化を生じた。祖先祭祀の観念において、中国の伝統の「慎終追遠」や、「敦親睦族」や、「孝」の重視などの道徳観念も久米門中の墓祭の中に現れたところがあるが、そういった観念は徐々に薄れていった。また、祭祀の儀礼において一族を挙げて祭り、三牲を供物とし、線香、紙銭及び蝋燭を用い、三回の献礼を行うといった中国式墓祭の儀礼は現在まで見られるが、儀式が比較的に簡単であり、且つ統一的な形式がなく、供物が少ないといった、沖縄のローカルな文化の深い影響を受けたのであろう。さらに、祭祀組織において、祭主という役は戦前において門中の人望の高い人から順番に選ばれたが、今は本家の者しか選ばれていない。しかも、女性の祭祀参加も認められている。

沖縄の三十六姓の祖先が400 年前に沖縄に移住したとはいえ、その末裔たちはすでに正真正銘の日本人となっていた(ここは他国にいる華僑と違っている点である)。しかしながら、彼らは内心の奥深いところに断ち切れない「中国」へのこだわりを持ち続けているのであろう。近年、久米門中と福建にある祖先の原籍地の家族との間では大変盛んに交流している。多くの門中は福建に人を派遣し、祖先のルーツを探し、祖先の故郷を訪れ、または祠堂の建て替えに援助したりしており、中国の他の地域の同姓宗族と緊密な関係を結ぶ門中すら出ている。

冲绳古称琉球，与中国有非常密切的往来。明代初期，琉球王国开始定期向中国进贡，一直延续到清代后期。洪武二十五年(1392 年)，明廷应琉球察度王的请求，赐三十六姓汉人给琉球，[1] 以加强中琉之间的交往。这三十六姓汉人主要是福建人，史称“闽人三十六姓。”闽人三十六姓移居琉球后，集中居住在久米村(古代称“唐营”、“唐荣”等)，他们带去中国传统文化，并努力加以传承和对外弘扬，对冲绳民俗文化产生一些影响。

清明墓祭是中国的传统，体现了儒家的孝道思想。闽人三十六姓移居琉球后，清明墓祭的传统必定继承下来，据《蔡家家宪》记载，雍正六年(1728 年)，蔡氏门中决定进

1 《阮氏家谱・阮氏家谱序》。

行清明墓祭。[2] 乾隆三十三年(1768 年)，尚穆王决定在清明节祭祀第二尚氏王墓的玉陵和极乐陵。大约在十八世纪末逐渐在首里、那霸的王府官人中普及，后来又影响琉球一些地方的百姓，取代冲绳原有的正月十六的墓祭，或正月十六和清明墓祭并行，成为新的民俗。[3] 随着时代的变迁，冲绳清明墓祭也发生一些变化。

2004 年 4 月，笔者与指导教官小熊诚教授(原冲绳国际大学，现在神奈川大学，社会学专业)一起，对久米村阮氏、毛氏的门中清明墓祭进行实地考察。

一、阮氏门中清明墓祭

冲绳阮氏始祖为阮国，福建漳州龙溪(今龙海)人，生于嘉靖四十五年(1566 年)，卒于崇祯十三年(1640 年)。万历二十二年(1594 年)奉中国官府之命护送琉球进贡使回国，首次抵达琉球。此后，多次护送使者往返于中琉之间，得到琉球万阮国的赏识。万历三十五年(1607 年)，应琉球国王尚宁的追加赐姓请求(明初所赐三十六姓的后裔不多，影响两国的交往)，阮国正式加入琉球国籍。《球阳》记载："万历丙申(应是"丙午")，王遣王舅毛凤仪等，谢袭封恩，附奏洪武永乐年间，赐闽人三十六姓，其子孙知书者，授大夫长史，为贡谢之司；习海者，授通事总官，为指南之备。至于今日，世久人湮，文字音语，海路更针，已至违错。伏乞依准往例，更赐数人。礼部以闻，翌年丁未，神宗仍以阮国、毛国鼎二人，许入本国臣籍，即今唐荣阮、毛氏是也。"[4]《阮氏家谱序》有类似的记载："考之明洪武永乐间，前后命闽人教其国者三十六姓，世居唐荣，以备出使之选。其时相传已久，子孙凋残，王欲以阮国补诸姓之无传者，于万历三十五年九月二十八日题准，以阮国、毛国鼎抵中山，阳宅唐荣，食采地，是琉球国之有阮氏自国始。"阮国历任政议大夫、都通事，拜西原间切我谢地头职等。

阮氏在琉球繁衍出十二个支派(日本称之为"家")[5]：我谢家、宜保家、山田家、真荣城家、小度家、名城家、与古田家、真玉桥家、筝宫城家、真荣田家、吉元家、许田家、神村家，至今分布在冲绳各地，有的还定居东京。每年清明门中祭，冲绳阮氏各支派都派人参加。

阮氏门中清明墓祭由阮氏我华会(成立于 1997 年 11 月)主办，准备工作从 4 月 4 日清明节上午九点就紧锣密鼓地开始。阮氏我华会的理事们兵分两路，一路到阮国公墓洒扫、搭帐篷、摆供品、接待祭祀者等。另一路由会长真荣田世行先生率领(共四人)，驱车前往浦添公园的尚宁王墓地祭祀。他们认为，元祖阮国公得到尚宁王的赏识和诸多

---

2 "门中"，又有"一门"之称，在冲绳是指祭祀已成为神灵的祖先的父系血缘集团。详见平敷令治《冲绳的祖先祭祀》第 63 页，第一书房，1995 年 9 月。

3 详见平敷令治《冲绳的祖先祭祀》第 93 页，第一书房，1995 年 9 月。

4 《球阳》卷四"十九年神宗补赐闽人阮国毛国鼎"条。

5 关于中国的"家"和日本的"家"的区别，参见小熊诚《关于中国的家和日本的家的考察》，文载《中国研究》1988 年 10 月号，第 23 页－33 页。

恩惠，所以要先祭拜尚宁王，而实际上来这里祭祀尚宁王的还有不少其他家族，其原因尚待进一步查明。

10 时许，到达尚宁王墓，由于今年的尚宁王墓正在考古中，只能在门口祭祀。阮氏的祭品与其他家族不同，是切成小块的三牲、年糕、酒、茶、醋、香、纸钱等，除了礼拜外，还将年糕、三牲等用筷子夹进夹出，象征供上新的祭品（以后各处祭祀具有此举），整个祭仪十分简单，前后不过五分钟时间。

祭毕尚宁王墓，驱车到浦添内间，10 时 25 分抵达。在居民区旁边的山崖下，有两块 1962 年 11 月 16 日建立的用水泥做成的简陋的墓碑，分别书写“仲西野吕之墓”和“仲西世代墓”。有不少人来这里祭拜，其他人先祭拜仲西世代墓，后祭祀仲西野吕之墓，而阮氏只祭拜仲西野吕之墓，祭仪与尚宁墓相同。

10 时 35 分，驱车到神女家，在神女坛进行类似的祭仪，祭拜过程，自始至终未见神女，一切祭仪由阮氏我华会会长等主持。祭毕，部分祭品送给神女家。

随后，驱车直奔始祖阮国墓。阮国墓位于首里城附近的识名灵园门中墓地内，原来的坟墓在第二次世界大战时被破坏，现有的坟墓是第二次世界大战后构地新建的。该墓由阮氏元祖墓之崇茔、墓所守护神、敕入球阮氏元祖之墓、阮氏神村本家之墓、始祖阮国公来琉四百年纪念碑等组成。始祖阮国公来琉四百年纪念碑落成于 1997 年 11 月，正面碑文记载始祖阮国公生平事迹，背面说明此石碑从始祖诞生地福建省龙溪县运来。虽然当天的天气不是太好，但前来参加祭祖的阮氏后裔还有 150 人左右，其中以男人、老人居多，妇女、青少年占少数，坐满了墓埕。

正午 12 时，阮国公清明墓祭正式开始，12 时 30 分前后结束，祭仪由阮氏我华会会长真荣田世行主持。祭拜的顺序是：①祭拜中国的阮氏元祖墓之崇茔；② 祭拜墓所左侧的守护神（类似于中国的“后土”神）[6]；③祭拜琉球始祖阮国氏之墓；④祭拜阮氏神村本家之墓。图示如下：

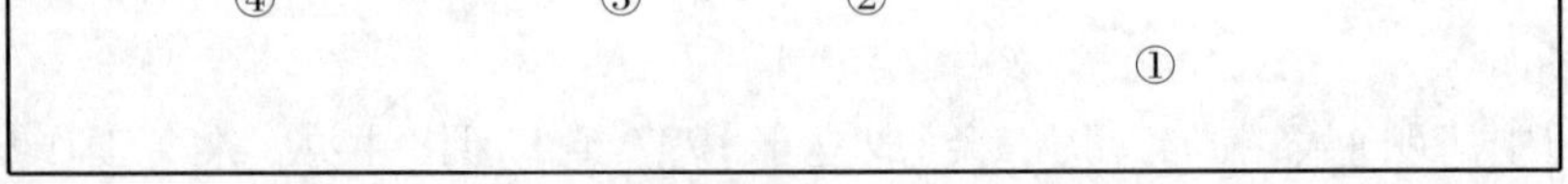

不同灵位的祭仪大同小异，基本程序如下：

1. 全体正座
2. 礼拜
3. 祭主供奉茶和酒
4. 祭主供香
5. 全体合掌

6　详见窪德忠《冲绳的民间信仰》第 86 – 91 页，ひるぎ社，1989 年 3 月。

6. 祭主焚烧纸钱(在阮氏元祖墓之崇茔和后土神位前无焚烧纸钱)，并象征性地翻动和置换新祭品。

7. 全体合掌

8. 礼毕

阮国公墓前祭品和中国元祖、墓所守护神、本家墓前祭品有些不同：

琉球始祖阮国公墓前祭品

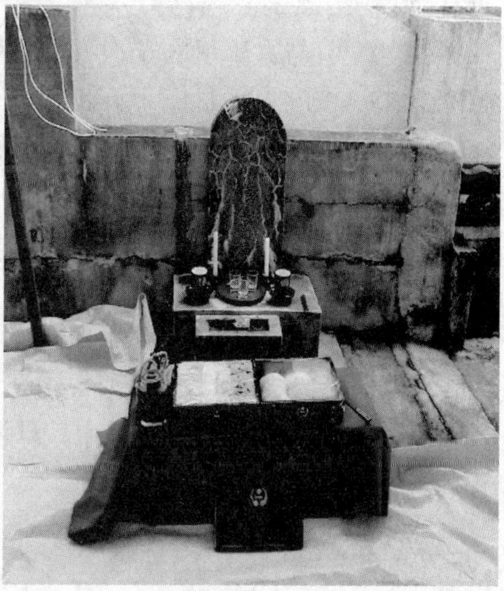

中国元祖崇茔、墓所守护神、本家墓前祭品

4 月 11 日，我们驱车来到冲绳中部的具志川，参观阮氏的三世祖起龙墓清明墓祭。据《阮氏家谱》记载，阮起龙为阮士元的次子，娶富氏宫平亲云上永盛的次女真那武樽为妻，从这一支派分出许田、与古田、宜保三家，子孙兴旺。

墓祭仪式在正午12时举行，由门中会会长与古田德修先生主祭，先拜墓左侧守护神，次拜本宗祖先，祭品也是切成片状的三牲肉，仪式与阮氏神村本家之墓祭完全相同，无需赘述。随后，与古田德修会长发表演说，会计做门中会的经费收支报告，与古田光助先生介绍平成10年起龙门中墓的开门、移墓情况，最后与古田德修会长作成立新门中会的说明。其中，散发的"起龙门中墓开墓·移墓记录"有史料价值，整理转录如下：

起龙门中墓开墓·移墓是在平成10年(1998年)的12月19日午前10时15分至午前11时55分进行(干潮时)，发现的遗骨、牌位、骨壶等遗物十多件：

瓦烧位牌 正面：显考祖正议大夫阮公讳起龙神主[7]

显祖妣富氏净愿儒人神主[8]

背面：康熙三十九年康辰六月十三日 卒[9]

康熙五十二年癸巳十二月一日 卒

(1)阮世晋　与古田亲云上 三女真鹤

乾隆五十七年壬子正月二十八日 卒

卒号 纯淑　嘉庆五年庚申四月十六日洗骨

(2)阮功发　名城亲云上

嘉庆二十四年己卯十一月初八日 卒

同二十年庚辰八月十二日　洗骨[10]

(3)阮民仪 行四男

妻真鹤 光绪十四年　合骨

(4)阮氏四男 与古田里之子次女 亀

乾隆五十一年丙午三月二十五日 洗骨

阮氏四男　里子亲云上长女满津号靖节

(5)不明

(6)　　　　嫡子许田启魁继室真牛

光绪丁亥十一月七日　洗骨[11]

(7)与古田阮氏世英　乾隆四年十一月三日[12]

大正八年旧十二月二十六日到中国洗骨

(8)①咸丰十二年壬戌正月二十二日许田释亲云上正春妻次子许田里亲云上启魁犹子思仁王　洗骨同入

② 同治五年丙寅嫡子许田亲云上正春妻　洗骨

7　"显考祖"应是"显祖考"之误。

8　"儒人"应是"孺人"之误。

9　"康辰"应是"庚辰"之误。

10　"同二十年庚辰"应是"同二十五年庚辰"之误。

11　光绪丁亥年为光绪十三年。

12　在中国去世。

③中议大夫天久亲云上室故西铭亲云上女子

④正议大夫亲云上室富氏宫平亲云上女子

(9)合骨

(10)合骨 宗宝

(11)骨壶　小壶　无名

(12)同日 阮氏(八世)功烈与之有关的遗骨入墓

开墓·移墓之时，还在城北寺举行诵经活动，由柴田住职主持。

参与开墓·移墓的有起龙门中的横田英明等十五人。

上述资料中有三点值得注意，一是牌位的书写方式与中国不同，只写明去世时间，没有写明出生时间；二是洗骨习俗十分流行，甚至到中国去洗骨，如与古田阮氏世英，乾隆四年十一月三日在中国去世，埋葬在中国，大正八年旧十二月二十六日专程到中国洗骨，此类活动恐怕是特例；三是开墓·移墓之时，还举行诵经活动，冲绳葬俗也受到佛教的影响。

二、毛氏门中清明墓祭

冲绳毛氏元祖是毛国鼎，福建漳州龙溪(今龙海)人，生于隆庆五年(1571年)，卒于崇祯十六年(1643年)。万历二十八年(1600年)与阮国一道护送琉球请封使蔡奎回国，首次到达琉球。万历三十四年(1606年)，奉琉球国王命作为上京都通事随王舅毛凤仪等进京进贡谢恩，得到琉球万阮国的赏识。翌年，应琉球国王尚宁的追加赐姓请求，与阮国一道正式加入琉球国籍，赐宅第于唐荣，即给俸禄。毛国鼎历任通事、长史司、正议大夫等。此历史在明代礼部咨文和《久米毛氏家谱》都有详尽记载。

毛氏在琉球繁衍出十八个支派(含本宗)：与世山、伊佐、普久岭、安仁屋、阿贺岭、许田、田里、喜濑、与仪式、奥间、南风原、奥间、垣花、喜久山、桑江、吉川、奥村、安富祖家，分布在冲绳各地、本土和海外。每年清明门中祭，冲绳毛氏各支派都派人参加。

毛氏始祖墓地位于安里，为国王所赐，由始祖毛国鼎墓、本家墓、毛国鼎公三百五十年祭纪念碑等组成，是一个独立墓园，周围树木葱郁，过去目前还有风水池，环境相当优美。

毛氏祭祖仪式在清明节当天下午2时10分开始，由于天气看上去要下雨似的，约200人前来参加祭祖活动的毛氏后裔集中在毛氏始祖墓地只有咫尺之远的久米毛氏国鼎会会馆二楼会议室，通过麦克风将祭祖仪式的传送进去。

毛氏的祭祖仪式自始至终由本家担任主祭。先祭祀本家墓，由本家与座信义先生主祭，两个儿子陪祭。接着祭祀始祖毛国鼎，由本家与座信义先生主祭，久米国鼎会的会长、事物局长等陪祭。

毛氏始祖墓前祭品

毛氏的祭祖仪式也比较简单，与阮氏大同小异，前后约半个小时。值得注意的是祭品。毛氏的祭品也是三牲，但保留更多的中国传统色彩。与阮氏的三牲切成小片装入盘子不同，毛氏的三牲中的鸡是完整的一只，鸡尾和鸡翅上分别插上三支和二支白色的长鸡毛，呈扇形状。鱼也是完整的一条，上面放一双筷子。三味肉也是四方形的一块，约5斤，有一把刀子切入三味肉的中间。祭品中还有一捆甘蔗，共15根，每根约50厘米长。另外，毛氏祭祖使用的冥香不是冲绳的冥香，而是从台湾购买的，大人每人点三支，小孩点一支。

毛氏始祖墓祭祀结束后，主祭人即刻驱车到首里城附近的识名灵园郑氏祖墓祭祀。之所以祭祀郑氏祖墓，是因为毛国鼎娶郑肇祚之女思玉为妻，未生育，领养正议大夫国场亲云上郑藩献之长子世显为继，是为毛氏二世祖，使毛氏薪火绵延不绝，因此清明墓祭祀毛氏始祖之后，也不忘祭祀郑氏祖墓。

参与祭祀郑氏祖墓的人不多，共10人(2女8男)，其中4名为郑氏，6名为毛氏。祭仪略同毛氏始祖祭，但祭品简单，类似于毛氏始祖祭后的参祭者吃的弁当。

4月18日，我们参加了毛氏水釜奥间门中清明墓祭。奥间门中的坟墓位于冲绳中部的嘉手纳，墓主为五世祖朝祥(1737—1800年)，秀才出身，任历任通事、遏理座敷、奥里间之主亲云上等，生三男三女。祭祀仪式在下午2时开始，在这之前，已经派人到其他地方祭祀分支祖先东奥间、前奥间、垣花奥间之墓。

祭墓之前，先由久米毛氏国鼎会会长吉川努先生给奥间家的在读学生颁发奖学金，奖学金的金额分小学一年级、二年至六年级、初中、高中、大学等不同级别，逐级增加。对于特别优秀的学生，另外颁发奖状和奖学金。如嘉手纳中学二年级的奥间贵佑君因获得全国中学生机器人比赛的团体冠军，久米国鼎会会长就颁发给予奖状和奖学金。

随后，举行墓祭仪式，祭主由奥间本家的奥间伟功会长担任，祭祀的顺序是：①祭拜墓所守护神；②祭拜本家墓；③朝大海方向祭拜龙宫之神；④朝那霸方向祭拜六世秉仁之弟秉礼之墓和中祖垣花的奥间之墓。图示如下：

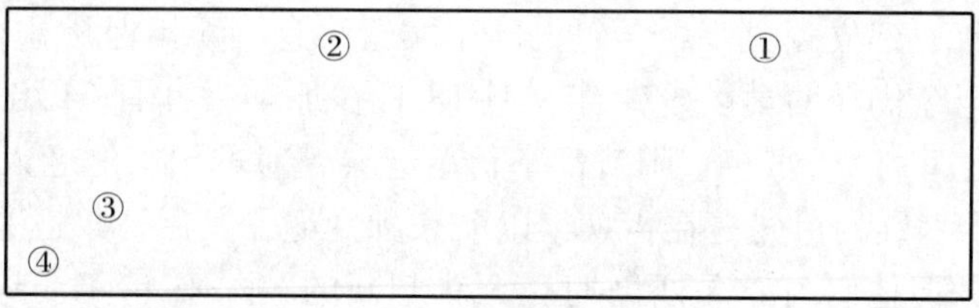

之所以朝大海方向祭拜龙宫之神，是因为元祖毛国鼎多次往返于冲绳和中国、日本，得到海神的保佑，子孙祭拜海神，以志不忘之恩。朝那霸方向祭拜六世秉仁之弟秉礼之墓和中祖垣花的奥间之墓，祭拜，是因为秉礼和垣花在开辟新家园，对于家族的繁荣做出重要贡献。[13]

祭祀仪式与祭祀元祖毛国鼎基本相同，所不同的是，祭祀墓所守护神时，焚烧的是白色纸钱，而祭祀本家祖先时，焚烧的是黄色纸钱；所点的冥香是冲绳生产的，而不是从台湾购买的中国式的冥香；祭品也是整条的鱼、整头的鸡(未插羽毛)、整块的猪肉和白色年糕，没有甘蔗和黑色年糕。

三、冲绳久米村清明墓祭的受容与演变

在古代冲绳，闽人三十六姓是一个担任特殊职业(主要从事翻译、航海、文职官员等)并享有某些特权的社会集团。他们的祖先从福建移居而来，力图保留着一些中国的文化传统。为了延续中国传统文化中的以父系为中心的血缘关系 他们坚持“同姓不婚”，[14] 热衷于修族谱，建祠堂，举行隆重的清明墓祭祖活动等。一般的程序和祭礼是，清明前一天，到祖墓洒扫，第二天，同一家族聚集先祖墓所，供三牲、午糕、糕点、水果等祭品，焚香燃烛，奠酒烧纸钱等，虔诚祭拜一番。祭祖毕，参与祭墓地族人在墓所与祖先一道品尝祭品。[15] 许多家族对清明墓祭祖十分重视，从祭品的数量、品种、调理、祭日的选择、祭祀前的斋戒沐浴、书写牌位、选择主祭人、执事、礼生，祭品的排列、祭祀的程序等等都有相当严格的规定，几乎全盘继承中国的清明墓祭祖礼仪。[16] 第二次世界大战以后，冲绳的民俗发生很大的变化，但从阮氏、毛氏的清明墓祭祖活动看，一些中国的清明墓祭祀传统诸如举族祭祀、祭品用三牲、焚烧纸钱香烛、行三献礼等至今仍可见到。与冲绳其他门中大不相同，久米门中不纯粹是祭祀组织，而且继承了中国宗族的敬老、助学的传统，如毛氏自1952年开始助学，每年墓祭时向本门中在学子弟赠送文具，后来发展为发送奖学金，尽管数额不大，但毕竟体现了门中会对子弟教

13　详见《(水釜发祥)由来记》碑文，奥间伟功《奥间家祖先的历史和我的战争体验》，平成165年10月。

14　小熊诚：《近世琉球的士族门中的姓的受容与同姓不婚》，文载未成道男《中原与周边》，第263－283页，风响社。

15　具志坚以德、国吉有庆编著《久米岛的民俗》第32页，久米崇圣会发行，平成元年五月。

16　详见《树德堂梁氏龟岛家规模帐》、《王氏上运天家规模帐》，参见具志坚以德、国吉有庆编著《久米岛的民俗》第33－34页，久米崇圣会发行，平成元年五月。

育的关怀。1958年，建立育英基金，对大学生实行无息、无担保贷款，至1970年12月已帮助41人，[17] 至今仍在助学。1971年9月18日在那霸举办有64名70岁以上的阮氏老人参加的敬老会，[18] 以后每年重阳节都举行敬老会，对本门中的老人进行慰问。

尽管冲绳三十六姓的祖先是在400年以前来到冲绳，其后裔早已是地地道道的日本人(与华侨不同)，但他们内心深处仍拥有无法割断的"中国"情结。近年来，久米村门中与福建迁出地的家族的往来十分密切，许多门中多次派人到福建寻根谒祖，帮助修建祠堂，甚至与中国其他地区的同姓家族建立密切关系。以阮氏为例：1987年7月27日，久米阮氏代表真荣田世行先生和毛氏、王氏的代表及学者组成访问团，到福建漳州调查中国的家谱和祖庙，确认漳州市龙海县角美镇石美镇的石美埭头村的世德堂为其福建祖庙，初次与中国阮氏族亲进行交流。1988年1月2日，以神村义人先生为团长的一行12人组成的福建省漳州市阮氏祖庙(世德堂)第一次调查团，参加福建漳州阮氏祖庙的盛大的祭祀大典；1992年6月23日，真荣田世行先生在香港访问之际，访问了香港阮氏宗亲会，建立了往来关系；同年7月13日，真荣田世行先生、吉元康雄先生访问台湾阮氏宗亲会，建立了往来关系；同年10月10日，与古田永宏先生、真荣田世行先生、与古田光助先生出席台湾屏东阮姓宗亲会会馆落成庆典；同年10月17日，中国阮氏宗亲会代表阮其尾先生、阮位东先生和漳州市旅游局局长王作民先生访问冲绳阮氏我华会，商谈漳州市阮氏祖庙(世德堂)修建问题；1993年8月12日，真荣田世行先生、宜保胜良先生出席福建省漳州市阮氏祖庙(世德堂)修建工程理事会，商讨修建费用；同年12月28日，以与古田永宏先生为团长的一行11人，参加福建省漳州市阮氏祖庙(世德堂)修建工程落成庆典，阮氏我华会和阮氏宗亲108人共捐资4558000日元帮助修建世德堂；1997年11月9日，举行始祖阮国公来琉四百年纪念暨阮氏我华会创立十周年纪念，邀请中国阮氏宗亲会、香港阮氏宗亲会、台北阮氏宗亲会、台中阮氏宗亲会、屏东阮氏宗亲会派代表参加，中国阮氏宗亲会、台北阮氏宗亲会、台中阮氏宗亲会因故不能参加，使会议组织感到十分遗憾。[19] 实际上，这种中国情结在清明墓祭中也有所体现，如阮氏清明墓祭时要先祭祀中国元祖，即是慎终追远，不忘渊源所自。

但是，久米村闽人三十六姓的人口在琉球占绝对少数，而且中国的移民没能源源不断地补充进来，因此，处在冲绳文化包围之中的久米门中的祭祖习俗也不可避免地随着时间的推移而发生相应的变化，清明墓祭祖的本土色彩愈来愈浓厚。如毛氏在第二次世界大战以前，清明墓祭祖只能男子参加，每年约80人。第二次世界大战后，女子也可以参加清明墓祭祖活动，祭祖的人数增加到四百多人。《久米毛氏总家谱·沿革史》的作者认为，允许女子参加清明墓祭祖，是由于战后民主主义的缘故，而实际上更多的恐怕是接受了冲绳本土的女子不但可以参加夫家的祭祖也可以参加娘家的祭祖的文化传

---

17 《毛氏总族谱·沿革史》。

18 《毛氏总族谱·沿革史》。

19 阮氏纪念志编集委员会编：《始祖阮国公来琉四百年纪念、阮氏我华会创立十周年纪念：阮氏纪念志》，第75－76页，1998年9月。

统。毛氏在二战之前的祭主由门中中有声望的人轮流担任，负责清明墓祭的一切事务，每年5月选定下一任祭主。第二次世界大战之后，由久米国鼎会组织清明墓祭祖活动，但主祭则由本家担任。毛氏门中每五年要举行一次环东部拜神活动，其参拜顺序：大里城チチン御井→ 大里祝殿内→久阳森之御岳→与那原亲川→知名区之太阳御川→知名御川→斋场御岳→受水走水→仲村渠 通川→ミンドン，共10处。毛氏门中的环东部拜神活动显然受琉球王室定期环东部拜神活动的影响，所祭拜的神灵和拜神路线也大致相同。[20] 久米村门中还受日本文化影响，举行隆重的25年忌和33年忌。[21]

在祭祖的观念上，中国的传统的慎终追远、敦亲睦族及行孝品德观念虽然在久米门中的墓祭中也有所体现，但逐渐淡薄。正如毛氏奥间门中会会长奥间伟功先生在《奥间家祖先的历史和我的战争体验》一书的《序》中所说的：他小孩的时候，参加盛大的毛氏门中的清明墓祭，门中一族在祭祀祖先之后，一起交流，品尝供品三牲肉，对自己作为毛氏家族的一员感到骄傲。大约十日后参加水釜奥间门中的清明墓祭，同样感受到自己是在同族的浓厚友情和和睦团结中成长起来的。他认为，自古以来，参加清明墓祭的人都是怀着缅怀祖先遗德，尊崇、祭拜祖灵，祈祷子孙繁荣，使现世人的内心得以安宁而来的。但是，近年来，随着时代的推移和社会的变革，特别是从嘉手纳到那霸参加清明墓祭的人中带孩子来的急遽减少，另外到水釜奥间他参加清明墓祭的年轻人也减少了。他认为，出现这种状况，虽然是每个人的价值观的不同，但各家庭在与亲子的对话中，没有进行诸如要爱护家族、尊崇祖先、祝福子孙繁荣的教育是其重要的原因。[22] 奥间伟功先生今年有70多岁，他的亲身经历和感受真实地反映了近百年来久米门中清明墓祭在观念上的一些变化。

在祭祀仪式方面，久米村清明墓祭的仪式十分简单，绝无中国祭祖仪式那样繁缛；久米村清明墓祭的祭品数量也很少，而且同一祭品可以在不同的祭祀场合多次使用，只要从中象征性地置换若干祭品即可，不像中国祭祖那样追求排场，祭品堆积如山，祭祀不同祖先不能重复使用同一祭品。值得注意的是，同时从福建同一地方移民来冲绳的阮氏和毛氏，经过数百年的发展，祭祖仪式也存在明显的差别，诸如毛氏的本家在祭祀始祖之后，又参加并主持郑氏清明墓祭仪式；毛氏水釜奥间门中在祭祀本宗祖先之后，又朝那霸方向祭拜辈分更低的秉礼之墓和中祖垣花的奥间之墓，这些习俗在中国是不可能见到的，反映了久米村门中清明墓祭祖习俗受到冲绳本土文化的影响是非常深刻的。

注：本文为日本国际交流基金资助的“中国福建与冲绳的民间信仰的比较研究”课题的成果之一，与指导教官冲绳国际大学小熊诚教授共同调查所得，并得到久米村阮氏、毛氏门中的帮助，特此鸣谢！

---

20 详见吉川其以、桑江润之等编集：《久米毛氏总家谱》，久米国鼎会发行，昭和四十七年(1972年)1月。

21 参见具志坚以德、国吉有庆编著：《久米岛的民俗》第60－61页，久米崇圣会发行，平成元年五月。

22 奥间伟功《奥间家祖先的历史和我的战争体验》，平成165年10月。

附录：

1. 阮姓门中家纹

2. 清明祭仪式

清　明　祭

※　正午開始

※　司　　会

＊　只今から平成１３年 始祖 阮國公 の清明祭を執り行います。

＊　祭主は阮氏我華会 理事長 真栄田世行 にお願いします。

①　最初は中国へのウトゥーシをします。

イ）一同、正座をして下さい
ロ）一同、礼
ハ）祭主はお茶とお酒をお供えして下さい　（祭主の動きを見て間を持つ）
ニ）祭主は香をあげて下さい　（祭主の動きを見て間を持つ）
ホ）一同、合掌
ヘ）（お供え物のウッチヘーシをするので祭主の動きを見て間を持つ）
ト）一同、合掌

②　次は、トゥーティクーにお供えします。

イ）一同、正座をして下さい
ロ）一同、礼
ハ）祭主はお茶とお酒をお供えして下さい　（祭主の動きを見て間を持つ）
ニ）祭主は香をあげて下さい　（祭主の動きを見て間を持つ）
ホ）一同、合掌
ヘ）（お供え物のウッチヘーシをするので祭主の動きを見て間を持つ）
ト）一同、合掌

③　これより始祖 阮國公 にお供えします。

イ）一同、正座をして下さい
ロ）一同、礼
ハ）祭主はお茶とお酒をお供えして下さい　（祭主の動きを見て間を持つ）
ニ）祭主は香をあげて下さい　（祭主の動きを見て間を持つ）
ホ）一同、合掌
ヘ）祭主はウチカビ（紙銭）を焚いて下さい（祭主の動きを見て間を持つ）
ト）一同、合掌

④　最後になりますが神村本家にお供えします。

イ）一同、正座をして下さい
ロ）一同、礼
ハ）祭主はお茶とお酒をお供えして下さい　（祭主の動きを見て間を持つ）
ニ）祭主は香をあげて下さい　（祭主の動きを見て間を持つ）
ホ）一同、合掌
ヘ）祭主はウチカビ（紙銭）を焚いて下さい（祭主の動きを見て間を持つ）
ト）一同、合掌

＊　これを持ちまして清明祭を終わらせていただきます。
[illegible]サンミは届いてますか？　どうぞ召し上がって下さい。

＊　（[illegible]分して皆さんが食べ始めたら理事長に確認）
これより[illegible]会理事長に挨拶をお願いします。

3. 清明祭祭品

清　明　祭

お供物	始祖	ｳﾄｩｰｼ･ﾄｩﾃｨｸｰ	本家	浦添ユウドリ
① 御三味　重箱	2セット	1セット		1セット
② 餅（白）　重箱	1セット	1セット（白・黒　混）		1セット（白・黒 混）
③ 餅（黒）　重箱	1セット			
④ 果物　りんご なし オレンジ バナナ ぶどう しょうが きゅーり	1セット	———	———	———
⑤ ウチカビ（紙銭）5枚	1束	———	1束	3束
⑥ お茶（湯呑み2個）	1組	1組		1組
⑦ 線香（12本・3本）	1組	各1組	1組	3組
⑧ ロウソク	2本	各2本	2本	2本
⑨ 酒　（3個）	1セット	1セット		1セット
⑩ 塩	1盛	———	———	———
⑪ お箸	———	各1組	1組	1組
⑫ 花	1組	———	———	———
⑬ シー　（たれ）	———	各1個	1個	1個
⑭ 補充品　お茶（ボトル）	1本	———	———	1本
⑮ 〃　シー（ボトル）	———	———	———	1本
⑯ 〃　酒（ボトル）	1本	———	———	1本
⑰ 〃　餅	———	2個	1個	白・黒 各2個
⑱ ウサンレ（餅・御三味・ジューシ）	———	———	———	4セット
⑲				
⑳				

4. 始祖墓前祭品

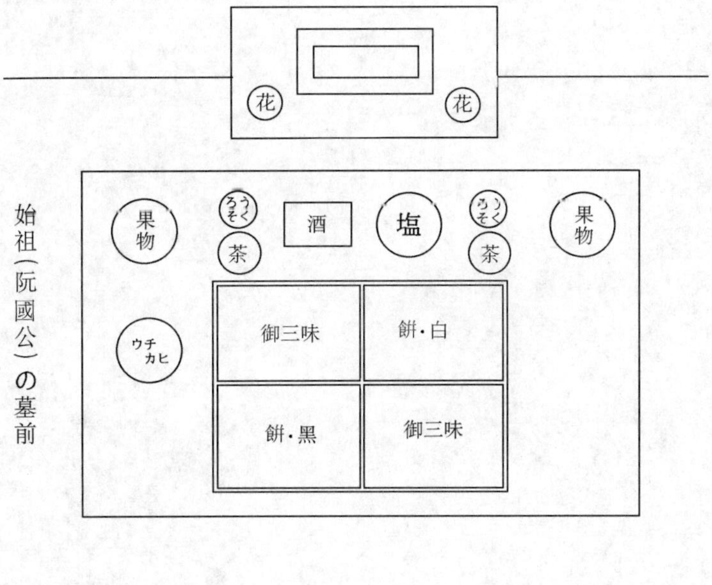

5. 本家等墓前祭品

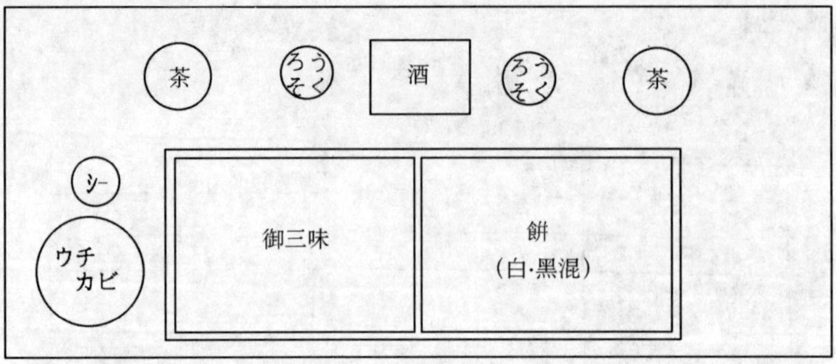

1. 唐(中国)ウトゥーシ
2. トゥティクー　　の墓前
3. 本　家

戦後沖縄における華僑組織の形成過程について

战后冲绳华侨组织的成立过程

吴俐君[*]

要　旨

本研究では、戦後から1980年代後半にかけて、中華民国政府の対沖華僑政策によって、沖縄華僑社会がどのように組織化されたのか、また、組織と華僑個人の関係について分析を行った。戦後沖縄における華僑組織の形成は、日本の他地域の華僑総会の形成よりも遅く、1972年以前の沖縄の華僑社会においては日本本土各地でみられるような大陸系華僑組織と台湾系華僑組織の顕著な対立もなかった。それは、組織設置の背景には当時の中華民国政府およびアメリカ政府の対沖縄政策が大きく作用していたからである。沖縄が日本復帰を目前に控えた1971年に、華僑全体を管理する「琉球華僑総会」がようやく設立された。総会の設立には、中華民国政府の介入が大きかったが、実際にはその設立資金は在沖華僑自ら調達したことが明らかになった。しかし、復帰後、華僑社会は台湾系と大陸系に分裂し、そして多くの華僑が日本に帰化したため、華僑組織の求心力がますます低下した。1987年に、台湾と日本政府の合意によって、台湾から直接役員を沖縄へ派遣し、それまで華僑総会に委託していた査証の代理申請などを遂行させるようになった。現在、「琉球華僑総会」は親睦組織として運営されている。

摘　要

战后，日本各地侨社随即相继成立华侨社团组织，如：商会或同乡会；唯独冲绳侨社并未很快地成立任何华侨社团组织。冲绳侨团的成立时间比起日本其他地区侨团的成立时间相对较晚；1972年以前，侨社内也未见有任何明显的“台湾华侨”与“大陆华侨”的派系斗争或对峙分裂。其原因在于当时冲绳隶属美国管辖，在以反共政策为首要政策的美国领土内，自然不允许有任何支持

---

[*] 吴俐君：琉球大学人文社会科学研究科博士研究生。

共产政权的华侨组织存在；不仅如此，美国政府甚至反对冲绳岛内的外国人成立任何组织或集会。

1969年，美国尼克松总统与日本首相佐藤荣作共同发表声明，决定1972年5月让冲绳正式回归日本，此后，外国人组织社团或集会的条件才逐渐放宽。1971年3月21日，冲绳岛上正式成立由台湾当局认定的在外华侨组织(琉球华侨总会)。琉球华侨总会不仅举办国庆大会等联谊活动以促进华侨交流，更代表台湾当局，在冲绳代理侨胞申请护照和签证的业务，实际上，扮演着半官半民的角色。但后来因为冲绳华侨的大量归化日本籍，再加上华侨总会内部的意见分裂，“中华民国”政府于是决定直接派遣驻琉球官员，以处理当地侨务。从此以后，华侨总会的功能萎缩，对华侨的影响力也逐渐降低。

本文运用“中华民国外交部”档案数据以及对冲绳华侨实际访谈所得的结果，分析战后到1980年代末期，冲绳华侨组织成立的原因、过程及其角色变化。

はじめに

本研究の目的は、第2次大戦後から1980年代後半にかけて、中華民国政府の華僑[1]政策によって沖縄の華僑社会[2]における組織が形成されてきた過程を明らかにすることにある。また、華僑たちが組織の設立にどのような役割を担い、時間の経過とともにどのように組織の機能や参加者が変化してきたのかについても検討したい。

日本各地(横浜、神戸など)にも大きな華僑社会が存在するが、本研究で特に沖縄の華僑社会を取り上げる理由の一つは、在沖華僑が来日後の経済活動や移住形態などにおいて日本の他の地域の華僑にあまり見られない特徴を持っていることである。また、沖縄華僑の移住は、発生し始めてから40年以上も経過しているが、彼らを対象とする先行研究がまだ少なく、解明されていない課題が多く残されていることも沖縄華僑を取り上げる理由である。さらに、1世の華僑の平均年齢が高齢化しているため、彼らへの聞き取り調査を急ぐ必要がある。よって、本研究は戦後において沖縄に移住してきた1世の華僑を取り上げ、これまで築かれてきた沖縄華僑社会の一端を明らかにしたい。

戦後まもなく、琉球列島米国軍政府の要請で百名あまりのフィリピン国籍の華僑が軍人を相手とした商業に従事するために来沖した。戦前から沖縄に居住していた華

1 本研究では、「華僑」を、「僑民」(海外に居住する中華民国国民)、「華人」(中華民国政府を支持する外国籍を有する中国人)、そして「華裔」(海外に生まれた中国人の次世代)を指す語として用いる。

2 戦後、華僑は沖縄本島をはじめ、八重山諸島や宮古島へ移住してきたが、沖縄本島に定着した人が最も多くを占めているため、本研究で戦後沖縄本島における華僑社会を中心に分析を行う。

僑たちと区別するため、中華民国政府は彼らのことを「新華僑[3]」と称した[4]。また、1960年代に入ると、多くの農林業関係者と技能者が台湾から沖縄の各地へ派遣されてきた。彼らは沖縄のサトウサトウキビ、パイン産業などに従事することで、これらの産業を支えてきた。彼らの来沖年代は、特に中琉文化経済協会[5]が移民を代理募集[6]した1968年から1972年までの5年間に集中し、その数は5，000人あまりにのぼった。その後、家族・親族や同郷者ネットワークを通じて来沖する華僑も少なくなかった。しかし、移住の進行と共に、華僑たちは自らの紐帯を強化するような同郷会や中華会館などを形成せず、むしろ分散した居住形態を取ってきた。

1970年代初期、漸く沖縄全地域の華僑を統合する「琉球華僑総会」[7]が沖縄本島に設立され、1987年まで中華民国政府の在外公館として公的な機能を果たしてきた。沖縄における華僑組織の形成は、日本他地域の華僑組織の形成よりも遅く、そして1972年以前、沖縄の華僑社会には日本本土各地でみられるような大陸系および台湾系華僑組織の顕著な対立もなかった[8]。それは、組織設置の背景には当時の中華民国政府およびアメリカ政府の対沖縄政策が大きく作用していたからである。すなわち、戦後の沖縄における華僑組織の形成を分析する際には、国家政策も欠かせない視点だと考えられる。

戦後の中華民国政府にとっての沖縄問題（特に帰属問題）について、国際法の観点から分析した研究として、丘宏達（1975[9]）、李明俊（2005[10]）の研究が挙げられる。ま

---

3 この語には、主に3種類の意味ないし用語法がある。第1の意味は、ごく一般的な言い方だが、新しく華僑となった者を旧来の華僑から区別していう呼び方である。第2の意味としては、日本でみられた用法である、第2次世界大戦前からの中国大陸華僑に対して、戦後まもなく台湾から来た中国人を指した呼び方がある。第3の意味では、1979年からの中国大陸での改革・開放後、海外に出た者を指す（游仲勲「新華僑」可児弘明・斯波義信・游仲勲編『華僑・華人字典』弘文堂、2002年、364－365頁）。本研究では、1947年以前から在住する台湾または大陸出身の華僑に対して、1947年以降来沖したフィリピン籍の華僑を新華僑と称する。

4 「美軍佔領下琉球現狀」民国34—37（1945—1948）年、外交部档案、美軍佔領下琉球現狀、分類号019．13、案次号0001、台北、中央研究院近代史研究所档案館藏。

5 1958年に台北に設立され、中華民国政府の外郭団体として、中華民国と沖縄の友好親善事業および沖縄に定住している台湾人のビザ発給などの実務処理を行ってきた。（陳寶來『台湾情　沖縄世』新星出版、2003年、42頁）。

6 戦後の沖縄復興のため、中琉文化経済協会が窓口となって台湾から労働者、農業開発指導員を派遣してきた（同上書）。

7 1955年に設立された琉球華僑総会と区別するため、1971年に創設された華僑組織は「琉球華僑総会」と表記する。

8 例えば、1945年から1972年までの国民政府統治下の名古屋華僑社会において、中国政府と台湾政府との間で緊張が高まるにつれて、華僑社会内部においても分裂状態となり、親中派と親台派の対立が明らかとなった事例が挙げられる（張慧婧「名古屋華僑社会の生成と発展—華僑組織の変遷を中心に—」『国際コミュニケーション論集』2011年、125頁）。

9 丘宏達「琉球問題研究」『關於中国領土的国際法問題集』台灣商務印書館、1972年、17－39頁。

10 李明俊「從国際角度看琉球群島主權歸屬」『臺灣国際研究季刊』第1巻第2期夏期号、2005年、51－81頁。

た、許育銘(2008[11]、2010[12])は1940年から1950年にかけての中華民国政府の沖縄政策(戦後処理および地政学の視点を中心に)および戦後の台琉関係(1957年前後を中心に)について明らかにしている。さらに、赤嶺守[13]は、1945年から1972年にかけての沖縄帰属問題を中心に当時の中華民国政府の外交政策および対沖縄政策の分析を行った。しかし、これらの研究は、政府間関係や政策に基づいて形成された組織などを中心に論じており、国際関係や政策と移民との関係または華僑政策に関する事象が殆ど論じられておらず、多くの課題が残されている。

また、戦後における台湾から沖縄への人の移動に関する研究としては、まず経済的な側面からサトウサトウキビ農業における外国人労働者(台湾人及び韓国人)の導入について分析を行った平岡昭利による研究[14]が挙げられる。さらに、八尾祥平は戦後の台湾と沖縄をめぐる国際関係について中華民国政府の側の視点を捉えるため、1960年代から1970年代の中華民国政府によって推進された台湾から沖縄への技術者・労働者派遣事業について検討した[15]。ただし、前述した研究では、短期労働者の実態しか明らかにされておらず、華僑の沖縄への移動の全体像が捉えられない。そして、沖縄に定住した華僑の生活はどのように国家の政策に影響されていたのかについても明らかにはされていない。特に、中華民国政府が設置した華僑組織が華僑たちにもたらした影響については未だに解明されていない。

上述した課題に対して、八尾祥平は1950年代から1970年代初頭にかけての沖縄華僑社会の動向や華僑組織の設立過程とその変遷について、台湾側の外交部档案などの公的な資料を使用し、マクロな視点から分析を行った[16]。その研究では、当時、中華民国政府および国民党政権の対琉球政策において沖縄の華僑が置かれた状況、そして国家政策との関係性が明らかにされた。しかしながら、華僑組織の設立に際して華僑たちが担う役割、そして組織の機能の変遷と共に、華僑と組織の関係がいかに変化してきたかについて、ミクロな視点からは把握されていないと言わざるを得ない。

そこで、本研究は前述した先行研究を踏まえ、これまで明らかにされなかった沖

11　許育銘著、鬼頭今日子訳「40－50年代国民政府の琉球政策－戦後処理と地政学の枠組みの中で－」西村成雄・田中仁編『中華民国の制度変容とアジア地域秩序』汲古書院、2008年、261－276頁。

12　許育銘、「戦後台琉關係再建的過程：以1957年前後為中心」2009年(＝永野祐子訳「戦後の台琉関係再樹立の過程－1957年前後を中心に－」『大阪大学中国文化フォーラム・ディスカッションペーパー』No. 2010－10、2010年)(2011年5月11日取得、*www. law. osaka－u. ac. jp/～c－forum/box2/dp2010－10hsuyuming. pdf*)。

13　赤嶺守「戦後中華民国における対沖縄政策：1945－1972年の琉球帰属問題を中心に」慶祝曹永和院士九十壽誕國際學術研討會：東亜海域與臺灣報告原稿、2010年。

14　平岡昭利「サトウサトウキビ農業における外国人労働者の導入と実態－『工業的農業』の一断面」サンゴ礁地域研究グループ編『熱い心の島－サンゴ礁の風土誌』古今書院、1992年、125－136頁。

15　八尾祥平「戦後における台湾から『琉球』への技術者・労働者派遣事業について」『日本台湾学会報』第12号、2010年、239－253頁。

16　八尾祥平「1950年代から1970年代にかけての琉球華僑組織の設立過程－国府からの影響を中心に」『華僑華人研究』第8号、2011年、7－23頁。

縄華僑社会および華僑組織と華僑の相互関係を解明していきたい。そのため、まず、当時の中華民国政府の華僑政策において華僑組織はどのように形成され、国家政策と華僑組織がどのように関係してきたかについて分析する。次に、華僑組織は、実際に華僑たちにどのような影響を与えたのか、その実態に彼らへのインタビュー調査から迫っていく。

本研究では、台湾中央研究院所蔵の外交部档案と国史館の档案資料を主に利用し、戦後から1980年代後半にかけての組織の形成過程を明らかにする。そして、沖縄本島に在住する華僑へのインタビューを通じて、実際に華僑組織の設立当初、華僑たちはどのような役割を担い、組織が結成された後、彼らの生活にどのような影響をもたらしたのかを解明する。すなわち、華僑組織の形成に関する民間の動きと政府の動きを区別して考察したい。

本研究を行なうことによって、これまであまり注目されなかった戦後における沖縄華僑社会の一端を明らかにすることができ、同時に沖縄の戦後史の一部として記録することもできる。今後の日本華僑社会の比較研究にも貢献できれば、幸いである。以上が、本研究の研究意義である。

第1節　華僑政策による華僑組織の設立とその変遷

1.「僑領」の任命およびその任務(1950年代)

戦後、中華民国政府は沖縄の各華僑事務[17](以下では僑務と略称する)を処理するため、1952年10月に中華民国駐日本国大使館、駐長崎領事館に、その僑務を兼務するようにと命じた[18]。しかし、長崎と沖縄は離れており、在沖華僑の管理や僑務の処理は非常に困難であったため、外交部は沖縄における領事館レベルの組織を設置することを提案した[19]。

また、設置の提案の背景にもう一つ大きな要因があった。中華民国政府は、1949年以降一貫して「大陸反攻」を国策とし、それと同時に東アジア、東南アジア諸国との反共軍事同盟の締結にも努力してきた[20]。その中においては、東アジアに位置し、戦後アメリカの信託統治下にあった沖縄は中華民国政府にとって中国大陸へ反攻する際には戦略的に重要な場所であり、「太平洋の要石」とされていた。そのため、戦後の中華民国政府は沖縄帰属問題について日本の領有主権を認めない外交路線を取って

17　旅券申請や入国査証申請などである。

18　「駐長崎領事館茲著該館暫行兼理琉球僑務」民國41(1952)年12月10日、外交部档案、擬在琉球設館或暫先派商務代表、分類号　019．12、案次号0016、台北、“中央研究院”近代史研究所档案館藏。

19　「為在琉球設立領事機構事、呈請核示由」民國43(1954)年9月15日、同上档案。

20　陳賓來「中華民国・台湾と琉球・沖縄との関係」琉球大学大学院法学研究科平成5年修士論文、1994年、44頁。

きた。対外的に沖縄の住民が自決権を保つべきと意思表明したが、実はその背後に沖縄を台湾の版図に収める意図を顕露にしていた[21]。しかし、1952年に日本政府が先に沖縄で「南方連絡事務所」を設立したため、中華民国政府は沖縄との関係強化を一層加速した。また、領事館の設置によって、台湾と沖縄の貿易交流の促進も図られていた。

これに対して、領事館の設置に蒋介石は外交部と違う見解を持ち、その設置は「必要はない」と行政院を通してその意思を表明した。そこで、代替案として「商会」や「同郷会」などの民間団体を組織することを原則とし、米軍当局に反対された場合、外交部が直接米軍当局と交渉し、沖縄に領事館を設置することが指示された[22]。档案では、蒋介石はなぜ外交部と違う指示を出したのか、その理由について記述されていないが、後述する「琉球華僑総会」(1971年)が設置されるまで、蒋介石の当時の見解は沖縄における華僑組織の形成に大きな影響を与えるようになったことが分かる。

ところが、駐沖領事館の設置が行政院から認められなかったことから、外交部は琉球華僑総会の設立を推進するという方針に転換した。それに加えて、在沖華僑の自発的な動きもあり、戦後の沖縄における最初の華僑組織・琉球華僑総会が漸く設立された。1954年には出入国申請手続きや華僑子女の進学問題などを解決するため、那覇に居住する陳文鈞を中心に琉球華僑総会の設置を推進していた[23]。外交部の档案[24]によると、琉球華僑総会のなかで、さらに琉球那覇華僑総会(会長・陳文鈞)と八重山分会(分会長・廖見福)に分かれて1955年3月前後に設立された。那覇に42人、八重山に177人の会員を有していた。また、那覇に居住する華僑会員の本籍は、主に福建省の福州市であったことに対して、八重山の華僑会員の本籍はすべて台湾省の台北州および台中州であった。ただし、当時同総会から中華民国駐長崎領事館へ提供された組織資料は会員名簿のみであったため、同総会の規程などのより詳しい情報は外交部の档案のなかには見当たらない。

当時、琉球列島米国民政府は沖縄を軍事基地と見なし、在沖外国人組織や集団活動などに対して大きく制限したため[25]、在沖華僑が団体を組織しようとしていることについてもかなり警戒心を抱いていた[26]。さらに、米軍と関係する華僑の華僑団体へ

---

21 何義麟「戦後在台琉球人之居留與認同」『国史館学術集刊』第18期、2008年、129頁。

22 「本案處理經過說明」民國51(1962)年1月28日、同上档案。

23 「查在琉華僑擬組『琉球華僑總會』一事」民國43(1954)年9月24日、同上档案。

24 同上档案。

25 張希哲「琉球的華裔與華僑」『政治評論』第34巻第9期、1976、341頁。

26 国史館の档案によると、1954年に中華民国の在沖華僑は華僑団体を組織しようとしたこと があったが、米軍側は再三尋問、調査を行い、華僑はその妨害に耐えられずに華僑団体の組織を中止した(国史館档案、ファイル番号：008-010601-00011-003、台北、国史館館蔵)。

の参加に対しても反対し、特に中華民国政府とも良好な関係を保つ林伯鑄[27]と朱耀煊[28]を指名し、二人の華僑団体への参加を控えるようにと琉球列島米国民政府が要求した。二人は戦後、米軍の特許商人(concessionaire)として来沖し、華僑団体への参加を要請されたが、米軍との良好な関係を維持するために華僑団体への参加を自粛した[29]。また、林氏と朱氏以外にも、多くのフィリピン籍や香港籍を有する華僑が自主的に華僑団体への参加を控えていたという[30]。このような事情により、琉球那覇華僑総会はそれほど支持を得ていなかったため、まもなく解散せざるを得なかった。それによって、沖縄本島における「沖縄台湾同郷会」(1967 年)が設立されるまでに、米軍基地のない八重山における八重山分会は沖縄華僑社会で唯一の華僑組織となった。

その後、外交部は在沖華僑の出入国手続きや旅券延長申請などの利便性をはかるため、駐長崎領事館から毎年一回職員を直接沖縄に派遣し、在沖華僑の各申請手続きの受付業務を行なった[31]。その期間以外では、中華民国政府に認定された「僑領[32]」、朱耀煊・錢明年・林伯鑄(沖縄本島代表)、林発・廖見福(八重山代表)が在沖華僑の各申請事項[33]を代理で引き受け、保証および申請者の背景調査などの業務も担当した[34]。さらに、1960 年以降、駐沖中信局[35]および駐沖台省商聯会[36]も在沖華僑の僑務を兼務し、同時に中華民国政府の出先機関として存在していた[37]。先述したように、当時の沖縄では、外国人組織や集団活動などに対しての制限があったが、商務機構を沖縄に設置することについてアメリカ側は異議を唱えなかったため、台湾の商務機

---

27 1952 年に来沖し、在沖華僑の代表として中華民国政府と密接な関係を保ち、一方で貿易事業の関係で米軍とも良い関係を持っていた。1967 年 9 月 5 日に亡くなった。

28 1946 年に米軍とともにフィリピンから来沖し、林氏と同じように在沖華僑の代表であり、米軍側とも良い関係を保っていた。

29 「為呈復推進琉球華僑組織、謂鑒核由」民国 55(1967)年 3 月 24 日、外交部档案、擬在琉球設館或暫先派商務代表、分類号 019. 12、案次号 0016、台北、"中央研究院"近代史研究所档案館藏。

30 「台僑導0612」民国56(1967)年2月13日、外交部档案、擬在琉球設館、分類号019. 12、案次号0017、台北、"中央研究院"近代史研究所档案館藏。

31 「關於促進中琉觀光事業案飭研辦在琉設館事」民國 53(1964)年 5 月 19 日、同上档案。

32 中華民国政府と良好な関係を保ち、政府の指名により沖縄の華僑を代表する者である。

33 旅券に関する手続きをする際に添付する書類の取得は、非常に煩雑であり、例えば3 人の在沖華僑保証人や僑領の署名などが必要とされていた。「為在琉華僑辦理有關身份手續惠予簡化改善由」民國 50(1969)年 2 月 24 日、同上档案。

34 「關於擬請洽定琉球僑胞申請事項負責人事」民國 48(1959)年 8 月 29 日、同上档案。

35 1957 年中華民国中央政府財政部(日本の大蔵省に相当)の中央信託局は駐沖商務代表所を派遣した(「關於研議在琉球設置領事館事」民國 56(1967)年 1 月 24 日、外交部档案、擬在琉球設館、分類号 019. 12、案次号 0017、台北、"中央研究院"近代史研究所档案館藏)。

36 正式名称は中華民国台湾省商会聯合会駐琉球商務代表辦事処(Trade Representative to the Ryukyus Taiwan Chambers of Commerce)である。1959 年に民間団体の台湾省商聯会が自ら資金調達、駐沖商務代表を派遣した(「擬請在琉球設置専員辦事処之説帖」民国 56(1967)年 9 月 8 日、外交部档案、擬在琉球設館(或暫先派商務代表)、分類号 019. 12、案次号 0017、台北、"中央研究院"近代史研究所档案館藏)。

37 「報告」民國 54(1965)年 7 月 27 日、外交部档案、擬在琉球設館、分類号 019. 12、案次号 0017、台北、"中央研究院"近代史研究所档案館藏。

構・駐沖中信局および駐沖台省商聯会が設置できたという[38]。

2. 新たな華僑政策—領事館から同郷会の設置へ(1960年代)—

1965年以降、在沖華僑の人数は2，000人を超え、さらに毎年1，000人あまりの台湾人労働者が沖縄に派遣されていた[39]。在沖華僑の利益などを保障するには、駐沖中信局、駐沖台省商聯会、林伯鑄、朱耀煊のみの僑務代理では不十分であった。1967年9月5日に林氏が亡くなり、在沖華僑の僑務を兼務する代表がさらに減った。それと同時に、日本政府は沖縄主権の返還についてより一層積極的に動き出し、日米協議により沖縄の漁船が日本の国旗を掲げることが出来るようになり、沖縄住民の旅券も日本政府が発給することとなった。これを受けて、中華民国政府は再び沖縄における領事館レベルの組織設置を重視した。組織の設置によって、アメリカ駐沖高級官僚への接近、そして沖縄の住民に対する中華民国との「統一」を宣伝することもできると想定され[40]、中華民国政府は1966年9月にアメリカ駐台湾大使館代表と会談し、組織の設置についての意思を表明した。しかし、アメリカ側は依然として不同意という立場を取っていた[41]。さらに、蒋介石は沖縄における華僑組織の設立に対して、まず「商会」または「同郷会」などの民間団体を結成させるようにと指示した。その後、中華民国政府は新たな対沖華僑政策を打ち出し、僑務委員会および中央第三組と第六組を中心に、商会や同郷会を結成させる方針に転換した[42]。

1967年10月11日に、駐沖中信局代表、蕭兆綱から提出された僑務委員会への報告により、同郷会の設置は既に琉球政府と交渉しており、同政府からも同意を得ていたことが明らかになった。蕭代表はまず台湾、次に山東、広東、浙江などの順番で各省籍の同郷会の設置を提案した。これに対して、僑務委員会は「積極的に同郷会の設置を進行させる」と蕭兆綱に返答した。しかし、外交部は僑務委員会と異なる見解を持ち、「各省籍の華僑を集中的に管理することが困難となり、さらに各同郷会を利用した不法行為の発生の恐れがあるため、現段階においてまず総合的な(省籍を問わず、全ての華僑を対象となる)「中華会館」を創設すべきだ」と表明した[43]。

---

38 「關於研議在琉球設置領事館事」民國56(1967)年1月24日、外交部档案、擬在琉球設館、分類号019．12、案次号0017、台北、"中央研究院"近代史研究所档案館藏。

39 戦後沖縄における台湾人労働者について、呉(2011)を参照のこと(呉俐君「戦後沖縄における台湾人労働者」『移民研究』第7号、2011年、43－64頁)。

40 同「擬請在琉球設置專員辦事處説帖」档案。

41 「關於中信局撤銷駐琉球辦事處」民國58(1969)年8月13日、外交部档案、擬在琉球設館、分類号019．12、案次号0017、台北、"中央研究院"近代史研究所档案館藏。

42 同「關於研議在琉球設置領事館事」档案。

43 「関於輔導旅琉僑胞籌組同郷会事」民国56(1967)年10月14日、外交部档案、擬在琉球設館、分類号019．12、案次号0017、台北、"中央研究院"近代史研究所档案館藏。

ところが、外交部が具体的な阻止策を取る前に、「沖縄台湾同郷会」はすでに結成会議を開き(1967年9月12日)、琉球政府に組織としての登録を申請し、会員の募集も開始していたのである。さらに、同年の11月3日に会員大会を開き、黄ファン乙イ鴻ホン[44]会長をはじめ、129名の台湾系華僑が参加した[45]。こうしたなかで、中華民国政府は一貫して同会の設立に反対の立場を維持しながら、沖縄台湾同郷会代表者らの一切の行動を把握し、総合的な中華会館の設置を進めなければならなかった[46]。

沖縄同郷会は、中琉関係の促進や華僑同士の助け合いを強化することを目的に結成された最初の在沖台湾系華僑の組織であった。成立当初、同会の成員構成は129人の会員および会長1人(兼理事)、副会長2人(兼理事)、事務局長1人(兼理事)、理事21人、そして監事3人であった[47]。また、同会は華僑を中心とする民間組織であり、華僑間の親睦交流に重要な役割を果たしてきた。後述する1971年に設置された「琉球華僑総会」との相違点は、①参加者の出身地、②担う機能などが挙げられる。沖縄台湾同郷会では、主に台湾系華僑が参加したが、「琉球華僑総会」の方では成立初期、省籍を問わず、香港、フィリピン、上海などの華僑の参加も認められた。また、同郷会は親睦団体であるが、「琉球華僑総会」は実質的に領事館としての役割も果たしていた。しかし、沖縄台湾同郷会の活動は僅か2年で中止となった。その最大の理由は、中華民国政府から支持を得られなかったことと考えられる。

3. 華僑定住後の組織化—「琉球華僑総会」の創設(1970年代以降)—

前述したように、戦後沖縄における華僑組織の形成は、日本の他地域の華僑総会の形成よりも遅かった。そして、1972年以前、沖縄の華僑社会では日本本土各地でみられるような大陸系と台湾系華僑組織の顕著な対立もなかった。当時、アメリカの反共政策の下に置かれた沖縄は共産党政権を支持する華僑やその組織が厳しく管理されたため、1972年以前に在沖華僑社会における華僑らの分裂も見られなかった。また、

---

44 筆者の聞き取り調査によると、黄氏は客家系の台湾出身者であり、戦前、日本の従軍医として海南島に派遣され、そこで沖縄出身の女性と出会い結婚した。1963年に子どもの教育などのために沖縄に移住し、当時黄氏と第5期の「琉球華僑総会」になる理事長・蘇ス景ジン松ソンは沖縄本島において最も知られている台湾出身の医師であった。当時、医師として沖縄で開業する台湾人は少なかったため、在沖台湾系華僑であれば黄氏のことを知らない者は殆どいないというほど有名であった。これが、黄氏が同郷会の会長となった一つの大きな原因だと言われている。しかし、黄氏は中国共産党との繋がりがある公明党と深くかかわっていた創価学会(黄氏が日蓮正宗を信奉することに関して外交部档案にも記載されている)への参加により、中華民国政府に共産党の工作員と見なされ、同郷会の会長を辞任せざるを得なかった(「字号(57)台特導」民国57(1968)年3月27日、外交部档案、琉球密巻、分類号019. 12、案次号0004、台北、中央研究院近代史研究所档案館藏)。それ以降、黄氏の帰国も中華民国に禁止された。黄氏が辞任した後は、同郷会の活動も長続きしなかった。

45 「字号(57)台僑導」民國57(1968)年1月16日、外交部档案、擬在琉球設館、分類号019. 12、案次号0017、台北、"中央研究院"近代史研究所档案館藏。

46 民國57年1月16日、同上档案。

47 「沖繩台灣同鄉會第一次會員總會議紀錄」民國56(1967)年11月3日、同上档案。

すでに論じたように戦後アメリカは沖縄を軍事基地と見なし、在沖外国人組織や集団活動などに対して大きな制限を加えた。このような厳しい状態は、日米共同声明で沖縄の日本返還が表明された1969年まで続いた。それ以降、琉球列島米軍民政府による在沖外国人組織の結成に対する制限も緩くなった[48]。

沖縄の日本返還に対して中華民国政府は「しかるべき手続きをふまないでにわかに返還を決めたことは遺憾だ」と述べ、台湾の朝刊各紙ではこのことが大きく報じられた[49]。その後、中華民国政府は沖縄における華僑総会の設立により一層積極的に動き出した。その流れに沿って、沖縄の本土復帰を目前に控えた1971年3月21日に、在沖の台湾系華僑および香港人を中心に「琉球華僑総会」(Overseas Chinese Association in Ryukyu Islands)が創設された。成立当初、600人あまりの華僑が参加し、会員たちは、在沖華僑総数のおよそ4分の1から5分の1を占めた。成年華僑の中のおよそ半分もが同総会に加入していたという[50]。会員のかなりの部分は、前述した1950年代から1960年代にかけて台湾から移住してきた台湾人労働者・技術者であった。

「琉球華僑総会」が設立された当初には、中華民国の国籍を有する華僑および中国人、中国系の者すべてに対して会員としての参加が認められていた[51]。これによって、在沖華僑間の分裂が防止され、彼らの一切の活動をより強く管理できるようになったのである。ここでいう管理とは、華僑たちの言動などを監視するための管理を指す。それらの活動の中では、特に共産党勢力や台湾独立勢力の浸透が厳重に警戒された[52]。また当時、在沖華僑は台湾の出入国証明書を申請する際に、琉球政府が発行した再入国許可書あるいは米軍旅行許可書、および僑領保証書の提示が必要とされた。ただし、「琉球華僑総会」の会員であれば、僑領保証書の提示が免除される[53]。当時の華僑らはその利便性を求めていたため、殆どが同総会に参加したという[54]。

同総会は、形式上は民間団体(台湾では半官半民という)であるが、実際には、台湾側の中琉文化経済協会が沖縄に正式な連絡事務所を置いた1987年まで入国査証や旅券の代理申請など、実質的に領事館としての役割を果たしていた。これまで華僑の旅券や入国査証の申請などを取り扱う機関は、駐沖中信局と駐沖台省商聯会が担っていたが、「琉球華僑総会」の設立により漸くその審査の権限を統括できるようになったのである。当時の華僑総会では、旅券と査証の申請部門が設けられ、同総会の理事長と理事2人、駐沖中信局代表と駐沖台省商聯会代表、そして台湾の財政部(財務省

---

48 張、前掲「琉球的華裔與華僑」、341頁。

49 『沖縄タイムス』1969年11月24日夕刊。

50 張、前掲『中琉関係的突破』、183頁。

51 「琉球華僑総会」の会則を参照のこと。

52 方治『我生之旅』東大図書公司、1990年、273頁。

53 「審理琉球地區申請護照簽證及出入境證辦法」民国74年(1985)3月14日－民国76(1987)9月14日、外交部档案、駐琉球辦事処授権案、目録統一編号172－9、案巻編号0170、台北、国史館館蔵。

54 筆者の聞き取り調査による。

に相当）の駐沖職員が共に華僑の公的書類を審査することになった[55]。

また、同総会が在外公館としての役割を担っていたのは、沖縄が日本に返還されたことを中華民国政府が承認していなかったため、政府が直接政府機関の要員を沖縄へ派遣することを控えていたからだと考えられる。すなわち、中華民国政府が日本政府の許可を求め、亜東関係協会[56]から職員を沖縄へ派遣すると、沖縄の領有主権が日本にあると認めているように思われるため、「琉球華僑総会」に華僑の査証申請などの業務を委託したという[57]。

しかし、1984 年、第 1 期から第 4 期までの理事長を担った毛豊翔氏は辞任し、1985 年 1 月に改選が行われた後、華僑の意見が次第に分岐し、年一度の重要なイベント・国慶節の記念パーティーの開催についてまで意見を一致させることができなくなった。さらに、同年の6 月に、第 5 期の理事長を担う蘇景松をはじめ、副理事長や常務理事などが一斉に辞意を示し、改めて同年の7 月に華僑の会員大会を開き、理事長および理監事を改選しようとした。結局、中華民国政府の説得により改選は断念された[58]が、それ以降、華僑全体の団結も次第に弱まっていった。さらに、1972 年以降、日本に帰化する華僑の人数が漸増し、華僑組織の求心力も弱まる一方であった。

このような状況を踏まえて、中華民国政府は新たな対沖華僑政策を打ち出し、1985 年の夏、台湾と日本政府の合意に基づいて、中琉文化経済協会から「中琉文化経済協会駐琉球代表辦事處」の名義で専任駐琉代表役員を派遣した。その後、日本政府の同意も得られ、1987 年 8 月に中琉文化経済協会から張文仁を代表として沖縄に派遣した[59]。そして、中華民国政府の委託により、1988 年から査証申請業務の権限は総会から同協会に移譲された。本業務を中琉文化経済協会に引き渡した後、「琉球華僑総会」も正式に領事館レベルから民間レベルの組織になったが、中華民国政府との密接な交流は中断せず、現在でも頻繁に行われている。

【図五】「琉球華僑総会」の結成式における僑務委員会副委員長・何宜武の挨拶の様子

---

55 前掲「審理琉球地區申請護照簽證及出入境證辦法」档案。

56 1972 年 9 月、日中国交正常化に伴い日本政府と中華民国政府の外交関係が断絶した。その後、日台間の実務関係を維持するために、同年の12 月に外交使節団に代わる「民間」機構として日本側財団法人交流協会、台湾側亜東関係協会が設立された（武見敬三「日台関係」若林正丈・劉進慶・松永正義編著『台湾百科・第二版』大修館書店、1995 年、98 頁）。

57 「亜太司意見」民国 74（1985）年 4 月 25 日、同上档案。

58 張、前掲『中琉関係的突破』、257 頁。

59 楊、同上書、161 – 2 頁。

出典：オキナワグラフ『オキナワグラフ』新星出版社、1971 年 7 月号、40 頁。

【表 2】　沖縄華僑社会における主な組織団体および中華民国政府の在沖出先機関

<table>
<tr><th>組織の種類</th><th colspan="2">名称</th><th>創立年</th><th>目的など</th><th>備考</th></tr>
<tr><td rowspan="2">政治・公共団体</td><td rowspan="2">琉球華僑総会</td><td>琉球那覇華僑総会</td><td rowspan="2">1955 年</td><td rowspan="2">僑民登録、出入国査証代理申請、華僑次世代の台湾への就学申請</td><td>×</td></tr>
<tr><td>八重山分会</td><td>○</td></tr>
<tr><td>商務機関</td><td colspan="2">台湾中央信託局は駐沖商務代表辦事処</td><td>1957 年</td><td>台湾と沖縄の貿易促進、華僑の査証代理申請、在沖台湾人の言動や思想管理[60]、台湾人労働者の受け入れ</td><td>×</td></tr>
<tr><td>商務機関</td><td colspan="2">台湾省商会聯合会駐琉球商務代表辦事処</td><td>1959 年</td><td>台湾と沖縄の貿易促進、華僑の査証代理申請、台湾人労働者の受け入れ</td><td>×</td></tr>
<tr><td>同郷団体</td><td colspan="2">沖縄台湾同郷会</td><td>1967 年</td><td>台湾出身者の親睦団体</td><td>×</td></tr>
</table>

60 駐沖中信局に台湾の警備総司令部（戒厳令時代に、台湾の治安や出入国管理事務などを担当していた政府機関）の安全局から駐沖安全調査員を派遣していた。その主な業務は在沖台湾人の査証申請や出入国管理などであるが、彼らに対する「安全調査」（思想の調査または品行方正などの指導が挙げられる）も行っていた。

续表

組織の種類	名称	創立年	目的など	備考
政治・公共団体・教育	琉球華僑総会	1971 年	華僑全体の管理、親睦活動	○
政治・公共団体	沖縄華僑総会	1973 年	中国系華僑[61]の親睦団体	×
政治	中琉文化経済協会駐琉球代表辦事處[62]	1987 年	在沖台湾領事館	△

注：○は現在も活動しているもの、×はすでになくなったもの、△は名前を変更したもの。
出典：筆者作成。

第2節　華僑組織と華僑の関係性—琉球華僑総会(1971 年)を中心に—

1.「琉球華僑組織」の設立(民間の動き)

前述したように、「琉球華僑総会」は、当時の中華民国政府の政策によって設置された組織である。だが、筆者の聞き取り調査によると、当時、華僑組織の設立に当たって、華僑自らが資金調達をし、組織を立ち上げたという。すなわち、「琉球華僑総会」の設立には、当時の中華民国政府の政策は非常に大きな影響を与えていたと言えるが、華僑自身の動きも一つの重要な要因として考える必要がある。同総会の設立当初の状況について、「琉球華僑総会」の出資者の一人・T 氏および第 6 期の理事長曽氏は次のように述べた。

この会は、華僑たちの資金で作られた会。当時、毛氏(第 1 期の理事長)、コザ(現沖縄市)の島袋の華僑、大謝名(宜野湾市)の華僑、そして那覇の華僑たちが5，000ドルずつを出して、全部 2 万ドルの資金で華僑総会を創立した。(中略)私も200ドルを出してね、最初から華僑総会に入会した。[63]

T 氏の証言によって、同総会の創設費用は政府ではなく、華僑自らで費用を集めていたことが分かった。また、前項ですでに述べたように、「琉球華僑総会」は民間団体として設立されたが、実際には1987 年まで入国査証の代理申請など、実質的に領事館としての役割を果たしていた。こうした代理申請の手数料は同総会の最大の資金源となった。

(沖縄は)まだドルを使っていた頃、手数料の収入だけで(琉球華僑総会は)すぐ10 数万ドルを儲かった。そして、華僑総会は二回を分けて、160ドルを返却してくれた。(中略)成立当初、彼ら(華僑総会のメンバー)に理事

61　出身地を問わず、中国政府を支持する華僑を指す。
62　2007 年 2 月 1 日に、台北駐日経済文化代表処那覇分処に改称した。
63　T 氏は、1929 年に生まれ、1947 年に来沖した台湾出身者である。聞き取りは、2007 年 8 月 31 日に行なった。台湾語でインタビューを行ったので、ここで記述している内容は筆者が翻訳したものである。

の担当も勧められたが、私は中国語話せない、読めない、聞き取れないから断った。一番最初の理監事は、外省人と台湾人どっちもいたが、それは全部金で買った。常務理事や理事などが、500ドルまたは200ドルを出さなければならなかった。[64]

毛さんは当時には華僑総会がない時には裏役として台湾政府が任命しているね。台湾の領事みたいな感じで。名誉領事。(中略)5代目までは台湾政府が任命する。任命と言ってもやっぱり選挙さね。表じゃない。[65]

「琉球華僑総会」の第1期から第5期にかけての理事長は、中華民国政府の指名で毛豊翔および蘇景松が就任した。ほかに常務理事や理事などの中心メンバーは、中国語教育を受けたことのある、沖縄華僑社会の有力者が主であった。すなわち、同総会の設立当初において、華僑たちの動きもみられるが、実際にはその関係者はごく限られていたことが分かった。

また、「琉球華僑総会」の第1期から第12期までの歴代理事長・会長の選任方法や任期などを表3にまとめた。表3によると、毛氏以外の理事長、つまり第5期以降の理事長はすべて台湾出身者であった。その理由の一つは、米軍の特許商人として来沖したフィリピン籍の華僑または米軍を商売の相手とする香港の華僑の多くは、復帰後、アメリカやカナダなどへ再移動したため、台湾出身者が沖縄華僑社会の大半を占めるようになったことが考えられる。また、1973年に中国系の華僑総会「沖縄華僑総会」が設立されたことによって、中華民国政府を支持する台湾出身者が「琉球華僑総会」に残って会員の主な部分を占めることになったのも一つの理由として考えることができる。それによって、1984年以降、「琉球華僑総会」の中心メンバーを担う華僑は、主に台湾出身者となった。ちなみに、毛氏は「琉球華僑総会」理事長の職を辞任した後、カナダへ移住したと言われている。

【表3】 琉球華僑総会の歴代理事長・会長

就任方法	期	任期	中国語名	日本語名
中華民国政府の任命	第1—4期	1971—1983年	毛豊翔(上海出身)	なし
	5期	1984—1986年	蘇景松(台湾出身)	武田景松

64 同上対象者。
65 曽氏は1945年に生まれ、1961年に来沖した台湾出身者である。聞き取りは、2007年11月15日に行なった。日本語でインタビューに応じたので、そのまま内容を引用する。

续表

就任方法	期	任期	中国語名	日本語名
華僑による選挙	6期	1987—1989年	曽繁文(台湾出身)	曽根繁文
	7期	1990—1992年	游重文(台湾出身)	なし
	8期	1993—1995年	張秋生(台湾出身)	本秋生
	9期	1996—1998年	游重昌(台湾出身)	由博公
	10期	1999—2001年	荘連逢(台湾出身)	なし
	*11—12期	2002—2008年	黄美卿(台湾出身)	新垣旬子
	13期	2009—現在	林国源(台湾出身)	林国源

*第11期から理事長を会長へ改称した。

出典：筆者作成。

2. 華僑組織の機能変化から見る組織と華僑の関係性の変化

既に論じたように、「琉球華僑総会」は中華民国政府の在外公館として設立され、華僑たちは公的な書類を申請する際の利便性を求めて殆ど同総会に参加した。これに対して、同総会は在沖華僑の全体を管理し、より華僑の個人情報を把握するため、台湾系以外の華僑の参加をも促していた。華僑の入会契機について、第6期の理事長・曽氏は以下のように述べた。

> 当時台湾出入りするさね。ビザ申請とかいろいろあるから、華僑総会の会員であれば、資料(個人情報)があるさ。早いですよビザ。会員じゃないから、また台湾に(申請書を)送って台湾から来るまで一週間かかる。[66]

また、1970年代における台湾の反共政策などにより「琉球華僑総会」は華僑の思想や言動をも厳しく監視してきた。そのため、中華民国政府の指示により同総会は秘書を雇用する名目で台湾の警備総司令部の安全局職員・范徳助[67]を受け入れた。安全局の職員はこれまでも駐沖中信局に派遣されていたが、「琉球華僑総会」が設置された後、その職員も同総会へ移動した[68]。そのほうが、より有効に在沖華僑の言動などを監視できたからであろう。彼(范氏)は、主に華僑の出入国査証を管理していたが、同時に華僑の日常活動についても調査していたという。特に、中国側との関わり(例えば中国が主催するイベントへの参加など)があるかどうかを厳重に注意していた。実際に、沖縄の華僑はどのように監視されていたのか、その実態を華僑(第10期の理事長・荘氏)の語りから明らかにする。

---

66 同上対象者。

67 台湾出身者であり、警察学校を経て、台湾の政治大学で修士号を取得し、英語と日本語をも堪能であるという(「第0488号」民国61(1972)年、外交部档案、駐琉球辦事処授権案、目録統一編号172－9、案巻編号0170、台北、国史館蔵)。

68 同上档案。

国民党の党員は特別な指示を受け、在沖台湾系華僑を監視していた。中国共産党との関わりや不正な行為などがあれば、すぐ国民党政府に告発される。そして、強制返還される。[69]

このように、華僑たちは海外に移住した後も中華民国政府の管理下に置かれて生活していたことが明らかになった。しかし、「琉球華僑総会」の結成は、監視のような華僑にとってマイナスの機能ばかりではなく、華僑の親睦交流を促進するというプラスの機能もあった。すなわち、これまで沖縄の各地に分散していた華僑が再統合され、華僑たちは総会の活動への参加によって、これまで知らなかった華僑との交流ができ、同出自の華僑同士の紐帯も結び付けられた。それによって、彼らの移住先における社会的ネットワークが本格的に展開されようになったと言える。

1987年、中華民国と日本政府の同意により、台湾から直接役員が沖縄に派遣され旅券や査証などの申請業務を担うようになると、「琉球華僑総会」は正式に領事館レベルから民間レベルの組織になった。それ以降、華僑の親睦を促進させるという私的な機能が、華僑総会の最大の目的となった。そして、総会の最大の資金源も、政府からの援助ではなく、華僑の寄付や会費などで賄うようになった。このことに関して、第5期の理事長・蘇氏は以下のように述べた。

私が理事長を担当していたときは、大体2，3千人の華僑がいた。あの時の華僑総会と今の華僑総会はずいぶん違う。今は、みんな日本に帰化しているから、もう参加しないね。それで(華僑が)分裂した。昔、私の時代には政府に委託されて査証の代理申請をしていたので、政府から寄付金をもらった。今は、それの収入はないよ。当時沖縄の華僑は結構台湾政府に重視されてね、よく視察団もきたが、今はもう来ないよ。[70]

沖縄の施政権が日本に返還された後、大勢の華僑が帰化し、華僑総会に求められる相互扶助の機能はますます低下した。華僑総会は1987年以前のような華僑を凝集させる機能を失っていった。現在はおよそ400名の会員を有するが、活動に参加する人数は年々減少している。華僑総会の衰退につれて、これからの運営がさらに困難になり、華僑への影響力もますます弱まると考えられる。

おわりに

本研究は、これまであまり注目されなかった沖縄の華僑社会を取り上げ、華僑組織の形成過程を明らかにした。ここで述べてきたことをまとめると、以下のように整

---

69 荘氏は1935年に生まれ、1965年に来沖した台湾出身者である。聞き取りは、2007年10月14日に行なった。台湾語でインタビューを行ったので、ここで記述している内容は筆者が翻訳したものである。

70 蘇氏は1913年に生まれ、1963年に来沖した台湾出身者である。聞き取りは、2007年12月20日に行なった。台湾語でインタビューを行ったので、ここで記述している内容は筆者が翻訳したものである。

理できる。

1952年に中華民国政府は沖縄での華僑に関する事務（僑務）を処理するため、中華民国駐日本国大使館、駐長崎領事館に、沖縄での僑務を兼務するように命じた。しかし、長崎と沖縄は離れており、駐長崎領事館が在沖華僑の管理や僑務にあたることは非常に困難であったため、外交部は沖縄における領事館レベルの組織を設置することを提案した。これに対して、蒋介石は行政院を通して、領事館ではなく、「商会」や「同郷会」などの民間団体を組織することを原則とするように指示した。

中華民国政府の華僑政策の転換及び華僑の自発的な動きによって、1954年に出入国申請手続きや華僑子女の進学問題などを解決するため、那覇に居住する陳文鈞を中心に琉球華僑総会の設置が推進された。1955年に、同会は琉球那覇華僑総会と八重山分会を設置し、戦後の沖縄華僑社会における最初の華僑組織となった。しかし、当時、琉球列島米国民政府は沖縄を軍事基地と見なし、在沖外国人組織や集団活動などに対して大きな制限を加えていたため、在沖華僑が団体を組織しようとしていることについてかなりの警戒心を抱いていた。さらに、琉球列島米国民政府は、米軍と良好な関係を保つ華僑に対し華僑組織への参加を控えるように要求した。こうして、琉球華僑総会はそれほど多くの支持を得られず、まもなく解散せざるを得なかった。結果、米軍基地のない八重山にのみ華僑組織が存在することになったのである。

その後、駐長崎領事館、中華民国政府に認定された「僑領」、そして駐沖中信局代表と駐沖台省商聯会が沖華僑の各申請事項を代理で引き受けるようになった。しかし、1965年以降、在沖華僑の人数は2，000人を超え、さらに毎年1，000人あまりの台湾人労働者が沖縄に派遣されていたため、駐沖中信局と駐沖台省商聯会、そして僑領のみの僑務代理では十分に在沖華僑の利益などを保障することはできなくなった。これを受けて、中華民国政府は再び沖縄における領事館レベルの組織の設置を目指し、アメリカ駐台湾大使館代表と会談し、組織の設置についての意思を表明した。しかし、アメリカ側は依然として不同意という立場を取ったので、中華民国政府は新たな華僑政策を打ち出し、領事館の代わりに同郷会を設置する方針に転換せざるを得なかった。

そこで、1967年に琉球政府の同意を得て、台湾出身者を中心に「沖縄台湾同郷会」が設立された。しかしながら、当時、台湾出身者以外にも多くの華僑が存在したため、中華民国政府は「同会の結成は在沖華僑間の関係を分裂させ、不法行為が発生する可能性がある」と判断し、同会の結成を阻止しようとした。結局、沖縄台湾同郷会の活動は僅か2年で中止となった。その最大の理由として、中華民国政府から支持を得られなかったことが考えられる。

1969年に日米共同声明で沖縄の日本返還が表明され、それ以降、琉球列島米軍民政府による在沖外国人組織の結成に対する制限も緩くなった。それに加えて、これまで沖縄における帰属問題に関して日本の領有主権を認めない外交路線を取ってきた中華民国政府は、沖縄の日本返還が表明されたことによって、沖縄における華僑総会の設立に向けてより一層積極的に動き出した。その流れに沿って、沖縄の本土復帰を目前に控えた1971 年 3 月 21 日に、在沖の台湾系華僑および香港人を中心に「琉球華僑総会」が創設された。復帰後、台湾から直接沖縄に領事館を設置しなかった最大の理由は、領事館の設置に関しては日本政府の許可が必要であるため、その許可を求めて沖縄の領有主権が日本にあると認めているように思われることを恐れたからである。そのため、中華民国政府は領事館の設置の代わりに、「琉球華僑総会」の設立を促し、華僑の査証申請などの業務を委託したという。

華僑総会は民間組織の名目で設立されたが、実際には台湾の在外公館として機能していた。華僑の旅券や査証などを代理申請し、在沖華僑の全体を管理していた。そして、当時の中華民国政府の反共政策に基づいて、総会は在沖華僑の言動などをも監視していた。このように、「琉球華僑総会」は中華民国政府の政策によって設立された華僑組織として捉えられるが、一方で、設立当初から華僑自身が資金を調達して総会を立ち上げたという。すなわち、政府の動きと共に、民間の動きも華僑総会の成立にとって非常に重要であったと考えられる。

しかし、復帰後、多くの華僑が日本へ帰化または他の国へ移住したため、華僑組織の求心力は低下した。さらに華僑総会内部の分裂などもあり、中華民国政府は新たな華僑政策を打ち出すことにした。1985 年の夏、台湾と日本政府の合意に基づいて、中琉文化経済協会から「中琉文化経済協会駐琉球代表辦事處」の名義で専任駐琉代表役員を派遣したのである。その後、日本政府の同意も得られ、1987 年 8 月には中琉文化経済協会から張文仁を代表として沖縄に派遣した。そして、中華民国政府の委託により、同協会は1988 年から総会に代わって査証申請業務を引き受けるようになった。領事館代行としての業務を中琉文化経済協会に引き渡した後、「琉球華僑総会」も正式に領事館レベルから民間レベルの組織になった。

最後に、華僑組織の機能変化が華僑へもたらした影響をインタビュー調査から明らかにした。「琉球華僑総会」が設立された当初、公的な書類を申請する際の利便性を求めて、華僑たちは殆ど総会に参加した。華僑総会はこれを利用して、華僑の活動を監視し、彼らと中国側との関わりに厳重な注意を払っていた。しかし、総会が華僑にもたらした影響は、監視というマイナスのものばかりではなく、これまで分散していた華僑を再統合し、華僑の紐帯を結びつける効果をもたらした。しかし、近年では、華僑の日本への帰化および1 世の華僑の高齢化により、華僑総会の参加者数が年々減少している傾向がある。持続可能な華僑組織として運営していくためには、2 世や3 世をどう育成するのかが「琉球華僑総会」が直面する重要な課題だと考えられる。今後、沖縄華僑社会がどのように変化していくのかについては、今後の課題としたい。

乾隆二六年北京における琉球官生と朝鮮・安南使節間の交流

清代各朝贡国间之往来
——以朝鲜、安南、琉球、南掌为例

沈玉慧*

要　旨

前近代東アジア海域においては使節・商人・漂流民など様々な人々の往来があった。民間の交流として、商人や漂流民など、さらにはそれに伴うモノ・情報の流通、一方、公的な交流として、使節、例えば日朝間の通信使、中国との朝貢・冊封使節などに関する研究にはともに多くの蓄積がある。近年では朝鮮・安南両国朝貢使節の旅行記としての『燕行録』が陸続と出版されているが、それに伴い、朝貢使節同士の交流についても注目が集まっている。とりわけ百冊を越える朝鮮の『燕行録』には、中国の官僚・文人のみならず、アジア諸国や

西欧人との交流についても詳細で具体的な記録が残されており、近世東アジア交流史の重要史料として、その研究が活発化しつつある。

清代の北京における朝貢使節間の交流については、朝鮮・安南間、朝鮮・琉球間について研究がなされてきた。まず朝鮮・安南使節の交流について、清水太郎氏は、両国が漢詩の唱和や漢文による問答を行うことのできる少ない国であることから、その交流の重要性を指摘している。

一方、朝鮮・琉球両国の使節の交流については紙屋敦之・松浦章・張源哲・夫馬進諸氏の研究がある。紙屋・松浦両氏は明清時代における両国使節の交流に関して事例研究を行い、張氏は両国の漢詩交流について網羅的に検討した。さらに夫馬氏は、薩摩の琉球侵攻が、北京における両国使節の交流に与えた影響について論じている。これらの先行研究に対し、報告者はさきに二篇の論考を発表し、四〇回以上に及ぶ朝鮮・琉球両国使節の交流事例を

---

* 沈玉慧：日本九州大学东洋史博士后期课程。

包括的に検討し、その実態の解明を試みた。

以上の研究成果は、主に二国間の朝貢使節の交流事例を検討したものであるが、清朝の朝貢体制下には、朝鮮・琉球・安南以外、シャム・スールー・ラオス・ビルマなどの東南アジア諸国も含まれており、上述した朝鮮使節の『燕行録』からは、朝鮮王朝が朝貢使節を通じて、積極的に外国情報を収集し、朝貢使節や随員らが他国への関心を抱いていた様子が窺われる。朝貢は東・東南アジア諸国にとって、諸外国との交流や海外情報の収集の重要なルートだったのである。清朝の朝貢体制のもとでの、東・東南アジア諸国の相互交流の全体像を把握するためには、二国間交流の事例研究に止まらず、より多角的な交流事例を検証する必要があるだろう。

以上のような問題意識に基づき、本報告では特に乾隆二五年一二月～同二六年二月における朝貢に焦点を当て、北京における朝鮮・安南・南掌使節、および琉球官生の交流事例について、考察を行うことにしたい。

摘　要

近年东亚海域史受到高度关注，于其间往来的人物(使节、商人、漂流民)的移动以及经由其移动所产生的物品与讯息的流通之相关研究成果丰硕。其中又以非官方的商人与漂流民之相关研究为多，而官方的使节往来，在日朝两国间的通信使，中国与朝贡国间册封使节的往来活动方面虽已有相当的研究成果，东亚各国间的官方活动，另包含各朝贡国间的使节往来。近年由于朝鲜与安南两国使节之朝贡见闻录——《燕行录》陆续出版，尤其超过百册以上的朝鲜燕行录中，除了与清朝的官僚、文人间的往来外，也详细记录了与各国使节间的交流内容，朝贡使节间的往来活动也因而备受注目。

目前关于朝贡使节的往来活动之相关研究，已有清水太郎对于明清时期朝鲜与安南使节进行一系列的研究、讨论。其研究成果指出，朝鲜与安南两国是少数能以汉文进行交流与诗文唱和之朝贡国，其往来因此显得十分重要。朝鲜和琉球之间则有松浦章、纸屋敦之、张哲源、夫马进等人的研究。纸屋敦之与松浦漳是对于明清时期的个案交流事例进行讨论；张哲源是对两国于北京时的汉诗往来进行整理分析；夫马进则是指出自万历三十七年琉球遭受萨摩入侵受其统治后，朝鲜与琉球两国间于北京的往来即受到影响，两国使节即便于北京相遇，但相互间的往来则显得生疏、冷淡。另一方面，笔者则是利用朝鲜与琉球两国于北京高达40余次的交流活动，进行其交流内容探讨。

由上述列举的研究成果可发现，朝贡使节间的交流事例多为朝鲜和安南、朝鲜和琉球两国。近年随着朝鲜和安南使节朝贡见闻录——《燕行录》的陆续出版，使节间交流事例亦不断被发掘和讨论，如除上述两国间的交流外，亦可见琉球和安南两国使节间的往来。然除了上述三国之外，前往清朝进贡的朝贡国尚包含暹罗、缅甸、南掌以及苏禄等国。随着朝贡使节见闻录的不断出版，则应可见各国间于中国更为多元的交流活动。

本文便欲以乾隆二十五年(1760年)年底至来年二月期间，朝鲜、安南、南掌三国使节，以及琉球国子监官生在北京的交流活动为例，对多国使节间的往来活动进行讨论、分析。

はじめに

朝貢体制のもとでは、諸朝貢国はそれぞれの貢期に従って、中国の京師に使節を派遣し、皇帝への謁見を中心とする各種の儀礼に参列し、それとともに、儀礼の場や宿舎などにおいて、他国の朝貢使節と接触していた。特に清代では、東アジア諸国が相互に使節を派遣して行われる通交に限られていたため、北京への朝貢は、東アジア諸国が直接に相互交流を行う機会ともなったのである。

近年、朝鮮・安南両国使節の朝貢見聞録が刊行され、北京における使節同士の交流が注目を集めてきているが、とりわけ朝鮮・琉球・安南三カ国の使節についての研究が蓄積されている[1]。ただ、この三カ国の中で、琉球は朝貢使節以外にも、北京の国子監や福建に琉球官生・副官生[2]・勤学(琉球官生とは別の私費の留学生)[3]を派遣しているため、朝貢国同士の交流には使節に限らず、琉球の留学生と他国の使節との間で行われるものも含まれる。

琉球官生の派遣は明代から清末まで行われた。琉球官生は国子監で約三年間学び、帰国後には、朝貢使節・通事・正議大夫・長史・紫金大夫、史書・政書の編集などの要職を担い、また講解師や訓詁師などの教育職にも任じられていた[4]。このように、琉球官生は官僚予備生として派遣され、さらに、北京に滞在する期間は朝貢使節よりも長く、中国にも複数回赴いており、よって、彼らと他国使節との交流は注目に値する。

現在、検討されている琉球官生と朝貢使節との交流事例は、同治一二(一八七

---

1 拙稿「清代北京における朝鮮使節と琉球使節の邂逅」(『九州大学東洋史論集』三七号、二〇〇九年)参照。その後、拙稿「清代北京における朝貢使節間の交流－朝鮮・琉球使節を例として」(『九州大学東洋史論集』三九号、二〇一一年)、同「清代朝鮮使節在北京的琉球情報收集」(『漢学研究』二九－三、二〇一一年)、同「清代朝鮮燕行使による琉球情報の収集－『燕行録』を史料として」(投稿中)、清水太郎「北京における安南使節と朝鮮使節の交流－一五世紀から一八世紀を中心に」(『東南アジア研究』四八－三、二〇一一年)など諸論文が刊行されている。

2 前田舟子「副官生派遣をめぐる琉中間の議論」(『琉大アジア研究』一〇、二〇一〇年)参照。

3 勤学について、深沢秋人「渡唐使節における勤学人」(初出一九九八年、同氏『近世琉球中国交流史の研究－居留地・組織体・海域－』榕樹書房、二〇一一年)参照。なお、勤学の定義について議論があり、それに関しては前掲前田舟子「副官生派遣をめぐる琉中間の議論」六三頁、参照。

4 上江洲安亨「清朝初期における琉球国の官生派遣の復活について」(『沖縄文化研究』二四号、一九九八年)四七－四九頁。

三)年、越南使節との事例[5]のみであるが、清代において琉球は九度、計四〇数人の官生を派遣しており、その数からみれば、また考察されていない交流事例はほかにも多くあるはずである。そこで、本稿では、近年刊行された『燕行録選集補遺』を利用し、乾隆二五(一七六〇)年年末から同二六年一月の琉球官生と朝鮮・安南使節との交流事例を紹介することとする。

なお、この事例については、清水太郎氏が二〇〇〇年に、朝鮮・安南両国の実録、安南副使の黎貴惇『見聞小録』・『北使通録』・『桂堂詩集』などを利用して紹介しているが、朝鮮・安南使節の交流のみが扱われ、琉球官生を加えた三者の交流については触れられていない。それは以上の史料には琉球官生と朝鮮使節との交流は記録されていないためでもあるが、『燕行録選集補遺』に収録されている、朝鮮側の随員李商鳳の『北轅録』には全日程の見聞が詳細に記録され、その中に琉球官生との交流も詳しく記されている[6]。とすれば、李商鳳の『北轅録』と上記の史料とをつきあわせれば、琉球官生・朝鮮・安南使節の交流のより詳細な実態を解明できるであろう。よって、本稿では、先行研究を踏まえ、李商鳳の『北轅録』を中心として、乾隆二六年の交流内容を検討していく。

一、交流人物の紹介と交流の概要

(一)交流人物の紹介

乾隆二五年、年貢使として朝鮮の正使洪啓禧・副使趙栄進・書状官李徽中をはじめ、三〇一人の使節団を清朝に派遣された。本使節団は一一月二日に朝鮮の京城を出発し、一二月二七日に北京に到着して、乾魚衚衕にある南館に入館した。その後、礼部に赴き朝貢の表文・咨文を奉り、鴻臚寺で行われた拝謁式のリハーサル、元旦の拝謁式、重華宮・山高水長閣・正大光明殿等で行われた宴席など、一連の朝貢儀礼に参加した[7]。また、北京での滞在中、以上の朝貢儀礼へ参加したほか、円明園・暢春園・五塔寺・五龍亭・文廟・隆福寺・琉璃廠・天主堂・玉河館などにも訪れ、乾隆二六年二月九日、北京を離れ帰国した。北京での滞在期間は約四〇日であった[8]。同年、安南国王である黎維禕が亡くなったため、その姪である黎維褍は陳輝宓・黎貴惇・鄭春澍らを清朝に派遣し、国王の死を報告し、改めて冊封されることを求めた[9]。

5　上里賢一「ベトナム資料に見える琉球」(沖縄県立図書館史料編集室編『第十回琉球・中国交渉史に関するシンポジウム論文集』沖縄県立図書館、二〇一〇年、参照。

6　李商鳳の『北轅録』成均館大学校大東文化研究所編『燕行録選集補遺』東亜学術院大東文化研究所、二〇〇八年)では、琉球官生との交流だけでなく、安南・南掌使節との交流内容も詳細に記録されているが、紙幅に限りがあるため、その点については、稿を改めて検討を加える。

7　『光緒大清会典事例』(中華書局、一九九一年)巻五〇八、礼部、朝貢、八八八頁。

8　前掲李商鳳『北轅録』巻四、七〇三頁。

9　『大清高宗純皇帝実録』巻六三〇、乾隆二六年二月上乙酉条。

一方、乾隆二二(一七五七)年の冊封使節である周煌は琉球官生の国子監入学の請願を受けて、代奏し[10]、それを受けて、入監を許可された琉球は、梁允治・蔡世昌・鄭孝徳及び金型の四人を派遣し、乾隆二三年、朝貢使節に随行させた。梁允治と金型の二人は入監してから、病気にかかり、早くに亡くなったが[11]、残りの蔡世昌と鄭孝徳の二人は、留学を続け、乾隆二九(一七六四)年に帰国した[12]。

本稿で取り扱う交流に関わった人物は、朝鮮の書状官李徽中・書状官軍官李商鳳、安南使節及び琉球官生の蔡世昌・鄭孝徳などである。朝鮮・安南使節に関しては、清水氏の論文ですでに紹介されているので[13]、ここでは詳説せず、主要な交流人物である李商鳳と琉球官生についてのみ簡単に紹介する。

李商鳳は書状官李徽中の息子で、乾隆三八(一七七三)年に科挙に合格し、副修撰・工曹参判などの官職を歴任した。著作には『増註語録解』・『古今釈林』などがある[14]。本使節では、李商鳳の父親が書状官に任命されたため、病に伏す兄弟の李商駿の代わりに父親に随行し、中国へ赴いていた[15]。

琉球官生の蔡世昌と鄭孝徳の二人は、前述したように乾隆二五年に国子監に入学し、同二九年に帰国した。蔡世昌は帰国後、存留通事・朝京都通事・朝貢副使などを務め、乾隆四八(一七八三)年には朝貢副使として清朝へ朝貢し、朝鮮使節とともに朝貢儀礼に参加している[16]。また、乾隆四一(一七七六)年には、『琉球科律』(琉球王国初の刑律典)の編纂にも関わり、国師・紫金大夫などの要職を歴任した。さらに、長年久米村が教育を独占する情況を打開するため、嘉慶三(一七九八)年、教育改革案を提出し、官生の派遣制度を改正した。それにより、有名な「官生騒動」事件が起こっている[17]。

一方、鄭孝徳に関する記録は『琉球入学見聞録』にしか見当たらない。その記述によれば、鄭孝徳の祖父と父親はそれぞれ朝貢副使と朝京都通事を務め、清朝へ赴いた経験があった。鄭孝徳の帰国後の経歴は、乾隆三三(一七八六)年に長史に任じられ

10 清代琉球官生の派遣について、前掲上江洲安亨「清朝初期における琉球国の官生派遣の復活について」参照。

11 『中山世譜』(伊波普猷ほか編『琉球史料叢書』〔井上書房、一九六二年〕第四、所収)巻一〇、一五〇頁。前掲上江洲安亨「清朝初期における琉球国の官生派遣の復活について」参照。

12 沖縄県立図書館史料編集室編・和田久徳校訂『歴代宝案 校訂本』(沖縄県教育委員会、一九九二年)第二冊、二-四八-〇四(乾隆二九年一一月二五日)五五八-五五九頁。

13 清水太郎「ベトナム使節と朝鮮使節の中国での邂逅-一八世紀の事例を中心に」(『北東アジア文化研究』一二、二〇〇〇年)一五-一八頁。

14 韓国人名大事典編纂室編『韓国人名大事典』(青丘文化社、一九七四年)七〇一頁。

15 前掲李商鳳『北轅録』巻一、七三一頁。

16 前掲『中山世譜』巻一〇、一五六頁、朝鮮国史編纂委員会編『朝鮮王朝正祖実録』(朝鮮国史編纂委員会、一九五六年)巻一七、正祖八年二月癸酉条。

17 前掲上江洲安亨「清朝初期における琉球国の官生派遣の復活について」七二頁、上里賢一(陳瑋芬訳)「琉球対儒学的受容」(『台湾東亜文明研究学刊』三-一、二〇〇六年)一六-一七頁。

たことしかわからない[18]。

(二)交流の概要

交流は、乾隆二五年一二月二七日に朝鮮使節が北京に到着し、琉球官生が安南使節の館舎を訪問したことにはじまり、翌年二月七日、朝鮮使節帰国の前日まで、朝鮮・安南の使節、琉球官生の間で行われた。『北轅録』・『見聞小録』などに基づき整理すると、その概要は、以下のようになる。

(乾隆二五年)一二月二七日：朝鮮使節、北京に到着。【北】

乾隆二五年冬：琉球官生の鄭孝徳・蔡世昌、安南使節の館舎を訪問。【見】

(乾隆二六年)一月八日：李商鳳ら、国子監を見学した際、蔡世昌と出会い、交流。

琉球官生の教習、潘相は家君(朝鮮書状官の李徽中)と筆談。【北】

九日：李商鳳ら、蔡世昌と詩文を応酬。【北】

一四日：蔡世昌・鄭孝徳、朝鮮館舎を訪問。【北】

一六日：蔡世昌・鄭孝徳、自作の詩文を琉球教習の潘相に託し、李商鳳に送る。【北】

一九日：李商鳳、蔡世昌・鄭孝徳への返礼の詩文を国子監へ送る。後、蔡世昌・鄭孝徳の二人は返礼の詩を送る。【北】

二五日：李徽中、蔡世昌・鄭孝徳の二人の詩を評価し、さらに二首の律詩を送る。【北】

二月八日：朝鮮使節、帰国。【北】

【北】:『北轅録』 【見】:『見聞小録』

ここから、琉球官生は、安南・朝鮮使節の館舎を訪ねて交流を行い、また国子監を訪ねた李商鳳と問答を交わし、さらに朝鮮使節と詩文の交換もしていたことが見て取れる。以下、その交流の具体的内容を検討していく。

二、琉球官生・安南使節

清代の規定において、安南の貢期は三年一回されていたが、実際その朝貢回数は清代にわたり約四〇回であり[19]、規定よりすくなく、必ずしも貢期に従っていたわけではないようである。それに伴い、安南・琉球使節同士の交流事例も極めて少ない。管見の限りでは、その事例は、道光一〇(一八三〇)年の福建でのものしか見当たら

---

18 潘相『琉球入学見聞録』(台湾銀行経済研究室編『台湾文献叢刊』台湾銀行経済研究所、一九七一年、第二九九種)一二一頁。

19 李雲泉『朝貢制度史略—中国古代対外関係体制研究』(新華出版社、二〇〇四年)一四五、一四六頁。

ない[20]。さらに、先述したように、安南使節と琉球官生との交流事例も本交流と同治一二(一八七三)年の二例しか見当たらない。

前節で整理したように、乾隆二五年冬、琉球官生鄭孝徳・蔡世昌の二人は安南使節の館舎を訪ねて、問答を交わした。その内容については、黎貴惇の『見聞小録』に以下のように記録されている。

> 庚辰(乾隆二五)冬、僕北京に至るに、琉球國舉人鄭孝徳・蔡世昌有り、館に詣いたり、見えんことを請う。並びに年二十餘りにして清秀たり。稱すらく、「始めて京に来たり。入監して讀書す」と。問えらく、「此に到るは幾年」と。曰く、「前年の冬來る」と。問えらく、「北京に應舉するや否や」と。曰く、「學成らば國に回り、試に応じん」と。[21]

これによれば、乾隆二五年冬、安南使節が北京に到着すると、鄭孝徳・蔡世昌の二人がその館舎を訪ねてきたが、黎貴惇は彼らについて、二人の年齢はともに二〇歳くらいで、その容貌は清秀である、と記している。そして、二人が国子監に入学したばかりであることを伝えると、黎貴惇はいつ中国に来たのか、中国での科挙試験に参加するのかなどと尋ねている。

ここで、黎貴惇が二人の身分を「琉球國舉人」と記しているのは問題がある。それは当時琉球国内ではまだ科挙制度は実施されておらず[22]、さらに、鄭孝徳・蔡世昌の二人は中国の科挙試験にも参加していないため、その身分は単なる国子監生にすぎないからである。この記録は鄭孝徳・蔡世昌の二人が自称したものなのか、書き写しの誤りなのか、現段階では、史料不足のため、その詳細は解明できない。

また、朝鮮・安南・琉球はともに漢文の教養を有する朝貢国であり、朝貢の際、相互に詩文交流をしたり、清朝の皇帝御製詩を唱和したりしている。ただし、先述したように、安南と琉球両国の交流事例は少なく、未だ両国の詩文交流の事例は見当たらない。よって、互いの詩文に関心を持っていたことが窺われる記述が見られる。例えば、乾隆三(一七三八)年、安南使節が北京で使用した宿舎は、同年二月に北京から帰国した琉球使節の宿舎と同じである。安南使節の黎有鐈は、琉球使節が宿舎の壁に書き残した詩文を見て、「詩も亦た瀟灑にして、喜ぶべきこと分明なり」と賞賛し、

---

20 前掲上里賢一「ベトナム資料に見える琉球」九〇－九二頁。同年、琉球官生の林世功は、朝鮮正使の朴圭寿と詩文を交流した。張源哲「朝鮮と琉球における文学的交流の一局面－漢詩の交歓を中心に」(『八－一七世紀東アジア地域における人・物・情報の交流』下、平成一二年度－一五年度科学研究費補助金(基盤研究(A)(1))研究成果報告書、二〇〇四年)一二三頁、参照。

21 庚辰冬僕至北京、有琉球國舉人鄭孝徳・蔡世昌詣館請見、並年二十餘清秀。稱始來京入監讀書。問、「到此幾年。」曰、「前年冬來。」問、「應舉北京否。」曰、「學成回國應試。」(前掲黎貴惇『見聞小録』二七四頁)。

22 琉球科挙制度の実施については、真境名安興『沖縄教育史要』(『真境名安興全集』第一巻、琉球新報社、一九九三年)、田名真之「平等学校と科試」(高良倉吉ほか編『新しい琉球史像：安良城盛昭先生追悼論集』榕樹社、一九九六年)参照。

その詩文を抄録している[23]。なお、上里賢一氏によれば、安南の名高い文人である阮收の『友竹先生詩集』も乾隆五六年の琉球副使、陳天龍が元宵節に乾隆帝に唱和した漢詩を収録しているのである[24]。

なお、朝鮮使節にも同じ傾向が見える。つまり、乾隆五二(一七八七)年の朝鮮正使、俞彦鎬の『燕行録』は、当該年の琉球副使、阮廷宝が清朝皇帝に献上した詩作を収録している[25]。なお、かつて乾隆五五(一七九〇)・嘉慶元(一七九六)・同五(一八〇一)年に、朝鮮使節の随員として清朝に赴いた実学者、柳得恭は自らの『並世録』に安南使節の胡士棟・阮仲鐺・潘輝益・武輝晋・陶金鐘、琉球使節の程順則・蔡文溥・馬継漢・陳天龍らが皇帝に献上した詩文を収録している[26]。

以上、朝鮮・安南・琉球の三国はともに漢文教養を有する朝貢国であり、互いに詩文交流を行ったこともあったため、それぞれの詩文にも関心を寄せ、その詩文を自身の文集に収録したと考えられる。さらに、先述したように乾隆三年の安南使節は同年に同じ宿舎に泊まっていた琉球使節が宿舎の壁に書き残した詩文を抄録しており、そのことから見ても漢文教養を有する朝貢国使節がほかの朝貢国の詩文に関心を持っていたことが窺われる。

三、琉球官生・朝鮮使節

管見の限り、琉球官生と朝鮮使節との交流に関する記載もあまり残されていない。本交流以外に、朝鮮随員の金貞益が太学を訪ねた際、琉球官生と筆談した、道光二二(一八四二)年の事例が見られるが、その筆談の内容は記録されていない[27]。よって、琉球官生と朝鮮使節交流に関して、本事例は今のところ最も詳細な記録が残された、唯一の事例であると言える。

本交流は、乾隆二六年一月八日に李商鳳らが国子監を訪ねた際、琉球官生である蔡世昌と出会ったことに始まる。その際、蔡世昌はまず地面に文字を書き、自身の名前を紹介している。その後、李商鳳は明倫堂へ行くが、蔡世昌もこれに随行し、二人はまた地面に文字を書いて、以下のような問答を交わしている。

23　前掲黎貴惇『見聞小録』二七四頁。グェン・ティ・オアイン「安南と日本の国交関係－漢喃研究院所蔵の資料を基に」(上里賢一ほか編『東アジアの文化と琉球・沖縄－琉球/沖縄・日本・中国・越南』彩流社、二〇一〇年)二〇七－二〇八頁、参照。

24　前掲上里賢一「ベトナム資料に見える琉球」八五一九〇頁。

25　俞彦鎬『燕行録』(『燕行録全集』東国大学出版社、二〇〇一年、以下『全集』と略称、巻四一)四六七一四七七頁。

26　柳得恭『並世録』巻之二(『全集』巻六〇)一八一一八七頁。前掲張源哲「朝鮮と琉球における文学的交流の一局面」一一八頁、参照。阮収・柳得恭二人の詩文集に収録されている陳天龍・馬継謨の詩作について、その詩と作者の名前に齟齬がある。すなわち阮收の『友竹先生詩集』は二首詩の作者は陳天龍とするが、柳得恭『並世録』ではその作者は陳天龍・馬継謨であると記されている。この点については、稿を改めて、検討する。

27　金貞益『辛丑北征日記』(林基中編『燕行録続集』〔尚書院、二〇〇八年〕巻一三五)巻之二、三五一頁。

琉球蔡生また踵いで入り、之と與に坐り、地に画して問うて曰く、「貴國の山川・風土・文物・氣像、其の槩を聞かんことを願う」と。……「敢えて貴國尊王の姓を問わん」と。曰く、「尚氏なり」と。曰く、「國を得て、今まで幾世ぞ」と。曰く、「十二代なり」と。曰く、「中國の何世に在るや」と。蔡生沈吟し、対うること能わず……乃ち蔡生に問うて曰く、「尚氏某世を代わるや」と。曰く、「舜氏なり」と。曰く、「貴國此を隔たるに幾里の路たらん」と。曰く、「二萬餘里なり」と。曰く、「嗟爾、遠道胡為なんすれぞれぞや」と。來りて曰く、「書を學ばんと欲するのみ」と。曰く、「琉球の壌地褊小なると雖も、環海の三十六島、豈あに一、二の文学の士無からんや。而るに遠く驚濤を渉り、北のかた中國に学ぶは、乃ち太だ勞すること無からんや」と。曰く、「弊國の人物大いに中華に及ばざるが故なり」と。曰く、「貴國の衣章得て見るべきや」と。曰く、「皇上清朝の衣冠を新制し、之を恩賜す。本朝の服色縁よって用いる所無く、仍って寄せて家に回すと云う」と。……余又た曰く、「北のかた來りて、今幾たび寒暑を過ごし、曷いずれの月にか又た将に南のかたに歸らんとするや」と。曰く、「昨歳始めて北のかたに學び、南のかたに歸るは皇上二十九年に當たる」と。曰く、「年限有りや」と。曰く、「然り」と。曰く、「貴國曽て方物を以てわが國に来たり献ず。之を知るや」と。曰く、「曽て識しらず」と。余に請い、其の室に造いたらしめ、余諾って起き、潘童之に随う。曰く、「二子何を以てか相熟す」と。潘曰く、「蔡、是れ吾が父の弟子なり」と。其の室に至り……蔡生其の作る所の元朝の試筆詩を示し……浪みだりに一遍を吟じ未だ評比に及ばず。惠文　家君の戒を告げ、余を駕ひかせ、門を出づ。蔡生・潘童又た之に随う。蔡輕箑・煙竹を以て、我に遺おくる。皆、倭の物なり。之に謝すに二清を以てす。蔡曰く、「曽て二丸の賜を蒙り、今敢えて疊ね受けず」と。曰く、「此を受けんと欲せざれば、則ち盛礼も亦た敢えて当たらず」と。彼即ち言を受けて、謝を致す。又た二清を以て潘童に付す。亦た祇ただ受け多謝と曰い、遂に告別す。[28]

28　琉球蔡生又踵而入與之坐、書地而問曰、「貴國山川・風土・文物・氣像願聞其槩。」……「敢問貴國尊王姓。」曰、「尚氏。」曰、「得國今幾世。」曰、「十二代。」曰、「在中國何世。」蔡生□吟不能對……乃問蔡生曰、「尚氏代某世。」曰、「舜氏。」曰、「貴國距此為幾里路。」曰、「二萬餘里。」曰、「嗟爾(甭)遠道胡為乎來。」曰、「欲學書耳。」曰、「琉球壤地雖云褊小、環海三十六島豈無一二文學之士。而遠涉驚濤、北學中國、無乃太勞乎。」曰、「敝國人物大不及中華故也。」曰、「貴國衣章可得見乎。」曰、「皇上新制清朝衣冠而恩賜之。本朝服色緣無所用、仍寄回於家云。」……余又曰、「北來今過幾寒暑、曷月又將南歸。」曰、「昨歳始北學、南歸當在皇上二十九年。」曰、「有年限乎。」曰、「然。」曰、「貴國曾以方物來獻我國、知之乎。」曰、「不曾識。」請余造其室、余諾而起、潘童隨之。曰、「二子何以相熟。」潘曰、「蔡是吾父之弟子。」至其室、進茶啜罷……　蔡生示其所作元朝試筆詩……浪吟一遍未及評比。惠文告　家君之戒、駕余出門。蔡生、潘童又隨之。蔡以輕箑、煙竹遺我、皆倭物也。謝之以二清。蔡曰、「曾蒙二丸之賜、今不敢疊受。」曰、「不欲受此、則盛禮亦不敢當。」彼即受言致謝。又以二清付潘童、亦祇受曰多謝、遂告別。(前掲李商鳳『北轅録』巻四、八四一一八四二頁)。

これによれば、蔡世昌は李商鳳に朝鮮の山川・風俗・文物及び気象などを問い、それに対して、李商鳳は琉球の王統、琉球と中国との距離、琉球官生の服装、清朝の国子監に入学した理由、国子監での修学年限、琉球がかつて朝鮮に使節を派遣したことを知っているかどうかなどについて尋ねている。その後、蔡世昌は李商鳳を部屋へ招き、自身の詩作を見せ、別れる際には互いに清心丸と扇子・キセルを贈り合った。

その後、一月一四日に蔡世昌・鄭孝徳の二人は朝鮮館舎を訪ね、李商鳳・李徽中と以下のような会話を交わした。

仍ち鄭生に問うて曰く、「貴庚」と。曰く「二十七たり」と。蔡生曰く、「夷狄に在りては夷狄を行い、中國に在りては中國を行い、且つ朔を奉ずるの國なり、理を以て之を論ずるに、亦た当に謹んで天朝の制度を凛くべし。今清儀を覩みるに稍やや同じからざる有り、其の故を聞かせんことを願う」と。曰く、「子思子の天下の同じくする所を論ずるは、三□と文と倫たり。而るに衣冠・文物に至るは、未だ嘗て言わざるなり。俺の服する所は、先王の法服たり。俺の冠する所は、前　明の遺制なり。今、天下の易わるや、吾何ぞ必ずしも波に苟合せんや。波亦た何ぞ必ずしも我に雷同せんや」と。曰く、「是なり」と。曰く、「貴國の進貢は何物や」と。曰く、「赤銅・硫磺・白錫等の物是れなり。」と。曰く、「貴國の開荒の君は誰や。」と。鄭曰く、「開國は天孫氏たり。弊國の地方甚だ狭く、並びに英物なし」と。家君曰く、「地方幾里、州縣幾何、官制如何。南方日暖かく、農蚕も亦た能く一年に再収するや否や」と。曰く、「地方甚だ小なり、幾里なるを知らず。屬する所は三十六島有り、農蚕一回を収むる。官制は中國と同じきも、而も名を異にす」と。曰く、「人を用いるを、亦た科を設け、而して二子の來たるは選ばれて来るや、自ら慕って來るや」と。曰く、「王命を奉じて來り、亦た文を作りて取選するに非ず」と。曰く、「然らば則ち何を以てか備え、額を定めて送るや」と。曰く、「唯だ、年紀を看て遣わす」と。曰く、「既に貢士と曰えば、則ち宜くその士の秀なる者を擇ぶべし」と。曰く、「弊國士を用いるに一たび人品行事を看て要と為し、然る後文藝を看る」と。曰く、「仕宦の家の子弟を以て、擇びて送るや」と。曰く、「敝國の王法、世官世祿たり」と。曰く、「北のかたに學び國に歸れば、怎でか酬勞の典有るや」と。蔡曰く、「又た酬勞の典、但だ預め論ずるを得ず」と。余曰く「國頭城青荷山は如何」と。曰く、「知らず」と。鄭曰く、「倶に我が境にあるも而も國頭城に非ず、乃ち國頭崎なり」と。[29]

ここで蔡世昌は朝鮮使節になぜ清朝の服を着用しないのか尋ね、一方、李商鳳と李徽中は琉球の朝貢品・開国君主・行政範囲・官制・農作・官生の選任方法及び帰国後の待遇・国頭城青荷山の位置などを尋ねている。なお、問答が終わると、蔡世昌・鄭孝徳の二人は「藥果・黑荏(黑芝麻)茶食・全鰒・脯肉」などを供され、その返礼として、李商鳳らに琉球国内の貴重な常備薬である「万金丹」を贈っている[30]。

上に挙げた二回の交流では、蔡世昌・鄭孝徳の二人は朝鮮使節の質問に対して、概ね正確に返答している。例えば、朝貢品目と開荒の君主について、朝貢品目を硫黄・紅銅・錫と定める康熙三一(一六九二)年の規定[31]と合致し、開荒の君主も『中山世譜』など史書の内容と一致している[32]。また、琉球の属島について、実際に支配していた属島は五十余りに及んでいたが[33]、諸『使琉球録』・『歴代宝案』・『中山世譜』・『白姓官話』・『官話問答便語』など清朝や琉球の書物に見えるように、近世の琉球では、その属島を三十六島と総称することが一般的であり、二人も「属する所は三十六島有り」と答えている。また、明朝は琉球に対し、王相・長史・正議大夫などの明朝王府の官職を授与して、冠服も賜ったが、琉球国内ではそれを一つの契機として徐々に官制が整備されてきた[34]。さらに、一八世紀に編纂された『琉球国中山王府官制』や『琉球国由来記』に見えるように、一六世紀までは九品十八階からなる位階や官職制度を整えた。このように、その官制は中国の影響を受けていたが、その官名には中国式と琉球式があった。このように、蔡世昌・鄭孝徳の二人が「官制は中國と同じ

---

29 仍問鄭生曰、「貴庚。」曰、「二十七。」蔡生曰、「在夷狄行乎夷狄、在中國行乎中國。且奉朔之國、以理論之、亦當謹凜天朝之制度。今覩清儀稍有不同、願聞其故。」曰、「子思子論天下之所同者、三□與文與倫、而至於衣冠文物未嘗言也。俺之所服者、先王之法服。俺之所冠者、前　明之遺制也。今天下易矣、吾何必苟合於波、波亦何必雷同於我。」曰、「是矣。」曰、「貴國進貢者何物。」曰、「赤銅・硫磺・白錫等物是也。」曰、「貴國開荒之君誰也。」鄭曰、「開國者天孫氏。敝國地方甚狹，並無英物。」　家君曰、「地方幾里、州縣幾何、官制何如。南方日暖、農(蠶)亦能一年再收否。」曰、「地方甚小、不知幾里。所屬有三十六島、農(蠶)收一回。官制與中國同而異名。」曰、「用人亦設科、而二子之來被選而來乎、自慕而來乎。」曰、「奉王命而來、亦非作文取選。」曰、「然則何以備額(定)送乎。」曰、「唯看年紀而遣。」曰、「既曰貢士、則宜擇其士之秀者矣。」曰、「敝國用士一看人品行事為要、然後看文藝。」曰、「以仕宦家子弟擇送乎。」曰、「敝國王法世祿。」曰、「北學還國有怎酬勞之典乎。」蔡曰、「又酬勞之典、但不得預論。」余曰、「國頭城青荷山何如。」曰、「不知。」鄭曰、「俱在我境、而非國頭城、乃國頭崎也。」(前掲李商鳳『北轅録』巻四、八四五頁)。

30 「萬金丹」に関する詳しい説明、前掲拙稿「清代北京における朝貢使節間の交流」一三二－一三三頁、参照。

31 『歴代宝案(校訂本)』一－六－二一(康熙三〇年一〇月初一日)、一－二七－一七(康熙三一年一〇月二五日)、宮田俊彦『琉明・琉清交渉史の研究』(文献出版、一九九六年)三五七－三五八頁、参照。

32 前掲『中山世譜』巻一、二〇頁。

33 沖縄大百科事典刊行事務局編『沖縄大百科事典』(沖縄タイムス社、一九八三年)下巻、八七七頁。

34 豊見山和行「明朝の冊封関係からみた琉球王権と身分制」(同『琉球王国の外交と王権』吉川弘文館、二〇〇四年)四〇－五四頁。

きも、而も名を異にす」と答えているのも実際の情況と一致している[35]。官生の選任についても、二人の答えのように、乾隆二五年に科挙が実施される以前は、久米村の子弟を選任して派遣していた[36]。

一方、「國頭城・青荷山」という地名の記述は、琉球側の史料には見当たらないが、一四世紀後半に朝鮮領議政申叔舟が著した『海東諸国記』「琉球国之図」には琉球国の都がある中山（現沖縄本島）の北側に「國頭城」と記されている[37]。一方、鄭孝徳の回答では、「國頭城」は正確には「國頭崎」であるとされている。この「國頭崎」も『琉球国由来記』などの琉球史料には見当たらないが、そこには「國頭間切」という類似した地名が記されている[38]。國頭間切は沖縄本島の最北にあり、太平洋と東シナ海に面する細長い海岸地形であった[39]。このことをあわせ考えると、國頭間切は國頭崎とも呼ばれたと考えられる。

「青荷山」ついては、嘉慶一六（一八一一）年の朝鮮書状官の随員である李鼎受の『遊燕録』に「王都……之西、青荷山有り、國之寶庫在るや」[40]とあり、青荷山は琉球の宝庫の所在地とされている。一方、『海東諸国記』「琉球国之図」には、「國庫」[41]との記述がある。沖縄県立博物館が所蔵する『琉球国図』には、同地点に「此地王之庫藏」[42]と記されている。このように考えてくると、「青荷山」は、琉球の都の西にある国庫であったと考えられる。

一方、琉球官生と朝鮮使節は、互いに物産も贈答している。朝鮮使節からの贈り

---

35 返答内容の詳しい検討については、拙稿「朝鮮燕行使による琉球情報収集—『燕行録』を中心史料として—」（投稿中）参照。

36 仲原善忠「官生小史－中国派遣の琉球留学生の概観」（同氏『仲原善忠全集』沖縄タイムス社、一九七七年、第一巻）五三〇－五六九頁、岡本弘道「明代初期における琉球の官生派遣について－『南雍志』にみる国子監留学生の位置づけとして—」（初出一九九六年、同氏『琉球王国海上交渉史研究』榕樹書林、二〇一〇年）五五－九九頁、前田舟子「明代の琉球官生と南京国子監－北監と南監の並立をめぐって」（『よのつぢ浦添市文化部紀要』四、二〇〇八年）八－一一頁、参照。

37 申叔舟『海東諸国紀』「琉球国之図」（国書刊行会、一九七五年）二九頁。

38 『琉球国由来記』（前掲『琉球史料叢書』第一冊所収）巻二、六三頁。

39 國頭間切は国頭村の旧行政区画名である。その詳細は、前掲『沖縄大百科事典』上巻、九六二頁、「国頭村」を参照。

40 「王都……之西有青荷山、國之寶庫在焉」（李鼎受『遊燕録』〔前掲『燕行録続集』巻一二四〕巻之五、三六三頁）。

41 前掲申叔舟『海東諸国紀』「琉球国之図」。

42 深瀬公一郎・渡辺美季「沖縄県立博物館所蔵『琉球国図』（琉球大学『琉球と日本本土の遷移地域としてのトカラ列島の歴史的位置づけをめぐる総合的研究』所収、二〇〇四年）一四五頁。「琉球国図」については、東恩納寛惇「申叔舟の海東諸国紀に現れたる琉球国図について」（初出一九三七、『黎明期の海外交通史』東恩納寛惇全集3、第一書房、一九七九年）、田中健夫「『海東諸国紀』の日本・琉球図—その東アジア史的意義と南波本の紹介」（同氏『東アジア通交圏と国際認識』吉川弘文館、一九九七年）上里隆史・深瀬公一郎・渡辺美季「沖縄県立博物館所蔵『琉球國圖』—その史料的価値と『海東諸国紀』との関連性について」（『古文書研究』六〇、二〇〇五年）、渡辺美季「沖縄県立博物館蔵『琉球國圖』について—古琉球の情報と元禄時代の地図文化」（『立教大学日本学研究所年報』六、二〇〇七年）など、参照。

物は清心丸・藥果・黑荏(黑芝麻)茶食・全鰒・脯肉などであり、琉球官生は扇子・キセル・万金丹を贈っている。以前拙稿で紹介したように、乾隆三九(一七七四)・五六(一七九一)・嘉慶一二(一八〇七)年に、朝鮮・琉球使節も互いに物産を贈答している。その贈答品は、琉球使節側は手巾・茶碗・扇子・佳蘇(カツオ)・煙草・万金丹などであり、朝鮮使節側は清心丸と紙を贈っている[43]。両者を比べると、乾隆二五年の交流においても朝鮮・琉球両国間の物産贈答の品目は大きく変わらない。なお、拙稿でも論じたように、煙草は琉球に伝わった後、広く普及し、さらに清朝への朝貢品に当てられることもあったため[44]、本交流に見えるキセルの贈答は煙草が広く普及していた当時の状況と関連があるであろう。

なお、そのほか注目に値するのは、蔡世昌が朝鮮使節に清朝の官服を着用しない理由を問い詰めている点である。朝鮮使節はこの質問に対して、子思子が天下がともに奉じるのは軌・文・倫であり、衣冠文物については言及しておらず、さらに、明朝の官服を着用しており、それは王朝が変わっても、変える必要がない、と回答している。ここには朝鮮使節の「小中華」の自尊意識[45]が見えるが、さらに、琉球の対日関係隠蔽政策との関連も窺われる。

周知のように、万暦三七年の薩摩による琉球侵攻以降、琉球は日中に両属するという特殊な政治状況にあったが、中国との朝貢関係を維持するため、日琉関係隠蔽政策が実施されていた。例えば、日琉関係が露見しないように、漂流した際の対応について、『旅行心得之条々』・『唐漂著船心得』などのマニュアルを作成し、琉球人に頒布していたこと、琉球に漂着した異国人を隔離していたこと[46]、積極的に中華化政策を実施していたことなどそれにあたる。積極的な中華化政策は、清朝の忠実な属国であることをアピールすることで、日本・薩摩を牽制するとともに、薩摩との関係を隠

---

43 前掲拙稿「清代北京における朝貢使節間の交流」一三一－一三四頁、参照。

44 前掲拙稿「清代北京における朝貢使節間の交流」一三一－一三二頁、参照。

45 一二世紀には朱子学が中国から東アジア諸国へ伝わったが、その名分論は朝鮮に強い影響を与えたようである。特に明清交替以降、朝鮮は自国を伝統的な中華文明の継承者とする自尊意識を持っていた。この自尊意識は北京における他国使節と出会ったとき、その服装・外貌・振舞いを観察し、さらに、問答を交わす際、『朱文公家礼』に従った風習が有するかどうかなどを尋ね、そこから、その中華文明の受容度を判断していた。(前掲拙稿「清代北京における朝貢使節間の交流」、同「朝鮮燕行使による琉球情報収集」〔投稿中〕参照)

46 豊見山和行「十七世紀琉球王国対外関係—漂着民の処理問題を中心に」(藤田覚編『十七世紀の日本と東アジア』山川出版社、二〇〇〇年)一〇一－一二二頁、同氏「近世琉球における漂流・漂着問題—漂着民救護制度を中心に－」(琉球中国関係国際学術会議編集『第八回琉中歴史関係国際学術会議論文集』琉球中国関係国際学術会議、二〇〇一年)四一－五八頁、渡辺美季「近世琉球における対「異国船漂着」体制—中国人、朝鮮人、出所不明の異国人の漂着に備えて」(『琉球王国評定所文書』補遺別巻，浦添市教育委員会、二〇〇二年)五一－四七頁、同氏「清に対する琉日関係の隠蔽—『旅行心得之条々』の分析を中心に」(『アジア民衆史研究』一〇、二〇〇五年)、同氏「清に対する琉日関係の隠蔽と漂着問題」(『史学雑誌』一一四－一一、二〇〇五年)参照。

蔽するという効果もあった[47]。この事例では朝鮮使節の服装について尋問することで、清朝の忠実な属国であることをアピールしている様子が窺われる。このことからも積極的な中華化政策は日琉関係隠蔽政策の一環として捉えられるであろう。

以上の交流以外に、朝鮮使節と琉球官生は頻繁に詩文をやりとりしていた。例えば、李商鳳と蔡世昌が国子監で出会った翌日、李商鳳は彼の宿泊を訪ねようとしたが、清朝の通事や宿舎の警備兵士が館内で密貿易を行うため、当日館舎の出入りの管理を厳し、そのため、李商鳳は外出できなかった。そこで、李商鳳は宿舎の兵士に賄賂を渡し、自作の詩文を書いた扇子を従人に託し、蔡世昌に贈った。その扇子を受け取ったあと蔡世昌は、李商鳳に自作の詩文を返している[48]。

一月一四日、蔡世昌・鄭孝徳の二人が朝鮮使節の宿舎を訪ねた際にも、蔡世昌と李商鳳は互いに詩文を唱和していた。さらに、蔡世昌は高い漢文能力を持つ李商鳳に自作の詩文の評価を求め、李商鳳はその詩作を「瓊琚」と評価している。また後に二人が立ち去る際、蔡世昌は一冊の詩文集を李商鳳に渡して、その意見を求めている[49]。

さらに、一月一六日、琉球官生の教習の任にあった潘相は朝鮮使節の宿舎を訪ねた際、鄭孝徳の詩作を李商鳳に渡し、それを受け取った李商鳳は自身の詩文を返している[50]。なお、李商鳳以外に、李徽中も蔡世昌・鄭孝徳の二人と詩文を唱和し、評価を与えている[51]。

先述したように、朝鮮・安南・琉球ともに漢文教養を有する国であり、中国に朝貢した際には、皇帝に命じられて詩文を作ったり、朝貢国使節同士とも詩文交流したりしていたが[52]、朝貢使節の宿舎やその活動への警備が厳しいため、両国の使節の詩文交流はあまり見られない。そのような中で、本事例において琉球官生は国子監に入学した目的の一つが古律・駢文・散文の学習であったため[53]、積極的に朝鮮使節と詩

---

47 赤嶺守『琉球王国』(講談社、二〇〇四年)一三一一一三五頁、伊藤陽寿「久米村孔子廟創建の歴史的意義—十七世紀後半の政治的視点から—」(『沖縄文化研究』三、二〇一〇年)、豊見山和行「敗者の戦略としての琉球外交—「唐・大和の御取合」を飼い慣らす」『史苑』七〇—二、二〇一〇年、三二—四七頁、同刊、紙屋敦之と渡辺美季のコメントにも関連議論を記している。

48 前掲李商鳳『北轅録』巻四、八四二頁。

49 前掲李商鳳『北轅録』巻四、八四五頁。

50 前掲李商鳳『北轅録』巻四、八四八頁。

51 前掲李商鳳『北轅録』巻四、八六一頁。

52 管見の限り、朝鮮・琉球両国使節相互の詩文交流は、万暦三九(一六一一)年朝鮮使節李睟光と琉球使節蔡堅との事例しか見えない。その具体的な内容は李睟光『芝峰集』(『韓国文集叢刊』民族文化促進会、一九九一年、第六六冊)巻九、九三—九四頁、参照。

53 臣按、琉球不設科目、故不學「制義」。所欲講者、「四書」・「五經」・「小學」・「近思錄」、所欲學者、詩與四六及論・序・記、而四六尤要。鄭秉哲等初入學時不能聲明、至令舍其所學而學「制義」。三年歸國、一切惘惘、甚拂國王遣學之願。此次鄭孝德等到監、即將此告知、故專令讀正書、學古律・駢・散各體。四年歸國。頗成章可觀。(前揭潘相『琉球入学見聞録』一〇二頁)

文を応酬していたと考えられる。

なお、一つ興味深いのは、朝鮮と安南両国の使節は琉球官生に対する印象が異なっていることである。先述したように、黎貴惇は蔡世昌・鄭孝徳の容貌について、「清秀」であると記しているが、李商鳳の二人への印象は、「従人も亦た琉球より来る者、眉目朗秀にして、反って二生に勝る」[54]とあるように、琉球官生の随員に対して、よりいい印象を持っているようである。これは個人的感覚の違いあるかもしれないが、朝鮮・安南両国の独自の自尊意識にも関わると考えられる。その詳細については、稿を改めて検討する。

四、交流の特徴

以上の交流の様子を見てみると、いくつか注目すべき点が見出せる。第一には、琉球官生と朝鮮使節とが詩文交流をしていることである。管見の限り、清代、朝貢使節同士の詩文交流は朝鮮・安南両国間しか見られないが、本事例においては、鄭孝徳らは国子監に入学した目的の一つが古律・駢文・散文の学習であったため、積極的に朝鮮使節と詩文を応酬し、さらに、その意見も求めている。一方、先述したように、朝鮮・安南・琉球の三国ともに漢文教養を有する朝貢国であり、清朝の皇帝の御製詩を唱和したり、互いに詩文交流したりしていた。こうした状況の下で、互いの詩文に関心を寄せ、相手国の詩作を抄録していたのである。

第二に、琉球官生は比較的自由に宿舎に出入りしていることである。本交流においては、琉球官生が安南・朝鮮両国使節の宿舎を訪問し、交流を行った。ここから琉球使節が北京での滞在期間中、朝貢儀礼に参加するのを除いて、ほぼ宿舎に滞在していたのに対して、琉球官生はより自由に館舎を出入りしていたことが窺われる。

一方、管見の限り、朝貢使節同士の交流は概ね朝貢儀礼に参加している時に行われていた。宿舎には厳しい警備を加えられていたため、宿舎での交流事例は極めて少なく、その場合でも使節同士ではなく、主に通事や随員を派遣し交流していた。他国使節に比べて比較的自由に宿舎を出入りできた朝鮮使節であっても、水を汲みに行くという口実を設け、あるいは館舎の守備兵士に賄賂を渡して、宿舎を出入りし北京市内を遊覧していた[55]。それは清朝の厳しい警備によるだけではなく、「人臣に外交無し」という規定を憚ったこともあると思われる[56]。

当然ながら、琉球官生は留学生であるため使節とは異なり、加えられる警備は少し緩やかであったようであるが、潘相の『琉球入学見聞録』には琉球官生の外出規定に

54　前掲李商鳳『北轅録』巻四、八四五頁。
55　前掲拙稿「清代北京における朝鮮使節と琉球使節の邂逅」一〇二－一〇六頁。
56　前掲拙稿「清代朝鮮使節在北京的琉球情報收集」一六九－一七〇頁。

ついて、「擅に自ら出入するを得ず、人來りて相見えんとすれば、啓稟し、然る後之に往報す。此の外、一歩を出入するを得ず」[57]とあるように、琉球官生が自由に出入りすることは禁止され、誰かを訪ねるときも、報告しなければならず、それ以外の時は出入りできないという。また、同書に「跟伴須く各自約束すべく、其の出入恣にするを得ず……諸生の出入は、事由を書明して、方に出學を許す」[58]ともあるように、琉球官生以外、その随員も自由に出入りできず、また出入りする時には、その理由を説明し、許可を得て、始めて外出できた。つまり、琉球官生は使節比較的自由に宿舎に出入りできるものの、総じて外国使節と同じように清朝の管理の下で活動していたのである[59]。

第三に、琉球官生にも日琉関係隠蔽政策の片鱗が窺われることである。先述したように、万暦三七年の薩摩による琉球侵攻以降、琉球は中国との朝貢関係を維持するため、日琉関係隠蔽政策を実施していた。その影響は琉球使節が他国使節と交流している際に見られるが[60]、本交流において琉球官生が朝鮮使節に清朝の官服を着用しない理由を尋ねていることは、琉球官生も本国の定めた政策に従って、行動していたと考えられるのである。

終わりに

本稿では乾隆二六年における、北京での琉球官生と朝鮮・安南使節の交流の実態を検討してきた。本稿の大要をまとめると次のようになる。

①琉球官生は官僚予備生として国子監に派遣され、琉球使節と比べて比較的自由に宿舎を出入りできたため、朝鮮・安南使節の宿舎を訪問し、問答・詩文及び物産贈答などの交流を行っていた。

②朝鮮・安南・琉球・三国はともに漢文教養を有する国であり、互いの詩作に関心を持ち、詩文交流を行っていた。

---

57 不得擅自出入、人來相見、啓稟、然後往報之。此外、不得出入一步。（前掲潘相『琉球入学見聞録』「教規」一二七頁）。

58 跟伴須各自約束、不得恣其出入……諸生出入、書明事由、方許出學。（前掲潘相『琉球入學見聞録』「教規」一二八頁。文慶等纂修『欽定国子監志』（北京古籍出版社、二〇〇〇年）巻一二にも同じ規定を掲載されている。

59 夫馬進氏は「国交杜絶下、朝鮮・琉球両国使節の北京での接触」（二〇〇九年一月三一日成均館大学校「一七—一九세기 동아시아지식 정보의 유통과네트워크（一七—一九世紀東アジアにおける情報の流通とそのネットワーク）」論文集、四〇頁）では、乾隆中期に国子監で琉球官生の教習の任にあった潘相は李商鳳と筆談しつながりがあったため、蔡世昌・鄭孝徳二人は朝鮮使節の宿舎を訪ね、朝鮮正使とも会えるようになった。即ち、琉球官生が一面で清朝管理下にある国子監生であったから□問題がなかったのだと考えられる、と論じられている。ただし、本稿で論じたように、琉球官生が北京に滞在している活動は琉球使節と同じく清朝の管理を加えられていた。ただし、両者への規定は必ずしも同じではないと考えられる。よって、その異同についてより多くの事例を検討・比較することにより、検討する余地がある。

60 前掲拙稿「清代北京における朝貢使節間の交流」一二八頁、参照。

③琉球官生も朝鮮使節に清朝の官服を着用していない理由を聞いていることから、琉球が一貫して日琉関係を隠蔽することに努めていたことを明らかにした。

以上、本稿では黎貴惇の『見聞小録』と李商鳳の『北轅録』などの史料を中心として、琉球官生及び安南・朝鮮使節三者の交流を検討してきた。ただし、琉球官生と他国使節との交流については、更なる検討の余地がある。さらに、官僚予備生として派遣された琉球官生にとって、その経験が琉球国内において、あるいは彼らが後に通事・使節として再び中国に赴き、他国使節と交流する際にどのような影響を与えていたのか、外国官生と使節が北京に滞在期間中に加えられた管理策の相違、といった問題は、東アジア諸国間の交流実態、清朝の朝貢体制を維持するために、どのような方策をとっていたかなどに関わる問題であるが、これらについては、稿を改めて検討を加えたい。

清代档案所见琉球漂流船之船货
——以芭蕉布为中心

清代檔案に見る琉球漂流船の積荷
——芭蕉布を中心に

岑　玲*

摘　要

明清时期，随着琉球国向清朝政府的朝贡贸易活动的开始和日渐稳定，来往于琉球国与清朝之间的海船日益增加，由于海上自然环境的特殊性和当时航海技术的局限性，海船遭遇飓风漂流到清朝境内的漂流难船数量亦不断增长。

这些漂流难船上所载的货物，大多数因为逃生的需要，被抛入大海而遗弃，也有部分有幸被保留下来。关于这些漂流难船和船上所载货物的记载，清代档案资料特别是《清代中琉关系档案选编》中有大量记录。通过对这些史料的整理和梳纳，我们不难归类出这些货物的大致种类和数量。但是，关于这些货物本身，我们还有很多疑问值得探究。例如，这些货物来自何处，是琉球国本土的出产物还是也有来自于他国的外来品？如果是琉球国本土的特产，那么它们在琉球国内的生产地主要在哪里，在琉球国内的流通情况又如何？关于以上等等之类的问题，笔者希望能以《清代中琉关系档案选编》这份档案资料为主，同时参考其他的清代史料，试图对这些问题加以解答。

要　旨

琉球国は海洋国であり中国への朝貢船のみならず琉球諸島の間でも船による航運は欠くことの出来ない用件であった。しかし海洋は常に平安な波浪ばかりではなく、時には荒れ狂い海難に遭遇する船舶も少なくなかった。十七世紀から十九世紀後半にかけて多くの琉球船が中国大陸の沿海部に漂着している。これらの琉球船の漂着に関する史料としては中国第一歴史檔案館が編集した『清代中琉関係檔案選編』などに見られ、清朝の乾隆時代から光緒

---

* 岑玲：日本关西大学文化交涉学科博士研究生。

時代までの時期に琉球船の清朝中国へ漂着したものは多くを数える。

特に乾隆時代について田名真之氏による「琉球船的漂流・漂着 – 以乾隆期的事件為例 –」の成果がある。しかしながら田名氏は、琉球諸島から中国へ漂流した琉球船が積載していた荷物の種類や数量ならびに琉球船に積まれていた貨物の全般的な特性などについては明らかにされていない。ところが中国へ漂着した琉球船を調査した清朝の檔案史料から、琉球船の様々な航運形態が見えてくる。清朝中国へ漂着した琉球船の積荷の米穀と綿布から琉球国内におけるそれらの流通事情が知られることは既に明らかにした。

そこで本論文では、さらに清朝檔案を利用し、清朝中国へ漂着した琉球船に積載されていた芭焦布の積載状況とその流通等の問題について述べてみたい。

一、前言

明清时期，随着琉球国向清朝政府的朝贡贸易活动的开始和日渐稳定，来往于琉球国与清朝之间的海船日益增加，由于海上自然环境的特殊性和当时航海技术的局限性，海船遭遇飓风漂流到清朝境内的漂流难船数量亦不断增长。

这些漂流难船上所载的货物，大多数因为逃生的需要，被抛入大海而遗弃，也有部分有幸被保留下来。关于这些漂流难船和船上所载货物的记载，清代档案资料特别是《清代中琉关系档案选编》中有大量记录。通过对这些史料的整理和梳纳，我们不难归类出这些货物的大致种类和数量。但是，关于这些货物本身，我们还有很多疑问值得探究。例如，这些货物来自何处，是琉球国本土的出产物还是也有来自于他国的外来品？如果是琉球国本土的特产，那么它们在琉球国内的生产地主要在哪里，在琉球国内的流通情况又如何？关于以上等等之类的问题，笔者希望能以《清代中琉关系档案选编》这份档案资料为主，同时参考其他的清代史料，试图对这些问题加以解答。

二、清代中国琉球漂着船运载的芭蕉布

清代从琉球国漂流到清朝境内的漂流难船很多，这些漂流难船上所载的货物品种亦多种多样，其中以米和棉花为大多数。关于这两部分，笔者在其他文章中已有所讨论，本文中，笔者以芭蕉布为中心，将《清代中琉关系档案选编》中关于所载货物中7例有芭蕉的漂流难船史料全部选出，摘录如下，并作成如表1的内容。

表1 清代中国琉球漂着船运载的芭蕉数量表

西历	清代纪年	出发地	目的地	漂着地	航海目的	人数	船货
1762	干隆二十七年	中山	八重山麻姑山	上海宝山县	米谷输送	21名	雑药、蕉布等(出発)

续表

西历	清代纪年	出发地	目的地	漂着地	航海目的	人数	船货
1799	嘉庆四年	久米庄	大岛	浙江象山县	贸易	10 名	盐包、小麦、芭蕉等(归程)
1838	道光十八年	久米岛	那霸	台湾凤山县	米谷输送	5 名	角木四百五十枝、芭蕉線六百斤、米三十五石三斗(出発)
1845	道光二十五年	那霸	太平山	江苏盐城县	米谷输送	18 名	粮米一千二百一十七包、蕉布九十七疋、棉花、麻油、麦豆、红花等(归程)
1854	咸丰四年	那霸	太平山	广东沙埕洋面	米谷征收	22 名	靛青十五埕、茶叶二十三包、烧酒三十五埕、黑糖十二埕、盐一百二十包、蕉布十二匹、麻八百三十斤(出発)
1856	咸丰六年	那霸	八重山	浙江象山县	米谷征收	38 名	大米六包、小米二百八十包、官布四百八十疋、蕉布八万疋、海参二百斤、棉花五十斤(归程)
1868	同治七年	那霸	宫古山	浙江太平县	贸易	13 名	蕉布、海参等(归程)

关于这份表 1 的内容，笔者将在下文展开讨论。

(一)运载芭蕉布的琉球船史料

①乾隆二十七年(1762 年)三月十九日福州将军社图肯奏琉球国遭风难民抵闽照例抚卹折

又本年二月初六日據兼攝海防同知李拔呈報、本年二月初四日有江南松江府照磨陳琯護送琉球國遭風難番照屋伊作等二十一人來閩、隨即安揷館驛、優加撫卹、並訊據通事毛允恭譯供、該番俱係琉球中山泊村人、照屋等十一人奉差往八重山運米、伊作等十人奉差往麻姑山運米、二船俱於乾隆二十六年七月內開駕、遭風飄至江南寶山縣、蒙地方官撫卹、又念原船損壞、將二船就地變價銀八十二兩一錢五分四厘交收委員伴送來閩、求俟大灣等船隻修竣附搭同歸等供、並將花名年歲及隨帶物件各造具清冊呈繳到。奴才當即查據南臺委員任景稟稱、該番等係由陸路抵省、所帶雜藥、蕉布等物核計稅銀二錢四分、詢據該番仍欲帶回、應請援例免征等情。[1]

②嘉庆四年(1799 年)七月十三日浙江巡抚玉德奏为抚卹琉球国遭风难民折

又訊得真榮田等十人俱係琉球國久米莊人、本年二月內前往本國大島地方置買芭蕉、小麥等物合夥貿易。四月初六日在大島開行、初九日陡遇暴風桅舵損折、隨風飄流。至十八日飄至象山縣地方、蒙本處官救護登岸賞給衣糧等物。

並據該難番小喬川、真榮田等各供稱、難番等原船俱因在洋遭風損壞不堪

1 中国第一历史档案馆：《清代中琉关系档案选编》，中华书局，1993 年 4 月，第 91－92 页。

修理、情願同餘剩鹽包、小麥、芭蕉等物一併就地變價、送往閩省附便歸國等情由藩司具詳請奏前來。[2]

③道光十八年(1838年)八月二十七日闽浙总督锺祥等奏抚卹琉球国遭风难民折

據鳳山縣知縣曹謹詳報、道光十八年二月初八日有琉球國夷人五名駕坐杉板小船漂至縣轄琅嶠大秀房莊海邊、經漁人陳開蓴救護登岸。

並據藩司吳榮光詳稱、飭據福防同知文燦譯訊：該難夷大城筑登之是船主、舵工、水手上原即極原、知念即嘉見俱係琉球國那霸府人、內原係久米島人、宮里即太郎係首里府人、通船一共五人、駕坐小海船一隻、並無軍器、牌照、道光十八年正月十三日奉本處地方官差遣、載運角木四百五十枝、芭蕉線六百斤、米三十五石三斗、往那霸府地方交納。即于是日開船、在洋遭風、漂收該國屬德之島地方灣泊、二十一日風順開船、是夜復遭暴風、桅舵拗折船身損漏、該難夷落下杉板小船任風漂流、至二月初八日漂到台湾界外琅嶠大秀房莊海邊、遇有內地漁人救護上岸、原坐大城及船內物件當該難夷等落下小船時不知在何處洋面、于何時打破沉失、所坐小船上岸後被風漂沒。漁人陳開蓴給与飯食、于二十四日送到鳳山縣衙門、經該縣安頓公所、賞給飯食、衣物、訊供通詳轉送台湾府城、六月初六日派撥員弁、兵役、配船內渡、至二十八日到厦门登岸、由陸路護送、于七月十三日到省安頓館驛。[3]

④道光二十五年(1845年)正月二十四日闽浙总督刘韻珂等奏江浙两省送到琉球国遭风难民照例抚卹折

難夷島袋即袁肇聲等十八名均係琉球國那霸府東西村人、坐駕小海船一隻、船身長五丈、樑頭闊一丈七尺、杉板腳船一隻、並無軍器、牌照、於道光二十四年三月十八日奉差駕往本國屬太平山催運粟布、催齊裝載下船。糧米一千二百一十七包、蕉布九十七疋運回那霸府交納、並該難夷買帶棉花、蔴油、麥豆、紅花等物、於六月十四日從太平山開船、十五日在洋遭風船身損漏。將粟米丟棄落海一千一百六十七包、船隻任風漂流、至二十一日漂收江蘇鹽城縣洋面、遇營船救護引帶進港停泊、二十六日經該處地方官詣船查驗、隨將該難夷等安頓公所給發飯食、並每人賞給棉襖、袴襪、錢文、其所坐原船因在洋遭風損漏難以修葺、並杉板腳船就地變價銀一百二十兩八分發交該夷收領、於八月初一日委員護送起程、二十三日到蘇州又經安頓公所賞給飯食、棉被、九月二十八日由水路開行、十月十四日到江山縣由陸起程、二十一日到浦城縣、二十三日配坐溪船、於三十日抵省、十一月初四日安插館驛。[4]

2 中国第一历史档案馆：《清代中琉关系档案选编》，中华书局，1993年4月，第305-306页。
3 中国第一历史档案馆：《清代中琉关系档案选编》，中华书局，1993年4月，第771-772页。
4 中国第一历史档案馆：《清代中琉关系档案选编》，中华书局，1993年4月，第867-870页。

⑤咸丰四年(1854年)八月十二日闽浙总督王懿德奏琉球国遭风难船照例抚卹折

據署福鼎縣知縣陽椿詳報、琉球國難夷蔡克讓等二十二名遭風漂收福鼎縣轄海口、當經臣飭行經由沿途各營縣探護送省譯訊去後。玆據兼署福州府海防同知詳稱、據琉球國接貢存留通事具報福鼎縣地方漂收琉球國夷船一隻、內難夷二十二名、除留五名在船看守另行送省、先將送到難夷蔡克讓等十七名於本年六月初十日到驛。并據該同知譯訊該難夷蔡克讓供稱、難夷是船主、魚宮城是舵工、智石川、魚有恒、蒙大領、仲嘉真、古波藏、俞島袋、平比嘉都是水手、通船原共九人、俱係琉球國那霸府人、坐駕小海船一隻、船身長三丈六尺、樑頭闊二丈一尺、杉板腳船一隻、並無牌照、軍器、本年四月十一日奉差往太平山島催運粮米。彼時值有搭客阿玻連、与那城、李久場、渡嘉敷、麻國吉、幸謝敷、渡慶次、慎文明、金宮城、宮近知、小渡即習文改十一日俱係那霸府人、本處置買靛青十五埕、茶葉二十三包、燒酒三十五埕、黑糖十二埕、鹽一百二十包、蕉布十二匹、蔴八百三十斤裝載船內運往太平山島售賣。又有梁順恒、周棚原二人係太平山島差役、奉派往那霸府公幹事竣附搭回籍。是以通船共計二十二人、是日由那霸港開船駕抵姑米山島候風、五月初三日由該山放洋、初四日忽遇暴風吹折大桅、難夷們在船隨風漂流。十四日在不識洋面遇有賊船三隻、賊匪數十人遇過船搶去鐵錨一門、銀簪子五條、手箱十五個、燒酒三十一埕、鹽七十七包、黑糖七埕、蕉布十四、蔴八百斤、茶葉一包、粮食七包、當時無人救援、難夷船隻隨處漂泊。迨十六日幸遇廣東華艇救護引帶、十七日至沙埕洋面灣泊。因該處內港窄小、原船莫能駕進、適見澳甲闕桂乘坐小船進港、讓同魚有恒、宮近知、平比嘉、小渡即習文改五人搭伊船內、於二十一日帶到福鼎縣衙門、懇請由陸護送赴閩。荷蒙安頓撫卹、准留魚宮城等五人在船守候、召匠購料修理船隻完固、另行護送駕省。並令船上難夷智石川等十二人隨同讓等共十七人先行由陸到省、荷蒙撥役護送、於二十八日起程、所有經過沿途各營縣均發粮食、夫轎逐程接護、於六月初十到省、即於是日安插館驛各等情由藩司慶瑞查明造冊具詳前來。臣查該難夷等在洋遭風情殊可憫、應自安插館驛之日起每人日給口粮米一升、鹽菜銀六厘、其在船未到之難夷五名應於到省一併支食、回國之日各給行粮一個月、並照例加賞布棉、酒肉等件折價給領、統於存公銀內動支、事竣造冊報銷以仰副聖主懷柔遠人之至意。再該難夷等將來回國應俟福鼎縣將原船護送到省別行辦理。[5]

⑥咸丰六年(1856年)四月二十五日福建巡抚吕佺孙奏抚卹琉球国遭风难民照例抚卹折

准浙江撫臣何桂清咨會、據象山縣稟報、咸豐五年七月二十六日大目外洋

5 中国第一历史档案馆：《清代中琉关系档案选编》，中华书局，1993年4月，第950－952页。

漂到琉球難夷船一隻、駛往查驗該船業已損壞、船内有難夷三十八人、並米布等物護帶進港、送縣譯訊安插撫恤、並將船隻修整完固護送至閩附便回國等因。當經臣飭行沿海舟師及經由各営縣一体迎探接護去後、玆據藩司慶瑞詳稱、飭據福防同知詳報、該難夷等于咸豐六年二月初七日護送到閩、照例委員赴船查驗、安插館驛妥為撫恤、譯訊難夷伊波等供稱、伊波是船主、知花是舵工、島袋、長嶺、比嘉、宮城、島袋、比嘉、林有銘、伊波筑登之、知花筑登之、島代、智花、仲村等是水手、俱係琉球國那霸府人、咸豐五年三月初九日奉本國官員差往八重山島催運粮米、布疋。原共十四人、坐駕小海船一隻、杉板脚船一隻、並無牌照、軍器、十三日駛到八重山島催收大米六包、小米二百八十包、官布四百八十疋、蕉布八万疋、海參二百斤、棉花五十斤裝載船内、並經該島地方官专差錦芳小濱与人、文貴大目差、梅公、黒島目差、山陽安村、錦芳島袋、山陽宮良仁屋、錦芳系数、松茂、松本憲章、亀濱宮良、梅宮公良、山陽宮良、梅公、石垣、山陽宮良親雲上、饒平名即明照鏡平安、岳昌野村、新川平良、小濱、山川仁屋、﨑山、川平仁屋、黒島平傳等二十四人隨同解往那霸府交納。連船主、舵工、水手合共三十八人、于六月初八日由重山島開船、七月初一日由八重山島開船、七月初二日在洋遭風吹折篷帆、桅椇、船身滲漏、急將船上小米丢棄下海、二十六日漂收浙江象山縣轄洋面、幸遇巡船救護進口、經官驗明起運上岸安頓公所。一面趕修船隻完固、賞給衣粮、銀兩、同原帶米石、布疋派撥弁兵護送、于十一月十四日在象山開船、經過各處洋面均有舟師接護、至六年二月初九日行抵閩省。難夷小濱、山川仁屋、川平仁屋、山陽宮良親雲上四名在象山縣公所先後患病身故。又岳昌野村、仲村二名各在洋次病故、均蒙賞給棺衾就地葬埋。現到閩省難夷實共三十二人、已蒙安撫等供、據此由司造冊請奏前來。臣查該難夷等在洋遭風情殊可憫、應請自安插館驛之日起每人日給口粮米一升、鹽菜銀六厘、回國之日另給行粮一個月折價給領、統于存公銀内動支、事竣造冊報銷以仰付聖主懐柔遠人至意。至該難夷等既經浙江省賞恤、閩省毋庸再行加賞、其船隻已在浙省修葺堅固堪以駕駛、照例選撥熟諳海道水梢二名引導放洋回國。[6]

⑦同治七年(1868年)十一月二十九日福建巡抚卞宝第奏琉球国遭风难民照例抚卹折

據福防同知詳報、同治七年十月初一日准台湾淡水廳撥役雇船護送琉球國遭風難夷茶克秀等十三名到省。當即安頓館驛妥為撫卹、一面飭傳該國留閩通事詳細訊譯、據該難夷蔡克秀供稱伊為船主、比嘉係舵工、其餘蔡克□等十一名俱充水手、係琉球國那霸府人、坐駕海船一隻、並無牌照、軍器、本年三月

6 中国第一历史档案馆:《清代中琉关系档案选编》, 中华书局, 1993年4月, 第985-986页。

間載貨運到宮古島地方售賣完竣、販買蕉布、海參等件於七月初五日由該處開行、是夜陡遇颶風漂出大洋、折斷帆桅急將船上所載物件拋棄下海、船隻任風漂流。至二十一日漂至台湾洋面、經該處民船救護收泊、將船略加修理、於二十七日開駛、因檣椇不齊又遇暴風不能進口、難夷等攜帶船上所剩海參同隨身雜物先由杉板小船登岸、原船被風擊碎片板無存。該處民人將難夷等帶至噶瑪蘭通判衙門、安頓公所給與飯食、八月初七日蒙賞給番銀二十圓、派令兵役轉護起程、至初十日送到淡水同知衙門、又蒙安頓給食、並賞難夷等十三名每人布棉襖褲各一件、番銀各一圓、難夷等並將海參就地變賣番銀十七圓、二十三日由該處配船護送來省。九月二十七日駛抵省港、十月初一日進省安插館驛等供由藩司鄧廷枏造冊詳請具奏前來。臣查琉球國世守外藩甚為恭順、該難夷等在洋遭風情殊可憫、應自安插館驛之日起每人日給口粮米一升、鹽菜銀六厘、回國之日另給行粮一個月、並照例加賞物件折價給領、統於存公銀內動支、造冊報銷。至該難夷等原船業已擊碎應俟有琉球便船即令搭載回國。[7]

（二）运载芭蕉布的琉球船

以上是笔者从《清代中琉关系档案选编》中找出的，关于从琉球国出发，漂流到清朝境内的漂流难船中，所载货物中有芭蕉的琉球国漂流船事例。通过对这 7 条记录的简单整理，我们可以看出，以上来自琉球国的海船，遇飓风漂到漂流到清朝境内时，漂流到浙江省的有 3 件，占总数的 44%；漂流到上海、台湾、江苏省和广东省的各有 1 件，各占总数的 14%，具体数据见于表 2 和图 1。由此可见，载着芭蕉的琉球漂流难船，有近半数漂流到了浙江省，之后根据记载，这些船都被送往福建省，由当地政府负责整修船只，同时根据漂流难民的意愿，就地变卖货物等，最后搭乘琉球国的朝贡船，一同结伴回国。清朝政府对这些漂流船予以优厚待遇，赏给衣粮、银两等物资和资金支持，以让这些琉球国的漂流难民能顺利回国。

表 2　琉球船的漂着地

漂着地	件数	%
浙江	3	44%
上海	1	14%
台湾	1	14%
江苏	1	14%
广东	1	14%
合计	7	100%

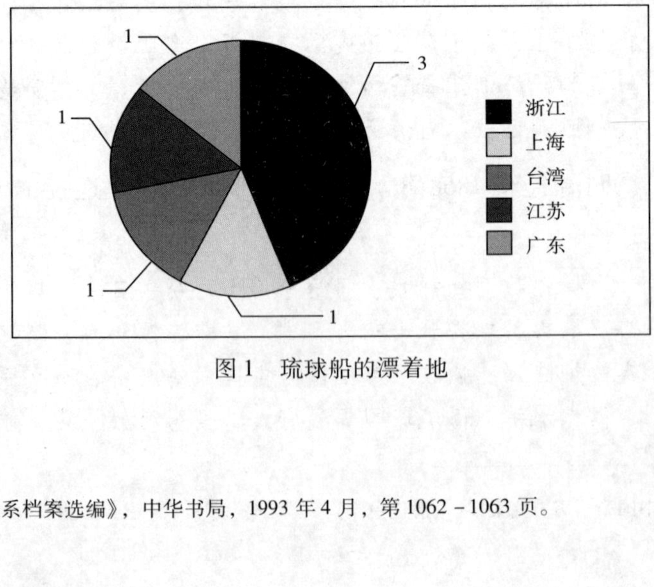

图 1　琉球船的漂着地

7　中国第一历史档案馆：《清代中琉关系档案选编》，中华书局，1993 年 4 月，第 1062 - 1063 页。

三、清代档案所见琉球船之船货

(一)关于芭蕉布

首先笔者想从日本江户时代的史料来介绍芭蕉布的特征。

关于何为芭蕉布，图2寺岛良安的《和漢三才圖會》第五卷中描述道：“芭蕉布は多く琉球国で生产される。芭蕉の茎皮を剥いで水に淹し瀑(曝)して乾かし、これを紡績して布につくる。光り滑らかで大へん美しい。染めると色も佳い。ただ、破れ易いのが残念である”[8]。即是说，芭蕉布在琉球国内有广泛生产，芭蕉的茎皮在经过浸水和曝晒的处理后，经过纺织编成芭蕉布。与其他布类相比，芭蕉布表面光滑，手感极佳，染色后颜色鲜艳视觉甚佳。缺点是容易损坏。

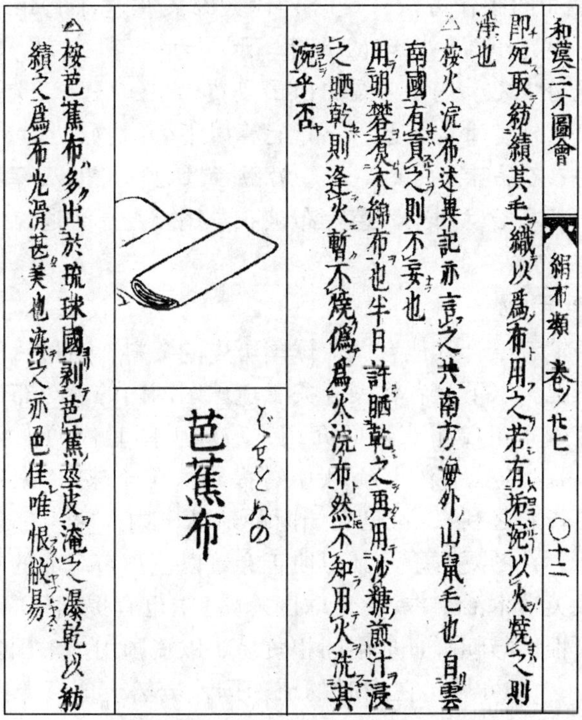
和漢三才圖會　絹布類　巻ノ廿七　○十二
即死取紡績其毛織以爲布用之若有垢汚以火燒之則
淨也
△按火浣布述異記亦言之共南方海外山鼠毛也自雲
南國有貢之則不妄也
用明礬煮木綿布也半日許晒乾之再用沙糖煎汁浸
之晒乾則逢火暫不燒僞爲火浣布然不知用火洗其
浣乎否
芭蕉布　ばせをぬの
△按芭蕉布多出於琉球國剥芭蕉莖皮淹之瀑乾以紡
績之爲布光滑甚美也染之亦色佳唯恨敝易

图2　芭蕉布[9]

《譚海》第十三卷中则有：“芭蕉は、廣き庭には數百本植て、皮をはぎてばせう布を織べし、ばせう樹の皮自然に脫し、見苦敷ものなれば、集てたくはへ置、米をとぎたる水に一夜ひたし、一日烈日にさらし、櫛をもちて引ならすときは、櫛の齒に隨て

8　寺島良安：《和漢三才圖會》卷5，平凡社，1986年11月，第116页。

9　寺島良安：《和漢三才圖會(上)》，東京美術，平成十一年(1999年)8月，第361页。

こまかに破れわかれ、絲のごとし、それをよりて機にかくる也”[10]的描述，可见在当时的琉球国内，芭蕉的栽培和芭蕉布的生产并非特别之事，而是非常普及的。

《中陵漫錄》第十五卷《蕉紗》中则提到：“其蕉紗を織るは、蕉莖を伐て水漕の中に入て、泥土に置く時は、数日して朽りて糸のみ殘れり。是を蕉糸と云。此糸に大白あり。上品なり。中白、下白あり。上白を以て白布となる。皆貴人、此白を着す”、“其中、琉球を多しとすと見えたり。漳人は蕉葛と云。按るに、天工開物曰。有蕉紗”、“蕉紗と名付は上品の白布なるべし。漳人の蕉葛と名付たるは皆下品にして、色の褐色なるを云ふなるべし。予もまた、此蕉莖を製して、糸を取りて見るに、糸甚だ弱し。此事を考るに、日本は寒地にして其莖、冬を過しがたし。多くは皆春出でたる莖なり。是故に糸強からず。其宿莖より取りたる糸は、盡く強し。是れ日本の產する處の品は、用を為しがたし。是に依て風土の寒暖を考へずんば、其品を製しがたし”[11]。关于这点芭蕉布的制作方法，辻合喜代太郎氏有这样的介绍。伐採した芭焦の幹は直ちに逆にして根元から一皮宛に分け、ボーカー(外皮)、ナカカ(中皮)、ビッチャー(内皮)とに区分する。内皮の繊維は最良質の糸が採れ、十算以上の織物用とする。中皮は八－十算、外皮は荒布といって七算以下の織物に用いられる。[12] 芭焦布は繊維の粗密にしたがって品味が定められ、労働者は七算又は八算とし、一般的に粗芭蕉布衣と称された。王家では紺染の芭焦布被衣を用いた。普通は二十算の上布であるとされる。[13]

(二)琉球的芭蕉布产地

基于这些资料，笔者结合其他有关琉球国历史的资料，通过比较，希望能以此了解琉球国当地的物产情况。以下笔者将展开关于琉球国国内的芭蕉布生产和流通的讨论。

关于琉球国内芭蕉布主要生产地的介绍，琉球王国时代的史料非常少。但在徐葆光[14]的《中山传信录》第六卷《月令 土産》[15]中有提到，在琉球国“家种芭蕉数十本，缕丝织为蕉布，男女冬夏皆衣之利”，可见在当时的琉球国内，家家都有普遍种植芭蕉，并且擅长于编织芭蕉布，在冬夏两季尤其习惯于穿着以芭蕉布织成的衣服。

而在清嘉庆间武英殿木活字本《续琉球国志略》中也有提到，“臣等谨按琉球地瘠民贫、未通中国以前、惟恃与朝鲜日本诸国相贸易、以资国用。本国自五穀六畜蔬菜鱼虾蕉苎之外、别无殊产”[16]。可见，在当时的琉球国，虽然土地资源匮乏，百姓贫困，物产种类很少，但在如此条件下，芭蕉布却依然是琉球国的主要物产之一，既有自用，也

---

10 津村正恭：《譚海(全)》，国書刊行会，昭和四十五年(1970年)10月，第418页。

11 日本随筆大成編輯部：《日本随筆大成》第3期第2卷，《中陵漫錄·蕉紗》，昭和四年(1929年)7月，第287页。

12 辻合喜代太郎：《琉球の芭焦布》，丹波屋，昭和五十三年(1978年)，第15页。

13 辻合喜代太郎：《琉球の芭焦布》，丹波屋，昭和五十三年(1978年)，第13页。

14 徐葆光(1671—1723年)：字亮直，号澄齐，别号二友老人，清江苏长洲(今苏州市)人。

15 《中山传信录》，《国家图书馆藏琉球资料汇编》中册，北京图书馆出版社，2000年10月，物产，第525－543页。

16 《续琉球国志略》，《国家图书馆藏琉球资料续编》上册，北京图书馆出版社，物产，第473－480页。

有输往海外。

同时，清代姚文栋翻译、光绪九年(1883 年)刻的《琉球地理小志并补遗附说略》中则说，在琉球国，“物产有五穀、蔬菜、烧酒、甘蔗、砂糖、番薯、蕉实、豌豆、落花生、木棉、细布、细上布、麻布、芭蕉布、草席、山蓝、椶榈、苏铁、佛桑、野海棠、野牡丹、万年青、仙人掌、楮桑、凤梨、乌木、赤木、黄木、螺石、牛马、猪、鹿、猿、兔等”[17]。可见，在各类史料中。都有提到琉球国的物产中有芭蕉布一项，并且产量是很大的。

此外，《琉球地理小志并补遗附说略》中关于琉球国的物产则说道，“物产五穀为最、宫古石垣两岛出米尤多、细上布、棉布、麻布、芭蕉布、草席、红酒特为著名”[18]。可见，宫古和石垣两岛的物产中，盛产有芭蕉布，这两岛应是芭蕉布的产地之一。根据之后的记载，这些芭蕉布中的大部分之后会被上纳到位于冲绳本岛的琉球王府。

(三)琉球国内芭蕉布的生产和流通

(1)芭蕉布的生产状况

关于琉球国内盛产芭蕉布的地区，琉球王朝时期的史料非常少。因此这里笔者从后世编纂的《近世地方経済史料》[19]的角度来探讨这一问题。

咸丰九年(1859)的《南風原間切總耕作當日記》中有“芭蕉苧之儀、屋敷々々其外場所見合、苗高五尺以上之等より成丈植付候様可致下知事”[20]。同治九年(1870 年)的《同治九年庚午南風原間切總耕作當日記》中有“芭蕉苧之儀、屋敷々々其外場所見合、手廣作立手入方并鳥垣等仕合させ可入見分事”[21]、光绪三年(1877 年)的《光緒三年丁丑南風原間切總耕作當日記》中有“芭蕉苧之儀、屋敷々々其外場所見合、仕立手入方等入念させ可入見分事”[22]等，可见在琉球国的大多数人家，都有可以种植芭蕉树的条件，可以推测出芭蕉布的生产制造在琉球国也是很普及的事情。

辻合喜代太郎氏的《琉球の芭焦布》[23]一书中，则提到了自古以来在琉球国内，因为比起其他一般纺织物，芭蕉布有更为细腻的优点。因此其中有成为非常优美的手工品的芭蕉布，主要都还是被琉球王国的贵族阶级所使用的。

(2)芭蕉布的流通状况

根据《清代中琉关系档案选编》中找出的关于所载货物中有芭蕉的琉球国漂流船的事例，笔者根据其出发地和目的地分类进行了整理，制作了以下四份图表。其中，表 3 和图 3 是关于琉球国漂流船出帆地的，表 4 和图 4 是关于琉球国漂流船目的地的。

---

17 《琉球地理小志并补遗附说略》，《国家图书馆藏琉球资料续编》上册，北京图书馆出版社，第 694 页。
18 《琉球地理小志並補遺附說略》，《國家図書館藏琉球資料續编》上冊，北京図書館出版社，第 705 页。
19 《近世地方経済史料》，吉川弘文館，1958 年。
20 《近世地方経済史料》，吉川弘文館，1958 年，第 85 页。
21 《近世地方経済史料》，吉川弘文館，1958 年，第 86 页。
22 《近世地方経済史料》，吉川弘文館，1958 年，第 91 页。
23 辻合喜代太郎：《琉球の芭焦布》，丹波屋，昭和五十三(1978)年。

表 3　琉球船的出发地

出发地	件数	%
那霸	4	57%
久米岛	2	29%
中山	1	14%
合计	7	100%

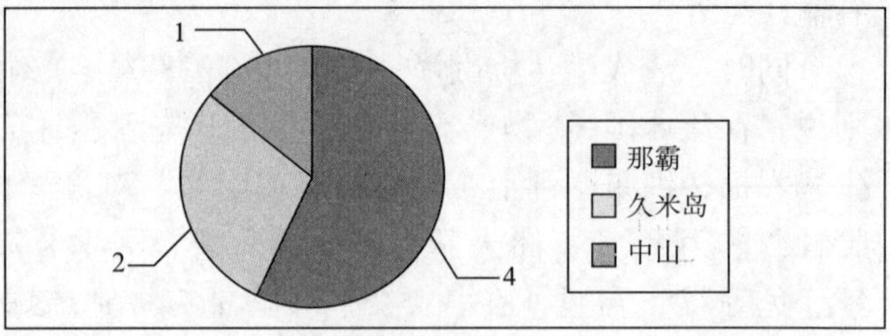

图 3　琉球船的出发地

表 4　琉球船的目的地

目的地	件数	%
八重山	2	24%
太平山	2	24%
那霸	1	13%
宫古山	1	13%
大岛	1	13%
麻姑山	1	13%
合计	8	100%

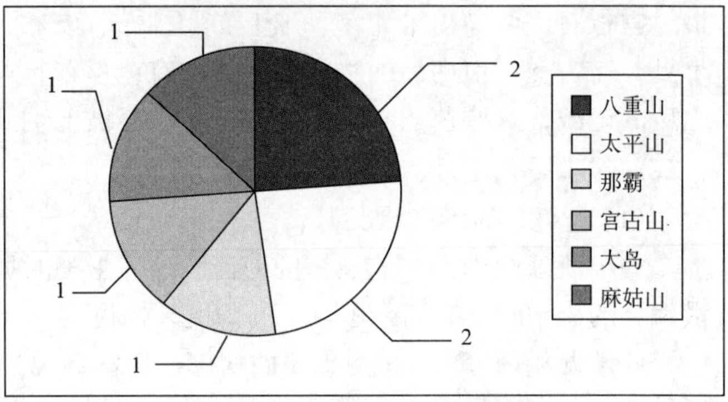

图 4　琉球船的目的地

从出发地来看，根据《清代中琉关系档案选编》中的记录统计，从那霸开船的有 4 艘，占总数的 57%；从久米岛出发的有 2 艘，占总数的 29%；从中山出发的有 1 艘，占总数的 14%。其中从那霸出发的船占了总数的一半多，可见当时那霸与各岛间的贸易和上纳关系是很密切的。但从史料看来中山被认为指的是琉球王府，而琉球王府的港口即为那霸港，所以史料上的那霸和中山实为一个地方，两者相加为 5 件，占全体的 71%。也就是说，中山作为琉球国政治和经济的中心，是王室的所在地。中山的港口为那霸港，是琉球国重要的港口，他的位置的重要性不言自明。

接下来从琉球船的目的地的数据来看，到八重山和太平山的各有 2 件，占到了全体的 48%。到那霸、宫古山、大岛和麻姑山的各有 1 件，各占总数的 13%。

如《清代中琉关系档案选编》所记载的那样，琉球漂流船的航行目的大多为向王府进贡，所以其目的地大多是中山或者那霸。由于芭蕉布在琉球国境内的普遍种植和广泛应用，这些装载着芭蕉布的琉球船往返于琉球国各岛之间，或贸易或上纳，我们从中也可看到芭蕉布在琉球国物产和商品流通上的重要地位。

四、结语

从《清代中琉关系档案选编》的史料中我们可以发现，就像《琉球地理小志并补遗附说略》中的记述所说的那样，琉球国内都有普遍种植芭蕉，并且有多处提到种植芭蕉的技术，可见当时在琉球，芭蕉的种植已经形成一套较为完整的生产链。因此在史料中从芭蕉的种植方式到琉球各地芭蕉布的上纳额度，等等，都有所提及。

综上所述，通过对中国清代档案的分析，我们可以看出琉球国内普遍有种植芭蕉的传统，琉球国人从皇族到百姓，也都有穿着以芭蕉布编织而成的衣服的习俗。芭蕉布在琉球国的广泛应用和由此累计的精妙技术，都为后人和邻国提供了优秀的传统和学习之处，这不仅使琉球国的布艺在世界上闻名，也让我们能从此一窥王国时代的琉球社会经济状况的一些端倪。

「官生騒動」と副官生派遣問題

“官生骚动”与副官生派遣问题

前田舟子*

要　旨

明の洪武二十五年(1392)から清の同治八年(1869)にかけて派遣された琉球の国費留学生一官生は、明代には南京国子監に、清代には北京国子監に就学していた。明代では、派遣人数に特に規定が設けられていたようすはないが、清代では派遣する官生は4名に限定され、官生に随伴する跟伴も4名と定められた。琉球が最初に国子監へ派遣したのは王族および寨官子弟で、日孜毎・闊八馬・仁悦慈であった。明の成化年間以降は、みな久米村子弟が派遣されている。それは、清代においても引き継がれた。

清の嘉慶二年(1797)に至り、国王尚温は首里に国学を設置することを決定し、官生を首里子弟の中から選抜派遣することを採択する。その決定通知を受け取った久米村はすぐさま反発を示し、それは後に「官生騒動」と称される抗議騒動にまで発展した。王府は久米村に対する懐柔策として、従来の官生4名・跟伴4名という8名の派遣人数の枠組みの中で、首里子弟を4名、久米村子弟を4名とし、それぞれ2名ずつを官生に、残る2名を跟伴ではなく官生と同等の「副官生」とすることを決定した。これにより、琉球史上最初の副官生が誕生し派遣されることになるが、前代未聞の案件であったがゆえに、清朝側の強い反対に遭い、結局実現するには至らなかった。本稿では、「官生騒動」に端を発する副官生の派遣に焦点を当て、副官生派遣をめぐる王府側の思索と久米村の時代状況を考察する。

キーワード:「官生騒動」　副官生　久米村

摘　要

自明洪武二十五年(1392年)至清同治八年(1869年)，先后有数批琉球人

---

* 前田舟子：琉球大学人文社会科学研究科博士研究生、日本学术振兴会特别研究员。

获得中国皇帝的谕允，入国子监求学。他们即所谓的琉球王国国费留学生——官生。明代求学于南京国子监，清代则求学于北京国子监。明清两代，琉球王国共派遣官生26次，人数88名。然而由于各种因素，实际得以入国子监求学的官生，明代54名，清代25名。明代，琉球官生和跟伴每次派遣的人数均无定额，到了清代，琉球官生人数定额4名，跟伴4名。被选派为琉球首批官生的日孜每、阔八马、仁悦慈，均是王族或寨官（地方按司）子弟。明成化年间以后，琉球官生的派遣，则全部由闽人三十六姓及其后裔居住地久米村子弟中选派。

清嘉庆二年（1797年），琉球国王尚温采纳归国官生的建议，决定设立首里国学，同时也从首里子弟中选派官生赴国子监学习。此举导致了久米村的不安和抗议活动，这就是所谓的“官生骚动”事件。为了平息矛盾，琉球王府决定派遣4名久米村子弟和4名首里子弟同为官生，其中2名久米村子弟和2名首里子弟为正式的官生，其余的4名不是跟伴，而是“副官生”。享受和正式的官生同样的待遇。不过，尚温王的“副官生”派遣请求因违反官生、跟伴派遣惯例，最终未能获得中国皇帝的谕允。但此后琉球官生及跟伴的选派打破了久米村人官生派遣长达300年之久的垄断地位。并且，琉球王府在首里设立国学，对首里士族开始实施儒学教育，使首里的国学也和久米村的明伦堂一样，成为儒学教育的中心。值得关注的是，官生选派制度的改变及首里国学的设立等措施体现了清代以后琉球王府不断加强以首里为中心的王国统一、不断强化王国的自我意识之基本国策。

关键词： 官生骚动　副官生久米村

一、はじめに

明洪武二十五年（1392年）から清同治七年（1868年）のおよそ500年間、琉球は中国の最高教育機関である国子監に子弟を派遣している。明代は南京国子監に、清代では北京国子監に入監していた琉球の子弟は、中国側から外藩子弟の意味で「官生」と称され、琉球もそれを踏襲していた。明代では1回の官生派遣に1名から6名を派遣しており、中国側では特に派遣人数の規定を設けていたようすは見られない。清代になると、派遣人数は4名に限定されるようになるが、それについて現段階では、官生の宿泊する部屋数に要因があると考える。官生は国子監滞在中、宿舎として国子監司業の事務所である西廂を借用していた。司業には満洲人2名・蒙古人1名・漢人1名の計4人がおり[1]、部屋数は4つであった。おそらくこうした国子監施設の事情により、官生の人数は明代とは異なって人数制限が加えられ、4名を最大数としていたと

1　［清］文慶・李宗昉等『欽定国子監志』巻41、北京古籍出版社、2000年、643頁。

考えられる[2]。また、清代では琉球国王による官生派遣の申請は、必ず来琉した冊封使を介して皇帝に上奏を行っており(代奏)、そのために国王1代に1回のみの官生派遣となり、明代の官生54名に対し、清代ではその半数以下の25名が国子監に入監する結果となっている。

清代後期半ば(18世紀頃)には、こうした人数制限を克服しようと増額案が建議されるようになるが[3]、いずれも前例に違反することを考慮して清朝に要請するまでには至っていない。しかし尚温(在位1795–1802)は、4名という人数制限のなかにあって人材を幅広く育成したいと考え、4名のうち2名は首里子弟から派遣することを決定する。当時の時代状況としては、先王尚穆の治世が51年と長期に及び、次王の尚温が官生派遣を実施するまでに43年もの期間を要していたこと、その間に尚穆によって派遣された官生の蔡世昌が次王の尚温に儒学を講ずる国師となって、尚温に琉球の教育改革について建議していたことなどが挙げられる。

蔡世昌は尚温に対し、首里にも久米村同様に儒学を講ずる公学校を設立し、その過程で清朝の科挙制度に倣った官生の選抜試験を行い、官生を久米村のみではなく首里からも選抜すべきだと建議している。尚温はその建議を承諾し、首里に国学を設置することを決定する。そうすることで、従来のように久米村中心に教育を行うのではなく、王府職に就任する首里士族に対しても徹底した儒学教育を施すことができると考えた。こうした王府の決定に対し、300年以上も官生を独占してきた久米村は反発し、王府に抗議している。しかし、王府はこの抗議を聞き入れなかったために、久米村の抗議は次第に激しさを増し、やがて王府を困惑させる「官生騒動」[4]と呼ばれる事件に発展する。

「官生騒動」については、今から100年以上前に上梓された伊波普猷の論考があるのみで[5]、伊波が参照した僉議と呼ばれる王府の議論を記録した文書はいずれも現存しないため、現在に至るまで「官生騒動」を論じた研究はなされていない。そこで本発表では、伊波が言及した「官生騒動」の結果に焦点を当て、これまで研究がなされ

2　明代の琉球官生には専用の施設があてがわれており、4名以上の滞在が可能であった。清代、官生の跟伴4名の宿舎は、官生とは別に同施設内に設置されていたが、それが常設か否かは不明。跟伴の部屋の位置については、拙稿「清代の琉球官生と北京国子監」(『琉球アジア社会文化研究』第10号、琉球アジア社会文化研究会、2007年)を参照されたい。

3　『宮良殿内文書』「案文」(琉球大学附属図書館蔵)参照。

4　伊波普猷が提示したこの「官生騒動」という用語は、王府による官生派遣改革に抗議する久米村の一連の騒動を指しているが、該用語については、管見の限り歴史史料上での使用は見られない。これは、伊波が騒動を表現する用語として便宜的に使用したものと考えられる。本来ならば、その用語について検討を加えるべきであるが、それは別の機会に譲ることとして、本稿では、伊波の使用語を借用しているとの意味で、「　」付きで表示させていただくことをここに注記しておく。

5　伊波普猷「「官生騒動」に就いて」『琉球新報』1907年4月20日~26日連載(1942年7月改稿)。後、『伊波普猷全集』(第1巻、平凡社、1974年)および外間守善校訂『古琉球』(岩波書店、2000年)に収録。

てこなかった副官生の派遣について論じたい[6]。

二、副官生登場の背景

蔡世昌が提議した官生4名中2名は首里から選抜するといった問題について、嘉慶二(1797)年12月に評定所の表十五人衆は以下のように僉議している[7]。

勅使御帰朝以後、先例の通り官生四人久米村より差し渡され候内二人は首里より差し渡され候歟。其の通り成り難き候はば、官生供の内二人は首里より仰せ付けられ候筋成り共吟味仕り申し上ぐべく旨仰せ付けられ、先例等見合わせ私共申し談じ候は、官生差し渡され候儀、大明洪武年間初而進貢有…(中略)…尤も右次第、国益に相い成り軽からず事候処供の内に差し渡し候は、稽古方届兼夫程詮立て申し間敷候条、官生の内二人は首里より仰せ付けられ、学問其の外稽古方詮立帰帆仕り候はば、平人に而も品能御取立御政務御補助に相成るべく役職召し仕られ候筋仰せ付けられ候はば、随分出精仕御用に相成り候。人躰も出来致すべきやと申し談じ候。此の段申し上げ候以上

表十五人衆は、首里士族からも官生を出すことについて、積極的に蔡世昌の建議を受け入れる姿勢を示し、それが国王の認可を得て、翌年の嘉慶三年正月8日に、久米村に対して以下の通達がなされている[8]。

一、御鎖之側立津親雲上より長史御用に付き具志堅里親雲上登城被仰渡候者、官生両人は首里より相交被差遣候。久米村方支有之候はゞ、何分と可申上旨被仰渡候事

二、右付、大夫衆並都通事座敷迄明朝揃にて明倫堂江罷出候段触差送候事

官生はこれまで久米村が独占しており、久米村の特権であるという意識が300年以上も久米村人士の中に根付いていたことから、当然久米村の反発を招いた。公学校設立に向けて準備を着々と進めていた王府は、嘉慶三年4月23日付けで、王府は首里の学校師匠ならびに三平等学校師匠を招くため、久米村に講談師匠の選抜試験を行うよう申しつけている。それに久米村は反発し、諸大夫吟味書を王府に提出して不服

---

6 副官生について言及がなされているのは、管見の限りでは、上江洲安亨「琉球官生の跟伴について」(『第七届中琉歴史関係国際学術会議論文集』中琉文化経済協会、1999年)と喜舎場一隆「琉球国の官生について」(『戦国織豊期の政治と文化』続群書類従完成会、1993年)のみで、前者は跟伴と副官生の違いについて論及がなされ、後者は官生の歴史を概観する中で副官生派遣について整理がなされている。

7 伊波前掲論文1974、126－127頁。

8 伊波前掲論文1974、127頁。

申し立てを行っている。しかしそうした王府の決定に対し、蔡世昌と同じく久米村人で官生出身の鄭孝徳が王府の方策に賛同していたことから、久米村ではこの2 人の自宅に石を投げ入れたり、糞をひっかけたり、投書したりして制裁を加えた。平等所は長史を召喚し、そうした行為を制止するよう注意を促したが、反発行為は収まらずさらに暴動化し、嘉慶三年 8 月 16 日、漏刻御番の小渡里親雲上が、29 日には漏刻御番小渡里親雲上・考方筆者新垣通事親雲上が、9 月 15 日には長史の長嶺通事親雲上・当山親雲上までもが拘留された。それでも騒動は収まらず、王府は暴動に加担した久米村人士を次々と拘留し、久米島への流罪や寺入りなどの制裁をもって騒動を一旦収束させている[9]。久米村の不満を完全に封ずることのできない王府は、打開策を講ずるようになる。それが「副官生」の派遣である。王府は、これまで官生に随伴して派遣されていた跟伴を「副官生」に格上げし、官生同様に国子監で就学させるといった機会を伺い始める。跟伴は、そもそも官生の身の回りの世話をする従人であって、その派遣には就学は目的とされていなかった。しかし、跟伴についても国子監の琉球学館において修学の成果を挙げた事例がある。乾隆二十四年(1759 年)に官生鄭孝徳の跟伴として派遣されていた鄭孝徳の弟鄭孝思の国子監学習について、教習の潘相が以下の序文を記している[10]。

中山鄭紹言太学課芸序　　　　潘相

今天子之二十有四年、中山王選士入太学。鄭生紹言以唐栄茂才、限於額不得与。即負笈随兄紹衣・蔡生汝顕、航鉅海水陸萬里、以其私請従予遊。予教之比両官生、自敦品読正書外、亟与言為文、顧諄諄然惟篇章叚落虚字語助是辨。尤禁其為語録講章之派、挙世之所謂高且遠者。若概置焉不講、凡以云救也。然昌黎全集、大振頽風、其通解抧言鄂人対諸篇、陳斉之謂其之乎也者不倫、指為少作、与晩年筆法若両手、即其自序用力。惟曰陳言務去、以剽賊為聖神徂伏、以詞必已出為古、以苦澁若樊紹述為躅、究其要帰、則曰文従字順各識職而已。故朱子考異、秉其権衡、正於片字隻語文勢義理定厥従違、若是乎篇章叚落虚字語助之辨、固徹乎上下、而非遺高遠而専言卑邇者比也。且夫上古之為文以舌、秦漢而後之為文以腕、六経四子、豈嘗秉筆為詞章、而道足而文生、若天地之有日月星辰山川河岳、後之人才分懸殊、即操管営度。猶往往不及古人、何況語録、故近思録一書、自所引太極通書西銘外、往往多諸公口授門弟子之語、雜以方言、学之者以為作聖之筏、窮経之階、行文之根柢則得矣。而一襲其貌、用其句以入於文、則迂腐陳俗而不可行遠。故日人声之精者為言、文詞之於言、又其精者、語録固非文詞也。其他則又何説、紹言敦孝友厲廉隅。一如其兄、而兀兀窮年、耕鋤経畬、用工更苦、葢其質較魯、而竟以魯得力、篤信五子書、若性命肌膚不可離、其行文

9　同段落における「官生騒動」の説明は、すべて伊波前掲論文 1974に依った。

10　[清]潘相『琉球入学見聞録』巻4(黄潤華・薛英編『国家図書館蔵琉球資料匯編』下，北京図書館出版社，2000年，725－729 頁)。

因好用之、而於古文法亦未深、既稟乎縄尺者三年、而後乃曠然一変其旧、論篤実而雄暢、表流麗以端荘、尤長於碑記、奇崛之概、每得古人三昧、都計課芸若干首、其於両官生殆伯仲之間矣。回憶紹言始来時何似、而乃今至此。吾嘗論為学如渉海、海於天地物最巨、気怯者望洋反耳、有強力者問於長年、慎厥舟手一針柹更沙漏、経颱翻颶吼不震驚、不数日躋彼岸、志定而神王也。紹言渡海而來、観海而帰者也。題其集、即与之論海。

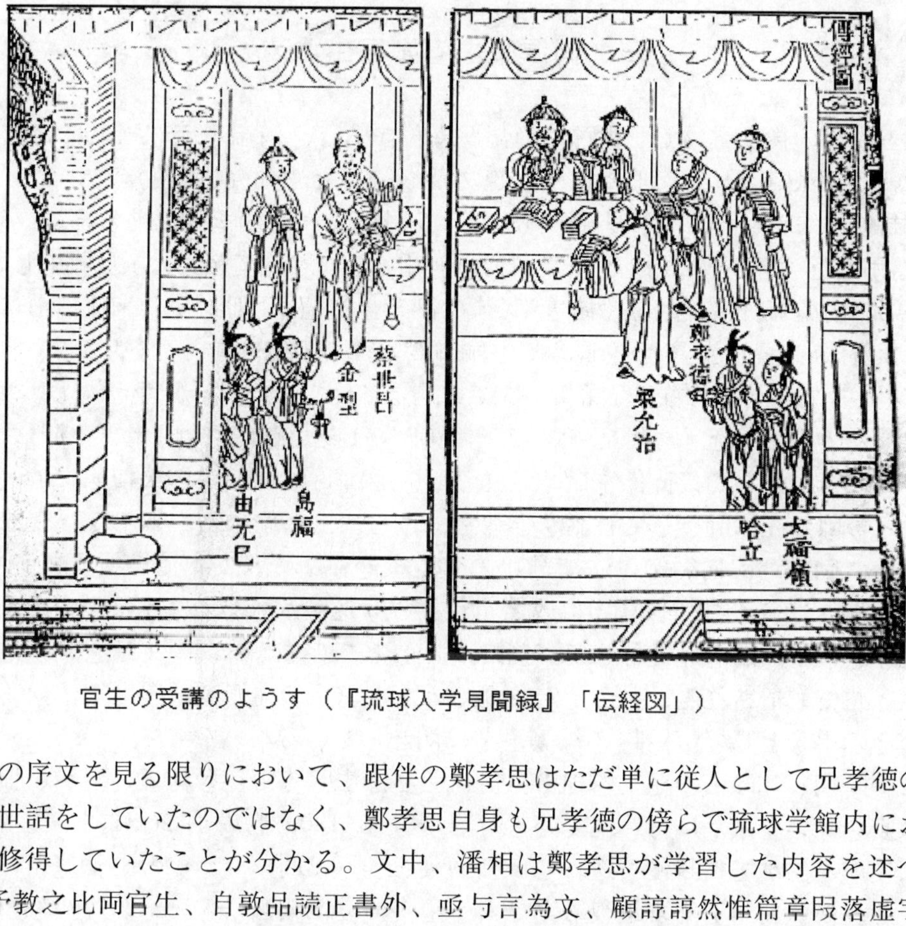

官生の受講のようす（『琉球入学見聞録』「伝経図」）

この序文を見る限りにおいて、跟伴の鄭孝思はただ単に従人として兄孝徳の身の回りの世話をしていたのではなく、鄭孝思自身も兄孝徳の傍らで琉球学館内において儒学を修得していたことが分かる。文中、潘相は鄭孝思が学習した内容を述べており、「予教之比両官生、自敦品読正書外、亟与言為文、顧諄諄然惟篇章段落虚字語助是辨。」と述べて、孝思の学習態度を高く評価している。『琉球入学見聞録』の琉球官生受講図の中に描かれているように、教習から講義を受ける蔡世昌・金型・梁允治・鄭孝徳の傍らに、跟伴の島福・由无巳・哈立・大福嶺らが随伴していた。跟伴は、正式の官生ではなかったことから、直接受講することはできなかったが、教習の講義に接する機会には恵まれていたと考えていい。跟伴として官生とともに国子監の琉球学館に入り、そこで儒学を修得し教養を高めたのは、上述した鄭孝思のみではなかったであろう。多くの跟伴がそうした機会に恵まれていたと考えられる。官生身份ではなくても、国子監で行われる儒学教育に接することは、跟伴であっても実質的には可能であったということを鄭孝思の例は示している。跟伴身份でも、国子監の教習の受講に接することができるという状況認識を踏まえ、王府は跟伴を副官生という実体化した身份に置き換え、実質的に官生を久米村2名・首里2名、副官生を久米村2名・首里2名、計8名送るという方策を模索するようになる。

次に、尚温が行った最初の副官生派遣について、その文書収発経緯から派遣までを見ていく。

三、尚温による副官生派遣

先王尚穆の後を継いで、世孫の尚温が即位すると、尚温を琉球国王に封じる冊封使が清朝から派遣された。冊封使は、趙文楷(正使)と李鼎元(副使)であった。

冊封使が来琉したのは嘉慶五年(1800年)5月12日で[11]、それ以前の嘉慶二年(1797年)に始まった「官生騒動」は、翌3年には副官生案が出されて騒動は一旦収束していた。首里子弟の向循師(後の官生)や向善栄(後の副官生)らは、冊封使の来琉以前に、久米村から蔡清派(高置里親雲上)を迎えて中城御殿で官話の稽古を行っており[12]、その時点で、官生や副官生となる首里子弟は、すでに選定されていたことが考えられる。

冊封使の来琉にともない、官生の向循師らは楊文鳳(嘉味田親雲上)[13]を首班とし、冊封使李鼎元らの接待係を命ぜられる。向循師らは首里から天使館に通って冊封使の従客の陳邦光に師事して官話を学習し、さらには那覇に宿を取って昼夜兼行で官話の勉学に励んだ。向循師は、李鼎元の案内役を勤めた関係で、李鼎元から「尋思」の名を贈られ、名前を「向尋思」に改名したという逸話が残されている[14]。また李鼎元は、琉球語の中国語訳辞書として『球雅』を編纂しているが[15]、楊文鳳を筆頭に官生・副官生として派遣されることが予定されていた首里系の向循師・向世徳・向善栄・毛長芳がその弟子として『球雅』の編纂事業に関わっている。

この時期、乾隆帝の薨去を理由に冊封七宴はすべて中止されていたが、冊封の全日程は宴を除いて厳かに行われている。嘉慶五年(1800年)9月26日に、国王尚温は自ら天使館を訪れて冊封使を送行し、冊封使に金骨の扇を1つ贈り、酒を3杯奉じている。これは、冊封七宴の最後の宴である望舟の宴に相当する。その際尚温は、紫金

---

11 李鼎元『使琉球記』(殷夢霞・賈貴栄・王冠編『国家図書館蔵琉球資料続編』上、北京図書館出版社、61頁)。

12 東恩納寛惇「官生問題と“球雅”」『日本歴史』7月号第74号、実教出版、1954年、44頁。

13 楊文鳳は、李鼎元が中山第一の学者と推称した人物で、三向一毛(向循師、向善栄、向世徳、毛長芳)は文鳳1人に及ばないと言われたほど、楊の漢文能力は高かった。三向一毛の4人は、当時、詩文・書道はともに熟達していたが官話が得意ではなく、冊封使一行とは堪能な筆談で会話を行っていた(東恩納前掲論文1954、44頁)。

14 東恩納前掲論文1954，44頁。

15 東恩納前掲論文1954参照。李鼎元の『球雅』については、北京国家図書館が所蔵する『琉球訳』が『球雅』であると指摘されている(丁鋒『日漢琉漢対音与明清官話音研究』中華書局、2008年、292－293頁)。

大夫に通訳させ官生派遣の要請を行い、冊封使趙文楷らは、慣例に従い帰朝後に代奏することを約束している[16]。しかし、国王尚温はその場で副官生について触れることをしなかった。

10月15日午時(正午)、冊封使一行が帰国のため封舟に乗船し風俟ちをしていた際に、国王尚温は百官を従えて再び冊封使に会い三跪九叩頭の礼を行っている。この際にも尚温は、陪臣子弟入監の件の代奏を冊封使に要請している[17]。通常、派遣要請は望舟の宴のみ1回行われていたが、この年に尚温は異例の2度目の派遣要請を行っている。しかし、その際にも副官生の件には触れていない。帰国後、嘉慶六年(1801)正月21日に冊封副使李鼎元は嘉慶帝に上奏し、2月5日に嘉慶帝から「知道せり」との許可が下っている[18]。尚温は官生派遣許可の通知を6月7日に福建布政司からの咨文で受け取っている。尚温は、そうした嘉慶帝の官生派遣の許可を受けて、懸案の官生・副官生派遣の準備に入った。官生の構成を久米村子弟2名、首里子弟2名、さらに副官生を久米村子弟2名、首里子弟2名とし、副官生を含む計8名の派遣を予定した[19]。しかし、嘉慶七年(1802)6月10日付けの礼部と福建布政司あての咨文では、「官生四人向循師・向世德・周崇鐍・鄭邦孝　跟伴四人」と記すのみで、副官生については記載されていない[20]。同日付けで送られた通常の官生派遣を通知する礼部と福建布政司に送る咨文にも、副官生については記載されていなかった。国王尚温は、同日付けで別途副官生に関する以下の咨文を作成して、礼部と福建布政司に送っている[21]。

　憶自官生帰国以来、将天朝之化沢教下国之人民、振声発聵躁静頑馴、庶幾乎士識詩書人知礼儀無非由太学之教之有以教之也。惟念、蝸居蟻垤国土依然如昨生歯百倍於前若仍以官生四人帰而教諸通国、窃恐昔者人数寥寥以四人教之而不足也。兹特不揣愚蒙循例遣陪臣子弟四人、請旨赴京入学外更有随伴向善栄・蔡思恭・蔡戴聖・毛長芳四人亦属同官子弟、意欲同観上国之光以広天朝之化、伏乞皇上典(曲)体遠人慕化之誠、恩施格外、其随伴四人亦係官家子弟俯容其与官生一同入学、俾得逐隊肄業、共相琢磨則他年学成帰国、人分教国得見訓誨無遺而窮陬僻壊(壌)、悉蒙棫樸之休矣。第属事関越例未敢擅専(下略)

16　李鼎元前掲史料2002、792頁。「(九月)二十六日(乙巳)、國王來舘送行、面餽金骨一柄、仍手奉三爵。將行、遣紫金大夫致詞、請照例仍遣陪臣子弟入太學讀書、懇同京代奏許之」。

17　李鼎元前掲史料2002、799頁。

18　『歴代宝案』〔2－94－5〕、『国立』台湾大学(以下、台湾本)、1972年、4561－4562頁。

19　[清]斉鯤・費錫章『続琉球国志略』上下、郷土史講座テキスト冊封使使録集14・15、沖縄県立図書館、1978年、184頁。

20　『歴代宝案』〔2－94－3〕台湾本4558－60頁、〔2－94－5〕台湾本4561－4563頁。

21　『歴代宝案』〔2－94－6〕台湾本4564－5頁、〔2－94－17〕台湾本4589－4590頁。

この咨文の中で、国王尚温は皇帝が恩を施し、格外に官生に随伴する向善栄・蔡思恭・蔡戴聖・毛長芳4名の国子監入学を認めてもらうよう要請している。官生・副官生を乗せた進貢船は嘉慶七年10月6日に那覇港を開船した。しかし途中、頭号船・二号船は行方知らずとなり、福建に辿り着くことはなかった。その後、王府は咨文を福建に送って官生向循師らの行方を追ったが、その行方は依然不明のままであった。後の捜索で、進貢船二隻のうち二号船が風に遭って台湾洋面に漂着し、そこで衝礁して船もろとも撃破されたことが判明したが、頭号船の行方はなおも不明であった[22]。上記の尚温による官生・副官生派遣の文書類は、結局清朝側に渡されることはなく[23]、尚温による官生および副官生の派遣と彼らの国子監就学は実現しなかった[24]。

前例では、派遣した官生が全員死亡して入監できなかった場合、国王は新たに官生を任命して再派遣を行うことになっていた。尚温は官生が行方不明になった翌年の嘉慶八年(1803年)に薨逝し[25]、尚温の長子である尚成[26](嘉慶5年生、当時数え4歳)が後を継いで同嘉慶八年に即位したが、尚成もまたその年の冬に薨逝している。その後、尚温の弟である尚灝(尚哲の4子)が尚温の後を継いで即位し[27]、尚温が果たせなかった官生・副官生の派遣を引き継ぐこととなった。

四、世孫尚灝による官生派遣

世孫尚灝は、即位の翌年(1804年)2月27日に官生と副官生を任命している[28]。世孫尚灝によって派遣された官生・副官生は、次の者たちであった。

官生名：毛邦俊(久米村子弟)
梁文翼(久米村子弟)
向邦正(首里子弟)
楊徳昌(首里子弟)

副官生名：孫国棟(久米村子弟)
紅泰熙(久米村子弟)
伯恢緒(首里子弟)
栄祉祐(首里子弟)

---

22 『歴代宝案』〔2-98-04〕台湾本4729頁、〔2-98-07〕台湾本4735頁、〔2-98-15〕台湾本4746頁。

23 そのため、尚温による官生・副官生派遣に関する文書は、外交文書集である『歴代宝案』といった琉球側の史料にのみ残されている。

24 沖縄県教育庁文化課編『蔡温本中山世譜』沖縄県教育委員会、1986年、155頁。

25 斉鯤・費錫章前掲史料1978、139頁。

26 尚成は後に、尚灝を封ずる冊封使の斉鯤と費錫章によって追封を受けている。その追封は嘉慶13年6月15日であった(斉鯤・費錫章前掲史料1978、23-4頁)。

27 斉鯤・費錫章前掲史料1978、139頁。

28 進貢使も嘉慶9年2月27日に任命されている。通常、官生の任命と進貢使の任命は同日であった。

官生の任命年：嘉慶九年(1804年)2月27日
副官生孫国棟の任命年：嘉慶九年(1804年)7月23日
副官生紅泰熙の任命年：嘉慶九年(1804年)7月25日
官生・副官生の派遣年：嘉慶十年(1805年)正月26日
官生の入監年：嘉慶十一年(1806年)2月
官生の帰国年：嘉慶十五年(1810年)5月21日

副官生紅泰熙の『家譜』によると、紅泰熙は副官生となり俸禄として「年俸米1石雑穀1石共計2石」を王府から賜わっている。嘉慶九年8月3日、紅泰熙は国学奉行から国学に入学を命ぜられている。それは、皇帝(嘉慶帝)がすでに官生の入監を許可しており、官生らの福建への渡航時期もそう遠くないため、怠ることなく尽力して諸凡の業を習うべきだと国学奉行に告げられたためであった[29]。紅泰熙は8月6日に国学へ赴き、そこで「励精肄業せよ」との旨を奉じている。8月13日以降、すべての官生・副官生はともに国学で「習熌諸業」を開始する。国学での学習期間は2ヶ月で、その間、官生・副官生らには官伴米錢が支給されている[30]。

官生らが国学で学習を始めた同8月13日付けで、世孫尚灝は官生毛邦俊らを進貢使の毛廷勷らに同伴させること、官生派遣の土産として囲屏紙3千張と細嫩蕉布50疋を進呈することを礼部と福建布政司にそれぞれ咨文で通知している[31]。そして、官生とは別に副官生4名を派遣することを前回同様に、別途咨文で礼部と福建布政司へそれぞれ通知している[32]。この日、王府は官生毛邦俊らに礼字181号半印勘合執照を発給しているが[33]、官生の執照において、副官生の名称は列記されていない。進貢頭号船には礼字第178号半印勘合符文[34]と礼字第179号半印勘合執照[35]を、二号船には礼字第180号半印勘合執照[36]が発給されている。官生と副官生が派遣され帰国するまでの行程は次のようであった[37]。

➢ 嘉慶十年(1805年)正月26日：

---

29 『紅泰熙家譜』(那覇市企画部市史編集室『那覇市史資料篇第1巻6　家譜資料2』上、1980年、212　213頁)。
30 前掲『紅泰熙家譜』213頁。
31 『歴代宝案』〔2－98－04〕台湾本4728－4730頁、〔2－98－07〕台湾本4733－4735頁、〔2－98－15〕台湾本4745－4747頁。
32 『歴代宝案』〔2－98－08〕台湾本4736－4737頁、〔2－98－16〕台湾本4747－4749頁。
33 『歴代宝案』〔2－98－23〕台湾本4762頁。
34 『歴代宝案』〔2－98－20〕台湾本4757－4758頁。
35 『歴代宝案』〔2－98－21〕台湾本4759－4760頁。
36 『歴代宝案』〔2－98－22〕台湾本4760－4761頁。
37 以下の行程については、『歴代宝案』〔2－99－01〕・〔2－99－02〕、前掲『紅泰熙家譜』、『孫国棟家譜』(那覇市企画部市史編集室前掲史料1980)、『林興基家譜』(同)を参照。

官生毛邦俊等と進貢使毛廷勳一行は、那覇港を出港して馬歯山に到る[38]

➢ 同年2月12日三更(午後12時)：

官生・進貢使一行は馬歯山を出発する

➢ 同年2月13日：

一行は姑米山に到り、そこで風俟ちをする

➢ 同年2月23日：

一行は順風を得て姑米山を出発する

➢ 同年2月29日：

一行は東沙外に到る

➢ 同年2月30日：

一行は亭頭怡山院に到着する

➢ 同年3月5日：

一行は福州琉球館に安挿される[39]

➢ 同年4月1日：

官生毛邦俊等4名と副官生孫国棟等4名は、琉球館で廩膳秀才の楊藜(ママ)光に師事して諸業に励む。同日、副官生の入監拒否を伝える福建巡撫李殿図の憲札を受け取る

➢ 同年5月28日：

福建巡撫李殿図が上奏した官生4名以外の随伴官生(副官生)4名を入監読書させる案件について、皇帝から不許可の上諭が下されたことが軍機処から礼部に伝達される

➢ 同年が閏6月23日：

副官生の入監不許可の上諭について、礼部から兵部尚書兼都察院右都御史総督福建浙江等処地方軍務兼理糧餉塩課の玉徳へ伝達される

➢ 同年7月7日：

その旨が玉徳から世孫尚灝に通知される

➢ 同年8月1日：

入監読書が認可されなかった孫国棟ら副官生4名は、報喪大夫の蔡邦錦らとともに駅を離れて登舟する

➢ 同年8月4日：

副官生の入監不許可について、兵部侍郎兼都察院右副都御史巡撫福建等處地方提

---

38 副官生孫国棟と紅泰熙の『家譜』では、那覇港を開船した日付は「正月26日」で一致しているが、進貢使林興基の『家譜』には「正月27日」と記されている。また、このとき朝京都通事であった毛廷器の『家譜』には林興基と同様に「正月27日」となっている(『久米毛氏家譜』久米国鼎会、1992年、57頁 <以下、『毛廷器家譜』>)。

39 この日、進貢使林興基等には彭緞一疋、従人4名にも彭緞一疋がそれぞれ賞給されている。林興基等は、翌嘉慶11年5月3日に駅を離れて6月25日に登舟し、五虎門を出て7月7日に那覇に帰国した。

督軍務の李殿図が世孫尚灝に通知する

➢ 同年9月6日：

福建布政司は咨文で世孫尚灝に副官生不許可を通知する

➢ 同年9月14日：

孫国棟等は館頭（福州琯頭地方）に到るが、守候（守備）の兵船が遣発されないことから、両船の員役らはたびたび「至急、哨船（見張りの船）を派遣して帰国の際に護送して欲しい」と呈請する。これに対し、布政司は「今まさに海賊が蜂起しており順風もないことから、来春を待って帰国すべきだ」と返答する

➢ 同年9月18日：

官生毛邦俊等は進貢使毛廷勷等に従って福州を起程する

➢ 同年12月17日：

一行は北京に到着、上表する

➢ 同年正月20日[40]：

官生毛邦俊等4名とその跟伴は、進貢使毛廷勷等に領率されて国子監に入る[41]。進貢使はその日の夜に館（四訳館）に戻る

➢ 同年正月25日：

進貢使毛廷勷等は北京を起程する

➢ 同年4月15日：

進貢使は福建に到着し、公務は全て終了する

➢ 同年4月22日：

福建で待機していた孫国棟等は、開船して壺江に到り風侯ちをする

➢ 同年4月27日：

孫国棟等は兵船に護送されて五虎門を開船する

➢ 同年5月2日：

孫国棟等副官生は琉球に帰国する[42]

以下、副官生の入監が拒否される経緯について検討してみたい。

副官生孫国棟・紅泰煕・伯恢緒・栄祉祐等を随伴して国子監入監を請う世孫尚灝の咨文は、嘉慶十年（1805年）3月5日進貢使節一行が福州琉球館到着後問もなく福建

40 官生毛邦俊等の入監日について、『歴代宝案』には「此次、該国官生毛邦俊・向邦正・梁文翼・楊徳昌等、係嘉慶拾壹年貳月入監読書」として「2月」とされている（『歴代宝案』〔2－107－04〕台湾本5006頁）。

41 前掲『毛廷器家譜』57頁。

42 前掲『孫国棟家譜』（430頁）、前掲『紅泰煕家譜』（212頁）。嘉慶11年2月の時点では進貢使はすでに北京を発っており、前掲『欽定国子監志』や『欽定大清会典事例』（崑岡等奉敕纂、全24冊、啓文出版社、1963年）はともに入監期日を「嘉慶10年」としていることを鑑みて、『歴代宝案』の記述は誤記といえる。『欽定大清会典事例』は「嘉慶十年。琉球国陪臣子弟向尋思・向世徳・鄭邦孝・周崇鐈・向善栄・毛長芳・蔡戴金・蔡思恭入監。」と記し、入監した官生について、前回派遣され遭難した官生・副官生8名と誤認している。

布政司に提出され、その内容が福建巡撫の李殿図に(詳でもって)伝達されている。詳にはこれまでの官生派遣とは異なり、4名の官生の他に4名の随伴官生が派遣され、そのうち久米村子弟の孫国棟と紅泰熙については国子監への派遣、そして首里子弟の伯恢緒と栄祉祐については、清朝の医学教育機関である太医院へ入学させたいということが記されていたことから、その措置について、李殿図は嘉慶十年4月12日に奏摺でもって皇帝に奏聞している。福建巡撫李殿図の奏摺については、嘉慶10年5月27日に諭旨が出されているが、その諭旨には「別に旨あり」と記され、処理を命ずる諭旨は翌28日に出されている。諭旨は軍機大臣から閩浙総督と福建巡撫に送られ、官生随伴の孫国棟・紅泰熙・伯恢緒・栄祉祐等4名については、これまでの官生派遣の前例に符合せず許可しない旨を伝え、副官生4名を帰国させ、琉球国王にもその旨を咨文でもって通知するよう命じている。この皇帝からの諭旨は礼部にも伝えられ、閏6月23日に礼部は閩浙総督(兵部尚書兼都察院右都御史総督福建浙江等処地方軍務兼理糧餉塩課)の玉徳と福建巡撫(兵部侍郎兼都察院右副都御史巡撫福建等處地方提督軍務)の李殿図に咨文でもって諭旨の内容を伝えている。閩浙総督の玉は7月7日付けで、福建巡撫の李殿図は8月4日付けで世孫尚灝に皇帝の諭旨を記した照会を送り、官生派遣の前例を無視した琉球側の違背行為を厳しく叱責している。さらに福建布政司からも9月6日付けで同様の諭旨が咨文でもって伝えられている。結果、副官生孫国棟・紅泰熙・伯恢緒・栄祉祐等の国子監入監と太医院入学は認められず、強制送還という制裁措置がとられ帰国を命ぜられている。

閩浙総督や福建巡撫から照会が送り届けられるというのは、琉球国の外交史上、また文書の収発過程においても例外中の例外であった。そうした当時中央の政治的過失を弾劾する役職を帯びた閩浙総督・福建巡撫からの照会は、王府を震撼させたに違いない。首里系官生派遣について、王府の措置に不満を抱いていた久米村社会においても、この閩浙総督・福建巡撫からの照会で衝撃が走ったであろう。すでに官生派遣においては、久米系から2人、首里系から2人が国子監に派遣されており、入監が中国皇帝によって認められていたことから、以後そうした派遣が前例化し定着していく。

五、小結

乾隆二十四年(1759年)に国子監に派遣された官生蔡世昌は、帰国後国王尚温の侍講職に就き、尚温に首里に国学の設置を建議している。学問の振興と積極的な人材登用を思案していた尚温は、蔡世昌の建議を受け入れた。当時首里には孔子廟が設置されていなかったが、先に国学を設置し、それに伴って官生派遣も久米村子弟のみではなく、国学に通う首里子弟にも機会を与える決定を下した。これを機として「官生騒動」が起こる。王府の決定を受けた久米村はすぐさま抗議文書を王府に送ったが、王府の決定が覆ることはなかった。明代成化年間(1465—1487年)から清代乾隆年間(1736—1795年)までおよそ300年もの間、国子監就学を独占してきた久米村は対中関係において中心的役割を担い、久米村は首里・那覇・泊とは異なる「官人組織」として位置づけられていた。首里子弟を官生として派遣することは、そうした既存の特権が覆され、久米村自体の存在を危うくすると久米村士族は危惧していた。暴動化した鎮圧措置で久米島に流刑となった者の中に、総役や長史といった久米村の最高職にある者たちが含まれていたことが久米村の抵抗の根強さを示している。王府は決定を覆すことはなかったが、久米村における前代未聞の騒動に対応すべく、久米村懐柔策を思考することになる。それは副官生の派遣という形で久米村に提示された。正規の官生4名に副官生4名を追加し、それぞれ2名ずつ首里と久米村から派遣することとしたのである。副官生は従来の跟伴ではなく官生と同様の待遇を望むもので、定額員数の8名の枠を超えないよう跟伴の派遣は見送られたが、こうした王府の措置で久米村における「官生騒動」は収束していった。この副官生という名称は『中山世譜』に記されている名称で、琉球側で使用されていた呼称である。対外的には『歴代宝案』や『档案資料』などから知れるように、「人伴」「跟伴」と記されていた。しかし、官生に随伴させて新たに4名を送り修業させたいと王府が別途文書で切望したことから、清朝側は副官生を「官生に随伴する官生」と解釈して「随伴官生」と称している。

尚温は冊封使来琉時に、首里系の官生として派遣が予定されていた向循師・向世徳、そして副官生として派遣が予定されていた向善栄・毛長芳の4名を冊封使の世話係として配置し、冊封使節一行から官話や漢文の知識を学ばせている。また王府の意向を知らない冊封副使李鼎元も彼ら4名を首里士族の楊文鳳に師事させ、琉球語の漢語訳辞書である『球雅』の編集を手伝わせている。王府は周到に副官生派遣に向けた準備を行い、清代5回目の派遣は嘉慶7年に(1802)実施された。しかし、官生・副官生の計8名は途中海上で進貢船が遭難したことから、国子監入監を果たすことはできなかった。新たに8名を任命し派遣することとなったが、尚温が薨去したため、世孫の尚灝がその派遣を行っている。

派遣時に官生には執照が付与されていたが、そこには副官生とは明記されておらず、従来通り跟伴と記されていた。しかし、王府側は、副官生を派遣する旨の咨文を別途作成し、その中で副官生4名のうち久米村子弟2名を国子監に、首里子弟2名を太医院へ派遣したいと要請している。この副官生の太医院入学の案件について尚温は一言も言及していないことから、これは世孫尚灝が考案したものと考えられる。世孫尚灝は後に精神病を患って退位し隠居したと伝えられる人物で、自身の病気治療のために薩摩や福州へ積極的に派遣を行っては医道稽古を行わせ、多くの医者を養成していたとされている[43]。首里子弟の副官生2名の派遣目的が太医院就学へと変更されていた背景には、こうした尚灝自身の病気治療という理由が考えられる。

咨文は福建到着後福建布政使に提出され、該文書は布政使から福建巡撫に送られている。福建巡撫はこれまでの派遣事例に符合しないことを問題にし、さらに中央の軍機処および礼部の反対に遭い結局嘉慶帝からの許可を得られず、兵部尚書兼都察院右都御史総督福建浙江等処地方軍務兼理糧餉塩課と兵部侍郎兼都察院右副都御史巡撫福建等處地方提督軍務から、事前の許可を得ない副官生派遣を厳しく叱責する照会が届き、副官生4名は強制送還されている。この副官生の強制送還は処罰的措置であった。副官生4名が帰国処分となり、福建に滞在していた官生が進貢使節とともに上京すると、進貢正使・副使は、今回の官生に跟伴がいないことを憂慮し、進貢使節の跟伴の中から4名を選んで国子監へ入監させたい旨を礼部に申請した。そこで、蔡嘉儀・馮玉田・李日昇・宮平の4名が選ばれたが、実際に入監することができたのは、理由は不明であるが3名のみであった。

兵部尚書兼都察院右都御史総督福建浙江等処地方軍務兼理糧餉塩課と兵部侍郎兼都察院右副都御史巡撫福建等處地方提督軍務からの照会は兵部尚書や兵部侍郎の官職名義で送られてきたものではなく、閩浙総督と福建巡撫の官職をもって送られてきたものあったが、通常中国からの通達文書は咨文で礼部や福建布政使から送られていた。閩浙総督と福建巡撫からの王府を叱責する照会というのは例外中の例外で、それを受けた王府と久米村に衝撃が走ったことはいうまでもない。前例主義を重視する中国の前に、王府の施策は全く通用しなかった。

その後、官生派遣は従来通りの官生4名・跟伴4名の派遣方式に戻され、久米村も官生を首里系と久米系で二分する王府の決定に従わざるを得ない状況下で、清代5回目から9回目の官生派遣(第四期)は行われる。第四期の特徴は、この派遣される官生が首里系と久米系に二分されたことにある。こうした派遣は首里における国学設置に起因したもので、それは儒学教育の二分極化を意味し、以後儒学教育は久米村の明倫堂と首里の国学を中心に展開されるようになる。それは第四期の官生の多くが帰国後、久米村官生師・唐栄訓詁師・唐栄講解師・北京官話音律師・総師職・署御講談読上役・御講談読上役・世子の侍講といった役職についていることからも理解できよう。

以上、副官生派遣の実態を解明することで、長らく研究が進展していなかった「官生騒動」の背景を探った。久米村が必死に王府に抵抗し保持しようとした官生の独占権は、「官生騒動」の収束とともに失われていくが、「官生騒動」が起こった要因は官生派遣問題のみに収斂されるものではなかったと考える。進貢業務においては渡唐

43　勝連晶子「近世琉球の医師養成に関する試論—医道稽古と＜留学＞」石原昌英・喜納育江・山城新編『沖縄・ハワイ　コンタクト・ゾーンとしての島嶼』彩流社、2010年、417頁。

使節の正使が首里士族になるなど、久米村が担っていた役割が次第に分極化されていき、久米村の王府に対する不満が蓄積されていったことも騒動を激化させた要因といえよう。こうした久米村の特権が奪われていく背景には、王府による王国の統一化を図る思索があったと思われる。久米村の蔡世昌が国王に首里国学の設置を建言したことが契機となって、それまで分担されていた国内の政治・教育・行政が統一の方向へと向かい、官生も久米村独占ではなく政治を担う首里士族から派遣することが決定されたのである。蔡世昌は蔡温の親類で、王国を法で統治するという蔡温の意志を受け継いだとされ、琉球の法律をまとめた『琉球科律』の編纂に携わった人物である。「官生騒動」においては、従来の地位を守ろうとする長史ら多数派と蔡世昌らの改革派に分かれ、久米村は必ずしも一枚岩ではなかったことが窺えるが、王府が改革を支持したために久米村の思惑は外れることになる。その後、副官生派遣が清朝側の強い反対に遭い失敗に帰するが、官生を終えて帰国した久米村士族は首里国学へ就職するなど、久米村以外の場所で就職先を得ていることを鑑みると、王府の政策は必ずしも久米村にとって不利であったと断言することはできない。騒動後、久米村が官生派遣に関して新案を講じたり、王府に抗議したりする様子は管見の限りでは見えないものの、久米村がどのように騒動の結果を受け入れ、王府の統一構想のもとで首里と共存し協同で任務に従事していたのかについては、今後の研究課題としたい。そして、近世後期における琉球王府の政策とそれに対する首里・久米村の意見の相違についても併せて検討していきたい。

［附記］本稿は、平成22年度科学研究費補助金（特別研究員奨励費）による研究成果の一部である。

末代诗人　琉诗绝响
——六探琉球汉诗

末代の詩人　琉詩の絶唱
——琉球漢詩の分析をめぐり

黄　裔*

摘要

本文是研究琉球国顶级诗人蔡大鼎的贡献。琉球是明清两代的附属国，光绪年间被日本并吞消灭。亡国前，蔡与几位爱国志士奉国王命为挽救祖国命运到北京求救，毫无效果。亡国后，他们没脸见国王和民众，只好死在中国。论琉球汉诗，蔡大鼎数量最多，质量最优。内容广泛，包括孝顺父母，忠于国君；忧虑国家命运；极度怀念故乡；无限崇拜中华文化和福建书院；歌唱福州名胜古迹；欣赏福州民情风俗；与中国文人写诗对答；对鬼神极度信奉。必须指出，附属国地位决定他只能歌唱清朝大恩大德和虚假太平。

要　旨

本論は琉球最高の詩人である蔡大鼎の漢詩への貢献度を分析するものである。

琉球は明、清にわたり中国の属国であったが、光緒年間日本国へ併呑され消滅された。亡国する前、彼は幾人の愛国志士とともに王の命令を受け、祖国を救うために北京に赴き助けを求めたが、徒労に終わった。亡国した後、彼らは王と民衆に合わせる顔がないと思い、中国で客死するほかなかった。

琉球の漢詩といえば、彼の詩の量が最も多く、質も最も良いものである。また、その内容は広範囲にわたり、父母に孝養を尽くし、国君に忠心を尽くすもの、祖国の運命を憂うもの、故郷を思い懐かしむもの、中国文化及び福建書院を極度に敬い尊ぶもの、福州の名所旧跡を歌い読むもの、福州の

* 黄裔(1935—)，男，福建闽清人。福建师范大学文学院副教授。

習慣風俗を好むもの、中国の文人と交わしたもの、鬼神を極度に信ずるものなどである。ただし、属国という立場から、彼の詩は清の与えた恩徳、及び清の平和安定な世を詠む内容でならない点を指摘すべきである。

一、“国家诗家两不幸”

研究琉球诗人蔡大鼎的汉诗创作，须从特定的社会时空背景切入。“诗家”和“国家”忧乐同步，蔡大鼎的忧患意识和琉球、清朝的存亡兴衰胶合一起。蔡大鼎的创作生涯，正值清国多难之秋，对外屡战屡败，连续签订卖国屈辱条约；对内加紧搜刮人民，激起民众武装反抗；唯对琉球，为保住“宗主国”虚荣，硬着头皮厚赐来贡使团……

蔡大鼎(1823—?)，字汝霖，久米村华裔。天资颖悟，笃好于学，工于诗文。可他赶上多灾多难年代。早在1609年，日本萨摩藩就侵占琉球，却又令其继续向清国称臣进贡，旨在掠夺清朝给它的封贡财物。蔡大鼎正是生长在明属中国、暗属日本萨摩藩的“两属时代”。1860年、1867年蔡两度任进贡存留通事，久驻福州，赋诗《闽山游草》正续集。1875年日本严禁琉对清进贡。1876年向德宏、蔡大鼎、林世功等受遣密航至榕，为日本“阻贡”事请福建巡抚转呈朝廷。殊不知此时中日政府正在交涉琉球归属问题，致使向德宏他们等候三年未得谕示。1879年日本“处分琉球，废藩置县”。向、蔡、林等求援心切，剃发改装北上，入京屡向朝廷递请愿书，哭求宗主国武力介入。此时清国难于自保，陷于两难境地：一则慑于日本严密侦防；二则怕有失宗主国尊严，可又无力维持琉球两属现状，最终只好谕示向德宏等归国。1880年11月20日林世功在京自刃，以死乞师，毫无结果。向德宏、毛凤来、毛精长、蔡大鼎最终“客死中国”[1]。忠臣殉国，可歌可泣！清代赵翼诗云：“国家不幸诗家幸，赋到沧桑句便工。”蔡大鼎可谓“琉诗绝响”，“赋到沧桑句便工”，叹只叹“国家诗家两不幸”，其创作生命与琉国寿命相继告终，岂不痛哉!?

解读《闽山游草》，举隅评说。

一、孝亲忠君，忧国思乡

蔡大鼎可谓忠孝两全，既忠于国主，又孝敬父母。族谱说他“事亲至孝”，受朝廷褒嘉。“当慈母染病之时，除加心调治外，往东禅寺佛前，燃油掌上，祈以痊痾，两手就烂。柰病势沉重，不见其效遂乃身故。”[2]《闽山游草》正续集有8首诗表达作者对严父

1　(日)赤岭守：《琉球归属问题与脱清人》，《第九届中琉历史关系国际会议论文集》，海洋出版社，2005年，第344页。(他们“客死”年月，待考——笔者)

2　(日)那霸市企画部市史编集室：《那霸市史·蔡氏家谱》，昭和55年，第932页。

的孝敬。总之，事亲至孝是蔡突出的品质。

再论忠君忧国。蔡出使中朝，元旦、冬至按例吟咏《舟中元旦朝贺》、《客中元旦望拜国主》、《冬至望拜》，不忘“天颜咫尺沐恩光”，“望拜吾王碧海东”等。而中国古代未见元旦向当朝皇帝拜贺之诗。这也许跟琉球国情与诗人思维定势有关。至于化装北上乞师，则更充分体现蔡等的忠君忧国情怀。蔡写他们读密书中“国已被灭”时的心情：“泣读之余，肝胆几裂，痛不欲生”，“宏等，有何面目，复立天地之间，生不愿为日国属人，死不愿为日国属鬼，虽糜身碎首，亦所不辞”。他们哭求宗主国武力介入：“如得兴师问罪即以敝国为向导，宏愿充先锋使日本不敢逞其凶顽。宏……甘愿效力军前，以泄不共戴天之愤……敝国官民仰仗天朝兵威，必能协力齐心，尽逐日兵出境，自无不克者。愚瞽之见是否有当统恳立赐裁决施行，则敝国上自国主下及臣民，世世生生永沐皇恩宪德于无既矣。”[3]字里行间，渗透着对国主对社稷的无限忠诚。蔡大鼎写他们在京搞救国运动，不仅奔走呼吁，还祀天求神：“正阳门内有关帝庙，我辈祈祷国事，每月朔或望，上庙行之。”[4]这在今天看来显见其迷信愚昧，但在迷信神道的琉球，在呼天不应、叫地不灵的时节，救国动机则无可置疑。

蔡大鼎出使中朝，久驻榕城，其乡愁旅思是“跨国”之旅所生成，因此，其诗之乡愁情愫非同寻常。《闽山游草》正续集342首诗中，纯写或兼写乡愁者，占93首。可以说，乡愁是贯串整个诗集的一根红线。而表达乡愁的角度与方式，则多种多样。或孝亲祝寿，或怀念先严，或怀乡思妇，或修书示儿，或逢节怀乡，或即景思乡，或咏物怀乡，或登临怀乡，或感时怀乡，或见鸟思乡，或望江思乡，或记梦怀乡，或听戏怀乡，或醉酒怀乡，或唱和怀乡，或乡心“碰撞”(异国逢老乡，思归起共鸣)，等等。限于篇幅，不加例析。

二、倾慕中华文化

蔡大鼎《闽山游草自序》言及创作缘起。他在公暇之余，“既而环山匝野，不尽奇观，乃复搜索枯肠，推敲拈韵，况且觏其人物，接其丰标，洵山川钟毓之奇，实海峤人文之盛，至若学问才华，皆如山斗，曷胜仰慕之至。随即受业于门，愿留领教，凡有往来赠答，托诸诗篇，乞为点定，捧见润色，不唯雕龙绣虎之才，更有戛玉敲金之句，洵当奉为楷模，以垂不朽。”[5]

从《闽山游草》看出，他悉心学作近体、古体诗。他擅长七绝，七律也得心应手，还写五绝、五律、排律、古风、口号、“七碎”、“五碎”，此外，还写其他琉球诗人罕见涉笔的效柏梁体、蟾联诗、一句诗。此见出作者潜心诗艺，刻苦求工，其对仗、平

3　(日)赤岭守：《琉球归属问题与脱清人》，第336页。

4　(台)杨仲揆：《琉球古今谈》，台湾商务印书馆，1990年，第82页。

5　蔡大鼎：《闽山游草》，钦思堂藏版，同治癸酉(1873)年，第8页。

仄、押韵等，都体现格律之严谨。《闽山游草》问世时，福州知名度高的文人学士林寿图、郑虞臣、翁兆连、谢鼎、乐诚、丁启承都为之作序。“林寿图(1809—1885年)，道光廿五年进士，官工部主事等职，后主讲鳌峰书院等。著有《启东录》、《黄鹄山人诗抄》等。”[6]林寿图序盛赞蔡人品文品：“天资明敏，颖悟过人，雅有推敲之癖”，其诗集“天籁发于自然，其志和，其音雅”[7]。郑虞臣序谓蔡诗“琢句工稳，秀骨天成，清新俊逸，兼而有之。”[8]诸序中溢美之词在所难免。不过，蔡诗确是佳句迭出，《闽山游草》正集诗281首中，有佳句者101首，占35.94%；续集诗59首，有佳句者56首，占94.91%，甚至有几首全是浓圈密点。从1860年开手吟咏正集，到1873年全册付梓，统计资料表明，后期诗艺益臻成熟。

从蔡大鼎诗作，见出他善于汲取中国古诗美学的养料。读蔡诗《舟中晓景》，令人联想张继《枫桥夜泊》。两诗固然都以“月落乌啼”起笔，但它们所捕捉的意象、所建构的意境，迥然有别。张继是夜泊枫桥时分，卧闻山寺夜钟引发出离情羁思，他借夜半钟声，衬托出夜的静谧，孤舟客子的旅愁，为千古名作。蔡大鼎从中获得灵感，却又反其意而用之。张吟的是“夜泊”，蔡摄的是“晓景”。全诗运用白描手法。前两句“月落乌啼宵寂寞，前村微逗(疑是“微透”之误——笔者)曙灯光。”上弦月已沉落，远处村落在曙色中隐约透出灯光。后两句“悠悠海日生残夜，更见千山野色苍”，勾勒出旭日从容不迫地从海面浮升的状貌。放眼远望，千山野色一片苍茫。两句诗仅写日出与山色，若与张诗后两句比照，显见张诗的意象密度之大：姑苏、城外、寒山寺、夜半、钟声、客船，十三字写六种景象，构成完整的艺术意境。总之，蔡诗是从张诗蜕化而来，但又有所创新。对读二诗，则见张诗意境幽深凄清而旷远，蔡诗意境苍茫寥廓而明亮。

蔡能灵活用典。略加改动，镶嵌入诗，天衣无缝，显见功底之深。《座间味村酌酒即事》，似是从李白《客中作》得到启示。李诗云：“兰陵美酒郁金香，玉碗盛来琥珀光。但使主人能醉客，不知何处是他乡。”蔡诗云：“今宵为有樽中好，一宿前村醉玉觞，丝竹管弦愁绪散，不知身是在他乡。”可谓羚羊挂角，无迹可求。蔡诗《自君之出矣(十首)》，源自乐府旧题，六朝唐代，拟作不少。唐代张九龄有《赋得自君之出矣》，雍裕之有《自君之出矣》，蔡诗与以上二者异处在于，蔡诗为“一句诗”，一组每首头句相同，突现闺怨之深沉，收到强烈的艺术效果。《谢魏五兄见寄》末句“为念伊人水一方”，是诗经《蒹葭》“所谓伊人，在水一方”的浓缩。《寄候严父大人》中的“秋水蒹葭各一方”，也活用此典。《和郑夫子登镇海楼韵》中的“杨柳依依雨雪霏”，用诗经《采薇》“昔我往矣，杨柳依依。今我来思，雨雪霏霏”之典。《舍馆杂诗十首》中有“窥客檐前双燕子，似曾相识海东来”诗句，颇似宋晏殊《浣溪沙》“无可奈何花落去，似曾相识燕归来”词句。《和答郑夫子祝接信韵》中“陟岵正生行役思”，典出诗经《陟岵》。《八重山开洋》中

6 谢其铨编纂《于山志》，大众文艺出版社，2009年，第3页。

7 蔡大鼎：《闽山游草》，第3页。

8 蔡大鼎：《闽山游草》，第5页。

"安澜万里挂东风，远影孤帆旭日红"，似是从李白《黄鹤楼送孟浩然之广陵》中"孤帆远影碧空尽，唯见长江天际流"那旷远浩茫的境界中蜕化出来。《旅馆咏诗六首》中的"春晖寸草意犹怜"，典出孟郊《游子吟》"谁言寸草心，报得三春晖"。受王维《汉江临泛》"江流天地外，山色有无中"影响，蔡《召氏仪者客楼即景》也有"众鸟争鸣烟云里，远山半现有无中"；《和答杨兄赠修元宗墓韵》又有"隔绝幽明展寸衷，音容恰在有无中"，活用甚好。蔡《和答郑虞臣夫子见寄韵》评郑虞臣诗风："知是君诗推大雅，岂同岛瘦与郊寒"，只因蔡熟知贾岛、孟郊"寒苦瘦硬"的风格，以及郑虞臣之所推崇。冰冻三尺，非一日之寒，蔡对诗经、乐府、唐诗、宋词等，都下过工夫，因而信手拈来，都运用自如。

三、盛赞"第二故乡"与闽都薪传

明清两代均执行"怀柔远人"、"厚往薄来"的方略。福州地方官热情接待琉球朝贡者，对琉球遭风遇难船只关怀备至，抚恤甚优。"于是福州作为琉球国朝贡专港的地位更加稳固，使琉国人将福州视为第二故乡"[9]。蔡大鼎作为久米村华裔，一度进北京，两度拜进贡存留通事，在柔远驿居住多年，把福州视为"第二故乡"，与馆驿结下不解之缘，留下 13 首诗，1 篇文。《驿楼秋兴二首》乃感时述怀之作，面对榕城、琼水，"独坐高楼思悄然"，"夕阳远客独凝眸"，表露出思乡之切。"报候影过江上雁，吟风声断柳中蝉"，对仗甚严，且从皎然在目的物境，推向邈远的情境、意境。《驿楼梦醒即事七首》与杜甫《梦李白二首》同为记梦诗，却各不相同。杜诗以"初梦"、"频梦"建构，蔡诗 7 首，5 次点"梦"："梦里"、"梦后"、"短梦"、"惊梦"、"惊梦"，且以乡愁纵贯全诗。续集里《到柔远驿》颔颈二联为"万寿钟声敲月响，九仙山色带霞幽。云间时露千屏岭，江畔争过一叶舟。"诗人再度来到柔远驿，回忆往昔受到"怀柔远人"的热情接待，赏玩周边美好景色，畅谈历历如在眼前的往事，确乎"相谈往事思悠悠"。

"柔远驿"原意是"优待远人，以示朝廷怀柔之至"。福州地方官员十分关怀琉球朝贡者，对他们居处之柔远驿饬工拨款修缮。[10] 琉球驻榕官员蔡大鼎、向德裕、王兼才、杨廷鼎、周兆麟等也主动捐资修缮，彰显出他们爱驿如家精神。[11] 另一方面，从清同治十一年(1872 年)官方严禁当地百姓骚扰柔远驿的碑文，见出地方政府对琉国朝贡人员的保护[12]。

《过榕城》诗云："东西旗鼓添诗思，翘首乌峰一抹云。"《福州府志》云，北宋治平年间，福州太守张伯守提倡植榕树，20 年后，呈现一派"绿荫满城，暑不张盖"的景象。

---

9 林伟功：《明清琉球国朝贡与福州》，《第五届中琉历史关系学术会议论文集》，福建教育出版社，1996 年，第 580、581 页。

10 参见林精华：《漫话福州与琉球的通商史迹——柔远驿》，《闽海史韵》，国际华文出版社，2005 年，第 127 页。

11 参见林精华：《闽海史韵》第 127 页。

12 林伟功：《明清琉球国朝贡与福州》，第 582 页。

后由于历代广植榕树，更使绿榕满城，因此福州别称“榕城”[13]。蔡大鼎点出“东西旗鼓”。诚然，鼓山山巅如鼓，耸峙福州之东；旗山则雄踞西侧，山巅如展旗之状，可谓旗鼓相当。[14]

蔡大鼎对福州培育人才的摇篮，甚感兴趣，瞻仰过文庙，参加过明伦堂举哀，走访过贡院、鳌峰书院、凤池书院等，留下诸多诗章。

《辛酉八月朔丁祭谒见文庙》诗曰：“客居闽峤值秋丁，整肃衣冠仰圣明。乐备杏坛多士集，礼尊阙里庶宫盈。洋洋俎豆兼三代，秩秩罍樽列两楹。遥忆球阳当此日，略同释奠尽丹诚。”《福州府志》云：福州旧孔庙本位于学宫之西，因低洼狭小，乃移至城南(即今圣庙路——笔者)，且扩大了若干倍。蔡大鼎客居福州，适逢这年祭文庙之壮举，乃整顿衣冠，瞻仰圣庙。诗作状写福州祭孔的盛况，渲染祭祀的肃穆庄严气氛，颂扬孔子培育人才的建树，联想到琉国祭孔时人们赤心虔诚、顶礼膜拜的情景，与福州不相上下。我们从琉球《中山诗文集》中不难找到佐证。琉国紫金大夫金正春来清国观光后，回国议请立庙，王允其议，命程顺则主持建庙[15]，康熙五十八年(1719年)竣工。汪楫《琉球国新建至圣庙记》从中国天子重道崇儒，孔子之庙祀遍天下，转议“琉球国远在海东万里外，亦建至圣庙于国门”，“凡有志于圣人之学者，无不奉琉球为指归”[16]。林麟焻《琉球国新建至圣庙记》云，作者询问琉国诸大夫建孔庙的缘起，他们“咸跪而言曰：圣庙之建肇自康熙八年陪臣入贡中国，见夫学宫巍峨布满天下，瞻慕感动归而陈诸王前”，“中山贤王果能观感淬砺建立圣庙”，且“诸大典必一一仿中国而行之。”[17]以上资料显示，琉球国尊孔崇儒之盛。杨仲揆《琉球古今谈》以《孔孟思想与琉球学制》专章论述[18]，表明孔子儒学对琉球产生影响之深广。尤怪乎蔡诗中自然联想到球阳圣庙祭孔“略同释奠尽丹诚”。

《游贡院》诗曰：“十里周围左右通，棘围宏敞试群雄。万间号舍疏还密，两道文场西复东。御制诗中崇学校，至公堂上振儒风。题名雁塔今时重，遥忆菁莪养士隆。”贡院是科举时代举行乡试、会试的场所。古时全省各地考生到省城福州赴考，地点设在现今中山路丽文坊里。贡院里有考官住房，考生住的号舍，还有对读、受卷、弥封、内供四种处所，等等。《福州府志》有《福建贡院记》和《福建重修贡院记》两文，写福州贡院改建前后的结构、布局、设施等。

《游鳌峰书院》诗曰：“三山养秀集群贤，十郡英才乐育年。司马文章推独步，江淹词赋构新篇。堂称正谊光风爽，祠奉名儒霁月鲜。碌碌违(疑是“远”之误——笔者)人何所愿，得沾化雨阐薪传。”诗作描摹全省书院之冠的盛况，以及名师云集，高徒辈出，

13 参见刘大治等：《福州掌故》，福建人民出版社，1998年，第180页。

14 参见刘大治等：《福州掌故》，第180页。

15 (琉)《中山诗文集》下册，宫内省图书，第40页。

16 (琉)《中山诗文集》下册，第30页。

17 (琉)《中山诗文集》下册，第35页。

18 参见(台)杨仲揆：《琉球古今谈》第93－116页。

表达诗人希冀从书院中获得教化与薪传的心愿。鳌峰书院由福建巡抚张伯行于康熙四十六年(1707 年)设立，选址鳌峰坊。这家官办学府，院内有两方御赐横匾：一为康熙五十五年(1716 年)的“三山养秀”；一为乾隆三年(1738 年)的“澜清学海”。书院学风极浓，曾先后校刊先贤、鸿儒遗着数十种；有书舍一百二十间。选九府一州优秀生员、监生、童生入学，规模为全省书院之冠。日常供给学员衣物、食宿，如同现在的“公费生”。主持书院的山长，先后有林枝春、朱仁、孟超然、陈寿祺诸人。他们都是享誉八闽、卓有建树的鸿儒耆宿。林则徐、蓝鼎元、赵轩波等，都曾就读于该书院[19]。

《游凤池书院口号绝句》诗曰：“致道堂前霁月明，鸡窗有味读书檠。满园桃李迎人笑，多士新题雁塔名。”凤池书院，由闽浙总督汪志伊于嘉庆廿二年(1817 年)设立，院址在三牧坊。招收物件、录取名额、“膏火银”供给，均与鳌峰书院同。康梁维新后，为适应时代变革的潮流，鼓吹新学，提倡实用，学风为之一变，与鳌峰书院齐名[20]。

四、放歌三山史韵

在《闽山游草》342 首诗中，纪行揽胜、即景咏物占 69 首，其中多数是大笔纵横为闽山立传。蔡多次游鼓山，留下《春日登鼓山》、《鼓山道中口占》、《游鼓山涌泉寺》、《鼓山前浦泊舟》、《咏涌泉寺牡丹》等诗章。诗人誉鼓山为“闽山第一峰”，名不虚传，海拔 919. 1 米，以涌泉寺为中心，四方计 160 个景点。寺东有灵源洞、喝水岩、国师岩等 20 多景，南有回龙阁等 50 余景，西有达摩洞等 40 余景，北有绝顶峰等 40 余景。涌泉寺坐落鼓山山腰，寺前有一口井涌出泉水(即今罗汉泉)而得名。涌泉寺始建于后梁开平二年(908 年)，距蔡赋诗时已近千年。闽王王审知重建寺，建成后开山祖师神晏被闽王加冕为兴圣国师。最盛时有千余僧众，藏经 25 000 余卷。千余年间，两度遭焚，多次扩建，康熙皇帝亲笔题“涌泉寺”匾额，至今仍悬于寺门。现今之涌泉寺，保持明、清时代布局，由天王殿、大雄宝殿、法堂、圆通殿、钟楼、鼓楼、藏经阁等，构成一个完整的建筑组群，体现了我国古代建筑艺术的优良传统和独特风格。灵源洞是久已干涸的山涧。传说开山祖师神晏念经时恶水声打扰禅心，他喝令水流向东涧，西涧从此干涸，故名“喝水岩”。鼓山摩崖石刻素有“天然碑林”之称，历代诗人墨客勒石抒怀，朱熹、蔡襄、李纲、文天祥等的题刻有 300 多处，琳琅满目，美不胜收[21]，正如蔡诗所云：“石上诗章句最工”。如今，涌泉寺在海外尤其是东南亚和日本，有深远影响。1982 年，国务院公布为全国重点寺庙。《春日登鼓山》“云生脚底千秋石，籁响天边万里风”，精巧地状写出绝顶峰景观。峰上刻有“天风海涛”四字，浓缩了诗句中的意境。峰顶常有云雾笼罩，蔡大鼎观赏之余不仅有“云生脚底”之感，耳旁更震响着峰巅呼啸万里的

---

19 参见林精华：《闽海史韵》，第 237 页。

20 参见林精华：《闽海史韵》第 237 页。

21 参见《福建风物志》编写组：《福建风物志》，福建人民出版社，1985 年，第 47 – 50 页。

狂风！

蔡诗《登镇海楼》开篇是："巍巍老屋接苍穹，古越风光一目中。"从明初建楼到蔡氏登楼，已470多年，当然已是"老屋"，但确是顶天立地"巍巍""接苍穹"。当年在山巅谯楼鸟瞰福州城，一切尽收眼底。诗人把镜头转向楼内，"千岭影摇高牖北"，诗思颇似杜诗《绝句》"窗含西岭千秋雪"。杜甫是凭窗远眺西岭积雪，蔡则是透过北面高窗欣赏群山景观。而诗人极目远望，勾起思乡情怀："万里球阳应眺望，能教远客思无穷。"人们常说"三山两塔一楼"，屏山为三山之一，一楼即镇海楼。越王故都就建在屏山之麓，故屏山又名越王山。明洪武二年(1369年)，驸马都尉王恭主持修筑福州府城，在屏山顶修一座城门的谯楼，作为其他城门建楼的"样楼"。因登此楼可以眺望千里闽江入海口，而且海船昏夜进出福州港都以此为标志，有"临江控海"之说，乃命名"镇海楼"。镇海楼，北倚北峰，南有五虎山为案，东衬鼓山，西托旗山。左前于山相扶，右前乌山呼应[22]。镇海楼建楼至今600多年，屡建屡毁。2006年，市政府按旧制重建此楼。如今，因屏山高楼林立，镇海楼边古木参天，无法眺望五虎山与闽江入海口。蔡氏《和郑虞臣夫子登镇海楼韵》，也是描绘镇海楼的景观，颔颈两联颇佳："卧虎山横形突兀，钓龙人去景依稀。万家树影宵迎月，四面山光昼掩扉。"

《九日登乌石山》写出诗人登临乌石山后的深切感受。三山之中蔡首推乌石，他满怀"慕古风"之情，攀登此山。放眼万里晴空，只见"多少纸鸢飞碧汉，往来旅雁傍丹枫"。面对层层叠叠的城墙，诗人不禁赞叹"数重城郭金汤固，八郡河山带砺雄"。尾联还点到古迹越王台。相传汉代何氏九兄弟于九月九日登高引弓射乌落此，故而得名。山上胜迹极多，摩崖石刻约200处。以唐大历七年(772年)大书法家李阳冰篆书《般若台记》为最古。宋郡守程师孟建道山亭。为纪念宋代杨时、胡安国等九名儒的九贤祠。明代饥荒年头，华侨陈振龙为救广大饥民，从菲律宾偷运回菲当局禁运的薯苗到福州，种植成功，后人建"先薯亭"以纪念。这些都是研究历史和书法艺术的珍贵资料。

《登越王台怀古》诗曰："为慕遗风独上台，楼船东去复东来。云烟绕堞龙何去，花卉盈庭鸟自回。潮阔虎门红蓼密，水清螺渚白芦开。琱弓宝马今无见，唯有寒泉注碧苔。"福州城内有乌石山、于山、屏山(古称越王山)三山鼎立。追溯到秦汉时期，秦亡汉兴，越王勾践后裔无诸因助汉灭楚有功，汉高祖五年(前202年)，封无诸为"闽越王"，国都在原冶城故址(最早的冶城只及今鼓楼区冶山一隅之地)[23]。"越王台在嘉崇里。台上有石刻大书曰'全闽第一江山'，台下有石刻，宋赵汝愚隶古大书'南台'二字，置于路口。"[24]蔡氏登台，抚今追昔，感慨万千，想象飞腾，不受时空限制，正如刘勰所谓"思接千载"、"视通万里"，做到艾青说的"把互不相关的事物，通过想象，像一条线串联起来，形成一个统一体"[25]。此诗佳句迭出，格调秀雅，词采妍丽。

22　参见赵舒艳：《屏山风景名胜》，《福州晚报》2011年3月20日。

23　参见林精华：《闽海史韵》，第391页。

24　(明)叶溥、张孟敬纂修：《福州府志》下，海风出版社，2001年，第398页。

25　艾青：《诗论》，人民文学出版社，1983年，第31页。

《登石塔》诗云："直上云霄句最工，凭高长啸海天风。危檐掩映朝霞赤，绝顶光辉暮日红。突兀目穷千里外，登临身在半空中。为寻胜概遨游处，八郡河山景莫穷。"黑塔亦称乌塔，其前身为唐代净光塔。唐贞元十五年(799年)，福州观察使柳冕为祝贺德宗皇帝寿辰而建。唐干符六年(879年)塔遭火焚。现存的石塔，是王审知第七子闽王王延曦重建，更名"崇妙保圣坚牢塔"，俗称"乌塔"，为全省现存最古的石塔之一。塔身八角形，七层，高35米，造型古朴大方。塔身第一层底部浮雕龙凤纹，基座刻覆莲瓣，工艺精致。每层塔壁都有浮雕佛像，共46尊。第四层塔壁嵌着楷书的塔名碑，第五层刻建塔的"塔记"，第七层有祈福题名碑，这些都是研究五代闽国建筑艺术和历史文化的珍贵资料[26]。蔡大鼎在瞻仰赏玩之后，顿觉心旷神怡，海阔天空，随物赋感，因景生情，浓墨重彩，恣肆淋漓，色调明丽，境界高远。

《登九仙观》首联点明"神仙已往迹犹留"，典籍记载可资根据。"九仙山又名于山，是福州'三山'之一，位于南门东隅，与乌石山对峙。相传汉朝时，有何氏兄弟九人居此炼丹，后成仙而去，故名九仙山。山上尚存有九仙洞、炼丹井等遗迹。又相传山上系春秋时期于越族人居住的地方，故又名'于山'。"[27]"(于山)全山最大的庙宇九仙观，建于北宋崇宁三年(1104年)。"[28]《福州府志》说："九仙观：在府治东南。初，郡人谓九仙、乌石两山，左弱右强。宋崇宁中，建观于九仙山之巅，号'天宁万寿'。""元至政初，改为九仙观"。[29]

《游万岁禅寺》诗云："凌霄佛殿构榕城，尚忆唐时宝塔成。万岁寺前花雨降，九仙观里竹风鸣。虚廊罣磬霜初落，高阁敲钟月始明。为伴远人相赏处，娑弥饮茗汲泉烹。"《福州府志》载："万岁寺：在九仙观之西。唐时王审知建。五代梁赐今额。内有定光塔、金粟台，正德十二年镇守太监崔安重建。"[30]诗作重在叙事，语言晓畅精到。

《过五虎川》诗云："五虎如蹲迓贡舟，钓鱼小艇逐波流。水痕远引晴虹白(版刻加点)，秀气群山可画不。"作者在《二月廿五日在八重山开洋》末句就说"相送孤帆五虎川"，船刚从琉球起航，便先想到"五虎川"。五虎川即"五虎门"或"五虎礁"，位于闽江口入海处，古时就有"海疆雄镇"之称，是闽江第一大景点。"五虎礁是五座海蚀岛礁，好像五只猛虎雄踞海面，四只直视前方，一只回眸江内，俗称闽江口有'双龟锁口，五虎守门。'"[31]五虎门也是琉球贡船回国开船的地点，《榕城考古略》述介："在大海中，亦称五虎门，为海口冲险要地。"据福州民间传说，"此五只神虎因作恶天廷，被玉帝贬下人间。它们到闽江口后，白天在川石、壶江、荻芦等地残害百姓，夜间栖身于礁西北之虎洞岛的洞穴中。天兵天将多处搜寻都没有发现它们的踪影，但终于被托塔李天王用

26 参见《福建风物志》，第37页。
27 《福州掌故》，第106页。
28 福建日报社主编：《八闽纵横》(一)第133页。
29 (明)叶溥、张孟敬纂修：《福州府志》下，第539页。
30 (明)叶溥等：《福州府志》下，第533页。
31 《福州掌故》，第163页。

一座小山镇住。但它们掀翻小岛，为恶愈甚。适逢观音大士从南海归来，见它们仍在作恶，一怒之下便把它们点化成礁，让它们镇守闽江口，将功抵罪。”“清朝曾在五虎礁上设炮台，势甚险固，确有五虎镇守国门，巩固祖国河山的雄威。”[32]由于蔡大鼎受迷信思想和受各种传说影响，把渡海视为畏途，因而畏惧五虎川这一险关要隘。

《游城隍庙》诗云：“庙貌森严镇福州，威灵俎豆直千秋。远人祈祷缘何事，海国安澜暗里求。”城隍庙在鼓屏东侧冶山的南麓，始建于晋太康三年(282 年)，是我国尚存年代最早的城隍庙之一。城隍之祀，始于汉高祖。刘邦命周苛坚守荥阳城，项羽破城俘周苛，封他为上将军，他非但不降，还怒斥项羽，为项羽所烹。高祖即位，思苛忠烈，令天下郡县各附城立庙祀之。福州人奉祀周苛为城隍。[33]

《万寿桥书怀》构思颇巧：“不识桥东水，曾流到仲山，低头添别泪，何日故乡还。”诗人从江水终将入海，想到托江水把思乡泪带回琉球，但念它去向渺茫，则“添别泪”，只盼早日返回故乡。它融咏物抒情为一体。古代台江与仓山间只有浮桥。宋元祐八年(1093 年)动工，翌年完工。宋绍兴十一年(1141 年)，改建为石墩桥。元代万寿寺住持王法助募集资金，奏明皇上，奉旨修桥。元大德七年(1303 年)动工，元至治二年(1322 年)竣工。后人纪念其功德，取名“万寿桥”。从中洲到仓山，有“江南桥”相连。民国时将“万寿桥”和“江南桥”并建为钢筋混凝土大桥。新中国成立后重新修建，1996 年竣工，成为一脉贯通南北的“解放大桥”。[34]

五、关注左海民俗

“琉球在华化初期，最先接受之中华文化，就是历法，即所谓‘奉正朔’，是宗主国与藩属国政治关系之一环。”“清以后，琉球经常派人来华(福建)学习历法”，每年使用中国官颁之皇历[35]。“随着历法而来者，是全盘遵守中国皇历上的二十四节气。华人风行的其他节日如元旦(正月初一)、元宵(正月十五)、清明、端午、中元(七月十五)、中秋、重九、冬至、祭灶、除夕等，在古琉球上层社会，无不遵守，民间亦择其通俗者而守之”。[36]

蔡大鼎每逢琉球节日，不忘赋诗。来闽后，十分关注民俗，每逢岁时节庆，都留下诗章。《清明即事》云：“杏花吐艳认清明，细雨纷纷落远程，最是关心乡国处，禁烟时节客榕城。”诗作于林则徐禁烟岁月，诗人关心天下事，超越清明祭祀的思想境界。“细雨纷纷”脱胎于杜牧《清明》，境界却比杜诗高。杨仲揆写道：“琉球人遵守清明节的诚笃，甚至今日，还有远过华人之势”。至今每年清明时节，“还是有成千上万的琉球人，

32　《福州掌故》，第 163 页。

33　参见《福州掌故》，第 30 页。

34　参见林精华：《闽海史韵》；刘大治等：《福州掌故》。

35　(台)杨仲揆：《琉球古今谈》，第 8 页。

36　《琉球古今谈》，第 9 页。

集体扫墓，盛况不减于中国。”1967 年清明节，杨仲揆参观金氏家族扫墓大典。古墓两座，一是移民始祖金瑛墓，一是其后裔骨殖的总墓。墓前铺草席，摆满祭品。男女老少 120 多人，到场先铲草清墓。12 时整，据席列坐，长者领大家执线香叩首。叩毕，专人收线香插炉中，与蜡烛、鲜花并列。后由妇女分供品食用。下午 3 时，尽兴而散。[37] 阮氏、毛氏家族清明墓祭参与者都是一二百人左右，祭品和祭拜程序，与金氏大同小异。[38]《福建民俗》说：清明节是传统的祭祖节，家家户户供祭祖先，并上山扫墓祭祀，下山折松枝插在家门，含有怀念亲人、传教后代的积极意义。[39] 中国现今无琉球式的集体扫墓，杨先生深感琉人慎终追远之虔诚与执著。

《端午即事》诗云：“多少龙舟吊屈原，更看艾虎绿垂门。开樽纵亦倾蒲酒，竟夕何堪忆故园。”此诗涵盖中琉两国的民俗。“琉球的端午节，以划龙舟为主。”《琉球国由来记》说：“爬龙舟，盖吊屈原而作也。本国原无此舟……今见中华江村人民，每年五月，多造龙舟，竞渡为吊”。[40]“福州从农历五月初一起，家家束蒲艾悬于门上以‘辟邪’，给儿童挂香袋。初五这一天，家家吃粽子，浴菖蒲汤，饮雄黄酒，以除毒健身。这几天，在西湖、台江和闽江下游各乡举行盛大的龙舟竞赛活动。”[41]

《九日登乌石山》和《重九即事》。后者诗云：“独在无诸有所思，今朝相酌菊花卮。前村谩(疑是‘漫’之误——笔者)读渊明赋，后院初吟子美诗。”无诸，勾践子孙无诸因佐灭秦有功，刘邦封其为闽越王。福州重九登高，始于西汉初期。宋梁克家《三山志》载：福州九仙山(于山)，原名九日山，是汉初闽越王无诸重九日登高望远的地方。闽越王九月九日，率领臣属登高望远，也饮菊花酒和插茱萸，闽越王盛菊花酒的大石樽，清嘉庆年间尚存于山，今虽不见，尚有九日台遗迹可寻。[42]“《福州地方志》载：‘九日登高，以大庙山、乌石山、于山为最多……士大夫则仿古遗事，相约游山饮菊酒。’”[43]

《冬至即事》与《冬至望拜》。前者为驻闽逢节时所赋，表达赤子对高堂的敬爱情怀。后者乃在安护浦候风时所作，全诗表达忠君的思想感情：“悠悠望谒我君王”，“臣身暌隔心常迩，如在筵前献寿觞”。福州旧俗，在冬至前一夜，合家聚在祖先牌位前搓米时，搓成各种形状。捏好煮熟后，外粘豆粉糖，焚香点烛供祖先。现在搓米时供祖先的习俗基本上已失传，但吃米时习俗尚存[44]。

1860 年，蔡大鼎拜存留通事赴闽，在琉球马齿山候风，适逢旧灶君上天，新灶君下天，赋诗二首送迎。《腊月廿四日晚恭逢天上圣母上天口占》诗曰：“天晴此夕风波静，拜送明神竭赤诚。千点灯光悬两岸，遥知朝觐上云程。”字里行间洋溢着蔡氏对灶君

---

37 参见(台)杨仲揆：《琉球古今谈》，第 204 页。

38 参见(日)平敷令治：《冲绳的祖先祭祀》等著作。

39 参见王耀华主编：《福建文化概览》，福建教育出版社，1994 年，第 95 页。

40 (台)杨仲揆：《琉球古今谈》，第 208 页。

41 《福州掌故》，第 193 页。

42 参见《福州掌故》，第 196 页。

43 参见《福州掌故》，第 197 页。

44 参见《福州掌故》，第 197 页。

灶母的虔诚崇敬和求神降福的心理。《正月初四晚恭逢天上圣母下天口占》诗云："黎明洒扫贡舟中，日暮恭迎自碧穹。尊敬神祇蒙庇渥，平安往复喜无穷。"蔡顶礼膜拜灶王爷，为的是祈求其庇荫渥恩，使此行赴闽贡事得以完成，平安往返。此二首证实"琉球对灶神之崇敬远胜于其他神……清雍正七年，琉球王府曾规定每年正月五月九月择吉祭灶神。"[45]《福州祭灶》说，农历腊月廿四是祭灶日。按民间旧俗，这天要用三牲、水果、什锦灶糖、什锦灶饼、花脸壳等向"调和鼎鼐，燮理阴阳"的灶君祷告。旧时传说，玉皇大帝为了管理人间善恶，每家每户均派一神监督。腊月廿四任满上天，向天帝禀报人间善恶。天帝据此决定降灾赐福。因此，家家户户都借灶君"饯行"机会，祈请灶神在玉帝面前美言几句。如今，祭灶陋习已不复存，而灶糖灶饼(现称年糖年饼)作为传统食品保留下来，成为春节款待客人的糕点。[46] 总之，琉球和福州乃至中国，祭灶是一种习见的民俗。杨仲揆说琉球特崇敬灶神，我看琉人崇敬灶神超过中国。

六、迷信神祇与域外交往

当时的琉球是个十分迷信神祇的国家。"自日本传入佛教，又从中国传入道教，影响极大……道士之择日、算命、扶乩、看风水、讲五行生克、画符跳神、驱鬼治病等，无不有之。"[47]大敌大难当前，总是求助于神灵。杨仲揆在《琉球举国上下惊恐骇怖》一节写道：日本明治八年(公元1875年)，明治政府决计吞灭琉球。"恰于此数月内，琉球先遭苦旱，继以大地震，均为数百年所仅见，冥冥中似有大凶兆。又有人于国都首里之南数十里，屡见琉球守国之神'诧游'示警。(仲按：琉球传说，有守国天神，每于国家大凶大变之顷，必于郊野'诧游'以示警。)于是琉球举国上下，惶惑骇怖，一夕数惊，不知所措。国王尚泰笃信佛教，以为求神禳灾，可以降福。乃令大小官吏及神职人员，分赴各寺庙，代王求神赐福。又通令各教信众，就其本教内，求神赐福。"[48]

蔡大鼎限于时代与科学文化水平，迷信神祇，平时求神拜佛，逢灾遇难更是求助神灵。几件事实，足以证明。蔡大鼎母病重求神保佑，燃油手烂，已见上述。1879年，日本吞灭琉国，蔡等北上乞师，除奔走呼吁外，每月朔望，都到关帝庙祀天求神。此外，在琉球候风赴闽时，蔡在琉随处求神拜佛，祈求神灵保佑平安。他在海中遇险时急忙求神保佑。《海上口占》诗云："一经姑米风波险，舟子相惊祷告频。幸赖灵神时有应，风平浪息渡前津。"其实岂止是舟子相惊频频祷告，从蔡氏平日对神祇的笃信来看，恐怕他也禁不住频频祷告呢。

蔡大鼎在中国多年，接触些诗人学者，拜师交友，以程门立雪精神，学习切磋。正续编342首诗中，同中国或琉国人士赠答者占145首。蔡与闽中人士赠酬答对诗篇，融

---

45 (台)杨仲揆：《琉球古今谈》，第131页。
46 参见《福建风物志》第285页。
47 (台)杨仲揆：《琉球古今谈》，第15页。
48 参见杨仲揆：《琉球古今谈》，第76－77页。

入中琉两国人民的深情厚谊。蔡为郑虞臣夫子作诗28首。蔡与郑过从甚密，谊兼师友，蔡思家心切，郑常给予抚慰。蔡得家书，郑赋诗祝贺。不过，蔡与其他中国诗人酬和，因非深交，出语大都颂扬、感恩、奉承，有别于知交的规劝、正告、推心置腹之措词，如祝愿对方“百世永簪缨”，恭维对方“文章山斗胜三唐”，“君才倚马久相知”，“谈鸡学富千军扫，吐凤篇成一座惊”等。这也难怪，一个来自贫瘠礁岩的属国之贡使，面对富饶繁荣、历史悠久、文化积淀深的宗主国，道不尽的是感恩、崇拜和艳羡，况且这些唱酬、次韵，多为谢赠、谢招饮、送别、寄候之类场合，特别是清国搞过文字狱，作为属国贡使不得不倍加谨慎，于是我们与蔡之间就隔一堵玻璃墙。

结 语

蔡大鼎《闽山游草》创作时段为1860—1873年，跨越咸丰、同治两朝。从清诗史坐标轴来审视，晚清诗有三个流派，一是以黄遵宪为代表的“诗界革命”派，二是以陈三立为代表的“同光体”诗派；三是以秋瑾为代表的“民主革命”诗派。作为琉球汉诗，要“寻根”只能与“同光体”勉强对上口，但它根本不可能像黄遵宪、秋瑾等诗人群那样深刻揭示社会现实本质特征。蔡诗总的思想倾向是“颂圣德、饰太平”。围绕这核心，派生出孝亲忠君、忧国思乡，倾慕中华文化，盛赞闽都薪传，放歌三山史韵，关注左海民俗等分支。基于琉球一味依附大清帝国，便有蔡诗《闽县明伦堂举哀辛酉年，七月十七日，大行皇帝崩，九月十五十六十七日随班华官，举行此礼》、《恭迎钦颁登极红诏同治元年壬戌二月十七日行礼》，此属于“颂圣德”主题。《闻浙省为逆匪窜踞口占》，根据此诗创作背景和“逆匪窜踞”地域判断，此诗应是指太平军攻占浙省的背景，此属于“饰太平”主题。作者诬蔑农民起义的行动，见出其站在维护清王朝的阶级立场，存在阶级局限和时代局限。

明代嘉靖以前出使琉球之送行诗文述略

明代嘉靖年間以前における琉球冊封使への送行詩文について

胡　新*

摘要

依据史料，明代中央政府曾34次派出使者前往琉球履行各种使命，其中洪武6次，永乐7次，宣德3次，正统、景泰、成化、嘉靖、万历、崇祯、南明各有2次，建文、洪熙、天顺、天启又各有1次。而每次使者出使，特别是册封使前往琉球，当时的文人雅士或多或少都会写有送行诗文相赠。由于资料匮乏，嘉靖以前的送行诗文并不多见，笔者经过两年查找，在中日公私和大学图书馆所藏一些明人文集中发现相关的文献资料，兹略加考述，以飨学者。

在找到的20余首送行诗文中，年代最早为洪武十八年送蔡英夫颁赐山南山北两王印鉴之诗。同时笔者从新发现的陈琏《琴轩集》送王给事中诗推测，其送行年代很可能在建文朝，这为建文时期的中琉交往找到了文字依据。另外，送行诗除洪武、永乐两朝3首有给非册封使的诗文外，其余均是送册封使的，包括几首改派册封使前给原使者的诗文。

笔者依据内容，分洪武永乐送行诗和正统至成化送册封使诗文两部分进行考述。由于明人文集藏所众多，未能全面概览，其未知诗文还请各位补充指正。

要　旨

史料によると、明代の中央政府が、三十三回にわたり、使者を琉球にさまざまな使命を完遂にもらうために、派遣したとのことである。(その回数に関して言えば、)永楽は七回、宣徳は三回、正統、景泰、成化、嘉靖、万暦、崇禎と南明は二回ずつ、洪熙、天順と天啓は、それぞれ一回ずつとなっている。その使者たちが出発するたびに、とくに冊封使として琉球に赴く場

* 胡新：四川师范大学文学院硕士研究生。

合には、その時代の文人たちが、多かれ少なかれ、送別の詩歌をつくり、贈った。しかし、史料が完全に残っていないため、送別に使われた嘉靖以前の詩文は、そんなに多く見られない現状となっている。本人は、この二年間の間、中日両国の公立、私立および大学の図書館に所蔵されている明代の文集から、関係文献を見つけ出してきた。ここにて、簡単に考察を加え、学者の皆さんのために、提供したいものである。

発見された二十以上の送別の詩歌の中で、年代的に最も古いのは、洪武十八年に山南王と山北王に印鑑を下賜するための蔡英夫に贈った詩歌である。同時に、新しく発見した陳連(『琴軒集』)の王という給事中に贈った詩歌から、その送行の年代は、建文時代であると推測している。これは、建文時代においても、中国と琉球との交渉が存在することを文字による証拠を見つけ出すことになる。また、送別の詩歌というものは、洪武永楽の三つを除き、いずれも、冊封使に贈ったものであり、冊封使があらためて派遣される前段階の、原冊封使に贈った詩歌もいくつか含まれている。

その内容に基づき、洪武永楽の送別詩歌と正統から成化までの冊封使への詩歌という二つの部分について、論述することにする。明代文人の文集を所蔵するところが多く、漏れることなく、見ることはきわめて難しい。そのために、不明の部分については、皆様からの御補充と御教示をいただきたい次第である。

一、洪武永乐送行诗

(一)谢肃送蔡英夫诗

谢肃，字原功，号密庵，上虞人。洪武十九年举明经，授福建按察司佥事，后以事下狱死。有诗文集《密庵稿》十卷，初刻于洪武三十一年，续刻于隆庆三年，三刻于天启五年，又有清代四库馆臣从《永乐大典》辑录的八卷本。今见《四部丛刊三编》所收天启五年刊本，前五卷为诗，后五卷为文，以天干分卷，戊卷有《送行人蔡英夫奉旨颁流求国王印宝 就与国王之来享者二人 同驾海舟自福建起柁》一诗，但目录处诗名题为《送行人奉旨颁流求国印》。

查《大明太祖高皇帝实录》卷一百七十，洪武十八年正月丁卯“及以驼纽镀金银印二，赐山南王承察度、山北王帕尼芝。”实录并未提及遣使之事，故该诗文可补史料之不足。又，此诗还收录在《永乐大典》三千零五卷二十一页，诗名及内容与天启刻本一致。而在四库辑录本《密庵集》卷三中，诗名“流求”改作“琉球”，且书前提要和《四库全书总目提要》中引用的诗名又作《送行人蔡天英颁琉球国王印宝》，“蔡英夫”写为“蔡天英”应属误抄。

送行人蔡英夫奉旨颁流求国王印宝　就与国王之来享者二人　同驾海舟自福建起柁

五虎门西叠鼓挝，行人承诏自皇家。
刻金鸟篆颁王号，建节龙骧戛海霞。
两国夷君归绝岛，万年天子御中华。
预知奉使旋京日，浩荡秋涛涌月槎。

（二）王褒送刘亢诗

王褒，字中美，闽县人，闽中十才子之一。洪武中由国子生领应天府乡试，历瑞州、长沙两学教授，迁永丰知县。永乐初荐修实录，擢翰林院修撰，又修《永乐大典》，为总裁官，后改汉府纪善，著有《养静斋集》十卷。《养静斋集》有两大系统，一为成化十年蔡翔编、谢光刻《三山王养静先生集》十卷，纵观全书，无送使者去琉球诗文。次为内阁文库藏万历十六年王应钟编《玄祖翰撰养静公全集》，或称《王静养全集》，是集首一卷，诗集五卷，文集五卷，其中文集卷三有《送行人刘亢使琉球序》，因书藏海外，内容不知。

查《大明太宗文皇帝实录》卷二十二，永乐元年八月癸丑，"遣官往赐朝鲜、安南、占城、暹罗、琉球、真腊、爪哇、西洋、苏门答剌诸番国王绒绵、织金文绮、纱罗有差……行人边信、刘亢使琉球。"关于刘亢的传记，嘉庆十四年《新修浦城县志》卷二十三载，"刘亢，字惟几，洪武庚午举人。任南直隶清河县学教谕，升江西铅山县知县，内召为行人司行人。永乐元年，琉球中山、山南、山北三王并来贡，上遣亢偕行人边信赍敕使三国，赐以绒锦绮罗。亢所至，宣上德，三王皆输诚倾服，使还，擢工科给事中。"

（三）王恭送邵昇诗

王恭，字安中，号皆山，闽县人，寓居长乐，闽中十才子之一。建文四年，荐修《永乐大典》，拜翰林院典籍，在南京时作《凤台清啸》两卷，三年后归乡时又作《白云樵唱》和《草泽狂歌》。《草泽狂歌》今有《四库全书》本，依秀水汪如藻家藏本抄写，共五卷，卷一五言古，卷二七言歌行，卷三五言律诗，卷四七言律诗，卷五七言绝句，其中卷四有《送人使琉球》诗一首。另，台北国家图书馆藏有万历三年袁表和马荧选王恭诗集《闽王典籍诗集》五卷，未收有该诗。

从题目看，本次遣使姓名并不可知，不过根据写作时间和出使关系推测，似为永乐五年王恭送行人邵昇出使琉球册封思绍之诗。查《大明太宗文皇帝实录》卷六十六，永乐五年四月乙未，太宗"遣使赍诏封思绍嗣琉球国中山王。"根据刘麟《清惠集》卷八《山东按察司副使邵康山墓志铭》中关于邵康山（邵南）先祖的记载可知，邵昇当为册封思绍的册封使。原文提到"昇治易，洪武己卯举于乡，成祖改元授行人。奉玺书使河南北暨山海迤西，俱称上意，两被燕赐。使琉球，却其国王刀剑沙金诸物，事闻于上，燕劳有加，寻升湖广按察司佥事。以诖误谪逮济宁者，十年宣宗皇帝即位，用荐者起为福建邵武府推官佥事。"但应该指出的是，条文中的宣宗当为英宗。再查成化《湖州府志》，卷十“洪武丙子科”下仅有“邵昇，乌程，任行人，官至湖广按察使司佥事。”崇祯《乌程县志》卷六的“洪武丙子”条下也只记载，“邵昇，字日升，湖广佥事。一作己卯。”

送人使琉球

扶桑无路但行舟，才子今持汉节游。
自是皇威均雨露，故将冠冕化琉球。
风波浩荡蛮天晓，岛屿空蒙瘴海秋。
早晚星槎归上国，殊方休起见京楼。

二、正统至成化送册封使诗文

(四)吴节送余忭诗

吴节，安福人，字与俭，号竹坡。宣德四年乡试第一，明年登进士，选翰林院庶吉士，授编修，秩满升侍读。景泰初升南京国子监祭酒，成化初改太常少卿、兼侍读学士，后迁本寺卿，兼官如故。撰有《吴竹坡先生诗集》二十八卷，分明代师善堂和清雍正三年七世孙吴琦两种版本。今见清刻本，共二十八卷，卷二十六收有《送余给事使琉球国》，但内容部分诗名“给”字误刻为“结”。余给事即为余忭，奉化人，正统元年进士，正统八年随同副使刘逊前往琉球册封尚忠为王。《掖垣人鉴》载，“余忭，字士悦，浙江奉化县人，正统元年进士，六年由庶吉士授行在礼科给事中，□年降山西泽州判官，仕终□□府知府。”

送余给事使琉球国

海邦拜命请遐封，帝遣词臣出九重。
莫道沧波千万里，张骞霄汉有遗踪。

(五)陈炜送陈傅诗

陈炜，字文曜(或作文耀)，号耻菴，闽县人，正统十二年举人，天顺四年进士。成化初选为监察御史，奉命出按南畿，后改督学北畿，迁江西副使，历按察使、升右布政，转浙江左辖，未上，卒于官，有《耻菴集》。是集万历《福州府志》作六卷，《四库存目》据钱塘汪汝瑮家藏本作十卷，称“正德初，其从子墀为东莞知县时所刊，嘉靖中其孙全之复补辑之，而以赞挽诸诗附于其末。”此书今不见藏所，唯曹学佺《石仓十二代诗选》之“明诗初集”卷七十九对其选录，中有《送陈黄门奉使琉球》诗一首。根据陈炜生卒年判断，符合条件的陈黄门只有正统十三年册封尚思达的闽县陈傅和景泰三年册封尚金福的安仁陈谟，由于陈炜为闽县人，笔者认为陈黄门应为陈傅，也就是说，此诗为族人陈炜给陈傅的一首送行诗。

送陈黄门奉使琉球

使星宵傍斗南飞，青琐仙郎出禁闱。

云染紫泥颁去诰，兽蟠红锦赐来衣。
海门风迅帆樯远，天际烟消岛屿微。
蚤奉君恩之绝域，台衡属意望君归。

（六）商辂送严诚序

商辂，字弘载，号素庵，淳安人，宣德十年解元，正统十年会试、廷试俱第一，拜翰林院修撰。景泰初，升兵部侍郎兼左春坊大学士，天顺时因诬陷革职为民，成化初复起，后改户部尚书、文渊阁大学士，官终吏部尚书兼谨身殿大学士。商辂有《商文毅公集》，有隆庆六年十一卷本与万历三十年十卷本，今见万历本，送严诚出使琉球的《青云使节诗序》存于卷四。

按严诚，京山人，字克诚，正统九年乡试第一，景泰二年进士，授兵科给事中。查《大明英宗睿皇帝实录》卷二百五十二，景泰六年四月辛卯，"遣给事中严诚为正使、行人刘俭为副使，赍诏封琉球国中山王弟尚泰久嗣王爵。"由于严诚行至南京发病去世，朝廷改派李秉彝前往，故此序为送原正使之诗文，对了解最初的请封遣使情况，大有裨益。

青云使节诗序

圣朝诞受天命，薄海内外，罔无不臣服，而琉球居东南，去中国为近，奉职尤谨。比其君中山王薨，无嗣，国人推戴其弟，因遣陪臣奉表诣阙请命。事下有司议，皆曰：兄终弟立，于法为宜。上许之，于是敕给事中严克诚充正使，而以行人副之，俾齐诏往封故中山弟嗣为中山王，主其国人。黄门诸君以克诚有命使之荣，相与赋诗赠别，题其首简曰：青云使节。介予友方廷臣来属序。夫所谓青云者，悠扬天际，望之苍然，或从龙而行，或捧日而出，或弥纶乎四海之大，何与于使节也。而诸公赠别之意，有取于此，盖以克诚奉天子命，远涉海道，使节煌煌，下于口边，所谓乘云气而游乎六合外者也。所谓乘虚而坠，触石不碍，狎虎兕、贯金石，而浮游乎玄间者也。藩夷君臣，恭迓道左，仰视克诚，不啻从天而降，盖不知使节之为青云，青云之为使节者也。予然后知朝廷之主宰四海，犹造化之主宰四时，奉宣德意，使海陬之民咸鼓舞于景星庆云之下，在此行矣。克诚心术明正，学问赅博，起家进士，为名近侍，青云万里，其功业固未可量。是行也，一言动之善，足以为中国荣，一言动之失，适以为夷狄肆。古之学者所以贵于不辱君命，克诚必有以达矣。克诚近受敕封及二亲，湖南便道也，乘青云而一往，戏彩服而承欢，此人子之至愿也。诸公赠别之意有及于此否耶，予并为序之。若乃使回、拜受天宠、或从龙、或捧日、或弥纶四海，予尤有望于克诚，其勉之哉。

（七）黎永明送严诚诗

黎永明，京山人，字光亨，景泰二年进士，历官顺德知府，后谪夔州同知。其人诗集不知何名，亦不见图书馆藏有此人著作，唯清朝丁宿章《湖北诗征传略》卷二十六收有其诗两首，第二首即为《送严给事出使琉球》。

送严给事出使琉球

驰驱万里不辞难，送出都门晓尚寒。
云捧日华光使节，柳拖春色上银鞍。
带将雨露天边去，留得文章海外看。
媿我无才登部署，终朝碌碌事盘餐。

(八)林文送刘俭诗

林文，字恒简，号澹轩，莆田人，宣德五年探花，授翰林院编修。正统初，充经筵讲官，转翰林院修撰。景泰三年进左春坊左谕德兼修撰，又升左春坊左庶子兼侍讲。英宗复位，改尚宝司卿，兼职如旧，后拜翰林院学士兼东宫讲读官。宪宗登极，进太常寺少卿兼侍读学士，卒赠礼部左侍郎。其孙林希范收集祖父诗文，刻成《淡轩稿》一部，为林文诗文集首次付梓，但因初刻本遭倭寇焚毁，版片无存，曾孙林炳章又于嘉靖四十五年重刻此书，分正文十二卷附补遗一卷，另外，此书明末亦有刻本。今据重刻本目录，卷二下有诗《送刘行人使琉球》，为景泰六年送刘俭随李秉彝册封琉球尚泰久而作。按刘俭，浮梁人，景泰二年进士，正德《饶州府志》科举部分只寥寥记载“刘俭，字宗禹，镇市人，中景泰辛未，官行人，鸿胪寺丞。”

送刘行人使琉球

皇华歌彻凤池头，两袖宸熏拜冕旒。
玉节躬持天阙晓，使星远照海门秋。
风迎舟楫鲸波息，雾散楼台炉气收。
此去好宣仁义化，须令外国齿中州。

(九)彭时送刘俭诗

彭时，字纯道，号可斋，安福人。正统十三年进士第一，授翰林院修撰，寻升翰林侍读。景泰三年，迁左春坊大学士兼侍讲，七年，再迁太常寺少卿，兼职如旧。成化时，累官至吏部尚书。彭时著有《彭文宪公集》，有成化十八年八卷本和康熙五年四卷并附录一卷两种版本。今见康熙本，《送刘行人俭使琉球国》收入卷二，位于七言律诗下。

送刘行人俭使琉球

金麼麒麟新赐袍，驰驱万里著贤劳。
海边日月明楼艓，水底鱼龙护节旄。
重译俗同文化远，册封礼肃使星高。
岛夷一一凭宣谕，职贡时修荷宠褒。

(十)陈循送刘俭序

陈循，字德遵，号芳洲，泰和人。永乐十三年进士第一，授翰林院修撰，洪熙改元，转侍讲。正统元年，命兼经筵官，九年擢升户部尚书，后英宗复辟，因石亨谗言谪戍铁岭卫，未几，诏还乡，以寿终。其有《芳洲文集续编》，有万历二十一年与《芳洲文集》十卷《诗集》四卷的合刻本，又有万历四十六年的单刻本，而《送行人刘宗禹奉使琉球国诗序》一文，均位于两种版本的卷二之中。

送行人刘宗禹奉使琉球国诗序

琉球国王之薨，国人上请于朝，立其弟尚泰久嗣为国王，以王人民。诏遣行人刘俭将命行事，荣其行者作诗为赠，以余与俭同出江右，属为之序。仰惟皇明奄有天下，而凡四方海外舟车所至，人力所通，各君其国、各子其民之邦以数计者，何啻千万。而其长之建立，莫不待命于朝而后得焉，亦犹草木荣瘁，开落无不待于天之。予夺而后能者，使天不畀以春，则生者何由而能生，不畀以夏，则长者何由而能长，不继之以秋冬，则成者又何由而能成。然则四时将命于天者也，其将命于朝者，独非使于四方者乎。四时将天之命，以育万物，使其生长成，遂有一不备，则失其为相天之职。君子奉君之命，以诏四方，使其丁宁告谕，有一不至，则失其为人臣之忠。琉球国在海外万里，圣化所及，虽无不洽，然其国王人民视中国终有间诚，使所封国王，能以中国圣人所以化天下者，化其人民则为不孤天子之命，所主人民能以中国臣庶，所以承朝廷者，承其国王则为不沦夷狄之归，所谓用夏变夷是也。俭，诚务此而有得焉，则能专对，不辱君命，夫孰之能御哉。俭字宗禹，世家饶之浮梁，以明经举景泰二年进士，首擢今职，所至得奉使体，烨然著声，称于四方，其所以得受今命者，非有所试而萴畀欤。抑闻刘氏世有显仕，唐为龙武统军，彭城郡开国公曰昌裔者，其始祖也。其后浮梁令曰仲昭，朝奉郎福州判曰科暨，登仕郎曰英，皆其世祖，则其所以致今日者，其无所本也哉。其于余前所谓殆至之不难也，于是书于赠行诗序期之。

（十一）萧镃送刘俭序

萧镃，字孟勤，号尚约，泰和人。宣德二年进士，正统元年授翰林院编修，三年升侍读，十二年再升国子监祭酒。景泰元年，命充经筵讲官，二年进户部右侍郎兼翰林院学士，七年，命兼户部尚书、仍兼翰林院学士，英宗复立，削镃为民。萧镃著有《尚约居士集》，弘治七年刻本，共二十卷。卷一至卷三为记，卷四至卷十一为序，卷十二为题跋，卷十三至卷十六为志铭，卷十七为碑为墓表，卷十八为墓表，卷十九为传，卷二十为箴、赞、哀、辞、赋。而在卷九下有《送刘行人宗禹使琉球序》一篇，因此书藏于日本内阁文库，故不知其内容。

（十二）黎淳送潘荣诗

黎淳，字太朴，华容人。天顺元年进士第一，授翰林院修撰。成化元年充经筵讲官，明年迁左春坊左谕德，三年进左庶子，十三年迁詹事府少詹事，兼翰林院侍读，次年擢吏部右侍郎，二十二年改南京吏部右，二十三年再迁左侍郎，弘治元年升为南京工部尚书，寻改礼部。黎淳著有《黎文僖公集》十七卷，卷四中有《送潘荣给事使琉球》诗。

查《大明英宗睿皇帝实录》卷三百三十九，天顺六年四月辛卯，“命吏科右给事中潘荣、行人司行人蔡哲充正副使，往琉球国祭故王尚泰久，并封其世子尚德为王。”故该诗应作于此时。

有关潘荣的生平事迹，《大明孝宗敬皇帝实录》卷一百十八载，“荣，字尊用，漳州府龙溪县人。正统十三年进士，授吏科给事中，进都给事中。成化中升南京太常寺少卿，寻升南京户部右侍郎，督南京粮储，改都察院右副都御史，仍领其事，转户部左侍郎，会尚书缺署部事，升南京户部尚书。致仕给驿归，至是卒。赠太子少保，赐祭葬。荣，性宽厚，居官无废事，在科几二十年，久滞不调，而其守不变，人以为难云。”另外，潘荣出使琉球，著有《中山八景记》，记客琉球期间，与国中大夫游玩之事，为今最早册封使自著文章，对后人了解嘉靖前琉球国情有一定帮助。

送潘荣给事使琉球

南风卷海送楼船，使节来从日月边。
水到尽头还有地，人生化外本同天。
山河带砺分新爵，麟凤文明降列仙。
从此殊方世来享，勋名不让汉张骞。

(十三)童轩送潘荣诗

童轩，字士昂，鄱阳人，登景泰二年进士，拜南京吏科给事中。天顺中，改户科，成化初，进都给事中，谪寿昌知县，迁云南佥事，历副使参政，八年升太常寺少卿，十年命掌钦天监。弘治元年改太常寺卿，三年升都察院右副都御史，五年擢南京吏部右侍郎，十年进南京礼部尚书。《清风亭稿》为其文集，有成化刻本，又有《四库全书》本，成化本卷六有诗《送吏科右给事中潘奉使琉球》，而四库本写为《送吏科右给事中潘阙奉使琉球》。

送吏科右给事中潘奉使琉球

列职黄门久著声，又看持节过东溟。
金函晓捧神尧勅，银汉秋占使者星。
蜃气结楼烟外出，蛟涎触棹雨余腥。
悬知到日夷人悦，翘首红云拜帝廷。

(十四)柯潜送潘荣序

柯潜，字孟时，号竹岩，莆田人。景泰二年进士第一，除翰林院修撰，三年升右春坊右中允兼修撰，五年迁司经局洗马，仍兼修撰。天顺初，改尚宝少卿，兼职如故，八年拜翰林院学士。成化三年再升詹事府少詹事，兼翰林院学士，后双亲相继亡故，回乡守丧。六年，诏为国子监祭酒，力辞不受，三年后卒。其文集亦分两大系统，一为光泽堂抄本《竹岩先生文集》十二卷，无涉及琉球内容，次为雍正十一年《竹岩集》十八卷附补遗、续补遗、附录各一卷本，卷七下有《送黄门潘君使琉球诗序》。

送黄门潘君使琉球诗序

吏科右给事中、吾闽漳南潘君遵用，奉天子命有海外万里之行，盖封故琉球国王某之子某为嗣王，使凭借我威德，以君长其民也。朝之能言者，相属为诗送之，而以序委予，方嗣王遣陪臣来请命也。天子咨在廷之大吏，慎择于庶僚之中，而以君将命往。夫封拜之使，特以宣德意而已，非若排难解纷，有折冲口舌之难也，然必慎择其人，何哉。盖海外负阻之土，鸟言卉服、□悍不常之人，所以重译通道，臣顺于天朝者，固谓畏威怀德而来，亦谓我中华奇伟之才为可慕也。潘君举进士，为近侍，臣风采凝峻观者，属目对人为清远之言，亹亹不倦听者，解颐秉直节言事无所顾，而负宠怀奸者，为之惨栗而夺气也，若君者所谓奇伟之才，非邪兹而往也。夷之人将曰：鲁麟颍凤，何幸而瑞我邦哉。又将曰：天朝不惜奇伟人，使之涉远道以来，何其不鄙我夷人之若是哉，吾知由是而益有以起其向慕之心，而臣顺奉贡于亿万年，且无穷也。然则封拜之使不容轻畀，而畀之必于君也，宜矣。虽然予尝闻仲山甫之入齐，筑城其责也，而赠诗者则曰，邦国若否仲山甫明之意，谓君子事，君凡可以効勤者，皆当为之不嫌于出位也。君出畿封，历徐、淮、吴、浙以及于闽，又浮大海，以临夷土，凡民之情、州县之政，薄海内外之风，无不见其不能见者，可咨度而知也。使归当疏其可张可弛、可让可庆者，恳恳焉，为上陈之则视仲山甫诚无媿矣，幸毋曰，吾之责，封拜也。吾何暇及他事以涉出位之嫌，夫以出位为嫌在他司，犹曰可耳，君居言官有天下责也，其可乎哉。予辱与君同举乡试，又官同朝而知之深也，故详言其宜于使命者，终以期望之意，为送行诗序。

(十五)陆釴送蔡哲序

陆釴，字鼎仪，号静逸，又号凝菴，昆山人。天顺七年会试第一，八年廷试第二，授翰林院编修。成化初，修实录成，迁修撰，十四年充文华殿讲官，侍东宫讲读，十八年升右春坊右谕德。孝宗即位，进太常少卿，兼翰林侍读，充经筵日讲官，后忽得末疾，乞归，卒。陆釴著有《春雨堂稿》，藏尊经阁文库，卷三有《赠蔡克智序》，未见，应为送蔡哲随潘荣出使琉球册封尚德之诗。

按蔡哲，字克智，天顺元年进士。顺治《光州志》卷八"景泰丁丑科一人"下记"蔡哲，思南知府"。又据乾隆《泰和县志》，卷十三"景泰四年癸酉乡试"条下注"蔡哲，字克智，城西人，举河南进士"，"天顺元年丁丑黎淳榜"条下又注"蔡哲，西厢人，光州籍，思南知府"，由此可知，蔡哲是江西泰和人，河南光州籍，仕至思南知府。

(十六)叶盛送丘弘诗

叶盛，字与中，号蜕庵，昆山人。正统十年举进士，授兵科给事中，十四年十一月，升都给事中。天顺二年，擢都察院右佥都御史、巡抚两广，七年转左。成化三年，迁礼部右侍郎，八年，改吏部左侍郎，寻卒。叶盛的《泾东小稿》共九卷，弘治刻本，卷二有《送丘户科使流球》。按丘弘，天顺八年进士，查《大明宪宗纯皇帝实录》卷八十九，成化七年三月丁亥，“遣都给事中丘弘为正使、行人韩文为副使，往琉球国封其世子尚圆为中山王，并赍仪物行庆吊礼。”意想不到的是，丘弘在路经山东德州时突然病故，朝廷便改派官荣代丘弘前往。然而此诗为送原册封正使的诗文，仍能保存至今，实属不易。

送丘户科使流球

中山遥在海云东，此日劳君下九重。
赐得麟衣天上出，捧将龙敕御前封。
皇仁旷荡穷三岛，使节峥嵘拥万峰。
盛礼告成归及早，彩毫香案渥恩浓。

(十七)李东阳送丘弘序

李东阳，字宾之，号西涯，茶陵人，占籍北京。天顺八年进士，选庶吉士，授编修，成化十年转侍讲，二十年充东宫讲读官。弘治二年，迁左庶子兼侍讲学士，四年擢为太常少卿，仍兼前职，并掌翰林院事，充日讲官，后擢礼部侍郎兼侍读学士、典诰敕，八年命兼文渊阁大学士，十一年升礼部尚书。武宗登极，兼太子太傅、户部尚书、谨身殿大学士，寻加太子太师、吏部尚书、华盖殿大学士。其著《怀麓堂稿》，正德十三年门生熊桂付刻，分诗稿二十卷、文稿三十卷、诗后稿十卷、文后稿三十卷，加上东祀录、求退录各三卷、讲读录二卷，南行稿、北上录、集句录及集句后录、哭子录各一卷，合一百零二卷，其文稿卷二有《送丘给事使流求序》。此书还有康熙二十一年方达刻本，改为《怀麓堂集》，四库全书据此收入，亦有嘉庆八年学易堂刻本，改名《怀麓堂全集》，另外，此序单独收入在《殊域周咨录》卷四和乾隆《汀州府志》卷三十九。值得注意的是，因清代统治者深恶华夷秩序的说法，故清版诗文集的开头处均将“我国家用夏变夷”改为“我国家正位凝命”，而一些字词亦有变动，标题“流求”也写为“琉球”，而在乾隆《汀州府志》中，题目改作《送给谏邱君使琉球序》，开头处作“国家统一区宇”，内容亦多有不同。值得注意的是，文中记载以往福州到琉球“顺飏利舶，七日而至”，可为嘉靖前去琉日数提供参考。

送丘给事使流求序

我国家用夏变夷，扫乾荡坤，涤濯万物，逮于百年，治洽功成。五服之内，藩臬郡县所治，出赋税共使令者弗论，以暨于海中外，疆殊界别，以国称者万数。迩者先沾，远者后被，冠裳椎卉，诗书甲胄，梯高航深，四面而至，充中庭，溢下馆，礼部繁于出纳、鸿胪勤于奉引、相胥疲于通译，自有中国以来，无若是盛者。若琉球国在海东南诸国小大远迩之间，烟火相望，顺飏利舶，七日而至。然其始俗，以盈虚为晦朔，以草木为冬夏。粤自古昔未通于中国，虽或穷征黩讨而宾服无闻。及国朝号令所及，望风欵附，遂封为中山王，齿于载版图奉职贡者，日涵月煦，潜移暗革，被服冠带、陈奏章表、著作篇什有华士之风焉。成化庚寅，其王世子某当嗣封，遣其长史某来请命天子封为中山王，赐玺书冠服，遣正副使二人致命中山。户部都给事中丘君弘，实充正使，赐朱衣一袭以行，六科诸给事相率为行饯，征辞翰林，某与给事君同年，言在不让，曰：于戏，给事大丈夫入居谏诤，出领使命，真通显称所愿为。今圣天子在上，贤大臣在列，嘉惠于彼外国。中山王谨畏孝顺，不堕臣节，以俟我威命，而给事身负荷之，国体之所系，小邦之所瞻，后世之所传，示皆在给事，给事其克自重，感厉精发，山动海立，以宣达天子威命，国家之典章。式俾小国君长，陪从爰及闾巷，明识逆顺，保其初心，惟亿万世服事罔敢斁，亦罔敢后，于戏，岂不真大丈夫哉。给事君起谢曰：使者职也，敢不勉。于是，诸给事驩曰：使哉，使哉，乃导上供张，三爵而后别。

(十八)何乔新送韩文诗

何乔新，字廷秀，号椒丘，广昌人。景泰五年进士，七年擢南京礼部主客司主事。成化四年，升福建按察司副使，十七年迁都察院右佥都御史，巡抚山西，兼督三关兵备。孝宗立，出为南京刑部尚书。何乔新有《椒丘文集》，分三十四卷，嘉靖元年刻本，《四库全书》据此收入，卷二十四下有诗《送韩行人使琉球》。

按韩行人即韩文，《大明孝宗敬皇帝实录》卷一百五十二载，“文，字贯道，直隶新城县人，天顺元年进士，授行人司行人，成化五年使琉球国，归以所馈仪物献之朝。历升户部员外郎、郎中，陕西右参议、参政、左右布政使，至都察院右副都御史。巡抚宁夏，尤留心边事，有司方奉令捕豹，上疏请止之。已而乞休，致命给驿归，至是卒，赐祭葬如例。文器宇宏阔，以平易为政，未尝肆苛猛，立声誉，但晚年以私憾发御史李兴不法事，几陷兴于死地，君子不能无议焉。”

送韩行人使琉球

星槎五月泛沧溟，路指扶桑霁景清。
谕粤才华推陆贾，乘风气概羡宗生。
彭湖浪静牙樯稳，高屿烟消画鹢明。
遥想番王承宠命，几回膜拜望神京。

(十九)李东阳送董旻、张祥诗

李东阳，概略前文已提及。《怀麓堂稿》之诗稿卷十二有诗《送董了仁给事使流求》和《送张思履司副使流求》两首。比较多种版本发现，在清刻本的李东阳诗文集里，“流求”两字已改为“琉球”。

查《大明宪宗纯皇帝实录》卷一百七十七，成化十四年四月丙午“命兵科给事中董旻为正使、行人司右司副张祥为副使，赍诏往琉球国封世子尚真为中山王。”按董旻，乐平人，成化二年进士，兵科给事中，十六年升为吏科都给事中，后因言获罪，十七年被贬为云南石旧知县，不久又改为云南布政司左参议，弘治四年除四川布政司，六年以万寿贺表朝京师，归时卒于舟中。副使张祥，道光《吉水县志》卷二十二载，“张祥，字思履，田心人，登成化八年进士，授行人司司副。文学优裕，操履端方，四方学者多从之。尝为会试考官，朝廷赐一品服使琉球，国王赠金坚辞却之，有却金书为人传诵。以母丧归，服阕迁礼部郎中，寻除南宁府知府，以疾辞，归卒。”

送董子仁给事使流求

琉球东望海门开，圣代提封亦壮哉。
万里风涛才七日，六年天使此重来。
麒麟有服真殊宠，薏苡无车莫浪猜。
归忆皂囊封事在，殿前风采尚崔嵬。

送张思履司副使流求

尚方新报赐衣成，玉节金书万里行。
岭外方言通异俗，岛中烟火望孤城。
由来使者关风化，亲见朝廷录姓名。
不用殷勤宣圣德，远人先贺海波平。

(二十)陆釴送董旻诗

陆釴，生平概略前文已提及。《春雨堂稿》卷二十三又有《送董给事中旻使琉球》诗一首，因该书藏尊经阁文库，未见。

(二十一)程敏政送董旻诗

程敏政，字克勤，号篁墩，徽州休宁县人，沈阳中屯卫籍。中成化二年一甲第二，授翰林院编修，十一年升侍讲，充经筵讲官，寻迁左春坊左谕德，兼东宫讲读官。孝宗立，进詹事府少詹事，兼翰林院侍讲学士，侍文华殿日讲官，不久因被劾，去任。弘治六年召还，仍供旧职，寻升太常寺卿，掌院事，十年转詹事兼翰林院学士，后迁礼部右侍郎，侍皇太子讲读，卒赠礼部尚书。著有《皇明文衡》，收洪武开国以来一百余年文人诗文，其诗集《篁墩程先生文集》，正德二年刻，计九十九卷并拾遗一卷，卷六十六里有《送董子仁给事出使琉球》诗一首。

送董子仁给事出使琉球

万里乘槎羡董生，手持龙节气峥嵘。
远凭主上班恩到，坐使陪臣谢礼成。
番贸不收沙上市，粤船长下水边城。
知君可副中朝望，一寸心随汉月明。

(二十二)张泰送张祥诗

张泰，字亨父，太仓人，本姓姚氏。天顺八年进士，选为翰林庶吉士，服阕除检讨，后升修撰，踰月得暴疾卒。其有《沧洲诗集》十卷，弘治三年刻，《送张行人副使琉球》存于卷九。

送张行人副使琉球

文星拥节到天涯，不忝家传绝域槎。
宝册天光临海峤，绣袍春色动云霞。
凤仪南极众再望，鳌抃中山王拜嘉。
想见归囊无异物，只收蛮颂报勋华。

附录　新发现的建文时期送使者出使琉球诗

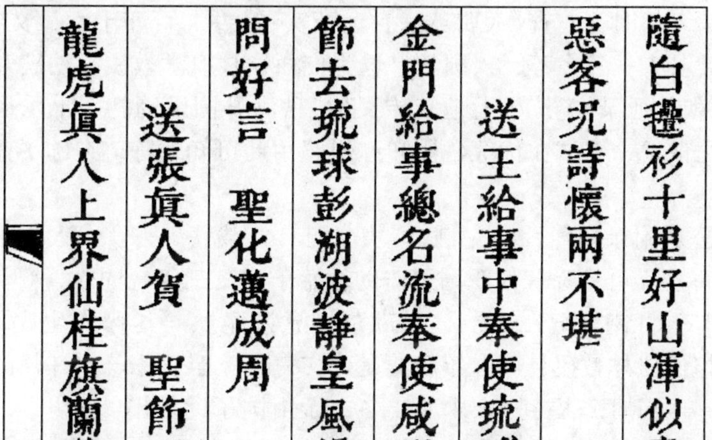
隨白疊衫十里好山渾似畫一溪新水[illegible]如藍鷓鴣啼急東風
惡客兄詩懷兩不堪
送王給事中奉使琉球國 以下成均稾
金門給事總名流奉使咸推陸賈優親棒綸音辭鳳闕遠持玉
節去琉球彭湖波静皇風暢三嶼山明瘴霧收他日遠人應候
問好言 聖化邁成周
送張眞人賀 聖節回龍虎山
龍虎眞人上界仙桂旗蘭蓋慣朝天承恩長到黃金殿侍宴曾

《送王给事中奉使琉球国》(以下成均稿)

金门给事总名流，奉使咸推陆贾优。
亲捧纶音辞凤阙，远持玉节去琉球。
彭湖波静皇风畅，三屿山明瘴雾收。
他日远人应候问，好言圣化迈成周。

笔者收集资料时，在《琴轩集》中发现了一首送使者出使琉球的七言律诗。按《琴轩集》，东莞陈琏著，康熙六十年刻本，万卷堂藏版，共十册三十卷，传世稀少，孤本唯藏香港中央图书馆。目录前有序及小引共八则，据内容可知，此书在清以前凡三刻，初刻于永乐，次刻于正统，三刻于万历。然自万历本始，才收集各稿，合为全集，厘分三十卷。

与琉球有关的《送王给事中奉使琉球国》诗收入第三册卷九第十四页，标题下有“以下成均稿”五字。按成均，即古代最高学府，由此可知这首诗为陈琏任职国子监时所作，那么，该诗又写于何时呢？查《大明英宗睿皇帝实录》卷二百四十六，文中记载“琏，字廷器，广东东莞县人，领乡荐，入国学，选为广西桂林府学教授，秩满升国子监助教。”另外，焦竑《国朝献征录》卷三十七记其传又称“秩满升国子助教，永乐初，近臣言琏有治才，不宜置之散地，召试在优等，擢知许州。”由此可知，陈琏在国子监行事是任职桂林后、许州前。

据《琴轩集》后附录的《行状》记载，“岁辛巳，九载秩满去官，人皆不忍别，书最铨曹，升国子监助教。”可见陈琏任职国子监助教始于建文三年，同时，《琴轩集》卷二《大晟乐赋》、卷十三《江南轩记》、卷十六《南薰别意诗序》、《送廖先生序》都提到陈琏在洪武二十五年担任桂林教授，而九年后正是建文三年。至于陈琏知许州的时间，同书卷十六《送通许李知县诗序》提到“永乐元年冬，予由国子助教出知颍川”，想必陈琏去职是在永乐元年冬，可是，卷十六《送廖先生序》中又有“永乐二年正月初吉修职郎国子监助教同郡陈琏书”之句。关于此种说法，笔者认为是由于永乐二年正月陈琏还未上任的缘故，因此还以国子监助教的官职落名。综上所述，陈琏任职国子监是在建文三年到永乐元年冬，这也是写作此诗的时间。

再次翻阅《明实录》，《大明太宗文皇帝实录》记载建文四年七月朱棣即位后，仅有两次派遣使者前往琉球，一次是建文四年九月，笔者认为此次使者官职亦为行人，另一次在永乐元年八月，明确记载派遣的使者为边信与刘亢。那么，合理推断，王给事中出使琉球当在建文朝，时间初步推测在建文四年上半年。但是，这位王给事中究竟是谁？查万历时期两部给事中传记《掖垣人鉴》和《南垣论世考》，只有礼科王艺较符合条件，不过细查之下，他是否在建文四年上半年还任给事中存在很大的疑问。然而，粤语里“王”、“黄”音近，是否会把黄给事中作为王给事中也有可能，再次查询资料后，礼科都给事中黄永寿当时在职，但无确切资料能证明其出使过琉球。因此，王给事中到底是谁，还需进一步查询。

关于这次遣使所为何事，笔者最初认为是为购买硫磺，因为面对朱棣的“靖难之役”，朱允炆需要大量的军需物资。《李朝实录》也记载明朝派出的使者与朝鲜达成协议，自建文三年十月到建文四年五月，分七次把战马换与明朝。然而，返回诗中再次吟味，第一句提到出身黄门的给事中总是为人称道，出使奉命之人都推重陆贾的优秀。第二句又说，使者手捧皇帝的诏书拜辞了朝廷，拿着玉制的符节远去琉球履行使命。如果说，王给事中出使仅仅出于购物买货，或者颁赏赐物，又怎么能如后面两句所说，能让未被王化之地的琉球逐步感染中华文化、渐渐接受中华文明的洗礼，同时王给事中的功绩还能堪比以礼为重的周朝呢？因此，此次使者去琉球，必定是为“礼”而去，而这种“礼”，称为“宣谕礼”。

宣谕礼分为好几种，主要有皇帝大婚、封立皇后、皇子诞生、设立王储、先皇崩逝、新帝登基，但这六种并不符合当时的情况。考虑到陆贾册封过赵佗为南越国王，而且王给事的功绩又异常卓著，出使琉球就只有册封世子这一种可能。那么，这种推测是否可能呢？建文三年六月，明朝派遣章谨、端木礼册封李芳远为朝鲜国王，虽然册封朝鲜与册封琉球没有必然的因果联系，但这证明建文朝有过遣使册封琉球的行为并非不无可能。查《明实录》可知，洪武十六年和洪武十八年，明太祖分两次颁赐琉球三王印鉴，表示对三王分别统治中山、山南、山北予以正式承认，随后三山的世子或王弟明廷都以册封的方式予以认可。而琉球三山中唯有第三代山北王未被册封，因此，笔者认为王给事出使是为了册封山北攀安知为王。

依据现有的资料来看，学界几乎都认为永乐二年中山武宁最先受到明朝的册封。但是，自洪武二十九年正月攀安知首次入载《明实录》起，到建文四年上半年受王给事中册封止，是否请封到册封之间会有七年之久？对这一问题，笔者注意到永乐二年册封中山、山南前后，《大明太宗文皇帝实录》均有琉球告丧、明廷遣使和琉球谢恩的记载，对比《大明太祖高皇帝实录》却无一点痕迹，因此攀安知告丧请封必定在建文初年。而册封攀安知并不在登基不久后立即实行，也许因为建文帝忙于处理国内的纷争，所以导致到建文四年才正式派出使者成行。

有关《送王给事中奉使琉球国》一诗尚存在一些疑问，使者姓名尚需做进一步的查询，而出使缘由笔者仅做初步推测，其中的不妥之处，还请大家批评指正。

册封琉球使汪楫相关诗文考

汪楫の交遊詩文に関する考察—册封に赴く際の詩文を中心に

吴永宁* 方宝川**

摘 要

康熙二十一年(1682年)，翰林院检讨汪楫、内阁舍人林麟焻授命册封琉球，此为明清以来初次启用翰林“词臣”往封琉球国，文武百官相率写诗以赠行。当时百官为汪楫、林麟焻所写送行诗文达到几百首之多，然因诗文较为分散且散佚为多，今多不存。笔者将散见于清代各文人诗文集中题赠汪楫册封琉球之相关诗文进行了粗略地整理及统计，从诗文创作的时间、地点，诗文作者以及诗文史料价值等方面进行比较分析。

这些交游诗文是汪楫在授命册封之后，往封琉球前，与国内士大夫交往过程中产生的。汪楫的交游诗文主要以赠行诗文为主，包括了汪楫同在翰林之共事、汪楫同年友人以及在往封路途中经过的各地之文人、官员等士大夫的题赠诗文。因此这些诗文在产生的时间上大致可以分为两个时间段，即在汪楫授命至离京之前和出京至福建期间；创作的地点则以北京及苏州为主，分散见于北京至福州的沿途之上。

汪楫往封途中的交游诗文的考述，对研究汪楫往封琉球史事以及在册封使往封前后在国内的活动情况提供了重要的参考依据，也对进一步了解明清士大夫眼中的琉球国也具有一定的史料价值。

要 旨

康熙二十一年(1682年)に、翰林院検討である汪楫、また内閣舎人である林麟焻が命を受け、冊封使として琉球へ赴くことになった。これは明清以来、翰林の「詞臣」を冊封使として起用するはじめての例であった。そのた

* 吴永宁：福建师范大学社会历史学院博士研究生。

** 方宝川：福建师范大学图书馆馆长、教授。

め、文武百官は相次いで壮行の詩を作り、彼らに贈った。当時、百官が汪楫と林麟焻に贈った壮行の詩文は何百首にも上ったが、いろいろな詩集に散在しており、また散逸したものも多かったため、現存するものは少ない。本論において、筆者はまず清の時代の各文人の詩文集に散見される「贈汪楫冊封琉球」という題に関係する詩文を蒐集し考察を加える。次に、詩文が創作された時間と場所、また作者及び詩文の史料的価値などについて分析する。

これらの交遊詩文は汪楫が冊封に行く命を受けてから琉球に着くまでの間、国内の士大夫との付き合いのなかで生まれ、壮行の内容を中心に、共に翰林院で働いている同僚、同窓の友人、及び琉球に向かう道中に立ち寄った各地の文人、官員らの士大夫により詠まれたものである。そのため、これらの詩文の創作は二つの時期、すなわち汪楫が命を受け北京を出発する前と、彼が北京を出てから福建に至るまでの間という二つに分けることができる。創作された場所は北京と蘇州を中心に、北京から福建までの道中に点在する。

琉球に向かう道中に作成されたこれら交遊詩文の分析により、汪楫が冊封使として琉球へ赴いた実態がより具体的に明らかになり、ひいては国内における冊封使の動向を研究する重要な手掛かりとなる。このように交遊詩文は、明清両時代の士大夫が琉球国をいかに捉えていたかをより深く究明する上でも価値のある史料であると言えよう。

汪楫(1626–1689年)，字舟次，号悔斋，江苏仪征人。康熙十六年至十八年任赣榆儒学训导[1]，期间因其“学问醕雅、才华卓荦”[2]，被巡抚慕天颜举荐，“应博学鸿儒召试列一等，授翰林院检讨，纂修明史”[3]。康熙二十一年(1682年)，翰林院检讨汪楫、内阁舍人林麟焻授命册封琉球，此为明清以来初次启用翰林“词臣”往封属国，“自大学士高阳李公以下，为诗文以壮其行，多至数百余篇”[4]，当时“公卿赋诗祖道，极一时之盛”[5]。明清册封琉球之役由于存在海上风险而异常艰辛，但却使册封使臣拥有无限荣尚，加之清代册封使臣均选拔自翰林院，如汪楫、徐葆光等均在当朝极负诗名，因此往封之时多会收到来自四方群臣的赠行诗文。如嘉庆四年赵文楷、李鼎元出使琉球之时，陈康祺在其《郎潜纪闻》四笔[6]中这样叙述其事：“嘉庆间，赵介山殿撰文楷、李墨庄中翰鼎元奉使册封琉球国王。一时廷臣及四方士大夫赠诗，凡古近体二千余首。中翰曾绘

1　《光绪赣榆县志》卷九《国朝・教谕》。
2　《光绪赣榆县志》卷十，官师、传、教谕、国朝条。
3　《光绪赣榆县志》卷十，官师、传、教谕、国朝条。
4　(清)毛际可《安序堂文钞》卷八，《送汪舟次奉使琉球序》，清康熙间刻增修本。
5　(清)王弘撰《山志》，北京中华书局，1999年，第219–220页。
6　(清)陈康祺《郎潜纪闻》四笔。

《南台祖帐图》，装为巨卷，属翁比部树培分书各诗，甫及半而翁殁，又令舒孝廉位以隶体续书之。今尚存江南旧家，书画皆极工丽。夫奉命册封，为本朝柔远绥藩之常典，前后纪不胜纪。然相去仅数十年，觉当时使星东指，龙节双擎，播声教于瀛壖，耀官仪于海外。绅缨彬雅，饮饯赋诗，饰之丹青，宏我王化，亦升平难得之遭也。”康熙二十一年汪楫、林麟焻授命往封琉球，而汪楫“学古通今，识体得宜，尤长于辞令”[7]文武百官相率写诗赠行。据载当时百官为汪楫、林麟焻所写送行诗文达到几百首之多，然因诗文较为分散且散佚为多，今多不存。

本文将散见于清代各文人诗文集中写予文人汪楫册封琉球之相关诗文进行粗略整理及统计，如下表所示，并拟从诗文创作背景，诗文作者以及诗文史料价值等三个方面对这些交游诗文进行简单论述。

	著者	籍贯	官职	文集	卷册	篇名	版本
1	陈廷敬	山西晋城	内阁学士	午亭文编	卷三十六	送汪悔斋使流求序	四库全书本
					卷十三	送汪舟次检讨使流求二首	四库全书本
2	丁澎	浙江仁和		国朝诗别裁集	卷四	送汪舟次检讨奉使册封琉球	乾隆二十五年教忠堂刻本
3	高士奇	浙江慈溪	翰林编修	高士奇集	卷一	送汪舟次检讨使琉球	
4	顾景星	湖北蕲春		白茅堂集	卷二十二	闻汪舟次(楫)出使琉球	清康熙间刻本
5	顾汧	北京	翰林编修	凤池园诗文集	卷二	送汪检讨舟茨林中翰石来册封琉球	清康熙间刻本
6	姜宸英	浙江慈溪	翰林编修	湛园未定稿	卷三	赠汪检讨出使琉球	
7	李基和	远东广宁	雁平道	诗冠	三集卷七	送汪舟次册封琉球	
	著者	籍贯	官职	文集	卷册	篇名	版本
8	李天馥	河南永城	吏部侍郎	诗冠	三集卷七	送汪检讨出使琉球	
9	毛际可	浙江遂安		安序堂文钞	卷八	送汪舟次使琉球序	清康熙间刻增修本
10	毛奇龄	浙江萧山	翰林检讨	西河集	卷四十	送汪翰林奉使琉球	四库全书本
					卷一百七十三	送汪检讨林舍人奉使琉球册封中山王四首	四库全书本
11	潘耒	江苏苏州	翰林检讨	遂初堂文集	梦游草卷中	送同年汪舟次奉使琉球	清康熙间刻本
					卷九	送汪舟次奉使琉球序	清康熙间刻本
12	彭孙遹	浙江海盐	翰林编修	松桂堂全集	卷二十一	送汪舟次出使琉球	清乾隆间刻本
						送林石来使琉球	
13	秦松龄	江苏无锡	翰林检讨	苍岘山人集	卷四	送汪舟次检讨册封琉球	清嘉庆二年秦瀛刻本

7 （清）汤斌《汤子遗书》卷三，《送汪检讨奉使琉球序》，文渊阁四库全书本。

续表

	著者	籍贯	官职	文集	卷册	篇名	版本
14	阮士悦	江苏江都		淮海英灵集续集	庚集卷三	送汪悔斋太史出使琉球	清道光间刻本
15	施闰章	安徽宣城	翰林侍讲	学余堂诗集	卷二十三	送汪舟次检讨册封琉球	四库全书本
					卷四十二	送林石来舍人册封琉球	
16	苏宇	江苏江都		淮海英灵集续集	庚集卷二	送汪悔斋太史出使琉球	清道光间刻本
17	孙枝蔚	陕西三原	内阁中书	溉堂前集	卷四	送汪舟次册封琉球	清康熙间刻本
18	汤斌	河南睢州	翰林侍讲	汤子遗书	卷三	送汪检讨奉使琉球序	四库全书本
					卷十	送林玉岩奉使琉球十二韵	
19	汤彭年	江苏江都	内阁中书	来庵诗集		送汪悔斋太史出使琉球	
20	汪懋麟	江苏江都	内阁中书	百尺梧桐阁	卷三	送兄舟次册封琉球序	清康熙间刻本
					遗稿卷四	送舟次二兄册封琉球	
						得舟次二兄琉球使还消息寄怀	
21	汪琬	江苏苏州	翰林编修	尧峰文钞	卷二十四	送宗人舟次出使流求序	四库全书本
					卷四十二	送宗人舟次出使流求	
22	汪文柏	安徽休宁	行人司行人	柯亭余习		送悔斋叔翁奉使册封琉球	
23	王岱	湖南湘潭	京卫学博	了庵诗文集	文集卷六	送汪悔斋使琉球序	清乾隆间刻本
24	王鸿绪	江南娄县	翰林侍讲	横云山人集	卷十三	送汪舟次太史册封琉球十首	清康熙间刻增修本
25	王士祯	山东桓台	礼部主事	带经堂集	卷三十七	送汪舟次检讨林石来舍人奉使琉球六首	清康熙五十年程哲七略书堂刻本
26	王仲儒	江苏兴化		西斋集		送汪悔斋册封琉球	清康熙间梦华山房刻本
27	吴嘉纪	江苏东台		陋轩诗	卷十一	送汪悔斋使琉球	清道光二十年刻本
28	吴绮	江苏江都		林蕙堂文集	卷二十	送汪舟次太史奉使中山	四库全书本
29	吴世杰	江苏高邮		甓湖草堂集	卷二	送汪悔庵太史册封琉球	清康熙间刻本
30	吴苑	安徽歙县	翰林检讨	北黔山人集	卷五	送汪舟次太史奉使册封琉球四首	清康熙间刻本
31	吴震方	浙江石门	翰林编修	两浙輶轩録补遗	卷二	送同年汪舟次使琉球	清嘉庆间刻本
32	萧玥	江苏江都		淮海英灵集续集	巳集卷三	送汪悔斋太史出使琉球	清道光间刻本
	著者	籍贯	官职	文集	卷册	篇名	版本
33	徐芳霖	江苏江都		诗冠	三集卷八	送太史汪舟次先生出使琉球	

续表

	著者	籍贯	官职	文集	卷册	篇名	版本
34	徐釚	江苏苏州	翰林检讨	南州草堂集	卷九	送汪舟次同年奉使琉球二首	清康熙三十四年刻本
35	徐元文	江苏昆山	翰林学士	含经堂集	卷八	送汪舟次使琉球	清刻本
36	严绳孙	江苏无锡	翰林检讨	秋水集	卷六	送汪悔斋同年奉使琉球	清康熙间雨青草堂刻本
37	尤侗	江苏苏州	翰林检讨	西堂文集	于京集	送汪舟次检讨使琉球四十韵	清康熙间刻本
38	赵吉士	江苏休宁	户部主事	诗冠	三集卷七	送汪悔斋太史出使琉球	
39	郑为霆	江苏仪征		淮海英灵集续集	巳集卷二	送汪悔斋太史出使琉球	清道光间刻本
40	郑为旭	江苏江都	内阁中书	淮海英灵集续集	巳集卷四	送汪悔斋太史出使琉球	清道光间刻本
41	郑熙绩	江苏扬州		含英阁诗草	卷七	送太史汪悔斋老伯册封琉球二十四韵	清康熙间含英阁刻本
42	朱彝尊	浙江嘉兴	翰林检讨	曝书亭集	卷四十一	送汪检讨使琉球序	四库全书本

一、创作背景

这些赠与的汪楫的诗序并非出自一人之手，也并非一时一地而成，是在汪楫授命之后赴琉之前与朝中士大夫交游过程中产生。这些交游诗文主要以赠行诗文为主，不仅包括了汪楫同在翰林之共事及同年友人的送行诗文，也包括在在汪楫往封路途中与各地文人、官员的交游诗文。

汪楫自授命之后，京城百官以诗为其壮行，送行诗文多至几百篇，其中以汪楫之“同年”和同为明史馆编修的编撰官尤多。汪楫于康熙二十一年四月辛卯授命任册封琉球正使往封琉球世子尚贞，八月二十一日陛辞离京前往福建，故在康熙二十一年四月至八月之间，当朝诸多官员及友人前来为汪楫践行并留有赋诗。康熙十七年(1678 年)，康熙皇帝为了更有效地笼络汉族地主及其知识分子，在进士科考之外另行博学鸿词科，即不限制秀才举人资格，由督抚以上官员推荐，均可入京考试。清朝一共在北京举行过两次，一次在康熙十八年(1679 年)，还有一次是在乾隆元年(1736 年)。康熙十八年(1679 年)全国共推荐鸿儒 143 人，其中考取 50 人，分二等，汪楫位列一等。第一等有 20 名：彭孙遹、倪灿、张烈、汪霦、乔莱、王顼龄、李因笃、秦松龄、周清原、陈维嵩、徐嘉炎、陆棻、冯勖、钱中谐、汪楫、袁佑、朱彝尊、汤斌、汪琬、丘象随；第二等有 30 名：李来泰、潘耒、沈珩、施闰章、米汉雯、黄与坚、李铠、徐釚、沈筠、周庆曾、尤侗、范必英、崔如月、张鸿烈、方象瑛、李澄中、吴元龙、庞垲、毛奇龄、钱金甫、吴任臣、陈鸿绩、曹宜溥、毛升芳、曹禾、黎骞、高咏、龙燮、邵远平、严绳孙。[8] 康熙设“博学鸿儒”之目的在于撰修《明史》，因此，这些“博学鸿儒”进入翰林之后大多进“明史馆”专修明史，“与汪君载笔史局晨夕共事”。[9] 除这些“同年”外，姜晨英、王鸿旭、吴世杰、阮元文等人亦在汪楫往封琉球前先后进入明史馆。

汪楫于康熙二十一年八月出京，第二年六月自福州出洋，途中“便道过家，奉觞上寿”[10]，在其家乡江苏以及浙江等地亦收到许多来自当地文人的赠行诗文。嘉庆四年册封正使李鼎元将其自出京沿途行程记录成册，著成《使琉球记》，按其记载，往封使过山东、经过江苏扬州、苏州以及浙江，最后到达福州。册封使在北京到福州沿途的不同城市，与当地文人交游唱和，留下诸多交游诗文。然而，康熙二十一年册封正使汪楫虽然自琉球归撰《使琉球杂录》、《中山沿革志》以及《册封疏抄》等，然在其撰述中并未有留下有关往封路径的详细记载，因此，汪楫往封路途具体经过哪些地方已不得考。可以肯定的是，汪楫来往册封的路途定有经过其家乡江苏。关于汪楫的祖籍，有两个不同的版本。《清史列传》、《文苑传》以及《江南通志》均载其为安徽休宁人，后徙居江苏，寄籍江都（今江苏扬州）县；而《大清一统志》则云其为江苏仪征人，后迁徙安徽休宁。根据嘉庆二十年刊本《休宁县志》卷十二汪楫条所载：“汪楫，字舟次，西门人，侨居江都，任赣榆儒学训导”[11]，由此可知，汪楫祖籍为安徽休宁，后迁徙江苏江都（今扬州），并以江都籍入京为官。时人为汪楫所撰交游诗文中多有提到汪楫此册封之行“王程得过家”[12]，且送行诗文很多出自江苏、浙江一带当地的文人，由此可推知，在汪楫往封琉球途中经过家乡江都之时，不仅受到乡亲父老的夹道欢迎，而且与当地文人多有交流，其中许多均有为其赋诗送行。如汪琬在其《送宗人舟次出使琉球序》中言及汪楫途中过家之情景，“窥尊甫生伯先生（汪楫之父）之心，亦不以其子远冒烟海波涛万里不测之险。为虞及舟次驰传便道过家，奉觞上寿，父子间气貌怡然，议论伟然，安其劳而恣其私，未尝有毛发咨嗟感叹之意，所相劝勉，惟惧賈越上命耳”[13]，由此可知，汪琬当时就在家乡苏州，并且写诗“送宗人舟次出使琉球序”及“送宗人舟次出使琉球”为汪楫赠行。而此外，在浙江等地文人的文集中亦有发现赠与汪楫的交游诗文。

二、诗文作者

汪楫、林麟焻授命册封琉球之后，廷臣百官纷纷写诗赠行，其中包括同为翰林、内阁文官以及往封途中行至各地的官员和当地文人。按赠与汪楫之诗文创作的时间以及地

8 《明清进士碑录题名》康熙十八年“己未科博学宏词”。
9 （清）汤斌《送汪检讨奉使琉球序》，《汤子遗书》卷三，文渊阁四库全书本。
10 （清）汪琬《尧峰文钞》卷二十四《送宗人舟次出使流求序》，文渊阁四库全书本。
11 《休宁县志》卷十二汪楫条，嘉庆二十年刊本。
12 （清）彭孙通《松桂堂全集》卷二十一，《送汪舟次出使琉球》，清乾隆间刻本。
13 （清）汪琬《尧峰文钞》卷二十八《送宗人舟次出使琉球序》，文渊阁四库全书本。

点，大致可以将这些与汪楫之交游往来之官员、文人分为三个类别。

(一)共事同僚

汪楫自授命之后，京城百官以诗为其壮行，送行诗文多至几百篇，其中以汪楫之“同年”和同为明史馆编修的编撰官尤多。汪楫于康熙二十一年四月辛卯授命任册封琉球正使往封琉球世子尚贞，八月二十一日陛辞离京前往福建，故在康熙二十一年四月至八月之间，当朝诸多官员及友人前来为汪楫践行并留有赋诗。

(1)陈廷敬(1639—1712年)，字子端，号说岩，晚号午亭，泽州(今山西晋城)人。顺治十五年(1658年)进士，改庶吉士。陈廷敬为汪楫所作赠行诗序《送汪悔斋使流求序》收录于《午亭文编》卷三十六中。琉球使臣请封之后，廷臣举荐汪楫作为册封正使出使琉球，时陈廷敬“侍起居”，记录康熙起居注，对此事颇为了解。而后作为先入翰林院的前辈，汪楫求其序为之赠行，故作《送汪悔斋使琉球序》，该序收录于其《午亭文编》中。

(2)高士奇(1645—1703年)字澹人，号江村，谥文恪。浙江余姚樟树乡高家村(今慈溪匡堰镇高家村)人。康熙十八年(1679年)高中博学鸿词科，与汪楫同入翰林。作为同年及同僚，高士奇为汪楫作《送汪舟次检讨使琉球》以赠行，收入在其《高士奇集》菀西集卷四中。菀西集卷四收古体诗共六十一首，卷首有注“壬戌五月起至癸亥十二月止”，即康熙二十一年(1682年)五月至康熙二十二年(1683年)十二月之间，《送汪舟次检讨使琉球》为该卷第一首。汪楫被命为册封琉球正使为康熙二十一年四月，故以此推测，高士奇此篇赠行诗应写于汪楫被授命后不久的五月间。

(3)顾汧(1646—1712年)字伊在，号芝岩，别号凤池芝叟，顺天大兴(今北京)人。汪楫出使琉球，顾汧时为翰林院编修，作《送汪检讨舟茨林中翰石来册封琉球》为汪楫、林麟焻二人一同赠行，该诗收录在《凤池园诗文集》诗集卷二中。

汪、林二人此次以翰林出使琉球，除了册封之外，编修琉球国志也是其中重要职责。诗中所云“瀛洲著述重寓内，凤阁文章掌日傍”、“旧传朝鲜有图记，近见安南志远疆”都是对汪楫作为文臣为编修琉球志出使琉球的使命的强调。

(4)姜宸英(1628—1699年)字西溟，号湛园，又号苇间，浙江慈溪人。康熙十八年(1679)以布衣荐博学鸿词，与汪楫同入明史馆任纂修官，分撰刑法志，记述明三百年间诏狱、廷杖、立枷、东西厂卫之害，后又从徐干学在洞庭山修《大清一统志》。康熙三十六年七十始成进士，以殿试第三名授翰林院编修。越两年为顺天乡试副考官，因主考官舞弊，被连累下狱死。著有《湛园集》、《苇间集》、《海防总论》。汪楫出使时，姜晨英以同僚之身份作《赠汪检讨出使琉球》为其赠行，收录于《湛园未定稿》卷三中。未见有赠林麟焻之文。

(5)李基和(1670年左右)字协万，号梅崖，远东广宁人。康熙十二年(1673年)进士，官雁平道。诗文尤甚，王士禛序其诗谓“其诗得江山之助，孤情远照，与世殊绝。”著有《梅崖诗意》。

(6)李天馥(1635—1699年)字湘北。河南永城人。顺治十五年，成进士，选庶吉士，授检讨。康熙十九年夏，命偕大学士明珠会三法司虑囚，有矜疑者，悉从末减。寻擢户部侍郎，调吏部。二十七年，迁工部尚书。三十一年，拜武英殿大学士。三十二年，以母忧回籍。三十四年，服将阕，起故官，入阁视事。三十八年，卒，谥文定。著有《容斋千首诗》。李天馥应为汪楫在翰林院的大前辈了，汪楫出使琉球，李天馥作《送汪检讨出使琉球》以送行，该诗收录于《诗冠》三集卷七之中，诗中称汪楫为“汪郎”。

(7)毛奇龄(1623—1716年)原名甡，又名初晴，字大可，又字于一，号秋晴，又号初晴、晚晴等，萧山城厢镇(今属浙江)人。以郡望西河，学者称“西河先生”，与兄毛万龄并称为“江东二毛”。康熙十八年(1679年)荐举博学鸿词科，授检讨，充明史馆纂修官。著有《四河集》四百余卷。毛奇龄作《送汪检讨林舍人奉使琉球册封中山王四首》并序为二人出使赠行，诗文收录于《西河集》卷一百七十三中。据毛奇龄在该赠序中载，汪、林二人出使之时，一时赠诗颇多，“赠诗不限体，从所志也。副使林君同有饯，而各为赠诗。重其事也。予拙不能赋，仅成五字四韵诗，凡若干首，而书其序于端”。

(8)潘耒(1646—1708年)字次耕，一字稼堂、南村，晚号止止居士，藏书室名遂初堂、大雅堂，吴江(今属江苏苏州)人。清康熙十八年(1679年)举博学鸿词，授翰林院检讨。所著有《类音》、《遂初堂集》等。序中多述汪楫册封一事，为自明以来首此以翰林文官往封，按其所言“明三百年来多有积资养望至高官而传无可书之事者，余尝恨之”，因此汪楫、林麟焻一行受到百官，特别是翰林的支持，故而“同人多赠诗以宠其行”。当时同为翰林院检讨之潘耒亦随之为其作序并诗。

潘耒另作有《赠汪悔斋年友》、《祭汪悔斋文》亦收于该文集中。然考其诗文《赠汪悔斋年友》，据诗中所云汪楫“超迁予持节，重寄表全闽。察吏六条肃，平刑九棘均”，按前文所考，汪楫康熙二十二年册封归后仍留任翰林院，至康熙二十八年任河南府知府，康熙三十二年(1693年)二月赴任福建按察使，因此可知，此诗并非作于汪楫册封之前后，而是作于康熙三十二年汪楫任福建按察使以后。

(9)彭孙遹(1631—1700年)字骏孙，号羡门，又号金粟山人，浙江海盐武原镇人。与王士祯齐名，时号“彭王”。清顺治十六年(1659年)己亥进士，授中书舍人。顺治十八年(1661年)因“江南奏销案”落职。康熙十八年(1679年)，召试博学鸿词，得第一名，授翰林院编修。康熙三十六(1697年)年告老还乡。著有《南往集》、《延露词》。该诗为五言八韵，与汪楫出京前所作《拜命出使琉球恭纪八首》同韵同体，故诗为和汪楫之诗所作。彭孙遹与汪楫同年召试博学鸿儒，并入翰林院。汪楫在出京之前曾作《拜命出使琉球恭纪八首》，收录于其《观海集》中。彭孙遹另有作赠林麟焻之赠行诗文《送林石来使琉球》亦收于《松桂堂全集》中。

(10)秦松龄(1637—1714年)字汉石，又字次椒，号留仙，又号对岩，晚号苍岘山人。江苏无锡人。顺治十二年(1655年)进士，后改翰林院庶吉士。散馆授国史馆检讨，因逋粮案削籍。康熙十八年(1679年)荐试“博学鸿儒”科一等，授检讨。著有《苍岘山人集》文集六卷，诗集五卷，微云词一卷，及毛诗日笺六卷。秦与汪楫同年入翰林，并同修明史，当时明史尚未完成，故诗中有云“暂遣儒臣持玉节，青编犹待定雌黄”。又诗中有云“可怜闽峤兵初戢，疾苦凭君达紫宸”，乃因此时海氛未靖，故随行兵丁由闽选派兵丁二百余人护送册封使臣往封琉球，此亦为清朝往封之惯例。

(11)施闰章(1619—1683年)字尚白，一字屺云，号愚山，媲萝居士、蠖斋，晚号矩斋，后人也称施侍读，另有称施佛子。江南宣城(今属安徽)人。顺治六年进士，授刑部主事。康熙十八年举博学鸿儒，授翰林院侍讲，于明史馆与汪楫等人共修《明史》，后进侍读。文章淳雅，尤工于诗，与同邑高咏等唱和，时号“宣城体”，有“燕台七子”之称，与宋琬有“南施北宋”之名，位“清初六家”之列，处“海内八大家”之中，在清初文学史上享有盛名。著有《学馀堂文集》、《试院冰渊》等。施闰章分别作《送汪舟次检讨册封琉球》、《送林石来舍人册封琉球》赠与二人，收录于其《学余堂诗集》卷二十三中。

(12)孙枝蔚(1620—1687年)，字豹人，号溉堂，陕西三原人。孙家世代为大商人。李自成入关，散家财组织团勇抵抗李自成，为所败。只身走江都，折节读书，肆力于诗古文。僦居董相祠，高不见之节。王士祯官扬州之时，与之成为莫逆之交。康熙十八年(1679)举博学鸿儒科，因年老不能应试，特旨与邱钟仁等七人授内阁中书。著有《溉堂前集》、《溉堂后集》等。汪楫出使时孙枝蔚时任职于内阁，作《送汪舟次册封琉球》赠与汪楫，收录于《溉堂前集》卷四中。

(13)汤斌(1627—1687年)字孔伯，别号荆岘，晚号潜庵。河南睢州人。康熙十八年(1679年)，在左都御史魏象枢、左副都御史金的推荐下，举博学鸿词科，授翰林院侍讲，与汪楫等共参修明史。后人将其诗文整理成《汤子遗书》十卷。汤斌为汪、林二人分别作诗赠别，在其《汤子遗书》卷三中收录了其《送汪检讨奉使琉球序》、卷十收录《送林玉岩奉使琉球十二韵》。

(14)汤彭年(生卒不详)，字式臣，江都人。康熙十五年(1676年)丙辰科进士第三甲，官中书。著有《来庵诗集》、《挹露词》。作为汪楫同乡，同时也同在京中为官的汤彭年题赠《送汪悔斋太史出使琉球》七言律诗一首为之赠别。

(15)汪懋麟(1640—1688年)，字季甪，一字季角，号蛟门，江苏江都人。康熙六年(1667年)进士，授内阁中书。因徐干学荐，康熙十九年，以刑部主事入史馆充纂修官，纂修明史。汪懋麟才华横溢，撰述颇丰，因与汪楫同里并同有诗名，时称“二汪”。著有《百尺梧桐阁集》二十六卷、《锦瑟词》等。汪楫较之汪懋麟年长，故汪懋麟尊称其为兄长，二人在史馆之时交情就颇为深厚，按汪懋麟所言，即“同馆四同姓，聯行若鸿雁。”[14]汪楫出使琉球，汪懋麟作五言古诗《送舟次二兄册封琉球》并序《送兄舟次册封琉球序》以赠行。在得知汪楫自琉球使毕归国抵达福建之时，汪懋麟又作《得舟次二兄琉球使还消息寄怀》以抒之。汪楫于康熙二十三年(1684年)四月返京复命，同年九月汪懋麟罢官离京还乡，由此可知，汪懋麟此三篇诗文均作于康熙二十三年九月汪懋霖离京之前。

(16)汪文柏(生卒不详)，字季青，号柯庭，一作柯亭。安徽休宁人，占籍浙江桐

14　汪琬《送宗人舟次出使流求》，《尧峰文抄》卷四十二，文渊阁四库全书本。

乡，附贡生。康熙间官东城兵马司正指挥，致行人司行人。宦京三年，乞身归。卒年六十七。著有《柯亭余习》(一作《柯亭余唱》)、《摛藻堂集》、《杜韩集韵》、《古香楼吟稿》等。汪文柏作《送悔斋叔翁奉使册封琉球》为汪楫赠行，“叔翁”之意为父亲之叔父，且与汪楫原籍同为安徽休宁，故推测汪文柏在京为官三年应为康熙二十一年前后，而因其与汪楫之亲族关系，在京中与汪楫素多来往。

(17)王岱(生卒不详)，别号山长，湖南湘潭人。崇祯十二年举人。康熙十八年(1679)举博学鸿词不第，授京卫学博，康熙二十二年(1683年)出广东澄海知县，康熙二十六年卒于官。著有《了庵诗文集》。王岱为京卫学博之时为汪楫赠行作《送汪悔斋使琉球序》。

(18)王鸿绪(1645—1723年)，初名度心，中进士后改名鸿绪。字季友，号俨斋，别号横云山人，江南娄县(今上海金山)人。康熙十二年(1673年)进士一甲第二名。康熙二十一年(1682年)转侍读，任明史总裁官，撰写列传。康熙二十四年(1685年)充会试总裁官。康熙二十六年(1687年)擢左都御史。康熙三十三年(1694年)编修明史。康熙四十八年(1709年)被免职，他便私自带走史稿，后以敬慎堂之名将明史稿刻为私作《横云山人明史稿》。另著有《横云山人集》二十七卷，以年次为编。王鸿旭《送汪舟次太史册封琉球》，收录于《横云山人集》卷十三中。卷十三收录为康熙二十一年前后诗文，《送汪舟次太史册封琉球》之后为《题李木庵小照》、《奉和总宪徐馆师除夕作次原韵》，故推知王鸿旭此赠诗作于康熙二十二年除夕之前。

(19)王士祯(1634—1711年)原名士禛，字子真、贻上，号阮亭，又号渔洋山人，人称王渔洋，谥文简。新城(今山东桓台县)人，常自称济南人。顺治七年(1650年)，应童子试，连得县、府、道第一顺治十五年(1658年)戊戌科进士。顺治十六年(1659年)，任扬州推官，“昼了公事，夜接词人”。康熙十七年(1678年)，受到康熙帝召见，转侍读，入值南书房。升礼部主事，康熙四十三年(1704年)，官至刑部尚书。自幼善诗，与大哥王士禄、二哥王士禧、三哥王士祜皆有诗名。著有《带经堂集》。当时与汪楫同在南书房编撰明史的王士祯为汪楫、林麟焻同作赠行诗五言律诗六首，该诗文收录于其《带经堂集》卷三十七中，题为《送汪舟次太史林石来舍人奉使琉球六首》。

(20)吴苑(1638—1700年)字楞香，安徽歙县人。康熙二十年(1681年)进士，改翰林院庶吉士，授检讨。后以母老乞归。著有《北黔山人集》、《大好山水录》。吴苑时任翰林院检讨，作为汪楫后辈其为汪楫践行所作《送汪舟次太史奉使册封琉球四首》，收录于其《北黔山人集》卷五之中，诗文作于汪楫出使离京之前，即康熙二十一年八月前。

(21)吴震方(生卒不详)，字又超，一字青坛，浙江石门人。康熙十八年(1679年)进士。己未傅胪，授编修。官山西道监察御史。著有《晚薮楼诗汇》。吴震方为汪楫同年，其交情自同入翰林院之时便开始。吴震方作《送同年汪舟次使琉球》为汪楫赠行，收录于阮元所辑《两浙輶轩录补遗》卷二中。

(22)徐釚(1636—1708年)字电发，号虹亭，又号菊庄。苏州府吴江(今属江苏)人。康熙十八年举博学鸿词科，授翰林院检讨。著有《南州草堂集》、《菊庄词》、《续本事诗》。徐釚亦是汪楫同年，汪楫出使时作《送汪舟次同年奉使琉球二首》为之赠行，该诗文收录于《南州草堂集》卷九中。

(23)徐元文(1634—1691 年)字公肃，号立斋，江苏昆山人。徐元文与兄徐干学、弟徐秉义均为进士，人称“昆山三徐”。顺治十一年(1654 年)举人，十六年(1659 年)中一甲一名状元，授翰林院修撰。康熙八年(1669 年)任陕西乡试正考官。九年，升国子监祭酒，充经筵讲官。注意兴教办学，认为“自古人才盛衰，视学校兴替”。康熙十三年(1674 年)徐元文升内阁学士兼部侍郎，任重修《太宗实录》副总裁，次年改翰林院掌院学士，充日讲起居注官。每日在弘德殿进讲，得到康熙的赞许。康熙二十三年，徐元文奉命监修明史。康熙二十八年(1689 年)，官文华殿大学士兼翰林院掌院学士。著有《含经堂集》。汪楫授命册封之时，徐元文就在殿堂之上侍起居，作《送汪舟次使琉球》五言古诗一首，收录于《含经堂集》卷八中。

(24)严绳孙(1623—1702 年)字荪友，一字冬荪，号秋水，自称勾吴严四，复号禺荡渔人。江苏无锡人，一作昆山人。康熙十八年(1679 年)以布衣举鸿博授翰林院检讨，为四布衣之一。著有《秋水集》。作为同年入翰林之同僚，严绳孙作五言古诗为汪楫赠行，收录于其《秋水集》卷六，诗文题为《送汪悔斋同年奉使琉球》。

(25)尤侗(1618—1704 年)字展成，一字同人，早年自号三中子，又号悔庵，晚号良斋、西堂老人、鹤栖老人、梅花道人等，苏州府长洲(今江苏省苏州市)人。康熙十八年(1679 年)举博学鸿儒，授翰林院检讨，与汪楫同修明史。著有《西堂全集》。尤侗与汪楫同年举博学鸿儒，同入翰林修史，且同出自江苏，尤侗作五言古诗一首为之出使琉球赠行，后收录于其《西堂文集》于京集卷五中，题为《送汪舟次检讨使琉球四十韵》。

(26)赵吉士(1628—1706 年)字天羽，号恒天。江苏休宁人。清顺治八年(1651 年)中举，康熙七年(1668 年)得任山西交城知县。康熙十二年(1673 年)迁任户部主事。晚年任国子监学正，寓居北京宣武门外的寄园，以诗文和考据自娱。著有《寄园寄所寄》十二卷、《万青阁全集》八卷、《林卧遥集》三卷，另编有《徽州府志》十八卷。赵吉士为汪楫同乡，亦为同僚，为汪楫赠行作《送汪悔斋太史出使琉球》之七言律诗一首。

(27)郑为旭(生卒不详)，字方旦，号晓斋，江都人。顺治八年拔贡，授中书，迁工部主事。榷广东太平桥税，减耗恤商，康熙二十四年擢江西道监察御史。著作不详。郑为旭为汪楫同乡，在汪楫康熙十八年举博学鸿儒入京为官之时便已相识，在京中交情颇深，故郑为旭为汪楫所写的赠行诗文《送汪悔斋太史出使琉球》，中有“长安五载共依依”一句，该诗文收录于《淮海英灵集续集》巳集卷四中。

(28)朱彝尊(1629—1709 年)字锡鬯，号竹垞，晚号小长芦钓鱼师，又号金风亭长，浙江秀水(今嘉兴)人。康熙十八年(1679)举科博学鸿词，以布衣授翰林院检讨，入直南书房，后出江南省试。后因疾未及毕其事而罢归。考《明实录》，朱彝尊于康熙二十年七月以翰林院检讨出江南乡试副考官，此后便无记录。其学识渊博，通经史，能诗词古文，诗与王士禛齐名，时称“南朱北王”。著有《经义考》、《日下旧闻》、《曝书亭集》等、编有《词综》、《明诗综》等。汪楫为朱彝尊同年，且二人同事于南书房修明史，二人交情至少已有五年之久。朱彝尊为汪楫作《送汪检讨使琉球序》，收录于其《曝书亭集》卷四十一中。

(二)同乡亲友

关于汪楫的祖籍，有两个不同的版本。《清史列传》、《文苑传》以及《江南通志》均载其为安徽休宁人，后徙居江苏，寄籍江都(今江苏扬州)县；而《大清一统志》则云其为江苏仪征人，后迁徙安徽休宁。根据嘉庆二十年刊本《休宁县志》卷十二汪楫条所载："汪楫，字舟次，西门人，侨居江都，任赣榆儒学训导"[15]，由此可知，汪楫祖籍为安徽休宁，后迁徙江苏江都(今扬州)，并以江都籍入京为官。时人为汪楫所撰赠行诗文中多有提到汪楫此册封之行"王程得过家"[16]，由此可推知，在汪楫往封琉球途中经过家乡江都之时，不仅受到乡亲父老的夹道欢迎，而且与当地文人多有交流，其中许多均有为其赋诗送行。

(1)阮士悦(生卒不详)，字月樵，江都人。少从汪懋麟之门，未有出仕记载。著作不详。阮士悦所作《送汪悔斋太史出使琉球》之七言律诗一首收录于《淮海英灵集续集》庚集卷三中。

(2)苏宇(生卒不详)，字蘧园，江都贡生。苏宇亦有作七言律诗一首赠与汪楫，同题为《送汪悔斋太史出使琉球》，亦收录于《淮海英灵集续集》之中，疑与阮士悦等当地后生一同拜访汪楫之时而题。

(3)汪琬(1624—1691年)，字苕文，号钝庵，晚号钝翁，晚年隐居太湖尧峰山，故学者称为尧峰先生。江苏长洲(今江苏苏州)人。顺治十二年(1655年)进士，官户部主事，迁员外郎，再迁刑部郎中。康熙九年(1670年)冬归隐。康熙十八年(1679年)召试博学鸿词科，授翰林院编修，预修《明史》，翌年冬即告归。《四库全书总目提要》有云："古文一脉，自明代肤滥于七子，(李梦阳、王世贞等前七子，李攀龙、何景明等后七子)纤佻于三袁(公安派袁宏道兄弟)，至启、祯而极敝。国初风气还淳，一时学者始复讲唐宋以来之矩镬。而(汪)琬与魏禧、侯方域称为最三。"著有《尧峰文钞》、《钝翁类稿》、《拟明史列传》、《姑苏杨柳词》等。

汪琬于康熙十八年召试博学鸿词科并与汪楫同授翰林院编修，然第二年冬便告归，故汪楫出使的康熙二十一年，汪琬在其家乡苏州，汪楫过苏之时，汪琬曾前来拜访并作诗文赠行。汪琬称汪楫为"宗人"，即为"同宗之人"，亦可认为是同族之人。汪琬与汪楫同出籍江苏，并于康熙十八年同举博学鸿儒入翰林院，且同入明史馆撰修明史，二人交情颇深。汪琬为汪楫出使琉球前后交游过程中，为其作文三篇增之。其一为汪楫所作《使琉球杂录》之题序，该题序附于康熙年间刊本之《使琉球杂录中》之前，亦收录于汪琬之《尧峰文抄》之中。因汪楫出使后其《使琉球杂录》于康熙二十三年成书，二十五年刊刻，故推测其序应为康熙二十三年至二十五年之间所题。其余二篇《送宗人舟次出使

15 嘉庆二十年刊本《休宁县志》卷十二，汪楫条。

16 (清)彭孙遹《送汪舟次出使琉球》，《松桂堂全集》卷二十一，文渊阁四库全书本。

琉球》诗并序则作于汪楫往封琉球途径江苏老家之时，该诗及序则分别收录于《尧峰文抄》卷二十四、四十二中。

汪琬在其《送宗人舟次出使琉球序》中言及汪楫途中过家之情景，“窥尊甫生伯先生（汪楫之父）之心，亦不以其子远冒烟海波涛万里不测之险。为虞及舟次驰传便道过家，奉觞上寿，父子间气貌怡然，议论伟然，安其劳而恣其私，未尝有毛发咨嗟感叹之意，所相劝勉，惟惧賁越上命耳”[17]。故可知在汪楫返家之时，汪琬便在其左右为伴，一同至其家，在其乡族之中来往颇为亲近。

（4）王仲儒（1634—1699 年），字景舰，号西斋，江苏兴化县人。著有《西斋集》十八卷。王仲儒《西斋集》被视为清乾隆年间较为典型的“文字狱”之一。乾隆四十六年，王仲儒的《西斋集》被认为有反清之嫌，《西斋集》之刻板或被缴或被毁，几不复存在。而其本人虽死亦受到斫棺锉尸之辱，祸及子孙，程度令人发指。今存康熙间梦华山房刻本的《西斋集》中收录有王仲儒题赠汪楫五言古诗一首，题为《送汪悔斋册封琉球》。

（5）吴嘉纪（1618—1684 年），字宾贤，号野人。安丰场（今江苏东台市）人，入清之后隐居于江苏。不与清代官宦往来，然仅与汪楫、孙枝蔚交往甚善。著有《陋轩诗》。汪楫出使琉球途径江苏时曾造访地方文人学士，得知吴野人安贫乐道，长于吟咏，又自立一家，遂往至拜访。吴嘉纪作《送汪悔斋使琉球》五言律诗一组以赠之，该诗组收录于其《陋轩诗》卷十一中。由此汪楫对吴嘉纪之诗文极为推崇，并将其诗送两淮盐运使周亮工阅览，周又转扬州推官王士祯。王士祯对此有云：“有才如嘉纪天下之人不知也，乡曲之人不知之也，独有一汪楫知之。”

（6）吴绮（1619—1694 年）字园次，一字丰南，号绮园，又号听翁，江都人。顺治十一年（1645 年）贡生、荐授弘文院中书舍人，升兵部主事、武选司员外郎。又出任湖州知府，以多风力，尚风节，饶风雅，时人称之为“三风太守”。未几，罢归，再未出仕。著有《林蕙堂集》，另有《扬州鼓吹词》、《岭南风物记》，《啸秋风》、《绣平原》、《忠愍记》等传奇，及《兰香词钞》四卷。汪楫出使之时，吴绮早已罢官归里，身在江都，汪楫返乡之时吴绮“绯骖夹道送君行”，并为汪楫作七言律诗一首以赠行，题为《送汪舟次台式奉使中山》，收录于《林蕙堂文集》中。

（7）吴世杰（1641—1688 年），字万子，号厚庵，世以字行。江苏高邮人。康熙二十四年（1685 年）进士，官内阁中书。著有《甓湖草堂集》十三卷。吴世杰《送汪悔庵太史册封琉球》收录于其《甓湖草堂集》卷二之中。

（8）萧玥（生卒不详），字照干，江都人。萧玥赠汪楫出使七言律诗一首，题为《送汪悔斋太史出使琉球》，收录于《淮海英灵集续集》巳集卷三中。

（9）徐芳霖（生卒不详），江都人。未有出仕记载。著有《通介堂集》。徐芳霖作五言律诗一首为汪楫赠行，诗文题为《送太史汪舟次先生出使琉球》，收录于《诗冠》三集卷八。徐芳霖称汪楫为“先生”，故推测徐为汪楫之门生。

---

17 （清）汪琬《送宗人舟次出使琉球序》，《尧峰文钞》卷二十八，文渊阁四库全书本。

(10)郑为霆(生卒不详)，字严听，江苏仪征人。与阮士悦、苏宇相类，郑为霆亦有作七言律诗一首，同题为《送汪悔斋太史出使琉球》，亦收录于《淮海英灵集续集》巳集卷二之中。故推测此几人为汪楫过家之际同去拜访之后生。

(11)郑熙绩(生卒年不详)，字懋嘉，江苏扬州人。康熙十七年(1678 年)举人。熙绩自幼随祖读书"休园"，举业外留心诗词，得业师方象瑛教，并与前辈吴绮、杜濬、徐旭旦，同学宗元鼎等人以诗词唱酬。工于填词，有《蕊栖词》初集、二集并《探春》、《消夏》、《迎秋》、《御冬》诸集。考《清实录》，郑熙绩并未得进士，亦未有出仕之记载。故汪楫往封琉球之时，郑熙绩应在江苏扬州，此诗写于汪楫途径扬州之时。

(三)沿途名士

汪楫于康熙二十一年八月出京，第二年六月自福州出洋，途中"便道过家，奉觞上寿"[18]，在其家乡江苏以及浙江等地亦收到许多来自当地文人的赠行诗文。嘉庆四年册封正使李鼎元将其自出京沿途行程记录成册，着成《使琉球记》，按其记载，往封使过山东、经过江苏扬州、苏州以及浙江，最后到达福州。册封使在北京到福州沿途的不同城市，与当地文人交游唱和，留下诸多交游诗文。康熙二十一年册封正使汪楫虽然自琉球归撰《使琉球杂录》、《中山沿革志》以及《册封疏抄》等，然在其撰述中并未有留下有关往封路径的详细记载，因此，汪楫往封路途具体经过哪些地方已不得考。在留存的清代文人诗文集中，在浙江等地的文人诗文集中有发现若干诗文与汪楫出使有关，且多创作于当地，故以此推测出汪楫往封途中与各地文人之间的交游。

(1)丁澎(1622—1686 年)，字飞涛，号药园，浙江仁和人，回族。明朝著名诗人丁鹤年之孙。明崇祯十五年(1642 年)中乡举，清顺治十二年(1655 年)进士。初任刑部主事，后官至礼部郎中兼办主客司、河南乡试副主考等职。后因触犯科考例律，顺治十七年(1660 年)谪居辽东清安(今吉林洮安县)。康熙五年(1665 年)归故里浙江，后参与编撰《浙江通志》。工诗诗体清丽，被称作"西泠七子"之一。著《扶荔堂诗集》、《信美轩诗集》、《药园集》等。丁澎自康熙五年归故里浙江，汪楫出使琉球之时，丁澎在其家乡浙江仁和修撰《浙江通志》。汪楫往封途径浙江之时，丁澎作七言律诗一首，题为《送汪舟次检讨奉使册封琉球》，收录于《国朝诗别裁集》卷四。

(2)毛际可(1633—1708 年)字会侯，号鹤舫，晚号松皋老人。浙江遂安县十一都毛家(今姜家龙川半岛毛家洋塘)人。顺治十五年(1658 年)进士，中进士后，派往河南彰德府(即安阳市)担任推官，后调陕西任城固知县，调祥符令。康熙十八年(1679 年)举博学鸿词科不第，回任。不久以事罢官，返里读书著述。康熙二十三年(1682 年)受浙江巡抚委托，主修《浙江通志》，受聘担任总裁，著《浙江通志序》。

此赠序中有云，"癸亥春，余旅泊邦江，通检讨汪君奉玺书使琉球，道过里门"。"癸亥春"为康熙二十二年春，当时毛际可已罢官返里在浙江老家。康熙二十一年八月底汪楫自北京出发，二十二年六月自福州出发，因此二十二年春应该是在北京往福建的

---

18 (清)汪琬《送宗人舟次出使流求序》，《尧峰文钞》卷二十四，文渊阁四库全书本。

途中，因此，汪楫在康熙二十二年春经过江苏时，毛际可亦在江苏旅居，二人互有往来，汪楫“出其赠言相示”，同时“复征言于余（毛际可）”，毛际可在这种情况下写下了此篇赠序。

除此之外，另有顾景星（1621—1687年），字赤方，号黄公，蕲州（湖北蕲春）人。明末贡生。康熙十八年（1679年），荐举鸿博，以病辞不就。著有《白茅堂集》。汪楫出使琉球之时，顾景星并未当面为其赠行。考康熙二十二年汪楫出使之时，顾景星已年逾六旬，一直在家乡湖北蕲州静养。该诗与其他赠行诗文不同，以“闻”为题，而非“送”或“赠”，且有诗句“殷勤饯遍长安句，未得侬家一首诗”，说明汪楫出使琉球之时，顾景星并不在京城，而此诗也应作于汪楫出京以后，仅作题为《闻汪舟次（楫）出使琉球》之诗文一首以记之，收录于《白茅堂集》卷二十二。

三、史料价值

这些作于汪楫册封琉球前后之相关诗文，主要有以下五个方面的史料价值值得关注：

其一，对于此次册封是否需要派遣使臣往封问题，朝臣与琉球使臣之间曾存在较大争议。产生这一争议的最大的原因则在于“彭湖之间，余孽未靖”[19]，即康熙初年三藩之乱特别是福建一带郑成功的抗清之举。汪楫前往琉球册封琉球世子尚贞是在康熙二十二年，然而事实上，尚贞之父琉球国王尚质在康熙七年十一月便已薨逝，并在康熙八年由尚贞遣使正议大夫林茂盛赴福建报丧，尚贞在未册封为王的情况下管理琉球事务已达十五年之久。由于当时清朝国内特别是南方一带的叛乱，导致中琉两国之间的贡道堵塞，册封乃至朝贡在康熙二年（1663年）之后近20年的时间之内都无法正常进行。《中山世谱》卷八中有载，康熙九年（1670年）琉球派遣入京的耳目官富茂昌等，以及康熙十一年（1672年）冬派遣入京的耳目官吴美德等，自康熙十二年自北京出发，抵达苏州，“时会福建靖难王耿金忠谋叛动兵，无路可归，留苏州数年。其间本国不敢入贡。时吴三桂亦谋反起兵。”[20]因此，按琉球两年一贡之惯例，康熙十三年与十五年之贡期，“闻闽省变乱，未曾入贡”[21]。直至康熙十六年（1677年），琉球方面才“遣正议大夫蔡国器等，探问清朝安否，并贡使消息。”康熙二十年（1681年）十一月，琉球国王世子尚贞遣毛见龙入朝再次请封。[22] 正如李天馥在其赠别汪楫之诗文中所云，“（琉球）数年不沐圣人化，郑顽耿叛空蹉跎”[23]。

---

19 （清）毛际可《送汪舟次使琉球序》，《安序堂文钞》卷八，清康熙间刻增修本。

20 《中山世谱》第123页。

21 《明实录》康熙十八年八月庚寅条。

22 《清圣主实录》卷98，康熙二十年十一月癸亥（14日）条。

23 （清）李天馥《送汪检讨出使琉球》，《诗冠》三集卷七。

对于琉球来使的请封，“礼部议，航海道远，应令贡使领封”[24]，然此举却遭到了琉球贡使的强烈反对。琉球请封来朝请使册封，礼部奏请不再遣使册封，而是“颁御书于封疆大吏”[25]，由请封使自行领回诏书，请封使却当庭表示抗议。此事在朝野之中引起激烈的争论，在陈廷敬、朱彝尊、汪琬、毛际可、王岱等人的赠序之中，均有论及。陈廷敬时为内阁学士，负责记录殿上处理的事务，在其赠行诗文中有述其事。按陈廷敬所言，“康熙二十年冬，中山世子尚某遣陪臣某，表奏其先王丧，乞嗣封爵。礼臣议，流求越在海外，道远，宜以册命颁给陪臣，不遣使便。于是，陪臣某具状陈乞，欲得天使，为小邦荣宠”[26]。严绳孙亦有诗云其时“抗表请朝命，天子嘉其义。畀之紫泥封。为择皇华使”[27]。最终，康熙二十一年(1682年)正月，礼部学士就琉球贡使请封之事面圣请旨，“上曰伊等输诚，恳切求遣使册封，应特遣官往，着该部再议具奏”[28]，而后命礼部遴选册封使臣往封琉球。

其二，选使一事由礼部召集廷臣在相应官阶中进行遴选，然而此次册封却“特越常格，简用词臣”[29]，未按明朝旧例在位列七品的各科给事中及行人司之中选择，亦未与康熙二年相同，而是在翰林院以及内阁中推选出册封正副使。按明朝旧例，自明正统八年(1443年)起遣琉使臣均为官阶在七品之间的各科给事中以及行人；入清后的第一次册封，即康熙二年(1663年)以兵科理事官张学礼充册封正使，行人司行人王垓为副使；康熙二十二年的此次册封，册封正副使则分别由翰林院检讨汪楫、内阁舍人林麟焻所担任，其官阶为从五品。毛奇龄在其《送汪翰林奉使琉球》诗中有云，“按海中属国开，自隋唐遣使，官如新罗日东诸处，悉简御史、中丞、负人地者衔命拜节。而琉球为明初所开，其正副二使率给事门下，及行人为之。今廷议郑重正用翰林官，副以中书”[30]。严绳孙在《送汪悔斋同年奉使琉球》中以“郑重诏九棘，屡集金门议。海国遣词臣，昭代未有例”[31]言其事情，而之所以能改用前所未有的翰林官员，康熙帝的意见起了很大的作用。汪懋麟之赠序中有云“天子曰，衔命海邦，其慎选学士宏博、仪观俊伟者以行”[32]；高士奇赠诗中亦有“帝曰使节在宣命，人非儒硕莫可当”[33]之诗句。汪楫时为翰林院检讨，同时亦在明史馆担负修录明史之责，而据徐釚在“送汪舟次同年奉使琉球二首”中所云“归来志山海，重与续图经”[34]，康熙帝有意将往封琉球使臣由给事中改为翰林、内

24 (清)汪楫《中山沿革志》，《国家图书馆藏琉球资料汇编》，北京：北京图书馆出版社，2003。
25 (清)朱彝尊《送汪检讨使琉球序》，《曝书亭集》卷四十一，文渊阁四库全书本。
26 (清)陈廷敬《汪悔斋使流求序》，《午亭文编》卷三十六，文渊阁四库全书本。
27 (清)严绳孙《送汪悔斋同年奉使琉球》，《秋水集》卷六，清康熙间雨青草堂刻本。
28 《康熙起居注》中华书局本第二册，815页。
29 (清)毛际可《送汪舟次使琉球序》，《安序堂文钞》卷八，清康熙间刻增修本。
30 (清)毛奇龄《送汪翰林奉使琉球》，《西河集》卷四十，文渊阁四库全书本。
31 (清)严绳孙《送汪悔斋同年奉使琉球》，《秋水集》卷六，清康熙间雨青草堂刻本。
32 (清)汪懋麟《送兄舟次册封琉球序》，《百尺梧桐阁》卷三，清康熙间刻本。
33 (清)高士奇《送汪舟次检讨使琉球》，《高士奇全集》卷一。
34 (清)徐釚《送汪舟次同年奉使琉球二首》，《南州草堂集》卷九，清康熙三十四年刻本。

阁等文臣，且由正在编修明史的史官担任，不能不说与编撰明史中方志有很大关联，而汪楫归后所撰的使录以及琉球国考亦对明史中《琉球传》的形成起到了一定的影响。

其三，汪楫此行受收到百官所赠送行诗序，然在往封前仍然四处向友人讨要赠言诗序，时人多不堪其苦。不仅在北京，出使之时汪楫将百官所赠诗序随身携带，往封途中所经之地，都会积极地向当地文人抑或官员索要赠言赠诗。在其途径浙江时，毛际可曾云，“汪君间出其赠言相示，则自大学士高阳李公以下，为诗文以壮其行，多至数百余篇，呜呼！亦荣矣。复征言于余。”毛际可不仅被官员赠予汪楫的数百篇赠文所震惊，用“征言”一词亦对汪楫讨要赠言的行为带有些许无奈。

其四，汪楫往封琉球一路“彤驺骏马出京洛，画船绣缆经故乡”[35]，往返途中均有“便道经过”其家乡苏州。汪楫往封之时自京城衣锦还乡、荣归故里，吴世杰在《送汪悔庵太史册封琉球》中这样形容汪楫回乡之情景：“尚方之服罽麒麟，紫骝之马飞珠勒。龙首刀环隐画幡，桃花甲帐拥朱轩。道旁父老争叹息，今日方知稽古尊。”身穿一品大员官服经过家乡的汪楫受到了家乡父老的夹道欢迎。李天馥《送汪检讨出使琉球》有云，“故里伫看隋苑柳，水郎过揽浙江潮。君至闽天秋未阑。”按李鼎元《使琉球记》所载，从京城抵福建大致需要二至三个月间。而汪楫出使离京之时为康熙二十二年八月二十一日，按正常的情况抵达福建确实“秋未阑”，汪楫却直至第二年六月才自福州五虎门出洋。因此笔者推测，在汪楫往封琉球抵达福建之前，应该在途中某地停留过较长时间，而根据所整理到的诗文，在汪楫家乡苏州的文人所作的诗文为最多，在苏州逗留的时间应该最长。

其五，册封使汪楫、林麟焻授命之后，百官赠诗以践行，或分别行书以饯别，或合并着诗一首以赠。毛奇龄在“送汪翰林奉使琉球”一诗中有云，汪、林二人出使前，朝野上下纷纷赠诗，“赠诗不限体，从所志也。副使林君同有饯，而各为赠诗重其事也”。在这些送行诗文中，除汪懋麟所作“送舟次二兄册封琉球”、“得舟次二兄琉球使还消息寄怀”，毛奇龄的“送汪检讨林舍人奉使琉球册封中山王四首”以及王士祯的“送汪舟次检讨林石来舍人奉使琉球六首”为汪、林二人共同所作之赠别诗外，汪懋麟、彭孙遹、汤斌等均有另外写予副使林麟焻之赠行诗。

综上，清代文人围绕汪楫册封琉球一事所题赠之相关诗文的挖掘与发现，对研究汪楫往封琉球史事以及在册封使往封前后在国内的活动情况提供了重要的参考依据，同时，也对进一步了解明清士大夫眼中的琉球国也提供了新鲜的史料依据。

---

35 （清）高士奇《送汪舟次检讨使琉球》，《高士奇全集》卷一。

“洪武五年诏谕琉球”考

「明洪武五年琉球詔諭」考

杨志光*

摘　要

关于中琉联系的最早的有明确史料的记载可追溯到隋朝，但是未见官方文书往来的记载。两国官方朝贡关系的建立则要晚至明朝初期。这一期间，中原王朝政府对于建立与琉球的朝贡关系都有过努力，但都未取得成功。正史中关于明朝以前琉球的记载，几乎相同。明朝建立后，“洪武五年，太祖遣行人杨载诏谕琉球”，明琉封贡关系开始确立。这一简单记载，似乎很难完全表达出“诏谕琉球”一事在中琉关系史上的重要地位。

关键词：中琉关系　琉球　明朝　即位诏书

要　旨

中琉関係開始についての明確な史料の記載は隋代に遡ることができるが、両国政府間での文書往来の記載は見られていない。正式な朝貢関係の成立は、明初になってからである。これ以前においても中国政府は琉球国との朝貢関係樹立を試みたが、すべて成功しなかった。正史中における明代以前の琉球国の記載については、ほぼすべてが似たものとなっている。明朝成立後、“洪武五年、明の太祖は楊載を派遣し、琉球を詔諭す”であり、明朝と琉球国は正式な朝貢関係を結ぶこととなった。しかし、この記述だけでは、“琉球を冊封する”という中琉関係において重要な問題の存在が表現されていないのではないだろうか。

* 杨志光：四川大学历史文化学院。

琉球[1]王国，历史上的一个东海群岛国，国土范围大致相当于今日之琉球群岛。在1879年以前，是一个相对独立的主权国家，鼎盛时期，以“万国津梁”[2]自喻。明清时期一直与中国保持着友好的封贡关系，被赐予“守礼之邦”[3]的称号。明清以前，官方正史的记载，从内容上看具有一定的沿袭性。但是到明朝，明太祖诏谕琉球，中琉好似突然建立起这种往来，关系一下子密切起来。

一、洪武五年诏谕琉球

1368年，朱元璋于南京建元称帝，建立大明王朝。在还未完全统一中国的情况下，于洪武二年(1369年)开始派遣使者持即位诏书分赴周边，诏谕各国。

> 乙卯，遣使颁即位诏，谕日本、占城、爪哇、西洋诸国。[4]

这是明朝第一批诏谕周边国家的名单，名单中却没有琉球。诏谕琉球要晚至洪武五年(1372年)。同为海外之国，为何要晚三年？

琉球，从《隋书》及以后的历代正史中，基本都能看到它的影子。

> 大业元年，海师何蛮等，每春秋二时，天清风静，东望，依希似有烟雾之气，亦不知几千里。三年，炀帝令羽骑尉朱宽入海求访异俗，何蛮言之，遂与蛮俱往，因到流求国，言不相通，掠一人而返。明年，帝复令宽慰抚之，流求不从，宽取其布甲而还。时倭国使来朝，见之，曰：“此夷邪久国人所用也”。[5]

这是中国正史中关于琉球的最早记载。其后几百年(至元朝)的历代正史关于琉球的记载，从文字来看，有相当程度的相似性，甚至有学者认为这是抄袭所致。相关论文、著作已有论述[6]，笔者在此不做赘述。

但是，这种记载上的抄袭并不能完全说明隋朝以后中原王朝与琉球没有联系或没有认知。首先，一国的风俗、地理、环境、人文等，都具有相对的稳定性，对此内容的描述，从文字记载的角度来看，可以录用前人的记载。另外，笔者通过查阅历代的文集笔记，在许多文集中多有对琉球的记载。

宋代李复所撰的《潏水集》卷五《与乔叔彦通判》一文，主要为讨论琉球而写：

---

1 对于中国史书所载“琉球”是现在的台湾，还是琉球古国(大致今日本冲绳)，本文取梁嘉彬著《琉球及东南诸海岛与中国》中的观点，即中国史书中《隋书》等关于琉球、流求的记载为琉球古国。

2 “万国津梁”一说源自琉球1458年铸成的《万国津梁钟》，其上有一段铭文“……以舟楫为万国之津梁，异产至宝，充斥十方刹……”。笔者未见其实物原文，引文引自宫城荣昌所著《琉球的历史》，第74页。

3 清康熙二十一年(1682年)，康熙帝赐字，琉球获赐“守礼之邦”四字。

4 《国榷》卷三，太祖洪武二年，第383页，中华书局1988年6月2版。

5 文渊阁《四库全书》影印本，史部，正史类，隋书，卷八十一，《流求国》。

6 庞培法、刘金国著：《古代中国与琉球王国友好关系的确立与中断》一文为代表，持此观点。

其国（流求国[7]）别置馆于海隅，以待中华之客……流求国，《隋史》书之不详，今近相传，所说如此。去泉州不甚远，必有海商往来，可寻之。访其国事与其风俗、礼乐、山川、草木、禽兽、耕织、器用等事，并其旁之国亦可详究之，或得之，望录示。[8]

这段文字表明，李复知晓琉球，并且了解福建沿海一带民间有琉球的传闻，因此，李复写给即将上任的乔叔彦书信，希望他能完成此事。这说明宋朝官方对琉球并不十分了解。而“其国别置馆于海隅，以待中华之客”的记载，清晰的传达出宋时与琉球存在民间商贸往来。

琉球古国的编年体史书《中山世谱》亦有相关记载：

南宋淳熙年间……先是，本国船只有往诸国以致贸易者，必奉宪令而后过海洋。方是时也，皆因兵乱而私窃过海者甚众。故《宋史·流求传》有云：“流求常率数百辈，猝至泉州之水澳头等村，肆行杀掠”者，以此故也。[9]

文中“必奉宪令”的记载与李复“其国别置馆于海隅”的记载，显然有异曲同工之妙。这里的“馆”或是琉球集中管理对外贸易的一个官方机构。琉球人自己承认因兵乱而杀掠宋朝泉州一带的史实，亦可见证宋时对琉球还是有一定的认识和了解的。

虽然这些不能作为一种当时普遍意义上的了解，但是，至少应该可以说明当时社会下层百姓、上层或士大夫阶层对于琉球还是有一定的认知的。明以前的正史关于琉球记载也隐晦地回避了这样一个史实：琉球虽然属于中原王朝认知的“蛮夷之国”，历代虽经努力，却并未纳入中原王朝的朝贡体系之中。

琉球王国的编年史书《中山世谱》亦有如下记载：

时元已亡，明定天下。洪武之初，太祖改“流求”曰“琉球”，遣使招抚。王悦，始通中朝，入贡，以开琉球维新之基。[10]

从这一记载来看，琉球人也是认为琉球与中原王朝的官方往来始于明朝洪武五年颁布明太祖即位诏谕时。上述史料也印证了中国史书的记载。

有关琉球地理方位上的模糊记载，这也给中原王朝诏谕琉球增加了难度。对于琉球的具体方位和航路，明朝以前的史书中没有给出明确的答案，隋唐宋元各代历史记载也有相抵牾之处。《隋书》所载流求是今日台湾还是琉球古国的争论，亦能从侧面说明这一史实。

1369 年，对于尚未完全实现统一全国的明王朝来说，时间短促，没有细加审视自己周边国家，就急忙遣使诏谕，以确立明王朝的正统地位。东亚封贡体系中，这种新朝

---

7 中国历史上对于琉球的称呼不一，宋时称流求，《宋史·流求国》所记载外国为琉球。
8 文渊阁《四库全书》影印本，集部，别集类，1121 册，52 页。
9 《中山世谱》卷三，《天孙纪》第 26 页。御用印书馆 2010 年 1 版。
10 《中山世谱》卷三，《天孙纪 》第 19 页。御用印书馆 2010 年 1 版。

即位诏书的颁布就显得具有双重性，既为了确立封贡关系，也隐含有新生政权急需得到传统朝贡国家的认可。明王朝如此急于诏谕各国，显然有对于后一种情况的考虑。

因此，新生的明王朝仍然承袭前朝有关朝贡国家的记载，也并未把琉球作为中国的传统属国加以诏谕。这也就可以解释为什么明王朝诏谕琉球要晚至洪武五年(1372 年)，而没有在明王朝首次颁发即位诏书的国家名单中见到琉球。

二、琉球的“发现”

翻阅琉球研究的相关文章，我们会发现这样一个几乎相类似的引用，关于明朝中琉关系的最早联系，多是从下面一段记载开始：

> 洪武初，其国有三王，曰中山，曰山南，曰山北，皆以尚为姓，而中山最强。五年正月，命行人杨载以即位建元诏告其国。其中山王察度遣弟期等随载入朝，贡方物。帝喜，赐《大统历》及文绮纱罗有差。[11]

关于明琉关系的建立，上面的引文，看似没有什么问题，但是把本文上面论述的问题稍加考虑，这里面是存在疑问的，即琉球为什么突然闯进明王朝的视野？

如果只是这样简单的引用，我们在阅读时，潜意识里就把琉球与中国传统属国如安南、占城等“一视同仁”了。因为像安南、占城之类的国家在明朝以前的历史中，就已经与中原王朝存在紧密的宗藩关系了。琉球虽然早在隋朝时就已经与当时的政权有过联系，在随后的历史中也与中原王朝时有联系，但一直没有进入封贡体系之中。

因而《明史》对于琉球的上述记载让人容易将其与安南、占城等同，而且如此记载也掩盖了明王朝在确立中琉封贡关系中的巨大作用。

既然《明史》关于琉球与明朝关系建立的记载有待商榷，那么明朝初年，明王朝是怎么“发现”琉球的？诏谕琉球之前有没有联系？这种联系是怎样的呢？

笔者认为明王朝诏谕琉球一事，应该不是一种突然的行为，而是有过联系，这种联系并不一定是官方有意识的行为。

“明洪武初，行人杨载使日本，归道琉球，遂招之。其王首先归附，率子弟来朝。太祖嘉其忠顺，赐符印章服及闽人之善操舟者三十六姓，令往来朝贡。又许其遣子及陪臣之子来学于国学。”[12]郑开阳的这一记载可以说回答了这一疑问。

查看史料，《明史》中关于洪武二年出使日本的使者，就是杨载。“洪武二年三月，帝遣行人杨载诏谕其国。”[13]考察其出使路线，当时明王朝的都城在应天府(今南京)，而北方战争还未完全平息，走陆路显然不可能。而造船技术的进步，使从海路去日本的风险大大降低。后来由海路到日本，琉球成为必经之地。《筹海图编》卷二有《福建驶往日

---

11 文渊阁《四库全书》影印本，史部，正史类，明史，卷三百二十三。

12 文渊阁《四库全书》影印本，史部，地理类，边防之属，《郑开阳杂著》卷七，《琉球考》，584 册，611 页。

13 文渊阁《四库全书》影印本，史部，正史类，明史，卷三百二十二，列传第二百二十，外国三，日本。

本针路》[14]一篇，详细记载了出使日本的海上针路以及沿途地名等。其中明确说到路过琉球的姑米山、那霸港等地。甚至发给日本的诏书有时都由琉球转致，如明宣帝时，就有这样的事情发生：“帝念四方蕃国皆来朝，独日本久不贡。命中官柴山往琉球，令其王转谕日本，赐之敕。明年夏，王源义教遣使来。”[15]

驶往日本的海上针路的开辟及确定，也为“发现”琉球提供了可能。如此，郑开阳的记载是可信的。经过这样一番考究，洪武五年明王朝突然诏谕琉球一事，就显得自然而不突兀了。

杨载出使日本之行，顺带劝谕琉球一事，若仅是匆匆一瞥，很难发现这一偶然事件的意义以及所带来的影响。这也难怪历史只记住了洪武五年诏谕琉球，而忽视了杨载的“发现”琉球之功。中琉的关系往来是必然的，但是以这样一种方式确立，实有偶然的因素。明琉封贡关系逐渐建立后，琉球在历史上的身影也变得清晰起来。明琉封贡关系的建立，其意义不言而喻，用琉球国自己的话来说，是“开琉球维新之基”。此后，人们都记住了东海之上曾经繁盛一时的“万国津梁”。

三、琉球归心

关于洪武五年诏谕琉球的记载讨论，到此似是没有疑问了。但是，我们回到上文中说到的一个史实，即琉球在隋朝以后的几百年历史中都游离于封贡体系之外。这几百年里，琉球对于中原王朝可以说是“不假颜色”。与此相反，琉球为什么能够接受明朝的诏谕和册封？要知道，明朝的武功不及唐、元，算不上古代中国的巅峰时期。如果能够解决这一疑问，我们就能重新审视明琉关系确立的意义和重要性。

我们试着从明朝与琉球两个角度来讨论这个问题。

从当时新生的明王朝来看，元朝败退草原已成定局，朱元璋领导的政权正在全国范围内重新确立统治秩序。东亚国际局势因为元明鼎革而发生了巨大的变化。

明王朝在建立政权后，于第二年(1369 年)立即诏谕周边诸国。在诏谕各国中，日本的情况相对较为特殊。占城、安南等传统属国，明王朝的诏谕只是重新建立双方关系，确立明王朝的正统地位。

> 是年[16]，占城、安南、高丽、入贡。[17]
> 是年[18]，占城、爪哇、西洋入贡。[19]

---

14 文渊阁《四库全书》影印本，史部，地理类，边防之属，《筹海图编》卷二，584 册，第 48 页。

15 文渊阁《四库全书》影印本，史部，正史类，明史，卷三百二十二。

16 洪武二年(1369 年)。

17 文渊阁《四库全书》影印本，史部，正史類，明史，卷二。

18 洪武三年(1370 年)。

19 文渊阁《四库全书》影印本，史部，正史類，明史，卷二。

随后，这些国家先后恢复了与中原政权的朝贡关系。这也意味着对明王朝政权的认可，东亚新的国际关系体系确立。这种影响在当时的东亚国际交往中，不可能不会产生影响。因而笔者有理由认为，三年后琉球加入以明朝为中心的朝贡体系中，也多少受此影响。

从明朝当时的对外政策来看，不管是出于集中力量解决蒙元、安抚四夷，还是出于其他原因，明太祖在处理与周边国家的关系时，坚持了和平外交政策，没有通过武力的形式来恢复中原王朝与各国的关系。后来，明太祖更是罗列了15个“不征之国”以为祖训：

> 决意绝之，专以防海为务。后著祖训，列不征之国十五，日本与焉。自是，倭使不至，而海上之惊亦渐息。[20]

这种和平的外交方式，从随后的进贡国家络绎不绝及东亚局势来看，还是相当成功的。

这一和平政策在琉球更显突出。根据《隋书》记载，隋炀帝曾让朱宽派军攻打过琉球，虽取得军事胜利，但是因“流求不从，拒逆官军”[21]而放弃。后来席卷亚欧大陆的蒙元，在武力上不可谓不强大，但是多次诏谕琉球，均以失败而终[22]。三者对比，明朝相对温和的方式，更易于被琉球接受。

如果我们从琉球方面来看，当时的琉球国内形势也易于促使琉球加入东亚封贡体系中。

13、14世纪，英祖王统衰微，琉球本岛分裂为山南、山北与中山三部分：山南的大里按司割据本岛南端的具志川、丰见城、真壁；山北今归仁按司以今归仁城为中心，控制羽地城、名护城；中山王在全岛的影响力持续微弱，但依然掌握着全岛最富庶的首里、浦添、中城、胜连、座喜味等地区。三山之间相互征伐，琉球历史迎来群雄逐鹿的“三山分立时代”。[23]

元明鼎革之际，琉球三个割据政权并立，呈现出一种平衡。但是加入朝贡体系，在政治上可以获得来自明王朝的支持，可以使自己一方获得巨大的政治优势和经济优势，利于打破这种平衡，实现琉球的统一。

我们可以从明王朝给琉球中山、山北、山南的诏书中找到其中的差别。

明初，中山、山北、山南三国鼎立，征伐不断，明太祖给琉球中山王的诏书中说：

> 自朕即位，十有六年，岁遣人朝贡。朕嘉王至诚……赐王镀金银印一。近

---

20 文渊阁《四库全书》影印本，史部，政书类，通制之属，钦定续文献通考，卷二百三十七。

21 文渊阁《四库全书》影印本，史部，正史类，隋书，卷八十一，《流求国》。

22 文渊阁《四库全书》影印本，史部，正史类，元史，卷二百十，《瑠求》载有“元朝多次诏谕瑠求未竟一事”。元时，琉球称“瑠求”。

23 《中山世鉴》(琉球大学图书馆藏依波本)卷二，叙述了从南宋景定元年(1260年)琉球英祖即位至永乐十九年(1421年)尚巴志即位前的琉球历史。其中较为翔细记载了琉球三国分立一段的历史。

使者归，言琉球三王互争，废民伤农，朕甚悯焉。诗曰：“畏天之威，于时保之。”王其罢战息民，务修尔德，则国用永安也。[24]

诏书中，对于中山王在三国中首先行“事大之礼”多有嘉勉。对其与山北、山南相互攻战一事，劝谕的味道很浓一些。

而给山北、山南的诏书却说：

迩者琉球国王察度，坚事大之诚，遣使来报。而山南王承察度，亦遣人随使者入觐。鉴其至诚，深可嘉尚……朕闻之，不胜悯怜，今遣使谕二王（按，指山南、山北王）知之。二王能体朕意，息兵养民，以绵国祚，则天佑之，不然，悔无及矣。[25]

诏书中明太祖未提及山北王，而且作为十分严肃的政府官方文件，明太祖称中山王为“琉球国王察度”，似乎只承认中山王为琉球王国的正统。相反，对山南、山北王似隐含威胁之义。由此可见，进入封贡体系琉球中山王在政治上占了优势，更能获得来自明王朝的支持。而这种支持，对于处于三足鼎立的各个分裂割据政权来说，谁能获得，谁就有取得打破平衡的优势。

在经济利益上，更是不言而喻。在传统的朝贡往来中，中原王朝基本上坚持厚往薄来的原则。明朝亦是继承了这一原则。明朝赐予物品的价值往往是琉球朝贡物品总价值的数倍甚至几十倍，而与其相伴的贸易往来获利更是惊人。[26]

笔者以为，以上几个原因共同促使琉球中山国融入东亚封贡体系中。山南、山北为避免外交上的劣势，保持三山的平衡，也很快融入东亚封贡体系中。

通过对上述几个问题的分析，我们会发现，在明初诏谕琉球一事上，远没有“洪武五年（1372 年）太祖遣使杨载诏谕琉球”一句字面上表述的那样简单。这一简单记载遮掩了杨载“发现”琉球的过程及事件本身所具有的偶然性。明朝在隋朝以来中琉关系上所发挥的关键或转折性的意义，在这一记载中也得以体现。

诏谕时间上的差异，琉球的“发现”，明朝为何能够把琉球纳入朝贡体系等掩盖在这一记述下的史实和疑问，都值得我们重新审视和研究这一历史记载。明朝与琉球封贡关系的建立，既有历史的必然性，也有历史的偶然性。明朝的努力，开创了明清两代五百多年中琉牢不可破的宗藩关系，谱写了一段封贡史上的佳话。

24 《中山世谱》卷三，《天孙纪》第 40 页。御用印书馆，2010 年 1 版。

25 《中山世谱》卷三，《天孙纪》第 40 页。御用印书馆，2010 年 1 版。

26 谢必震教授所著《明清中琉航海贸易研究》一文中有较为翔实的论述。米庆余《琉球历史研究》一文中，对琉球王国的海外贸易也有较为详尽的论述。史学界对于琉球获取惊人的贸易利润普遍持赞同意见。

清代档案史料所见山东对琉球漂风难民的救助和抚恤

清代档案史料から見る山東地域の琉球漂流民に対する救助活動

臧文文[*]　修　斌[**]

摘　要

明清两代，福建、台湾因地缘之便与琉球的交往十分密切。山东与琉球虽然距离较远，但相互的往来和交流也体现在多个方面，如山东籍册封史的活动、山东籍人士编制的官话课本、琉球朝贡使途经山东的情况、山东作为儒学本家对琉球的影响等等，都值得关注和研究，特别是中琉双方对漂风难船的救助抚恤是重要内容。山东省虽然离琉球较远，但是对琉球漂风难民的救助和抚恤却不逊于其他省份。研究山东对琉球漂风难民的救助与抚恤，能够深化对漂风难民问题的研究。由于山东在中琉关系上并非中心区域，对山东与琉球关系的考察能够帮助我们更加全面认识中琉关系。本文主要依据清代档案资料和历史文献，以发生在清代的琉球国漂风难船为中心，对遭遇海难漂至山东沿海的琉球船的相关史实略加稽考，对其船舶的来源和规模、船上人员构成、所载货物的内容、遭难原因以及山东对这些漂风难船的救助、抚恤、处置等加以考察，从一个侧面感知清代山东与琉球之关系以及当时中琉关系的一些状况，也从中体会海洋作为地域间交往载体的特殊功效。

关键词：清代　山东　琉球　漂风难船　救助抚恤

要　旨

明清時代、福建と台湾は地理的関係によって琉球と緊密な関係を持っていた。山東は琉球とやや離れた距離にあるが、やはり様々な交流が行われていた。例えば、山東省出身の冊封使節として来琉した人物の活動、官話教材

[*] 臧文文：中国海洋大学文学与新闻传播学院硕士研究生。

[**] 修斌：中国海洋大学文学与新闻传播学院教授。

の編集、琉球朝貢使節の山東の経過、儒学の本家である山東の琉球への影響などは、注目に値するもので研究上の意義があろう。その中でも特に重要なのが、中琉両国の漂流民に対する救助活動である。山東は琉球からやや離れているが、琉球漂流民への救助活動は他の省に劣らないものであった。山東の琉球漂流民への救助活動を研究することによって漂流民救助の研究をより深められると思われる。山東が中琉関係の中心地域でないことは、むしろ山東と琉球との関係を研究することがより全面的な中琉関係の解明への一助となろう。

本稿は清代の档案などを利用いて、清代に山東に漂着した琉球船を考察の対象として、船の入手先、船の規模・乗組員の構成・貨物、漂流の原因及び山東官府の琉球に漂流した船への対処・救助状況などを考察していく。以上の考察により、清代山東と琉球との関係、当時の中琉関係について検討し、さらに海が地域交流の媒介として果たしてきたその特殊な役割についても明らかにしていきたい。

前　言

公元1372年，即明洪武五年，明太祖遣行人杨载出使琉球，这是中国与琉球国建立正式官方关系的开端。自此之后，中国与琉球的关系日益密切，在明清两代绝大部分时期，琉球国的地位位于朝贡国家的前三位。中琉之间，不仅仅有频繁的使节派遣和朝贡贸易作为双方联系的纽带，对于遭遇海难的漂风难民的互助抚恤，也密切了双方的友好关系。

琉球是一个岛国，地理环境的特殊性决定了琉球人经常需要出海来完成物资运输和商业贸易。从海难数据来看，漂至山东沿岸的漂风难民都是在琉球各岛之间往来的过程中遭遇海难的。众所周知，以琉球为基点，往东为浩瀚的太平洋，往南和往北也都不容易找到落脚点，但是只要奋力往西，总能到达大陆，也就是说，一旦遭遇海难，往西到达中国的获救希望是最大的。所以北自奉天，南至广东，中国的沿海地区都有过救助琉球漂风难民的记录。特别是在清代，清王朝对于漂风难民的抚恤有了更为明确的政策，各地对于这类事情的记载也都比较详细，为我们的研究提供了重要的资料。

关于清代琉球国漂风难民的研究已经卓有成效，如刘序枫的《清代档案中的海难史料目录(涉外篇)》[1]，对现有清代档案中关于海难的资料做了较为翔实的整理，为我们查找相关资料提供了线索和便利。渡边美季的《清代中国における漂着民の处置と琉球》[2]，将清代中国对琉球漂风难民的救助抚恤做了全面的分析研究。赤嶺守先生的《清代琉球漂着民の船舶、货物の变卖について》[3]，对清代漂风难船上的货物种类和处置做了研究，并指出清代中期之后存在伪装漂流来达到货物走私的目的的情况。刘序枫的《清代中国对外国遭风难民的救助及遣返制度——以朝鲜、琉球、日本难民为例》[4]，探讨了清朝对外国遭风难民救助制度的实施实态和对不同国家的差异等。此外，历届《中琉关系国际会议论文集》等也收录了其他关于漂风难民的论文。

以往的研究中也有专门研究某个地区抚恤琉球漂风难民的论文。目前见到的有杨彦杰的《清代台湾抚恤琉球遭风难民的案例分析》[5]、赖正维的《清代琉球船漂风台湾考》[6]、吴幅员的《清代台湾所遇琉球遭风难民事件》(上、下)[7]、上江洲安亨的《清朝于台湾之琉球漂流民遭难事件——以乾隆五十五年及嘉庆十五年的事例为例》[8]，这些论文主要是对清朝时期台湾地区对琉球漂风难民的抚恤的研究；徐斌的《从〈历代宝案〉看泉州与琉球的友好关系》[9]，通过对《历代宝案》中的救助抚恤的事例来反映当时泉州与琉球的友好关系。对于山东抚恤琉球漂风难民专门研究尚未见到。本文通过查阅中国第一历史档案馆出版的《清代中琉关系档案选编》、《续编》以至《七编》和《历代宝案》及其他相关的资料，将其中关于山东与琉球国漂风难民相关的资料记述加以整理，对清代琉球难民漂往山东的背景和原因、山东对琉球漂风难民的救助和抚恤以及护送至闽的政策措施等加以考察。

一、清代琉球国难民漂往山东的背景及原因

琉球国是一个群岛国家，岛与岛之间的物资运输和商业贸易都需要利用船舶通过海路来实现。业已查到的漂至山东的琉球国漂风难民事件共有14起，见表1。

表1　漂至山东的琉球难船情况[1]

时间	人员	出发地	目的地	出海原因
乾隆五十五年	安仁屋 等16人	中山	宫古岛	装货物至宫古岛换粟
嘉庆三年	名城　等32人	八重山	中山	装载苎布疋米粟等进与中山王
嘉庆十四年	马文彪 等52人	中山	大岛	押黑糖药材至大岛贸粮
嘉庆十五年	屋宜子 等7人	那霸	山原	载盐至山原换柴
道光元年	系数　等14人	泊村	国头岛	装运火柴
道光元年	知念　等7人	八重山	那霸	装大小米、樟木等回西村
道光五年	明光祖 等14人	泊村	国头郡	装薪木至国陨府售卖
道光十一年	系岭　等4人	宫古岛		装牛、米、豆、棉花贩卖
道光十三年	永照屋 等11人	八重山	那霸	交纳粮米
道光二十四年	郭善秀 等20人	八重山	那霸	装大小米豆进与中山王
道光二十六年	比嘉　等5人	那霸	太平山岛	催运粮米
道光二十六年	宫城　等8人	八重山	那霸	交纳粮米

1　根据《清代中琉档案关系选编》和《历代宝案》汇集而成。

续表

时间	人员	出发地	目的地	出海原因
咸丰二年	张石岭 等6人	那霸	八重山	催运粮米
光绪元年	蔡名德 等25人	八重山	那霸	交纳粮米

这其中有5起是从离岛往本岛进贡，剩下的船只主要是用来运输粮食和经济作物进行贸易。

琉球国内实行田地分赐制度，所有生产粮食的农田大都成为王府以及达官贵人的采地，每当收获之后，各地出产的粮米便成为需要交纳的贡赋而运往琉球国王所在地，也就是冲绳岛的中山。中山本岛的粮食偏少，主要粮食产地是在姑米山和八重山岛。周煌在《琉球国志略》中记载："中山地广人稀，山多田少；十月布秧，五、六月熟。地气常暖，本宜两种；因八月后多大风拔苗，故止一熟。姑米山、八重山，产米最多。"[10]徐葆光在《中山传信录》中也说："土田，皆于九月、十月耕种，五月收获毕。各官分赐采地皆亲至其地，视耕视获；有职官或子弟督之。"[11]《琉球国志略》中还记载："八重山（一名北木山，土名彝师加纪）：在太平山西南四百里，去中山二千四百里……较太平尤饶给，多樫木、黑木、黄木、赤木、草席，产牛、马、螺石，出麻布、棉布、海参、红酒（名蜜林酒）、五壳、砗磲、玳瑁、珊瑚、羊肚、松纹、海芝、海柏等石。每年五、六月，与太平山来贡中山。"[12]

在飘至山东的琉球国难民中，有5起都是自八重山运送物品至中山进贡的：

嘉庆三年，名城等22人在"八重山石垣司主风见本差令装载岛苎布疋米粟进与该国中山王"[13]，在洋遭风。

道光十三年，永照屋等11人"坐驾小船往该国属八重山催运粮米……自八重山岛开船，载回白米三百零二包、粟二百九十四包、黄豆八包、烟叶七包"[14]，在洋遭风。

道光二十四年，郭善秀等20人，自八重山"装载大小米豆等物往该国王交进纳"[15]，在洋遭风。

咸丰二年，张石岭等6人，自那霸"奉差开往八重山岛催运粮米"[16]，在洋遭风。

光绪元年，蔡名德等25人，"在本国八重山岛装贡赋稻米五十包欲往本国都城交纳"[17]，在大洋遭风迷失。

这些向琉球国王进贡粮米的船只，相比一般的民间小船要大得多，在嘉庆三年的这次事件中，提到使用的船只为"马舰船"，这种船比较坚固，所以在从琉球至山东如此长距离的漂泊中，仍能达到"尚属坚固"[18]的程度，由此也可以反映出当时琉球的造船技术已经达到了相当高的水平。

琉球国各个岛的地形地质等方面都有差异，从而使各岛上的物产也不尽相同，互通有无成为必须。民间用船都是一些小船，如徐葆光在《中山传信录》中记载："其各岛往来通载之船，大小皆尖底，底板鳞次……小船，皆刳独木为之，极轻捷，村民、渔户皆用之。一舟不胜载，则双使为用。"[19]这种小船承担了联系各岛的任务，但一旦遇到狂风大浪，则很难幸存。

在古代，船只在海上航行，受风力、暴雨等天气因素的影响很大。农历六月之后，飓风就会频繁地光顾琉球群岛这个区域，对海上船只的航行产生巨大影响，在飘至山东的14起事件中，时间集中在农历五至七月，以六月为主：从统计资料来看，五月有2起，六月有9起，七月有3起。

山东位于琉球的西北部，也就在夏季东南风盛行的时候，船只在风力的强烈作用下，才能漂泊这么远，到达山东。其实人们知道进入东南季风盛行时期海上航行是极其困难的，官方的朝贡船、接贡船都避开这个时期，所以遇难的都是各岛之间进行往来的船只。

二、清代山东对琉球国漂风难民的抚恤

清代在继承明朝抚恤漂风难民的基础上，对抚恤制度做了完善，各地方对这种制度也进行了很好的执行。山东虽然距琉球较远，但在抚恤琉球漂风难民的过程中，山东地方当局忠实、有效地执行了朝廷的制度，在这一过程中，也增进了山东对琉球的了解和认识。

(一)政策

中国对于漂风难民的抚恤由来已久，清朝延续以往抚恤漂风难民的惯例，并有了进一步的完善。

康熙二十三年开海禁之时，就指示全国各地方对漂风难民进行救助抚恤：

“其海禁已开，各省民人、海上贸易行走者甚多。广移文浜海外国王等，各饬该管地方，凡有船只漂至者，令收养解送。”[20]

到了乾隆时期，对于漂风难民的送还体制和银两支出以及抚恤目的等都做了更详细的规定，并将此规定以谕旨的形式进行了固化。乾隆二年(公元1737年)下旨谕：

“朕思：沿海地方常有外国船只遭风漂至境内者，朕胞与为怀，内外并无歧视。外邦人民既到中华，岂可令一夫之失所。嗣后如有似此被风漂泊之人船，着改督抚督率有司，加意抚恤。动用存公银两，赏给衣粮，修理舟楫，并将货物查还，遣归本国，以示朕怀柔远人之至意。将此永着为例。”[21]

这种对漂风难民的救助抚恤制度一直沿用到清末，至琉球国灭亡之后仍有一些抚恤事例。这种国家政策得到了包括山东在内的各地方的有效执行。

(二)救助抚恤过程

山东对琉球漂风难民的抚恤，主要包括海上救助、查验船上人员货物、提供食宿、修理舟楫和护送至闽等过程，山东各级官府对这些过程都进行了很好的执行。

(1)海上救助

一旦有人 发现海上有遇难船只，会立即报告给当地官员，地方官员“迅驰往”，迅速赶到出事地点，指挥当地军队和民众进行救助。从各种奏折中可以看到，负责这件事

的是当地知县，足可以看出当时政府对于漂风难民的重视。

(2)查验船上人员、货物

将人船救助上来后，首先要做的就是查验船只，将船上人员、货物等一一记录在案。这不仅是为了确保船上的财产安全，同时查验中重要的一点是看有无军器等违禁物品，当时朝廷规定："凡外国贸易，不许收买史书、黑黄紫皂大花西番莲缎，并一应违禁兵器、焰硝、牛角等物。"[22]查验物品的目的是防止这些违禁物品流向国外，从而确定该船只是否是走私船只。牌照也是查验船只的重要部分，从数据看，获救于山东的琉球船只都没有牌照，这与中国几乎每艘商船都有牌照的情况不同，也从一个侧面反映出这些琉球漂风难船并不是用来进行大的海上贸易的。对这些货物的认真查验记录，也反映了清王朝管理的仔细程度。

查验船上人员，并不仅仅是清点人数，主要是了解他们的身份。每一艘获救的琉球漂风难船上往往都有略通汉字的人，于是"给予纸笔"，让他们写出自己的身份。如道光二十四年漂到胶州的郭善秀一案，"据书，伊名郭善秀，在船充当写字人，共系十九人。一名向文治，系八重山番官；一名松景福，系八重山下发；又随从人七名，俞作舟、永保庆、宫里桃源、叶长茂、萨数尊、泽坻、池原；又船头一名比嘉；又水手八名，金城、安里、山城、新垣、玉城、鸿袋、石门、宫平，俱系琉球国人。"[15]因为山东没有通晓琉球语言的译官，所以信息有些错漏不全，这些漂风难民到了福州之后，再由当地进行译讯，这些人的身份更加准确："难夷金良即郭善秀是笔者，系琉球国泊村人……比嘉是舵工，金城、安里、山城、新垣、岛袋、石川、宫平、川平即俞作舟都是水手，俱系琉球国那霸府人……番官一员仲吉即向文治，系首里府人交卸落班。并在番笔者一名长岭即松景福，随从七名，久场岛即叶长茂、宫里、桃原、泽坻、池原、照屋即永保庆、玉城俱系首里府泊村人。"[23]

这种通过笔谈进行交流的做法，有日本《唐船风说书》的影子，与同时期的朝鲜的《备边司誊录》的做法也很相似。通过这种交流，也加深了山东对琉球的了解。

(3)提供食宿

这些漂风难民在海上颠簸十几天，加上船只遭损，很多日用品都没有了，于是当地官府会从存公银两中拿出一些，给他们提供棉被、衣食、鞋袜等物，"按名捐给棉衣被褥，厚予口粮[25]"。除此之外，在护送至闽之前，官员也会送他们一些银两，包括路上的衣食，以致到了福建，因山东已经给予了足够的衣服，福建方面只提供米盐菜等食物就足够了。

从海路至闽的船只同样也有此待遇：乾隆五十五年漂到山东的安仁屋一案，官府不仅按照琉球难民的请求，为他们买了一艘小脚船，赏给代造大船桅一根，帮助他们修好船只，还赏给大米五石作为口粮。[25]

(4)修理舟楫

琉球船只遭风漂至山东，船体往往受到不同程度的损坏。船只受损不重，经过修理可以继续航行的，各省都免费将船只修整加固。嘉庆三年，一琉球船遭风漂至即墨县燕儿岛水面，船上大桅已断而船体尚固，于是难民请求换一根大桅篷。“该府因系外夷船只漂泊到境，随同该道亲赴该县燕儿岛查讯，与该县验讯情节相符。因燕儿岛地方船只难以停泊，且需用料物工匠俱多未便，当经饬委员弁将该船护送至胶州塔埠口停泊，并令胶州知州刘复善置备篷桅料物，会同即墨县知县刘锡信赶紧修理。”[13] 此处“该府”指的是辖胶州即墨县的莱州府，因燕儿岛地方的港口不便停泊，所以由莱州府出面将船护送到胶州，并令胶州知州进行修理。

(5)护送至闽

福州是当时清王朝规定的通琉球的唯一口岸，往来琉球都必须在福州出发或登岸，福州也设有专门接待琉球人的柔远驿(即琉球馆)。漂至其他省份的琉球难民，无论路途远近，都不得从该省自行回国，而是一律护送到福州的柔远驿，再分次遣发回国。

飘到山东的琉球难民，有陆海两条路可选，其情况依据船只的状况而定。大部分船只由于在海上的颠簸，已经损毁，无力支撑海上航行，于是就将其就地变卖，所得银两发给船主。由官府将难民先送至省府，即济南，再由省府通报江南、浙江、福建各省，派人将难民护送到福建。

如果船只损坏程度较轻，经过修理可以继续航行的，则允许其驾船从海上抵闽，并由官府安排人员(清后期是水兵)领航护送。如嘉庆三年的船只，“于八月十五日会修完竣。并雇觅熟悉海面路径水手给与执照候风起程，将船送交江南刘河口转送浙江宁波口再转送至福建该国驿馆。”[13]

三、货物变卖

经过长时间的海上颠簸，大部分船只被损毁严重，有的甚至只剩下船板，无法再走海路，于是他们的货物大都在当地直接由官府进行变卖。而由于官府对漂风难民的体恤，给他们的货物以非常优厚的价格。

清代琉球漂风难民搭载的货物主要是当地的农产品：大小米、麦、粟、豆、黑糖、红糖、茶、盐等，船上的铁锅、铁钉、铁条甚至是破损的夷船都是变卖的对象(表2)。

表2 琉球难船在山东的变卖货物[2]

时间	笔者(记录人)	变卖地点	变卖货物及所的银两
嘉庆十四年	马文彪	荣成	黑糖 234 259 觔[3] (9 370 两)夷船(1300 两)
嘉庆十五年	屋宜子	胶州	夷船
道光元年	系数	胶州	夷船(62 两)
道光元年	知念	文登	夷船、大小米、樟木(共 272 两)

2 根据《清代中琉档案关系选编》和《历代宝案》汇集而成。

3 觔，《康熙字典》，后人认为斤两之斤。

续表

时间	笔者(记录人)	变卖地点	变卖货物及所的银两
道光五年	明光祖	文登	夷船(22两)
道光十一年	系领	荣成	夷船、黄牛3只、豆麦小米5包(共33两)
道光十三年	永照屋	日照	夷船、白米20包、粟2包、烟叶4包(共54两)
道光二十四年	郭善秀	胶州	夷船、大小米豆(共465两8钱7厘)
道光二十六年	比嘉	海阳	夷船
咸丰二年	张石岭	海阳	夷船板(5两7钱1分4厘)

对于琉球难船上的货物，官府都是“给优价银”，特别是中国没有的物品，如黑糖一项，马文彪等就得到9 370两，而当时一个知县的俸禄才45两[26]。

清代开放海禁之后，沿海地区贸易繁荣，琉球海域的交易活动也在不断增加，这也是嘉庆、道光年间漂流次数增加的原因。因山东距琉球较远，漂至山东的琉球船大部分损毁严重，所以“就地变卖”成为琉球船上货物的主要处理方式。而“就地变卖”的情况下，船上搭载货物的种类数量等就不受官方贸易的限制，从而给走私贸易提供了机会。加上漂流难民在福州附搭回国时，中国因恤其难民身份，而给他们回国时搭载的货物实行低税甚至免税，更容易让一些人伪装成漂风难民而行走私之实。

嘉庆十四年(1809年)山东登州府荣成县马文彪等52名漂民事件，是山东沿海漂民案件中人数最多的，同时船上货物也是最多的：夷船估价1 300余两，搭载货物黑糖估价9 370两，变卖货物总计10 670两，而这些货物最终是由登州、莱州、青州三个府才销售完成。但是船上的药材却因为在国内卖价很低而没有卖出，最终是带回了琉球。[27]山东巡抚吉伦在奏折中也提到，要咨文给琉球国王，马文彪等所言是否确有其事，这也是当时官员控制走私贸易的一个侧面。

不仅仅有走私贸易，假装漂风难民来进行情报信息窃取也是清廷特别注意的问题。

道光十三年(年)一艘琉球漂风难船漂到山东省日照县，船只完好，趁官府疏于监视的空子，于次日“乘风南下”，道光皇帝将“未能拦阻”的日照县知县音德“交部议处”，同时传谕：“该夷船乘风南驶，自必由闽洋回国。该督等着即通饬沿海文物员弁，认真巡探，如该夷船到闽，即令速回本国。并知照该国王，于该夷船回国之时，查明是否系伊国内商船，何时回国？即行咨复闽省督抚查照，遇便复奏。”[28]乘坐琉球船的永照屋等人在江苏赣榆县被发现，后被再次送回日照县，将原船、器具及所装载的货物等一切物品折算银54两后，再由山东陆路护送至闽回国。[29]此次事件引起皇帝关注的很重要的原因是他们私自乘风南下，有故意窃取中国信息的嫌疑，所以会知照琉球国王，“查明是否系伊国内商船”。

清朝的货物变卖制度，体现了朝廷对于琉球漂风难民的怜悯优待，同时，朝廷对他们的行为也是有警觉性的，防止走私和间谍活动都是朝廷一直关注的问题。

结　语

海上风云变幻莫测，任何船只在强大的自然力的作用下都有可能遭遇不测，其中少数的幸运者经过长时间的海上漂流，终于到达陆地或沿岸海域，这就有了生还的希望。清朝的统治者奉行着“怀柔远人”的信念，给这些难民提供必要的物质帮助、补偿和精神慰藉，并让他们安全回国，进而通过固化这些做法慢慢形成一种抚恤难民的完整制度。官府不但为漂风难民提供衣食住行，同时将他们随船搭载的货物以非常优厚的价格卖出，这都让这些难民对中国产生非常好的印象，促进了中琉两国的了解和友好关系的发展。

以上集中探讨了山东对琉球漂风难民的抚恤救助，也从一个侧面反映了清朝抚恤海上漂风难民政策在各地的有效实施，也体现了清王朝当时的政策执行力。山东虽然距离琉球国很远，但在这种漂风难民的抚恤制度下，通过双方的询问、沟通和救助活动中的接触，强了相互了解和交流。也让我们看到，在当时相当闭锁的海洋政策环境下，在中国沿海的广大区域，依然有体现宗藩关系的多彩的对外交往活动。

参考文献

[1] 刘序枫. 清代档案中的海难史料目录(涉外篇). 台北：中央研究院人文社会科学研究中心：中央研究院亚太区域研究专题中心. 2004.

[2] 渡边美季. 清代中国における漂着民の处置と琉球(1). 南岛史学. 1999，(54)：1－48；清代中国における漂着民の处置と琉球(2). 南岛史学. 南岛史学，2000，(55)：36－109.

[3] 赤嶺守. 清代琉球漂着民の船舶、货物の变卖について. 第七届中琉历史关系国际学术会议论文集. 台北：中琉文化经济协会出版. 1999.

[4] 刘序枫. 清代中国对外国遭风难民的救助及遣返制度——以朝鲜、琉球、日本难民为例. 第八回琉中历史关系国际学术会议论文集. 那霸：琉球中国历史关系国际学术会议. 2001.

[5] 杨彦杰. 清代台湾抚恤琉球遭风难民的案例分析. 第七届中琉历史关系国际学术会议论文集[C]. 台北：中琉文化经济协会出版. 1999.

[6] 赖正维. 清代琉球船漂风台湾考. 台湾研究. 2003，(4)：88－93.

[7] 吴幅员. 清代台湾所遇琉球遭风难民事件(上、下). 东方杂志(复刊). 1980，13－9，13－10

[8] 上江洲安亨. 清朝于台湾之琉球漂流民遭难事件——以乾隆五十五年及嘉庆十五年的事例为例[A]. 第八回琉中历史关系国际学术会议论文集. 那霸：琉球中国历史关系国际学术会议. 2001.

[9] 徐斌. 从《历代宝案》看泉州与琉球的友好关系. 中国航海学会、泉州市人民政府编着. 泉州港与海上丝绸之路(二). 北京：中国社会科学出版社. 2003.

[10] 周煌. 琉球国志略. 卷十四・物产. 乾隆二十四年木刻本.

[11] 徐葆光. 中山传信录. 卷五・土田. 台湾文献史料丛刊第九辑.

[12] 周煌. 琉球国志略. 卷五・山川. 乾隆二十四年木刻本.

[13] 徐艺圃. 清代中琉关系档案续编. 北京：中华书局. 1994，1007.

[14] 徐艺圃. 清代中琉关系档案续编. 北京：中华书局. 1994，723.
[15] 徐艺圃. 清代中琉关系档案选编. 北京：中华书局. 1993 年. 858.
[16] 历代宝案(第十四册)影印本. 台北："台湾国立"大学. 1972 年. 8011.
[17] 徐艺圃. 清代中琉关系档案选编. 北京：中华书局. 1993 年. 1099.
[18] 徐艺圃. 清代中琉关系档案选编. 北京：中华书局. 1993 年. 874.
[19] 徐葆光. 中山传信录. 卷六·舟. 台湾文献史料丛刊第九辑.
[20] 历代宝案(第一册)影印本. 台北："台湾国立"大学. 1972 年. 196.
[21] 着内阁嗣后有琉球国船飘至境内该督抚加意抚恤事上谕. 清高宗实录. 卷52，乾隆二年闰九月庚午条.
[22] (清)昆冈. 大清会典事例. 卷503，第2页上. 上海：上海古籍出版社，2003 年.
[23] 《历代宝案》卷108，第7447.
[24] 徐艺圃. 清代中琉关系档案选编. 北京：中华书局. 1993 年. 688.
[25] 徐艺圃. 清代中琉关系档案选编. 北京：中华书局. 1993 年. 215.
[26] (清)高宗敕撰. 清朝通典. 卷四十，职官十八，禄秩：正从七品，银四十五两 米二十二石五斗.
[27] 徐艺圃. 清代中琉关系档案选编. 北京：中华书局. 1993 年. 410.
[28] 清实录. 第三十六册第622页，道光十三年八月.
[29] 徐艺圃. 清代中琉关系档案选编. 北京：中华书局. 1993 年. 723.

明成化以后中琉朝贡关系的变化探析

明朝成化年後の中琉朝貢関係の変化について

彭 敏*

摘 要

琉球居于大海之中，其国地小人稀，为了政治稳定和经济发展，它与明朝建立了封贡关系。纵明一朝，明琉关系总体上比较友好，但是从成化年间开始，也出现了一些调整和变化，特别是关于琉球朝贡的规制等。明代后期朝贡规定又出现一些新的改变。明末日本萨摩藩入侵琉球对于明琉朝贡关系也影响颇大。以上这些调整和变化并不是偶然的，而是有着深刻的背景和原因。一方面有明朝自身的考量，另一方面也有琉球方面的思虑。本文集中考察和阐述这种调整和变化，揭示中琉关系发展中的这一不稳定性，探讨其各方面的原因，包括当时国际环境下各方的考虑。

要 旨

琉球国は海の中にあり国土は小さく人口も少ない。そこで琉球国は、政治の安定と経済の発展のため明朝と朝貢関係を結んだ。琉球国と明朝の関係は全体的に良好な関係であったが、成化年間以降、琉球国の朝貢に対する規制などをはじめ、両国間の友好関係には変化が見られるようになった。さらに明末、近世日本の薩摩藩による琉球国への侵攻は、琉球国と明朝の朝貢関係に大きな影響を及ぼした。このような明琉関係の変化は偶然ではなく、深刻な背景と原因があった。そこには明朝自身の意図があり、また琉球側の思惑もあった。本文では、このような琉球国と明朝の友好関係における変化を重点的に分析し、中琉関係の不安定性を指摘する。そして、中琉関係の変化とその原因を当時の国際関係のなかに位置付け考察する。

* 彭敏：中国海洋大学文学与新闻传播学院研究生。

前 言

建立和发展与古代中国中央王朝稳定的制度化联系，是多数中国的周边国家特别是小国努力追求的外交目标。同时，周边国家通过建立和发展与中国封建王朝的朝贡关系，也可以获得经济上的好处。琉球作为中国的周边小国之一，地小人稀，物产贫乏，琉球历代统治者也都认识到了对外关系对本国经济发展、政治稳定的重要性，通过向明朝朝贡，琉球国被纳入到封贡体系之中，进而开始了与明朝长达200余年的朝贡贸易，渐渐成为东亚海上贸易的一大据点。

总的来说，明朝对待朝贡国，实行“厚往薄来”的让利政策，对外国贡使进行超值回赐。加之“非朝贡不得互市”，使得海外各国朝贡非常踊跃。明朝海禁之后，这种官方的朝贡尤其重要。琉球作为一个海外小国，又作为当时与明朝关系最密切的国家之一，其对明朝朝贡规定的“遵从”和“违背”，不仅与它在东亚海上贸易枢纽地位相关，也与琉球所处的国际环境相关。

一、明成化、弘治年间对琉球国朝贡规定的调整

明太祖建国以后，推行睦邻政策，琉球便被列为十五个不征之国之一，并载诸祖训，告诫“后世子孙，不可倚中国富强，贪一时之功，无故兴兵，杀伤人命”[1]。自太祖时期中国与琉球建立封贡关系以来，两国一直保持着友好往来。同时在琉球来华的进贡贸易上，正如斯塔夫里阿诺斯所说：“（朝贡国）与中国朝廷交往可提高它们的声望；从伟大的文明中心可获得文化方面的好处；而且，居于从属地位，经济上也有利可图，因为中国人赐予它们的贵重礼物多于它们所奉献的，此外，还授它们以某些贸易特许权”[2]。明初，在朝贡次数的规定方面，虽明太祖曾诏告中书、礼部“古者，中国诸侯于天子，比年一小贡，三年一大聘。九州之外，番邦远国，则无世一朝，其所贡方物，不过表诚敬而已”，“入贡既频，劳费太甚，朕不欲也。令遵古典而行，不必频烦，其移文使诸国知之”[3]，但并没有明确规定琉球的入贡时限，或者说限制的收效甚微，琉球的入贡次数已然愈加频繁，基本上达到了一年一贡、两贡甚至多贡，仅太祖一朝30年，中山、山南、山北三王就入贡达54次。[4]

纵明一朝，琉球国以种种名义接连来朝。在《明实录》中，琉球朝贡事主要有进贡、补贡、贺正旦、贺登基、进香、告讣、请赐冠服、迎册封、派遣留学生等。除以国王的

1 《皇明祖训》，《祖训首章》。

2 ［美］斯塔夫里阿诺斯：《全球通史——1500年以后的世界》，吴象婴、梁赤民译，上海社会科学院，1999年，第76页。

3 《明太祖实录》，卷八十八，洪武七年三月。

4 徐玉虎：《明代琉球王国对外关系之研究》，第16页。

名义派遣使臣入明外，还以世子、王叔、国相等人的名义多次派遣使臣入明，朝贡频繁。琉球不断来朝的同时，明朝也设立了相应的机构，对琉球朝贡贸易进行管理，主要有福建市舶司、会同馆和琉球进贡厂(后为琉球馆)。明政府也给琉球以优待，“上以海外诸国多诈，绝其往来，惟琉球、真腊、暹罗许入贡”[5]，“凡交通禁令，各处夷人朝贡领赏之后，许于会同馆开市三日或五日，惟朝鲜、琉球不拘期限”[6]，这些政策也更加刺激了琉球的不断来朝。

但是在成化年间发生的一系列事件，使得原本保持友好频繁往来的双方关系出现了一些细微的变化。主要是一些贡使借朝廷怀柔远人之机，到处惹是生非，甚至杀人抢劫，严重影响到当地的社会治安，在朝贡贸易过程中发生过一些不友好的事件。成化十年(1474 年)，“琉球贡使至福建，杀怀安民夫妇二人，焚屋劫财，捕之不获”[7]。其实这类事件的发生，不是偶然的。因为成化时期，琉球王所派遣的贡使，有一部分是从福建获罪逃亡外出的罪犯，流至琉球后，巧言蒙蔽琉球王，逐渐获得琉球王的信任而充作贡使，假公济私，在中国沿海进行贸易，获取商业利润，甚至劫夺财物。“近年所遣之使，多系闽中逋逃罪人，杀人纵火，奸狡百端，专贸中国之货，以擅外蕃之利”[8]。

实际上，在之前就发生过琉球贡使违规事件，如成化六年(1470 年)，“福建按察司言：贡使程鹏至福州，与指挥刘玉私通货贿，并宜究治，命治玉而宥鹏”[9]。在琉球使臣做出这些不法行为以后，明朝礼官请求朝廷定令琉球“二年一贡，毋过百人，不得附携私物，骚扰道途”[10]，明朝皇帝据此同意两年一贡的奏请，并赐敕戒(琉球)王。《明实录》中关于此次规定的描述更加细致，“自后定为例二年一贡，止许百人，多不过更加五人；除国王正贡外不得私附货物，并途次骚扰，有累国王忠顺之意。王其省之。”[11]对于贡期和朝贡贸易做出了限制。然而，琉球并没有放弃每年一贡的想法，旋即多次遣使来明，请求遵循祖制，比年一贡，遭到拒绝。“成化十二年(1476 年)，贡使至。成化十三年(1477 年)使臣来，复请比年一贡，不许。成化十四年(1478 年)四月，(琉球)王卒，世子尚真来告丧，乞嗣爵，复请比年一贡。礼官言：其国连章奏请，不过欲图市易，近年所遣之使，多系闽中逋逃罪人，杀人纵火、奸狡百端，专贸中国之货，以擅外番之利，所请不可许。乃命给事中董旻、行人张祥往封，而不从其请。成化十六年(1480 年)，使来，复引祖训条章，请比年一贡，帝赐敕戒约之。成化十八年(1482 年)，使者至，复以为言，赐敕如初。”[12]由此可见，琉球一方对于不能每年来贡有所不愿，因为这样一来，琉球国由朝贡所得的收入必将大大减少，其经济和政治利益都会相

---

5 《明太祖实录》，卷二百三十一，洪武二十七年正月。

6 《明会典》，卷一百零八。

7 《明史》，卷三百二十三，《外国四·琉球》，中华书局，1974 年标点本，第 8365 页。

8 《明史》，卷三百二十三，《外国四·琉球》，中华书局，1974 年标点本，第 8365 页。

9 《明史》，卷三百二十三，《外国四·琉球》，中华书局，1974 年标点本，第 8365 页。

10 《明史》，卷三百二十三，《外国四·琉球》，中华书局，1974 年标点本，第 8365 页。

11 《明宪宗实录》，卷一百四十，成化十一年四月。

12 《明史》，卷三百二十三，《外国四·琉球》，中华书局，1974 年标点本，第 8366 页。

应下降。因此，其以各种名义频繁来朝，请求遵祖训，“比年一贡”，不过这一次，明宪宗(1447—1487年)决意已定两年一贡，没有再反反复复。

不仅对于贡期有了新的规定，而且这一时期对于朝贡规定的执行力度也更加严格了，原来一些能够获得皇帝原谅或者默许的行为在这个时期也发生了些许改变。例如，琉球朝贡的贡道原来是定在泉州福建市舶司(另外还有广州和宁波两处市舶司)，贡使必须由此登陆前往京师入贡，并且允许贡使携带方物，进行互市贸易。但是琉球贡使由于种种原因经常不按照明朝规定而随意停靠沿海的其他地方，宣德七年(1432年)，浙江温州知府何文渊奏：“瑞安耆民言，洪武、永乐间琉球入贡，舟泊宁波，故宁波有市舶提举司安远驿以贮方物，馆穀使者，比来番使泊船瑞安，苟图便利，因无馆驿，舍于民家，所贡方物无收贮之所，及运赴京，道经冯公等岭，崎岖艰险。乞自今番船来者，令仍泊宁波为便。行在礼部言，永乐间，琉球船至，或泊福建，或宁波，或瑞安。今其国贡使之舟凡三，二泊福建，一泊瑞安，询之，盖因风势使然，非有意也。所言瑞安无馆驿，宜令工部移文浙江布政司，于瑞安置公馆及库以贮贡物。”[13]由此可见，明朝对琉球的这种随意并没有做出反对，实际上，这也是默许了瑞安作为琉球入贡登陆地的事实。至成化八年(1472年)，明朝开始对此作出限制性规定，福建市舶司自泉州迁至福州，福州自此取代泉州成为琉球进贡的地点。明孝宗弘治年间发生的一起事件就能看出明朝对规定执行逐渐严格起来，弘治元年(1488年)琉球王遣使皮扬那等从浙江入贡，却遭到了孝宗的拒绝：“命却琉球国入贡使臣之从浙江来者。旧例，琉球两年一贡，俱从福建布政司比号。今来，非正路，又非年例，故有是命。”[14]从此条中，我们可以看出，琉球一没有遵守贡道由福建之规定，二没有遵守贡期之规定，因此礼部以不符合定例而拒绝其入贡。虽然皮那样等具以国王咨礼部文，言“成化二十一年，本国正义大夫程鹏等进贡回国，报知皇太子册妃，乃遣使表贺并贡方物”，请求入贡，礼部最终同意其入京入贡：“琉球入贡，虽与例限不合；然远人之情可念。况笺文、方物已至京，难于终却；请暂赐容纳。后仍以旧例裁之”[15]，但是为了惩罚此类事件的发生，以示教训，朝廷将赏赐从人的物品减半，并要求琉球如果以后再从福建以外的地方登陆进贡，必须事先向明奏请获得同意方可。这段时期，对于琉球来贡严格要求，按规办事的做法也有明朝本身的考虑，明朝统治者在所谓“招携以礼，怀远以德”的古训下，付出了沉重的经济代价，难怪广东右参政张琰上疏直言：“朝贡频数，供亿浩繁，劳敝中国以事远夷非计，宜省节之。”[16]

这一时期，琉球与日本也有贸易上的往来，日琉关系在明廷的影响下有了增强，但是琉球与日本的交往还是在相互平等的基础上进行的。

---

13 《明宣宗实录》，卷八十九，宣德七年四月。

14 《明孝宗实录》，卷九，弘治元年正月。

15 徐葆光：《中山传信录》。

16 《明英宗实录》，卷一〇六，正统八年七月。

二、明正德以后对琉球国朝贡规定的调整

明武宗朱厚照(1491—1521 年)即位后，国内政治环境不稳定，宦官刘瑾倚仗自己是武宗小时候的侍奉，受武宗的信任，伙同其他七名太监想方设法地鼓动武宗游玩享乐，他们则专权跋扈，隐瞒着皇帝为非作歹。刘瑾在内宫监任职，而且掌管着京城的精锐守卫部队。正德二年(1507 年)，(琉球)使者来请，比年一贡。礼官言，不可许。是时刘瑾乱政，特许之。[17] 虽然暂时实行一年一贡，但是明朝不断衰弱的国力已逐渐无法供应这么频繁的经济上的厚往薄来了，等刘瑾被灭以后，朝贡基本上又恢复了旧制。嘉靖元年(1522 年)，明世宗即位，后不久即再次“敕琉球国王尚真遵先朝旧例，二年一次朝贡，每船不过一百五十人，仍命福建巡按御史查勘验收”[18]。

明朝时期，倭患日趋严重。尤其是英宗正统以后，随着明廷政治的腐败，海防的松弛，倭寇复起。在抗击倭寇的过程之中，琉球也发挥了一些作用，一方面他们尽力营救受难中国人民，与之衣食，送之归国，另一方面则与中国官兵一同作战，派兵追捕，提供情报，帮助明朝抗击清剿倭寇，尽量保证中琉交通的顺畅。“(嘉靖)三十五年(1556 年)，倭寇自浙直败还入海，至琉球国境上，中山王世子尚元遣兵邀击尽歼之”。[19]

另一方面，中琉之间的封贡关系也受到琉日关系的影响。据《中山世谱》附卷记载，琉球与日本萨摩岛津氏的官方往来，是在尚真王之子尚清在位期间(1527—1555 年)开始的。这时，萨摩与琉球的贸易关系也基本是平等的。

然而在 1570—1572 年，双方关系出现两次危机。1570 年，萨摩岛津贵久的使者雪岑和尚至琉球，要求琉球尚元王向萨摩朝贡，遭琉方拒绝。岛津大怒，煽动奄美大岛酋长发动叛乱，并向奄美派遣军队，给奄美的酋长提供军事上的支持。1571 年，尚元率船五十余只御驾亲征，在奄美大岛两次与萨摩军交战，败萨军，俘杀叛变的酋长。继而 1588 年，丰臣秀吉统一日本，命令萨摩藩僧致琉球国王书，征琉球入贺，并献地，奉正朔。它是日本对琉球实行武力征服的开端。1589 年，日本又无礼要求琉球“进贡”，否则出兵征讨。1591 年，萨摩藩岛津义弘致书琉球国王尚宁，指出关白(即丰臣秀吉)欲攻打朝鲜，令琉球在明年 2 月前将 7 500 人和 10 个月内的粮食运至坊津，然后设法运至朝鲜。尚宁严正拒绝了其无理要求。丰臣秀吉致书琉球王，略云：“我邦百有余年，群国争雄，予也诞降，以有可治天下之奇瑞，远邦异域，款塞来享。今欲征大明国，盖非吾为，天所授也。尔琉球降侯出师期，明春谒肥钱辕门。若懈愆期，必遣水军，悉鏖岛民。”[20]此时的萨摩岛津又再从中作梗，尤以琉球不善征战为借口，一厢情愿地承诺承担起琉球的分派。此举实质上是强行要琉球欠下自己一笔“人情”，以方便日后向琉球

17 《明史》，卷三百二十三，《外国四 · 琉球》，中华书局，1974 年标点本，第 8366 页。

18 《明世宗实录》，卷十四，嘉靖元年五月。

19 《明世宗实录》，卷四百五十五，嘉靖三十七年正月。

20 吴壮达：《琉球与中国》，正中书局，中华民国三十七年九月版，第 90 页。

索取权益。果不其然，这个事件日后成为了岛津出兵琉球的借口之一。1609 年(明万历三十七年)3 月，萨摩岛津氏在幕府许可的情况下，借口琉球没有偿还出兵朝鲜的军费、不派遣谢恩使答谢德川家康、对岛津家多年来疏于礼节等借口，进兵琉球的奄美大岛。没过多久就攻下首里城，俘获尚宁王。这也是琉球国与中国互通往来后，首次遇到日本的重大加害和侵略。严格而论，琉球开始受到日本的控制，亦实发端于 1609 年被日本以武力侵入之时。

实际上，即使是在这段时期内，日本对琉球有极强的吞并之意，琉球也和明朝极力保持着官方往来，他们一方面对萨摩藩或抗争或妥协，一方面又与明朝积极修贡，正如明史中所记载："当是时，日本方强，有吞灭之意。琉球外御强邻，内修贡不绝"[21]。时至万历四十年(1612 年)，中琉封贡的情况又发生了大的变化，"日本果以劲兵三千入其国，掳其王，迁其宗器大掠而去。浙江总兵官杨宗业以闻，乞严饬海上兵备，从之。已而其王释归，遣使修贡，然其国残破已甚，礼官乃定十年一贯之例"[22]，得知琉球被日本萨摩藩攻占之后，明朝一方面体恤琉球国力骤减，担心其无力经营朝贡之事；另一方面更是担忧日本势力对本朝会有不利影响以及对日琉关系有所怀疑，遂定下十年一贡的规定。这对于急于恢复经济的琉球来说无疑是一个极大的打击，因此，琉球"明年修贡如故，又明年再贡"，但是福建守臣遵循朝廷之规制，拒绝了琉球的朝贡请求。天启三年(1623 年)，尚宁王去世以后，其世子尚丰遣使来朝请求封贡。"礼官言：旧制琉球二年一贡，后为倭寇所破改期十年，今其国休养未久，暂擬五年一贡，俟新王册封更议从之。"[23]，规制至此又改成了五年一贡。到崇祯二年(1629 年)时，崇祯帝为了显示国威，壮大声势，强化与周边朝贡国家的关系，又逐渐恢复了成化时期琉球两年一贡的定制，直到明朝亡国，一直都保持两年一贡，虽后期国家动荡，骚乱四起，但是两年一贡的规制并没有再次变动。明朝已灭，"后两京继没，唐王立于福建，犹遣使奉贡。其虔事天朝，为外藩最云。"[24]由此可以看出，琉球对明的虔诚和效忠在藩属国中是最突出的。

三、结论

综上所述，我们大致可以看出，从明朝成化时期开始，琉球与明朝的朝贡关系相对于明前期来说开始发生了变化。在明太祖时期，并没有对琉球朝贡做出两年一贡的规定，成祖时期虽规定了两年一贡，但是对于琉球的不规律性朝贡基本上持默许态度。现有的一些规定的执行力度也很弱，从明太祖开始对于琉球都持厚往薄来，包容大度的态度。而在成化以后，这种态度发成了转变，一方面有了两年一贡的规制，包括贡道，朝贡规模都有了强制性的限制，虽然有时也会有一些包容性的规定，例如可以向明朝申请

21 《明史》，卷三百二十三，《外国四 · 琉球》，中华书局，1974 年标点本，第 8369 页。
22 《明史》，卷三百二十三，《外国四 · 琉球》，中华书局，1974 年标点本，第 8369 页。
23 《明史》，卷三百二十三，《外国四 · 琉球》，中华书局，1974 年标点本，第 8369 页。
24 《明史》，卷三百二十三，《外国四 · 琉球》，中华书局，1974 年标点本，第 8370 页。

在福州以外的其他地方登陆，但是总体来说，成化以后这种规定的限制已越来越严格了，其执行力度也越来越大，期间也多次警告琉球和拒绝琉球不符合规定的朝贡请求，这在明初的话，一般是允许或者默许的，但是在这一时期，情况已经大不一样了。

在朝贡规定的执行上，据《明实录类纂》统计如下[25]：

<table>
<tr><th>年代</th><th>琉球来朝(次数)</th><th>来朝频率(次/年)</th><th>来朝频率(次/年)</th></tr>
<tr><td>洪武(1368—1398)</td><td>39</td><td>1.3</td><td rowspan="7">2.03</td></tr>
<tr><td>永乐(1403—1424)</td><td>64</td><td>3.0</td></tr>
<tr><td>洪熙(1425)</td><td>5</td><td>5.0</td></tr>
<tr><td>宣统(1426—1435)</td><td>30</td><td>3.3</td></tr>
<tr><td>正统(1436—1449)</td><td>27</td><td>2.1</td></tr>
<tr><td>景泰(1450—1456)</td><td>17</td><td>2.8</td></tr>
<tr><td>天顺(1456—1464)</td><td>13</td><td>1.6</td></tr>
<tr><td>成化(1465—1487)</td><td>18</td><td>0.8</td><td rowspan="8">0.45</td></tr>
<tr><td>弘治(1488—1505)</td><td>9</td><td>0.5</td></tr>
<tr><td>正德(1506—1521)</td><td>2</td><td>0.1</td></tr>
<tr><td>嘉靖(1522—1566)</td><td>25</td><td>0.6</td></tr>
<tr><td>隆庆(1567—1572)</td><td>5</td><td>1.0</td></tr>
<tr><td>万历(1573—1620)</td><td>18</td><td>0.4</td></tr>
<tr><td>天启(1621—1627)</td><td>3</td><td>0.5</td></tr>
<tr><td>崇祯(1628—1644)</td><td>1</td><td>0.06</td></tr>
</table>

依据上表，我们可以看出，明朝成化年间以前，来朝次数达到平均每年2.03次，可见明朝前期对于琉球的朝贡限制并不明显，原因在于其并没有做出明确的规定，琉球急于通过朝贡获得明朝给予的大量赏赐和利益。而在成化年间及以后，随着两年一贡这种规制的强制实施，琉球来贡的频率大大下降，成化以后平均每年仅0.45次，即两年一次。通过观察每一个年代，我们亦可以分析出，成化年以前朝贡的频率都在每年一次以上，而在成化以后，则都不超过每年一次，基本维持在两年一次左右。

这种两年一贡的规定，在大的环境下已成规制，但是在明朝后期也并不完全固定，期间曾有过一年一贡，十年一贡，五年一贡，最后又如前制成了两年一贡。这种变化一方面说明了明朝后期，其自身国力已逐渐衰弱，倭寇的不断滋扰也让明朝头痛不已，一直厚往薄来的封贡贸易也耗费了明朝很多人力财力。另一方面也说明这一时期，明朝的外交政策已经开始呈现出一种缓慢收缩和内敛的特点。明朝与琉球的封贡关系，也有着让琉球参与到与自己一道构筑起防御倭寇的海防体系的意图。但是在明朝后期（日本丰臣秀吉时期），明琉的宗藩关系更是受到来自日本的挑战，日本萨摩藩对琉球的入侵破

---

[25] 谢必震、胡新：《中琉关系史料与研究》，海洋出版社，2010年，第35页。

坏了明朝预想构筑的海防体系，萨摩藩对琉球的占领使得明朝对于琉球的态度更加模糊化了，明朝对于琉球的不信任感和怀疑逐步加深，对于日本的势力也增加了忧虑和警戒。

而从琉球方面来看，其最早与明朝建立封贡关系，其原因一方面是摄于明朝的国威，为了获得一个足够强大而又稳定的政权作为其倚靠，另一方面，其受海岛限制，物产贫瘠，与明朝建立封贡关系可以使琉球充分地从双方的贸易中获取尽可能大的利益。琉球每次来朝贡和贸易，都会从中国带走大量的丝绸、瓷器、药材等，再转贩到暹罗、安南、占城、爪哇等东南亚国家和朝鲜、日本等东亚国家，与之交换香料、苏木、胡椒、象牙、楼刀等再转运回中国，以此获得巨大的航海利润。事实上，这两方面都大大满足了琉球国的需求，与明建立关系使琉球暂时后顾无忧，琉球建国初期的政治稳定也有明朝“照顾”的功劳，琉球在这种背景之下也逐渐成为东亚的一个贸易据点和中转站。但是这种封贡关系也受到其国际地位和国际环境的影响，一旦这种比较稳定的环境发生了变化，那么琉球必将受到冲击，萨摩藩的入侵就说明了这一点。

从策彦周良《入明记》看明代的运河交通

『入明記』に見る明代の運河交通について

李 泉[*] 吴 欣[**]

摘　要

策彦周良(1501—1579 年)号怡斋、谦斋，日本京都嵯峨天龙寺塔头妙智院第三世和尚，18 岁在天龙寺剃度，师事鹿苑寺和尚心翁等安，研习佛学，造诣高深，且精通儒学，擅长诗文，为日本五山文学后期代表人物。嘉靖十七年(1538 年)和嘉靖二十六年(1547 年)，策彦分别作为副使、正使，率日本勘合使团入明朝贡。他们泛海至定海(今宁波市镇海区)港，由内河至宁波，而后沿大运河至北京往返。他逐日记下沿途见闻，写成《策彦和尚初渡集》、《策彦和尚再渡集》、《谦斋南游集》等日记体游记，经后人整理，定名《入明记》。其内容涉及运河沿线城市村镇、古刹名寺、楼台建筑、驿站里程、闸坝分布、山川胜景、土产特产、商品贸易、生活习俗及策彦与中国政府官员、学者交涉往来情况等等各个方面，留下了许多关于中日贡使贸易的珍贵资料，对于研究明代后期中国运河区域自然环境、经济贸易、社会生活等，也有十分重要的价值。今据是书所记，研究自然条件对明代中国大运河交通的影响、盘坝度闸及运河沿线水马驿及役夫佥派情况。

要　旨

策彦周良(1501—1579 年)は、号が「怡斋」と「謙斎」である。日本京都嵯峨天龍寺塔頭妙智院の第三世の和尚である。18 歳の時、天龍寺で出家し、鹿苑寺の和尚である心翁等安に師従し、仏教の勉強をはじめる。造詣が高く、儒学に精通し、詩歌にも長けていて、日本五山文学後期の代表人物として知られている。嘉靖十七年(1538 年)と嘉靖二十六年(1547 年)に、策彦は、前後、二回にわたり、副使と正使として、日本の勘合使節団を率い、朝貢のために明朝入りをした。彼らは、航海し、定海(今の寧波市镇海区)港に停泊

[*] 李泉：聊城大学运河文化研究中心教授。

[**] 吴欣：聊城大学运河文化研究中心副教授。

し、川を通過し、寧波に到着、その後、運河に沿い、北京を目差し、往復していた。彼は、毎日、途中での見聞を記し、『策彦和尚初渡集』、『策彦和尚再渡集』、『謙斎南遊集』など、日記風のエッセイを書き残した。その後、後世の人々の整理により、『入明記』と命名された。その内容は、運河沿線の都市農村、古い寺院、建築物、駅と道程、ダムの配置、自然の景勝地、特産品とお土産、貿易情況、生活習慣、ならびに策彦周良が中国側の役員、学者などと付き合った情況という各方面にわたり、さらに数多くの進貢使による貿易に関する貴重な資料を残している。これは、明代後期における中国運河流域の自然環境、経済貿易、社会生活などに関する研究に非常に重要な価値を持つものである。本論文は、この書物の記録に基づき、自然条件の明代中国の運河交通に与えた影響、ダム建設、運河沿線にある水路と陸路の駅、および労働力の使用状況について研究しようとするものである。

策彦周良(1501—1579年)号怡斋、谦斋，日本京都嵯峨天龙寺塔头妙智院第三世和尚，18岁在天龙寺剃度，师事鹿苑寺和尚心翁等安，研习佛学，造诣高深。且精通儒学，擅长诗文，为日本五山文学后期代表人物。嘉靖十七年(1538年)，策彦作为日本勘合使团副使入明朝贡，次年五月到达宁波，十月十九日自宁波出发，次年二月底到达张家湾，然后起陆到京城。离京南返，五月十七日自张家湾登船，九月十二日到达宁波。在运河上航行达八个多月时间。嘉靖二十六年(1547年)，策彦作为正使，再次率日本勘合使团入明朝贡。次年十月六日自宁波乘船北上，四月十五日到达张家湾；离京南返时，八月九日自张家湾乘船，九月三十日到达济宁[1]，在运河上航行的时间大概也有八九个月。他逐日记下沿途见闻，写成《策彦和尚初渡集》、《策彦和尚再渡集》、《谦斋南游集》等日记体游记及诗文等，经后人整理，定名《入明记》。内容包括运河沿线的城市村镇、古刹名寺、楼台建筑、驿站里程、闸坝分布、名胜古迹、土产特产、商品贸易、生活习俗、与政府官员及学者交涉往来等等。今据是书所记，研究明代中国大运河交通状况。

一、自然条件对运河交通的影响

中国大运河北京到宁波间两千多公里，各河段自然环境、地势地貌、气候条件差异很大，所受自然因素影响各不相同。大体说来，江南运河受自然条件影响较小，江北运河运河受自然条件影响显著。《入明记》对此有详细记载。

明代江北运河许多河段都存在季节性水源不足，河道干涸浅涩的问题。夏秋水量丰

1　策彦周良第二次入明朝贡，自北京南返时所记日记止于济宁，故回到宁波的时间不得而知。参见(日)牧田谛亮编：《策彦入明记の研究》二，策彦和尚再渡集下，松崎印刷株式会社，昭和三十年印刷。

盈，冬春水浅难行，其中山东境内的会通河、河北境天津到通州的北运河最为严重。明中期以前的会通河段，由徐州北出黄河，过留城（徐州北，后被微山湖淹没）、沛县，走昭阳湖西岸，经谷亭、南阳到鲁桥。这段河道由泗水故道改造而成，主要由泗水、汶水提供水源。由鲁桥至济宁，向北经南旺，走东平湖东岸，过张秋、聊城到临清入卫运河，为人工开挖的河道，水源主要来自汶水。泗水、汶水是季节河，冬春水量小，则浅涩难行。正统年间，杨士奇《南归纪行录》载：由徐州过谷亭闸以后，"每闸犹十数阻浅"，济宁以北河水更浅，换乘轻便小船才能继续前行。弘治年间，李东阳自京城赴曲阜，因"南旺湖水浅，运舟泊塞不得进"[2]，乃由安山驿陆行至济宁。正德年间，严嵩经过会通河时也感叹，"行甚艰棘"，特别是南旺附近，"舟搁浅壅滞，有留数日者"[3]。此后，会通河的交通状况并未得到改善。明前期大兴治黄保运工程，黄河对张秋（今阳谷县张秋镇）附近运河河道的侵害得到有效治理。此后黄河下游泛滥之水则流向济宁、徐州间，昭阳湖一带地势东高西低，黄河一旦决口，河水便会冲向湖西，冲毁运河堤防，淤积运河河道。嘉靖五年（1526年）六月，黄河泛滥，东北流至沛县北，截运河入昭阳湖，汶、泗河水东溢，济宁以南河段一片汪洋，泥沙填淤数十里。左都御史胡世宁提出将运河河道移至昭阳湖东，"南接留城，北接沙河"，"而以一湖为河流散漫之区"[4]，以避开黄河侵害。总督河道右都御史盛应期提出了废除旧河开挖新河的具体建议。嘉靖七年，明政府征发丁夫9.8万人开挖新河，适逢大旱，河道乏水，盛应期被弹劾革职查办，工程过半而停止。此后无敢言改河者。

策彦周良一行通过这段运河时，正是河道淤积严重的时期，行船十分困难。嘉靖十九年（1540年）正月，策彦一行乘船由南向北过徐州到沛县境内，"船路三十里而泊于中流，盖以风恶水浅也"。进入鱼台境，"船路十里而止，盖以处处多闸，且又水浅也"。到济宁南城水马驿，又感叹道"闸多水浅，故迟了"[5]。自北京返回经过这段河道时，已是六月下旬，汶、泗等河水量大增，运河水源充足，所以没有发生水浅难行的问题。

策彦周良一行第二次入明经过这段河道是嘉靖二十八年（1549年）二月下旬，又值运河乏水季节，同样遇到搁浅难行的问题。刚过徐州，便因"水浅故，又泊于中流"。离开沛县泗亭驿，"到闸处而泊于中流，盖以水浅也"。过了沙河驿，"又泊于中流，水浅故也"。第二天，因为河水浅，还是没能前进。时近中午，"开船者少许，又泊于中流，水浅故也"。过了济宁城南石佛闸，"在中流再三系泊，盖以水浅也"[6]。策彦所记这段河道的浅滩、浅铺有：皮沟闸，"内有浅滩多处"；谢沟闸，"有坝基，内有李家等浅"；下沽头闸，"水急，坝基，有王家等浅"；从徐州到济宁不到300里水路，足足走

---

2 （明）李东阳：《怀麓堂集》卷九十六，纪行杂志。《四库全书》本。

3 （明）严嵩：《钤山堂集》卷二十七，西使志。《续修四库全书》1336《集部·别集类》，上海古籍出版社影印明嘉靖刻本。

4 （清）张廷玉等：《明史》卷八十三，河渠一。北京：中华书局1984年版，第2030页。

5 （日）牧田谛亮编：《策彦入明记の研究》，松崎印刷株式会社，昭和三十年印刷，第118－119页

6 （日）牧田谛亮编：《策彦入明记の研究》，松崎印刷株式会社，昭和三十年印刷，第249－250页。

了10天时间。会通河北段张秋到聊城间，同样存在水浅难行的问题[7]。

通州到天津间运河乏水搁浅的情况也相当严重。《明史》曰："杨村以北，势若建瓴，底多淤沙。夏秋水涨苦潦，冬春水微苦涩"[8]。杨士奇《南归纪行录》载，正统四年二月发京师至通州，"冰冻初解，流沙横溃，舟行未有常道"，处处搁浅，到了通济河段，航路方才畅通[9]。可见明初这段河道便浅涩难行。策彦一行通过时，情况并未好转。嘉靖二十八年四月上旬，船过杨村驿(今天津市武清区境)，"水浅风急"，日已过午，只好泊在中流过夜。走走停停，经过五六天时间，才到达了张家湾。再往前走更加困难，他们只好借来小船，将货物分载其中，"然犹且船不前，再三停涩，副使船之众励力恳推，以故前进矣"[10]。当年八月下旬从北京返回宁波，应是丰水的季节，但是在河西务附近，仍旧是水浅难行[11]。

另外，淮安至徐州间借黄河行运，称中运河，其中浅滩也很多，策彦所记有：过桃源县，"浦家湾，有浅滩"，"崔镇……有浅滩"；"古城驿……有浅滩"；"陆家村，有浅滩"；"小河口，有浅滩"；"皂河，有浅滩"；"直河，有浅滩"；"锄头湾，有浅滩"；"邳州……浅滩多"，"清杨镇，浅滩多"；"新安店，有浅滩"[12]。可见这段河道浅滩也不少，只是策彦没有遇上乏水的年份，所以没有船只搁浅的记录。

大风扬沙等恶劣气候对运河交通影响也很大。大运河是内陆河，但遇有强风逆行，人力牵挽也难以前进。受大风天气影响最显著的河道有两段，一是穿越高邮、宝应诸湖的里运河河段，二是过临清至通州的南运河与北运河河段。

两宋之交黄河改道南流，先由徐州附近夺泗、而后至淮安夺淮，汇流入海。后来海口淤高，黄、淮之水入海受阻，常溃入洪泽湖中。洪泽湖水位提高后，又东流入宝应、高邮诸湖，湖水面积急剧扩大，运河河道尽入湖中。明前期这段运河借湖行舟，常有风涛之险。"宝应汜光湖，诸湖中最湍险者也，广百二十余里……西风鼓浪，往往覆舟"[13]。为了避开风险，明朝屡屡在湖边建堤修坝，开挖河道。永乐年间陈瑄在宝应湖边开月河，弘治年间白昂在高邮湖东开康济河，而后里运河逐渐避开湖面，通过河道通航，但亦常有风涛之险。弘治元年(1488年)朝鲜人崔溥过扬州至邵伯驿，记曰："驿北有邵伯大湖……因水涨风乱不得夜过湖"。过高邮时记曰："湖边有木栅长七十余里"，界首大湖，"湖边亦有长堤"，过槐角楼至范水铺，自此至淮阴"百余里间，东岸筑长堤，或石筑，或木栅，绵连不绝"[14]。正德年间严嵩由此经过，时值六月水盛，"过高

7 参见(日)牧田谛亮编：《策彦入明记の研究》，松崎印刷株式会社，昭和三十年印刷，第252页。
8 (清)张廷玉等：《明史》卷八十七，河渠四。杨村务在今天津市北辰区北。
9 (明)杨士奇：《东里集》续集卷四十九，南归纪行录上。《四库全书》本。
10 (日)牧田谛亮编：《策彦入明记の研究》，松崎印刷株式会社，昭和三十年印刷，第253页。
11 参见(日)牧田谛亮编：《策彦入明记の研究》，松崎印刷株式会社，昭和三十年印刷，265页。
12 (日)牧田谛亮编：《策彦入明记の研究》，松崎印刷株式会社，昭和三十年印刷，第308页。
13 (清)张廷玉等：《明史》卷八十五，河渠三。北京：中华书局1984年版，第2095页
14 葛振家：《崔溥〈漂海录〉评注》，线装书局，2002年版，第115－117页。

邮，晚泊槐角楼镇，滨湖石岸陡峻，风雨横作，舟振荡冲击”，与石相撞击[15]。两年后，又过此地，依然艰险异常，“过槐角楼镇，风急水涌，石岸石曹 磕不可住，撑舟行十里许入港乃即安流”[16]。嘉靖年间，日本贡使过高邮时，看至的也是“前程河广而如湖”，头一天因风不顺不能开船，第二天一早，开船行一二里又退了回来，到了第三天，才又开船行进[17]。

华北平原自古多大风扬沙天气，北运河与南运河行船颇受影响。嘉靖十九年二月初，策彦一行到达临清，刚要进入南运河，便遇到大风，只好在清源水马驿停候，第二天上午开船，“船路八里而止，盖以风也”，又等了两个时辰才继续前行[18]。快到梁家驿时候，船又被迫停了下来，“盖以风紧不得进也”。第二天行进五六里又停了下来，仍然是因为风不顺。时值初春时节，北风大作，故前行困难。五月至北京返回时，也常遇大风不能行船。五月十八日，船离开河西驿，走了一里多路就停下来，“盖以风不顺也”。过了流河驿，也是因为风不顺，“淹滞于中流者一两度”[19]，快要到达临清的时候，船又在河中停了下来，“盖以风紧也”[20]。嘉靖二十八年再次入京时，同样遇到了风沙的袭扰。这次还没到临清，就遇到大风，“大风起，沙尘昏暗，故又泊于中流”。到了德州，又遇这种天气，“飚风卷沙，故不开船”。第三天，到新桥驿，天公仍不作美，“飚风卷沙，故滞于此”，第二天仍然因大风，“中途而阻风稍滞”[21]。进入北运河，也常常因风大船行迟缓，而发出“久困野马风沙”的感叹[22]。

大运河的其他河段，也时常发生风大无法造船的情况。如策彦等在宁波、绍兴间行进的时候，“阻风泊于柳岸”[23]。在中运河段行进时，也遇到过船泊中流“以风不顺，不前进也”[24]的情况。徐州、济宁间的会通河段，时有“风恶水浅，”无法行船的天气。

冬天河水结冰，对于北方运河交通影响很大。从明代各时期的运河旅行日记来看，当时山东至京津一带河道结冰时间大约三个多月，气候与上个世纪前期差异不大。如杨士奇《北京纪行录》记载，永乐十二年十月廿八日一早到达张家湾，“食后暴风不止，河冰合，遂舍舟”，陆行至德州复乘船南行[25]。据记载，上个世纪30年代，天津航道每年

15 (明)严嵩:《钤山堂集》卷二十七，北上志。《续修四库全书》1336《集部·别集类》，上海古籍出版社影印明嘉靖刻本。
16 (明)严嵩:《钤山堂集》卷二十七，西使志。《续修四库全书》1336《集部·别集类》，上海古籍出版社影印明嘉靖刻本。
17 参见(日)牧田谛亮编:《策彦入明记の研究》一，策彦和尚初渡集，松崎印刷株式会社，昭和三十年印刷。
18 (日)牧田谛亮编:《策彦入明记の研究》，松崎印刷株式会社，昭和三十年印刷，第121页。
19 (日)牧田谛亮编:《策彦入明记の研究》，松崎印刷株式会社，昭和三十年印刷，第134页。
20 (日)牧田谛亮编:《策彦入明记の研究》，松崎印刷株式会社，昭和三十年印刷，第136页。
21 (日)牧田谛亮编:《策彦入明记の研究》，松崎印刷株式会社，昭和三十年印刷，第252页。
22 参见(日)牧田谛亮编:《策彦入明记の研究》，松崎印刷株式会社，昭和三十年印刷，第254。
23 (日)牧田谛亮编:《策彦入明记の研究》，松崎印刷株式会社，昭和三十年印刷，第100页。
24 (日)牧田谛亮编:《策彦入明记の研究》，松崎印刷株式会社，昭和三十年印刷，第117页。
25 (明)杨士奇《东里集》续集卷四十八，北京纪行录。《四库全书》本。

11月下旬结冰[26]，永乐十二年农历十月廿八日乃公历11月29日，可见明初京津一带结冰起始日期与上个世纪三十年代相同。正统四年，杨士奇自通州乘船，冰冻初解，行船困难。时为二月十八日，当公历之3月13日，与现代北京地区冰融的时间也基本一致[27]。嘉靖十八年，策彦周良于十一月下旬到达无锡，“瓶水初冻”，最低气温已到冰点。十二月初五日渡过长江，“入夜下雨”，到了扬州“阻雪不拨船”。一路上或“半雨半雪”，或“冻雨霏霏”，或“风雪相加”。船过宝应以后，河里已经结冰，“前进者三十里而泊于中流，盖以前程冻合也”。廿七日过淮安后，却是“暖气如仲春”，正月初九到徐州，天下起雨来，“夜雨浪浪”，“因雨不开船”，十四日，快到沧州时，“大雪如絮”，廿七日，船到张家湾。正值寒冬腊月，但一路上或风或雨，河中虽已结冰，但船只仍能通行[28]。这大概是一个暖冬吧。过了二十多年，嘉靖四十一年，归有光《壬戌纪行》中的记载就大不相同了。正月廿六日过兴济(今河北沧县兴济镇)，“行五六里以冰阻，先后来者皆聚，几及千艘，半天下之士在此矣”。此后，“千艘相聚，行数里辄相呼击冰。如是数里，又行。舟止时，如鸦将栖，且止复飞，回翔不定，前此未见也”。到了杨柳青，“闻白河冰尚腹坚，遂皆陆行”[29]。这则是一个寒冷的冬季。看来，明代冬天北方河道结冰，有的年份天冷冰厚，船只无法通行，但有的年份却对航行没有很大影响。

二、盘坝与度闸

中国大运河大体为南北走向，中国东部地区自然河道多为东西走向，大运河与其流经区域的自然河道大都垂直相交。长江及江南自然河道多直通大海，若直接与运河交汇贯通，海潮汹涌，势必倒灌运河，冲毁堤防；自然河道水量过小时，运河之水又容易泄入自然河道，流失入海。因此，古人往往在大运河与自然河道相交处筑起大坝，将运河截断，使之不能直接与自然河道相通。运河船只经过时，须用绞索之类的装置，将船拉过大坝，而后渡过自然河道，再进入运河，古人称其为车坝或盘坝，这种坝则叫做车船坝[30]。车船坝以浙东运河沿线为最多，长江附近也有几座。对此，《入明记》均有记载。

《入明记》载：从宁波北门出发，“舟泊于西坝”。过余姚乘船西行，“酉刻，至下坝，舟行四十里。候潮泊于此。戌刻，潮满了，力士将辘轳索卷越坝。夜半，发下坝，舟竖拏舟，丑刻，至中坝，舟行十八里。又如前坝”[31]。自北京返回后，仍须翻坝，“船

26 参见牟重行：《中国五千年气候变迁的再考证》，北京：气象出版社，1996年版，第67页。

27 据竺可桢先生统计，1950—1972年北京市北海冰融的平均日期是3月12日，参见竺可桢、宛敏渭：《物候学》，北京：科学出版社，1973年版。

28 参见(日)牧田谛亮编：《策彦入明记の研究》一，策彦和尚初渡集，松崎印刷株式会社，昭和三十年印刷。

29 (明)归有光：《震川别集》卷六，壬戌纪行。《四库全书》本。

30 (明)陆容：《菽园杂记》卷十：“凡器之运转者皆谓之车，则车字有转运之义……辘轳挽舟过堰曰车坝”。“盘坝”之说，数见于《明史》，其义与车坝同。潘季驯将这种坝称为车船坝，见《河防一览》卷四(《四库全书》本)，“修守事宜”。

31 (日)牧田谛亮编：《策彦入明记の研究》，松崎印刷株式会社，昭和三十年印刷，第100页。

路十里而巳刻超中坝。十八里而午时超下坝，其险可畏”[32]。到上虞县曹娥驿，舍舟陆行数里，搬运行李于小船，“涉小渡”，再陆行，至东关驿才进入运河航行。此处所谓“涉小渡”，乃渡曹娥江也。自北京返回时则记曰：“前进者二三里有持越，其交二丁许而渡小河……绝河后，又有持越，二丁许，载行李于小船，官员轿行，午时，着曹娥驿”[33]。可见明代运河与曹娥江之间也有坝相隔。但这里的坝是一般拦水坝，并不牵引船只翻越，不是车船坝。到钱清驿，入萧山县境，“至凤堰，泊舟于此”。而后陆行，至钱塘江复乘船至杭州[34]。

弘治年间，朝鲜人崔溥《漂海录》曾记述过挽船翻越西坝的情形：“坝之两岸筑堤，以石断流为堰，使与外江不得相通，两旁设机械，以竹綯为缆，挽舟而过”[35]。又记渡曹娥江情形：“驿北有坝，舍舟过坝，步至曹娥江，乱流而渡。越岸又有坝……又舍舟过坝”[36]。可见自弘治至嘉靖年间，浙东运河的交通状况没有多大变化。宋代中国的经济重心移至东南地区，特别是南宋，建都杭州，经济方面依赖浙东，故浙东运河建设管理倍受重视。元代以后，都城北移，浙东地区被边缘化，运河的交通地位随之下降，河道工程设施建设投入相应减少，原来的复式船闸改建为坝。明早期大体维持元代的河道设施。嘉靖以后，河道管理有所加强，车船坝减少，河道航行比较顺畅了，对照《漂海录》与《入明记》、《涌幢小品》两书的记载，就能明显看出这方面的变化。

策彦两次北上赴京，船过常州府，至吕城驿，均有“翻越坝”的记载[37]，此坝亦称奔牛大坝。唐宋时期，奔牛地方曾建有船闸，过闸后直达镇江。后来河道淤浅，船闸淤废，乃筑车船筑坝以防运河水流失。此后这段运河只能通行小船，大船则由奔牛附近沿孟渎入长江，溯流而上二百里，达瓜洲入运河。正统、天顺年间，镇江知府林鹗等曾督工修建奔牛等处船闸，“二月中旬后，潮高水涨，则开闸放船；九月初旬以后，霜降水落，闭闸车坝”[38]。策彦两次北上过坝的时间分别是十一月和十二月，正处“闭闸车坝”的时限内，自北京南返抵吕城的时间为八月初，书中没有车坝的记载，可见通过比较顺利。

江南运河至镇江入长江，自瓜洲、仪真二口出长江进入淮扬之间的里运河，运河出入长江的运口都建有车船坝。嘉靖十八年十一月三十日，策彦等人乘坐的船只“至丹徒坝”。十二月初一日酉刻，正使及护送官员的船只先过了坝，副使策彦及其他船只则停在坝前，“盖候明朝潮也”。初二日“巳刻，将辘轳索卷越坝口，潮不十分，故犹在此。酉刻，开船，又里许而止”。初三日溯长江到达镇江京口驿。初四日，“巳刻，开船，

---

32 (日)牧田谛亮编：《策彦入明记の研究》，松崎印刷株式会社，昭和三十年印刷，第150页。

33 (日)牧田谛亮编：《策彦入明记の研究》，松崎印刷株式会社，昭和三十年印刷，第150页。

34 (日)牧田谛亮编：《策彦入明记の研究》，松崎印刷株式会社，昭和三十年印刷，第101页。

35 葛振家：《崔溥〈漂海录〉评注》，北京：线装书局，2002年10月版，第76页。

36 葛振家：《崔溥〈漂海录〉评注》，北京：线装书局，2002年10月版，第77页。

37 (日)牧田谛亮编：《策彦入明记の研究》，松崎印刷株式会社，昭和三十年印刷，第108、244页。

38 (明)王直《抑庵文集·后集》卷四，镇江府重修运河记，《四库全书》本。

即着瓜洲扬子岸。亥刻，超坝”[39]。次年自北京返回时，因需从南京领取朝廷赏赐的铜钱等物，故由运河乘船至仪真进入长江，到达仪真驿闸口，“超响水闸亭，到渡口，舟行五里许”。接着，换乘“大摆江船”，驶向南京。而后，由南京返回镇江京口驿，“到丹徒坝而泊”。越坝进入江南运河。嘉靖二十八年(1549)策彦再次入明时，于十二月下旬翻越了吕城坝，一行至丹徒坝前，这次过坝更为困难：因前行水浅，大船难以通行，所以必须把行李搬到小船上，盘坝进入长江；他们乘坐的大船则空载绕道进入长江。第二天，策彦一行在江边等候，第三天，座船才从丹徒“乘风潮而来”，于是，他们又将行李搬回了座船。第四天，副使乘坐的船只才“乘潮而来”[40]。

当时仪真运口建有船闸，开闸后船只便可出入长江。策彦一行大概惧怕瓜洲运口盘坝困难，于是没有直接渡江去瓜洲，而是溯江到了仪真。可能是因为事先没有向有关方面提出申请，所以闸官不肯开闸放行。等了一天，没有结果。第三天午后，只好开船返回瓜洲，等待江潮上涨时盘坝。他们再一次将行李搬上小船，因为小船过坝方便。从正月初八等到正月十六，终于可以盘坝了。“辰时，以辘轳索卷起各船”，到了午时，五条船方才全部越过拦水坝。尽管日本人在船里闷了七八天时间——等待过坝期间管理大坝的官员不允许日本人离船登岸——但是他们还是“赠只金扇一握、方纸四十张”，送礼物给管理大坝的袁大人，感谢他“久立之劳”。袁大人也带着一壶酒回拜日本贡使[41]。从上述有关记载来看，明朝政府似有严格规定，以仪真、瓜洲为界，往来于长江上游的船只，例由仪真长江运口出入；往来于长江下流的船只，则由瓜洲长江运口出入。但在在明代的历史文献中，我们还没有找到相关的管理规定。嘉靖年间，仪真长江运口修建了船闸，和盘坝比起来，过闸省时省力，所以日本贡使的船只选择了绕远道过闸的路线，第一次入明返回时需往南京，故可以走仪真船闸，第二次入明赴北京，按规定需走瓜洲，但日本人却选择了仪真过闸，这显然不符合明朝政府的规定，所以被管闸的官员拒绝了。嘉靖四十一年归有光自苏州前往北京往返，亦从瓜洲“越埭”渡江到达京口[42]，看来仍是盘坝往来。隆庆年间瓜洲运口建闸后，船只可通过船闸出入，省去了盘坝的艰难，大大便利了运河交通。

度闸比盘坝省力，但也不是很容易的事情。《入明记》中过闸的记载很多，从中可以看出度闸的艰难。在运河河道工程设施中，水闸的数量最多，作用也最重要。运河水闸主要有两种，一种是建于运河河堤上，与湖泊或自然河道相通的进水闸、排水闸，用以调节运河的总体水量，前文所述南旺湖“堰中有闸”，即属此类。这类水闸主要分布于山东会通河河段上。另一种是建在运河河道上的船闸，用以节制下泄流量，控制运河局部河水深度，以便于船只通行。这类船闸江南运河较少，会通河河道上最多。

---

39 (日)牧田谛亮编：《策彦入明记の研究》，松崎印刷株式会社，昭和三十年印刷，第109－111页。

40 (日)牧田谛亮编：《策彦入明记の研究》，松崎印刷株式会社，昭和三十年印刷，第244页。

41 参见(日)牧田谛亮编：《策彦入明记の研究》(上)二，《策彦和尚再渡集》。松崎印刷株式会社，昭和三十年印刷。

42 (明)归有光：《震川别集》卷六，壬戌纪行。《四库全书》本。

从《入明记》来看，浙东运河多坝而无船闸，江南运河仅吕城驿附近有闸一座[43]，这座闸按季节开放。运河在淮安城西与淮河、黄河交会，此地曰清口，建有船闸数座。《入明记》两处记清河驿"五闸"[44]，又在"图相南北两京路程"中记5闸之名称位置："湖口闸，往来收钞，至移风闸十里。移风闸，至清江闸十五里。清江闸，此青江浦，常盈仓，各卫军粮，从此兑去，至福兴闸十五里。福兴闸，至新庄闸十里。新庄闸，出淮河"。《明史·河渠志》载，永乐十三年(1415年)，陈瑄凿清江浦，"淮口置四闸，曰移风、清江、福兴、新庄，以时启闭，严其禁"[45]，又说"板闸即故移风闸也"[46]。按此说淮口总共有闸4座，板闸和移风闸其实就是一座闸，只是前后名称不同而已。明代清口到底有几座闸？成书于弘治年间的《明会典》载有"清河县新庄闸，山阳县福兴闸、清江闸、移风闸、板闸"[47]。弘治年间，朝鲜人崔溥从这里经过，也记有上述5闸之名称[48]。万历年间胡应恩撰《淮南水利考》云"山阳县福兴闸在府城西十四里，俗云二闸。清江闸在府城(西)三十里，移风闸府城西二十里。以上三闸并清河县新庄闸共四闸，具永乐十三年建。板闸去府西十里，永乐十四年平江伯建，其时以四闸不能节水，仓促建木闸，次年乃甃以石，乡人仍呼板闸云"[49]。此说淮口共有5闸。《入明记》中之湖口闸就是板闸。关于4闸、5闸两种说法，学界纷若聚讼，久无定论。《入明记》中的记载证明《明会典》、《淮南水利考》之说可信，而《明史》4闸之说有误。

会通河是大运河上船闸最密集的河段，故有闸河、闸漕之称。《入明记》对于会通河船闸多有记述。第一次入明时，过夹沟驿后，记曰："船路二十里而泊于中流，超闸"。"午刻，过沛县谢沟闸，舟行五十里而泊中流"。过沙河驿，"乘月开船，船路四五里而超闸，泊于兹"。第二天，"船路二十里而有闸，故泊于中流"。第三天，"船路十里而止，盖以处处多闸，且水又浅也"。过鲁桥驿，"船路十里有而闸，故泊于此"。次日，"舟行少许而有新闸"。至临清"清源驿以下无闸，故船人新造橹"[50]。自北京返回途中亦记会通河船闸：由卫运河至临清入会通河，"此交超放下闸、砖闸口"。过清阳驿有"东昌府清平县戴家湾闸"。从崇武驿到荆门驿，"舟行九十里，超闸者五"。过开河水驿，"船路四十里而前程有闸，故待开闸泊船者须臾……去此闸北六七里许有龙王庙，庙前河水分为两……又发船者十里许而泊，盖以前程闸开也"[51]。济宁向南过鲁桥

---

43 (日)牧田谛亮编：《策彦入明记の研究》，松崎印刷株式会社，昭和三十年印刷，第300页。

44 (日)牧田谛亮编：《策彦入明记の研究》，松崎印刷株式会社，昭和三十年印刷，第296页。《入明记》六《大明谱》记"青河驿，五闸"，按此青河驿乃"清河驿"之误，此驿本名"清口驿"，因属淮安府清河县，故亦有称其为"清河驿"者。(明)郑真撰《荥阳外史集》卷九十八，"铁佛""挂剑墓"两篇中均写作"清河驿"。

45 (清)张廷玉等：《明史》卷八十五，河渠三。北京：中华书局1974年版，第2081页。

46 (清)张廷玉等：《明史》卷八十五，河渠三，北京：中华书局1974年版，第2094页。

47 《明会典》卷一五九，工部十三，闸坝。《四库全书》本。

48 葛振家：《崔溥〈漂海录〉评注》，北京：线装书局，2002年10月版，第117页。

49 (明)胡应恩撰：《淮南水利考》，《续修四库全书》851册《史部·政书类》。又顾炎武《天下郡国利病书》第十二册引《淮南水利考》(《四部丛刊》三编)与此同。

50 (日)牧田谛亮编：《策彦入明记の研究》，松崎印刷株式会社，昭和三十年印刷，第118－119页。

51 (日)牧田谛亮编：《策彦入明记の研究》，松崎印刷株式会社，昭和三十年印刷，第137页。

驿，“闸多，故不著驿”。至夹沟驿，因“二号船船头杢左卫门船当闸破损，彼此泊而候者良久”[52]。因为二号船过闸时损坏，所以相互等候很久。古代船闸的形制是：“两岸筑石堤，中可容过一船，又以广板塞其流以贮水，板之多少随水深浅……船至……勾上广板通其流，然后扯舟以过。舟过复塞之”[53]。撤去闸板后，水流湍急，故须闸夫牵挽引导通过，某些水流落差较大的船闸，碰撞闸门，损坏船只的事情时常发生。文中所记，则可为一例证。第二次入明时，也留下了大量过闸的记载：过夹沟驿之后，数里而停泊于中流之闸前，第二天才过闸开船，下午又过闸而泊于中流。自此到鲁桥驿，几乎天天晚上在闸前停船过夜，等候开闸[54]。

通过会通河段时，策彦经常因过闸发出无奈的叹息：“闸多水浅，故迟了”[55]，“闸多，故不着驿”[56]，“闸亦多，故着驿迟了”[57]，“水浅闸多，泊于中流”[58]，“傍闸旁而泊”[59]，“停泊于中流之闸前”[60]。钱谦益有诗曰：“北河水涩河流湾，百步一曲如回环。南河水流闸满地，十里一闸闸昼闭。闸门迥似天门高，沙冲石击水怒号。闸官如帝卒如鬼，寻丈限隔喧波涛”[61]。过夜候闸，在会通河段是很正常的事情，而通过船闸，更要经历惊涛骇浪，艰险异常。

三、水马驿及役夫佥派

明代设水马驿，“专一递送使客，飞报军情，转运军需等项”[62]。策彦一行两次往返宁波与北京间，沿途均由各水马驿供应生活用品、派遣挽船夫役，书中对过往驿站悉数记载，留下了许多宝贵的资料。

首先，《入明记》记载了沿运河各驿站的名称、位置、相距里程等。如记西兴驿曰：“浙江杭州府内钱塘县城里，钱塘江际二十里”[63]，“驿门横揭‘西兴驿’三大字，又总构有楼门，而于西北，横书‘全越都会’四大字，装额以浅红”[64]。再如记钱清驿道：“自(绍兴府)迎恩门下开船，船路少许而有青田铺，又次有石桥，横刻‘灵芝桥’三字，船过其下。又有帘铭，书‘时新清酒’四字。又有及第门，横揭‘父子进士’四大字。又舟

---

52 (日)牧田谛亮编：《策彦入明记の研究》，松崎印刷株式会社，昭和三十年印刷，第138页。
53 葛振家：《崔溥〈漂海录〉评注》，北京，线装书局，2002年10月版，第192页。
54 (日)牧田谛亮编：《策彦入明记の研究》，松崎印刷株式会社，昭和三十年印刷，第249－250页。
55 (日)牧田谛亮编：《策彦入明记の研究》，松崎印刷株式会社，昭和三十年印刷，第119页。
56 (日)牧田谛亮编：《策彦入明记の研究》，松崎印刷株式会社，昭和三十年印刷，第138页。
57 (日)牧田谛亮编：《策彦入明记の研究》，松崎印刷株式会社，昭和三十年印刷，第140页。
58 (日)牧田谛亮编：《策彦入明记の研究》，松崎印刷株式会社，昭和三十年印刷，第251页。
59 (日)牧田谛亮编：《策彦入明记の研究》，松崎印刷株式会社，昭和三十年印刷，第251页。
60 (日)牧田谛亮编：《策彦入明记の研究》，松崎印刷株式会社，昭和三十年印刷，第249页。
61 (明)钱谦益：《牧斋初学集》卷八，阻舟安山闸。上海：上海古籍出版社，1985年版，第274页。
62 弘治《明会典》卷一百十九，兵部十四，驿传。《四库全书》本。
63 (日)牧田谛亮编：《策彦入明记の研究》，松崎印刷株式会社，昭和三十年印刷，第295页。
64 (日)牧田谛亮编：《策彦入明记の研究》，松崎印刷株式会社，昭和三十年印刷，第101页。

行里许，而渠口有石桥之尖头者，横刻‘露头桥’三字。又舟行四五里许，而有铺门，额上横书‘山阴县’三小字，下竖书‘梅市铺’三大字。又二里许有石桥，横刻‘通济桥’三大字。又有寺，有二重楼门，不榜额，余指以水夫，答以柯桥寺。寺外有铺门，书‘柯桥寺’三大字。午时，至钱青驿，舟行六十里”[65]。又如记云阳驿曰：“有二重楼门，第一重额‘云阳驿’三大字，第二重额横揭‘江南水陆第一要冲’八字”[66]。

水马驿前都有门楼，门楣书写驿站名称，多为横书，亦有竖书者，如记吴山驿道：“竖揭‘吴山驿’三大字，额里有‘停骖’之二大字，次有石桥，过桥入一门”[67]，“驿楼门上揭‘湖山一览’四大字，堂里中央额‘皇华’二大字。堂后扁‘三吴胜概’”[68]。记钟吾驿曰：“岸口有小门，而揭‘关河’二字，里揭‘奉节’二字，驿门竖额‘钟吾驿’三大字”[69]。驿在“邳州宿迁县右方，项羽所生之地，至今有遗祠，祠门扁‘西楚霸王’四大字”，距上一驿站“八十里”[70]。记流河驿道：“著流河驿，舟行八十里……驿门竖揭‘流河驿’三大字”。记乾宁驿曰：“著乾宁驿，驿门横揭‘乾宁驿’三大字，舟行七十里”[71]。关于明代驿站名称、路程、位置等，许多史书中均有记载，《入明记》所载，足以与其他史书相印证。又明代驿站规模大小不等，但房舍类型构成大体相同，一般皆有厅堂，仪门，鼓楼、厢房、耳房、仓库、厨房、马房等[72]。史书中偶记厅堂匾额名称，个别古驿店建筑中也保留有匾额实物，但如此大量记录驿站门楼厅堂门楣匾额文字，在明代历史典籍中是仅见的。策彦以旅行日记的形式记述驿站，于驿站的地理位置方面，给我们提供了一系列的参照物，更容易准确认定驿站的具体位置。所有这些材料都是十分珍贵的。

明代的邮驿体系中，除驿站外，还有递运所、急递铺。递运所设于明初，是专门负责运送军事物资及贡物的地方转运机构。明代驿站遍设于全国各地，而递运所只是设在水路码头和交通要道上。当时运河是全国的交通大动脉，所以运河沿线也设有很多递运所。策彦《入明记》中有关递运所的记载很多，因沿途均由驿站接待，故一般与递运所无交涉，书中记载递运所参与接待的仅有一处：策彦第二次入明时，至杭州城外吴山驿等候换船。知县前来，策彦“言北上船只欠少之事”，知县并不理会，大概派遣站船并非他的职责范围。第二天，张典史和一名小官前来传达布政司、按察司之命，督促日本贡使启程。策彦又“告诉以船只不足之由。两官亲往递运所，查明船之多少，即给以座船三只、站船三只、大民船二只”。第三天他们到递运所乘船，护送他们的官员要用其中一只座船装载贡物，策彦不肯，驾着小船回到了吴山驿，想要禀告布政司、按察司，

---

65 （日）牧田谛亮编：《策彦入明记の研究》，松崎印刷株式会社，昭和三十年印刷，第 101 页。
66 （日）牧田谛亮编：《策彦入明记の研究》，松崎印刷株式会社，昭和三十年印刷，第 108 页。
67 （日）牧田谛亮编：《策彦入明记の研究》，松崎印刷株式会社，昭和三十年印刷，第 102 页。
68 （日）牧田谛亮编：《策彦入明记の研究》，松崎印刷株式会社，昭和三十年印刷，第 299 页。
69 （日）牧田谛亮编：《策彦入明记の研究》，松崎印刷株式会社，昭和三十年印刷，第 114 页。
70 （日）牧田谛亮编：《策彦入明记の研究》，松崎印刷株式会社，昭和三十年印刷，第 301 页。
71 （日）牧田谛亮编：《策彦入明记の研究》，松崎印刷株式会社，昭和三十年印刷，第 134 页。
72 参见刘广生：《中国古代邮驿史》第九章，明代的邮驿，北京：人民邮电出版社，1986 年版。

护送官员大惊，急忙认错，将贡物搬到别的船上[73]。由此可以看出，驿站负责接待往来使客，而递运所只是管理所需船只。运河沿线递运所数量比驿站少，大都建在府州县城附近，或靠近驿站的地方。如书中记苏州有胥门递运所，奔牛坝有巡检司与递运所，镇江有京口驿与递运所，邵伯镇有递运所与邵伯驿，界首驿附近有递运所，淮安府有淮阴驿与递运所，桃源县有桃源递运所，宿迁县有钟吾驿与递运所，有新安递运所与新安驿，徐州有彭城驿与递运所，有沙河驿与递运所，有鲁桥驿与递运所，济宁州有南城驿与递运所，过安山以后有金线递运所[74]，东昌府有崇武驿与递运所，临清有清源驿与递运所，有甲马营驿与递运所，德州有安德驿与递运所，有连窝驿与递运所，沧州有盐运司和递运所，杨柳青有杨青驿和递运所，河西务有河西驿和递运所，通州有通津驿和递运所。可见，绝大部分递运所建在水马驿附近。明代邮驿机构庞大，运行费用高，征发夫役数量多，加上管理不善，积弊渐多。因递运所与水马驿性质相近，业务上也有交叉，明中期实行邮驿制度改革，将部分递运所撤销，或并入水马驿。此举始于嘉靖后期，盛于万历、隆庆，至明末递运所裁撤殆尽。

其次，《入明记》中详细记录了各水马驿对过往人员的生活物品供应情况。自姚江驿开始对贡使官员发放“廪给”，对随行人员发放“口粮”[75]，计有“米、烧柴、红烛、鸡并卵、鹿、鲞、菜、酒等”。第二天，到上虞县便民仓靠岸，所下廪给是：“米、盐、酱、酒、红烛六丁、柴、炭、芦菔、鹿、鸡并卵、鲞等”。同一天到达曹娥驿，所供廪给是：“米、盐、酱、菜、酒、柴、炭、烛、鸡并卵、鲞、鹿等”。第三天到达东关驿，所供廪给与前大体相同[76]。不同的区域和行程，廪给和口粮供应有所不同：“于杭州廪给，白米五升，十二色；口粮，白米一升半，八色。自杭州至北京之间廪给，白米五升，十一色；口粮白米二升，其他九色。于北京廪给上下无差异，白米五升，羊一匹，鹅一只，鸡一只，其外十二色，盖五日分也，但羊鹅鸡十人别也。北京贡回廪给，白米三升，孔方七十三充；口粮，白米二升，同卅五充”[77]。此外，还详细记载供给的各种食品物品数量。

《明会典》载：“凡公差人员廪给已有定例，其驿传并府州县应合支用去处，必须照依文凭验日支给，仍将岁支数目通类开报合干上司，以凭稽考”。成化十六年又作出规定：“凡使客该支廪给者，多系有职之人。如便道经过，非公干去处，每驿则支三升，宿亦支三升。如本等公干去处，经过每驿亦支三升，宿支五升。一日经过两三驿以上，俱许支给。但止宿者次日起程，不许巧立名色多支起关廪米”[78]。运河上来往官员多，

73 (日)牧田谛亮编：《策彦入明记の研究》，松崎印刷株式会社，昭和三十年印刷，第241页。

74 原文为“金锁遭运所”，按“金锁”当为“金线”，因当地原有金线闸；“遭运”当为“递运”之讹。

75 水马驿接待过往官员，供应“廪给”，非官者则给予“口粮”，见《明会典》卷三十一，户部十六，廪禄三。《四库全书》本。

76 (日)牧田谛亮编：《策彦入明记の研究》，松崎印刷株式会社，昭和三十年印刷，第99－100页。

77 (日)牧田谛亮编：《策彦入明记の研究》，松崎印刷株式会社，昭和三十年印刷，第304页。

78 弘治《明会典》卷三十一，户部十六，廪禄三。《四库全书》本。

驿站每天供应的物品数量很大，所以很多驿站都出现不能按时供给的情况，《入明记》中这类记载比比皆是。大体说来，南方各驿不能按时供应廪粮者极少，而北方各驿较多。如嘉靖十八年第一次入明时，十二月末过淮安，下午到桃园驿，“廪给口粮未打”[79]，等到第二天下午才拿到廪粮开船。到德州安德驿，“廪给口粮未打，故留滞于本驿”[80]。自京返回时到张家湾乘船，因“人夫口粮以下未打，故泊于此湾”[81]。至徐州的彭城驿，也是“廪粮未打，故不拨船”，第三天到了房村驿，才将两驿廪粮一并供给[82]。此外，临清的清源驿、济宁的南城水马驿、徐州的下邳驿，也都出现过不能按时供应廪粮的情况。嘉靖二十八年第二次入明时，廪给供应办法有所改变，自常州毗陵驿开始，“除米薪外银子一钱四分”，本驿不能及时开支银两，可于途中补足。如船过清口驿后，中途停船的时候，便“分廪银，盖向三驿未勘分也”，一次将以前三驿的廪银全部发下。一直到通州，都实行这种以廪银代替物品供给的办法，从而未出现因廪给供应不及时而耽搁行程的情况。《入明记》中有大量关于驿站生活用品供应的记载，对于研究明代邮驿史、社会生活史，都留下了大量的宝贵材料。

另外，《入明记》中关于驿站夫役佥派方面的资料十分丰富。明代各驿站都有固定数额的驿夫，少者数十人，多者上百人。对运河沿线的水马驿来说，这些驿夫远远不够差用。当时一条大船，便须用纤夫三四十人[83]，高官出行，船只数十艘乃到上百艘，所用挽夫数量之大，可想而知。既如策彦的船队，也有船8只，须挽夫二三百人，驿夫人数不够，便从民间雇佣佥派。雇佣则地方财力不支，佥派则民不堪命。严嵩《北上志》中说，正德十一年，他乘船到达邳城后，找不到挽船民夫，后来知州前来，“乃得数夫”[84]。正德十三年，他作为册封宗藩副使南下，船到天津，“索夫不得”。到了兴济县，干宁驿空无一人，“岸傍人云，驿官妻匿民舍中。坚壁不出，慰谕之，乃以空头印纸关文缒而下。久之，得夫甲妻，组系之，乃始得夫”[85]。运河沿线驿夫役夫管理之混乱，由此可见一斑。顾炎武曾论及此事：居住在交通要道的农民，“当农时方将举趾，朝为轿夫矣，日中为扛夫矣，暮为灯夫矣，三夫之候劳而未止，而又为纤夫矣。肩方息而提随之，舟稍或失御，长鞭至焉。如此而奔赴之不暇，何暇耕乎？……夫以一日一家，而当七役，仍且不免于鞭扑，民欲不逋不可得也”[86]。谈迁曾说：运河驿站吏卒为害一方，

---

79 (日)牧田谛亮编：《策彦入明记の研究》，松崎印刷株式会社，昭和三十年印刷，第114页。

80 (日)牧田谛亮编：《策彦入明记の研究》，松崎印刷株式会社，昭和三十年印刷，第121页。

81 (日)牧田谛亮编：《策彦入明记の研究》，松崎印刷株式会社，昭和三十年印刷，第133页。

82 (日)牧田谛亮编：《策彦入明记の研究》，松崎印刷株式会社，昭和三十年印刷，第139页。

83 《入明记》云：挽夫每船四十员许，本船水夫十一人”；“役者通挽舟人夫一艘各四十人”。(日)牧田谛亮编：《策彦入明记の研究》，松崎印刷株式会社，昭和三十年印刷，第241页、123页。

84 (明)严嵩：《钤山堂集》卷二十七，杂记，“北上志”。《续修四库全书》1336《集部·别集类》，上海古籍出版社影印明嘉靖刻本。

85 (明)严嵩：《钤山堂集》卷二十七，杂记，“西使志”。《续修四库全书》1336《集部·别集类》，上海古籍出版社影印明嘉靖刻本。

86 (清)顾炎武：《天下郡国利病书》第一一册，《四部丛刊》三编，史部，第2776册。

故城"驿卒诱人入庙中闭之，以供挽纤"，所以当时有民谚说"三月三，九月九，无事不向江边走"[87]。《入明记》中虽然没有这样猛烈抨击役夫征发制度的语言，但因水马驿站"挽夫不来"、"挽夫不足"无法按时开船的记载却是连篇累牍。南方偶或有之，北方各地为甚。嘉靖十八年初次入明时，到常州毗陵驿，因"缺挽舟人夫"[88]，不能开船。到桃园驿，"廪给口粮未打，挽夫亦未来"[89]，只好等第二天开船。到了沧州，"挽夫未打，故开船迟滞"[90]。到杨青驿，"挽夫未打，故开船迟延"[91]。从北京返回宁波，从张家湾乘船，船行"一里许而止，盖以挽夫不足也"[92]，没办法，只好又等了一天。到天津，在雄镇门前等挽夫，结果两天后挽夫才来。至德州安德驿，同样没有挽夫，第二天午后，挽夫才来。到济宁南城驿，"挽夫不来……故犹泊于本驿"，等了两天，仍然是"挽夫不足，故不开船"，第三天中午才开船行进[93]。在泗亭驿，又等了两天挽夫。下邳驿、钟吾驿、安平驿、广陵驿、云阳驿、锡山驿，都遇到了挽船夫役不能按时到来，故迟滞等候的情况。第二次入明时，停滞于驿站等候挽夫的情况更为常见。在崇德县，因"挽夫欠少"，等候一天。"到望亭巡检司而泊矣，欠挽夫"[94]。锡山驿，"挽夫未打，故迟留"[95]。毗陵驿，挽夫人数不够，也等了一天时间。到了彭城驿，因为挽夫不足，等了5天才又开船。到安德驿，仍然是因无挽夫而无法行进。将上述资料略加整理，明代驿站管理的混乱和运河沿线民众夫役负担的深重程度便一览无遗。

策彦周良自浙江沿海登陆到达北京，往返数千里，两次在运河上航行达一年多时间。外国人来中国，沿途见闻均感新奇，所记多为中国文人学者熟视无睹之事物，史料学方面价值自不待言。策彦具有良好的汉文化修养，熟读经史，多闻博识，对中国地理、历史有深切了解，逐日记述，内容翔实。所记多为亲身经历，无猜测臆断，亦无铺排夸饰，是研究运河及运河区域社会史的十分珍贵的第一手资料。

---

87 (清)谈迁:《北游录》，北京：中华书局，1980年，第136页。

88 (日)牧田谛亮编:《策彦入明记の研究》，松崎印刷株式会社，昭和三十年印刷，第107页。

89 (日)牧田谛亮编:《策彦入明记の研究》，松崎印刷株式会社，昭和三十年印刷，第114页。

90 (日)牧田谛亮编:《策彦入明记の研究》，松崎印刷株式会社，昭和三十年印刷，第122页。

91 (日)牧田谛亮编:《策彦入明记の研究》，松崎印刷株式会社，昭和三十年印刷，第122页。

92 (日)牧田谛亮编:《策彦入明记の研究》，松崎印刷株式会社，昭和三十年印刷，第133页。

93 (日)牧田谛亮编:《策彦入明记の研究》，松崎印刷株式会社，昭和三十年印刷，第138页。

94 (日)牧田谛亮编:《策彦入明记の研究》，松崎印刷株式会社，昭和三十年印刷，第243页。

95 (日)牧田谛亮编:《策彦入明记の研究》，松崎印刷株式会社，昭和三十年印刷，第243页。

接貢制度の史的展開とその周辺
——接回船・船間割当の検討を通じて

接贡制度的历史性展开及其相关情况
——以接回船、船舱空间分配的问题探讨为主

山田浩世*

要　旨

本稿では、清代に定期的に派遣された接貢船の歴史的位相を明清両代を通じた問題として捉えなおし、その淵源を探るとともに、進貢制度の一角を占めてきたとされる接貢船派遣の意義を船間割当の問題から検討した。具体的には、①小葉田以来指摘されてきた明代に見られた「接貢船」(本稿では接回船と呼称)の特徴、②特使から常例進貢使節へと接回の対象が転換していく歴史的過程、③進貢船の定期的派遣に従い定着した接貢船と冊封謝恩使節の派遣に従い派遣された「接回国使船」の船間割当を取り扱った。

明代に見られた接回船は、上京使節を迎え帰国を助けるものであったが、それらは全て謝恩使節に対してのものであった。このような不定期な接回船から定期的な派遣(＝接貢船)への転換は、1667年の「左右聞船」以前に遡り、1630年代における朝貢貿易拡大策に関する琉球・薩摩間の協議の中に見出されるものでもあった。また、接貢船の船間割当は、小唐船(進貢二号船)と同様の構成が採られ、そこでは才府・官舎・大筆者・脇筆者等に重点的に船間が配されており、王府官人制度を支える報酬体系の論理が貫かれていた。これらから接貢船は、進貢使節の往還を補助するとともに国内官人制度の運営に直結した存在でもあったことが明らかとなった。

キーワード：接貢船　接回船　船間

摘　要

本文将清代定期派遣的接贡船的历史状况作为一个贯穿明清两代的问题加

* 山田浩世：琉球大学特命助教。

以重新审视，在探究其渊源的同时，从船舱空间分配问题的角度，对被视为进贡制度一部分的接贡船派遣的意义进行探讨。具体内容包括：①小叶田以来的研究成果中指出的明代“接贡船”（本文中称接回船）的特征；②接回的对象由特使向常例进贡使转变的历史过程；③随着进贡船的定期派遣而固定派遣的接贡船以及因册封谢恩使节的派遣而派遣的“接回国使船”的船舱空间分配问题。

明代的接回船，虽然是为迎接上京使节帮助其归国而派遣的船只，但其接回对象仅限于谢恩使节。而从这种不定期的接回船到定期派遣（接贡船）的转型，可追溯到1667年以前的“左右闻船”，这也是1630年代琉萨之间关于朝贡贸易扩大对策协议中提及的问题。此外，接贡船的船舱空间分配采取了与小唐船（进贡二号船）同样的形式，才府、官舍、大笔者、胁笔者等人得到重点分配，支撑王府官人制度的报酬体系的理论贯穿其中。由此也可清楚地说明，接贡船为进贡使节的往返起到了辅助作用的同时，与国内官人制度的运营也有着直接的关联。

关键词：接贡船 接回船 船舱空间

はじめに—問題の所在

17世紀後半の康熙年間以降、二年一貢の原則に従って派遣された進貢船に対し、翌年にその上京使節を迎え帰国する接貢船の派遣が定着化していた。進貢船・接貢船による派遣サイクルが清代いたって確立・定着し、一般的に想起される進貢派遣体制の完成をみた。従来の研究でも、接貢船についていくつかの先論が提起されており、とりわけその制度的確立過程などが中琉双方の研究者から注目されてきた。

接貢船についての基本的な認識を最初に示した研究として、東恩納寛惇による「島津氏の対琉政策」中の「琉支貿易論」の「接貢船」の項がある[1]。東恩納は、「内務省文書」を用いて島津側との協議の中で現れた「左右聞船」を接貢制度の開始と捉え、以後定着したとし、その始期は文書が作成された延宝6（1678）年であるとした。これについては後に、「内務省文書」を紹介し解説を付した豊見山和行氏によって、文書の作成時期はそもそも東恩納がノートに記載していた寛文6（1666）年とするのが妥当であろうとの見解が示めされている。氏も1667年に「左右聞船」が派遣され、同船が接貢船の先駆けであるとしている[2]。

また、東恩納と同時期に進貢使節を論じた小葉田淳の議論がある。明代において

1　東恩納寛惇「島津氏の対琉政策」（『東恩納寛惇全集』第二巻、第一書房、1983）参照。

2　小野まさ子・里井洋一・豊見山和行・真栄平房昭「「内務省文書」とその紹介」『史料編集室紀要』12号（沖縄県立図書館、1987）、6－7頁を参照。

使節を迎接するために派遣されていた船について小葉田は、「接貢船」と呼び清代にいたる接貢の起源であると説いた[3]。小葉田は、その開始を嘉靖27(1548)年の馬普度による派遣とし、その背景には①官吏(人役)の活用と②窮乏する海船の利用があったとしている。すなわち嘉靖年間には、一年一貢から二年一貢へと貢期が変更され、使節が派遣される間の年の有効な利用がその背景にあったことを指摘している。

その後、接貢船について中国側から徐恭生氏が、接貢制度の確立に注目して17世紀後半における派遣や免税の許可にかかわる交渉過程、接貢使節団の組織的特徴、福建における貿易活動の状況などについて整理を行っている[4]。徐氏も明代の嘉靖37(1558)年に派遣された使節を接貢(使者は馬加尼)の起源と捉え、編成状況から明代に派遣された接貢使節は臨時的かつ制度的(清代における二年一貢に準じた接貢派遣制度と比べて)に定着していなかったこと指摘している。邊土名朝有氏も明清代における接貢(接回)の事例を取り上げ、複数の接貢のあり方とそれに伴う段階的な接貢制度の確立があったことを述べている。特に、広義(明代から見られる接回の船)と中義(康熙17(1678)年の接貢船)では閩安鎮以内へ入進し貿易が許されていたか否か、中義から狭義(康熙28(1689)年の接貢船)では貿易に対して免税が許されていたか否かを基準にそれぞれのあり方を分類する案を提起している。もっともその議論には『歴代宝案』への偏重や清代の特定の時期の問題を明代にまで敷衍させて理解するなどやや首肯しがたい点も存在している[5]。

ひとまず古典的成果を含め明代から清代初期における接貢船を論じる際には、その始期に係る問題として明代における接回の事例を始祖と位置づける議論、1660年代の薩摩側との協議において登場する「左右聞船」を淵源とみなす議論、閩安鎮内への入進が許可されこと、貿易における免税の許可を転機または制度の確立とみなす諸説が出されてきた。このように複数の異なる見方が接貢船に注がれてきた背景には、『歴代宝案』に依拠しながらも明清という時代の連続性、または「内務省文書」等に代表される琉球・薩摩間の協議による進貢策をどのように位置づけるのかといった問題が相互に影響していた。提起されてきた議論を整理すれば、接貢(接回)の任務に従事する船には、段階的かつさまざまな定義を持つ接貢(接回)の船が見出され、その最も代表的で定着した形態が、康熙28(1689)年以降に繰り返し派遣された接貢船であったと言うことができよう。

そのほか富田千夏氏は、清代において冊封謝恩使が派遣された際にのみ派遣され

3　小葉田淳『中世南島通交貿易史の研究』(日本評論社 1993 増補版、初版 1939) 154－158 頁を参照。

4　徐恭生「清代琉球接貢制度考」『第五回中琉歴史関係学術会議論文集』(福建教育出版、1996)を参照。

5　邊土名朝有『琉球の朝貢貿易』(校倉書房、1998) 221－228 頁。氏の述べる広義と中義の差異、すなわち1678年以前の接貢船、明代における接貢(接回)船が、すべてが閩安鎮以内へ入進できず貿易に従事できなかったとの点については、派遣状況や閩安鎮内への入進を拒否した清側の説明(三藩の乱による賊船への警戒)を考慮すればやや首肯し難い。

る「接回国使」「接回員役」と記される船について議論を行っている。同船は乾隆22(1757、尚穆王)年、嘉慶6(1801、尚温王)年、嘉慶13(1808、尚灝王)年、道光19(1839、尚育王)年、同治7(1868、尚泰王)年に派遣されており、各年には常例進貢使節と冊封謝恩使節を迎える船が、それぞれ一隻ずつ派遣されていた[6]。このように一義的な接貢への理解からは捉えきれないさまざまなバリエーションが見られ、単純には規定しがたい複雑な展開過程を接貢(接回)船は有していた。

本稿では、係る接貢船の複雑なあり方をとりわけ捉えがたくしている問題、すなわち明代における接貢(接回)船の位置づけについて再検討することで、清代康熙年間以後に定着していったいわゆる接貢船の位相を探るとともに、これまで十分に議論されてこなかった二隻目の接貢船とされる「接回国使」船の運用方法、とりわけ船間の問題を取り上げ接貢船との運用的差異を比較しそれぞれの特徴につい検討してみたい。

1、古琉球期における接回船の展開と接貢船の登場

(1)古琉球期における接回船の登場

小葉田淳著『中世南島通交貿易史の研究』中には、琉球の外交文書資料集『歴代宝案』の記載を通じて15世紀から17世紀初頭までに派遣された進貢船(及び進貢に関連して中国へ派遣された船)の一覧が示されている。その中には「接貢・迎接其他遣船表」(其一~其二)と題された一覧もあり、使船の要項として「接貢船」と分類される派遣を多数確認することができる[7]。小葉田が、接貢船であるとしたのは嘉靖27(1548)年、嘉靖37(1558)年、嘉靖45(1566)年(二隻)、隆慶2(1568)年の派遣船であった。厳密に言えば、接貢船とは清代に定着したものでその用例を時代的に遡及させ適用したものであった。この古琉球期に接貢船と分類された船は、同時代的には「接回進貢官員」等の用語で示されていた。便宜上、明代に一般にみられた同派遣と清代に定着した派遣(接貢船)を区分するため明代のものについて本稿では、「接回船」としておきたい。まずは、小葉田によって接貢船と分類された事例を中心に、進貢官員を迎えることを目的に派遣された事例を取り上げ、検討を加えていくこととしたい(表1)。

---

6 富田千夏「乾隆二十一年派遣の謝恩使の接回にみる接貢船の一例」(琉球アジア社会文化研究発表会レジュメ、於2006年11月18日)を参照。

7 小葉田淳『中世南島通交貿易史の研究』(前掲)中の「接貢・迎接其他遣船表」については、其一(152-153頁)、其二(164-165頁)を参照のこと。

表 1　古琉球期の接回船一覧

No.	西歷	發給	使者	通事	都通事	稍水	備考
ⅰ	1548 年	1 月 28 日	馬普度	陳継成		96 名	小葉田に言及なし
ⅱ	1558 年	1 月 21 日	馬加泥、馬南北	沈文		138 名	
ⅲ	1561 年	1 月 26 日	馬寧久、馬佳尼	鄭禄		100 名	
ⅳ	1566 年	2 月 27 日	麻加寧	蔡朝俊		48 名	
ⅴ	1566 年	2 月 27 日	呉蒙達		鄭禄	56 名	
ⅵ	1568 年	2 月 23 日	馬南北		沈文	67 名	

1548 年に派遣された【事例ⅰ】の船は、前年に派遣された常例進貢・謝恩を兼務した使節の接回を目的として派遣された船であった。前年に派遣された使節の人数は、義字号船に187 名（稍水 156 名）、海船に155 名（稍水 124 名）の計 342 名であった。この使節を迎接し回国させるために派遣されたのが、『歴代宝案』上、初めて確認される使節の接回を主目的とした船であった。『歴代宝案』1－30－7 号文書には、「福建布政使司の多余の船なるを将て梢々先んじて義字号船をして乗載して回国せしむるを蒙る。所有の差去せる正儀大夫陳賦・使者馬読古・通事梁炫は人伴元寿眉等を帯同し、表箋を齎捧して京に赴けば、船無くして以て回国し難し。今黄字五十六号半印勘合執照を給して、特に通事陳継成等を差わし、夷梢を率領して本国の小船一隻に坐駕し、前来して陳賦等を迎接し回国せしむ」とその派遣理由が述べられている[8]。冒頭の「福建布政使司の多余の船なる」がどのような意味を指すのか、前後の文脈からでは判然としないが、1547 年に派遣された使節の乗った義字号船は、先に福建を離れ帰国の途についていたことが分かる。すなわち、上京中の使節は帰国のための船が帰国しており、1548 年に「朝京の官員を接回する」ための接貢船の派遣へとつながって言ったのである。

同事例以前の使節派遣では、原則として使節が乗り込んだ進貢船は、使節の上京後も入港地に留まり使節の下京を待って帰国を行っていた（二年後に訪れるまたは頻繁な使節の往来があった古琉球初期には別の選択肢もあったとみられるが）。その中で上京使節を迎え帰国させることを目的とした派遣は管見の限り見ることができない。さらに【事例ⅰ】の派遣は、一面において常例進貢使節の派遣であるが、謝恩任務を兼ねた特使としての派遣であったことに留意しておきたい[9]。

次に1558 年に派遣された【事例ⅱ】は、前年に派遣された常例進貢・謝恩・請封

8　『歴代宝案』1－30－7 号文書。なお本稿における『歴代宝案』からの引用は、特記なき場合は、原則、沖縄県文化振興会公文書館管理部史料編集室編『歴代宝案』校訂本 1～2、訳注本 1～2（沖縄県教育委員会 1992—1997）からの引用である。

9　特使については、深澤秋人「近世琉球の渡唐使節における特使の様相一清朝との通交期を中心に」（『沖縄キリスト教短期大学紀要』29、沖縄キリスト教短期大学、2000）を参照。

使節を迎接・回国するための派遣であった。前年に派遣された使節は、「海船」に乗る計134名(内稍水103名)と本国小船にのる計134名(内稍水103名)の二隻である。この時に派遣された常例進貢・謝恩・請封使節は、【事例ⅰ】派遣以来の謝恩使、すなわち特使の派遣であった。同派遣について『歴代宝案』1－30－19号文書には、「福建布政司の例に照らして小船を摘発し先に回らしめて以て遠望を慰むるを蒙る。今照らすに、原差わせる長史蔡朝器・使者尹徳美・通事鄭祐并びに人伴烏刺瑞、表を齎し京に赴けば、船無くして以て回国し難し」と派遣の理由が述べられている。「福建布政司の例」とは、【事例ⅰ】における福建側の上京使節を待たず帰国することを許したことを指すと見られ、それは「遠望を慰むる」ことを想定したものであったことが本事例から明らかとなる[10]。【事例ⅰ】から10年を隔てて進貢船の先んじての帰国、それに対応した使節を迎えるための船の派遣が行われたのである。

さらに同事例は、先例に依拠した派遣であるとともに、【事例ⅰ】と同じく謝恩を兼務した特使への接回でもあった。特使の派遣は、【事例ⅰ】の謝恩使以来の派遣であり、先例に依拠した特使への接回が、繰り返されたのである。先例の具体的な中味が曖昧であるが、接回が謝恩を兼務した使節に繰り返されていたことから、常例進貢ではなく謝恩使節の派遣と関連して先例が持ち出されていたことが考えられよう。

1561年に派遣された【事例ⅲ】は、2年前(正確には1559年9月25日)に派遣された進貢謝恩船を迎えるために派遣された船であった。進貢謝恩使節は、本国小船二隻で派遣され、常例進貢とともに謝恩(謝恩の名目は不明)を兼務しており、【事例ⅰ・ⅱ】同様に特使の派遣であった。また、謝恩使の派遣は【事例ⅱ】以来のものでもあった。『歴代宝案』1－30－25号文書には、「進貢し謝恩せしむるに、福建布政司の例に照らして摘発し先に回国せしむるを蒙る。今照らすに、原差わせる正議大夫蔡廷会・使者馬良詮・都通事梁灼併びに人伴安丹也等、表を齎し京に赴けば、船無くして以て回国し難し」とあり、常例進貢・謝恩(何に対する謝恩かは不明)の使節(特使)に対し、福建布政司の先例に準じて摘発回国させるとあり、特使の船に対する接回の先例が述べられていた[11]。福建側の先例(「遠望を慰むる」)の文言とも重ね合わせると、謝恩使の派遣の際には船が先に帰国を許可されること、応じて翌年には官員を接回するための船が派遣されることが定着化していたことを見ることができる。小葉田が作成した「接貢・迎接其他遣船表」(其一～其二)では、【事例ⅲ】については派遣の項目が記るされていないが、『歴代宝案』の記述などから使節を接回する事例であることは明らかであろう。

1566年に派遣された【事例ⅳ・ⅴ】は、前年に派遣された常例進貢・謝恩・中国人送還・官生護送の使節を接回するために派遣されたものであった。前年の使節は、

---

10 『歴代宝案』1－30－19号文書。

11 『歴代宝案』1－30－25号文書。

二隻の「本国小船」に搭舟し、一隻に常例進貢・謝恩・中国人送還の使節と官生を含む計116名(内稍水84名、官生・官生人伴8名)であった。二隻目は、謝恩品を載せ護送する船で計98名(稍水90名)が搭舟し派遣されていた。同派遣に対して二隻の接回を目的とした船が仕立てられ派遣された。二隻の船について『歴代宝案』1－30－35、1－30－36号文書にそれぞれその目的が述べられているが、これまでと同様に福建側の先例に準じて使節を乗せた船が先に回国すること、対して琉球側から使節を迎えるための船を派遣することが述べられている。

もっともなぜ二隻の派遣となったのかについては言及が見当たらない[12]。それぞれ『歴代宝案』では、嘉靖44(1565)年に派遣された長史梁炫に対する派遣となっており、各船へ発給される執照を管理するための半印勘合は宇字27号、28号の連番で、発給月日も同じ2月27日であった。両船ともに渡唐したのか否か疑わしいが、文書発給上は二隻の接回船が派遣されたことを確認することができる。

また、これまでと異なる点として迎え船が用意された同謝恩使は、【事例ⅲ】以来の謝恩使の派遣ではなかった。1561年に常例進貢・(冊封)謝恩使が派遣されていたからである。このときの特使派遣に対して管見の限り接回の船が派遣されたことは確認されない。翌年の1562年には、冊封使の帰朝の安否を尋ねるとの名目で二隻の船が派遣されており、『歴代宝案』1－30－28、1－30－29号文書には、「夷稍を率領して本国の小船一隻に坐駕し、福建等処に前去して回朝の消息を探聴し、及び原差わせる護送の官の使者宋庇・都通事鄭憲等の官人等を接回して回国せしむ」とあって、冊封使の護送官等を迎えるために派遣したことが知られる[13]。このことが特使に対する接回船を派遣しなかったことと関係するのか断定する史料を欠くが、謝恩使節に対する接回船が派遣されなかった場合もあったことは確認しておきたい。

1568年に派遣された【事例ⅵ】は、前年(1567年)に派遣された常例進貢・謝恩(謝恩の詳細は不明)を目的とした使節に対する派遣であった。前年に派遣されたのは、長史蔡朝用を筆頭とした使節で、二隻に分乗して197名が派遣されている。これに対し翌年派遣されたのが、馬南北を筆頭とした使節である。『歴代宝案』1－31－2号文書によれば、同派遣についてこれまで同様、福建布政司の先例に沿い、前年派遣の進貢船の先んじての帰国の件が述べられている[14]。

また、【事例ⅵ】も謝恩使に応じた派遣で、謝恩使の派遣は先の【事例ⅳ・ⅴ】以来のものであった。ただ謝恩使が派遣された際には、同じく皇帝登極に際しての慶賀使節も派遣されていた。同慶賀使節は、本国小船一隻に乗り込み派遣され、同使節には、接回船が派遣されたとする状況は見出されない。特使全般に対して接回船が派遣

---

12 『歴代宝案』1－30－35、1－30－36号文書。

13 『歴代宝案』1－30－28、1－30－29号文書。

14 『歴代宝案』1－31－2号文書。

されていたのではないことに留意しておきたい。ひとまず謝恩使節の派遣に限って、接回の先例が持ち出されていたことを見ることができよう。

この後、使節に対する接回船の派遣は確認されない。謝恩使節が派遣される例は例えば1571年(正儀大夫鄭憲)、1573年(正使名不明)などにも確認されるが、接回船の派遣は行われなかったようである。なぜ接回船の派遣が行われなくなったのか、また1570年ごろを境になんらかの変化があったのか不明な点は多いが、接回の派遣が行われなくなったことを確認しておきたい。

以上のことから、小葉田が指摘するところの16世紀後半にみられた「接貢船」とは、1548年の福建布政司側の「遠望を慰むる」ことのために出された進貢船への摘回許可とそれに続く船の派遣の先例に立脚したものであったことが見出された。また、それらは上京使節を迎えるために派遣されたものであったが、厳密にはすべて謝恩使節に対して派遣された不定期な派遣であった。これに対して清代康熙年間以降に定着した接貢船は、常例進貢使節に対する船であり、常例進貢使節が二年に一度の定期的な派遣が行われ、応じて接貢船もまた定期的な派遣のスタイルを採っていた。明代と清代における接回船と接貢船には、恒常的な派遣に応じるか否かという点にその大きな違いが見出されると言えよう。

(2)古琉球期以降における接回船の派遣と接貢船の確立

1609年の島津侵入事件を契機に琉球は、明朝を頂点とする中華秩序と徳川政権を中心とする幕藩体制下という二つの支配秩序に包摂されながら再建を進めていくこととなった。前項で検討したように、明代に接貢(接回)として確認された派遣は、16世紀後半の限られた時期、かつ1548年の福建布政司側の摘回許可に端を発し謝恩使節(特使)派遣に限られたものであった。では、近世期において古琉球期に見られたような不定期な接回船から、どのように定期的な接貢制度は着想されていったのであろうか。すでに東恩納寛惇や豊見山和行氏等の『内務省文書』の紹介の中で、1667年における「左右聞船」の発船が近世期の接貢船の始期として指摘されてきたが、その前段階でどのように接貢(接回)にまつわる協議や思案がなされてきたのかを検討してみたい。

島津侵入直後の琉明関係は、倭寇侵入への警戒感から10年の期間を待って改めて入貢するように厳達され、断絶に等しい状況となった[15]。また、当初徳川政権が描いていた琉球を介しての日中関係の回復交渉の糸口も断たれることとなり、島津氏による琉球への武力進攻は、東アジア各国の緊張関係を高め膠着状態を生み出すこととなった。島津氏も膠着状態の中で、琉球の進貢派遣体制への本格的な介入には踏み切れずにいた。

1630年代に入ると貢期回復の足掛かりとして、尚寧の次代の王である尚豊への

15　夫馬進「1609年、日本の琉球併合以降における中国・朝鮮の対琉球外交－東アジア四国における冊封、通信そして途絶」(『朝鮮史研究会論文集』46、2008)参照。

冊封受け入れが政治日程に上った。国王の任命を意味する冊封によって中国側は、琉球の中華秩序下での立場を明確にすることで滞っていた琉明関係の再開を企図したと見られる。対して尚豊も、薩摩側への従属的姿勢を打ち出すとともに明朝との関係を強固にすることで両者の間で立ち回る外交姿勢の確立を計っていた[16]。薩摩側は、進貢貿易に上方からの資本を投下することで悪化した財政の立て直しを計り本格的な進貢貿易への介入を企図しており、琉球側の協力を得て進めようとしていた。このように三者の思惑が互いに錯綜する中で貢期回復交渉は行われることとなったが、1632年に薩摩から出された琉球三司官宛の文書には、翌年（1633年）夏に迫った冊封使の来琉をめぐって具体的には以下のような協議や派遣案が出されていた。

薩摩側と琉球側の協議の中で「進貢之儀ハ、前代より定たる儀候条、琉球より之失墜たるへき由候、四ケ条之儀相談候ハ、船数可参候、取仕立ハ鹿児嶋より之御失墜たるへき由申談候、進貢三年ニ一度ツヽ可渡御侘立候へハ、一年ニ船一艘充可渡事」とあって、二年一貢への復帰とともに進貢する際の貢物の増額が要請されていた。貢物の増量は、従来一隻で派遣されていた進貢船を二隻へと増加させることへの布石ともなっており、進貢船の増加による貿易の機会・規模の拡大がその根底にあった[17]。さらに条文中の「四ヶ条」とは、年頭祝い（正旦令節）に対する謝恩使者、御誕生祝言（万寿聖節）の使者、馬・硫黄の重量が重むこと、夜光貝の献上（貢物の増額問題については上述）を意味するが、これらを冊封使へ相談することによって将来的により多くの船を渡唐させることが目指されていた。謝恩や慶賀使節といった特使の派遣を繰り返し、交易機会の拡大を進めようとの算段を読み取ることができよう。

このようなさまざまな派遣船増加策が提案されていた中で、接回に関わる協議も行われていた。具体的には、「今年渡唐申候使者、北京迄被参候故年越にて候、乗船者其年帰帆、次之年迎ニ参候、於其後ハ一年ニ一度ツヽ之賦にて候事」とあって、1632年の進貢使節が渡唐すれば、進京して越年することとなり、この際に乗りこんでいた進貢船を先んじて帰国させれば、翌年に迎えの船を出すことへと繋がることを述べている。さらに、この派遣が可能となれば進貢船と合せて毎年、使節を派遣することとなり「一年ニ一度ツヽ」のサイクルが予定できるとの見通しが立てられていた。ここで提案されている上京使節を迎えるための船の定期的な派遣とは、進貢船の上京使節を待たずに帰国し迎えの船を派遣するというまさしく後年の接貢制度そのものであり、進貢貿易の拡大が迫られる局面においてこれら「一年ニ一度ツヽ」による進貢サイクルが志向されていたことが看取されるのである。

16　尚豊政権の戦略と中琉日の位置付けについては、豊見山和行『琉球王国の外交と王権』（吉川弘文館、2004）を参照のこと。

17　進貢船二隻派遣体制への転換とその歴史的背景については、拙稿「進貢船二隻派遣の確立とその諸相－古琉球・近世琉球の連続性－」『第十二届中琉歴史関係国際学術会議論文集』（北京図書出版社、2011）を参照のこと。

従来の研究において接貢船導入の理由について、『歴代宝案』の記載から閩江内での長期にわたる繋留による船舶の損耗問題が強く主張されてきたとする向きがあるが、定期的な迎え船の派遣という形態が、朝貢貿易の拡大が迫られる中で浮上していたことは示唆的である。後年にいたって接貢制度の確立へと結びついていく1667年の「左右聞船」の派遣とそれを裏付けてきた「当年於唐訴訟申達候而間之壱年ハ左右聞船と名付、一艘差渡候筈ニ申済候」という提案以前から、進貢の間の年に上京使節を迎えることを理由にした船の定期的な派遣が着想され、実施の機会がうかがわれていたのである。

さらに1632年の協議の中では、次のような迎え船(＝接回船の派遣)も想定されていた。「一當夏冠船若無着津候ハヽ、池城去年四月大明之　帝王・春宮御定候祝言トして渡唐、此迎トして一艘可被遣由候、若池城當年帰朝申候ハヽ、冠船之迎ニまたよし去々年被指渡候、此迎ニ一艘可被遣由候」とあって、32年夏に冠船が到来しなければ、昨年渡唐した池城(慶賀使)を迎えることを理由に迎え船(＝接回船)を遣わすこと、もし池城が年内に帰国したならば、冠船迎接で渡唐している「またよし」(冊封迎接)を迎えるために迎えの船(＝接回船)を出すようにとの指示である。慶賀使に対する迎え船やすでに渡唐している官員の迎接など、定期的な進貢使節の派遣に関わらない幅広い枠組みで官員を迎える船の派遣が思考されていたのである。

このように1632年における朝貢貿易拡大策の協議の中で、常例進貢に対する定期的な迎え船(＝接貢船)や慶賀使や冊封迎接使節の迎え船(＝接回船)等さまざまな派遣が、具体的な施策として議題に上げられていた。従来、1667年の「左右聞船」の派遣をもって開始されていくとされる接貢制度の着想は、確認される限りにおいて1632年の朝貢貿易拡大策の文脈の中ですでにその萌芽が確認され、同時期にはさらに幅広い官員の迎接という着想も持ち出されていたのである。

2、清代における接貢船と接回国使船－船間分配に着目して

(1)接貢船の船間分配とその特徴

清代康熙年間以降、段階的に許可を受け定着した接貢船が、どのような性格をもつものであったのか、接貢船に乗り込む員役達に分配されていた船間の問題から検討を加えてみたい。船間は積間とも称され、進貢船や接貢船など琉球から派遣されるさまざまな船に用意された積載スペースのことである。同空間は、主に船に乗り込んだ渡唐役人達に分配される太荷24万斤と身廻り品3万斤からなるが、船にはこの他にも王府・薩摩の物品や中国へ運搬された貢物などがあった[18]。進貢船に乗り込み渡唐

18　船へ積み込まれた各種の物品については、拙稿「進貢船の構造と積荷―「庫理并半界賦」をめぐって―」(『がじゅまる通信』71号、榕樹書林、2011)がある。

した上京使節を迎えるため派遣される接貢船の船間は、どのように分配されていたのであろうか。

また、清代において派遣された特異な接貢船がある。冊封謝恩使節が派遣された際に仕立てられる二隻目の接貢船とも言える「接回国使船」である。冊封謝恩使は、常例進貢使節と共に派遣されるが、正使がその任務を兼任するのではなく、異なる別個の上京使節を編成し派遣される。「接回国使船」も常例進貢使節に対して派遣される接貢船とは別に派遣され、同船が派遣された年には、福州へ上京使節を迎える二隻の接貢船が派遣されていた。近年公開された尚家文書中には「接回国使船」に対して出された船間割り当ての記載があり、同船における船間の分配状況を知ることができる。上京使節を迎えるため派遣されるこの二隻の船(接貢船と「接回国使船」)の船間の分配は、どのように行われていたのか、またそれら船間の状況からどのような特徴が見出せるのであろうか検討してみたい。

表2　接貢船(小唐船)船門割当

役職	主従	積門	
		「算術書」	「旧記」
大通事	主従5人	12045	12515
存留脇通事	主従6人	9279	9279
才府	主従5人	29565	29565
官舎	主従5人	29381	29381
大筆者	主従3人	25905	25905
総官	主従	5006	5006
船頭		23224	23024
五主(10人)		22260	22260
佐事(8人)		20520	20520
水手(32人)		36640	36640
	計	239730	240000

まず、接貢船の船間について記載したものに『琉球資料』に所収の史料「算術書」がある[19]。同書に記載された接貢船についての記載をみると「一小唐船并接貢船太荷弐拾四万斤/内不足　弐百七拾斤」とあって、小唐船と接貢船に分配された船間24万斤の内訳を見ることができる。もっとも同史料の記載は、満額24万斤に対し270斤分の不足分がある点に留意する必要があり、同様に小唐船(進貢二号船)・接貢船への船間を記録した『旧記書類抜萃』中の船間定によって数値を補正することで正確な分配

19　「算術書」(『琉球資料』六十八、那覇市企画部文化振興課『那覇市史』資料編第1巻10琉球資料(上)、那覇市役所、1989所収、609－622頁)を参照。

状況を把握することができる[20](表2)。また、身廻り荷物(3万斤)の内訳も判明するが、役職毎の差異は見えず人数割りとなっていたことから、本稿では太荷の内訳について注目して行くこととしたい。

まず、渡唐筆者に属する大通事(主従5人)に12，515斤、存留脇通事(主従6人)に9，279斤、才府(主従5人)に29，565斤、官舎(主従5人)に29，381斤、大筆者(主従3人)と脇筆者(主従3人)に25，905斤、総官(主従)に5，006斤が分配されていた。また、船の運航を司る船方に属する船頭に23，024斤、五主(10人)に22，260斤、佐事(8人)に20，520斤、水手(32人)に36，640斤が分配されていた。

船間分配にかかる特徴として、まず渡唐役者については個人単位ではなく主従単位で分配されていた。また、最も多くの船間を分配されていた役職は、才府・官舎・大筆者・脇筆者の四役で、すべて25，000斤以上の船間が分配され、大通事と比べて2倍以上の差があった。別稿で論じたが、そもそもこれら四役への船間分配には、各士が積み上げてきた功績に見合うように、船間を報酬として分配していたことが関係している[21]。接貢船が小唐船の船間分配規定とまったく同様の措置が取られていたことは、接貢船の派遣にも王府内で働く官人達を養う報酬制度の一端が貫徹していたことを意味している。

また、接貢船・小唐船における才府(29，565斤)・官舎(29，381斤)・大筆者(25，905斤)・脇筆者(25，905斤)への船間と大唐船(進貢頭号船)に乗り込んだ才府(22，686斤)・官舎(22，687斤)・大筆者(20，525斤)・脇筆者(20，525斤)への船間では大きな差が見出され、同じく進貢船や接貢船の四役に選出されてもその待遇には大きな差があったことが分かる。大唐船と小唐船・接貢船への待遇の差異には、官人制度上どのような意味があったのか、本稿では詳述を避けるが、接貢制度を理解する上で重要な問題であり、今後の課題としておきたい。

ひとまず、接貢船の船間規定は、進貢船(小唐船)とまったく同じものであり、小唐船と同様の論理が貫かれていたことを確認しておきたい。船間の運用から見る限り接貢船の派遣は、進貢船(小唐船)一隻の派遣と同様の位置付けを与えられており、本来接貢船が上京使節を迎接するという進貢使節(進貢船二隻)にとっての補完的な位置付けを与えられていたこととは対照的な様相を見出すことができる。船間の分配による進貢貿易の推進という面からみれば接貢船は、二隻目の進貢船として運営され、とりわけ大唐船よりも大きな交易の機会を官人達に与える船であったと見ることができそうである。

---

20 梅木哲人『旧記書類抜萃・沖縄旧記書類字句註解書』(沖縄研究資料27、法政大学沖縄文化研究所、二〇一〇)を参照。

21 拙稿「近世琉球における王府官人制度と渡唐役者－船間割当を通じて－」(『日本歴史』757号、吉川弘文館、2011)を参照のこと。

(2)「接回国使船」の船間分配とその特徴

では、次に冊封謝恩使の派遣の際にのみ仕立てられた特殊な接貢船と見なされている「接回国使船」について見て行くこととしたい。「接回国使船」(『歴代宝案』)は、この他にも「接回謝恩船」(『歴代宝案』・『档案』)や「迎接謝恩船」(清単)、「王舅御迎船」(『旧書類抜萃』)などといった名称を見ることができる。「接回国使船」についてその派遣などは、『歴代宝案』や『档案』等の状況から概ね窺い知ることができるが、琉球国内での状況については限られた史料を見るのみであった。とりわけ「接回国使船」の船間については、『旧記書類抜萃』中の「百廿二、王舅御迎船より見次間積入高」と同治5~6年に派遣された冊封謝恩使節の公務日誌である「冊封謝恩御使者渡唐日記」(尚家文書189・190号文書、那覇市歴史博物館所蔵)がある。これらの記録と共に、前年に派遣された冊封謝恩使への船間規定を念頭に置きながら「接回国使船」を取り巻く船間規定の状況を明らかにしていきたい。

まずは、「接回国使船」がどのような船間の割り当てが行われていたのかを見てみたい。『旧記書類抜萃』には、「百廿二、王舅御迎船より見次間積入高」とあって王舅(冊封謝恩正使)への迎え船に配当された「見次間」の船間高が記されている。それによれば、王舅方に項目名として「昆布」とあって31，749斤、大夫方(冊封謝恩副使)に同じく「昆布」で26，037斤、勢頭に11，112斤、北京大通事に9，524斤、北京大筆者に4，762斤、大夫与力に6，349斤、宰領(北京宰領)に4，762斤の計106，994斤の船間の割り当てが示されている(小数点以下は省略)[22]。これらの記載から、「王舅御迎船」すなわち「接回国使船」には、約10万斤に上る前年に渡唐した冊封謝恩使節達の船間が割り当てられていたことが見て取れる(表3)。

『旧記書類抜萃』には、このほかにも「百廿一、道光十七年戌御冠船之時王舅方人数渡唐船間定」があり、道光17(1837)年に策定された冊封謝恩使節である王舅方(冊封謝恩正使)の面々に与えられた船間の規定を見ることができる。そこには王舅・大夫・勢頭・北京大通事・北京大筆者・王舅通事・王舅与力・大夫与力・北京宰領などの項が見え、計58，646斤の船間が用意されていたことがわかる(表4)[23]。冊封謝恩

---

22 「百廿二、王舅御迎船より見次間積入高」の詳細な規定を記すと、「王舅方/一昆布三万千七百四十九斤二合九勺/大夫方一同二万六千三十七斤一勺四才/勢頭北/一同一万千百十二斤二合三勺八才/北京大通事/一同九千五百八十四斤七合七勺六才/北京大筆者/一同四千七百六十二斤三合八勺八才/王舅通事/一同一万二千六百九十九斤七合一勺/大夫与力/一同六千三百四十九斤八合五勺/宰領/一同四千七百六十二斤三合八勺八才/右王舅方迎船より見次間として積入高如斯御定候、以上、」とある(前掲『旧記書類抜萃・沖縄旧記書類字句註解書』参照)。

23 「百廿一、道光十七年戌御冠船之時王舅方人数渡唐船間定」の詳細な規定を記すと、「王舅/一昆布二万四千四百三十三斤九合二分三才/大夫方/一同九千三百八十一斤七合九才/勢頭方/一同五千五十一斤八合四勺一才/北京大通事/一同四千三百三十斤二合四勺九才/同大筆者/一同二千百六十五斤七勺四才/王舅通事/一二千四百六十五斤七勺四才/王舅与力惣中/一同五千七百七十三斤五合三勺二才/大夫与力/一同二千八百八十三斤七合六勺六才/北京宰領/一同二千百六十五斤/右王舅惣人数渡之時船間定」とある(前掲『旧記書類抜萃・沖縄旧記書類字句註解書』参照)。

使節の渡唐役者へ用意された船間は、彼らを乗せた進貢船と使節を迎えるために派遣される「接回国使船」の両船に跨って用意されていたのである。

同様に「接回国使船」の船間の分配状況を記したものに「冊封謝恩御使者渡唐日記」があり、同史料の記載からより詳細な割り当ての状況と船間分配に到るプロセスを窺うことができる。同治5年10月12日の条に、「一来年迎船より大荷并見廻間致割府、左之通高所江差出候段首尾承候事、」とあって翌年に冊封謝恩使節を迎えるための船(=「接回国使船」)に積み込む大荷(24万斤)と見廻(身廻荷物3万斤)を「割府」(割賦)で分配して、高所へ提出したという。続いて「覚」の書状が掲げられており、そこには太荷24万斤の内訳が事細かに記されている(表5)。

まず「御迎船役者・船頭・佐事・五主・水主迄積高/十三万三千六百九十四斤/残而/　　十万六千三百六斤/但、六十七人割候得者、一人ニ付千五百八十六斤六合五勺六才七分一り」とあって、「接回国使船」に乗り込む役者・船方衆への船間が合計133，694斤であること、残高の106，306斤を67人割りで一人約1，586斤が割り当てられることを記している(小数点以下は省略)。同史料ではさらにそれぞれの人数とその割り当ても記され、王舅主従20人分として31，733斤、紫金大夫主従13人分として20，626斤、勢頭主従7人分として11，006斤、北京大通事主従6人分として9，519斤、北京大筆者主従3人分と王舅通事主従3人分として各4，759斤、王舅与力主従8人分として12，693斤、紫金通事主従4人分として6，346斤、宰領主従3人分として4，759斤を割り振ったことが記され、「接回国使船」にあてがわれた冊封謝恩使節一行の船間は、役職の高下に関わりなくすべて人数割りによって割り振られていたことが確認できる(小数点以下は省略)[24]。

---

24 『冊封謝恩御使者渡唐日記』(尚家文書189・190号文書、那覇市歴史博物館所蔵)の10月12日の「覚」に詳細な規定があり、「王舅主従二十人分/一三万千七百三十三斤一合三勺四才/紫金大夫主従十三人分/一二万六百二十六斤五合三勺七才/勢頭主従七人分/一一万千百六斤五合九勺七才/北京大通事主従六人分/一九千五百十九斤九合四勺/同大筆者主従三人分/一四千七百五十九斤九合七勺/王舅通事主従三人分/一四千七百五十九斤九合七勺/同与力主従八人分/一一万二千六百九十三斤二合五勺四才/但、主従分三千百七十三斤三合一勺三才宛/紫金通事主従四人分/一六千三百四十六斤六合二勺七才/但、主従分三千百七十三斤三合一勺三才宛/宰領主従三人分/一四千七百五十九斤九合七勺/但、一人ニ付二千三百七十九斤九合八勺五才宛/〆十万六千三百六斤」とある。

表3 「王舅御船」船間

役職	積間(斤)
王舅方	31 749
大夫方	26 037
勢頭	11 112
北京大通事	9 524
北京大筆者	4 762
王舅通事	12 699
王舅与力	
大夫与力	6 349
北京宰領	4 762
計	106 994

表4 「戌冠船之時王舅方」船間

役職	積間(斤)
王舅方	24 433
大夫方	9 381
勢頭	5 051
北京大通事	4 330
北京大筆者	2 165
王舅通事	2 465
王舅与力	5 773
大夫与力	2 883
北京宰領	2 165
計	58 646

表5 「迎船」(同治五年)船間

役職	主従	積間(斤)
王舅	主従20人	31 733
紫金大夫	主従13人	20 626
勢頭	主従7人	11 006
北京大通事	主従6人	9 519
北京大筆者	主従6人	4 759
王舅通事	主従3人	4 759
王舅与力	主従8人	12 693
紫金通事	主従4人	6 346
宰領	主従3人	4 759
	計	106 306
御迎船役者・船頭・佐事・五主・水手		133 690
	計	240 000

この「接回国使船」にあてがわれていた冊封謝恩使節の船間の総額は、『旧記書類抜萃』中の「王舅御迎船より見次間積入高」と近似しており、各役者へと分配されていた数字も役職の相違は見られるものの、ほぼ近似した値を取るものが多い。このことから道光17(1837)年策定の船間の基準もまた人数割りで設定されたもので、「接回国使船」にける冊封謝恩使節の船間には一貫した分配の論理が働いていたことを確認できよう。また、同日記の記録からは、冊封謝恩使節一行が渡唐する以前の段階でこのように翌年派遣の船(「接回国使船」)にも跨る詳細な船間規定が提出されていたことは興味深い。二隻目の接貢船として捉えられがちな「接回国使船」は、前年に派遣され冊封謝恩使節と密接不可分な関係を持ちながら、船間の在り方としても冊封謝恩使節の交易機会を補完するような役割を果たしていたのである。

以上、接貢船と二隻目の接貢船と称される「接回国使船」の持つ役割を船間の分配規定に着目して整理してきた。船間分配の状況から明らかとなるそれぞれの特徴として以下の点を挙げることができる。まず、両船は、前年に派遣された進貢使節(冊封謝恩使節)を迎えるため派遣されるものの、常例進貢使節と結びついた接貢船の船間は、進貢使節とは独立した構成を持ち小唐船とまったく同じ割り当てを持つ三隻目の進貢船とも言える様相を呈していた。対して「接回国使船」は、半数近い約10万斤にも上る船間が、前年に派遣された冊封謝恩使節等への船間として分配されており、その派遣は、同使節に付属し補完する役割を強く持っていた。

また、その船間分配の方法にも大きな違いがみられ、接貢船の船間分配には、小唐船同様に才府・官舎・大筆者・脇筆者の四役への特段の配分が見られ、王府官人制度に根差した報酬体系の論理が働いていた。対して「接回国使船」では、多くの船間が冊封謝恩使節に割り振られ、主従の数に沿った人数割りによって分配がなされていた。「接回国使船」にも、渡唐役者や船方への分配枠が確保されており、彼らへの船間にも官人制度を支える報酬体系の論理が働いていたともみられるが、より強くは派遣の契機となった冊封謝恩使節へと従属しており、そこでは主従の数に沿って多くの主従を抱える員役が多くの配分に預かっていた。

このように船間の分配のあり方の違いから、同じく「接貢」的活動を展開したとされる二つの接貢船には、対照的な船間分配の形態がとられていたことがわかる。とりわけ常例進貢使節に付随して派遣される接貢船は、船間の分配形態において独立した構成を持ち、「接回国使船」と比して王府官人制度の恒常的運営に強く結びついて派遣される性格を帯びていたと言えよう。

おわりに

ここまで清代康熙年間以降に定着し進貢制度の一角を占めてきたとされる接貢船派遣の問題について、従来十分に取り上げられてこなかった問題にしぼって検討を加えてきた。とりわけ本稿では、以下の三つの問題を取り上げた。①小葉田以来指摘されてきた明代に見られた「接貢船」(＝接回船)の特徴、②特使から常例進貢使節へと接回の対象が転換していく歴史的過程、③進貢船の定期的派遣に従い定着した接貢船と同時代に確認され特異な二隻目の接貢船と見なされてきた「接回国使船」の船間の分配状況である。

この中で明らかになったのは、明代に見られた接回船(小葉田の言う接貢船)の派遣が16世紀後半の限られた時期、さらに不定期である謝恩使(特使)に対してのみ行われていたことであった。同派遣は、1547年に出された謝恩使の搭乗船の先んじての摘回を福建布政司側が許可したことに端を発し、先例化した結果でもあった。明代における接回船は、決して定期的な派遣ではなく、その点で清代に確立した接貢派遣制度とは大きく異なっていた。

16世紀後半の謝恩使に対する接回船の派遣以後、清代康熙年間に至るまでに使節の接回を巡る問題は燻っていた。とりわけ、定期的に派遣される常例進貢使節に対する迎え船の着想は、従来の研究が指摘してきたところの1667年の「左右聞船」以前にも見られるものであった。1632年における薩摩・琉球による朝貢貿易拡大策を念頭とした協議の中で、進貢船の上京使節に先んじた摘回を背景に、翌年船を一隻派遣することで毎年の交易機会の確保が果たされることが述べられていた。具体的な実施は交渉如何によって異なったが、いわゆる後代に確立した接貢船と同様の着想が、交易拡大を求める文脈の中で早くも1630年代の協議の中で見出されたことの意義を確認しておきたい。

また、定期的な派遣制度として確立していた接貢船の特徴を検討するため、冊封謝恩使節が派遣された際に派遣されていた今一つの接貢船とされる「接回国使船」の例を取り上げ、両者の比較を試みた。特に、両船における船間の分配がどのような構成を持ち、それら船間の構成にはどのような論理が貫かれていたのかを検討した。

その中で接貢船の船間分配は、小唐船(進貢二号船)と同様の形態が採られ、オ府・官舎・大筆者・脇筆者といった四役への重点的な船間の分配など王府官人制度を支える報酬体系の論理が接貢船にも貫かれていた。接貢船は、常例進貢使節の北京往還を迎え帰国するという進貢派遣サイクルの補完的な役割を担っていたが、船間の分配においては別個独立した構成をなし、三隻目の進貢船とも呼べる位置づけが与えられていた。対して、「接回国使船」は、その半数近くとなる10万斤余りが接回国使船には乗り込まない前年派遣の冊封謝恩使節の員役達に割り当てられていた。同船は、派遣の目的も船間も、同じく冊封謝恩使節と強く結びつき、使節派遣において常に従属的位置に置かれたものであった。両船は同じく使臣を迎え帰国する船として位置づけられ派遣されたが、その構造や役割には大きな差異があったことが明らかとなった。

以上、本稿で述べた論点を整理してきた。これら諸点を含め接貢制度の展開過程とその特徴を記せば以下のような見通しを持つことができるのではないだろうか。まず、接貢船は、従来議論されてきたように進貢使節に対応して派遣されたものであるが、その前史には不定期に派遣された謝恩使への派遣があった。その意味でいわゆる接貢制度の拡大と確立は、当初から常例進貢使節に対して行われていたのではなく、迎接対象が古琉球から近世にかけて不定期的なものから定期的なものへと移り変わっていったという展開過程があった。さらに、その萌芽は早くも1630年代の朝貢貿易拡大策の中にみられるものであった。そしてこれら定期的な派遣に対して成立した接貢船の船間には、官人制度を運営するための報酬の論理が貫かれており、進貢制度の一角として繰り返される派遣サイクルを支えながら、国内制度の運営と不可分に結びついた特徴的な船間分配を行っていた。接貢船の運営は、進貢使節の往還を補助するだけでなく、船間分配を通じて国内官人制度を支えるシステムとしても機能していたのである。

徐葆光眼中的琉球风俗与女性
——以《球阳竹枝词》·《子夜歌》为中心

徐葆光が目にした琉球の風俗と女性
——『球陽竹枝詞』·『子夜歌』を中心に

童宏民*

摘　要

琉球国先王尚贞的世曾孙(尚敬)向清康熙皇帝请封袭爵，海宝、徐葆光奉命担任册封正、副使，于康熙五十八年(1719年)六月一日，抵达那霸港；完成册封任务之后，于康熙五十九年二月十六日离开琉球，返回中国，同年七月在承德避暑山庄向康熙皇帝复命。此后，徐葆光将其琉球之旅的相关诗作集结成册，以“奉使琉球诗”为名，梓行出版。

《奉使琉球诗》分为《舶前集》、《舶中集》、《舶后集》三卷：《舶前集》是自受命为册封副使，以至登上封舟之前的作品集；《舶中集》是自登上封舟，海行至那霸，以及在琉球记事游览的作品集；《舶后集》则是自那霸出港，回闽抵京，再赴承德避暑山庄复命及其以后的作品集。

依据《奉使琉球诗》的目录所载，《舶前集》收有古今体诗134首；《舶中集》收有古今体诗198首；《舶后集》则收有古今体诗73首；全书最后另附有词9首、序记3篇。

《奉使琉球诗》卷二《舶中集》之中，有若干与琉球风俗以及琉球女性相关的诗篇。《球阳竹枝词》(八首)和《子夜歌》(十二首)则是徐葆光对琉球风俗与琉球女性最焦点集中的观察。

本论文之作意，即是希望对这两组诗篇做正确的解读，然后，与其另一名著《中山传信录》相互印证，并参酌其他册封使节的相关作品，以呈现徐葆光眼中的琉球风俗和琉球女性，并借以管窥其“琉球印象”之一斑。

关键词：琉球　册封使　徐葆光　奉使琉球诗　舶中集　中山传信录

---

* 童宏民：勤益科技大学(台中市)基础通识教育学院专任讲师；琉球大学大学院人文社会科学研究科比较地域文化专攻博士后期课程博士生。

要　旨

琉球国先王の尚貞の世曽孫である尚敬は、清の康熙帝に襲爵の請封をした。それに応じて、海宝と徐葆光は冊封正使及び副使として任命され、康熙58年(1719年)6月1日に那覇港に到着した。そして、冊封の任務を終了した後、康熙59年2月16日に琉球を離れ、中国へ帰国した。また、同年の7月に承徳の避暑山荘で康熙帝に復命の謁見をした。その後、徐葆光は自分の書いた琉球の旅に関する漢詩作品を編集し、『奉使琉球詩』と命名して刊行した。

『奉使琉球詩』は、『舶前集』·『舶中集』·『舶後集』の三巻から構成される。『舶前集』は冊封副使として任命されてから封舟に登船するまでの作品集であり、『舶中集』は封舟に登船してから航海して那覇にたどり着き、また琉球に滞在中の記述や遊覧に関する作品集である。『舶後集』は那覇を出港してから中国の福建省に着き、北京へ向かい、承徳の避暑山荘で復命の謁見し、またその後の作品集である。

『奉使琉球詩』の目録によると、『舶前集』には古今体詩134首、『舶中集』には古今体詩198首、『舶後集』には古今体詩73首が収録されており、他に詞9首と序記3篇もある。

『奉使琉球詩』の第二巻である『舶中集』には、琉球の風俗と女性に関する漢詩作品が若干篇あり、そのうち『球陽竹枝詞』(八首)と『子夜歌』(十二首)は、徐葆光が琉球の風俗と女性に対し、最も焦点を絞る観察である。

本論文の作意は、この二組の漢詩を正確的に解読して、徐葆光の別の名著である『中山伝信録』及び他の冊封使節が作成した関連作品をも参照しながら、その内容を検証していく。それを通して、徐葆光の琉球印象の一端を垣間見られる。

キーワード：琉球　冊封使　徐葆光　奉使琉球詩　舶中集　中山伝信録

一、前言

徐葆光(1671—1740年)[1]字亮直，号澄斋，江苏省苏州府长洲县人。生员时代即以文才知名。然而，康熙五十一年(1712年)参加会试却未能及第。康熙皇帝南巡之际，有机会将诗作进呈皇帝御览，得皇帝赏赐，特准其参加殿试。最后，以殿试一甲第三名探花中式，授翰林院编修。

1　徐葆光的生卒年，系依据王菡先生的说法，参见王菡：《明清册封使别集中琉球史料举隅》，《台湾东亚文明研究学刊》(台北)第3卷第2期(总第6期)，2006年12月，第115页。

徐葆光于康熙五十七年(1718 年)六月受命为琉球册封副使，翌年六月随正使海宝至琉球。在琉球的停留时间长达 252 天[2]，期间之长是历来琉球册封之最。于是徐葆光有机会对琉球的社会、风俗、政治等各方面进行详细调查，借由积极访问士绅、亲身游历见闻，获致丰富成果，于返国之后完成其名著《中山传信录》，进呈康熙皇帝。

另一方面，中国对琉球的册封，一代国王才有一次，实际上，距离上次的册封已经超过 30 年[3]，奉命担任册封使节，不论是否欣然接受，总是一个特殊经历；而且，作为一个文官，泛舟海上的机会肯定很少，更何况是远渡重洋，直到琉球，这绝非一般文官能有的经验。于是，徐葆光将自己的琉球册封之旅途中所经历过的种种见闻、各样心情，以汉诗的形式记录了下来，以"奉使琉球诗"为名，梓行出版。

《奉使琉球诗》分为《舶前集》、《舶中集》、《舶后集》三卷：《舶前集》是康熙五十七年(1718 年)六月在北京受命为册封副使开始，以至康熙五十八年(1719 年)五月十日登上封舟之前的作品集；《舶中集》是自登上封舟，海行至那霸，以及在琉球记事游览的作品集；《舶后集》则是康熙五十九年二月十六日自那霸出港，回闽抵京，再赴热河复命及其以后的作品集。

依据《奉使琉球诗》的目录所载，《舶前集》收有古今体诗 134 首；《舶中集》收有古今体诗 198 首；《舶后集》则收有古今体诗 73 首；全书最后另附有词 9 首、序记 3 篇。[4]

如前所述，《奉使琉球诗》由《舶前集》、《舶中集》、《舶后集》三卷组成(故又称:《海舶三集》)。但在 2003 年之前，人们只能看到《舶前集》，以及附记在周煌《琉球国志略》中的、为数不多的徐葆光在琉球期间所咏述的诗作。完整的《舶中集》与《舶后集》并不为世人所知。"直到 2003 年，才由毕业于中国同济大学的，于 1999 年赴日，就读于日本京都大学大学院工学研究所的，当时攻读博士学位的中国留日学生邬扬华在徐葆光家乡的图书馆(吴县图书馆和苏州图书馆)中发现，并将刻于雍正年间的既是善本也是孤本的《船舶集》加以日语注释后，由中国文联出版社再版，从而使人们得以再见《船舶集》全貌"[5]。但是，依邬扬华先生自己的讲法，其以日文注释再版的这本系由：第一部苏州图书馆藏的《奉使琉球诗三卷附词一卷》、第二部"附录"(吴县图书馆藏的《奉使琉球诗》"文付"与上海图书馆藏的《二友斋诗稿》《舶中集》)所构成，其理由是：不论是吴县图书馆或苏州图书馆的藏本，都并非全本。[6]

另外，依据王菡先生的说法，上海图书馆藏有"徐葆光《海舶三集》三卷及附录"全

---

2 康熙五十八年 6 月 1 日封舟进入那霸港，翌年 2 月 16 日离开那霸港，期间共 252 天。

3 清康熙朝共有三次对琉球的册封：第一次为康熙二年(1663 年)册封尚质；第二次为康熙二十二年(1683 年)册封尚贞；第三次为康熙五十八年(1719 年)册封尚敬。

4 经仔细计算得知实际篇数与目录所载稍有差异，实际的篇数是：《舶前集》有古今体诗 133 首；《舶中集》有古今体诗 198 首；《舶后集》则有古今体诗 74 首；卷末附词 9 首、序记 3 篇。

5 李源：《康熙年间徐葆光使琉球及其著述考》，硕士学位论文，福建师范大学，2006 年，第 41 页。按：徐葆光《海舶三集》(即《奉使琉球诗》)由邬扬华以日文注释再版者以"海舶集"为书名，但李源先生在其硕士论文中多次误写为"船舶集"。

6 徐葆光著、邬扬华日文注释：《海舶集》，中国文联出版社，2003 年，"はしがき"("序文")。

本，王菡先生对它做了详细的介绍：

> 《海舶集》三卷尚存天壤，即上海图书馆所藏雍正刻本《奉使琉球诗》三卷附词九首序记三篇，该书目录及版心均作“奉使琉球诗”，而扉页题“海舶三集”，钤“二友斋”印记。三卷为《舶前集》、《舶中集》和《舶后集》。《舶前集》记自受命以后赴热河请训及赴福建途中见闻，一百三十四首；《舶中集》记航海及琉球国事，一百九十八首；《舶后集》记返国复命诸事，七十三首。其中《舶中集》最当重视。该书曾为柳亚子收藏，扉页之后有署名柳弃疾民国年间题识二则。正文首有同年杜诏、五峰樵人李果两序，后有汪楫亲属汪栋雍正十一年(1733 年)跋文，对该诗集刊刻始末叙述甚详。[7]

按：在邬扬华先生的访书过程中，上海图书馆藏的这个版本，由于“検索カードというものには載っているが実物はなかった(在检索卡片中虽有登载，但却没有实书)”[8]曾经让他非常感叹；但实际上，实书是存在的，后来收入了由王菡先生选编的《国家图书馆藏琉球资料三编》[9]之中。

又：由王春瑜先生所编的《中国稀见史料·第一辑》[10]全辑共 41 册，其中之第 10 册即为雍正十一年(1733 年)刻本《奉使琉球诗》(即《海舶三集》)，亦即为王菡先生所述、藏于上海图书馆者之复印件。本论文凡引用《奉使琉球诗》原文时，皆以此版本为据。

《奉使琉球诗》卷二《舶中集》之中，有若干与琉球风俗以及琉球女性相关的诗篇。《球阳竹枝词》(八首)和《子夜歌》(十二首)则是徐葆光对琉球风俗与琉球女性最焦点集中的观察。

本论文之作意，即是希望对这两组诗篇做正确的解读，然后，与其另一名著《中山传信录》相互印证，并参酌其他册封使节的相关作品，以呈现徐葆光眼中的琉球风俗和琉球女性，并借以管窥其“琉球印象”之一斑。

二、《球阳竹枝词》中的琉球风俗与女性

《奉使琉球诗》卷二《舶中集》收录了作者徐葆光的《球阳竹枝词》共八首，这一组诗，有些是对于琉球风俗的记载；有些则以琉球女性为描写对象。以下将试着分别解读这些诗篇，希望透过对这些诗篇的正确解读，反向探究，还原徐葆光眼中所见到的琉球风俗与琉球女性的形象。

(一)琉球的风俗

《球阳竹枝词》八首之中，关于琉球土风民俗的记录，主要见于其一、其五、其六、

---

7 王菡：《明清册封使别集中琉球史料举隅》，第 116 页。

8 徐葆光著、邬扬华日文注释：《海舶集》，“はしがき”(“序文”)。

9 王菡选编：《国家图书馆藏琉球资料三编》上册，北京图书馆出版社，2006 年。

10 王春瑜编：《中国稀见史料·第一辑》厦门大学出版社，2007 年。

其七、其八，在这些诗篇之中，徐葆光先以诗歌的形式，歌咏了他所闻见的琉球风俗，每篇之末，再以散文形式，附加句数不定的批注，以作为读者理解诗句之时的辅助。

以下即就徐葆光所见之琉球风俗，分别说明：

1．立风旗

◎《球阳竹枝词》(其一)

> 小船矗起半天中，一尺樯悬五寸篷。
> 渡海归人当有信，竿头昨夜是南风。
> 【渡海之家，例造小木船，桅帆毕具。置竿头，立庭中。候风，以卜归期。自闽归国，皆以南风为候。】

大意是说：小小的船矗立在半空之中，高度只有一尺的樯桅上悬挂着五寸长的篷帆。正在渡海返家的归人应当会按时归来，因为昨天夜里竿头上的风旗显示正吹着南风。【以航海为业的人家，依照惯例，会制造小木船，船上樯桅与篷帆具备。将它固定在竹竿的顶端，矗立在庭院之中。观测风向，以预测正在航海的家人的归期。从福建回琉球国，都以南风为观测对象。】

记录了琉球百姓若有家人出海时，则习惯于庭中立“风旗”，借以观测风向，并以预测家人归期的习俗；至于家人若系自南方的福建归国，当然盼望着南风快点吹起。

关于这个习俗，徐葆光在其呈给康熙皇帝的《中山传信录》卷第六“风俗”项亦有“官民家有人渡海者，斲木为小舟——长尺许，樯帆俱备；着竿首，立庭中，候风以卜归信。归即撤之(名风旗，亦名五两旗)。”[11]的記載。

2．朝拜石笋崖·雪崎洞

◎《球阳竹枝词》(其五)

> 海光晴漾碧天云，三五龙姑自作羣。
> 石笋崖边朝不动，雪崎洞里拜龙君。
> 【波上山一名石笋崖，寺中有神，手剑而立，名不动。波上山东有小山，名雪崎，下有洞。正、三、五、九月谓之吉月，女子相约拜洞以为常。】

大意是说：广阔的大海之上晴光荡漾，蔚蓝的天空之中白云飘浮。女子们三五个自然成羣。要到石笋崖边去朝拜不动明王，再到云崎洞里去祭拜水神。【波上山乂称做石笋崖，波上寺中有神，手中握剑站立着，名叫“不动”。波上山的东边有小山，名叫“雪崎”，山下有洞。每年的正、三、五、九月是所谓的吉月，女子们相约到雪崎洞里拜神，这是当地的常俗。】[12]

---

[11] 徐葆光：《中山传信录》，台湾文献史料丛刊第九辑，(影印原台湾银行版“台湾文献丛刊第306种”)，台湾大通书局，出版年月不详，第221页。其实，吾人若欲全盘考察徐葆光的琉球册封旅程，将《奉使琉球诗》三卷：《舶前集》、《舶中集》、《舶后集》与整部《中山传信录》互相参看，是必要的工作。

[12] 本诗第一句中的“光”字，通“广”，意为广阔。《左传·昭公二十八年》：“昔武王克商，光有天下。”；第二句中的“龙姑”一词，是对女性的美称；也有可能是那霸方言中“イナグ”(意为：女性；女子)的直接音译。

记录了这个以女子为祭祀主体，于每年正、三、五、九月等“吉月”，在石笋崖朝拜不动明王、雪崎洞朝拜龙王的祭祀习惯。

关于这个习俗，《中山传信录》卷第六“风俗”项也有相同的记述：“正、三、五、九——此四月国人名为吉月，妇女相率至沿海雪崎洞中拜水神祈福。”[13]

3．守天孙

◎《球阳竹枝词》(其六)

中秋满月照空村，鸡犬无声昼掩门。
八月灵辰惟白露，家家三日守天孙。

【白露节国中为大节，前后三日，闭门不语，静坐守天孙。天孙氏，国中开世祖也。】

大意是说：中秋时节的满月照耀着空空荡荡的村子，村子里的鸡、犬都安静无声，虽是白天，人家的大门都掩闭着。八月份的吉日只有白露节而已，家家户户连续三天守候着天孙。【白露节是琉球国的大节日，白露的前后三天，家家户户都关闭自己的家门，不语，静静地坐着守候天孙。天孙氏，是琉球国的开国始祖。】

记录了一个琉球国在其重要节日——白露节的前后三日之间，所进行的家家户户闭门不语，只是静静地坐着的“守天孙”的仪式。

《中山传信录》卷第六“风俗”项亦有“白露，为八月节。先后三日，男女皆闭户，不事事；名‘守天孙’”的记录；同时，且有更进一步的补充说明：“此数日内，如有角口等诸事故，必犯蛇伤。国中蛇，九月出，伤人立毙。同日，蒸糯米，交赤小豆为饭，相饷。”[14]

4．待月而拜

◎《球阳竹枝词》(其七)

小窗傍晚向西开，忽见纤纤落镜台。
豫算初三拜新月，隔墙先约小姑来。

【俗有待月之期：初三夜，焚香对月拜；十八夜，焚香，立待月升，拜毕乃坐；廿三夜，焚香，坐待月上，乃拜。】

大意是说：傍晚时分，面向西方的小窗子敞开着，忽然看见镜台上映照着细细的弯月。原本就有打算在初三这天焚香以祭拜新月，所以已事先邀约居住在隔墙壁的小姑过来。【当地的风俗有等待月出的日子：（八月）初三的夜里，要焚香对月而拜；十八日的夜里，要先焚香，站立着等待月升，祭拜完毕才能就座；廿三日的夜里，要先焚香，坐着等待月升，月升之后才拜月。】

这是一个“待月而拜”的习俗，进行的时间是每年的八月初三、十八、二十三日的

13　徐葆光：《中山传信录》，第221页。
14　徐葆光：《中山传信录》，第220页。

夜晚，但这三天“待月而拜”的进行方式却都有所不同。

《中山传信录》卷第六“风俗”项有“八月，家家拜月。明朝夏子阳《使录》云：‘俗有待月之愿。凡月初三、十八、二十三夜，皆修吉果拜待。初三夜，焚香对月拜；十八夜，焚香立待，待升明而拜，拜毕乃敢坐；二十三日，焚香坐待，待月出则拜：谓可益寿延禧’”[15]的记录。

5. 取潮水献灶神

◎《球阳竹枝词》(其八)

> 海波日出静无垠，子午灵期又一新。
> 银蟾今日团圆夜，汲取新潮献灶神。
> 【每月十五，女至炮台，取潮水献灶。】

大意是说：日出的海面水波澄澈，广大无际。时间又到了神佛降临、万物气象一新的吉祥之日。今天正是满月的团圆之日，汲取新的潮水，进献给灶神。【每个月的十五日，女性们会到(那霸港的)炮台，汲取潮水，以进献灶神。】

这里记录了一个由女性所从事的、每月十五日至那霸港的炮台去汲取潮水，以献祭灶神的仪式。

《中山传信录》卷第六“风俗”项亦有“每月朔、望，家家妇女取瓶罂至炮台汲新潮水，归献灶神或献天妃前石神。”[16]的记录。据此，则汲取潮水的时间，除了每月十五日以外，还有每月初一；献祭的对象，除了灶神之外，还有天妃宫前的石神。

(二)琉球的女性

《球阳竹枝词》八首之中，关于琉球女性形象的记录，主要见于其二、其三、其四，在这些诗篇之中，徐葆光先以诗歌的形式，歌咏了他所闻见的琉球女性，每篇之末，再以散文形式，附加句数不定的批注，以作为读者理解诗句时的辅助。

以下即就徐葆光所见之琉球女性形象，分别说明：

1. 女性的衣服、发型、发饰(发簪)

◎《球阳竹枝词》(其二)

> 衾子垂垂不系腰，招风长袖学芭蕉。
> 不知螺髻东西堕，玳瑁簪长尾倒翘。
> 【女衣名衾子，腰无带，被身上。头髻甚松，东西偏堕，盖古倭堕髻也。女簪玳瑁，长尺许，倒插髻中，尾翘额上。】

大意是说：衣服宽大下垂，不用衣带系腰；宽松而招风的衣袖就像芭蕉叶那般。不管(不理会)螺旋状的发髻向旁侧倾斜，玳瑁壳制成的、长长的发簪尾端倒翘着。【女子的衣服，叫做“衾子”，腰间不用衣带，披覆在身上。头上的发髻非常松散，往旁侧倾

15 徐葆光:《中山传信录》，第220页。
16 徐葆光:《中山传信录》，第221页。

斜，大概就是古代的“倭堕髻”吧！女性使用玳瑁壳制成的发簪，其长度约有一尺，由下往上倒插入发髻之中，簪的尾端倒翘在额头之上。】[17]

这首诗是对于琉球女性外表，如：衣服、发型、发饰（发簪）等的整体描述。《中山传信录》之中也有相关的记录可供参看：

首先，关于琉球女性所穿着的衣服，卷第五“冠服”项，有以下的记载：

> 女人外衣，与男无别。襟皆无带，名之曰衾；披身上，左右手曳襟以行……衣，皆宽博无后，交衽。袖大二、三尺，长不过手指。右襟未作缺势，无衣带；多以蕉布、蕉葛为之，綦文间采。男、女衣皆同呼之曰衾。[18]

配合这首《球阳竹枝词》（其二）的诗句及其自注，我们可知，徐葆光对于琉球女性：“衾子垂垂不系腰”、“腰无带，被身上”、“襟皆无带”、“无衣带”、“披身上，左右手曳襟以行”这样的外衣形制以及穿衣方式，显然感到很惊奇。

其次，关于琉球女性的发型，卷第六“女集（钱、女饰）”项，有以下的记载：“髻甚松，前后偏堕；疑即所谓‘倭堕髻’也。”[19]

这段记载，基本上与这首《球阳竹枝词》（其二）的诗句及其自注并无差异。

再来，关于琉球女性的发饰（发簪），卷第五“冠服”项有以下的两段文字记录：

> 短发簪，长三、四寸许；已冠，去顶中发者簪之。花头圆柱，亦有方柱、六棱柱。金最贵、金头银柱次之，银又次之；铜为下。
>
> 长簪，长尺余；妇人、幼童大髻者簪之；亦以金银三品分贵贱。民家女簪皆以玳瑁。[20]

另外，卷第六“女集（钱、女饰）”项也有：“妇女，小民家簪用玳瑁，长尺许；倒插髻中，翘额上。”[21]的记载，可以作为这首《球阳竹枝词》（其二）诗句及其自注的补充。

正如以上的说明，为了举行尚敬正式成为琉球国王的册封仪式，册封副使徐葆光自中国来到琉球，他对于自己眼中所见到的琉球女性们所呈现出的外表，如：衣服、发型、发饰（发簪），很显然地感到惊奇，充满兴趣，因此，不仅以诗歌的形式加以咏叹，又以散文的形式将它记录在其“使录”之中。

2. 女性的“黥手”

◎《球阳竹枝词》（其三）

---

17 本诗第一句中的“衾子”是琉球语“チン”（意为：衣服；外衣）的直接音译。又：本诗最难解的是第三句“不知螺髻东西堕”，句中“知”字在此意为：管；过问。“不知”意为：不管；不理会；不在意。又：“东西”二字在此意为：近旁，旁侧。因此，全句大意为：不管（不理会）螺旋状的发髻向旁侧倾斜。

18 徐葆光：《中山传信录》，第171－173页。

19 徐葆光：《中山传信录》，第238页。

20 徐葆光：《中山传信录》，第172页。

21 徐葆光：《中山传信录》，第238页。

纤纤指细玉抽芽，三五初交点点瑕。
墙上空怜小垂手，回风如卷落梅花。
【女十五黥手指背，墨点如梅花。】

大意是说：(原本)纤白细致的双手，就像玉一般，又像草木新生的嫩芽。但初满十五岁的时候，却开始有一点一点刺青的墨迹。对于这些从墙头上垂下来的小手，我仅仅只能在心中怜惜，这些小手上的墨点就像被旋风卷落的梅花一样。【女子在十五岁的时候要在手指、手背上刺青，墨点的形状就像梅花一样。】[22]

这首诗记录了琉球女性刺青的习惯。《中山传信录》卷第六“女集(钱、女饰)”项，对于琉球女性刺青的风俗，有这样的记载：

手背皆有青点，五指脊上黑道直贯至甲边；腕上下或方、或圆、或髻，为形不等，不尽如梅花也。女子年十五，即针刺，以墨涂之，岁岁增加；官户皆然。闻先国王曾欲变革，集众议，以为古初如此，或深意有所禁忌；骤改前制，不便。遂至今仍之。过市所见，无不尽然。[23]

虽然这首《球阳竹枝词》(其三)的诗句及其自注都说琉球女性刺青的形状是梅花形，但在《中山传信录》中则有所补充：刺青的形状有各种不同的形状：“或方或圆或髻，为形不等，不尽如梅花也”。

由以上说明可知，徐葆光见到琉球女性手背上的刺青，感到惊奇，因此，以诗歌的形式加以咏叹，也不忘将它记录在其“使录”之中。

3. 市场里的女性

◎《球阳竹枝词》(其四)

海滨鱼市早潮还，细径斜通失汁山。
头戴筠筐趁墟去，归来压匾翠云鬟。
【辻山一名失汁山，女集所。】

大意是说：早潮已然退去的海边的鱼市场，有条小径斜斜地通往失汁山。头上顶着装满货品的筐子，赶赴临时市集做生意。归来之时，美丽如翠云般的发髻已被头上的筐子压匾。【辻山又名失汁山，是由女性所构成的市场所在之地。】

这首诗的内容是描述在市场里做生意的女性。《中山传信录》也有相关记载，卷第六“女集(钱、女饰)”项，有以下两段文字记录：

---

22 本诗最难解释的是第三句“墙上空怜小垂手”，句中的“小垂手”可以理解，但这“小垂手”与“墙”有何关联呢？却一时难解，所幸康熙二十二年(1683年)奉使册封尚贞的册封正使汪楫所著的《使琉球杂录·卷三·俗尚》有这样的记载：“妇女不甚避人，天使出，聚观墙头，多举手障半面，手背杂点，靛青，如大黑子，而旧录云：‘妇人黥手指作梅花’；又云：‘作花卉、龙虎之形’，皆缘餙语也。”其中的关键句：“聚观墙头，多举手障半面”为我们提供了解答。汪楫：《使琉球杂录》，黄润华、薛英编：《国家图书馆藏琉球资料汇编》上册，北京图书馆出版社，2000年，第771页。

23 徐葆光：《中山传信录》，第238页。

市易之所，《旧录》云："向在天使馆东天妃宫前平地上，后徙马市街"。今市集移在过山沿海坡上，早晚两集。市集无男人，俱女为市。所市物，惟鱼、虾、番薯、豆腐、木器、磁盘、陶器、木梳、草鞁等粗下之物。仕宦家，多不入市。[24]

入市货物，无肩担者。大小累重，皆戴于首；即大瓮、束薪，皆然。登坡、下岭，矫首曳袖而行，无偏堕者。[25]

整个市集上，做生意的人全是女性而无男性，徐葆光看在眼里，大概感到新鲜有趣。更有甚者，女性们进到市场去售物，竟无人是以双肩担着货物的，而是不论货物大小、轻重，皆顶在头上，甚至不必手扶，行走之时，不管是上坡、下坡，都无货物掉落的情形。这件事在徐葆光的眼中，恐怕不只感到新鲜有趣而已，也许还有点吃惊。

正如以上的说明，徐葆光看到了琉球市场里的女性的样子，除了感到新鲜有趣之外，可能还带点惊讶，在这样的心情之下，写了这首诗来歌咏其事，并在其"使录"之中有所记述。

三、《子夜歌》中的琉球妓女

《奉使琉球诗》卷二《舶中集》收录了作者徐葆光的《子夜歌》共十二首，这一组诗，以琉球妓女为描写对象，诗的做法是以一妓女的口吻，写其与中国客人之间的爱恋之事。

中国魏.晋以降的、民间或文人创作《子夜歌》有几项传统：一是使用"五言四句"(亦即：每句五字、全诗四句)的形式；二是以女子的口吻(亦即：诗中的"第一人称"为女子)，写其恋爱时的各种喜、怒、哀、乐之情；三是在辞句的表现上多运用双关隐语。[26]

徐葆光《奉使琉球诗·舶中集》中的这一组诗，不论其形式或内容，皆系摹拟、秉持着自古以来的《子夜歌》的传统。在这些诗篇之中，徐葆光不仅对妓女外貌、装扮有所详细的描写，同时，极其细腻地摹写女子的内心世界，因此，从中显现出的妓女形象

---

24 徐葆光：《中山传信录》，第235页。

25 徐葆光：《中山传信录》，第239页。

26 所谓《子夜歌》是中国魏、晋以后的南方民歌(吴歌)的一个种类，这个时期的南方民歌，正如刘大杰所说："大都是形式短小的情歌。或写得恋的喜悦，或写失恋的悲伤，或写幽会的情状，或写相思的心境。诗歌的特色是感情丰富，风格清新。"(刘大杰：《中国文学发展史》，《第十二章　南北朝与隋代的民歌及诗人》，台北华正书局，1980年，第321页。)但其内容总是千篇一律，多以女子的口吻，写其恋爱时的各种喜、怒、哀、乐之情。流传至今者有晋、宋、齐三代《子夜歌》四十二首；另外，又有《子夜四时歌》七十五首，在文字艺术上，比起《子夜歌》更为进步，其中可能已有许多当时文人的摹拟之作，而非纯粹出自民间。包含《子夜歌》、《子夜四时歌》在内的这些南方民歌或文人的拟作，其主要形式是"五言四句"(亦即：每句五字、全诗四句)。在辞句的表现上多用双关隐语。例如：以"藕"双关"偶"；以"丝"双关"思"；以"莲"双关"怜"或"连"；以"匹"双关"(匹)配"。

极为鲜明。

以下拟先解说全部十二首诗的各别大意，然后再加以整体的概述，希望透过这些诗篇的正确解读，反向探究，还原徐葆光眼中所见到的琉球妓女的形象。

(一)《子夜歌》十二首的各别大意

◎《子夜歌》(其一)

欢从何处来，一笑便相许。
只与欢同眠，未与欢同语。

大意是说：我所喜欢的人啊！(你)是从哪里来的呢？只是微微地一笑，便答应了你。只与你同床共眠，并未与你多所交谈。[27]

◎《子夜歌》(其二)

不解龙绡曲，但识龙姑心。
招手拂巾舞，海波深未深。

大意是说：虽然听不懂(龙姑)挥动薄纱手绢，翩翩起舞时的舞曲，却懂得龙姑的心意。(龙姑)一边招手致意，一边挥动手巾，随着乐曲起舞。大海虽深，但若与龙姑的心意相比，则还不算深(还不够深)。[28]

◎《子夜歌》(其三)

前门约欢来，后门送欢去。
月黑踏沙行，记取门前树。

大意是说：在前门邀约我所喜欢的你进门来，从后门目送着你离去。在月色昏黑之时，你要踏着沙地行去，请牢记我门前那棵树的样子。

◎《子夜歌》(其四)

借郎合欢被，裁作身上衾。
压席双鸳鸯，颠倒上前襟。

大意是说：借用情郎的(有着双鸳鸯图案的)“合欢被”，剪裁成为我身上穿的大衣。因此，原本应该是压在席子上的(合欢被上的)双鸳鸯(的图案)，反而到了我衣服的前

27 本诗第一句“欢从何处来”原封不动地直接取自南北朝·无名氏的《子夜歌》：“欢从何处来，端然有忧色。三唤不一应，有何比松柏。”的首句。又：本诗第一、三、四句之中的“欢”字是互相爱恋、互相喜欢的男女之间的互称；在理解诗意时，应将其视为“第二人称”(意即：“我所爱恋、喜欢的你”)。又：徐葆光的《子夜歌》十二首之中，出现“欢”字者共有八首(其一、其三、其五、其六、其九、其十、其十一、其十二)，其意思都与此相同。

28 本诗第一句中的“龙绡”即“鲛绡”，是传说中鲛人所织的绡。亦借指薄绢、轻纱。又指手帕、手巾。第二句中的“龙姑”一词，是对女性的美称；也有可能是那霸方言中“イナグ”(意为：女性；女子)的直接音译。

襟之上。[29]

◎《子夜歌》(其五)

脱我玳瑁簪，花叶盘黄金。
为欢高挽髻，倒插绿云心。

大意是说：脱去我那玳瑁壳制成的发簪，黄金簪上有用刀雕刻成的花、叶。为了我所喜欢的你，高高地挽起我的发髻，将这黄金簪由下往上，倒插入我那乌黑亮丽的秀发之中。[30]

◎《子夜歌》(其六)

旋螺磨作杯，满酌劝欢酒。
中有九回肠，常愿入欢手。

大意是说：将旋螺的壳研磨成酒杯，将酒注满这旋螺杯，劝我所喜欢的人多喝一些。这旋螺杯中有弯曲九回的螺纹，希望你时常将它握入手中。[31]

◎《子夜歌》(其七)

两手约蕉裳，行来曳地长。
春风小开处，露出紫荷囊。

大意是说：用两手牵引、约束着芭蕉纤维制成的衣裳，走起路来，这长长的衣裳在地面上拖行。当春风一吹，衣裳被小小地吹开，在这衣裳小开之处，露出了紫色的小荷包。[32]

◎《子夜歌》(其八)

倒翘簪一尺，鱼尾红斑斑。
戴筐几许重，压匾翠云鬟。

大意是说：(我的)发簪长度约有一尺，由下往上倒插，簪的尾端倒翘在额头之上。这个发簪的尾端形状就像是鱼尾一般，颜色是鲜明的红色。头上顶着的筐子究竟有多少重量呢？已经压扁了我那乌黑亮丽的圆形发髻。[33]

---

29 本诗第一句的“合欢被”原本是指：织有对称图案花纹的联幅被。象征男女欢爱。典出《古诗十九首·客从远方来》：“文采双鸳鸯，裁为合欢被。”又：第二句中的“衾”字是琉球语“チン”(意为：衣服；外衣)的直接音译。

30 本诗第二句中的“盘”字意为：用刀雕刻或用彩线镶锈成花纹。第三句的“绿云”是喻女子乌黑亮丽的秀发。

31 本诗第三句中的“九回肠”字面上是指旋螺壳制成的酒杯有九回的螺纹，但应是隐喻这位女性有着满腹的心事。同时，希望情郎时常将旋螺杯握入手中，正是希望自己能像旋螺杯在情郎手中一样，可以和情郎时常在一起，时常得到情郎的拥抱。

32 本诗第三句“春风小开处”很明显脱胎自南北朝·无名氏的《子夜歌》：“揽裙未结带，约眉出前窗。罗裳易飘扬，小开骂春风。”又：第四句的“荷囊”即荷包，是随身佩带或缀于袍上装盛零星物品的小囊。

33 本诗第二句中的“斑斑”是色彩鲜明的样子。又：第四句中的“翠云鬟”很明显脱胎自唐·杜牧诗《山石榴》的句子：“一朵佳人玉钗上，祇疑烧却翠云鬟。”其中“鬟”字意为：妇女的环形发髻。

◎《子夜歌》(其九)

招摇市上游，席地如云闹。
众里见欢来，点头不成笑。

大意是说：人们在市集之中张扬地游荡着，席地而坐，大声喧闹的人也为数众多。在众人之中看见我所喜欢的你走了过来，我只能(对你)点点头，却无法开颜而笑。[34]

◎《子夜歌》(其十)

藕作连理枝，秋荷那成盖。
欢要结同心，蕉衫却无带。

大意是说：莲藕已经长成了连理枝，但秋天的荷叶哪里还能成为可以遮雨的伞呢？我所喜欢的你想要和我结同心，但是我的芭蕉衫却没有衣带！[35]

◎《子夜歌》(其十一)

床前无月光，秋夜漫漫长。
为欢歌宛转，弦促檀槽短。

大意是说：床前并无月光，秋天的夜特别漫长。为了我所喜欢的你而高歌，歌声抑扬动听。快速地弹奏着三线琴，琴弦快速地振动着，这三线琴的檀槽比中国胡琴稍短。[36]

◎《子夜歌》(其十二)

欢如天上星，妾似海底泥。
誓词莫指日，朝暮易东西。

大意是说：我所喜欢的你就如同天上的星一样，而我自己就像是海底的泥一般。请不要指着太阳说誓词，因为那太阳的位置，早上在东方，黄昏时就改到了西方。[37]

(二)《子夜歌》的整体概述——琉球妓女的形象

《子夜歌》十二首是以一名妓女的口吻，写其与来自中国的客人之间的爱恋之事。每一首的各别大意已如前节所述，以下再将全部十二首加以首尾相连，就其整体做一概

---

34 本诗第二句中的“如云”是形容盛多。典出《诗·郑风·出其东门》：“出其东门，有女如云。”毛《传》：“如云，众多也。”

35 本诗第一句的“连理枝”原意是：两树枝条相连，通常用来比喻恩爱的夫妇。第二句中的“那”字与“哪”字相通，表示反问，意在否定。第三句中的“同心”意指情投意合；“结同心”通常用以指结为夫妇。第四句“蕉衫却无带”语带双关，字面上的意思是说：我的蕉衫却无衣带；其实真正想说的是：既无衣带，自然无法打结，两人“结同心”是不可能的事。

36 本诗第四句中的“檀槽”本意为檀木制成的琵琶、琴等弦乐器上架弦的槽格，亦用以指琵琶等弦乐器。在此可能系指琉球的传统乐器“三线”（サンシン），琉球“三线”的檀槽比中国胡琴稍短，《中山传信录》卷第六“器皿·乐器”项：“三弦，柄比中国短三寸余，弹拨惟用食指。”

37 本诗的第四句“朝暮易东西”很明显是脱胎自南北朝·无名氏的《子夜歌》“侬作北辰星，千年无转移。欢行白日心，朝东暮还西。”

述，以呈现徐葆光笔下的这位妓女具体的形象。

1. 整体概述

其一，写女子与其所喜欢的男子(爱人)初次相逢，虽然双方语言不通，但凭着“一笑”，成就“同眠”的缘分。

其二，写女子赞许爱人虽然不懂琉球的音乐，却懂得她那比海还深的、内心的情意。这时的两人，可谓心意相通。

其三，写女子在月黑之时，目送爱人踏着沙地离去，希望爱人“记取门前树”，务必还要再来相会。

其四，写女子将爱人的“合欢被”剪裁成衣服，穿在身上，衣襟上的“双鸳鸯”就是两人爱情的印记。

其五，写女子脱去原本的玳瑁簪，为了爱人而“高挽髻”，髻中倒插着刻饰着花、叶的黄金簪。

其六，写女子于旋螺杯中斟满美酒，劝爱人畅饮；又以螺纹九回比喻自己有满腹心事；再以酒杯在爱人手中为喻，诉说希望能常常与爱人在一起，能常常得到爱人拥抱的愿望。

其七，写女子身着长长的蕉裳，两手拉着衣襟而行，衣襟被春风小小地吹开，现出了贴身佩带的小荷包。

其八，写女子发髻上倒插着发簪，头上顶着的筐子已然压扁她那乌黑亮丽的发髻。

其九，写女子在市集里的人羣之中望见爱人走来，只能远远地向他点头以示招呼，却无法开颜而笑。

其十，写爱人表明希望两人共结连理，但女子以“秋荷那成盖”以及“蕉衫却无带”来比喻两人不可能有圆满美好的结局。

其十一，写女子于没有月光的漫长秋夜里，在床前弹奏着琉球传统的三线琴，为爱人宛转高歌。“无月光”似乎隐喻着两人黯淡的未来。

其十二，写女子知道自己与爱人的身份地位相差悬殊，而且男人的心极易见异思迁，就像太阳一样，早晨在东边，傍晚在西边，两人终究无法成就美好姻缘。

2. 琉球妓女的形象

前文曾经指出徐葆光《子夜歌》十二首，是以一妓女的口吻，写出妓女与来自中国的客人之间的爱恋。也许有人会怀疑：综观这些诗篇，诗中的“第一人称”是一名女子自无疑问，但如何可以肯定她的身份是妓女呢？

其实最明显的证据是《子夜歌》的第五首：“脱我玳瑁簪，花叶盘黄金。为欢高挽髻，倒插绿云心。”这其中涉及琉球女性使用发簪的制度规定。

关于琉球女性的发饰(发簪)，徐葆光的观察，记录在其《中山传信录》以及《球阳竹枝词》的“自注”之中，前文已经指出的：“女簪玳瑁，长尺许，倒插髻中，尾翘额上”、“民家女簪皆以玳瑁”、“妇女，小民家簪用玳瑁，长尺许；倒插髻中，翘额上”等处的记载，说明了琉球的发饰(发簪)制度，依其身份的不同，使用的发簪也有所不同，而一般平民妇女只能使用“玳瑁簪”。

一般民家的女性使用玳瑁簪，但妓女所用的发簪是否不同？徐葆光的诗或《中山传信录》都并未明言。因此，必须从其他人的作品来考察。

海宝与徐葆光受命册封尚敬为琉球国王，是清朝对琉球的第三次册封。在这之前，康熙二十二年(1683年)6月26日到达那霸港的、尚贞的册封使汪楫与林麟焻则担负着清朝对琉球第二次册封的任务，归国之后的汪楫缮就《使琉球杂录》[38]、《中山沿革志》[39]进呈康熙皇帝。其《使琉球杂录·卷三·俗尚》有以下记载：

> 土妓道遇官长，必脱三板，执手中，立候马过，乃行。簪不得用银，若中国人所遗，则弗禁。[40]

又：在海宝与徐葆光之后，乾隆二十一年(1756年)7月8日到达那霸港的、尚穆的册封使全魁与周煌则担负着清朝对琉球第四次册封的任务，归国之后的周煌将其所著《琉球国志略》梓行出版。《琉球国志略》卷四(下)“风俗”项有以下的记载：

> 簪制：王用龙头金簪，妃凤头金簪……民间，则以玳瑁：皆倒插髻中，翘额上。土妓，若中国人遗以银簪，则弗禁。[41]

据此二处之记载可知：依照琉球发饰(发簪)制度的规定，平民使用“玳瑁簪”；妓女(土妓)也使用“玳瑁簪”，禁止使用“银簪”，但若从中国人手中获赠“银簪”，则不禁其使用。

再者，《琉球国志略》卷十五“艺文”项，收录汪楫所作《中山竹枝词》两首，其中的第一首，原文如下：

> 道是佳人亦复佳，一生赤脚守荆钗。
> 宵来忽作商人妇，竟戴银簪不脱鞋。
> (土妓，不得簪银。道遇官长，必脱草鞁，跣足据地，候马过乃起。若中国人主其家，则超然禁令之外矣。)[42]

由此看来：一般平民女性只能打着赤脚，守着荆钗(这里所谓的“荆钗”似乎是指依照琉球发簪制度的规定，平民女性所使用的“玳瑁簪”)，但某天夜里忽然作了“商人妇”(这里所谓的“商人”是指随着册封使来到琉球的中国商人)，从此以后，竟可戴着银簪，路上遇到官长也可以不必脱鞋、伏地了。这无疑是那些受到中国商人眷顾的土妓们的特权。

---

38 汪楫：《使琉球杂录》，黄润华、薛英编：《国家图书馆藏琉球资料汇编》上册，北京图书馆出版社，2000年。

39 汪楫：《中山沿革志》，黄润华、薛英编：《国家图书馆藏琉球资料汇编》上册，北京图书馆出版社，2000年。

40 汪楫：《使琉球杂录》，第770页。

41 周煌：《琉球国志略》，台湾文献史料丛刊第三辑(影印原台湾银行版“台湾文献丛刊第293种”)，台湾大通书局，出版年月不详，第123页。

42 周煌：《琉球国志略》，第274页。

根据以上的资料可知妓女使用发簪的情形：平常和一般民家妇女相同，使用玳瑁簪，依制度的规定，不得使用银簪；但若得中国客人相赠银簪，或中国客人“主其家”时，则不禁止其使用银簪。

徐葆光《子夜歌》其五：“脱我玳瑁簪，花叶盘黄金。”句中提及女子脱去玳瑁簪，改插黄金簪的动作。正是这个动作，泄露了她妓女的身份。

也正因为她的身份是妓女，所以，即使初相逢，语言不通，也可以但凭一笑，成就“同眠”的缘分(《子夜歌》其一)；所以，送爱人踏着沙地离去时，希望爱人“记取门前树”，务必还要再来相会(《子夜歌》其三)；所以，在市街的众人之中见到爱人也只能“点头不成笑”(《子夜歌》其九)；所以，自知与爱人身份相差悬殊，一个是“天上星”，一个是“海底泥”(《子夜歌》其十二)；所以，自知两人的事，就如“秋荷那成盖”、“蕉衫却无带”、“床前无月光”，不可能有美好、光明的未来(《子夜歌》其十、《子夜歌》其十一)。

总之，这十二首诗不仅对妓女外貌、装扮有所详细的描写，同时，很细腻地描绘了一个妓女的内心情感，将妓女的形象写得极为鲜明。

最后，要再提出一点：在中国文学的传统里，作家(男子)设想并代写女子的内心情感，是很常见的创作手法，读者不至于会认为该作品是由作品中的女主人公(第一人称)自己所写成(例如：这十二首《子夜歌》，我们不会认为是一个妓女所写)。再者，有的时候，即使作家运用“第一人称叙述法”来写，表面上看起来似乎纯粹是“自述”的形式，但我们也不可直接认定该作品是作者的真实经历，因为“想象”、“虚构”一直是很平常的文学创作手法。

因此，虽然这十二首《子夜歌》的作者是徐葆光，内容是以一妓女的口吻，写出妓女与来自中国的客人之间的爱恋。但我们不可直接认定：这是徐葆光写自己与琉球妓女恋情的真实经历，除非我们可以在其他地方找到更明确的证据。[43]

43　邬扬华先生为《子夜歌(十二首)》所写的【訳注】说：“歓　ここでは、徐葆光を歓ばせてくれた爱人の名。”(这段话译为中文是：“欢　在此是指让徐葆光欢喜的爱人的名字”)参见邬扬华：《徐葆光奉使琉球诗舶中集详解》，出版社 Mugen，2010 年，第 237 页。这样的说法，有三个问题：首先，直指“徐葆光”，太过武断；其次，指“欢”为“爱人的名字”则是误解。按：现存的晋、宋、齐三代《子夜歌》四十二首，其全部诗句之中，共有 11 处出现“欢”字：“自从别欢来，奁器了不开”、“今夕已欢别，合会在何时”、“常虑有贰意，欢今果不齐”、“欢愁侬亦惨，郎笑我便喜”、“感欢初殷勤，叹子后辽落”、“无故欢相逢，使侬肝肠苦”、“欢从何来，端然有忧色”、“我念欢的的，子行犹豫情”、“欢行白日心，朝东暮还西”、“怜欢好情怀，移居作乡里”、“遣信欢不来，自往复不出”，这些“欢”字，都是“我所喜欢的人”、“我所爱的人”的意思，没有任何一处是指人名。最后，若“欢”真如邬扬华先生所说，是让徐葆光欢喜的爱人，则这十二首《子夜歌》将会有许多无法合理解说之处，姑举一、二最明显的例子，例如：“欢要结同心，蕉衫却无带”(其十)是这位爱人想要和徐葆光结同心吗？那下一句怎么解释？又如：“为欢歌宛转，弦促檀槽短”(其十一)是徐葆光唱歌、弹琴给爱人听吗？会不会有点奇怪？再如：“欢如天上星，妾似海底泥”(其十二)徐葆光的爱人如天上的星，那这似海底泥的“妾”又是谁呢？

四、与其他琉球册封使节记录的比较

《奉使琉球诗》卷二《舶中集》之中的《球阳竹枝词》(八首)和《子夜歌》(十二首)是徐葆光对琉球风俗与琉球女性最焦点集中的观察，也是令人最印象深刻的、与琉球女性以及风俗相关的诗篇。通过对这两组诗篇的正确解读，再和其所著《中山传信录》相互对照，我们看到了徐葆光眼中所见到的琉球风俗，诸如：立风旗、朝拜石笋崖．雪崎洞、守天孙、待月而拜、取潮水献灶神。也看到了徐葆光眼中所见到的琉球女性形象，诸如：女性的衣服、发型、发饰(发簪)、女性手上的刺青(黥手)、市场里的女性、妓女(土妓)等。

至于其他琉球册封使节对于相同人、事、物的记录，与徐葆光的观察所得，是否存在着差异呢？分别阐述如下：

(一)琉球风俗

前文所举出的徐葆光于康熙五十八年(1719 年)所见到的、记录于《球阳竹枝词》(八首)中的琉球风俗共有五项："立风旗"、"朝拜石笋崖·雪崎洞"、"守天孙"、"待月而拜"、"取潮水献灶神"。

明代琉球册封使节所著的《使录》，对于这五项风俗的记载，仅夏子阳、王士祯《使琉球录》有一处关于"待月而拜"的记录，其内容稍略于徐葆光所记：

> 俗有待月之愿，凡月二十三日夜，修香果，立以待月。月出则拜，拜竟乃敢坐；谓可益寿延禧。[44]

至于清代的坃球册封使节所著的《使录》，徐葆光之前的张学礼《使录球记》[45]、《中山纪略》[46]以及江楫《使琉球杂录》、《中山沿革志》都未见相关记载。徐葆光之后的周煌《琉球国志略》、李鼎元《使琉球记》[47]则有几处记录：

有关"立风旗"一项，周煌《琉球国志略》卷四(下)"风俗"项：

> 渡海者，家立长竿，置小木舟其上，长尺许，桅、柁、帆、橹皆备。另作薄木片风轮五叶，安船首尾，以候风之有无顺逆。归乃撤之，即古"五两旗"遗意也。[48]

44 夏子阳、王士祯：《使琉球录》，诸家：《使琉球录三种》，台湾文献史料丛刊第三辑(影印原台湾银行版"台湾文献丛刊第 287 种")，台湾大通书局，出版年月不详，第 256 页。

45 张学礼：《使琉球记》，诸家：《清代琉球纪录集辑》，台湾文献史料丛刊第三辑(影印原台湾银行版"台湾文献丛刊第 292 种")，台湾大通书局，出版年月不详。

46 张学礼：《中山纪略》，诸家：《清代琉球纪录集辑》，台湾文献史料丛刊第三辑(影印原台湾银行版"台湾文献丛刊第 292 种")，台湾大通书局，出版年月不详。

47 奉命担任册封尚温的册封副使李鼎元，随正使赵文楷于嘉庆五年(1800 年)5 月 12 日抵达那霸港。返国之后，以日记体的形式，着成《使琉球记》。李鼎元：《使琉球记》，诸家：《清代琉球纪录集辑》，台湾文献史料丛刊第三辑(影印原台湾银行版"台湾文献丛刊第 292 种")，台湾大通书局，出版年月不详。

48 周煌：《琉球国志略》，第 120 页。

李鼎元《使琉球记》"九月二十五日"项：

> 庭中竖长竿，上置小木舟，长二尺，桅、柁、帆、橹皆备；首尾列风轮五叶，挂色旗以候风。渡海之家，率预计归期：南风至，则合家欢喜，谓行人当归；归则撤之——即古五两旗遗意。[49]

值得注意的是：这小木舟的形制，有"薄木片风轮五叶，安船首尾"、"首尾列风轮五叶，挂色旗……"不见于徐葆光的记录之中，推测其原因，有可能是周、李两人所见者是与徐葆光所见者为不同形制的小木舟；但似乎也有可能是周、李两人的观察比徐葆光更仔细一些。

有关"朝拜石笋崖·雪崎洞"一项，周煌《琉球国志略》所记[50]、李鼎元《使琉球记》所记[51]，都与徐葆光所记并无不同。有关"取潮水献灶神"一项，周煌《琉球国志略》所记[52]、李鼎元《使琉球记》所记[53]，亦都与徐葆光所记并无不同。

至于"待月而拜"、"守天孙"这两项习俗至周煌使琉球时已不复见，周煌《琉球国志略》卷四(下)"风俗"项有以下两处记载：

> 夏子阳《录》："国中有女王者，王宗姊妹之属；世由神选以相代……"又云："凡月初三、十八、二十三夜，皆修吉果拜待。初三夜，焚香对月拜；十八夜，焚香立待，待升明而拜，拜毕乃敢坐；二十三日，焚香坐待，待月出则拜：谓可延龄益寿。"今皆无之。[54]
>
> 八月初十、十五两日，各家蒸糯米交赤小豆为饭相饷(徐《录》有"白露先后三日，守天孙。"今无其俗)。[55]

从徐葆光奉使琉球的康熙五十八年(1719 年)至周煌奉使的乾隆二十一年(1756 年)，这 37 年之间，也许是琉球的社会环境变迁，这两项习俗已经消失不见。

(二)琉球女性

1. 女性的衣服、发型、发饰(发簪)

徐葆光的观察所得，琉球女性的衣服，主要是："腰无带"、"左右手曳襟以行"、"春风小开处，露出紫荷囊"；女性的髮型，主要是："螺髻"、"倭堕髻"；女性的发饰

---

49 李鼎元：《使琉球记》，第 218 页。

50 周煌：《琉球国志略》卷四(下)"风俗"项："正、三、五、九此四月，名为'吉月'；妇女相率至沿海雪崎洞中，拜水神祈福。"见周煌：《琉球国志略》，第 122 页。

51 李鼎元：《使琉球记》"八月二十一日"项："(杨文凤)曰：'……正、三、五、九为吉月，妇女率游海畔，拜水神祈福……'"见李鼎元：《使琉球记》，第 204 页。

52 周煌：《琉球国志略》卷四(下)"风俗"项："每月朔、望，妇女取缺罂至炮台汲新潮水，归献灶神及献天后宫前石神。"见周煌：《琉球国志略》，第 122 页。

53 李鼎元：《使琉球记》"八月二十一日"项："(杨文凤)曰：'……逢朔、望，羣至炮台汲新水献神：此其略也'"见李鼎元：《使琉球记》，第 204 页。

54 周煌：《琉球国志略》，第 120 页。

55 周煌：《琉球国志略》，第 122 页。

（发簪），则民家女所使用的长簪是“玳瑁簪”、使用的方法是“倒插髻中”。

其他册封使的记录，则汪楫之前，全无相关记载；汪楫、周煌、李鼎元分别有以下的记载：汪楫《使琉球杂录·卷三·俗尚》：

> 妇人……惟衣不束带耳，衣视男子较长，行则以手捉襟，曳着右腋下……男妇皆无中衣，妇人裳踰三尺，叠其下为两层，俾风不得开。[56]

> 周煌《琉球国志略》卷四（下）“风俗”项：

> 女人衣不设带，左右手曳襟以行；襟袖视男子较长……男妇皆无中衣，今间有之。妇裳至短，迭其下为两层，风不得开。[57]

> 民间，则以玳瑁：皆倒插髻中，翘额上。[58]

> 李鼎元《使琉球记》“八月初九日”项：

> 女衣既无钮、无带，又不束腰；而国俗男女皆无袴，势须以手曳襟。襟较男衣长，迭襟下为两层，风不得开。因悟髻必偏堕者，以手既曳襟，须空其顶以戴物。[59]

汪、周、李三人所记，虽然对于女性的发型及发饰（发簪）与徐葆光所记并无不同，但三人对于女性衣服的观察，则有值得注意之处：妇人衣虽不设带，但因迭襟下为两层，故“风不得开”，由此看来，真实状况似乎并非如徐葆光所描写的那样令人遐想。

2. 女性的“黥手”

徐葆光的观察所得，琉球女性的“黥手”主要是：女子十五岁开始黥手，墨点如梅花形，但“或方或圆或著，为形不等，不尽如梅花也”。

明代琉球册封使节所著的《使录》，对于琉球女性黥手之事的记载简略，而且内容大同小异，例如：陈侃《使琉球录》：“妇人，真以墨黥手，为花草、鸟兽之形。”[60]；萧崇业、谢杰《使琉球录》：“妇人真以墨黥手外，指为花草、鸟兽形。”[61]；夏子阳、王士祯《使琉球录》：“妇人至今，犹以墨黥手为花草文。”[62]

清代《使录》所记载的内容则比较详细，如张学礼《中山纪略》：

> 风俗：女子自幼即刺黑点于指上，年年加刺。至十二、三岁出嫁时，竟成梅花；至衰老，手背皆黑矣。[63]

---

56 汪楫：《使琉球杂录》，第 770－771 页。

57 周煌：《琉球国志略》，第 124 页。

58 周煌：《琉球国志略》，第 123 页。

59 李鼎元：《使琉球记》，第 198 页。

60 陈侃：《使琉球录》，诸家：《使琉球录三种》，台湾文献史料丛刊第三辑（影印原台湾银行版“台湾文献丛刊第 287 种”），台湾大通书局，出版年月不详，第 24－25 页。

61 萧崇业、谢杰：《使琉球录》，诸家：《使琉球录三种》，台湾文献史料丛刊第三辑（影印原台湾银行版“台湾文献丛刊第 287 种”），台湾大通书局，出版年月不详，第 111 页。

62 夏子阳、王士祯：《使琉球录》，第 255 页。

63 张学礼：《中山纪略》，第 13 页。

汪楫《使琉球杂录·卷三·俗尚》：

妇女不甚避人，天使出，聚观墙头，多举手障面，手背杂点，靛青，如大黑子。而旧录云："妇人黥手指作梅花"又云："作花卉、龙虎之形"皆缘餙语也。[64]

周煌《琉球国志略》卷四(下)"风俗"项：

年十五，即针刺手指背，以墨黥之；岁岁增加，至中年，黧然矣；或方、或圆，形状不伦。《南史》云："作虫蛇之文"。夏《录》云："作花卉文"。张《录》："作梅花文"：皆不实。[65]

李鼎元《使琉球记》"六月初八日"项：

女子皆鲸手背、指节为饰，甚者全黑，少者间作梅花斑。[66]

张、汪、周、李四人所记，与徐葆光所记并无实质上的不同。

3. 市场里的女性

徐葆光的观察所得，琉球市场里的女性形象是："头戴荷筐趁墟去，归来压匾翠云鬟"、"大小累重，皆戴于首"、"登坡、下岭，矫首曳袖而行，无偏堕者"，焦点集中在市场里的妇女以头顶物而不偏堕之事。

明代琉球册封使节所著的《使录》，对于市场里，女性以头顶物之事的相关记载，仅见于夏子阳、王士祯《使琉球录》：

女子适市，以货顶戴于头而行；不用手扶，亦不坠也。[67]

清代《使录》则周煌、李鼎元之作都有相关记录。周煌《琉球国志略》卷四(下)"风俗"项：

道中无肩担背负，凡柴薪、米、豆累百余斤者，女人悉以首衬草圈顶之；垂手曳袖，无偏堕者。[68]

值得注意的是：周煌对此事的观察，无疑地比徐葆光更加仔细，他观察到了女人头上顶物之时，并非将货物直接置于头上，而是先"以首衬草圈"，再将货物置于草圈之上。

李鼎元《使琉球记》"六月初八日"项：

妇女趁集者，或戴筐而立，或置筐于地。[69]

又"八月初九日"项：

---

64 汪楫：《使琉球杂录》，第771页。
65 周煌：《琉球国志略》，第123-124页。
66 李鼎元：《使琉球记》，第172页。
67 夏子阳、王士祯：《使琉球录》，第256页。
68 周煌：《琉球国志略》，第127页。
69 李鼎元：《使琉球记》，第172页。

趁集、织纫及采薪运水，皆妇人主之；凡物，皆戴之顶……童而习之，虽重百斤，登山涉涧无倾侧：是国中第一绝技也。[70]

李鼎元目睹琉球市场里的妇女以首顶物之际，对于此事，似乎比徐葆光更加投以赞叹，赞许这是琉球国的“国中第一绝技”。

4．妓女(土妓)

如前文所述，《奉使琉球诗》卷二《舶中集》收录了作者徐葆光的《子夜歌》共十二首，这一组诗，以琉球妓女为描写对象，诗的做法是以一妓女的口吻，写其与中国客人之间的爱恋之事。徐葆光很细腻地描绘了一个妓女的内心情感，将妓女的形象写得极为鲜明。另外，徐葆光眼中所见琉球妓女的形象，尚有未写入诗中，而只见于其《中山传信录》者，《中山传信录》卷第六“女集(钱、女饰)”项有以下的记录：

土妓行市中，暑月衣襟上亦红绢缘于领掖间，以此识别。《旧录》云：“良家入市，手持尺布以自别”；今亦间有之。[71]

这是写妓女即使是在夏天天热时，也以红绢围于领掖间，作为衣襟的装饰；因此，良家女为了避免他人误解，则于行走于市集时，手上拿着尺布，以示自己与妓女有所区别。

明代琉球册封使节所著的《使录》，未见关于琉球妓女的记录。清代《使录》则张学礼、汪楫、周煌、李鼎元之作都有相关记录。张学礼《中山纪略》：

亦有女子不嫁人者，竟离父母自居，专接外岛贸易之客；女之亲戚兄弟——毋论贵贱，仍与外客亲戚往来，不以为耻。[72]

汪楫《使琉球杂录·卷三·俗尚》：

土妓道遇官长，必脱三板，执手巾，立候马过，乃行。簪不得用银，若中国人所遗，则弗禁。[73]

周煌《琉球国志略》卷四(下)“风俗”项：

张学礼《录》：“女子有不嫁人者，离父母自居，专接外岛贸易之客；女之亲戚、兄弟——毋论贵贱，仍与外客序亲往来，不以为耻”。臣兹役甫至，风闻土妓甚众，谓之“侏禰”——实则“倾城”二字之音也。外岛且更继至，因移书唐荣总理司，谕其善为驱逐，毋令蛊我华人。[74]

70　李鼎元：《使琉球记》，第198页。

71　徐葆光：《中山传信录》，第239页。这段文字中的所谓“旧录”，即指汪楫所著的《使琉球杂录》，《使琉球杂录·卷三·俗尚》：“良家妇行市上，必持尺布，否则无以自别也。”参见：汪楫：《使琉球杂录》，第770－771页。

72　张学礼：《中山纪略》，第13页。

73　汪楫：《使琉球杂录》，第770页。

74　周煌：《琉球国志略》，第116页。

李鼎元《使琉球记》“八月十九日”项：

又问：“闻女子愿为土妓者，亦听。接交外客，女之兄弟仍与外客叙亲往来；信乎?”(向世德)对曰：“诚有之。然率皆贫民，故不以为耻。若已嫁夫而复犯奸者，许女之父兄自杀之；不以告王。即告王，王亦不赦。此国中良贱之大防，所以重廉耻也”[75]

又：“六月初八日”项：

初见红衣人，头面较良家修饰，衣亦鲜洁。盖国俗不穿耳、不施脂粉，无珠翠首饰；此辈诲淫，或私为冶容、偷施脂粉耳。[76]

综观以上徐葆光、张学礼、汪楫、周煌、李鼎元等人的记录，得到的印象是：张学礼、周煌、李鼎元等三人看待琉球妓女(土妓·红衣人)的眼光，似乎心中高悬着“道德”的标尺，对于琉球贫民之女，不得已而成为土妓而有交接外客的行为，似乎不能理解与接受，斥其“诲淫”；对于土妓之兄弟“仍与外客叙亲往来”更是不能接受，直斥其“不以为耻”[77]；尤其是周煌，还曾特别“移书唐荣总理司，谕其善为驱逐，毋令蛊我华人。”似乎对于这些土妓感到深恶痛绝。[78]

与张学礼、周煌、李鼎元三人相较，汪楫与徐葆光则似乎比较态度平和，只有中

75 李鼎元：《使琉球记》，第204页。

76 李鼎元：《使琉球记》，第172页。这段文字中的所谓“红衣人”即指土妓。按：汪楫及徐葆光所见的情形：妓女即使是在夏天天热时，也以红绢围于领掖间，作为衣襟的装饰；因此，良家女为了避免他人误解，则于行走于市集时，手上拿着尺布，以示自己与妓女有所区别。但到了周煌的时代，这种情形已有变化，《琉球国志略》卷四(下)“风俗”项有以下的记录：“土妓多衣红衫，俗呼‘红衣人’。汪《录》云：‘良家妇行路上，手持尺布以自别’。徐《录》云：‘妓襟用红绢为缘’。今俱无之。”(周煌：《琉球国志略》，第124页。)这时的琉球妓女多穿着红色的衣服，俗称“红衣人”，但已不以红绢作为衣襟的装饰；良家女行走街上，也不再手上拿着尺布。

77 历来的册封使团在琉球停留期间，有记录可查者，至少114天(明嘉靖十三年，陈侃·高澄册封尚清)，最长者甚至达到252天(清康熙五十八年，海宝·徐葆光册封尚敬)；随行的下层员役、贸易客等的人数约有四五百人(由海宝与徐葆光所率领的人众据信更超过六百人)。这么多的人、这么长的停留期间，所谓“生理需求”的驱使，这些“外客”与妓女(土妓)的接交，其实极为正常，似乎不必高悬道德标尺(若真非如此不可，则以现代观点来看，所谓道德标尺也应拿来斥责、限制这些“外客”才是)。

78 由周煌所说：“臣兹役甫至，风闻土妓甚众……外岛且更继至”以至于要求唐荣总理司“善为驱逐，毋令蛊我华人”来看，似乎反映了华人与土妓之间，接交往来极为频繁的事实。但这种情形并非到了周煌在琉球之时才这样。其实，海宝·徐葆光在琉球之时情况也相同，而且此时除了原本就以此为业的职业妓女以外，还有一般来自田舍的百姓之女临时兼差的情形，日本琉球大学豊见山和行教授在其论文中即引用《冠船日记康熙五十八年》(台湾大学所藏、冲绳县浦添市立图书馆复写本)中的资料指出：由于首里王府认为一般百姓女从事游女(妓女)行为，对于琉球国是极为不名誉之事，因此，除了首里王府“能够掌控的‘倾城’(即游女、妓女)”以外，严禁来自田舍的女性出入清人(册封使一行)宿舍，若有违反禁令者，不仅当事人将遭受捕缚科罚之外，其主人、亲戚、兄弟等都需受连座处罚。这并非全面禁压游女行为，而是将“王府能够掌控的游女”与“从事游女行为的百姓女”加以区别，针对后者的禁压、排除。豊见山教授同时又指出：徐葆光《中山传信录》中有关于琉球游女的记载：“土妓行市中，暑月衣襟上亦红绢缘于领掖间，以此识别。”这时，徐葆光眼睛所见到的土妓(游女)，恐怕就是首里王府能够掌控的女性们。参见豊見山和行：《徐葆光の琉球来航(1719年)とその後——冊封使節への対応の諸相》，曲金良、修斌编：《第十二届中琉历史关系国际学术会议论文集》，北京图书出版社，2010年，第32－45页。

性、客观的描述；徐葆光更进一步地揣摩土妓与中国客人往来相恋的心情，写成了《子夜歌》十二首，将妓女的形象写得极为鲜明，从某个角度来看，这似乎显现出徐葆光对她们的关心。

五、结语

在中国对周边国家的封贡体制下，中国派出的册封使节出使到琉球和出使到其他国家，如安南、朝鲜，最大的不同之处在于出使到琉球必需渡海来回，而文官出身的琉球册封使节，基本上大都没有航海经验，面对恐有生命安危疑虑的册封旅程，其心中的不安可想而知。一般而言，奉命之后，他们会立即开始搜集琉球相关资讯，例如：官方档案、历代史书、前人经历的记录等，以作为旅程安全以及任务遂行的指南。

明代的陈侃在其《使琉球录》的“自序”之中，就谈到自己充任正使以后“衔命南下，历询往迹”，但是由于距离上次册封已超过五十年，所以“献亡文逸，伥伥莫知所之”，考查了《一统志》、《星槎胜览》等书，偏偏又是“登载互异，罔可据依。”在这样全无正确可信的参考资料之下，无可奈何的陈侃与副使高澄去了琉球，又安全地回国复命。为了将来后继的琉球册封使节，有所依循，不必像他们一样“罔可据依”，于是两人“日纪闻见，凡道途山川风俗人物之实、起居日用饮食之细，皆得诸耳目之所亲究。”可以说陈侃是基于实际闻见，写成了最早的《使琉球录》[79]。此后，大部分的琉球册封使节都有“使录”类的著作，这些“使录”类的著作很自然地，也就成为新受命者搜集琉球资讯时的对象。册封使节们说不定还带着搜集到手的前辈的著作，一起渡航到琉球，然后根据自己的亲身闻见，对前辈著作加以辨异、增删。

徐葆光的前辈汪楫在其《使琉球杂录·序》中就说：

> 臣受命后，即遍购诸书，以行按籍核之，合者殊少，爰即闻见所及，杂录成篇，编分五卷，曰“使事”、曰“疆域”、曰“俗尚”、曰“物产”、曰“神异”，皆据事实质书，期不失实而已。[80]

徐葆光《中山传信录·自序》也说：

> 琉球见自《隋书》，其传甚略；《北史》、《唐书》、宋、元诸史因之。正史而外，如《杜氏通典》、《集事渊海》、《星槎胜览》、《嬴虫录》等书所载山川风俗物产，皆多舛漏……《明一统志》……所载皆仍昔误，几无一实焉。嘉靖甲午陈给事侃奉使，始有《录》，归上于朝。其疏云：“访其山川、风俗、人物之详，且驳羣书之谬，以成《纪略》、《质异》二卷。末载国语、国字”。而今钞本仟存二、三矣。万历中，再遣使，萧崇业、夏子阳皆有《录》；而前后相袭。崇祯六年，杜三策从客胡靖《记》尤俚诞。本朝康熙二年，兵科张学礼《使略》、《杂录》二卷，

---

79 陈侃：《使琉球录》，第1页。

80 汪楫：《使琉球杂录》，第677－678页。

颇详于昔。二十二年，检讨汪楫譔《中山沿革志》二卷、《杂录》五卷，典实远非前比；然于山川、辖属仍有阙略，风俗、制度、物产等亦俱未备。盖使期促迫、搜讨仓猝，语言文字彼此讹谬；是以所闻异词，传焉寡信。[81]

前史记载大多不实，前辈册封使们的著作虽然有的“颇详于昔”、“典实远非前比”但有些记载仍然“阙略”、“未备”。推究原因，大概是由于“使期促迫、搜讨仓猝，语言文字彼此讹谬”。接下来，徐葆光向康熙皇帝阐述自己所著《中山传信录》的优点：

今臣奉命为检讨臣海宝副以往，自己亥六月朔至国，候汛踰年，至庚子二月十六日始行。计在中山凡八阅月，封宴之暇，先致语国王，求示《中山世鉴》及山川图籍；又时与其大夫之通文字、译词者遍游山海间，远近形势，皆在目中。考其制度礼仪，观风问俗；下至一物异状，必询名以得其实。见闻互证，与之往复，去疑存信。因并海行针道、封宴诸仪，图状并列：编为六卷。虽未敢自谓一无舛漏，以云“传信”或庶几焉。[82]

由于在琉球停留时间较长、事先求借史书与山川图籍、与其大夫遍游山海间，随时“观风问俗”，终于能够“询名得实”、“去疑存信”。因此，虽不敢说一无舛漏，但取名为“传信”大约差不多。

标榜着“传信”的原则与自豪，千里迢迢渡海来到琉球的徐葆光，对于这遥远异域的、中国未见的风俗，诸如：立风旗、朝拜石笋崖、雪崎洞、守天孙、待月而拜、取潮水献灶神，感到新奇有趣；同时，琉球的女性，不论是其衣服、发型、发饰(发簪)、手上的刺青；也不论是在市场工作的女性或是妓女，看在眼中，无疑都让他感到既稀奇又惊讶。因此，徐葆光不仅将这些观察所得记录在其《中山传信录》之中，更发挥其诗才，以诗歌的形式歌咏了这些琉球风俗与琉球女性。

日本琉球大学的上里贤一教授在其论文《冊封使の詠んだ琉球——徐葆光〈奉使琉球詩〉を中心として》之中，有以下的观点：

1534年(嘉靖十三年)为了尚清王的册封而来到琉球的陈侃、高澄及其以后的册封使们留下了许多记录，其中被称为“册封使录”的记录一直受到活用，是中国与琉球交流史研究的重要资料。册封使所留下的记录，除了“使录”之外，还有诗文、联、匾额、绘图等，不论何者，都可以说是贵重的资料。这些记录类资料之中，作为研究的对象，到目前为止，一直是以“使录”为中心。若从其内容的重要性来看，这是当然的倾向，今后大概也不会有大的方向改变。然而，这并不意味诗文、联、匾额、绘图等之类的记录，资料价值低下，也不意味这一类记录的研究重要性低下。[83]

除了“使录”之外，还肯定了册封使个人创作的诗文、联、匾额、绘图等资料的史料价值以及研究价值。上里教授更在由“久米国鼎会”所主办的“册封使与琉球”研讨会

---

81 徐葆光：《中山传信录》，第3页。
82 徐葆光：《中山传信录》，第3－4页。
83 参见上里贤一：《冊封使の詠んだ琉球——徐葆光〈奉使琉球詩〉を中心として》，中琉文化经济协会编：《第七届中琉历史关系国际学术会议论文集》，1999年，第470页。

中做了以下的陈述：

> 册封使及其从客们的作品并非单单只是“使录”的补完物，“使录”以册封仪式为中心，网罗了琉球王朝的历史、国家各种各样的资讯；与此相对，“诗集”则是包含官方仪式、与琉球人们的交流、眼中所见的动植物等，顺着这些个人所关心的领域，给予咏歌。比起“使录”，更容易表现出心情，因此，成为可以感知册封使个人人性的、充满魅力的记录。[84]

极力肯定册封使及其从客们的个人诗集的重要性。因此，将徐葆光的《奉使琉球诗》与《中山传信录》互相对照来看，则见相辅相成，意味深远。

总之，考察了徐葆光《奉使琉球诗》卷二《舶中集》中的《球阳竹枝词》（八首）和《子夜歌》（十二首），再和其所著《中山传信录》相互印证，并参酌其他册封使节的相关作品，我们看到了徐葆光眼中的琉球风俗以及琉球女性[85]，从而得以管窥徐葆光的“琉球印象”之一斑。

---

84 参见上里贤一：《冊封使録に見る漢詩——琉球の風物．女性など——》，（那覇：久米国鼎会主催，「冊封使と琉球」シンポジウム，2011年12月4日）第27頁。

85 虽然，正如前文所说，册封使节们在其奉命之初，总是广搜琉球相关资讯，前辈册封使的著作也总在其搜集之列，说不定他们还会带着前辈的著作同行至琉球，然后，基于自己之闻见，对前辈著作有所辨异、增删。徐葆光对其前辈，如张学礼、汪楫的记录有所辨异、增删；徐葆光的后辈们，如：周煌、李鼎元对于琉球风俗与女性的观察，与徐葆光的观察相较，也间或有所辨异、增删。但徐葆光的观察所得究竟是对是错，这是另外一个问题，不在本文讨论范围之内。

清代琉中関係上における船頭の移動の特質とその役割

清代琉中关系中船头的航海特性及其作用

富田千夏*

要　旨

本論では、近世琉球において、渡唐における船舶・航海の総責任者である船頭(水主や佐事等を含む)について考察する。船頭は渡唐船の乗務員としては下層に位置し、琉中間の外交交渉に従事しない者達であり、進貢・接貢との関わり方についても他の渡唐役者と大きく異なる特徴を持っている。本論においては、進貢頭号船、進貢二号船、接貢船それぞれの船毎の分析、任命に到る経緯・職責などを明らかにする事で、船頭任命の過程、船頭の琉中間の往還の特質や、求められた職責等を明らかにし、進貢体制の上で外交業務には従事せず、また下層に属する彼らがどのような存在であったのかを考察することを目的としている。海上交通の担い手であり、唐船の乗務員としては下層に位置する存在であった彼らの生涯における渡唐回数は多く、船頭ともなれば水主・佐事と同に船毎にチームを結成し、連続して数年同じ船に乗船して渡唐業務にあたっていた。その移動の形は他の渡唐役者と違い、進貢頭号船、二号船、もしくは接貢船と、常に船と共にあり、福州滞在中の船隻のメンテナンスや、乗務員の安全、そして薩摩側の注文品である積荷を無事に期限内までに琉球に到着させる等、琉中間の進貢制度の円滑な運用において決して軽からざる要素を担っていた事が言える。

摘　要

在近世琉球时代，船头(船长)是渡唐时船只管理以及航海针路的总负责人。本文主要对船头以及水主、佐事等船员的航海特性作一考察。船头和船员位居下层，并不直接参与琉中间的外交事务，在与进贡、接贡的关系问题上，其与其他渡唐使者相比具有迥异的特征。本文的目的在于，通过对进贡头号

---

* 富田千夏：琉球大学人文社会科学研究科博士研究生，琉球大学图书馆员。

船、进贡二号船以及接贡船分别进行分析，并阐明船员的选任、职责等问题，明确船头任命的过程及其在中琉航海上的特性和所赋之职责，考察位居下层且不参与外交事务的船头及船员在进贡体制上所发挥的作用。作为海上交通的舵手，船员们一生渡唐多次。通常，船头会集结水主、佐事组成团队，并连续数年驾驶同一艘船只从事渡唐事务。由于船头的移动形态与其他渡唐使节不同，总是与船相伴，或是进贡头号船，或是二号船，或是接贡船。在中琉进贡制度顺利开展的问题上，如船只在闽的维修、船员的安全以及保障萨摩的订购物品在期限内运抵琉球等方面，可以说船头发挥着举足轻重的作用。

はじめに

本論では、近世琉球において、渡唐における船舶・航海の総責任者である船頭について考察する。船頭は渡唐船の乗務員としては下層に位置し、琉中間の外交交渉に従事しない者達であり、進貢・接貢との関わり方についても他の渡唐役者と大きく異なる特徴を持っている。これまでの研究においても、船頭等の「船方」をめぐってはいくつか論考があり[1]、構成や、規模、出身地などの基本的な検討が為されている。

ここでは、進貢頭号船、進貢二号船、接貢船それぞれの船毎の分析を加えることを通して船頭の琉中間の移動の特質を明らかにしたい。さらには、那覇－福州間の運航に関る集団である船頭および佐事・水主について、家譜の他に『歴代宝案』の執照の記録や『琉球王国評定所文書』から、その任命に到る経緯や、その職責などを明らかにし、船頭任命の過程、移動の状況、求められた職責等を分析することを通して進貢体制の上で外交業務には従事せず、また下層に属する彼らがどのような存在であったのかを考察することを目的としている。

第1節：船頭とは

船頭とは、管船直庫とも称され、近世の琉球において、船舶・航海の総責任者のことである[2]。琉球－福州間の海上通行の責任者であり、佐事や水主といった最下層の渡唐船乗務員に対する指揮も行っていた。また海賊等の襲来に備え、海上における

1　富島壮英「唐船(進貢船・接貢船)に関する覚書－全乗船者の構成を中心に－」(『歴代宝案研究』第6・7合併号、1996、沖縄県立図書館史料編集室)、深澤秋人『近世琉球中国交流史の研究』(2011年、榕樹書林)および「琉球の船舶乗組員からみた海域史—護送船・飛船の例を中心に—」(周縁の文化交渉学シリーズ5 船の文化からみた東アジア諸国の位相—近世期の琉球を中心とした地域間比較を通じて—、2012. 1. 31、p. 37－48)、上原兼善「中琉貿易と渡唐役人」(『第九届中琉関係国際学術会議論文集』2005年)等。

2　富島壮英全掲論文。

防衛の責任者でもあった。船頭には琉球－福州間の針路に明るく、経験が豊富であることが重視されていた[3]。

球陽において、船頭に対する家譜給与の記事[4]によれば、

始定貢船直庫褒美以勧

進貢船隻往還大海専依作事船頭以得平安則船頭作事係乎緊要然水程熟諳者至今甚少由是摂政法司等僉議水梢作事情願船頭以為前程而今楮基（瀬名波親雲上軌里）始擢水梢歴履直庫航海数十次自始至終平安告老以終天年矣随将楮基給与新参家譜以登仕籍自此以来百姓航海往来積功積甚多即照此例新参士有積功于船者登譜代家以為褒奨則水梢要擢作事作事要陞船頭船頭要仕籍必也皆有克竭心力自積功勲等因茲朝議恭具疏文以備聖聴（下線は筆者による）

とあり、これによれば、海上交通は船頭が専らとするところであり、水路に詳しく、水梢・佐事と経験をふまえた者の中から選ばれることが記されている。

渡唐業務において外交に関らない船頭に関する記録は非常に少ない。管見の限りにおいて家譜では七人を数えるのみである[5]。本節においては、『家譜』のほか、『歴代宝案』『評定所文書』等の史料において散見される船頭に関する記述から、その任命・職責・琉球－福州間における移動の特徴などを明らかにしたい。

第2節：船頭の条件・任命

船頭の任命にはどのような条件があり、またその経緯はどのようになっているのか。

船頭の任命の過程については、深澤秋人により、渡唐船の上級役人と御船手奉行、高奉行が船手座に集合して協議を行っていたことが明らかにされている。[6] また、上原兼善は船頭をはじめとした船方の選出に星功制度の関連があったことを指摘している[7]。本論では、船頭に求められる資質や、どのような経緯で人選が行われていたのか、「進貢船仕出日記」等の記事から明らかにしたい。

まず、船頭になるまでの必要な経験についてであるが、若狭町村の阮開基（照喜

---

3 ただし、他の地域からの福州行きへの針路については明るくないことがわかる事例もある。康熙25年の進貢頭号船は往路において暴風のため宮古島に漂着したが、当時の直庫（執照では衛法魯）が宮古島から福州への針路を知らないということで一度那覇に戻ったという事例が、当時の都通事の林茂豊の記述にある（『那覇市史』資料編巻1－6　860頁）。

4 『球陽』（球陽研究会編、角川書店発行、1974年）記事番号853。

5 家譜に記述のある人物は、項榮（氏集番号19－2458）、阮開基（市史1－8－163）、符世枚（氏集番号19－2450）、昂永基（市史1－8－216）、昂永泰（市史1－8－218）、平崇禮（市史1－8－460）、康克秀（氏15－1904）の7人である。

6 深澤秋人『近世琉球中国交流史の研究』（2011年、榕樹書林）。

7 「中琉貿易と渡唐役人」『第九届中琉関係国際学術会議論文集』2005年。

納筑登之親雲上)が家譜を賜る際の記録を見てみると、阮開基が水主から船頭に到るまで、二十八度の旅数があり、また彼の兄弟である安次嶺掟親雲上や安次嶺筑登之親雲上も水主から佐事に到るまで二十度ほどの旅数があると記されている。これにより、船頭になるまでに渡唐船の水主や佐事などの経験がかなりの数必要であることが分かる。

次に、実際の船頭任命に関る文書から、船頭の任命経緯とその任期について述べる。

道光24(1844)年の「進貢船仕出日記[8]」には、船頭の交代について、御船手奉行から日帳主取あての文書に、以下のように記されている。

覚

当秋走両唐船々頭代合ニ付、去々寅年小唐船佐事之内よりも願之者罷在候処、いまた帰帆無之ニ付而者何様仕可然哉、先例相糺候得共、日記切等ニ而糺方不罷成、乾隆三拾九午年日記ニ、大唐船足船頭与相見得、何様之訳ニ而足為被仰付段者相知不申候付、御評定所言上写相糺候得者、同年六月両唐船々頭被仰付置候処、大唐船々頭帰帆無之ニ付、同九月ニ者代被仰付、嘉慶九年子四月ニ者小唐船々頭計被仰付、大唐船々頭も一所ニ言上之筈候処、戊年大唐船未帰帆無之候間、跡達而言上被仕候様、尤、其内者足被仰付、御作事場勤等御取添言上被成、同月足船頭被仰付、同六月ニ者船頭為被仰付段相見得申候。然者、船方共船頭相勤度儀ハ本願之筈御座候処、去々年小唐船佐事之内□〈欠〉功船柄抽候而も、未帰帆無之迚差除候而ハ礑与及迷惑可申、勿論右了年ニも大唐船帰帆無之候付、最前代佐事加子おかす書ニハ足船頭名前相立御作事場勤ニ付而も何そ為差支訳相見得不申候間、此節之儀去々年小唐船佐事之内ニも勤功船柄抽候者罷在候ハヽ、船頭おかす仕、左候而当夏帰唐船入津之比迄者、右足被仰付方ニも可有御座哉、尤、子年之例通、最初足船頭計被仰付候而者、昆布請取代銭納方等差支可申与存当申候。何分御吟味次第被仰付度奉存候。此旨被仰上可被下儀奉頼候。以上。

辰二月

御船手奉行

久場里之子親雲上

本文、遂披露候処、御船手奉行申出通、去々年小唐船佐事之内よりも見合、おかす申出候様被仰付候間可被得其意候。以上。

辰二月十八日

島袋親雲上

唐船の船頭は数年おきに交代するシステムであり、この年は丁度交代の年である。ところが、一昨年に派遣された進貢小唐船(二号船)が未だ帰国しておらず、同

8 『琉球王国評定所文書』第一巻。

船の佐事の中にも船頭を希望する者が居るため、人選が出来ない。船方の者にとって、船頭となることは本願であり、小唐船の帰帆を待たず、候補者をはずすことは、おそらく問題となるだろう。先例を確認した結果、御作場や昆布の受取について問題はあるかもしれないが、夏までは足役を立てることについて御吟味頂きたいという内容である。

しかし、両唐船の役者からは、次のような申し出が出された。

覚

今般渡唐両唐船々頭代合ニ付、去々秋走小唐船佐事よりも勤功次第被仰付候筋ニも可有之哉、先例相糺候処、乾降三拾九午年両唐船々頭被仰付置候処、大唐船帰帆遅ニ付、到九月船頭代合被仰付、嘉慶九子年大唐船未帰帆無之候付、足船頭被仰付、到六月船頭被仰付、尤、両年共佐事以下者最初惣様代合被仰付候段相見得申候。依之、相談仕候処、右両年之儀、船頭勤年数内之事ニ而、右通為被仰付置ニ而可有御座哉、此節之儀者両唐船々頭代合之期ニ而、右例与ハ相替、其上去々年小唐船之儀、未着場も相知不申候処、右入数之内より船頭被仰付候而者如何ニ相見得、就中、小唐船方ニ者船方惣人数代合之方、別紙を以申上候通ニ而、いつれ船頭居合之者江不被仰付候而者、佐事以下人体見合方差支申事御座候間、前文之訳合、旁別条之御取分を以、何卒、大唐船々頭者大唐船・接貢船々方より、小唐船々頭者居合之者より、船柄勤功見合、おかす申上候様被仰付度奉存候。此等之趣宜様御取成奉頼候。以上。

辰二月

両唐船
役者中

右、申出之通被仰付度奉存候。以上。

辰二月

大夫
伊計親雲上
勢頭
糸洲親雲上

先例で船頭を足役としたのは、帰着の遅れた唐船の船頭が勤年数内の場合のことであり、今回は船頭の交代の年にあたるため、先例とは状況が異なっている。小唐船については別紙[9]において、佐事・水主も代わりの者を人選し、もし差し支えがあれば接貢船の佐事や水主からも御雇として定員を揃えることになっている。いずれ船頭を居合わせの者に命じておかなければ、佐事以下の人選にも差し支えがでるため、大唐船は、大唐船・接貢船の佐事から、小唐船については居合の者から人選して頂きた

9　『琉球王国評定所文書』第一巻495頁。

いという内容である。

『歴代宝案』の執照の記録から、このときに取り上げられた前例について確認すると、乾隆三十七(1772)年派遣の進貢頭号船の船頭は仲秉直で、乾隆三十三(1768)年、乾隆三十五(1770)年の頭号船の船頭に続く三回目の渡唐であり、嘉慶七(1802)年の進貢頭号船の船頭は林賢見で、こちらは嘉慶五(1800)年に続く二回目の船頭であった。どちらも結局は船隻が帰帆することなく行方不明となり、乾隆三十九(1774)年の大唐船の船頭は馬厚守となり、嘉慶九(1804)年の大唐船船頭は慶賜福となった。

これらの記述から、船頭が任命されて以降数年は派遣が継続する「勤年数」が存在することがわかる。その年数の間で漂流・破損などで次の貢船の派遣に間に合わない場合は臨時役の「足役」を船頭として充て、佐事・水主は他の船からの「御雇」も含めて定員を揃えるという措置をとっていた。この時の状況について、執照にて確認すると、道光二十二年の大唐船の船頭は金利國で、小唐船船頭は長得福である。長得福は道光十六年に護送船船頭となり、道光十八年、二十年、二十二年と小唐船の船頭を勤めていたことが分かる。金利國は道光十八(1838)年の冊封使の回国の際の護送船船頭以降、この回の船頭を勤めたのみである。この前の道光二十年に派遣された頭号船の船頭は康興功で、この者もまたこれ一度きりの渡唐である。彼らが継続して船頭を務めるに到らなかった理由については不明である。

この役者中の申出は、日帳主取島袋親雲上の文書[10]に拠れば、最終的には、御船手奉行の申し出通りに、小唐船の佐事も候補者とするという採決が下された。結果として、小唐船は帰国することなく、執照によれば頭号船は永利渡、二号船は常得順が船頭となった。このやりとりから、船頭は数年毎に交代する事が通例となっており、後任にはある程度経験を積んだ佐事で願い出た者の中から選出する事になっていたことがわかる。また、佐事・水主の人選についても、船頭との関わりが深いことが見て取れる。後述するが、これには唐船と船頭その他水梢達との関り方が理由と言える。

また、船頭には従者がついたことが「琉球王国評定所文書」中に見える[11]、中にはその身分を利用し、渡唐先で学習する者もいた。衡弘道は船頭の従者として渡唐し、福州にて医学を学んだことが家譜の記述の中に見える[12]。

第3節：船頭の移動―進貢・接貢との関係―

では、船頭の琉中間の移動にはどのような特徴があるのか。『歴代宝案』の執照

---

10 本文、申出通、去々年小唐船佐事之内よりも見合、おかす申出候様、役者中江も被仰渡置候間可被得其意候。以上。辰二月十八日島袋親雲上(『琉球王国評定所文書』第一巻496頁)。

11 『琉球国評定所文書』第1巻「朝鮮人拾壱人慶良間漂着馬艦船を以送越候日記(三二〇号)」87頁。

12 同<乾隆>二十七年壬午為学医道事船頭従安次嶺筑登之親雲上十二月九日那覇開船翌年正月五日到閩即請良師内科孫雲李外科陳寄夫劉廷賢等相伝医法甲申四月十五日帰国(『那覇市史』資料編1－8　244頁)。

から作成したデータ【表：船頭の派遣状況一覧】から見える特徴を述べてみる。表を作成する際、名前が類似している場合は、時期などから同一人物の可能性が高いと判断した者（王汝楫・玉汝楫）や、年代が離れていて別人と判断した者（慶永保）がいる。また、家譜の記録と合致しない場合は、基本的に家譜の記述を優先させた。

表　船頭の派遣状況一覧

番号	名前	元号	西暦	分類	派遣回数	備考
1	蘭鮑	順治10	1653	慶賀・請封・明の勅印の返納	1	
2	游那	順治11	1654	慶賀使接回	1	
3	柯可嘉	康熙02	1663	謝恩	1	
4	遊那吉	康熙03	1664	慶賀	1	
5	吉納	康熙07	1668	進貢(2)	1	
6	恵之仁	康熙09	1670	進貢(2)	1	帰国時に船毎海賊に奪われる
7	高自廉	康熙09	1670	進貢(1)	1	
8	黄可喜/長可喜	康熙11	1672	進貢(2)	1	
9	内穆	康熙11	1672	進貢(1)	1	
10	小橋川（項榮：氏19－2458）	康熙22	1683	冊封使護送	1	
11	安佐度	康熙25	1686	進貢・官生派遣	1	
12	汪可喜/汪可嘉	康熙27	1688	進貢(1)	1	
13	乙名拾□	康熙40	1701	護送	1	不明
14	喜屋武	康熙57	1718	進貢・接封(2)	1	
15	西銘	康熙58	1719	護送	1	
16	平心	康熙59	1720	進貢(2)	1	
17	照喜名	康熙61	1722	進貢(2)	1	
18	方光祖	康熙61	1722	進貢(1)	1	福州にて破船・沈没
19	仲崇禮	雍正10	1732	護送	1	
20	雍納★王氏★	雍正12	1734	護送	1	
21	向得功	乾隆01	1736	進貢(2)	1	
22	符世枚（氏19－2450）	乾隆14	1749	護送	1	
23	安克昌	乾隆15	1750	護送	1	
24	仲克濟	乾隆21	1756	護送天使回朝(2)	1	
25	馬得功	乾隆21	1756	護送天使回朝(1)	1	
26	安慮	乾隆22	1757	接貢	1	
27	□積善	乾隆24	1759	接貢	1	

续表

番号	名前	元号	西暦	分類	派遣回数	備考
28	楫利涉	乾隆26	1761	護送	1	
29	馬長譲	乾隆32	1767	接貢	1	
30	慶永保	乾隆45	1780	進貢(1)	1	道光12・14 派遣の同名人物有り
31	接載景安	乾隆54	1789	接貢	1	
32	馮永昌	乾隆57	1792	進貢(1)	1	
33	昇□基	乾隆58	1793	接貢	1	
34	楫利航	嘉慶04	1799	接貢・接封	1	
35	新賜福	嘉慶05	1800	護送天使還朝(2)	1	
36	昂長發	嘉慶06	1801	接回国使	1	
37	善成功	嘉慶06	1801	接貢	1	
38	昂長泰	嘉慶07	1802	進貢(2)	1	
39	得平安	嘉慶08	1803	送還雇募商船	1	
40	兼秉僖	嘉慶12	1807	接貢・接封	1	
41	常利濟	嘉慶13	1808	接回員役	1	
42	仲喜	嘉慶13	1808	護送天使還朝(2)	1	
43	平嘉	嘉慶13	1808	送還雇募商船	1	
44	玉成器	嘉慶16	1811	接貢	1	
45	惟利航	嘉慶20	1815	護送	1	
46	柳永安	嘉慶22	1817	護送	1	
47	仲向栄	道光03	1823	護送	1	
48	平承心	道光03	1823	接貢	1	
49	松長茂	道光06	1826	進貢(1)	1	
50	柳逢春	道光07	1827	護送	1	
51	楊□□	道光07	1827	接貢	1	
52	末得福	道光11	1831	護送	1	
53	康興功	道光20	1840	進貢(1)	1	
54	光開基	道光21	1841	接貢	1	
55	元開基	道光25	1845	接貢	1	往路にて行方不明
56	高承福	咸豊03	1853	護送	1	
57	内汝楫	咸豊05	1855	護送	1	
58	宮開基	咸豊09	1859	接貢	1	
59	内克秀	咸豊11	1861	接貢	1	
60	仲克秀	同治01	1862	護送	1	

续表

番号	名前	元号	西暦	分類	派遣回数	備考
61	内必進	同治 01	1862	進貢(2)	1	
62	大汝楫	同治 06	1867	接貢	1	
63	康克秀(氏 15 – 1904)	同治 12	1873	接貢	1	
64	金城	康熙 58	1719	謝恩/兼接貢	2	
		康熙 60	1721	接貢		
65	仲承烈	乾隆 03	1738	進貢(2)	2	
		乾隆 05	1740	進貢・謝恩(2)		
66	垣克順	乾隆 07	1742	進貢(2)	2	
		乾隆 11	1746	進貢(2)		
67	安廣志	乾隆 19	1754	進貢・請封(1)	2	
		乾隆 21	1756	謝恩・進貢(1)		
68	島永烈	乾隆 21	1756	進貢(2)	2	
		乾隆 23	1758	進貢(2)		
69	馬長謀	乾隆 28	1763	接貢	2	
		乾隆 30	1765	接貢		
70	與利航	乾隆 34	1769	接貢	2	
		乾隆 36	1771	接貢		
71	宮能安	乾隆 38	1773	接貢	2	
		乾隆 40	1775	接貢		
72	慶永全	乾隆 57	1792	進貢(2)	2	
		乾隆 59	1794	進貢(2)・喪報使		
73	慶安全	嘉慶 01	1796	慶賀・進貢(2)	2	
		嘉慶 03	1798	進貢・請封(2)		帰国時行方不明
74	馮景福	嘉慶 01	1796	慶賀・進貢(1)	2	
		嘉慶 03	1798	進貢・請封(1)		
75	林賢見	嘉慶 05	1800	冊封謝恩	2	
		嘉慶 07	1802	進貢(1)		帰国時に行方不明
76	保開基	嘉慶 13	1808	賠還雇募商船	2	進貢二号船の派遣無し
		嘉慶 17	1812	進貢(2)		
77	維順利	嘉慶 14	1809	護送	2	
		嘉慶 20	1815	接貢		
78	保肇基	嘉慶 19	1814	進貢(2)	2	
		嘉慶 23	1818	進貢(2)		

续表

番号	名前	元号	西暦	分類	派遣回数	備考
79	柳増福	嘉慶22	1817	接貢	2	
		嘉慶24	1819	接貢		
80	楊維順	道光05	1825	接貢	2	
		道光09	1829	接貢		
81	仲得功	道光10	1830	進貢(1)	2	
		道光08	1828	進貢(1)		
82	呉有吉	道光12	1832	進貢(1)	2	
		道光14	1834	進貢(1)		
83	慶永保	道光12	1832	進貢(2)	2	乾隆45(1780)派遣の同名人物は別人か
		道光14	1834	進貢・報喪(2)		
84	慶得安	道光13	1833	接貢	2	乾隆41年派遣の同名人物は別人か
		道光15	1835	接貢		
85	永利渉	道光16	1836	進貢(1)	2	
		道光18	1838	謝恩・進貢(1)		
86	呉肇業	道光17	1837	接封・接貢	2	
		道光19	1839	接回使臣		
87	金利國	道光18	1838	護送天使還朝(2)	2	
		道光22	1842	進貢(1)		
88	仲永烈	道光18	1838	護送天使還朝(1)	2	
		道光19	1839	接回国使		
89	牧徳昌	咸豊08	1858	進貢(1)	2	
		咸豊10	1860	進貢(1)		
90	高受福	同治02	1863	護送	2	
		同治03	1864	進貢(2)		
91	徐永念	康熙05	1666	進貢(1)	3	
		康熙07	1668	進貢(1)		
		康熙17	1678	進貢(1)		
92	丙超才	康熙19	1680	進貢・請封(1)	3	
		康熙23	1684	進貢(1)		
		康熙24	1685	接貢		
93	馬施顧	康熙21	1682	進貢・冊封使迎接(1)	3	
		康熙22	1683	謝恩		
		康熙23	1684	進貢(2)		帰国時に破船

续表

番号	名前	元号	西曆	分類	派遣回数	備考
		康熙21	1682	進貢・冊封使迎接(2)		
94	衛法魯	康熙25	1686	進貢・官生派遣(1)	3	
		康熙31	1692	進貢・官生帰国(2)		
		康熙45	1706	進貢(1)		
95	池徳美	康熙46	1707	接貢	3	
		康熙47	1708	進貢(1)		帰国時に行方不明
		乾隆04	1739	接貢		
96	馬利國	乾隆06	1741	接貢	3	
		乾隆12	1747	接貢		帰国時に破船・次年の進貢船で帰国
		乾隆27	1762	進貢(1)		
97	馬永烈	乾隆29	1764	進貢(1)	3	
		乾隆31	1766	進貢(1)		
		乾隆27	1762	進貢(2)		
98	安能慮	乾隆29	1764	進貢(2)	3	
		乾隆31	1766	進貢(2)		
		乾隆33	1768	進貢(1)		
99	仲秉直	乾隆35	1770	進貢(1)	3	
		乾隆37	1772	進貢(1)		帰国時に行方不明
		乾隆39	1774	進貢(1)		
100	馬厚守	乾隆41	1776	進貢(1)	3	
		乾隆43	1778	進貢(1)		
	慶得安	乾隆41	1776	進貢(2)		
101	※道光年間派遣の	乾隆43	1778	進貢(2)	3	
	同名人物は別人か	乾隆45	1780	進貢(2)		
		乾隆42	1777	接貢		
102	仲達道	乾隆44	1779	接貢	3	
		乾隆46	1781	接貢		
		乾隆48	1783	接貢		
103	平永安	乾隆50	1785	接貢	3	
		乾隆52	1787	接貢		
		乾隆60	1795	接貢		
104	昂永基(8－216)	嘉慶02	1797	接貢	3	
		嘉慶05	1800	護送天使還朝(1)		表記は昂長基

续表

番号	名前	元号	西暦	分類	派遣回数	備考
105	昂永泰(8－218)	嘉慶05	1800	進貢(2)	3	表記は昂長泰
		嘉慶09	1804	進貢・報喪(2)		
		嘉慶11	1806	進貢・請封(2)		
106	平崇禮(8－460)	嘉慶25	1820	進貢(2)	3	
		道光02	1822	進貢(2)		
		道光04	1824	進貢(2)		
107	柳作楫	道光03	1823	護送	3	
		道光05	1825	護送		
		道光11	1831	接貢		
108	永利渡	道光24	1844	進貢(1)	3	
		道光26	1846	進貢(1)		
		道光28	1848	進貢(1)		
109	柳傳順	道光27	1847	接貢	3	
		道光29	1849	接貢		
		咸豊01	1851	接貢		
110	久維順	道光30	1850	進貢・進香・慶賀(1)	3	
		咸豊02	1852	進貢(1)		
		咸豊04	1854	進貢・謝恩(1)		
111	金永保	咸豊03	1853	接貢	3	
		咸豊05	1855	接貢		
		咸豊07	1857	接貢		
112	楊振芳	咸豊08	1858	進貢(2)	3	
		咸豊10	1860	進貢(2)		
		咸豊03	1853	護送		
113	西常裕	同治01	1862	進貢(1)	3	
		同治03	1864	進貢(1)		
		同治06	1867	接回国使		
114	與那嶺	康熙49	1710	進貢(2)	4回	
		康熙51	1712	進貢(1)		帰国途中で破船
		康熙53	1714	進貢(1)		
		康熙55	1716	進貢・請封(1)		

续表

番号	名前	元号	西暦	分類	派遣回数	備考
115	仲宗根	康熙51	1712	進貢(2)・喪報使	4回	
		康熙53	1714	進貢(2)		
		康熙55	1716	進貢・請封(2)		
		康熙56	1717	接貢		
116	慶續照	雍正04	1726	進貢(2)	4回	
		雍正05	1727	接貢		
		雍正07	1729	接貢		
		乾隆02	1737	慶賀・進香		
117	陳得安	乾隆14	1749	接貢	4回	
		乾隆16	1751	接貢・喪報		
		乾隆18	1753	接貢		
		乾隆20	1755	接貢		
118	厚成業	乾隆33	1768	進貢(2)	4回	
		乾隆35	1770	進貢(2)		
		乾隆37	1772	進貢(2)		
		乾隆39	1774	進貢(2)		
119	紹文光	乾隆49	1784	進貢(2)	4回	最初は慶自長。なにがしかに理由により交代
		乾隆51	1786	進貢(2)		
		乾隆53	1788	進貢・謝恩(2)		
		乾隆55	1790	進貢(2)		
120	慶全保	乾隆49	1784	進貢(1)	4回	
		乾隆51	1786	進貢(1)		
		乾隆53	1788	進貢・謝恩(1)		
		乾隆55	1790	進貢(1)		
121	善開基	嘉慶08	1803	接貢・報喪	4回	
		嘉慶10	1805	接貢		
		嘉慶13	1808	護送天使還朝(1)		
		嘉慶15	1810	進貢(2)		
122	慶永保	道光16	1836	進貢(2)	4回	
		道光30	1850	進貢・進香・慶賀(2)		
		咸豊02	1852	進貢・請諭(2)		
		咸豊04	1854	進貢・謝恩(2)		

续表

番号	名前	元号	西暦	分類	派遣回数	備考
123	長得福	道光 16	1836	護送	4 回	
		道光 18	1838	進貢(2)		
		道光 20	1840	進貢・請封(2)		
		道光 22	1842	進貢(2)		
124	常得順	道光 21	1841	護送	4 回	
		道光 24	1844	進貢(2)		
		道光 26	1846	進貢・請諭(2)		
		道光 28	1848	進貢・報喪(2)		
125	馬利渉	雍正 10	1732	進貢(1)	5	
		乾隆 01	1736	進貢(1)		
		乾隆 03	1738	進貢(1)		
		乾隆 05	1740	進貢・謝恩(1)		
		雍正 08	1730	進貢(1)		
126	慶賜福	嘉慶 07	1802	護送	5	
		嘉慶 09	1804	進貢(1)		
		嘉慶 11	1806	進貢・請封(1)		
		嘉慶 13	1808	冊封謝恩		
		嘉慶 14	1809	接回国使		
127	善得福	嘉慶 15	1810	進貢(1)	5	
		嘉慶 17	1812	進貢(1)		
		嘉慶 19	1814	進貢(1)		
		嘉慶 23	1818	進貢(1)		
		嘉慶 25	1820	進貢(1)		
128	王汝楫	道光 03	1823	送還雇募商船	5	
		道光 05	1825	護送		表記は「玉汝□」だが、同一人物か
		道光 06	1826	進貢(2)		表記は「玉汝楫」だが、同一人物か
		道光 08	1828	進貢(2)		
		道光 10	1830	進貢(2)		

续表

番号	名前	元号	西暦	分類	派遣回数	備考
129	陳志廣	康熙 59	1720	進貢(1)	6	
		雍正 01	1723	慶賀·進香		
		雍正 02	1724	進貢(2)		
		雍正 03	1725	謝恩		
		雍正 04	1726	進貢(1)		
		雍正 06	1728	進貢(1)		
130	司得功	雍正 02	1724	進貢(1)	6	
		雍正 06	1728	進貢(2)		
		雍正 08	1730	進貢(2)		
		雍正 10	1732	進貢(2)		
		雍正 11	1733	接貢		
		乾隆 07	1742	護送		
131	馬利航	乾隆 07	1742	進貢(1)	6	
		乾隆 08	1743	接貢		
		乾隆 11	1746	進貢(1)		
		乾隆 13	1748	進貢(1)		
		乾隆 15	1750	進貢(1)		
		乾隆 17	1752	進貢(1)		
132	王可喜	康熙 05	1666	進貢(2)	7	
		康熙 06	1667	接回：官員		
		康熙 08	1669	探貢·報喪		
		康熙 16	1677	探貢·貢使迎接		
		康熙 17	1678	進貢(2)		
		康熙 19	1680	進貢·請封(2)		
		康熙 29	1690	進貢(2)		
133	和承烈	乾隆 10	1745	護送	7	
		乾隆 13	1748	進貢(2)		
		乾隆 15	1750	進貢(2)		
		乾隆 17	1752	進貢(2)		
		乾隆 19	1754	進貢·請封(2)		
		乾隆 22	1757	接回国使		
		乾隆 23	1758	進貢(1)		

续表

番号	名前	元号	西暦	分類	派遣回数	備考
134	松永茂	康熙 33	1694	進貢(2)	8	
		康熙 34	1695	接貢		
		康熙 35	1696	進貢(2)		
		康熙 37	1698	進貢(2)		
		康熙 39	1700	進貢(2)		
		康熙 41	1702	進貢(1)		
		康熙 42	1703	接貢		
		康熙 43	1704	進貢(1)		
135	長立功	康熙 41	1702	進貢(2)	11	
		康熙 43	1704	進貢(2)		
		康熙 44	1705	接貢		
		康熙 45	1706	進貢(2)		
		康熙 47	1708	進貢(2)		
		康熙 48	1709	接貢		
		康熙 49	1710	進貢(1)		
		康熙 50	1711	接貢		
		康熙 52	1713	接貢		
		康熙 54	1715	接貢		
		康熙 57	1718	進貢・接封(1)		
136	丙起才	康熙 27	1688	進貢(2)	13	
		康熙 28	1689	接貢		
		康熙 29	1690	進貢(1)		
		康熙 30	1691	接貢		
		康熙 31	1692	進貢・官生帰国(1)		
		康熙 32	1693	接貢		
		康熙 33	1694	進貢(1)		
		康熙 35	1696	進貢(1)		
		康熙 36	1697	接貢		
		康熙 37	1698	進貢(1)		
		康熙 38	1699	接貢		
		康熙 39	1700	進貢(1)		
		康熙 40	1701	接貢		

①派遣回数について

執照に名前がある、のべ313人中、派遣回数が1回の者が67人、2回が27人、3回が24人、4回が11人、5回が4人、6回が3人、7回が2人、それ以上が3人となっている。船頭としての渡唐回数が特に多い3例について詳細を述べると、最も多いのは丙起才の13回で、康熙二十七(1688)~康熙四十(1701)年の間に、進貢頭号船に6回、二号船に1回、接貢船に6回乗船している。次に多いのは長立功の11回で、康熙四十一(1702)年~康熙五十七(1718)年の間に、進貢頭号船に2回、二号船に4回、接貢船に5回乗船している。松永茂は康熙三十三(1694)~康熙四十三(1704)年の間に、進貢頭号船が1回、二号船が4回、接貢船が2回の計8回渡唐している。

渡唐回数が6回以上となっている者は渡唐の多い例であるが、特徴としては、康熙~乾隆前半の時期に集中している。その後はおおむね2~3回、多くて4回程度というのが船頭としての渡唐回数の通例であったと考えられる。「古老集記類[13]」によれば、船頭役は水主や佐事といった者にとっては目標とする役であり、前述の進貢船仕出日記や、球陽の記事からも船頭の職は彼らにとって最大の願意であることがわかる。「古老集記類」には、船頭の交代の間隔が長くなることで、若いときより海上交通の危険を厭わずに旅を重ねた者が、船頭役に就ける機会が減るため、五回で交代を規定とするとした事が記述されている。実際の派遣状況から考えるに、おそらく乾隆年間の前半期には渡唐回数の上限が規定されたのだろう。実際のデータからは5回渡唐した者はわずか4人であり、おそらくは漂流等の理由で5回まで全うできる場合は少なかった。

②派遣時の年齢

これは、家譜に記載がある者のみのデータとなるが、年齢がわかる者を列挙する。なお、任命年と生年から計算した満年齢で表記する。

小橋川(項榮)[14]は家譜の記録上最初の船頭役は康熙二十一(1682)年に冠船の船頭役で、当時40歳である。阮開基[15]は執照に名前が記載されていないため、詳細が不明であるが、貢船直庫による功績として乾隆三(1738)年、56歳の時に褒賞を賜ってい

---

13 一渡唐船頭役之儀、船方之者共付口之役職にて、何れも右役相勤冥加を仰度との願意を以、年若し比より船方へ志し海路之難儀を不厭致旅行候処、船頭交代間遠有之候故適船柄宜旅功相募候方も、年齢過行願意不相遂所より連々不進相成申候、渡唐船之儀大切成御用船、殊遠海乗渡事候得ば、第一船柄之見合無之候て不叶事候処、右次第に付ては漸々船柄相劣、船頭見合方至て差支候間、向後渡唐五旅にて交代被仰付度事。且何ゾニ付大和人衆御下之時御宿相勤候事。

一渡唐船頭役之儀、船方之者共付口之役職ニテ、何レモ右役相勤冥加ヲ仰度トノ願意ヲ以、年若シ比ヨリ船方ヘ志シ海路之難儀ヲ不厭致旅行候処、船頭交代間遠有之候故適船柄宜旅功相募候方モ、年齢過行願意不相遂所ヨリ連々不進相成申候、渡唐船之儀大切成御用船、殊遠海乗渡事候得バ、第一船柄之見合無之候テ不叶事候処、右次第ニ付テハ漸々船柄相劣、船頭見合方至テ差支候間、向後渡唐五旅ニテ交代被仰付度事。

琉球産業制度史料、第九巻古老集記類の二(近世地方経済史料・十巻)。

14 『項姓家譜』(砂辺家) 氏集番号：19-2458。

15 『那覇市史』資料編第1巻8 163頁。

るため、渡唐したのはその数年前と考えられる。符世枚[16]は、乾隆十四(1749)年に護送船船頭となったのは52歳である。昂永基[17]は、接貢船船頭として乾隆六十(1795)年に、50歳で渡唐している。昂永泰[18]は嘉慶五(1800)年に進貢二号船船頭として52歳のときに渡唐している。平崇禮[19]は、嘉慶二十五(1820)に進貢二号船船頭として54歳で渡唐し、康克秀[20]は、同治十二(1873)年に接貢船船頭として35歳で渡唐している。

項榮が40歳、康克秀が35歳と、この2例については若年ではあるが、他は概ね50歳代での渡唐である。阮開基[21]の記録からも、水主・佐事を勤めてから船頭になるまでには二十度程度は渡唐の経験が必要となっており、水主・佐事が船に固定され、派遣が二年に一回となる傾向があることからも、船頭になれるのは概ね50歳代の者であると思われる。

③乗船する船

ここで、他の渡唐役者や五主[22]とも違う傾向が見られる。一度船頭として任命されれば、乗船する船は進貢頭号船、二号船、接貢船でほぼ固定され、二年に一度、同じ船に乗り、渡唐している傾向が顕著であることがデータから見られる。しかも派遣が連続している事が多く、進貢船や接貢船の船頭は任命以後数年はその船に固定され、渡唐していることが言える。この傾向は、佐事・水主にも言え、道光二十四(1844)年の「進貢船仕出日記[23]」によれば、渡唐役者からの以下の申し出がなされた。

覚

渡唐船佐事・定加子之儀、定役ニ而先人数引通被仰付候先例ニ而御座候処、去々秋走小唐船未来着無之候付、先例等相糺、何れも相談仕候処、嘉慶三年午秋走小唐船帰帆遅ニ付、同五申年佐事・定加子代合被仰付、同七年戌秋走大唐船帰帆遅ニ付、同九子年佐事・定加子右同断被仰付置事候間、此節之儀も船柄勤功見合申上候ハヽ右例通被仰付、若、人体見合方差支申儀も御座候ハヽ、接貢船佐事・定加子之内よりも御雇被仰付、左候而、当夏小唐船致帰帆候而も、右人数、直ニ渡唐仕、本人数之儀者来午年より御見合被仰付度奉存候。且又、此節両唐船代合佐事・加子之儀、去々秋走小唐船人数者差除、外より見合申上候様被仰付度奉存候。此等之趣宜様御取成奉頼候。以上。

---

16 『符姓家譜』(多嘉良家) 氏集番号：19－2450。
17 『那覇市史』資料編第1巻8 216頁。
18 『那覇市史』資料編第1巻8 218頁。
19 『那覇市史』資料編第1巻8 460頁。
20 『新参康姓家譜』(永田家) 氏集番号：15－1904。
21 『那覇市史』資料編第1巻8 164頁。
22 琉中間の貿易の実務担当者である五主の移動については拙論「琉球～中国を移動する五主－琉球の環海性による事象の一例として－」(『東アジアの文化と琉球・沖縄』琉球大学 人の移動と21世紀のグローバル社会2、彩流社、2010年)を参照のこと。
23 『琉球王国評定所文書』第一巻 495頁。

辰二月

とあり、渡唐船の佐事や定加子は定役であり、引き続き任命されるのが先例となっている。もし何らかの理由で前回派遣の唐船が帰国しない場合、代わりの者を人選することになっており、もし問題があれば接貢船の佐事・定加子からも「御雇」として選出するようとの指示がある。この「御雇」の立場は、筆者は臨時雇いの意ではないかと考えている[24]。『評定所文書』の第一巻所収の「朝鮮人拾壱人慶良間漂着馬艦船を以送越候日記(三二〇号)[25]」の中に、護送船の水主と佐事を選出する際の文書があるが、この中で、船頭より選出された佐事と水主の名簿がある。これを見ると、「大唐船佐事御雇久米村　大嶺筑登之親雲上」、「接貢佐事御雇座間味間切慶留間村　西平筑登之親雲上」等と、本来の所属の船隻がある場合は、臨時的に雇われた「御雇」であることがわかるよう明記されている。これは、佐事や水主がもともと進貢頭号船、進貢二号船、接貢船と船単位で所属が決まっているという事の現れであり、他の船にて渡唐する事は臨時的な場合といえよう。

つまり、渡唐船の船頭以下、佐事・水主はほぼ船単位でまとまっており、チームを形成して渡唐業務に当たっていたと言える。

第4節：船頭の職務

では、船頭の勤める職務とは何か。薩摩側の通達や船頭の功績を認める文書などからその求められた職務を明らかにしたい。

①渡唐船の帰帆時期をまもること

唐船の帰帆時期を守ることは船頭にとって重要な任務の一つであった。琉球への帰帆が遅れると漂着の危険が高まるだけでなく、薩摩へ向かう返上物積船の出帆にも差し支えるためである。『琉球王国評定所文書』の第1巻「御条書写」中に、雍正元(1723)年の薩摩側からの通達に、渡唐船の帰帆時期について以下のように申し渡されている。

一　渡唐船帰帆之節茂、定而時分相考、令出帆にて可有之候得共、近年者、帰帆船、或及破損、或諸所江致漂着、及難儀候。畢竟出船之時節ハ遅速故ニ而、右之通可

24　深澤秋人によれば、「労役でなく、王府との雇用関係を指すものであろうか」という見解がなされている。「琉球の船舶乗組員からみた海域史—護送船・飛船の例を中心に—」(周縁の文化交渉学シリーズ5 船の文化からみた東アジア諸国の位相—近世期の琉球を中心とした地域間比較を通じて—、2012. 1. 31、p. 37－48)、上原兼善によれば、「御雇」とは帰帆した貢船の佐事や定加子とされている(「中琉貿易と渡唐役人」『第九屆中琉関係国際学術会議論文集』2005年)。

25　『琉球王国評定所文書』第一巻　79頁。

有之哉、於其儀ハ頭取并船頭、別而不念之至候間、於大清、出船時分之儀者、能々入念吟味之上ニ而可致出船候。乍其上、不意之仕合ニ而致難儀、何之国江茂漂着候ハヽ、其所之役人より、何方之船ニ而候哉与可被問候間、琉球より唐江進貢船、何月何日何方より出船仕候処、遭難風、此所江致漂着候通有筋申達、理不盡之儀共申掛間敷候。若、飯米等及払底候ハヽ、其段相達、相応之直成□〈虫喰〉買物ニ仕、諸事任差図、成程慇懃ニ致応対候様可被申渡候事[26]。

渡唐船の帰帆が遅れると漂流や破損の危険があるため、出帆時期についてはよくよく検討するようにとの通達である。また、「御条書写」中の雍正七(1729)年の日記の写として、次の通達も出されている[27]。

「雍正七年酉日記より抜」

琉球返上物積船、那覇出船之儀付而ハ、以前より段々被定置御法有之候得共、自今以後之儀者、八月成候而茂順風有之候ハヽ遂吟味、慥成順風与議定候ハヽ、出帆可被申付候。左候而在番代合之節者、件之趣可被次渡置旨、去ル亥ノ二月、私御取次を以被仰渡置候。然者返上物積船之儀ハ、年近キ大振之船被申付事候。若、右船致越年候節者、水主賃・飯米・故実・笘総代迄、御物より被下事之由申伝候付、書留等段々被見合候得共、不相知候。弥、其通ニ候得者、別而御物入之方ニ候。当年之儀、渡唐船帰帆之程合茂未相知候得共、八月成候而も順風有之候ハヽ、出船被申付見込を以、山川船二艘為被残置由候。右ニ付而ハ、以後共渡唐船入津有無ニ無構、乍御物入積船残置筋ニ可有之哉之旨、段々被申越、両通之書付相達、遂披露候処、御船奉行江しらへ被仰渡、段々被相糺候得共、賃・飯米・故実・笘総代被下候儀、其基不相知候。然者申伝迄ニ而屹被仰渡候儀者無之筈候。七月已後八月ニ成候而茂慥成順風有之候ハヽ出帆被申付筋被仰渡置候儀者、唐より琉球迄渡唐船致帰帆居候節之儀ニ而候。七月迄も不致帰帆節、八月ニ入候迄積船被残置候而者、越年可有之事候間、向後之儀者、七月中旬迄茂唐より帰帆不致儀候ハヽ、穀物積入差上せ候様ニ可被申付候。自然其跡ニ渡唐船致帰帆候ハヽ、其年之返上物ハ、翌年早ク可被差上せ儀ニ候。右之次第ニ候得ハ、水主賃・飯米其外被下方之儀ハ申伝迄之事ニ而、不被下筈候間、被得其意、右之趣、代合之節者慥可被次渡置旨、弾正殿御差図ニ而候。以上。

「雍正六年戊申」

申十月九日

鎌田太郎右衛門

琉球在番

山田四郎兵衛殿

これによれば、七月中旬頃以降に帰国した貢船の返上物は、翌年に持ち越して上

---

26 『琉球王国評定所文書』第1巻「御条書写」141頁。

27 『琉球王国評定所文書』第1巻「御条書写」173頁。

納することになっている。実際、帰国後に返上物宰領として薩摩に上國することになる才府・大筆者等の記録[28]によれば、渡唐船の帰国時期が7月を越えた場合、薩摩への出発が翌年に持ち越されていた事例が散見される。また、嘉慶2年の接貢船総管である王秉謙の家譜には[29]、帰国が冬春になった場合の罰則規定が制定されたことを示す記述が見られる。

②渡唐船および乗務員の安全補償

乗務員の安全保障ということで、まず海賊との防戦について挙げられる。乾隆60(1795)年派遣の接貢船船頭であった昂永基は、海上にて海賊と遭遇し、防戦したことで褒賞をうけ、又吉の名島を賜ったことが記述されている[30]。しかし、此時は才府以下水主に到るまで褒書をうけており、船頭に特に課せられた責務という事ではなかったようである。乾隆元(1736)年派遣の進貢二号船の大五主の林維新の場合は、船頭・佐事および五主が帰国途中、暴風にあい、針路を見失いながらも無事に帰帆した事で褒賞を受けている[31]。

興味深い例としては、乾隆14(1749)年派遣の護送船の船頭である符世枚の事例がある。符世枚は乾隆16(1751)年に褒賞を賜っているが、その理由と経緯について、以下のように記されている[32]。

去年唐人送届候楷船温州府之外山走通候節水主知念与申者帆桁ニ登添帆之働仕候砌致怪我海中江落入候付早速帆相下候得共走通可相救様無之候處其方気附碇を卸掛留

---

28 たとえば雍正十一年に返上物宰領として任命された毛廷器(雍正10年派遣の進貢頭号船大筆者)、麻世思(同年進貢二号船大筆者)は共に翌雍正十二年6月に那覇を出発している。(毛廷器:『毛姓家譜』氏集番号13－1530、麻世思:『那覇市史』資料編巻1－7、650頁)。その他、家譜資料にて返上物宰領が一年後に上国している事例はいくつか散見されている。

29 嘉慶二年丁巳二月初一日奉使為接貢火長十二月初二日随才府夏廷璋糸数親雲上都通事阮翼㪅宮城里之子親雲上那覇開舡即日到馬齒山湾泊伺風翌年正月十五日見有順風該山放洋二十四日到恰山院二月初二日安挿館驛官僚相與日夜勵盡精力所有公務全竣五月十八日離驛登舟因有海賊蜂起呈請兵舡護送六月二十五日五虎門開舡硬到半洋因風不順七月初三日飄到薩州諸凡事務照例悉行九月二十五日彼地開舡遇風不順二十九日到大島赤木地方湾泊十月初一日彼島開舡初三日歸到那覇港(是時奉有憲牌本國將有册封大典從今以後不得貢船□乘夏至汛歸國多有效得應勵盡心力早竣公務乘汛歸來若踏舊□冬春歸國來則加罪譴等因某等體照牌内事理在閫無少怠惰始乘夏至之汛歸因蒙褒將陞都通事擢座敷)(『那覇市史』資料編第1巻69頁)。

30 『那覇市史』資料編巻1－8、216頁。

31 『那覇市史』資料編巻1－8、553頁。

32 『符姓家譜』(多嘉良家)　氏集番号:19－2450　乾隆十六年辛未十一月二十四日恭蒙賜褒美書一張原是己巳之冬盛乘為楷船直庫到中華護送難商六十余名公務全竣庚午九月朔日回来温州府外山時有水梢知念攀蓬桁上添掛布蓬之際不覚誤落洋中船中員人要以撈救慌忙下蓬風順水流行船已■無力可施於此盛乘静心設謀偶然想起即下錨碇而止其船而止今水梢等以便撈救以得全命至于回卿之日都通事阮超群将以其事達法司法司亦聞之於聖上今日深蒙褒奨其文左記[草書]去年唐人送届候楷船温州府之外山走通候節水主知念与申者帆桁ニ登添帆之働仕候砌致怪我海中江落入候付早速帆相下候得共走通可相救様無之候處其方気附碇を卸掛留水主共江申付危難相救させ候由宰領人申出候趣有之殊勝之至被思召候此旨可被申渡旨御差図ニ而候以上未十一月廿四日湧川親雲上巳年渡唐之船頭多嘉良筑登之親雲上[草書了]。

水主共江申付危難相救させ候由宰領人申出候趣有之殊勝之至被思召候此旨可被申渡旨御差図ニ而候以上

未　十一月廿四日　　　　　　　　湧川親雲上

巳年渡唐之船頭

多嘉良筑登之親雲上

これは、護送船としての任務を終え、帰国しているさなかのことである。水主の一人である知念という者が、誤って帆から海中に転落した。助けようにも、船は順調に航行し、難しい状況であった。符世枚は錠を卸して船を止め、水主達に救助させたという事で褒賞を受けた。唐船に乗船する者が役者から船方に到るまで一定の仲間意識を持っていたか、については確証を得るものではないが、少なくとも、船頭の責務として下層の乗務員に到るまで安全に琉中間を航行することが王府としても望ましい姿であったことはこの事例から判断することができよう。

③唐船の格護(メンテナンス)

『琉球王国評定所文書』第12巻所収の「年中各月日記(帳当座)」に、乾隆三十二(1767)唐船の格護についての渡唐船の船頭および佐事より申し出がある[33]。

覚

唐船御格護之儀、跡々者六月ニ帰帆、九月より御修甫取付候故、出船前壱度帰帆仕候間壱度、内外たて拵仕、滞船中毎日潮打、又者洗候様被仰定置候付、其通仕来候処、猶以＜又＞其外ニも格護之手段在之候ハヽ楷木痛所無之御船惣体之為方可罷成儀可有御座哉、委細吟味可仕旨被仰付趣奉承知候。依之私共段々吟味仕候処、渡唐船之儀跡々者右通夏帰帆仕候付、往還弐度之たて拵弐ケ月越相当仕申候。至比年ハ冬帰帆仕候付、長々相滞往還弐度之たて拵仕候而者湿込御船為方不宜積存申候間、向後冬帰帆仕候共跡々被仰定置候趣を以弐ケ月越内外たて拵被仰付候ハヽ湿相除海虫相付不申、惣体之楷木朽入少罷成御船為方宜可有御座与奉存候。其外ニ者格護之手段何分与存付不申候。尤乗午数保方之儀、楷木惣体之木姓次第可有御座候与接貢唐船々頭佐事申出之趣至私共同意奉存候間、此段首尾被仰上可被下候。以上。

乾隆三拾弐年丁亥

十一月　　　　　　　　小唐船佐事中

大唐船同

小唐船々頭

大唐船同

---

33 『琉球王国評定所文書』第12巻「年中各月日記(帳当座)」62頁。

これは、帰国した後の渡唐船のメンテナンスについての、船頭及び佐事からの報告と唐船の耐久年数を保つために御船手奉行へ提出された提案書と言うべき内容である。

これによれば、貢船が六月に帰帆し、九月から修理に取りかかる。出船前に一度、帰帆してから一度、船の内外を調え、滞船中は毎日潮を打ち、もしくは洗うように規定されている。その他にもメンテナンスの方法があれば、楷木が痛むことなく御船全体の保全の為になることがあるかを吟味せよという指示がありいろいろ検討したところ、渡唐船は夏に帰帆するので、往還の二度のメンテナンスが二ヶ月おきのメンテナンスに相当する。今回は冬に帰国して長い間滞っていたため、往還の二度のメンテナンスでは湿気が入り船には良くないだろう。今後は船が冬に帰帆した場合は二ヶ月おきにメンテナンスを行えば湿気を除き、海虫がつくことはなく、楷木が痛むことも少なくなり御船の為には良いと考える、その他に格護の手段はわからない。もっとも、船の耐久年数を保つ方法は、楷木など全ての木の性質次第であると接貢船の船頭と佐事も申し出ており、それに同意する、とある[34]。

進貢頭二両号船は乾隆三十二(1767)年 11 月に帰国しており、この文書は接貢船が派遣されている期間の事である。乾隆三十一(1766)年、乾隆 32(1767)年にそれぞれ派遣された進・接貢船の船頭は三名ともここで任期が切れ、次の派遣となる乾隆三十三(1768)年・乾隆三十四(1769)年の進・接貢船の船頭は三名とも交代となっている。業務引継書の役目もあったのではないだろうか。

これからもわかるように、船頭と佐事・水主には唐船の状態を常に保全する役目があったことがわかる。

結　語

船頭をはじめとする水主や佐事といった者達は、中琉の交流史において、外交の表舞台にでることはない。海上交通の担い手であり、唐船の乗務員としては下層に位置する存在であった。しかし、彼らの生涯における渡唐回数は多く、船頭ともなれば水主・佐事と同に船毎にチームを結成し、連続して数年同じ船に乗船して渡唐業務にあたっていた。その移動の形は他の渡唐役者と違い、進貢頭号船、二号船、もしくは接貢船と、常に船と共にあり、福州滞在中の船隻のメンテナンスや、乗務員の安全、そして薩摩側の注文品である積荷を無事に期限内までに琉球に到着させる等、琉中間

34　御船手奉行波名城里之子親雲上は、この旨上層部に提出し、内間親雲上、宮平親方の名前で勘定奉行充てに唐船の二ヶ月毎のメンテナンスを行うことと、それに伴う手形は不要であることを通達している。(前掲文書)。

の進貢制度の円滑な運用において決して軽からざる要素を担っていた事が言える。

これまでの琉中の交渉史の研究において、船頭は外交活動に関わらないという理由や史料的な制約から焦点のあたりにくい存在であった。中国、琉球、薩摩と広範囲にわたる彼らの活動から、琉中関係を底辺から支える存在であった彼らの存在を通して、これまでの研究からは見えてこなかった福州での琉球人の活動状況や貢船の下級乗組員である彼らと、貢船との関りを明らかにできたかと思う。

王国末期の冊封における準備と唐人統制に関する一考察

试论王国末期的册封准备与“唐人统制”

麻生伸一

要　旨

冊封についてはこれまで多くの研究が発表され、成果が蓄積されている。しかし、いまだ解明されていない問題も残る。本稿では、これまであまり注目されてこなかった冊封準備と唐人統制という視点から冊封について検討した。

準備については、大和関係の物品を土中に埋めるなどして大和との関係が清朝に露顕しないようにしていたこと、清朝の「属国」として相応しい景観作りも行っていたことを確認した。

唐人統制では告示文と関番を分析対象とした。告示文では夜間外出の禁止や時間内集合などといった生活様式や素行に関する規制、交易に関する規制などがあったことなどを指摘した。

琉球にとって冊封は琉球国を維持するために必要不可欠の儀礼であったが、同時に冊封使の来航は琉日関係の露顕という外交的危機が発生する可能性も内包していた。また冊封は琉球自身に琉球の置かれた位置、すなわち日本・清朝に従属し、双方との関係を維持することが琉球国の安定に繋がることを強く意識させた時期であったと考えられる。

摘　要

尽管关于册封的先行研究成果丰硕，但尚有问题亟需解明。在以往学术界，册封准备以及“唐人统制”(即对册封使团人员的统一管理)等问题并未受到太多的关注。因此，本文主要从这一视角对册封问题进行探讨。

关于册封的准备，本文证实了两点：第一，将与日本有关的物品埋于土中，以防琉日关系败露；第二，在琉球国内进行与清朝属国地位相符的景观改建。

在“唐人统制”方面，本文主要以告示文和关番为对象进行分析，揭示了告示文的内容主要有：禁止夜间外出、规定时间内集合等有关生活方式的规定，以及交易的相关规定等。

对琉球而言，尽管册封是维持琉球国存续必不可少的仪礼，但册封使来琉同时也隐含着琉日关系败露，引发外交危机的可能性。此外，册封也让琉球自身强烈意识到，琉球的定位即从属于日本、清朝，维持同双方之间的关系与琉球国的国家安定息息相关。

はじめに

近世琉球へ派遣された冠船（冊封使）については陳大端氏の専論や[1]、真栄平房昭氏[2]や豊見山和行氏[3]、西里喜行氏の研究などがあり[4]、ほかにも多数の論考が発表されている[5]。冊封を取り巻く状況は詳細な検討により解明されつつあるといえよう。

しかし、いまだ課題も多く残されている。そのなかのひとつが、琉球に滞在した唐人の管理・統制はどのように行われていたのかという問題である。これまでの研究ではどのような人物が冊封正副使に任命されたかや使節の規模などに関する分析が見られたが[6]、琉球に来航した唐人、とりわけ冊封使や遊撃・都司などは兵役などの下級役人や水手などの船員をどのように統制していたのかについての考察は少ない。

また、琉球は清朝の属国であるため唐人に対して直接的な統制・制限をかけることは憚られることではありながらも、大和人との接触や不意に起こる問題を防ぐために来航した唐人の行動範囲を限定しなければならなかった。そこで琉球人はいかなる手段で唐人の行動を制限しようとしていたかについても考える必要がある。

そのため、本稿では唐人への統制を考えるために告示文と関番について論じてみたい。告示文は冊封正副使など冊封使節団の上層官人から水手・兵役などへ出された指示文書であり、天使館や兵役などの居住区域にどに掲示されるものである。また

---

1 陳大端・真栄平房昭（訳）「清代における琉球国王の冊封」『九州大学文学部九州文化史研究所紀要』第33号、九州大学文学部九州文化史研究所、1988年。

2 真栄平房昭「琉球王国の冊封儀礼について」『窪徳忠先生沖縄調査二十年記念論文集　琉球の宗教と民俗』第一書房、1988年。

3 豊見山和行「琉球国王位と冊封関係について」『第一届中琉歴史関係国際学術会議　中坈関係論文集』中琉文化経済協会、1988、同「冠船貿易からみた琉球王国末期の対清外交」『日本東洋文化論集』六号、琉球大学法文学部、2000年。

4 西里喜行「寛保・同治期（幕末維新期）の中琉日関係再考ー尚泰冊封問題とその周辺ー」『東洋史研究』第六四巻第四号、東洋史研究会、2006年。

5 その他、多くの論考があるが、冠船貿易に着目した呂小鮮「清代琉球冊封中的貿易摩擦問題述評」（『第七回琉球・中国交渉史に関するシンポジウム論文集』沖縄県教育委員会、2004年）、使琉球録の総合的研究である夫馬進『増訂使琉球録解題及び研究』（榕樹書林、1999年）孫薇「冊封・朝貢についてー中琉の冊封・朝貢関係を中心にー」（『沖縄文化研究』17法政大学沖縄文化研究所、1991）は本論を執筆するにあたりとくに参考となった。

6 冊封使節の経歴等をまとめた曾煥棋『清代使琉球冊封使節の研究』（榕樹書林、2005年）など。

関番は、道路脇に設置された番所で通行する者を検査する役目があった。双方とも来航唐人に対する統制に関わっており、上記の目的を明らかにするうえで有効な研究対象であろう。

また、琉球国内の準備についてもより一層明らかにする必要がある[7]。筆者は以前、冊封に向けた民衆統制や物品（碑文・石塔など）に対する準備を分析した[8]。本稿ではこれまで紹介できなかった事例を取り上げて冊封準備についても検討したい。

なお、本稿で特に明示しない限り同治五(1866)年の尚泰冊封の事例である。

1. 冊封準備の諸相

(1)景観の整備

冊封使の来航にあたり王府が腐心したのは琉球国内の統制であった。

冊封使の来航前から民衆に対して行動・服装・礼儀にいたるまで禁止事項を布達し、臨時的な処罰も設定しながら統制を加えていた。その目的は、琉日関係の露見など外交案件となり得る事態を避けつつ「理想的な属国＝琉球」像を唐人側に「見せる」ことで一連の冊封儀礼を円滑に進めることにあった。対する民衆側は王府の統制を遵守せず冠船期間の犯罪例も相当数あったが、民衆は民衆なりに唐人の渡来を「楽しんだ」り、商売の機会とした[9]。

このような事前準備には民衆統制とともに景観の整備もあった。冠船渡来の三年前の道光十四(1834)年にすでに景観の整備がはじめられている。具体的には唐人が赴く可能性のある場所(「冨盛之辻・城嶽」、首里・那覇・久米村・泊村の諸寺院及び碑文、魚小堀など)では補修や植樹が指示している。さらに、那覇の人家でも家の中が見えないよう竹などを植樹するよう命じられ[10]、弁ヶ嶽近辺や久米村・那覇・泊村と周辺間切(真和志間切・小禄間切・豊見城間切・兼城間切・西原間切・南風原間切)にある墓所では、散乱している「枯骨」を「明墓」に納めて墓口を塞ぐことを命じている。

また、諸間切を巡回する田地奉行や西山奉行・東山奉行に対しては、諸所に植えるための植物を巡検の際に探し出し、記録を取り、首里まで運びこむように指示している。その際、色とりどりに見える植物を収集することに注意し、佛桑花や秋に開花する草花を探すようにとも申し含めている[11]。これらは、長期間琉球に滞在する冊封

7　小野まさ子「冊封使を迎えた那覇」『沖縄県史　各論編第四巻　近世』沖縄県教育委員会、2005年。

8　拙稿「近世琉球における冠船と民衆－尚泰王冊封を中心に－」『日本歴史』762号、2011年。拙稿「近世琉球における冊封使歓待と自己演出－王国末期を中心に－」『平成20－24年度文部科学省特別研究費「人の移動と21世紀グローバル社会」大学院生調査研究報告書』琉球大学人文社会科学研究科、2011年。

9　前掲、拙稿「近世琉球における冠船と民衆－尚泰王冊封を中心に－」。

10　「冠船付廻文(道光一四年)」。

11　「冠船付廻文(道光一四年)」。

使の慰みとなるように準備されたもので、接待の重要な要素であったといえる。

同治五年の冠船の際にも花卉が準備されており、冊封使到着から一ヶ月程度経った七月下旬に国王からから冊封使へ差し上げられた。その花卉は佛桑花とソテツで、佛桑花は御近習方から出され、ソテツは冠船方に探索が命じられて「泉崎村三男屋嘉子宅」から供されている。さらに魚の「サンメランキウ」も首里から探させて冊封使側へ渡している[12]。

このような景観整備に関する指示のなかで散見できる文言は「冠船御渡来之節者、国風結構相見得候様無之候而不叶儀[13]」というもので、王府は冊封使一行の目に琉球国の「国風」がよく映るよう配慮していたことが分かる。これは民衆に対する統制令にも通ずる観念で[14]、琉球が冠船を重視していたこと、清朝の「属国」としての立ち位置が琉球にとって重要なものであったことを示していよう。

(2)碑文石塔調部方とその職務

また、町方の整備は「碑文石塔其外唐人可見咨物件調部方」(以下、「碑文石塔調部方」と略記する)も担当した。筆者は以前、碑文石塔調部方に関する論考を発表したので[15]、本稿では論点を絞りながら別の視点で分析を加えてみたい。

碑文石塔調部方は唐人の主な行動地域である首里・那覇・久米村・泊村に散在する碑文や石塔、唐人に見られると問題となり得ることが予想される物品を調査し、掩蔽することが職務であり、冠船前後に臨時的に設置された機関であった。スタッフは中国事情に精通した久米村出身者と首里士族によって構成されており、一連の調査は琉球の役人のみで行うことを薩摩役人からの許可を受けている[16]。

掩蔽が行われた物品は、日本との関係を示す物と唐人が不審に感じると思われる物に大別できる。前者は、碑文や大和人の墓・石塔・石灯籠・寺院の由来書き・大和人の位牌などであった。そのうち碑文・大和人墓・石塔は復元できるようあらかじめ作図して土中に埋めるよう指示されている。なお、銘書のある物のみ埋め、台石などは埋めなかったようである。寺院の由来書きなど寺院や拝殿にあった物品については住持や担当者が隠すこととなっていた[17]。

土中に埋めるには夫役が動員された。動員された総数・期間は不明だが、四月下旬には【表1】の物品を埋め込む作業に97 人が動員された。

---

12 「冠船御物奉行那覇詰日記(同治五年)」7月10、11、17日条。

13 「冠船付廻文(道光一四年)」。

14 前掲、拙稿「近世琉球における冠船と民衆－尚泰王冊封を中心に－」。

15 前述、拙稿「近世琉球における冊封使歓待と自己演出—王国末期を中心に—」。以下、碑文石塔調部方に関する論述で、特記しない場合はこの論文に基づくものである。

16 「琉球冠船記録　慶応二年　六　冠船付日帳」琉球大学付属図書館蔵、以下「冠船付日帳」と略記する。

17 「碑文石塔方日記(同治五年)」尚家文書、那覇市歴史博物館蔵。

表1　掩蔽物品とその数量

場所	物品	数量
内金久宮	碑文	1
洪済寺	石塔	153
	石灯籠	6
	手水鉢	1
龍翔院	石塔	38
海蔵院	石塔	8
乞飯屋後方	石塔	6
湯屋の前	石塔	3
久米村松尾	石塔	1
忠尽堂の前	石塔	3
東禅寺	石塔	1

*「碑文石塔方日記（同治五年）」より作成。

さらに冠船後には復元作業が行われた。合計317人の村夫が徴用され12月2日から3月28日まで三ヶ月強の期間をかけて元に戻している[18]。

ちなみに、埋め込みや復元作業に際して、薩摩役人へ立ち会うかどうか諮問が出されたが、双方とも御検見は不要とされており琉球人のみで作業が進められた[19]。隠蔽の徹底に琉球人の積極的な関与と比べて、薩摩役人の希薄さが感じられる。

また、唐人墓の復元のための調査も碑文石塔調部方の職務であった。同治5年には唐人墓は荒廃し、記録が不足していたことから調査には時間がかかったが、旧記録や聞き取りなどを駆使してどうにか絵図を作成して復元している。

さらに、冠船終了後には碑文石塔調部方は絵図を作成して次回の冠船に備えた。それが【図1】【図2】である[20]。また、図に記された唐人を一覧にしたものが【表2】である。番号1から7までが【図1】に記録された唐人墓の情報で、番号8の唐人は【図2】に記録された唐人墓の情報である。墓の数は決して多いとはいえないが、特徴的なことは、すべての唐人が福建省出身であることである。死亡した唐人が随行兵役であったことがその理由であろう。また、一九世紀以降の墓はすべて久米村松尾に葬られていることも特徴である。

18　「碑文石塔方日記（同治五年）」。

19　ただし洪済寺と忠尽堂は在番奉行が墓参するため急ぎ復元された（「碑文石塔方日記（同治五年）」）。

20　「碑文石塔方日記（同治五年）」。

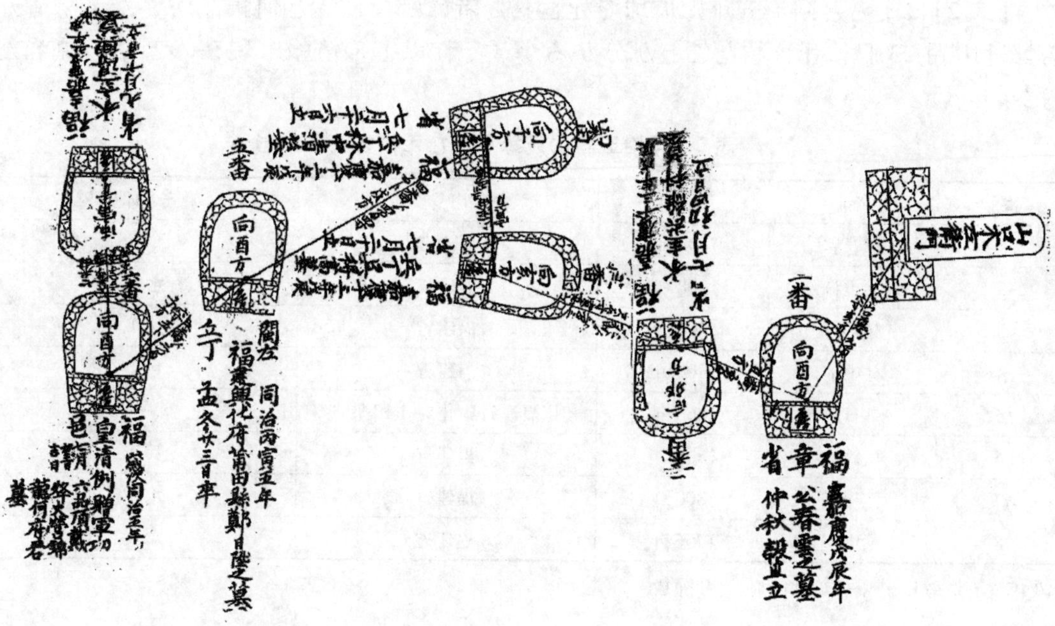

図1　久米村松尾唐人墓絵図

図2　久米村長寿寺後方唐人墓

【表2】によると同治五年に琉球で死亡した者には鄭日陞と何錦龍がいた。墓碑から鄭は10月23日に死亡したことが分かるが、それ以上の情報は現在のところ見当たらない。

表2　同治五年に記録された死亡唐人

番号	名前	死亡年	出身	その他
1	章春雲	1808年	福建省	―
2	洪維科	1808年	福建省	水主
3	呉得高	1808年	福建省	兵丁
4	林中清	1808年	福建省	兵丁
5	鄭日陞	1866年	福建省興化府甫田県	―
6	何錦龍	1866年	福建省	兵丁
7	江得興	1800年	福建省	水主
8	塗則堅	1756年	福建省	傘夫

*「碑文石塔方日記」「冠船付日帳」より作成

何錦龍は「腎不足」で手足が腫れ、腹部に「塊」が発症したことから、当初は琉球側の「御用聞係醫者」が、のちに「唐醫師」が治療したが、その甲斐無く7月15日に死去した。その情報は把門官から報告を受けた久米村長史が、冠船奉行濱比嘉親方へ伝えられ、その報告には何錦龍の墓所選定・葬送祭礼については阿口通事と協議の上、後日報告する旨も添えられていた[21]。協議結果は分からないが、何錦龍の荼毘は7月18日に行われている。

荼毘ではまず、那覇の「東道筋」に棺が飾られ、「御祭物并蝋燭壱對・元宝紙・みはな・五水」が供えられ、「引導長老壱人・伊部壱人・同宿壱人」が「鉢鼓」を打ちながら読経した。それが終わると、唐人が焼香して「紙焚・五水」を祭った。その後、唐人が「久米村大門前」や「久茂地道筋」を通り、棺を「若狭町松尾」に運んでいる。墓所到着後、祭物を供えて読経し埋葬した[22]。碑文石塔調部方がまとめた【図1】では何錦龍の墓所の所在地は久米村松尾となっており上述の場所とは異なる。その理由は詳らかにならないものの、おそらく埋葬後に何らかの理由により久米村に移葬したものと思われる。

ところで何錦龍とは前後するが、7月3日に久米村長史から濱比嘉親方へ従客の林子香が病気により死亡したので、場所や葬式については阿口通事と協議するとの報告があった[23]。その後、濱比嘉から御鎖之側の湧川親雲上への連絡によると、入棺は7

21　「冠船御物奉行那覇詰日記(同治五年)」7月15日条。

22　「冠船御物奉行那覇詰日記(同治五年)」7月18日条。ちなみに葬送の経費は、棺代も含めて御用意方が負担している。

23　「冠船御物奉行那覇詰日記(同治五年)」7月3日条。

月4日に行い「東町屋明軒」に納め、唐人からの要請により琉球人の水手二人を番に付けたとある。さらに「御祭」については「従内」のため不要として、王府主催の葬式は断っている[24]。墓所についてはいまだ未決定ながら、遺体は「唐江持帰候御模様」であると阿口通事からの連絡があった[25]。その後の状況は不明だが「碑文石塔方日記」などに墓所に関する記述がないことから、遺体は持ち帰ったものと考えるべきであろう。

以上のように、唐人が琉球で死亡した場合には琉球側が必要物品や葬式の準備を行い、唐人の要請に準じて琉球で埋葬するか否かを決定していた。冠船後には碑文石塔調部方が唐人墓の記録を取り、次回の冠船に供えていたことが分かる。

2. 唐人の行動規制

(1)情報収集と事前交渉

冠船を迎えるに当たり王府ではさまざまな準備がなされたが、そのひとつに福州における交渉があった。同治5年の尚泰冊封の場合、福州での交渉に先んじて中国の物価の調査や王府内部での意思統一・事前協議が行われ、福州での冊封使との外交交渉がなされた。これらのことについては豊見山和行氏の研究に詳しいが[26]、具体的には大型船を冠船として採用しないよう要求すること、冠船の出帆時期の調整について、貿易品である評価物を大量に持ち込まないように要請すること、冊封儀礼に関する調整、冊封使一行の人数が400人を越えないよう要請すること、冊封使節団の構成、評価物として取引できる品目を限定したいことなどが、冊封使を迎接するために琉球から福州に派遣された渡唐役人に通達されている。それに伴って要請すべき条項は、冊封使と直接面会することはかなわなかったが、要望書を提出することで冊封使側へ提言された[27]。

琉球は福州に徹底した事前交渉を行うことで冊封使節の来航を滞りなく展開しようとしていたと考えられる。このような交渉は冠船を順調に進めるために不可欠なものであったが、康熙五十八(1719)年の冠船時には事前交渉および情報収集が不完全であったためにトラブルが頻発していた。

豊見山和行氏が指摘したように、例えば康熙五十八年には測量官も追加で派遣され接遇方法をめぐり冊封使との間で外交問題となっていた。とりわけ琉球側から冊封使へ進呈する太刀を測量官へも献上するかどうかをめぐっては、「封王使同前」を求める冊封使側と、そのことを事前に把握しておらず太刀の準備をしていなかった琉球側で交渉が展開した。琉球側が本数を減らすか、代わりに銀を献上することを提案する

24 「冠船御物奉行那覇詰日記(同治五年)」7月5日条。ただし「入用之品」は冊封使からの要請のもと琉球側が準備している。

25 同上。

26 前掲、豊見山和行「冠船貿易からみた琉球王国末期の対清外交」148－153頁。

27 前掲、豊見山和行「冠船貿易からみた琉球王国末期の対清外交」154頁。

も認められず、琉球はどうにか献上太刀を用意することとなった[28]。

また、嘉慶三年にも千総一人・把総三人が追加で派遣されることになっていたが、琉球側がその情報を入手することが遅れ、宿泊所などの手当に手間取った。そのため、上層官人の派遣については事前に接待準備を済ませる必要があるため北京での情報収集が重要であることが三司官から渡唐役人に布達されている[29]。

さらに、使節団の人数を制限し、貿易取引量を減少させることも事前交渉の重要な案件であった。前述したように康熙五十八年には測量官の随行人なども含めて多人数が琉球を訪れていたが、さらに唐人が持参した貨物も多量に及んでいた。琉球は評価貿易のために前もって取引物・銀両を準備していたが、持ち込まれた物品すべてを取り引きすることは難しかった。そこで冊封使側へ取引量を減らすよう何度も要請したが、冊封使側は前例を理由に琉球側の要求を退けている[30]。

冊封使が琉球に到着する前、準備段階から外交交渉を重ねることは、琉球における冊封儀礼をスムーズに執り行うことに結びつく問題であったといえる。事前の対応が徹底していなかったために問題が発生したという前例もあり、情報収集や交渉が展開されたものと思われる。

(2)告示文

ところで、琉球に渡来する唐人は福州出航前・滞在中にいたるまで冊封使や弾圧官から告示文という方法で禁止事項を通達されており、琉球は告示文を踏まえた対応をする必要があったことからこれら告示文の記録を取っていた。以下、道光十八年、同治五年の告示文から唐人の統制などについて考えてみたい[31]。

同治五年の告示文の一覧は【表3】の通りであり、次のような特徴があった。

第一に、冊封正副使や遊撃・都司から随行した諸官人・兵役・水手などに対して出された行動の制限に関する告示文が布告されたことである。告示文の形式を含めて紹介したいため、番号2の告示文を例として全文引用したい[32]。

---

28 豊見山和行「徐葆光の琉球来航(1719年)とその後－冊封使節への対応の諸相」『第12届中琉歴史関係学術会議』中国海洋大学、2009年、35－39頁。ただし、真栄里親方の労は奏したようで真栄里の家譜によると「評價物減少ニ而持渡方且於琉球借銀催促法外之事不仕」との告示文(【表3】番号1の告示文)を冊封使に出させたこと、派遣される二艘の冠船の規模をこれまで通りとすること、冊封使から要請された「火輪船」の派遣および武官の追加派遣を中止させたこと、の功績が認められ王府から褒賞されている(「久米系家譜」那覇市史編集委員会編『那覇市史　資料篇第1巻6家譜資料(2)久米系家譜』那覇市役所、1980年、701－702頁)。

29 「冠船付廻文(道光一四年)」尚家文書、那覇市歴史博物館蔵。

30 冠船日記　康熙五十八年」8月29日条、台湾大学図書館蔵。

31 「丙寅冊封告示並雑文集　巻之七(同治五年)」尚家文書、那覇市歴史博物館蔵。

32 「丙寅冊封告示並雑文集　巻之七(同治五年)」。

表3　同治五年の告示文一覧

No.	告示の布告者	対象者 （原文のまま）	告示内容	布告日	実貼場所
1	冊封正副使	舗商	舗商が琉球人から借金を回収するために兵弁や水梢に仮装して冊封使節に紛れ込むことの禁止	5月7日	太保舗
2	遊擊・都司	兵人等	喧嘩・騒擾・夜間の無断外出・賭博・夜間外出時には提灯を持つこと・支給品以外の食料の要求禁止	6月24日	伙房口
3	冊封正副使	随従員役人等	冠船の天后聖母・尚書公・拏公を天后宮への安置・参拝に際して早々に集合すること	6月24日	轅門
4	弾壓官胡	随従人等	無断外出・酩酊・賭博・恐喝の禁止	6月26日	不明
5	冊封正副使	随従兵役及匠作・水手人等	押し買い（勒售）・酩酊・暴力・賭博・売春の禁止・支給品以外の食料の要求禁止	6月27日	轅門
6	冊封正副使	船戸人等	期間以外の売買、定量を超えて持ち帰ること、貿易禁止品の取引、琉球人を騙しての取引の禁止	6月27日	轅門
7	冊封正副使	随従員役人等	文廟・武廟・天后宮・龍王廟・拏公・尚書公への参拝に際して早々に集合すること	6月29日	轅門
8	冊封正副使	球民人等	詐欺行為に荷担しないこと	7月3日	轅門
		随封諸色人等	詐欺行為を行わないようすること		
9	冊封正副使	各執事人等	諭祭の日に関係者は早々に集合し、喧嘩をしないこと	7月5日	轅門
10	冊封正副使	兵役・匠作・水手人等	琉球人から借金回収をすることを許さず	7月5日	轅門
11	冊封正副使	船梢・水手・匠作各色人等	期間以外の売買、定量を超えて持ち帰ること、貿易禁止品の取引、琉球人を騙しての取引の禁止	7月7日	満獎
12	遊擊・都司	各営護兵	定刻以降の外出禁止	7月8日	柵門
13	冊封正副使	随従員役人等	文廟・武廟・天后宮・龍王廟・拏公・尚書公への参拝に際して早々に集合すること	7月14日	轅門

续表

No.	告示の布告者	対象者 （原文のまま）	告示内容	布告日	実貼場所
14	遊撃・都司	琉球閑雑人等	天使館(公館)・兵房への無断進入禁止/違反者は逮捕する	7月15日	柵門
15	冊封正副使	兵丁・皂役人等	諭祭に際して整列して崇元寺からの勝手な出入を許さず、喧嘩や騒動を起こさないこと	7月19日	不明
16	冊封正副使	随封文武官員	孔子祭祀に参加すること	7月27日	轅門
17	冊封正副使	随従員役人等	文廟・武廟・天后宮・龍王廟・拿公・尚書公への参拝に際して早々に集合すること	7月27日	轅門
18	冊封正副使	船戸・水手人等	両号船の貨物を八月一日から取り引きするので公平に交易するように	7月30日	評価館
19	遊撃・都司	所属兵弁人等	寺院・殿宇に勝手に進入しないこと	8月9日	護国寺/東禅寺/善奥寺
20	冊封正副使	船戸邱大順等	公平に交易すること	8月11日	轅門
21	冊封正副使	各執事人等	冊封に際して衣冠を調え、定刻に轅門に集合すること	8月22日	轅門
22	冊封正副使	随班営兵・皂役人等	冊封に際して規則に従い整列して歩行して首里城に向かうこと/騎馬で赴くことは禁止	8月22日	轅門
		各匠作・水手人等	騎馬での随行の禁止		
		無執事各役	登城する必要のない者は勝手に首里城に進入しないこと		
23	冊封正副使	擎提執事兵役・匠役・水手人等	冊封に際して騎馬で登城しないこと	8月24日	轅門
		無執事人役	登城する必要のない者は勝手に首里城に進入しないこと/喧嘩・騒動を起こさないこと		
		巡補・通事・書辦及兵丁・匠役等	二班に分かれて首里城北殿で静粛に式に臨むこと		
24	冊封正副使	船戸邱大順等	違法の無いように取り引きを行うこと	8月29日	轅門
25	冊封正副使	正号船戸邱大順・副号船戸金振茂・鳴賛生張経邦	冠船の修理箇所を琉球側に伝えるように	8月29日	轅門

续表

No.	告示の布告者	対象者 （原文のまま）	告示内容	布告日	実貼場所
26	冊封正副使	琉球国法司官向汝礪等	琉球の評価貿易担当官に公平な取り引きを行うよう指示すること	9月5日	轅門
27	冊封正副使	通事馮朝儀	まじめに仕事を行うように	9月8日	轅門
28	冊封正副使	船戸邱大順等	冠船の修理をして経緯を報告するように	9月9日	轅門
29	冊封正副使	随従各執事兵役人等	重陽宴に際して定刻に集合して整列し、騎馬では首里城に赴かないこと/奉神門外で待機して王殿に勝手に進入して喧嘩や混乱となることを行わないこと	9月16日	轅門
30	冊封正副使	随往擎提執事兵役人等	餞別宴に際して定刻に集合して整列し、騎馬では首里城に赴かないこと/	9月20日	轅門
		兵役人等	乗馬しないこと		
		執事人役	奉神門外で待機して王殿に勝手に進入して喧嘩や混乱となることを行わないこと		
31	冊封正副使	随封文武官吏・兵役・匠作・水手人等	九月二三日をもって衣替えを行うこと	9月22日	轅門
32	冊封正副使	随従擎提執事兵役人等	拝辞のための登城に際して定刻に集合して整列して赴くこと/遅刻しないこと	9月23日	轅門
		兵役・匠作・水手人等	規則に従い乗馬しないこと/混乱を招かないこと		
		執事人役	奉神門外で待機して工殿に勝手に進入して喧嘩や混乱となることを行わないこと		
33	冊封正副使	執事兵役人等	望舟宴の際には衣冠を整えて、定刻に集合し天使館に整列すること	9月27日	轅門
		兵役人等	頭門外で待ち門内にみだりに進入しないこと/喧嘩や混雑を起こさないこと		

续表

No.	告示の布告者	対象者 （原文のまま）	告示内容	布告日	実貼場所
34	弾壓官	隋封差役・匠作・水手人等	不許可の貨物を持ち帰らないこと/帰国の日に押し買いをしないこと/不許可に銅銭を持ち帰らないこと	9月29日	不明
35	弾壓官	随従人役等	喧嘩・騒擾の禁止	10月1日	不明
36	冊封正副使	隋封文武官員	慈禧皇太后の万寿聖節の礼を行う旨通知	10月5日	照墻
37	冊封正副使	随封兵役・匠作・水手人等	法を守り酩酊・賭博・暴力の禁止/夜間の合図の号砲以降の無断外出禁止	10月11日	久米府
38	遊擊	所属弁兵	酩酊・賭博無断外出の禁止/違反者を報告した場合には番銀一圓の支給/報告を怠った場合には違反者と同じ処罰を科す	10月12日	各兵伙房中街
39	冊封正副使	海闘烽火等五営兵丁王金標等	6ヶ月分の食料の支給が終了したので継続を久米村総理（惣役）に申請すること	10月13日	轅門
40	冊封正副使	随従各員弁・兵役・匠作・水手人等	龍節の冠船への上船にあたり早々に集合し混雑を起こさないこと	10月17日	轅門
41	冊封正副使	随従員役人等	天后聖母・尚書公・拿公の艦船への乗船にあたち早々に集合し混雑を起こさないこと	10月17日	轅門

「丙寅冊封告示並雑文集　巻之七」、「冠船御物奉行那覇詰日記」、「大清同治五年丙寅評價方日記」より作成。

冊封琉球二品銜統帯護兵福建水提後営遊府謝/三品銜総帯護兵福建閩安右営都閫府・為暁諭事。照得護送兵丁業已随

憲登岸亟。應厳申告誡以粛営規。合就示諭所属廩兵丁知悉。努須恪守紀律。廩遵誡令。跟隨欽憲不許嘩多喧嚷擎持執事亟。宜依次排列勿得前後参差即日間住宿伙房毋任散歩遊玩以及聚賭生端夜来定更以後禁止街中行走如係奉公差務必提明灯以昭辦別。即每日供應水菜不准例外需索食物等件。本府専委幹弁日夜密査慎加細察善。則記功請奨過。則按律重厳為此示仰該弁兵人等一体凜遵。倘敢故違定不姑寛。其呇凜之慎之。特示。

同治五年六月二十四日給

告示　　　　　　　　　　　　　　　　　　發伙房口実貼

遊撃・都司から「兵人等」に対して喧嘩・騒擾・無断外出・賭博などを禁止した告示であり、発布されたのは6月24日である。貼付場所は「伙房口」で、冠船の那覇入港が6月22日であったことから[33]、上陸後すぐに布告されたものであろう。

道光十八年にも同様の告示文が出されていた。告示の時期は不明だが、密貿易品を持ち込むことの禁止、「住宿公館」からの無断外出の禁止、賭博・酩酊の禁止、食料品などの定数以上の要求禁止、琉球における借金の回収禁止がある。これらは弾壓官から告示されており、違反者は記録に留め、帰国後に関係役所に報告し懲罰を加えているとされている[34]。

同時に琉球にも同様の告示が布告されている。布告月日は不明であるが、清朝の商人が冊封使節団に紛れて琉球に到り借金を回収しようとする者や定数以上の「月粮・口粮」を要求する者がいれば報告すること、清の「兵役人」を「蠱惑」する「紅衣土妓」は担当役人に命じて駆逐すること[35]、貿易商品を定数以上に持ち込まないよう指示しているので違反者がいたならば報告すること、である[36]。これらは冊封正副使から条文にて布告されていた。冊封使側は水手・兵役などに対する禁止事項を当人たちとともに、琉球側にも伝えており、琉球側にも監視させることによって統制を厳格にしようとしていたと思われる。

同治五年の告示文に話を戻すと、番号38の遊撃から「弁兵」に出された告示は、酩酊・賭博・無断外出を改めて禁止し、さらに違反者を発見した者が報告すると褒賞銀を与え、報告を怠った者へは処罰を加えることを明記している。ここから違反者の取り締まりを一層強化していたことを窺うことができる。

また、番号14のように琉球人への禁止事項も告示文によって明示されていた。この告示文は琉球人の問題行動が起点となって示されたものである。7月15日の冠船奉行濱比嘉親方から御鎖之側湧川親雲上などへの報告によると「官人衆御宿并兵役共宿々近邊」に琉球人の「徒者」が集まっていることを問題視した遊撃・都司が関門に告示文を貼り付けたとの連絡が把門官からあったとある。王府は、冊封使の来航前から民衆に対して唐人宿近辺へ無用に近づくことを禁じていたが[37]、冊封使側の告示文を受けて「御用」以外に天使館「柵門」内に無断で進入すること、違反者は逮捕する旨を遊撃・都司が告示で示したことを那覇・久米村に再通告している。無用の混乱を避けるため告示文という形で冊封使側が琉球側に働きかけることがあり、琉球も冊封使側か

33　井上裕正「趙新撰『続琉球国志略』解題」夫馬進編『増訂　使琉球録解題及び研究』136頁。

34　「0019(冊封関係)」法政大学沖縄学研究所所蔵、http://hdl.handle.net/10114/5047。

35　この条文に関しては周煌『琉球国志略』にも冊封使側が「傾城」を「駆逐」するよう「唐栄総理司」に要請している記事があることから少なくとも乾隆二一(一七五六)年の冊封から琉清間の問題となっていたことが分かる(周煌「琉球国志略」『那覇市史　資料篇第1巻3』那覇市役所、1977年、193頁)。

36　「0019(冊封関係)」。

37　拙稿「近世琉球における冠船と民衆－尚泰王冊封を中心に－」44頁。

らの告示内容を勘案して統制を通告していたことが確認されよう[38]。

告示文の次の特徴として儀礼の際の諸注意が挙げられる。対象者は冊封使の随行者で、集合時間の厳守、騎馬による移動の不許可、特定場所への無断進入の禁止などが通告されていた。事例として番号22を取り上げてみると、随行者のうち、冊封使とともに登城する兵役・匠作・水手は騎馬での登城が禁じられていることを再確認している。また、登城の必要のない者の「王府」(首里城)への勝手な進入を禁止したうえで喧嘩や混雑の無いようにと指示している。また、随行者のうちで「巡補・通事・書辦及兵丁・匠役等」へは北殿での式に静粛に臨むよう命じている。

なお、この諸宴・儀礼の際の唐人への注意事項は琉球側の要請によって告示された。すなわち、開催の前に「唐人共御締向付両勅使様より告示被差出候上、遊撃・都司・弾壓官ニ者分ヶ而被為入御念御締向き厳重被仰付」に要請している。また、これまでの冊封では「諭祭其外宴惣唐人共事六ヶ敷無之様頼入」、それぞれの諸宴の前に「外委頭立候者五人・阿口通事弐人」を招待して料理を馳走し進物を贈って取り締まりを要請していたが、出費がかさむことを理由に同治五年には取り締まりの要請方法を変えたとある[39]。告示の発行に琉球側も関与していたことを裏付ける事例であろう。

第三の特徴に、冠船貿易(評価貿易)に関する告示を取り上げることができる。番号5・6は冊封使が琉球に到着してすぐに出された告示であるが、指定期間外の商行為や詐欺行為が禁じられている。帰国前にも規定以上の積み荷を持ち帰らないようにとする告示が示されており(番号34)、貿易取引に関する注意事項はたびたび出されていた。

このように来航した唐人への統制はおもに、夜間外出の禁止や時間内集合などといった基本的な生活様式にかかわる禁令から、飲酒・喧嘩といった素行に関する規制、交易に関する指示が加えられていたことが分かる。

また、告示を発行する際には冊封使節が琉球を訪れた本来的目的である諭祭・冊封をつつがなく行い、中華としての矜恃を守るべきであるとする心構えがたびたび付記されている。例えば、道光一八年の告示文の中には「冊封の盛典は、天朝の国体に関わるところなれば、凡そ尓派随の各執事人等、理として宜しく勤慎・伺候して小心に差に当たるべし。稍やも自擅に以て籍端し勒索に及び、事を滋すあるをゆるさず[40]」とあるように、冊封が清朝の体面と深く関わっていること、派遣された唐人が慎んで事に当たらなければならず、問題を起こすようなことがあってはならないことが示されている。

ところで、番号37の告示内容には「本使者(冊封正副使)訪聞、本月初七夜二更時

38 「冠船御物奉行那覇詰日記(同治五年)」7月17日。
39 「冠船御物奉行那覇詰日記(同治五年)」7月18日。
40 「0019(冊封関係)」。

分、有無恥之徒、胆敢寅夜在於久米府地方酗酒攔截過路婦女幾至滋事[41]」とあり、酒に酔った唐人が久米村で女性に聊爾を働いたことが示されている。唐人による犯罪が琉球で起こっており、それが酩酊・賭博・暴力の禁止、夜間外出の禁止に関する禁令が何度も貼り出され田理由であると考えられる。一方、琉球も民衆・士族の女性に対して、夜間外出禁止や、どうしても夜間に出歩かなければならないときには提灯を持ち歩くこと、また、みだりに那覇近辺に近づくことを布達していた[42]。琉球人と唐人との接触は琉球・冊封使双方ともに警戒していたが、女性との接触にはとりわけ注意を払っていたといえよう。

なお、統制の問題点については道光十八年2月、御史の帥方蔚の奏に「使臣、外藩を冊封するには、原より当さに家丁を約束して、滋擾するを許すなかるべし。派出する護送の弁兵に至っては、素より該使臣の所属に非ざれば弾圧尤も難し。[43]」とあり、冊封使の随行員のうち、護送の兵役は、冊封使の直属の部下ではないために管理が困難であることが指摘されている。そのため遊撃や都司が随行して兵役の管理を担当していたが、それでも上記のような事例が発生しており、唐人同士の統制であっても徹底することができなかったといえる。

3. 関番とその機能

(1)関番による統制

琉球側が唐人の行動を規制・制限するのに重要な施設であったのが関番であった。関番は通行人を管理・検閲する施設であり、主な職務は通行する琉球人の荷物検査などであったが、唐人が自由に方々を巡ることを阻止することも任務としていた。

そもそも関番は、唐人・朝鮮人の漂着時や[44]、異国人の琉球滞在に伴って設置されていた。関番は、漂着民や異国人及び琉球人を監視することを目的として設置され、異国人の渡来に際しては、異国船が見えた段階で各所に置かれている[45]。また、渡唐船が漂着した場合にも設置されており[46]、関番とは一概に、琉球人や外国人を監視する小屋という性格があったといえる。

ところで、従来、冠船渡来時における臨時的な関番は「若狭町出口・泊高砡・安

---

41 「丙寅冊封告示並雑文集　巻之七(同治五年)」。(　　)内は筆者による。

42 前掲、拙稿「近世琉球における冠船と民衆－尚泰王冊封を中心に－」。

43 『宣宗実録』巻306。

44 例えば『伊江親方日々記』には、琉球に漂着して「浜辺之関番所」に滞留している唐人を王府役人が「見物」している記事がある(「嘉慶拾九年よ里弐拾壱年迄戌亥子御三代伊江親方日々記共七冊」『沖縄県史　資料編七　伊江親方日々記　近世一』財団法人沖縄県文化振興会公文書館管理部史料編修室、1999年、483－484頁)。

45 琉仏条約を締結するために渡来したフイホヂウネー号が那覇港に近くまで到来した際には、「三重城・宗之崎・あかつら・潟原下口」に急遽関番が立てられた(「仏朗西船来着那覇ニ而之日記」『琉球王国評定所文書』第13巻、浦添市教育委員会、1997年、141頁)。

46 「卯秋走接貢船帰帆改日記(一三三五号)」『琉球王国評定所文書』第1巻、浦添市教育委員会、1988年、446頁。

里矼」の三カ所に設置していたとされていたが[47]、少なくとも同治五年には那覇四町・久米村を中心として多くの関番が置かれていた[48]。また、浦添間切にも「木屋」が建てられ番人が置かれており[49]、唐人の居住した那覇を中心として唐人の行動範囲を主にカバーするように増設されていたといえる。

(2)「関番人勤之条々」について

冠船に当たり王府は関番の職務を規定した。それが「関番人勤之条々」(以下「条々」)であり、琉球人・大和人・唐人への取締規定に関することなどで構成されている[50]。長文ではあるため引用は避けるが、同治五年の「条々」について分析したい。

「条々」の第一条には組織構成と勤務内容が述べられている。これによると関番一ヶ所につき士族2人、無系(百姓身份)2人、唐言葉を操ることのできる者2人の計6人が置かれていた[51]。また、勤務は一昼夜交代とし、勤務後には直接の上司である冠船惣横目方への報告が義務づけられていた。

琉球人の通行については、律儀に通行することや番所に女性・子どもが立ち寄り雑談しないようにすること、那覇での取引が禁止されている物品(和書・京銭・琉斗舛・馬之尾・武具・毒薬など)を持ち込ませないようにすること、身なりなどに関する規制(肌の露出、女性の夜間外出、黄色の衣裳を着用することの禁止)などが確認される。

また、大和人に対しては那覇への進入を完全に禁止し、大和船の運天港入津の後は唐人にその情報が漏れないように取り計らうことも関番の職務の一環であった。

唐人対策の条項には次のようなものであった。第二条では冊封使が布達した告示文は王府が関番に配布するので、雨天時・夜中を除き関番付近に設置すること、ただし、夜中に徘徊する唐人がいたならば建て置くようにと指示している。告示文の利用方法が分かるとともに、唐人に対して効力を持った規制は王府によるものでなく、冊封使の発行した告示文であったといえ、琉球側もそれを前提としながら、冊封使の権威に基づいた唐人の行動規制を図っていたと考えられる。

---

47 島尻勝太郎「薩琉関係の隠匿」『沖縄大百科事典』、沖縄タイムス社、1983年、218頁。

48 少なくとも「新矼・若狭町出口・石門・思案矼・通堂崎・天使館側・東入口・東爬龍舟屋前・渡地入口・薬師堂前・里主所前・親見世之側・泉崎水はり」に関番は設置されていた(「冠船惣横目方日記　二」尚家文書、那覇市歴史博物館蔵)。このうち、若狭町出口・泊高矼・安里矼・泉崎水はり・東爬龍舟屋前は新設されたもので(「冠船惣横目方日記　一」、「同　三」)、親見世之側・東出(入ヵ)口・渡地入口も借家をして臨時的に設置された関番である(「冠船惣横目方日記　一」)。その他の場所も火事の防止や機能強化のため、冠船中に施設は拡大され瓦が葺かれ、行燈などが設置されている(「冠船惣横目方日記　一」)。後述する人員の増加も含め、冠船中の関番は新設とともに機能強化が図られている。

49 具体的には「勢理客村前松原同所矼之北表高峯、澤岻村後東之高峯、同所兼本西之迦」の四ヶ所に置かれた(「冠船付日帳」)。

50 「冠船惣横目方日記　一」。

51 このうち「唐言葉存知之者」は久米村から(「冠船惣横目方日記　一」)、「無系之位衆」は那覇・久米村、泊村から推挙させている(「冠船惣横目方日記　二」)。冠船中の対策として人員の増加が図られたと言えよう。

続く第三条は、告示文を無視する唐人がいた場合の対処方法である。すなわち、事前に唐人を制止する方便を久米村人へ申し含めておくので、関番人は把門官（冊封使の滞在拠点の天使館に設置）に詰めている久米村人を呼び寄せるようにせよ、という命令である。

呼び寄せられた久米村人は関番を越えようとする唐人に対しては次のような「言い訳」で関番の通可を阻止しようとしていた。それが「条々」第三条の「附」である。

当地之儀、毒蛇有之所ニ而山野近之道路致往来候者共、間々右之害ニ逢候、且又田舎下輩之者共万事無調法有之、互ニ言語茂不通之所より何歟違乱之儀共出来無覚弁、木刀・礫打掛逢怪我候儀茂難計、其上田舎者風気茂悪敷有之、旁以至極心遣之儀ニ候、今般勅使御渡来付而者唐人方江相勤候面々万事気を付無大形可相勤旨兼而厳重之申渡有之事候処、私共乍出合右体之所江令横行、何歟各江故障之儀到来候ハヽ可被置罪候、且又方々行散候儀者勅使より告示を以茂御禁止被仰付置事候間、是非共被相止度旨懇懃可申断候、此上承引不致関所を越、城間村江差越御宿彼是余村相替結構相見得候儀を相尋候ハヽ、大島・鬼界・永良部・与論・徳之島之者共宿ニ而候、毎年貢物積渡、題目之者共罷渡候、此節勅使御渡来付而者、御祝儀為可申上、多人数渡海仕候、例年者那覇江致止宿居候処、当年者勅使御渡来付而、那覇中江宿不相達、此所者牧湊津口より便好有之、跡々より冠船御渡来之節者、此所江引越候付、身帯向相応之者共家取仕出賃銭を以為致借宿候由可相答旨、久米村通事之者共江可申付候、

これによると、関番を越えようとする唐人には、琉球には毒蛇がいること、田舎人は礼儀知らずの者もいるので木刀や礫で襲いかかってくるかも知れないこと、田舎は風気が悪いことを述べることが考えられていた。那覇から「田舎」へ向かうことの危険性を挙げることで唐人の興味を削ごうとしたといえよう。

それでも越えようとした場合には、琉球の役人は前もって唐人への対応を怠らないように指示されているので、もし問題が起こったらば制止できなかった役人が処罰されることを訴えることとなっていた。問題は唐人個人のものでなく、琉球側の役人にまで及ぶことを強調していたといえる。

最後に、唐人が方々へ行かないことは勅使が告示文で禁止していることなどを伝えることとなっていた。唐人たちの直属の上司である冊封使の指示を最終手段として主張していたことが分かる。

実際、このような方便が通用したかは後述するが、ここまで唐人の行動範囲を制限することには意味があった。それは、浦添間切城間村に薩摩藩の在番奉行などが滞在していたからである。

(3)浦添間切への通行禁止

唐人が来航する前、薩摩役人の活動拠点は那覇にあった。在番奉行は在番奉行所に、横目・附衆・足軽も那覇の宿に居住していた。ところが、清朝に対しては琉球と大和との関係を秘匿していたことから、冠船時には薩摩役人は一時的に浦添間切城間村に「避難」することとなっていた[52]。

関番で唐人の行動を制限することもこの問題に関わるものである。「条々」第四条には、唐人が関番を越えて城間村方面に向かった際には、すぐに泊高矼、あるいは安里矼のどちらかの番人が騎馬で城間村に先回りして、在番奉行などとともに城間村に詰めていた那覇役人の里主を通じて薩摩側へ報告するよう指示している。そのため、「御用意聞方」は泊村の付近に場所を見合わせて馬と馬具を配置するように命じられている(「条々」第五条)。さらに唐人の往来が頻繁になる恐れがあるので諭祭や冊封使が首里城へ登城する際には久米村人が泊高矼の番所に詰めているようにも規定されている(「条々」第六条)。

また「冠船付日帳」には、唐人が関番を越えようとすると浦添間切の番所に対して「番人共互ニ貝ヲ吹」いて相図をして城間に急ぎ向かうこと、もし唐人が城間村に赴くようであったならば大和人は西原間切小波津村へ引っ越すことも指示されている[53]。また、旧暦8月上旬に行われていた天久周辺の崎樋川拝みも禁止している。これは「城辺邊江たう人差越不申様」に下達されたものである[54]。王府は大和人と唐人の接触をできうるかぎり回避しようとしていたことが確認できる。

前述した関番を越えようとする唐人に対し準備された方便のなかにも浦添間切に関するトピックがある。すなわち、唐人が城間村の家構えが良いことを指摘したならば、年貢を納めに来た大島・喜界・沖永良部・与論・徳之島の要人の宿であり、冠船の祝儀のために来航しているが、冊封使が訪れているため、那覇ではなく牧湊に近い城間に家を借りていると釈明するようにしている。大和人と唐人の接触を想定しながらそれを回避する手段も事前に考えられていたことを示す。

(4)産物方御用聞との交渉にみる唐人の行動

ところで、同治5年の冠船時には薩摩藩の御用聞商人と王府とのあいだで貿易品の取り扱いについての交渉が展開されていた。これは評価貿易に大和人が関与で

---

52 城間に滞在した在番奉行については上江洲敏夫「〈資料紹介〉御仮屋守日記」(『沖縄県立博物館紀要』第13号、沖縄県立博物館、1987年)、豊見山和行「冊封使・在番奉行・浦添間切について－「屋嘉部里之子親雲上御仮屋守日記」から－」(『浦添市立図書館紀要』No. 1、浦添市立図書館、1989年)などがある。なお、空き家となる在番所は仮里主・冠船方役人の詰め所として、横目衆以下の宿は唐人宿として利用すること、在番所に保管されていた渡唐船搭載武具・塩硝は浦添の龍福寺に移管することとなっていた(「冠船付日帳」。詳しくは麻生伸一「【資料紹介】「冠船付日帳」「冠船付締方申渡候書付寫」」『琉球アジア社会文化研究』第11号、琉球アジア社会文化研究会、2008年、57頁。)

53 「冠船付日帳」、拙稿「【資料紹介】「冠船付日帳」「冠船付締方申渡候書付寫」」、57頁。

54 「冠船御物奉行那覇詰日記(同治五年)」7月24日。

きないので薩摩が持ち込んだ商品の管理がずさんになるのではいかと心配する薩摩側が、商人を那覇泉崎に滞在することを許可して欲しいと王府側に提案したことによる。

王府としては大和人の存在が唐人に露見してしまう恐れがあることから断固拒否し、商品が盗難にあったりした際には王府側がその損失分を補填することを提案して落着した[55]。琉日関係の秘匿は本来、琉薩双方の共通課題であったはずだが琉薩のあいだで温度差があったことが窺え興味深いが[56]、ここでこの問題を取り上げたのは同治五年以前に唐人が城間村に赴かんとしたことが琉薩間のやりとりのなかに確認できるためである。

王府が薩摩側へ被害商品の補填を提案した文書の中には乾隆二十一(1756)年と嘉慶五(1800)年に城間村に「宝島人」がいることを聞き及んだ唐人5、6人が彼らに会おうと泊村付近の上泊まで行ったことが記載されている。行動を阻止しようとする琉球の役人と揉めたのであろうか、「涯々及騒動」んだとされ、ついに薩摩役人は城間村を退避したようである。道光十八(1838)年にも安謝湊付近まで唐人が来たことから薩摩役人は移動する準備をした。この時には久米村人が唐人を連れ帰ったことでどうにか薩摩役人には到っていない[57]。

関番で唐人の行動を阻止しようとすることや城間村対策を講じていたことは、日本との関わりを隠匿する目的のもとで行われたが、前例として唐人と大和人が接触する危険があったことも原因となっていたものと思われる。

ここで注意したいことは琉球側が唐人の制止を強要できなかったことである。先に示した産物方御用聞との交渉でも、冠船は「王位免授之大典」でさらに唐人(「勅使始文武之官人・兵役等」)は「至而大客之事」であるため、漂着人と同じように「他所徘徊」することを禁じがたく、「遊山」のため那覇・久米村近辺までは自由に出歩かせるとしている[58]。唐人にできるだけ不快な思いをさせずに行動を制限しなければならないという王府の苦悩が垣間見ることができる。

このように琉球側はさまざまな対策を施していたが、同治五年9月25日午後4時頃、唐人三人が騎馬で上泊に赴いたことから問題となっている。彼らは関番を避けて安謝村の方へ向かったので、上泊関番人が馬に乗り唐人に追いついたところで、関番人がどこに向かっているのかを問いただした。唐人は遊山のために来たと述べたので、田舎には見物すべき場所はないこと、これから先の道路は足場が悪く田舎人は不作法であること、唐人が怪我したならば関番人が処罰されることを訴えて帰宅を促した。しかし唐人は聞き入れず、再度安謝村に向かったので付き添って

---

55 「冠船付日帳」。

56 拙稿「【資料紹介】「冠船付日帳」「冠船付締方申渡候書付寫」」、57頁。

57 「冠船付日帳」。

58 「冠船付日帳」。

いたが、多和田馬場まで来たときに休憩するよう伝えて内間村の人家へ招き、お茶と九年母を進めた。唐人はそこでの説得に応じ帰宅することになったが、戻る途中に泊村に入ったときに唐人が、傾城が田舎に隠れていることを聞いたので探しに来たと本来の目的を述べ、傾城はいないと言う関番人の話を聞かずに泊村の家々に入り傾城を探しはじめた。しかし、探すことができなかったので再度探しに来る旨を伝え帰宅している。

それを受けて王府では、傾城が潜んでいる間切では「乱ヶ間敷儀」のないように再度通告し、唐人に対しては冊封使から告示文を発給して取り締まりを厳にしてもらうよう要請するとしている[59]。同治5年の冠船時には、異国船対策のために事実に反して冊封使節団に対しても琉球には傾城がいないことを通告していたため[60]、那覇居住の傾城を近隣の間切などに転居させていた。本事件から傾城がいないことを唐人は信じなかったこと、傾城を退去させたことによって王府の統制がより困難となっていった状況が確認されよう。

おわりに

琉球は冊封によって国王の権威を対外的にも国内的にも増幅させることを期待しており、さらに日本との距離感を保つために冊封使の琉球来航を清朝に強く要請していたが[61]、冊封使の来航は琉日関係の露顕という外交的危機が発生する可能性も内包していた。

そのような危機を未然に防ぐために景観の整備・唐人の統制が企図された。具体的な方法は本文で見てきたとおりだが、冊封に際して王府が腐心したことは琉日関係の隠蔽であったといえる。そのために多くの夫役を動員して石塔などを土中に埋め、告示文の布告を冊封使側に要請し、関番を防波堤として機能させていた。これらは唐人と大和人の接触を防ぐための措置であり、清朝・日本双方に従属した琉球の国家的な施策であったといえる。

また、冊封使を迎えるに当たっては「国風結構相見得候様」とする景観作りも標榜された。「国風」とは「属国」として理想的な風俗といった意味であると思われるが、琉球は大和関係の隠匿を徹底しつつも、「属国」として相応しい国家の姿を冊封使側に見せようとしていたと考えられる。

冊封は、国王の叙任を行うことから琉球にとって重要な儀礼であったといえる

59 「同治五年丙寅九月　冠船那覇詰内證日記　濱比嘉殿内」尚家文書、那覇市歴史博物館蔵。

60 西里喜行『清末中琉日関係の研究』京都大学出版会、2005 年、363 頁。

61 前掲、西里喜行「咸豊・同治期(幕末維新期)の中琉日関係再考―尚泰冊封問題とその周辺―」。金城正篤「頒封論・領封論―冊封をめぐる議論―」『第三回琉球・中国交渉史に関するシンポジウム論文集』沖縄県教育委員会、1996 年。

が、同時に、琉球の置かれた位置、すなわち日本・清朝に従属していること、日本・清朝双方との関係を維持することが琉球国の安定に繋がることをより自覚する時期であったといえる。これらの自覚を体現するための方策が本稿でみてきたような準備や統制であった。これらのことから冊封を分析することは琉球の自己認識を解明することに結びつくものと思われる。したがって今後は本稿でみたような冊封時の琉球の準備・統制がいつ開始され、どのように展開されていったかについて考察する必要があろう。これからの課題としたい。

琉球王国接待册封使团规制考述
——以丙寅年赵新册封使团为中心

琉球王国の冊封使への接待規定に関する
——考察－丙寅御冠船を中心に－

赖正维*

摘　要

尚家文书《丙寅册封诸礼帖啓手本日记》一至五卷是同治五年赵新、于光甲册封使团在琉球册封尚泰国王期间琉球王府对册封使团接待情况的记录以及礼帖和啓禀文书范文。该手本日记逐日记载，内容丰富翔实。本文以《丙寅册封诸礼帖啓手本日记》为主，结合册封使录、家谱等资料，从迎诏仪式及封舟往来迎送、日常供给与回国行粮安排、谕祭与册封典礼、七宴活动、赠送礼品等几个方面对赵新使团在琉球期间王府的接待活动进行全面的梳理和研究。希望通过对尚家文书新资料的发掘，使我们对琉球王国时代册封使团的接待规制问题有进一步深入的了解。

关键词：同治五年　琉球王国　赵新　尚泰　册封

要　旨

尚家文書『丙寅冊封諸禮帖啓手本日記』（全五巻）は、尚泰を冊封するために同治五年に派遣された冊封使節団（正使：趙新・副使：于光甲）に対する王府の接遇記録および冊封使側へ提出された礼帖と啓稟文書の例文集であり、その内容は豊富かつ精確である。本稿は、本日記を中心として、冊封使録や家譜などを参考としながら、迎詔儀礼や封舟送迎儀礼、日常時や帰国時の食料支給、諭祭・冊封儀礼、七宴の内容、贈与品などの分析を通して冊封使の琉球滞在中における応対の実態について整理・検討を行うものである。近年公開された尚家文書を考究することで、琉球王国の冊封使節団に対する接待の内実が一層明らかになり、より深く理解できるようになることを期待

* 赖正维：福建师范大学社会历史学院教授。

したい。

キーワード：同治五年　琉球王国　趙新　尚泰　冊封

同治三年(1864年)琉球世子尚泰遣使请袭封，翌年12月请封使臣到北京[1]。同治五年(1866年)，亦即丙寅年，册封正使赵新，副使于光甲出使琉球。赵新时任詹事府右春坊右赞善，于光甲时任内阁中书舍人[2]。同治五年4月22日，正使赵新、副使于光甲抵达福州。5月13日，封册舟出发。次日，因头号船发生搁浅故障，只好改换其他商船。6月4日，封舟重新出发。6月16日，封舟停泊姑米山附近，21日停泊那霸港，22日册封使上岸[3]。赵新使团抵达琉球后，7月20日举行谕祭仪式，8月27日行册封礼。同年11月10日，册封使团在那霸港出发返国。

丙寅年赵新册封使团在琉球期间，琉球王府照例全力供奉，不敢怠慢。本文根据《琉球国王商家关系资料》中《丙寅册封诸礼帖启手本日记》(卷1－卷5)记载，对赵新使团在琉球期间的供奉情况进行全面的梳理和研究，以期通过尚家文书新资料的发掘，使我们对琉球王国时代册封使团的供奉规制问题有进一步的了解。

赵新使团同治五年6月16日始泊姑米山，至同年11月10日册封舟离开那霸港归国，全程共计4个月零24天。在琉球期间，王府的各种礼帖启禀公文往来及接待礼仪活动共达二百零三项，具体条目如下所示：[4]

第一，六月十六日，因贰号封舟至姑米山，即遣琉球国都通事蔡德昌携礼登舟请安。

第二，本月十九日，因头号封舟至姑米山，即遣琉球国遏闼理官杨充裕、长史蔡大鼎、副通事郑文官携礼登舟请安。

第三，本月二十一日，再差琉球国耳日官向兰种、中议大夫林世爵、副通事毛文秀携礼登舟请安。

第四，本日再差琉球耳目官向兰种、中议大夫林世爵携礼登舟请安。

第五，六月二十一日，封舟至那霸江壹里半许，随即遣琉球国中议大夫郑良佐、副通事金惟精携礼登舟请安。

第六，本日二接。琉球王国王舅向元模、正议大夫魏掌治、副通事毛瑞焕携礼登舟请安。

第七，本日三接。琉球国法司官向有恒、紫金大夫阮孝铨、都通事杨克盛登舟请安。

第八，二十二日，琉球国遏闼理官金培羲、长史王兼才、副通事郑廷珍携礼贺喜封

1　《中山世谱》，第13卷，伊波普猷等编《琉球史料丛书》(四)，东京美术刊，昭和47年出版。

2　原田禹雄《赵新〈续琉球国志略〉释注》，榕树书林，2009，第128页。

3　原田禹雄《赵新〈续琉球国志略〉释注》，榕树书林，2009，第249－253页。

4　《琉球国王商家关系资料》，番号241，242，243，244，245，《丙寅册封诸礼帖啓手本日记》(卷1－卷5)，琉球大学法文学部藏。

舟入港。

第九，本日，都司、游击、弹压官封舟入港，遣长史王兼才、副通事阮建功携礼登舟贺喜。

第十，本日，遣官恭请诏勅安馆。

第十一，本日，琉球世子尚泰率遏闼理官向廷松、长史孙得才、副通事蔡世德等亲迎诏勅。

第十二，本日，琉球长史在碑旁跪迎天使轿，王世子于道左亲迎天使。

第十三，本日，法司官向有恒同众官恭迎诏勅。

第十四，本日，安诏礼毕，琉球世子尚泰诣天使馆请安。

第十五，本日，琉球官员分作三班请谒天使。

(1)法司官向汝砺、王舅向元模、紫金大夫阮宣诏、紫巾官向绍元等。

(2)耳目官向丕绩、正议大夫蔡呈祯、中议大夫魏学诗、那霸官向德裕、长史王兼才等。

(3)察侍纪官向有仪、都通事陈良弼、各库官周世昌等。

第十六，本日，耳目官向丕绩、正议大夫蔡呈祯、中议大夫魏学诗、那霸官向德裕、长史王兼才、察侍纪官向有仪、都通事陈良弼、各库官周世昌、遏闼理官殷同□、长史金重威等奉送天使下马宴。

第十七，本日，都通事郑为基送都司、游击、弹压官下马宴。

第十八，本日，世弟尚弼、王相尚克让贺封舟入港。

第十九，本日，世弟尚弼、王相尚克让贺二号封舟入港。

第二十，本日，法司官向汝砺贺二号封舟入港。

第二十一，本日，总理唐荣司阮宣诏贺二号封舟入港。

第二十二，本日紫金大夫林长隆，紫巾官向克治，耳目官向文充、向兰种，中议大夫杨廷鼎、魏懋德，长史王兼才、孙得力贺二号封舟入港。

第二十三，本日，长史金重威呈上天使每日供应单。

第二十四，本日，长史金重威送上都司、游击、弹压官每日供应单。

第二十五，二十三日，天使二位遣谢自入港所有诸礼因发回帖。

第二十六，本日，都司、游击、弹压官遣谢入港所有诸礼因发回帖。

第二十七，二十五日，遣官携礼问安。

琉球官员有：法司官向汝砺；王舅向元模；紫金大夫阮宣诏；林长隆；紫巾官东林茂、向日新、向汝楫、翁维垣、章比秀；耳目官向丕绩；正仪大夫王家锦、维掌治；中议大夫蔡呈祯 、王承休；那霸官向德裕；长史王兼才；都通事蔡德昌、魏学诗、杨廷秀、杨克盛；各库官周世昌、朝凤仪。

第二十八，七月初一日，差遏闼理官金培义等送礼请安。

第二十九，本日，问安之时法司官等因蒙天使两位颁赐物件，随即恭谢。

第三十，本日，琉球官员禀求天使发示随封人等清册。

第三十一，本日，通书官择谕祭吉日呈上天使。

第三十二，初二日，天使二位遣谢问安因发回帖。

第三十三，本日，紫金大夫阮宣诏、长史郑庆云赴天使馆请示谕祭日期。

第三十四，初三日，请求谕祭仪注。

第三十五，本日，天使二位各遣巡捕官呈上随封人等清册因发回帖。

第三十六，初四日遣谢发示随封人等清册。

第三十七，初五日，长史郑庆云禀知天使，请求雇随封厨子调和祭品。

第三十八，初七日，都司、游击、弹压官亲赴王城谢礼并请安因送物件。

第三十九，本日，送礼品给跟行相公并传译通事。

第四十，本日，送礼品给兵丁并跟丁。

第四十一，初八日，世子尚泰遣遏闼理官杨充裕、长史蔡大鼎谢都司、游击、弹压官亲至王城。

第四十二，本日，紫金大夫阮宣诏、长史孙得才禀恳照抄勅祭文，誊黄焚之，赐留原勅。

第四十三，初九日，琉球国紫金大夫阮宣诏等因谕祭之典，禀求天使带随封官役一同赴宴。

第四十四，长史蔡大鼎禀求天使遣相公赴庙议定行礼座位。

第四十五，十四日，琉球官员送给送都司、游击、弹压官及全半廪口月粮铺陈价银。

第四十六，本日，择册封吉日呈上天使。

第四十七，十五日，法司官向汝砺、王舅向元模、紫金大夫阮宣诏、耳目官向邦栋、长史郑庆云等赴天使馆禀请天使照例领宴。

第四十八，二十日禀请天使迎龙亭之众官兼行问安。

第四十九，本日，谕祭众官赴天使馆迎请龙亭。琉球官员：

(1)司官向有恒；王舅向元模；紫金大夫阮孝铨；紫巾官向绍元、马克宽、向居谦、毛有斐。

(2)耳目官向丕绩、向兰种；正议大夫郑秉衡、梁得功；中议大夫蔡呈祚、魏懋德；那霸官向德裕；长史王兼才、孙得才。

(3)察侍纪官向有仪、毛凤来；都通事陈良弼；各库官翁丈元、梅宏昌。

第五十，本日，谕祭礼毕，天使回驾，尚泰王随即差法司官向有恒、紫金大夫阮宣诏恭谢册封使。

第五十一，本日，谕祭礼毕，都司、游击、弹压官回馆，随即差紫金大夫阮宣诏谢劳。

第五十二，本日，遣官奉送天使宴席。

第五十三，本日，遣官奉送都司、游击、弹压官宴席。

第五十四，二十一日，长史孙得才、郑庆云送给全半廪给口月粮等宴价。

第五十五，本日，天使二位各遣谢宴因发回帖。

第五十六，本日，都司、游击、弹压官各遣谢宴因发回帖。

第五十七，二十二日，遣紫金大夫阮宣诏、长史蔡大鼎请定册封日期。

第五十八，二十三日，世子尚泰遣谒闼理官向廷松等备花木金鱼呈上册封使。

第五十九，二十四日，紫金大夫阮宣诏备由禀请册封日期。

第六十，二十六日，紫金大夫阮宣诏等请求册封仪注。

第六十一，二十七日，紫金大夫阮宣诏等另写历届册封日期呈上钦差大人。

第六十二，八月初二日，琉球国法司官马朝栋，紫金大夫阮宣诏再备由禀请册封日期。

第六十三，初七日，紫金大夫阮宣诏等再择册封吉日呈上天使。

第六十四，初八日，琉球国紫金大夫阮宣诏奉王世子命谨禀叩请定册封日期。

第六十五，十五日遣谒闼理官金培义、长史孙得才贺中秋佳节，并送节宴。

第六十六，本日，遣都通事杨克盛贺都司、游击、弹压官中秋佳节，并送节宴。

第六十七，本日，天使二位各遣谢贺礼因发回帖。

第六十八，本日，都司、游击、弹压官各遣谢贺礼因发回帖。

第六十九，二十二日，遣都通事郑廷珍送礼贺弹压官寿诞。弹压官固辞不受。

第七十，本日，王相尚克让送礼贺弹压官寿诞。

第七十一，本日，法司官向汝砺、正议大夫郑秉衡、护送都通事魏懋德送礼贺弹压官寿诞。

第七十二，二十五日，长史孙得才禀求天使遣相公赴王府议定行座位。

第七十三，二十七日，法司官向有恒、王舅向元模等赴天使馆迎请龙亭。

第七十四，本日，册封礼毕，天使回驾。随即遣法司官向汝砺、紫金大夫阮宣诏等到馆恭谢。

第七十五，本日，王世子尚典具帖呈上天使两位。

第七十六，八月二十八日，遣长史金重威谢游击、都司，并奉送烟火。

第七十七，本日，册封礼毕，都司、游击、弹压官回馆，随即遣紫金大夫阮宣诏谢劳。

第七十八，本日，奉送天使宴席。

第七十九，本日，送上都司、游击、弹压官宴席。

第八十，二十八日，送给全半廪给口月粮等宴价。

第八十一，本日，天使各遣谢昨宴因发回帖。

第八十二，本日，都司、游击、弹压官遣谢昨宴因发回帖。

第八十三，九月朔日，紫金大夫阮宣诏、长史金重威禀请定中秋宴日期。

第八十四，初三日，法司官向汝砺、马朝栋、向有恒；紫金大夫阮宣诏因评价事具由赴天使馆禀请册封使。

第八十五，九月初四日，国王尚泰王诣馆恭谢册封并送册封使礼物。

第八十六，初五日，差谢留宴。
第八十七，本日，天使遣谢国王尚泰亲诣天使馆因发回帖。
第八十八，本日，请求中秋仪注。
第八十九，初六日，遣请天使临中秋宴。
第九十，本日，差请都司、游击、弹压官赴宴。
第九十一，天使遣送物件因发领帖。
第九十二，本日二号船船主具物呈上国王尚泰因发回帖。
第九十三，本日，演戏故事二本呈上天使二位。
第九十四，本日，演戏故事二本呈都司、游击、弹压官。
第九十五，初八日，设仲秋宴，差官呈上催帖。
第九十六，本日，遣催都司、游击、弹压官赴宴。
第九十七，本日，差送天使宴席。
第九十八，本日，差送都司、游击、弹压官宴席。
第九十九，初九日，遣谢天使劳驾临宴。
第一百，本日，遣谢都司、游击、弹压官赴宴
第一百一，本日，送给全半廪给口月粮等宴价。
第一百二，本日，天使各遣谢宴因发回帖。
第一百三，本日，都司、游击、弹压官差谢宴因发回帖。
第一百四，九月初九，遣官贺重阳佳节，并送贺宴。
第一百五，本日，差官贺都司、游击、弹压官重阳佳节，并送节礼。
第一百六，本日，国王遣官奉献册封使大菊 。
第一百七，十日，大使二位各遣谢贺礼因发回帖。
第一百八，本日，都司、游击、弹压官遣谢贺礼因发回帖。
第一百九，本日，请定重阳宴日期。
第百十，国王具花树奉呈天使二位。
第百十一，本日，请求重阳宴仪注。
第百十二，十六日，遣请天使临重阳宴。
第百十三，本日，差请都司、游击、弹压官赴宴。
第百十四，十八日，设重阳宴，差呈催帖。
第百十五，本日，遣催都司、游击、弹压官赴宴。
第百十六，本日，差送正使宴席。
第百十七，本日，差送游击、都司、弹压官宴席。
第百十八，十九日，遣谢天使劳驾临宴。
第百十九，本日，送给全半廪给口月粮等宴价。
第百二十，本日，天使答遣谢宴因发回帖。
第百二十一，本日，都司、游击、弹压官差谢宴因发回帖。

第百二十二，本日，请求饯别宴仪注。
第百二十三，本日，差请天使临饯别宴。
第百二十四，本日，请游击、都司、弹压官赴宴。
第百二十五，二十一日，设饯别宴，差呈催帖。
第百二十六，本日，催游击、都司、弹压官速赴宴席。
第百二十七，本日，差送天使宴席。
第百二十八，本日，差送游击、都司、弹压官宴席。
第百二十九，二十二日，遣谢劳驾临宴。
第百三十，本日，送给全年廪给口月粮等宴价。
第百三十一，本日，天使各遣谢宴因发回帖。
第百三十二，本日，游击、都司、弹压官遣谢宴因发回帖。
第百三十三，本日，天使二位具物件遣呈上王世子因发领帖。
第百三十四，翌日，王世子差官恭谢天使二位。
第百三十五，本日，禀请天使，在天使馆庭中造戏台。
第百三十六，本日，请求拜辞宴仪注。
第百三十七，本日，差请天使临拜辞宴。
第百三十八，本日，遣请游击、都司、弹压官赴宴。
第百三十九，二十四日，设拜辞宴差呈催帖。
第百四十，本日，催游击、都司、弹压官速赴宴。
第百四十一，本日，送天使宴席。
第百四十二，本日，差送游击、都司、弹压官宴席。
第百四十三，二十五日，遣谢天使劳驾临宴。
第百四十四，本日，遣谢弹压官赴宴。
第百四十五，本日，送给全半廪给口月粮等宴价。
第百四十六，本日，天使各遣谢宴因发回帖。
第百四十七，本日，游击、都司、弹压官遣谢宴因发回帖。
第百四十八，九月二十五日，请望舟宴仪注。
第百四十九，二十六日，请天使临望舟宴。
第百五十，本日，请游击、都司、弹压官赴宴。
第百五十一，二十八日，设望舟宴，差呈催帖。
第百五十二，本日，催游击、都司、弹压官速赴宴。
第百五十三，本日，差送天使宴席。
第百五十四，本日，国王回驾，即送看桌。
第百五十五，本日，送游击、都司、弹压官宴席。
第百五十六，本日，宴毕，即送看桌。
第百五十七，二十九日，遣官谢天使劳驾临宴。

第百五十八，本日，送给全半廪给口月粮等宴价。

第百五十九，本日，送全半廪给口月粮宴银。

第百六十，本日，天使各遣谢宴因发回帖。

第百六十一，本日，游击、都司、弹压官遣谢宴因发回帖。

第百六十二，十月初二日，恭送海上无恙法符。

第百六十三，初七日，差谢正副使为瑞泉立碑。

第百六十四，十三日，国王具礼物遣官回敬天使两位。

第百六十五，本日，国王具物差官回敬游击、都司。

第百六十六，本日，国王具物差官回敬弹压官。

第百六十七，本日，国王具物差官回送巡捕俞桂、郭元臣、彭履亨、李汝霖；布政司掌案李□、李华；海防官掌案邹城、柳斌；引礼鸣赞张结邦；河口通事冯朝仪、王秉谦；贰号船主金振茂等。

第百六十八，十四日，天使两位遣谢国王呈礼品因发回帖。

第百六十九，本日，都司、游击、弹压官各遣谢国王送礼物因发回帖。

第百七十，本日，王世子具礼物遣官回敬天使二位。

第百七十一，本日，天使两位遣谢世子呈礼物因发回帖。

第百七十二，十九日，遣掌牲司正仪大夫王家锦、供应司中仪大夫梁超群呈上天使行粮并全半廪给口月粮行粮清单。

第百七十三，十九日，掌牲司正仪大夫王家锦、供应司中仪大夫梁超群送上都司、游击、弹压官行粮清单。

第百七十四，二十一日，国王具字幅遣官呈上天使两位。

第百七十五，本日，因都司冒恙具物遣官请安。

第百七十六，二十二日差官赴天使馆禀知，送给货物被潮沾损人等抚恤银两。

第百七十七，二十三日，因二十四日天使登舟各遣呈上辞帖因发回帖

第百七十八，本日，游击、弹压官亲赴王府遣呈上辞帖因发回帖。

第百七十九，本日，都司遣呈帖辞行因发回帖。

第百八十，二十四日，国王有病不能亲送，天使捧节登舟差官禀知(此日天使不登舟矣)。

第百八十一，本日，因国王不豫，天使两位持遣使问安随发回帖。

第百八十二，本日，王上遣官呈上天使两位围棋。

第百八十三，本日，因天使送南苑额字，王上遣官呈礼。

第百八十四，遣呈橘柑天使两位。

第百八十五，遣送游击、都司、弹压官橘柑。

第百八十六，王上亲送天使捧节登舟并恭寄叩请圣安送帖禀知

第百八十七，二十八日，差官呈烧酒糕肴。

第百八十九，本日，封舟开驾，王上差官以帖恭送驾归。

第百九十，本日，差官驾舟出，在港口恭送。

第百九十一，本日，差官驾舟洋恭送。

第百九十二，本日，封舟将开驾，王相尚克让，法司官尚汝砺，紫金大夫郑秉衡，长史王兼才、孙得才、蔡大鼎、郑庆云共登舟请安。

第百九十三，本日，差官奉呈礼物送游击、都司、弹压官。

第百九十四，本日，王弟、王相并法司官、总理司、长史等送都司、游击、弹压官。

第百九十五，本日，封舟开洋，无风回国，即遣官登封舟请安。

第百九十六，本日，王弟尚弼、王相尚克让、法司官尚汝砺、总理司郑秉衡等登舟，向游击、都司、弹压官请安。

第百九十七，初五日，遣官送游击、都司、弹压官蒸糕。

第百九十八，初七日，遣官具糕奉呈天使两位。

第百九十九，十月，头号封舟开驾，王上差官以帖恭送驾归。

第二百，本日，差官驾舟出，在港口恭送。

第二百一，本日，差官驾舟洋恭送。

第二百二，本日，封舟开驾，王相尚克让等恭送驾归。

第二百三，本日，王弟、王相并法司官、总理司、长史等恭送都司、游击、弹压官。

上述203条目，其中有关迎诏仪式及册封舟往来迎送内容48条；册封使臣日常供应及回程行粮供给奉7条；谕祭与册封典礼条目27条；谕祭宴、中秋宴、册封宴、重阳节宴、饯别宴、拜辞宴、望舟宴等七宴合计82条；琉球王府馈赠礼品等内容39条。

下面，就其具体内容展开分析。

一、迎诏仪式及册封舟往来迎送

《丙寅册封诸礼帖启手本日记》中有关迎诏仪式的条目共计22项，如下所示：

第一，六月十六日，因贰号封舟至姑米山，即遣琉球国都通事蔡德昌携礼请安。

礼品："活猪壹口；鸡蛋壹盘；墨鱼拾觔；线面壹篓；西瓜肆个；佳苏壹盘；中烛肆枝；烧酒壹埕。"

第二，本月十九日，因头号封舟至姑米山，即遣琉球国遏闼理官杨充裕、长史蔡大鼎、副通事郑文官携礼请安。

礼品："白米五斗；活猪壹口；活羊壹羫；活鸡肆只；活鸭肆只；干鱼拾觔；西瓜陆个；线面壹篓；鸡蛋壹盘；苏佳壹盘；中烛捌枝；烧酒壹埕。"

第三，本月二十一日，再差琉球国耳目官向兰种、中议大夫林世爵、副通事毛文秀两号封舟携礼请安。

礼品："白米五斗；活猪壹口；活羊壹埕；活鸡肆只；活鸭肆只；干鱼拾觔；西瓜陆个；线面壹篓；鸡蛋壹盘；佳苏壹盘；中烛捌枝；烧酒壹埕。"

第四，本日再差琉球耳目官向兰种、中议大夫林世爵请安。

礼品："活猪壹口；鸡蛋壹盘；墨鱼拾觔；线面壹篓；西瓜肆个；中烛肆枝；佳苏壹盘；烧酒壹埕。"

第五，六月二十一日，封舟至那霸江壹里半许，随即遣琉球国中议大夫郑良佐、副通事金惟精携礼请安。

礼品："活猪壹口；活羊壹羫；活鸡拾只；鸡蛋壹盘；干鱼壹盘；线面壹篓；中烛拾枝；西瓜陆个；白米壹包；烧酒壹坛。"

第六，本日二接。遣琉球王国王舅向元模、正议大夫魏掌治、副通事毛瑞焕携礼请安。

礼品："活猪壹口；活羊壹羫；活鸡拾只；鸡蛋壹盘；干鱼壹盘；石鮔壹盘；佳苏壹盘；线面壹篓；面粉壹罐；甘蔗壹盘；火炭壹包；青瓜壹盘；白米壹包；烧酒壹坛。"

第七，本日三接。遣琉球国法司官向有恒、紫金大夫阮孝铨；都通事杨克盛登舟请安。

礼品：例无礼物。

第八，二十二日，遣琉球国遏闼理官金培羲、长史王兼才、副通事郑廷珍贺喜封舟入港。

礼品："福酒壹对；寿酒壹对；喜饼壹盘；福果壹盘。"

第九，本日，长史王兼才、副通事阮建功向都司、游击、弹压官贺喜封舟入港。

礼品："活猪壹口；鸡蛋壹盘；墨鱼拾觔；线面壹篓；西瓜肆个；活鸡贰只；中烛肆枝；烧酒壹埕。"

第十，本日，遣官恭请诏勅安馆。

第十一，本日，世子尚泰与遏闼理官向廷松、长史孙得才、副通事蔡世德亲迎诏勅。

第十二，本日，长史跪迎天使轿，王世子于道左亲迎天使。

第十三，本日，法司官向有恒同众官恭迎诏勅。

第十四，木日，安诏礼毕，世子尚泰诣天使馆请安。

第十五，众官分作三班请谒天使。官员：

(1)司官向汝砺、王舅向元模、紫金大夫阮宣诏、紫巾官向绍元等。

(2)耳目官向丕绩、正议大夫蔡呈祯、中议大夫魏学诗、那霸官向德裕、长史王兼才等。

(3)察侍纪官向有仪、都通事陈良弼、各库官周世昌等。

第十六，本日，遣官奉送天使下马宴。琉球官员有：

耳目官向丕绩、正议大夫蔡呈祯、中议大夫魏学诗、那霸官向德裕、长史王兼才等。

察侍纪官向有仪、都通事陈良弼、各库官周世昌、遏闼理官殷同、长史金重威。下马宴："满汉贰席(全碟)、鲁酒全坛。"

第十七，本日，都通事郑为基送都司、游击、弹压官下马宴。下马宴："汉席壹筵，鲁酒壹樽。"

第十八，本日，世弟尚弼、王相尚克让贺封舟入港。

第十九，本日，世弟尚弼；王相尚克让贺二号封舟入港。

第二十，本日，法司官向汝砺贺二号封舟入港。

第二十一，本日，总理唐荣司阮宣诏贺二号封舟入港。

第二十二，本日，众官贺二号封舟入港。琉球官员：

紫金大夫林长隆，紫巾官向克治，耳目官向文光、向兰种，中议大夫杨廷鼎、魏懋德，长史王兼才、孙得力。

6月16日，赵新使团二号船刚抵姑米山，即受到热情接待。尤其是21日，第5、第6、第7条显示，琉球王府不仅两次派官员携礼请安，并且在封舟至那霸壹里半地方，三次遣官迎接，即"迎诏三接礼"。

明代，琉球世子按册封仪注规定是不必去码头迎诏。但从清代1756年周煌册封琉球尚穆王始，迎诏礼发生变化。据周煌《琉球国志略》记载，"册封到港，世子以摄行事国事守次不出，只遣陪臣迎迓，于义未协。今兹之役，世子亲率诸臣预诣海堤□候。臣等恭捧诏敕登岸时，跪迎道左，复趋至迎恩亭，恭请圣安"[5]。《丙寅册封诸礼帖启手本日记》第11、第12条目记载，世子尚泰率众官在道左亲迎册封使。据赵新《续琉球国志略》亦记载，尚泰世子率众官于迎恩亭迎诏。[6]

10月24日，赵新使团登舟归国，琉球国王尚泰亲送册封使捧节登舟。但由于册封舟须候风行走，所以封舟仍停泊港口。期间，琉球方面的礼数仍然十分周全。

10月28日，官员送烧酒糕肴。

11月初四日，封舟开洋，但无风归国。奉王命，琉球王弟尚弼、王相尚克让、法司官尚汝砺、紫金大夫郑秉衡以及长史王兼才、孙得才、蔡大鼎、郑庆云等均登船请安，并呈礼物。给册封使的礼物有：

"活猪壹口、活羊壹羫、活鸡肆只、活羊肆只、鸡蛋壹盘、佳苏壹盘、干鱼肆觔、石鲃叁觔、桔果壹篓、面粉壹罐、线面壹篓、烧酒壹埕、中烛拾枝、火炭叁包。"

给游击、都司、弹压官的礼物有：

"烧酒壹埕、中烛肆枝、线面壹篓、活猪壹口、活鸡贰只、鸡蛋壹盘、干黑鱼壹盘、桔果壹篓。"

11月初五日，琉球官员登舟送游击、都司、弹压官蒸糕一盘。

---

5 周煌《琉球国志略》第11卷，"典礼"，参见黄润华、薛英《国家图书馆藏琉球资料汇编》(中)，北京图书馆，2000年10月，第1048页。

6 原田禹雄《赵新〈续琉球国志略〉释注》，榕树书林，2009，第183页。

11月初七日，琉球官员登舟奉呈册封使水晶饺、鸡蛋糕一盘。

11月十日，封舟开驾，琉球国王以帖恭送驾归。琉球王弟、法司官、紫金大夫、长史等官员则登舟恭送。

二、日常供给与回国行粮安排

同治五年，赵新册封使团四百余人在琉球留驻4月零24日，如此庞大的使团日常供给，确实不易。不过，琉球方面还是预先做好了充分的准备。据《丙寅册封诸礼帖启手本日记》第30条记载，七月初一日，琉球方面即遣官禀求天使发示随封人等清册。据当年福建巡抚徐宗干的奏折，头号船235人，二号船220人，因此册封使团合计455人。[7] 不过，据《冠船付日帐》记载，此次册封使团共计434人，分为全廪给、半廪给、口粮、月粮四类。[8]

1. 全廪给78人

正使赵新方面30人　　副使于光甲方面20人　　游击、都司方面13人

弹压官方面8人　　另有14人为船长以下船役。

2. 半廪给54人

正使赵新方面4人　　副使于光甲方面3人　　游击、都司方面8人

弹压官方面13人　　另有26人为船役。

3. 口粮243人

正使赵新方面1人　　副使于光甲方面1人　　游击、都司方面186人

弹压官方面37人　　另有18人为两船水手。

4. 月粮45人

弹压官方面7人　　另有38人为两船水手。

据张学礼《中山纪略》记载，全廪给指守备、千总、通官等；长随、内司、听用属半廪给；僧道及各项匠作、书吏、门皂等役，为口粮；兵丁及各官随役，则属月粮。[9]

在七月初一日琉球方面禀请册封使发示随封人员清册之前，六月二十二日，亦即二号封舟进入那霸港的当天，琉球长史金重威即向册封使呈上使团人员每日供应单，以下所示。

每日供应单：

(1)钦差大人计开："白米壹斗；面粉肆觔；烧酒贰瓶、米酱肆盏、酱油肆盏、醋肆盏、盐肆盏、豆腐叁觔、菜油肆盏、中烛肆枝、炭拾觔、酱菜半觔、猪肉伍觔、羊肉叁觔、鸡贰只、鸡蛋拾个、生鱼肆觔、干鱼肆觔、海蟳贰个、西瓜贰个、蔬菜壹拾觔、

7　中国第一历史档案馆《清代中琉关系档案续编》，中华书局，1994年，第1471页。

8　参见麻生伸一：《资料介绍"冠船付日帐""冠船付缔方申渡候書付写"》，《琉球亚洲社会文化研究》(第11号别刷)，2008年11月发行，琉球亚洲社会文化研究会。

9　张学礼《中山纪略》，参见《那霸市史》资料篇第1卷3(原文编)，昭和53年3月版，第46页。

柴肆捆。”

(2)都司、游击、弹压官计开：“白米五升、烧酒陆盏、酱油壹盏、醋壹盏、米酱壹盏、盐壹盏、豆腐壹觔、菜油壹盏、小烛贰枝、炭伍觔、猪肉叁觔、羊肉壹觔、鲜鱼贰觔、干鱼叁觔、鸡壹只、鸡蛋拾个、蔬菜壹觔、柴贰捆。”

(3)全廪给每员计开：“白米肆升、烧酒叁盏、菜油壹盏、醋壹盏、豆酱壹盏、盐壹盏、豆腐壹觔、小烛贰枝、猪肉贰觔、生鱼壹觔、干鱼贰觔、鸡壹只、鸡蛋伍个、蔬菜壹觔、柴贰捆。”

(4)半廪给每员计开：“白米叁升、烧酒贰盏、菜油壹盏、豆酱壹盏、醋壹盏、盐壹盏、豆腐壹觔、猪肉壹觔、干鱼壹觔、鸡壹只、蔬菜壹觔、柴贰捆。”

(5)口月粮每名计开：“白米叁升、烧酒壹盏、菜油半盏、豆酱半盏、醋半盏、盐半盏、豆腐半觔、猪肉壹觔、干鱼壹觔、蔬菜壹觔、柴壹捆。”

从上述资料记载看，赵新使团人数应为434人，分为全廪给、半廪给、口粮、月粮四类。对此，琉球方面严格按等级分别供给。此外，从供给食物及数量看，可谓充裕丰富。

按惯例，册封使团归国，琉球方面均提供一个月的行粮。赵新使团归国前，琉球方面亦于10月19日由掌牲司正议大夫王家锦、供应司中议大夫梁超群向册封使提供了月粮清单：

(1)钦差大人船上供应一个月：

“白米叁斛、烧酒陆佰盏、菜油壹佰贰拾盏、米酱壹佰贰拾盏、醋壹佰贰拾盏、盐壹佰贰拾盏、面粉壹佰贰拾觔、中烛壹佰贰拾枝、酱菜壹拾伍觔、酱油壹佰贰拾盏、火炭叁佰觔、豆腐玖拾觔。”以上出在供应所。

“猪肉壹佰伍拾觔、羊肉九十觔、海蟳陆拾个、鸡蛋叁佰个、盐鱼壹佰贰拾觔、生鱼壹佰贰拾觔、菜叁佰叁拾觔、柴壹佰贰拾捆、甘蔗□捆。”以上出在掌牲所。

(2)都司、游击、弹压官船上供应一个月：

“白米壹斛伍斗、烧酒壹佰捌拾盏、酱油叁拾盏、菜油叁拾盏、醋叁拾盏、米酱叁拾盏、豆酱叁拾盏、盐叁拾盏、小烛陆拾枝、炭壹佰伍拾觔、豆腐叁拾觔。”以上出在供应所。

“猪肉玖拾觔、羊肉叁拾觔、全鱼陆拾觔、盐鱼玖拾觔、鸡叁拾只、鸡蛋叁佰个、菜叁拾觔、柴陆拾捆。”以上出在掌牲所。

(3)全半廪给口月粮等行粮壹个月清单

①“全廪给捌拾捌员，每员壹个月：白米壹斛贰斗、烧酒玖拾盏、菜油叁拾盏、醋叁拾盏、豆酱叁拾盏、盐叁拾盏、豆腐叁拾觔、小烛陆拾枝。”以上出在供应所。

“猪肉陆拾觔、生鱼叁拾觔、盐鱼陆拾觔、鸡叁拾只、鸡蛋壹佰伍拾个、菜叁拾觔、柴陆拾捆。”以上出在掌牲所。

②“半廪给伍拾陆员，每员壹个月：白米玖斗、烧酒陆拾盏、菜油叁拾盏、醋叁拾盏、豆酱叁拾盏、盐叁拾盏、豆腐叁拾觔。”以上出在供应所。

“猪肉叁拾觔、盐鱼叁拾觔、鸡叁拾只、菜叁拾觔、柴陆拾捆。”以上出在掌牲所。

③“月粮贰佰捌拾陆名，每名壹个月：白米玖斗、烧酒叁拾盏、菜油壹拾伍盏、醋壹拾伍盏、豆酱壹拾伍盏、盐壹拾伍盏、豆腐壹拾伍觔。”以上出在供应所。

“猪肉叁拾觔、盐鱼叁拾觔、菜叁拾觔、柴陆拾捆。”以上出在掌牲所。

上述供应单虽等级严格，但无论职位高低，每员行粮均包括米、油、鱼、肉、菜、盐、酒、柴等基本生活品，提供了归途的食物保障。

三、谕祭与册封典礼

谕祭与册封是历届册封使团最重要的活动。赵新使团在琉球期间，王府举行的与谕祭相关的活动共有13项，其中主要活动如下所示：

(1)七月初一日，通书官择谕祭吉日呈上天使。

(2)同日，琉球紫金大夫阮宣诏，长史郑庆云亲自赴册封使居住地请示谕祭日期。

(3)初三日，琉球官员向册封使请求谕祭仪注。

(4)初五日，琉球长史郑庆云禀告册封使，请雇册封使团厨子为谕祭仪式调和祭品。

(5)初八日，琉球紫金大夫阮宣诏、长史孙得才特代表世子尚泰，禀请册封使，恳求照抄勅祭文，誊黄焚之，赐留原勅。

(6)初九日，琉球紫金大夫阮宣诏等，因谕祭之典禀求册封使及随封官役一同赴宴。

(10)琉球长史蔡大鼎禀求册封使遣相公赴行谕祭礼之庙议定行礼座位。

(11)十五日，琉球法司官向汝砺、王舅向元模、紫金大夫阮宣诏、耳目官向邦栋、长史郑庆云等，因谕祭事再次赴册封使居住地天使馆，禀请册封使赴宴。

(12)二十日，行谕祭礼。琉球众官首先赴册封使居住地辕迎请龙亭，随后举行谕祭礼。参加谕祭礼的琉球官员众多，包括法司官向有恒；王舅向元模；紫金大夫阮孝铨；紫巾官向绍元、马克宽、向居谦、毛有斐；耳目官向丕绩、向兰种；正议大夫郑秉衡、梁得功；中议大夫蔡呈祚、魏懋德；那霸官向德裕；长史王兼才、孙得才；察侍纪官向有仪、毛凤来；都通事陈良弼；各库官翁乂元、梅宏昌。

谕祭礼毕，册封使等返回驻地。琉球法司官向有恒、紫金大夫阮宣诏等随即到册封使居住地恭谢，并奉送册封使臣宴席。

根据《丙寅册封诸礼帖启手本日记》记载，有关册封仪式的内容共14条，主要内容包括如下：

(1)自七月十四日始，琉球方面就开始多次禀请册封日期，共多达七次。

(2)七月二十六日，紫金大夫阮宣诏向册封使请求册封仪注。

(3)二十五日，琉球长史孙得才禀求册封使遣相公赴王府议定行礼座次。

(4)二十七日，行册封大典。参加的琉球官员有法司官向有恒；王舅向元模；那霸官向德裕等。册封礼毕，法司官向汝砺、紫金大夫阮宣诏等赴册封使居住地天使馆恭谢。

(5)二十八日，琉球紫金大夫阮宣诏、长史金重威等赴馆恭谢都司、游击和弹压官。同日，琉球方面奉送册封使团册封宴并放焰火庆祝。

从上述条目可见，赵新、于光甲使团谕祭册封仪式是严格遵守仪注进行。七月初三日，七月二十六日，琉球官员照例分别向册封使请求谕祭仪注及册封仪注。《丙寅册封诸礼帖启手本日记》第44条、第72条还显示，举行谕祭及册封仪式之前，琉球官员均请求册封使派遣“相公”指导琉球方面处理行礼座位等相关问题。七月初五日，琉球长使郑庆云禀告册封使，请求雇使团厨子为谕祭仪式调和祭品。

此外，从史料记载看，琉球方面对于册封大典的举行无疑是非常迫切的。《丙寅册封诸礼帖启手本日记》第46条、第57条、第59条、第61条、第62条、第63条、第64条记载，自同治五年七月十四日始，至同月二十七日行册封礼，此间琉球方面七次禀请册封使择定册封日期。其中两次奉上历届册封日期供天使参考，并且还两次正式发出禀请书，如下所示。

> 具禀琉球国紫金大夫阮宣诏为禀请日期事切诏奉王世子命恳请册封大典日期窃撰八月初四日初七日前已请示未蒙钧谕定期一切事宜诚恐赶办不及早赐示期宽容预备不已叩禀天使大人早赐谕示感德不尽
>
> 同治五年七月二十四日具禀琉球国紫金大夫阮宣诏

> 具禀琉球国法司官马朝栋紫金大夫阮宣诏为封典□重恩准早赐示期备办以昭诚敬事切敝国屡沐天朝厚泽深仁有加无已此次又欣逢册封大典感激无涯所有应请册封日期经栋等查照历届禀请预先示期备办荷蒙宪谕应择定何日举行在于十日以前示知遵循预备自应仰俟向敢冒渎唯是袭封大典旷世一逢敝国主暨举国士民不胜盼望且所有礼节及一切事宜在在均须演习非沐宪德体恤周详迅赐定期诚恐莫能宽容预办以安国主之心而慰士民之望不已合再沥情叩恳伏乞大人俯顺夷情恩准察照庚甲戊辰戊戌等册封之例定期中秋以前早赐示期饬遵预先赶办而免周章以昭诚敬戴德不朽切禀
>
> 同治五年八月 日具禀琉球国法司官马朝栋紫金大夫阮宣诏

四、七宴活动

册封使团在琉球期间，琉球王府为接待而设置的七宴，亦是重要供奉活动之一。七宴包括谕祭宴、中秋宴、册封宴、重阳节宴、饯别宴、拜辞宴及望舟宴。赵新使团亦不例外。《丙寅册封诸礼帖启手本日记》中有关七宴等的相关条目达96项，内容可谓丰富。

1. 谕祭宴

(1)天使宴席：“看桌伍面、蔬席贰面(全碟)、福酒满坛、席金贰拾两、西洋布伍尺(折银叁两)、木香拾觔(折银贰两)、腰刀贰把、白细嫩苎布五尺、白细嫩蕉布伍尺、折扇拾把。"

(2)都司、游击、弹压官宴席:"看桌贰面、蔬席贰面(全碟)、福酒满坛、席银贰拾贰两、腰刀贰把(折银壹两)、白细嫩蕉布肆尺、折扇肆把。"

(3)全半廪给口月粮宴价:

①"全廪给捌拾柒员,每员:食桌壹面(折银壹两)、看桌壹面(折银壹两)、席银捌两、腰刀壹把(折银壹两)、白蕉布贰尺(折银捌钱)、银面扇贰把(折银贰钱)。供银拾贰两,每员壹封,共计捌拾柒封。"

②"半廪给伍拾陆员,每员:食桌半面(折银伍钱)、看桌半面(折银伍钱)、席银伍两、腰刀壹把(折银伍钱)、白蕉布壹尺(折银肆钱)、银面扇壹把(折银壹钱)。共银柒两,每员壹封,共计伍拾陆封。"

③"口粮贰百肆拾名,每名:席银贰钱、白苎布叁尺(折银壹两伍钱)。共银壹两柒钱,每名壹封,共计贰百肆拾封。"

④"月粮肆拾陆名,每名:席银壹钱、白苎布贰尺(折银壹两)。共银壹两壹钱,每名壹封,共计肆拾陆封。"

⑤"赏两衙门办子、门子、鼓手、轿班、伞夫、扇夫、皂班银壹封,贰拾肆两。捧弊官四位,谢劳银捌两正;掌案引礼官贰位,谢劳银肆两正;捧祭银壹位,谢劳银贰两正;宣读官壹位,谢劳银壹拾两正;展轴官壹位,谢劳银贰两正;捧轴官壹位,谢劳银贰两正;鸣赞生壹位,谢劳银贰两正;引礼通事贰位,谢劳银肆两正。"

2. 册封宴

(1)天使宴席:"看桌伍面、蔬席贰面(全碟)、福酒满坛、席金贰拾肆两、金花壹对(中贰两)、象牙贰条(折金叁两)、西洋布伍尺(折金叁两)、南番香拾觔(折金贰两)、丁香拾觔(折金贰两)、腰刀贰把、白细嫩苎布伍尺、白细嫩蕉布伍尺、折扇拾把。"

(2)都司、游击、弹压官 宴席:"看桌贰面、蔬席贰面、福酒满坛、席银贰拾贰两、腰刀贰把(折银贰两)、银花壹对(重贰两)、白细嫩蕉布肆尺、折扇肆把。"

(3)全半廪给口月粮宴价:

①"全廪给捌拾陆名,每名:食桌壹面(折银壹两)、看桌壹面(折银壹两)、席银捌两、腰刀壹把(折银壹两)、银花壹对(折银贰两)、白蕉布贰尺(折银捌钱)、银面扇贰把(折银贰钱)。共银壹拾肆两,每员壹封,共计捌拾捌封。"

②"半廪给伍拾陆员,每员:食桌半面(折银伍钱)、看桌半面(折银伍钱)、席银肆两、腰刀壹把(折银伍钱)、银花壹对(折银壹两)、银面扇壹把(折银壹钱)、白蕉布壹尺(折银肆钱)。共银柒两,每员壹封,共计伍拾陆封。"

③"口粮贰百肆拾名,每名:席银贰钱,白苎布叁尺(折银壹两伍钱)。共银壹两柒钱,每员壹封,共计贰百肆拾封。"

④"月粮肆拾陆名,每名:席银壹钱、白苎布贰尺。共银壹两壹钱,每名壹封,共

计肆拾陆封。”

⑤“赏两衙门门子、辨子、鼓手、轿班、伞夫、扇夫、皂班银壹封贰拾肆两正。宣读官壹位，谢劳银壹拾两正；捧诏兼展诏官壹位，谢劳银贰两正；捧勅兼展勅官壹位，谢劳银贰两正；捧赐国王缎尺伍位，谢劳银拾两正；捧赐王妃缎尺伍位，谢劳银拾两正；捧节官壹位，谢劳银贰两正；引礼通事贰位，谢劳银肆两正；鸣赞生壹位，谢劳银贰两正；掌案引礼官贰位，谢劳银肆两正；□仪官壹位，谢劳银贰两正。”

3. 中秋宴

(1)天使宴席：“看桌伍面、蔬席贰面(碟全)、福酒满坛、席金贰拾两、金花壹对(折金贰两)、象牙贰条(折金叁两)、西洋布伍尺(折金叁两)、南番香拾觔(折金贰两)、木香拾觔(折金贰两)、腰刀贰把、折扇拾把、白细嫩苎布伍尺、白细嫩蕉布伍尺。”

(2)都司、游击、弹压官宴席：“看桌贰面、蔬席贰面、福酒满坛、席银贰拾贰两、银花壹对(折银贰两)、腰刀贰把(折银贰两)、白细蕉布肆尺、折扇肆把。”

(3)全年廪给口月粮宴价：

①“全廪给捌拾捌员，每员：食桌壹面(折银壹两)、看桌壹面(折银壹两)、席银捌两、银花壹对(折银贰两)、腰刀壹把(折银壹两)、白蕉布贰尺(折银捌钱)、银面扇贰把(折银贰钱)。共银拾肆两，每员壹封，共计捌拾捌封。”

②“半廪给伍拾陆员，每员：食桌半面(折银伍钱)、看桌半面(折银伍钱)、席银肆两、银花壹对(折银壹两)、腰刀壹把(折银伍钱)、白蕉布壹尺(折银肆钱)、银面扇壹把(折银壹钱)。共银柒两，每员壹封，共计伍拾陆封。”

③“口粮贰佰肆拾名，每名：席银贰钱、白苎布叁尺(折银壹两伍钱)。共银壹两柒钱，每名壹封，共计贰佰肆拾封。”

④“月粮肆拾陆名，每名：席银壹钱、白苎布贰尺(折银壹两)。共银壹两壹钱，每名壹封，共计肆拾陆封。”

⑤“赏两衙门辫子、门子、鼓手、轿班、伞夫、扇夫、皇班银壹封贰拾肆两正。引礼官两位，谢劳银肆两正。”

4. 重阳节宴

(1)正使宴：“看桌伍面、蔬席贰面、福酒满坛、椒椒肆佰觔(折金捌两)、檀香壹佰觔(折金伍两)、象牙贰条(折金叁两)、西洋布伍尺(折金叁两)、南番香贰拾觔(折金肆两)、木香拾觔(折金贰两)、水牛角伍个(折金肆两)、腰刀贰把、金花壹对(折金贰两)、白细嫩苎布伍尺、白细嫩蕉布伍尺、折扇拾把。”

(2)游击、都司、弹压官宴席：“看桌贰面、蔬席贰面(全碟)、福酒满坛、席银贰拾贰两、银花壹对(折银贰两)、腰刀贰把(折银贰两)、白细蕉布肆尺、折扇肆把。”

(3)全年廪给口月粮宴价：

①“全廪给捌拾捌员，每员：食桌壹面(折银壹两)、看桌壹面(折银壹两)、席银捌两、银花壹对(折银贰两)、腰刀壹把(折银壹两)、白蕉布贰尺(折银捌钱)、银面扇贰

把（折银贰钱）。共银拾肆两，每员壹封，共计捌拾捌封。”

②半廪给伍拾陆员，每员：“食桌半面（折银伍钱）、看桌半面（折银伍钱）、席银肆两、银花壹对（折银壹两）、腰刀壹把（折银伍钱）、白蕉布壹尺（折银肆钱）、银面扇壹把（折银壹钱）。共银柒两，每员壹封，共计伍拾陆封。”

③口粮贰佰肆拾名，每名：“席银贰钱、白苎布叁尺（折银壹两伍钱）。共银壹两柒钱，每名壹封，共计贰佰肆拾封。”

④月粮肆拾陆名，每名：“席银壹钱、白苎布贰尺（折银壹两）。共银壹两壹钱，每名壹封，共计肆拾陆封。”

⑤“赏两衙门辫子、门子、鼓手、轿班、伞夫、扇夫、皇班银壹封贰拾肆两正。引礼官两位，谢劳银肆两正。”

5. 饯别宴

（1）天使宴：“看桌伍面、蔬席贰面（全碟）、福酒满坛、席金拾贰两、象牙贰条（折金叁两）、金花壹对（折金贰两）、西洋布伍尺（折金叁两）、木香拾觔（折金贰两）、南番香拾觔（折金贰两）、腰刀贰把、球葛布伍尺、白细嫩蕉布伍尺、金面扇拾把。”

（2）游击、都司、弹压官宴席：“看桌贰面、蔬席贰面（全碟）、福酒满坛、席银贰拾两、银花壹对（折银贰两）、腰刀贰把（折银贰两）、白细布肆尺、折扇肆把。”

（3）全年廪给口月粮宴价银单：

①“全廪给捌拾捌员，每员：食桌壹面（折银壹两）、看桌壹面（折银壹两）、席银捌两、银花壹对（折银贰两）、腰刀壹把（折银壹两）、白蕉布贰尺（折银捌钱）、银面扇贰把（折银贰钱）。共银拾肆两，每员壹封，共计捌拾捌封。”

②“半廪给伍拾陆员，每员：食桌半面（折银伍钱）、看桌半面（折银伍钱）、席银肆两、银花壹对（折银壹两）、腰刀壹把（折银伍钱）、白蕉布壹尺（折银肆钱）、银面扇壹把（折银壹钱）。共银柒两，每员壹封，共计伍拾陆封。”

③“口粮贰佰肆拾名，每名：席银贰钱、白苎布叁尺（折银壹两伍钱）。共银壹两柒钱，每名壹封，共计贰佰肆拾封。”

④“月粮肆拾陆名，每名：席银壹钱、白苎布贰尺（折银壹两）。共银壹两壹钱，每名壹封，共计肆拾陆封。”

⑤“两衙门辫子、门子、鼓手、轿班、伞夫、扇夫、皇班银壹封贰拾肆两。引礼官两位，谢劳银肆两正。”

6. 辞拜宴

（1）天使宴席：“看桌伍面、蔬席贰面（全碟）、福酒满坛、席金拾贰两、金花苎壹对（折金贰两）、象牙贰条（折金叁两）、西洋布伍尺（折金叁两）、南番香拾觔（折金贰两）、木香拾觔（折金贰两）、腰刀贰把、球葛布伍尺、白细嫩蕉布伍尺、金面扇拾把。”

（2）游击、都司、弹压官宴席：“看桌贰面、蔬席贰面（全碟）、福酒满坛、席银贰拾贰两、白细布肆尺、银花壹对（折银贰两）、折扇肆把、腰刀贰把（折银贰两）。”

（3）全半廪给口月粮宴价银单：

①“全廪给捌拾捌员，每员：食桌壹面（折银壹两）、看桌壹面（折银壹两）、席银捌两、银花壹对（折银贰两）、腰刀壹把（折银壹两）、白蕉布贰尺（折银捌钱）、银面扇贰把（折银贰钱）。共银拾肆两，每员壹封，共计捌拾捌封。”

②“半廪给伍拾陆员，每员：食桌半面（折银伍钱）、看桌半面（折银伍钱）、席银肆两、银花壹对（折银壹两）、腰刀壹把（折银伍钱）、白蕉布壹尺（折银肆钱）、银面扇壹把（折银壹钱）。共银柒两，每员壹封，共计伍拾陆封。”

③“口粮贰佰肆拾名，每名：席银贰钱、白苎布叁尺（折银壹两伍钱）。共银壹两柒钱，每名壹封，共计贰佰肆拾封。”

④“月粮肆拾陆名，每名：席银壹钱、白苎布贰尺（折银壹两）。共银壹两壹钱，每名壹封，共计肆拾陆封。”

⑤“赏两衙门辫子、门子、鼓手、轿班、伞夫、扇夫、皇班　银壹封贰拾肆两正。引礼官两位，谢劳银肆两正。”

7. 望舟宴

(1)天使宴席：“看桌伍面、蔬席贰面（全碟）、金骨书扇壹把、金酒瓶壹个（重贰拾肆两）、金盏壹只（盘金共柒两玖钱陆分伍厘）、白金伍千两、腰刀陆把、长枪伍把、衮刀伍把、金彩围屏壹对、大水火炉贰架、丝绵拾把、球葛布拾尺、白细嫩蕉布拾尺、白细嫩苎布拾尺、烧酒一埕、金面扇拾把、银面扇拾把、沙扇拾把。”

(2)游击、都司、弹压官 宴席：“看桌贰面、蔬席贰面（全碟）、福酒满坛、席银贰拾贰两、银花壹对（折银贰两）、腰刀贰把（折银贰两）、金面扇肆把、白细嫩蕉布肆尺、白金壹千两。”

(3)全半廪给口月粮宴价：

①“全廪给捌拾捌员，每员：食桌壹面（折银壹两）、看桌壹面（折银壹两）、席银捌两、银花壹对（折银贰两）、腰刀壹把（折银壹两）、白蕉布贰尺（折银捌钱）、银面扇贰把（折银贰钱）。共银拾肆两，每员壹封，共计捌拾捌封。”

②”半廪给伍拾陆员，每员：食桌半面（折银伍钱）、看桌半面（折银伍钱）、席银肆两、银花壹对（折银壹两）、腰刀壹把（折银伍钱）、白蕉布壹尺（折银肆钱）、银面扇壹把（折银壹钱）。共银柒两，每员壹封，共计伍拾陆封。”

③“口粮贰佰肆拾名，每名：席银贰钱、白苎布叁尺（折银壹两伍钱）。共银壹两柒钱，每名壹封，共计贰佰肆拾封。”

④“月粮肆拾陆名，每名：席银壹钱、白苎布贰尺（折银壹两）。共银壹两壹钱，每名壹封，共计肆拾陆封。”

⑤“赏两衙门辫子、门子、鼓手、轿班、伞夫、扇夫、皇班　银壹封贰拾肆两正。引礼官两位，谢劳银肆两正。”

从上述记载可以清楚看到，七宴活动的进行亦是严格遵照仪注进行。据《丙寅册封诸礼帖启手本日记》第34条、第60条、第88条、第111条、第122条、第136条和第148条记载，谕祭宴、中秋宴、册封宴、重阳节宴、饯别宴、拜辞宴及望舟宴举办前，琉球方面均派专人向册封使请求仪注。除了上述“七宴”外，册封使在琉球期间，其实还有多次较重要的宴请活动。如六月二十二日，结束迎诏活动后，琉球世子尚泰奉送天使及主要官员“下马宴”，如下所示：[10]

(1)天使下马宴：“满汉贰席(全碟)、鲁酒全坛。”

(2)都司、游击、弹压官下马宴：“汉席壹筵，鲁酒壹樽。”

在正式的中秋宴之前，为庆贺中秋佳节，琉球尚未册封的世子尚泰，就曾派遣遏闼理官金培义、长史孙得才、都通事杨克盛为使团主要官员送上节宴，如下所示：[11]

(1)天使节礼：“活猪壹口、活羊壹羫、活鸡拾只、龙虾壹盘、鲜鱼壹盘、活鸭贰只、海蟳壹盘、馒头壹盘、线面壹盘、面粉壹盘、蜡烛贰枝、海蚶壹盘、车□壹盘、烧酒壹埕。”

(2)都司、游击、弹压官节礼：“猪肉壹盘、羊肉壹盘、活鸡伍只、鲜鱼壹盘、海蟳壹盘、海蚶壹盘、中烛贰枝、面粉壹盘、海带壹盘、烧酒壹埕。”

此外，在正式的重阳大宴之前，已受封的国王尚泰亦遣官为册封使及都司，游击，弹压官送上节宴，如下所示：[12]

(1)天使节宴：“活猪壹口、活羊壹羫、活鸡拾只、龙虾壹盘、鲜鱼壹盘、活鸭贰只、海蟳壹盘、馒头壹盘、线面壹盘、面粉壹盘、蜡烛贰枝、海蚶壹盘、车□壹盘、烧酒壹埕。”

(2)都司，游击，弹压官节宴：“活猪壹口、活羊壹羫、活鸡伍只、鲜鱼壹盘、海蟳壹盘、海蚶壹盘、中烛贰枝、面粉壹盘、海带壹盘、烧酒壹埕。”

五、赠送礼品

琉球国王、世子及众多官员常常向册封使团赠礼。据《丙寅册封诸礼帖启手本日记》统计，计有39条之多。如在谕祭活动前，七月初七日，因都司、游击、弹压官亲赴王城谢礼并请安，世子尚泰回敬礼品：“折扇肆握、棉纸拾刀、手巾两条、烟草壹匣、花纸拾卷、白苎布壹端。”同日，世子尚泰赠使团跟行相公、传译通事每人折扇两握、棉纸拾刀；赠给兵丁及跟丁礼品每人折扇两握、棉纸两刀。

七月二十三日，世子尚泰就曾派遣遏闼理官向廷松赠铁树肆盆、扶桑花贰盆、金鱼玖尾给册封正副使。十月二十一日，已册封为琉球国王的尚泰呈字幅与册封使。同月二十四日，因册封使送南苑额字，尚泰王还差官回敬礼物，开列如下：

“折扇拾把、黑漆小桌子壹个、砚匣壹个(内入笔壹枝、墨壹枝、刀壹刀、水壶壹个)、黑漆书架壹个、烤手炉壹个、纸壹佰张。”

10　参见《丙寅册封诸礼帖启手本日记》第17条。

11　参见《丙寅册封诸礼帖启手本日记》第65条，第66条。

12　参见《丙寅册封诸礼帖启手本日记》第104条，第105条。

八月二十七日，行册封大典。九月初四日，新国王尚泰亲诣天使馆，恭谢天使册封，并奉上谢册封礼：

“金瓶壹个（重贰拾肆两正）、金盏盘壹只、腰刀贰把、折扇拾把、金彩围屏壹对、大水火炉贰架、丝绵贰拾架、白细嫩布贰拾尺、白细苎嫩布贰拾尺、花蕉纸贰百张。”

在赵新使团结束谕祭册封仪式准备归国前，琉球尚泰曾对册封使团的官员有一次比较大规模的送礼活动，现开列如下。[13]

天使两位礼物：“金面扇拾把、茶碗拾个、□纸贰佰张、大水火炉贰架、金彩围屏壹对、白紬伍尺、花紬五尺、花苎布五尺、花棉布五尺、烧酒贰坛、鲍鱼佰觔、海参贰佰觔。”

游击、都司礼品：“折扇拾把、花纸贰佰张、大水火炉壹架、花紬贰尺、花棉布五尺、烧酒一埕、刺参百觔、鲍鱼伍拾觔。”

弹压官礼品：“折扇伍把、花纸贰佰张、大水火炉壹架、花紬贰尺、花棉布五尺、茶碗拾个、烧酒壹埕、刺参捌拾觔。”

巡捕俞桂、郭元臣、彭履亨、李汝霖、布政司掌案李□、李华、海防官掌案邹城、柳斌；引礼鸣赞张结邦；河口通事冯朝仪、王秉谦；贰号船主金振茂等礼品：

(1)俞桂、郭元臣、彭履亨：“折扇伍把、花纸百张、大棉纸贰佰张、白金贰拾两。”

(2)李汝霖：“折扇伍把、花纸百张、大棉纸贰佰张、白金贰拾两。”

(3)李□、李华、邹域、柳斌、张结邦：“折扇伍把、花纸百张、大棉纸贰佰张、白金伍拾两。”

(4)冯朝仪、王秉谦：“白金肆拾两。”

(5)金振茂：“白金壹佰两。”

值得一提的是，王世子尚典亦赠礼给册封正副使，开列如下。[14]

“折扇拾把、茶碗十个、大水火炉壹架、白紬贰尺、大雪纸贰佰张、花棉布贰尺、海参伍拾觔、鲍鱼伍拾觔。”

此外，在琉期间，八月二十二日，恰逢册封使团弹压官胡颐龄寿诞，前来贺寿并送礼的琉球官员很多，开列如下。[15]

都通事郑廷珍贺礼：“活猪壹口、活羊壹羫、活鸡捌翼、鸡蛋壹盘、海带壹盘、佳苏壹盘、寿头满百、寿烛双辉、寿面千缕、寿酒满坛。”

琉球国王尚克让贺礼：“活鸡陆翼、海蚶壹盘、猪肉壹盘、海螺壹个、馒头壹盘、鲜鱼壹盘、寿面千缕、寿酒壹埕。”

法司官向汝砺贺礼：“活鸡肆翼、海蚶壹盘、猪肉壹盘、海螺肆个、馒头壹盘、鲜

13 参见《丙寅册封诸礼帖启手本日记》第164条，第165条，第166条，第167条。

14 参见《丙寅册封诸礼帖启手本日记》第170条。

15 参见《丙寅册封诸礼帖启手本日记》第69条，第70条，第71条。

鱼壹盘、寿面千缕、寿酒壹埕。”

正议大夫郑秉衡贺礼：“活鸡贰翼、鸡蛋壹盘、海蚶壹盘、馒头壹盘、寿面千缕、鲜鱼壹盘。”

护送都通事魏懋德贺礼：“活鸡贰翼、馒头壹盘、寿面千缕、寿酒满坛。”

不过，据《丙寅册封诸礼帖启手本日记》记载，弹压官胡颐龄固辞不受，但实际情况何如，不得而知。在琉期间，使团都司肖邦佑曾于十月二十一日胃病发作，琉球方面也遣官请安，并赠送“海鳗伍觔，鲨翅贰拾觔、海参伍觔、鲍鱼伍觔。”[16]

结 语

据《明史》记载，“累朝册封琉球，伐木造船动经数岁，使者蹈涛之险，小国苦供亿之烦”。[17] 琉球是个自然资源十分匮乏的小国。“林木朴嫩不茂密，厥田沙砾，不肥饶；是以五谷虽生，而不见其繁硕也”[18]。尤其1609年萨琉之役后，琉球王国经济上受到萨摩藩的诸多控制和盘剥，被迫纳税和借金，与中国的朝贡贸易的经济利益也几乎被萨摩藩如数劫夺，经济凋零。但即便如此，琉球王国仍不余遗力坚持保持与中国的册封朝贡关系。在接待册封使臣的规制方面，亦是尽其所能、竭尽全力。正如《五杂俎》中所说：“琉球小而贫，虽受中国册封为荣，然使者一至其国，诛求供亿为之一空，甚至后妃簪珥，皆以充数。盖从行者携货物往而高，责其售直也。然向者皆严行禁约，少知敛戢，至丙午称狼借矣。闻其国将请封，必储蓄十余年，而后敢请”。[19]

“历来封舟过海，兵役等皆有压压钞货物带往市易旧例”。[20] 由于明清政府允许册封使团人员携带一定数量的货物与琉球人交易，因此，册封使团在琉球期间，向例进行贸易活动。由此也产生诸多贸易摩擦事件，赵新使团亦不例外。据《林氏家谱》记载，“随封华人要将华项高抬发卖又要以球产低价收买，而又换银一件亦要耗折甚少以为发落，但爵(指林世爵)等要公平议定备办其事，乃该华人不肯听从，千般刁难、百般哮咆，频欲取其渔利、肥其私囊。”[21]双方在价格方面出现争议，并且琉球方面购买中国货物银两不足，差额壹万两银子，只好向民间“富家等集资”。为此，据《丙寅册封诸礼帖启手本日记》第八十四条记载记载，九月初三日，琉球法司官向汝砺、马朝栋、向有恒及紫金大夫阮宣诏特至天使馆向册封使禀请。不过，即便如此，十月二十二日，琉球方面为补偿册封头号船货物在闽被海潮沾损导致海带菜壹万觔损失，折洋银陆佰贰拾五圆，并

---

16 参见《丙寅册封诸礼帖启手本日记》第175条。

17 《明史》卷323，列传211，外国4，万历二十八年条。

18 陈侃：《使琉球录》，第28页，台湾文献丛刊第287种。

19 陈留、谢肇淛：《五杂俎》第14卷，地部2，第179页，襟霞阁主人重刊，1935年。

20 徐葆光：《中山传信录》第7页，台湾文献丛刊第306种。

21 《那霸市史》资料篇，第1卷6，家谱资料二(下)，那霸市企画部市史编集室，1980年3月，第868页。

将抚恤银交给册封使。[22]

同治五年，赵新、于光甲册封琉球国王尚泰，是清册封琉球的最后一次活动。虽然赵新著使录《续琉球国志略》，但该书比较简略。尚家文书中《丙寅册封诸礼帖启手本日记》为我们弥补了册封使录的不足，同时更为琉球王国接待册封使臣规制的深入研究提供了丰富翔实的史料。

（本论文系2011—2012年度日本国际交流基金资助研究项目成果之一）

---

22 参见《丙寅册封诸礼帖啓手本日记》第175条。